Força para Recomeçar
Consequências do Passado

Força para Recomeçar
Consequências do Passado

psicografia de
Eliana Machado Coelho

pelo espírito
Schellida

Força para Recomeçar
— consequências do passado —
pelo espírito *Schellida*
psicografia de *Eliana Machado Coelho*

Copyright @ 2008-2020
Lúmen Editorial Ltda.

7ª edição – março de 2020

Coordenação editorial: Ronaldo A. Sperdutti
Preparação de originais: *Eliana Machado Coelho*
Revisão: *Profª Valquíria Rofrano*
Correção digitalizada da revisão: *Eliana Machado Coelho*
Diagramação: *Casa de Ideias*
Arte de capa: *Casa de Ideias*
Impressão e acabamento: *Lis Gráfica*

Dados Internacionais de Catalogação na Publicação (CIP)
(Câmara Brasileira do Livro, SP, Brasil)

Schellida (Espírito).
    Força para recomeçar : conseqüências do passado / pelo espírito Schellida ; psicografia de Eliana Machado Coelho. — São Paulo : Lúmen, 2008.

    1. Espiritismo 2. Psicografia 3. Romance espírita I. Coelho, Eliana Machado. II. Título.

08-00585   CDD 133.9

Índice para catálogo sistemático:
1. Romance espírita : Espiritismo   133.9

7-03-20-2.000-67.300

LÚMEN
EDITORIAL

Av. Porto Ferreira, 1031 - Parque Iracema
15809-020 - Catanduva-SP
17 3531.4444
visite nosso site: www.lumeneditorial.com.br
fale com a Lúmen: atendimento@lumeneditorial.com.br
departamento de vendas:
comercial@lumeneditorial.com.br contato editorial:
editorial@lumeneditorial.com.br

**Proibida a reprodução total ou parcial desta
obra sem prévia autorização da editora**

Índice

1. Reunidos pelo destino 7
2. Sérgio e Débora se reencontram 21
3. Dificuldades em família 35
4. Débora hospitalizada por causa de uma mentira 51
5. Rita, uma grande amiga 69
6. Débora enfrenta a oposição do pai 83
7. Sérgio e Débora: do passado ao presente 97
8. Respeito e amor 109
9. Sérgio se deixa dominar pelo ciúme 125
10. Sérgio revela o assédio de sua irmã 143
11. A ação dos espíritos inimigos 165
12. Psicólogo Espiritual 181
13. O desespero de Rita 197
14. Terapia de uma evangélica, ex-espírita 213
15. O romance abalado pela influência espiritual 229
16. Rita tentada pelo suicídio 247
17. Débora flagra Sérgio dormindo com Rita 263
18. Os olhos de Deus 277
19. Fotos contra Sérgio destroem o romance com Débora 289
20. Breno aproxima-se de Débora 315

21	Opiniões do doutor Édison	333
22	A benfeitora Laryel interfere no suicídio de Sérgio	343
23	Cabe a Deus alterar o destino	357
24	Discussão entre Sérgio e o médico	375
25	Juntos, Tiago e Rita	389
26	Psicólogos de amor	403
27	Suicidas em sofrimento no Plano Espiritual	419
28	Conversando com Jesus	437
29	Reflexões de um Psicólogo	449
30	A elevada Laryel intervém na obsessão injusta	465
31	Débora fracassada, humilhada e submissa	479
32	Tiago sofrendo na prova do fogo e mutilação	495
33	Débora teme conseqüências do passado	513
34	É preciso força para recomeçar	529

1

Reunidos pelo destino

— Ah!... Que droga! — protestou Débora vendo sua pasta ir ao chão. Uma das pontas do elástico que servia de amarra escapou. Algumas folhas se soltaram, espalhando-se parcialmente, prestes a voarem por causa do vento. Rapidamente a moça se ajoelhou a fim de apanhar os papéis.

Ao erguer sua bolsa de pertences pessoais e outra pasta com modelo de valise, ambas alçadas em seu ombro, escorregaram embaraçando-se e dificultando a agilidade para organizar os documentos que segurava com uma das mãos. Como se não bastasse isso, sua roupa sujou na altura do joelho, deixando-a mais irritada.

Era uma bela jovem, bem arrumada e, como todos os transeuntes, estava com pressa. Não queria se atrasar para uma reunião na biblioteca com suas colegas a fim de realizarem um trabalho para o curso universitário que faziam. Além disso, pretendia ainda estudar para uma prova. Mas naquele dia tudo parecia colaborar com o intuito de atrapalhá-la.

Tentando ser rápida, ela juntou tudo. Arrumou a pasta e desembaraçou as bolsas lançando as alças novamente ao ombro. Ao curvar-se para tentar limpar a roupa, não pôde deixar de ver uma criança chorando. Aquilo lhe chamou muito a atenção.

Débora estava impaciente, mas acabou sendo refém de um sentimento inexplicável.

Ela olhou para um lado... para outro... E apesar de muitas pessoas irem e virem, ninguém parecia ver ou se importar com aquela criança. Se talvez a vissem, ignoravam sua presença e nítida necessidade de amparo.

A jovem olhou para as escadarias do metrô, para onde pretendia ir, porém sentiu-se como que envolvida por uma força maior. Algo naquela cena tocou seu coração generoso.

Tratava-se de uma garotinha, aparentando pouca idade, sentada no degrau paralelo a uma vitrine, num cantinho em que mal se podia enxergá-la devido à floreira com arbusto que praticamente a escondia. Estava encolhida, com as perninhas dobradas e as mãozinhas cobrindo o rosto abafando seguidos soluços dolorosos que os ruídos do grande centro financeiro não deixavam alguém ouvir.

Atendendo ao chamado de sua bondade, Débora se aproximou perguntando meigamente:

— Oi, meu bem! O que aconteceu? — A menininha só chorava, enquanto a moça a observou com atenção reparando que estava bem vestida e arrumadinha, não parecia se tratar de uma menina de rua. No braço, a menina trazia delicada pulseirinha que combinava com suas sandálias, cujos detalhes da moda infantil eram iguais. Preocupada, a jovem insistiu com voz afável: — Oi querida, onde está a sua mamãe? — Sem obter qualquer resposta, delicadamente, Débora tirou-lhe uma das mãozinhas do rosto para vê-la melhor.

Lágrimas corriam ligeiras naquelas bochechas coradas e seus olhinhos esverdeados mal podiam ser vistos pelas pálpebras avermelhadas.

Com a outra mãozinha, a garotinha esfregou o rostinho e a moça aproveitou para tirar-lhe os fios de cabelos colados em sua face úmida. Fazendo-lhe um carinho nos cabelos cacheados, parcialmente presos por uma delicada tiara rosa, Débora sentou-se a seu lado falando com brandura na voz:

— O meu nome é Débora. Qual é o seu?

— Cris... — respondeu em meio aos soluços.

— Cris!... — E então, Cris, onde está a mamãe?

— A... ma... mãe... su... sumiu... — gaguejou a garotinha.

— Onde você estava com a sua mamãe? — A menina gesticulou com os ombrinhos insinuando não saber e Débora perguntou: — Quantos aninhos você tem, Cris? — A garotinha mostrou-lhe quatro dedos para responder a idade e a jovem tornou a questionar: — Como a sua mamãe se chama?

Foi necessário Cris repetir algumas vezes para ser entendida, pois os soluços não a deixavam se expressar.

— Ah!... Elza! O nome da sua mamãe é Elza! — exclamou a moça ao compreender.

— É... E eu quero... que... ro a minha... ma... mãe... — chorou.

A jovem estava atrapalhada com suas bolsas e pastas, mas deu um jeito de recostar Cris em si, avisando em seguida:

— Não chore, tá? Nós vamos encontrar a mamãe. Ela também está procurando por você. Eu tenho certeza disso.

Sem se demonstrar apreensiva diante da situação e muito preocupada com o horário, Débora revirou sua bolsa, pegou o celular e decidiu ligar para a polícia. Afinal, não poderia abandonar aquela garotinha tão indefesa. Atendida, após fornecer os dados e terminar a ligação, Débora virou-se para Cris e pediu:

— Vem, meu bem. Dê-me sua mãozinha. Tem muita gente com pressa e eu não quero que se perca de mim, está bem?

Precisavam ficar em um lugar visível aguardando a viatura da polícia que chegaria. Com dificuldade, a jovem segurava as bolsas, a pasta e o celular em uma só mão para prender a mãozinha da menina com a outra. No instante em que olhava ansiosamente à procura do carro da polícia, sem esperar, Débora foi empurrada e teve o telefone celular furtado.

Sem soltar a mão de Cris, ela gritou assustada e indignada e teve o impulso de seguir o agressor, mas a menininha começou a chorar novamente.

Aturdida com o acontecido, a jovem não sabia o que fazer. Suspirando fundo, abaixou-se perto de Cris, secou-lhe o rostinho com a mão trêmula e tentou ser simpática, falando amavelmente:

— Oh... meu bem... Não fique assim. Vem cá — disse, pegando-a no braço, mesmo com todo empecilho de carregar seus pertences. Cris debruçou-se em seu ombro e chamava baixinho pela mãe. Tentando não se exaltar, Débora procurava se refazer do susto e do mal estar que sentia. Em fração de segundo, teve seu celular roubado e temia que suas bolsas fossem os próximos alvos. Angustiada, estava quase chorando pelo ato repulsivo do furto, pela ausência de amparo e falta de segurança vivenciada. Em meio a tanta gente que passava, ela e aquela menina estavam sozinhas.

"Se eu estou me sentindo assim, imagine essa pobre criança!", pensou entristecida enquanto apertava a menininha contra o peito ao mesmo tempo em que olhava de um lado para o outro.

Não demorou muito e Débora avistou a viatura da Polícia Militar chegando à baixa velocidade, parecendo procurá-la.

Levando Cris firme em seu braço, segurando seus pertences mal ajeitados e quase caindo da outra mão, Débora, apesar do salto alto, correu em direção aos dois policiais, que de imediato, reconheceram tratar-se de quem havia solicitado os préstimos da polícia, pois a moça demonstrava nítida expressão assustada e enervante.

Frente a um dos policiais que, educadamente, a cumprimentou, a jovem mal correspondeu e relatou às pressas:

— Eu encontrei essa menininha ali! — exclamou apontando. Naquele momento a pasta caiu de sua mão e querendo pegá-la, Débora viu suas bolsas caírem também. — Oh, meu Deus! Hoje é dia!... — reclamou procurando conter as lágrimas. Abaixando-se para pegar os pertences tentou pôr a garotinha ao chão, mas Cris não quis e agarrou-se com seus bracinhos em volta do pescoço de Débora e, enlaçando as perninhas em sua cintura, chorou.

— Calma, senhora. Pode deixar — pediu brandamente o policial à sua frente que se abaixou, apanhou as folhas espalhadas da pasta, cujo elástico rompeu, e as bolsas caídas.

A menininha começou a chorar, e Débora não conseguiu conter as lágrimas. Mas, entre soluços, abraçando a garotinha, explicou:

— Eu fui roubada!...

— Como assim?! Poderia nos explicar melhor? — perguntou o outro policial, aproximando-se.

Contorcendo o rosto pelo choro incontido, Débora pediu entre as lágrimas:

— Desculpe-me... É que tive um dia complicado e... Bem... Eu estava com pressa quando essa maldita pasta arrebentou... como agora... — disse olhando para a mão e para o rosto do policial que segurava seus pertences. — Depois de pegar minhas coisas que caíram, eu vi essa menininha ali — apontou —, encolhidinha e chorando. Ela se perdeu de sua mãe. — Depois de breve pausa em que secou o rosto com a mão, continuou: — Disse que tem quatro anos e se chama Cris. Ah! Ela falou que o nome de sua mãe é Elza. Foi o que entendi... Eu não sabia o que fazer e... Nossa!... Nem pensei em deixá-la ali sozinha! Sabe lá, Deus, o que alguém poderia fazer com ela! Então... liguei para a polícia e pediram para eu aguardar aqui. Assim que desliguei, um cara... bandido, safado, sem vergonha... passou correndo, me empurrou e roubou meu celular! Eu quase caí!... — As lágrimas corriam em seu rosto, mas ela prosseguiu emocionada. — Tive de pegar a Cris no colo porque ela chorava muito! Fiquei aflita e sem saber o que fazer! Desculpe, mas estou confusa, com medo... Eu não poderia perder a hora da faculdade, tenho uma prova importante hoje e um trabalho para...

Bem calmos, os policiais ouviram-na atentamente. Um deles ainda segurava os pertences de Débora ao tempo em que ela trazia a menininha debruçada em seu ombro e afagava-lhe as costinhas ao embalá-la levemente, pois a sentia chorando amedrontada.

Tranqüilo e na primeira oportunidade, pois percebeu que a jovem estava bem angustiada e sentia intensa necessidade de contar o ocorrido, com as bolsas e a pasta da moça nas mãos, o policial perguntou educadamente:

— Qual o nome da senhora, por favor? — Após a resposta ele explicou: — Dona Débora, a senhora encontrou uma criança perdida e, pela boa aparência da mesma podemos deduzir que a mãe esteja tomando as devidas providências para encontrá-la. Além disso, a senhora teve seu celular furtado. Diante das duas ocorrências, precisaremos encaminhá-la até o Distrito Policial a fim de elaborar um Boletim de Ocorrência para que a autoridade policial, que é o delegado, possa decidir quais as providências a serem tomadas. Certo?

— Lógico! Claro! — aceitou a jovem de imediato. — Eu estou com dó da menininha... e... o meu celular pode ser usado por bandidos e... Tenho de prestar queixa.

Percebendo-a nervosa pelo modo como aninhava a criança nos braços e o jeito amedrontado que tentava disfarçar sua voz, o policial solicitou gentilmente ao ver o parceiro abrir a porta da viatura:

— Entre, por favor. — Ao vê-la sentada no interior da viatura aconchegando a menininha no colo, ele pediu educadamente: — A senhora poderia pegar suas coisas, por favor?

— Claro!... Desculpe-me... Estou tão atordoada que me esqueci... — sem saber como se justificar, Débora ergueu o olhar para o policial e ofereceu um tímido sorriso sem qualquer brilho de alegria. Seus olhos se fixaram nele, por longos segundos, como se implorassem algo mais caloroso do que aquelas providências que a auxiliariam. Somente depois pegou os pertences de suas mãos.

Ele correspondeu ao sorriso de modo amigável. Em seu íntimo admirou a beleza da jovem, sua afabilidade e sensibilidade. No instante em que seus olhos pareciam imantados teve vontade de poder consolá-la com um abraço amistoso, mas não podia e manteve a postura militar. Em seu íntimo estranhou, pois estava acostumado a situações semelhantes e isso nunca havia acontecido. Sempre foi um profissional cumpridor de seus deveres.

* * *

Chegando à Delegacia de Polícia, enquanto Débora aguardava o atendimento, o policial anotava alguns de seus dados pessoais, procedimentos normais exigidos por seu serviço.

Apesar de responder atentamente todas as perguntas, a moça demonstrava-se tímida, quase assustada pelo ambiente tóxico que imperava ali devido ao nível dos acusados e vítimas que também esperavam. Alguns falavam alto, brigavam, xingavam, enquanto outros acusavam ou choravam.

A garotinha, amedrontada, apertava-se ao pescoço de Débora e escondia o rostinho nos cabelos da moça, chorando baixinho. Controlando seus sentimentos, ela disfarçava a apreensão e o desconforto afagando a criança com carinho e procurando ficar atenta aos questionamentos do policial.

Naquele plantão, tanto os policiais civis quanto os policiais militares estavam sobrecarregados e praticamente esgotados pelo tipo de trabalho exigente que os sugava. Havia muito a resolver e o nível moral da maioria dos que aguardavam atendimento era voltado ao mal, aos vícios e às piores mazelas da vida. Por suas palavras, linguagem de baixo nível e grosseria nos modos podia-se saber que tipo de espíritos se afinava a tudo aquilo. E ali estavam os mais vis e degradantes, repletos de vícios, sensualidade, hipocrisia, crueldade e sordidez.

Na espiritualidade, para quem pudesse ver, o lugar era preenchido por uma densa névoa escura, sombria, correspondente aos estados vibratórios e mentais de encarnados e desencarnados. Uma forte energia invisível pairava como que um veneno espiritual maligno, impregnando os encarnados de caráter fraco que se deixavam envolver pelas sugestões de diversos espíritos impuros, que desejavam o mal por prazer e odiavam o bem.

Entretanto, a ética e os bons princípios morais de alguns poucos encarnados presentes ali, por forças das circunstâncias ou do dever, permitiam a reunião de espíritos benevolentes e sábios. Tais espíritos, às vezes, deixavam os encarnados que estavam sob sua proteção serem testados a se corromperem de alguma forma. Mas de acordo com a dignidade apresentada, esses espíritos elevados os amparavam e protegiam a fim de não serem envolvidos por desencarnados tão insufladores da discórdia, da corrupção e do ódio, pois esses tinham o intuito de levá-los ao retardamento espiritual, fazendo-os sucumbir diante de provas tentadoras.

O ambiente não era agradável. Quando menos esperavam, Débora e o policial se surpreenderam ao ver Cris que se sobressaltou gritando:

— É a minha mamãe!!! Mamãe!!!

— Onde, Cris?! Quem?! — quis saber a moça, segurando firmemente a garotinha que queria saltar de seu colo.

Apesar de toda movimentação e aglomeração, a menina reconheceu a voz chorosa de sua mãe em desespero que a procurava com o olhar seguindo o som de seus gritos. Cris forçava-se a descer dos braços de Débora, mas a moça a segurou firme e junto com o policial foi em direção da jovem mulher acompanhada de um rapaz muito bem vestido e alinhado. Nada precisou ser explicado quando a mulher gritou em pranto:

— Cris!!! Minha filhinha!!!

A menina se jogou nos braços da mãe. Entre o choro se beijavam enquanto a mulher a tocava como se não acreditasse que a tinha entre os braços.

Algum tempo depois, Débora pôde explicar tudo a Elza, mãe de Cris, que abraçou e beijou a jovem agradecendo-a diversas vezes. A forma como a menina agarrou-se a Elza, com um abraço apertado e as perninhas entrelaçadas em sua cintura, era inegável que a jovem mulher fosse sua mãe.

Por aquele ser um plantão bem agitado, a autoridade policial foi consultada a fim de decidir se as partes envolvidas naquela ocorrência poderiam ou não ser liberadas. O comportamento de Cris não deixava dúvidas sobre Elza ser sua mãe, Embora a mulher apresentasse documentos e até fotos comprovando que a menina era sua filha. Assim sendo, o delegado as liberou.

Enquanto o policial militar fazia algumas anotações para relatar a ocorrência, o rapaz que acompanhava Elza se apresentou para Débora.

— Prazer! Meu nome é Breno. Sou tio da Cris e irmão da Elza. Você não imagina como ficamos aflitos! Muito obrigado! Obrigado mesmo!!! Do jeito que algumas pessoas agem hoje... Nossa!... Mil coisas passaram pelos nossos pensamentos!... Muito obrigado, Débora! — nitidamente agradecido, sem se conter, deu um abraço emocionado na moça.

— Ora... Não fiz mais do que a minha obrigação — respondeu ela com um brilho emotivo no olhar.

— Ah! Fez sim! — afirmou Breno expressivo. — O mínimo que podemos fazer por você é levá-la para casa. Certo?

— Creio que não será possível, Breno. Agradeço de coração!

— Por que não?! Mora aqui perto?

— Não. É que... — Débora ficou sem jeito, mas precisou contar sobre o furto de seu celular e precisaria ficar ali para prestar queixa. — Depois de fazer o Boletim de Ocorrência, eu preciso avisar a operadora. Não posso ir agora. Mesmo assim, agradeço.

O rapaz mostrou-se insatisfeito e apreensivo ao olhar em volta e observar o ambiente. Aproximando-se do policial, lendo seu nome e seu posto na identificação fixada em seu peito, perguntou:

— Sargento Barbosa, será que vai demorar muito para a Débora ser atendida?

— Não sei lhe dizer — respondeu educado. — Acredito que ainda tenha três ocorrências na frente. Não há como precisar o tempo a ser usado para o atendimento de cada uma. Desculpe-me por não poder ajudar.

— É que eu e minha irmã, junto com a Cris, lógico... — sorriu — gostaríamos de levar a moça para casa. É o mínimo que podemos fazer por enquanto. Ela me contou que teve o celular furtado porque estava ajudando a minha sobrinha e...

— Verdade?!!! — espantou-se Elza por não ter ouvido o relato da jovem. Sem esperar uma resposta, considerou olhando para Débora: — Não pode ficar aqui sozinha! Veja isso! Não merece! Ainda mais depois de tudo o que fez pela minha filha! — Voltando-se ao policial, Elza pediu: — Será que o senhor não pode dar um jeitinho? O furto do celular da Débora é bem mais simples e rápido para relatar do que outros casos!

— Sinto muito — tornou o policial militar com um brando tom de lamento. Logo explicou: — Isso é do âmbito da Polícia Civil. Eu concordo que a elaboração de um Boletim de Ocorrência, tão necessário para o furto de um celular, seja bem mais rápida e creio que o delegado também pense assim. No entanto, as demais pessoas a serem levadas em conta são cidadãos com direitos iguais e o atendimento é por ordem de chegada. Perdoe-me, mas não tenho como ajudar.

Nesse instante Cris, debruçada no ombro de sua mãe, começou a reclamar de frio e pedia para comer um doce em especial. Elza e Breno queriam um meio de ajudar Débora e questionavam o policial, mas durante a conversa a garotinha começou a pedir insistentemente para ir embora e começou a chorar.

Diante disso, Débora solicitou comovida:

— Não se importe comigo, por favor. A Cris teve um dia péssimo. Ficou amedrontada e está muito tempo aqui. Esse não é um bom lugar para uma criança, como podemos ver. Vá! — disse olhando firmemente para Elza e pediu sorrindo: — Cuide bem dela. A pobrezinha deve estar tão assustada!...

— Não queremos perder contato com você, Débora! Não vou ficar sossegada em deixá-la aqui sozinha! — avisou Elza enquanto Cris resmungava continuamente em seu ombro.

A jovem abriu a bolsa, tirou um cartão e o entregou à mulher, pedindo com generoso sorriso:

— Tome. Me telefone para dizer como a Cris está, por favor! — exclamou enternecida, afagando a menininha e dando-lhe um beijo em seu rostinho. Virando-se para Breno, também lhe deu um cartão.

— Então fique com o meu cartão também! — ofereceu Breno que, rapidamente, pegou uma caneta e fez ligeira anotação no verso do cartão. Em seguida avisou: — Esse é o telefone da Elza. Assim pode falar com a Cris quando quiser.

— Eu não queria deixar você aqui — lamentou Elza novamente.

A moça a abraçou com carinho, beijou-a e se despediu a fim de apressá-la. Breno também a abraçou, agradeceu e beijou-lhe o rosto na despedida. Enfim, eles se foram.

O policial, sem saber explicar, via-se envolvido sentimentalmente com o ocorrido, mas nada demonstrou. Sua tarefa já havia sido cumprida e nem precisaria estar ali. Seu parceiro aguardava na viatura, entretanto o sargento Barbosa experimentava um travo de melancolia por deixar Débora ali sozinha.

Sem alternativa, conversou um pouquinho mais com a moça, mas depois se despediu e foi embora.

* * *

Débora estava sozinha, apesar de tantos a sua volta. Começou a acreditar que os minutos naquele lugar pareciam horas. Na sua vez de ser atendida, a moça prestou a devida queixa e rapidamente foi liberada.

Já era noite ao percorrer o corredor da delegacia que a levaria para a saída. Mais calma, decidiu ler novamente o Boletim de Ocorrência pelo furto de seu celular, parando por um instante próximo das escadarias. Por causa da iluminação um tanto fraca e de uma lâmpada defeituosa, intermitentemente irritante, Débora parou e voltou-se novamente para o corredor dando as costas para as escadas.

Ao ler o que a interessava, virou-se bem rápido, mas sobressaltou-se ao deparar com um rapaz no qual trombou. Ela cambaleou por causa do salto que usava. Ágil, ele a segurou firme não a deixando cair.

— Desculpe-me!... — pediu a moça agarrando-se nele que ainda a segurava com força, pois ela poderia rolar pelos degraus abaixo. Nesse instante, a pasta que carregava se abriu, espalhando as várias folhas e documentos pela escadaria. Equilibrando-se, resmungou baixinho e incrédula: — Ah... Não... Não!...

O moço riu sem deixá-la perceber. Rapidamente ajeitou a mochila nas costas, abaixou-se e a ajudou a pegar os papéis. Enquanto arrumava as folhas, ela o agradecia e se justificava parecendo envergonhada, mas ao encará-lo, fitando-o impressionada, Débora deu um largo sorriso ao perguntar incrédula:

— Você!... O policial da viatura que...

— Sim, sou eu mesmo. Não pensei que fosse me reconhecer.

— Como não poderia... — sussurrou de um modo que ele não ouviu. Em seguida a moça exclamou atrapalhada: — Ah!... Desculpe-me de novo sargento...

— Por favor — interrompeu-a educadamente e correspondendo-lhe ao sorriso —, meu nome é Sérgio. Quando estou de serviço, o meu nome de guerra é Barbosa.

— Mas você é sargento? Não é?! Ou eu disse errado?

— Sim, eu sou sargento. Mas me chame de Sérgio, por favor.

— Puxa! Perdoe-me, Sérgio — pediu com jeito encabulado, apesar do sorriso bonito. — Hoje eu sou o próprio desastre! E o pior é que mais uma vez eu o fiz me ajudar pegando os documentos e meu material por causa dessa maldita pasta! — riu acanhada.

— Ora... Isso não foi nada. Acontece.

— Nossa! Com a farda você fica tão diferente!

— É comum não me reconhecerem quando estou à paisana, ou melhor, em traje civil. Eu trabalho na Companhia da Polícia Militar ao lado da delegacia. — Riu de modo simples e, sem saber qual seria a reação da jovem, admitiu: — Acabei perdendo a hora de ir para a universidade e... para ser sincero... estava indo embora quando me lembrei de você. Também tive um dia cheio e...

Débora ficou encabulada, corando imediatamente, embora experimentasse um gostinho de satisfação por ouvir aquela confissão. Sem saber o que dizer, encarou-o por segundos como se algo a atraísse para aquele olhar e sorriu. Suspirando fundo, disfarçou ao mostrar:

— Veja, aqui está o Boletim de Ocorrência. Amanhã mesmo eu entrarei em contato com a operadora para avisar sobre o furto.

— Por que não faz isso hoje? — Diante do silêncio, preveniu-a: — Assim que chegar a sua casa, ligue para a operadora e peça o bloqueio imediato do aparelho. Não é bom ter um celular usado indevidamente. O principal e mais trabalhoso já foi feito, que é o registro da queixa pelo furto.

— Estou tão exausta que nem havia pensado nisso. É verdade. Você tem razão. Não vou para a universidade hoje e me sobrará tempo.

— Aceita uma carona? — ofereceu Sérgio com voz branda e um tanto receoso.

— É... Bem... — pela surpresa, a jovem titubeou sem saber decidir.

— Nós moramos relativamente perto. Não terei trabalho algum, pois meu caminho é pelo seu bairro. Meu carro está ali no estacionamento da Companhia da PM. Se quiser... — falou ele sentindo o coração acelerado e disfarçando a grande expectativa.

— Como sabe onde moro? — perguntou sorridente e curiosa.

— Esqueceu-se de que anotei os seus dados para preencher aquele talão de ocorrência atendida pela viatura na qual eu estava como encarregado?

— Esqueci! — gargalhou gostoso. — Esqueci mesmo! Por favor, Sérgio, não pense que seja um desleixo ou descaso da minha parte. Não me julgue. Isso não é comum. E hoje não está sendo um dia normal para mim.

— Não costumo julgar as pessoas — avisou, achando graça nos modos da moça. Porém, com jeitinho e um brilho especial no olhar, pediu: — Venha! Será melhor ter uma carona ou ainda pode pegar condução errada! Afinal, o dia não terminou — brincou sorridente.

Ela o olhou de um modo diferente. Sorriu, agradeceu e aceitou acompanhá-lo até o carro para que fossem embora.

Ambos sentiam que algo muito especial os envolvia, mas, naquele instante, eram incapazes de falar a respeito, pois, praticamente, acabavam de se conhecer.

Como aprendemos na Doutrina Espírita, os espíritos podem intervir no mundo corpóreo mais do que os encarnados imaginam[1].

Os espíritos, bons ou maus, inspiram os pensamentos e as ações de acordo com o caráter, a moral e os desejos do encarnado. Só se neutraliza a influência dos espíritos maus e imprudentes com o desejo no bem. E Deus permite que esses espíritos sem instrução e imperfeitos assediem os encarnados a fim de testarem a pessoa em sua fé para que passe pelas provas do mal e continue seguindo o bom caminho, como nos é ensinado em O Livro dos Espíritos. Quando as más influências atuam através do encarnado, é a pessoa quem as chama pelo desejo no mal, a começar por um simples pensamento, pois os espíritos inferiores correm para perto da criatura para auxiliá-la.

---

1 N.A.E.: Intervenção dos Espíritos no Mundo Corpóreo – em O Livro dos Espíritos – questões de 456 a 472.

Assim acontece com o desejo no que é bom. Espíritos benevolentes, sábios e elevados influenciarão e sustentarão o encarnado que tiver fé, amor e bom ânimo no bem, afastando-o da inspiração de espíritos maus. Seja qual for a situação, a prova ou expiação, havendo a fé verdadeira no bem, o mal não terá acesso.

Apesar de Débora acreditar que tudo estava sendo difícil naquele dia, seu coração bondoso a resguardou de experiências mais dolorosas.

Aproveitando de sua generosidade e misericórdia, espíritos amigos a inspiraram a cumprir com sua responsabilidade diante de uma criaturinha indefesa. Mesmo com os prejuízos aparentes como o furto de seu celular e a perda do horário para ir à universidade, a coragem que demonstrou, enfrentando o desafio de tomar uma decisão, guiou-a ao encontro de pessoas que, certamente, mudariam sua vida, para o bem ou para o mal, conforme sua livre decisão de escolha.

2

Sérgio e Débora se reencontram

Durante o trajeto para casa, Débora e Sérgio conversaram muito e descobriram que estudavam na mesma universidade.

— Sério?! — admirou-se ele quase incrédulo. — Eu curso Psicologia lá! E você?

— Jornalismo! — avisou a jovem bem entusiasmada pela coincidência.

— A universidade é bem grande, com vários blocos, talvez por isso nunca nos encontramos.

— Ah! Então é assim! Como eu, você também arrumou um jeito de cabular aula! — ela brincou descontraída.

Enquanto dirigia, Sérgio riu muito à vontade e esclareceu, aproveitando a parada no semáforo:

— Não. Foi só hoje. Detesto faltar — disse com belo sorriso ao olhá-la. — Você não imagina como está sendo difícil eu concluir essa graduação. Às vezes somos solicitados para atender ocorrências demoradas e chego atrasado à aula, quando chego. Outras, há mudança na escala de serviço e tenho de solicitar alteração ou permuta, uma troca com algum colega. Isso não é fácil! Apesar de tudo, já estou no último semestre graças a Deus!!! — enfatizou sorrindo satisfeito.

— É curioso você cursar Psicologia. Por ser um policial, seria mais interessante cursar Direito.

— Considero-me um bom policial, mas... — Ele sorriu ao admitir: — Sabe, creio que a função não seja boa para mim. Como advogado eu seria péssimo! — riu alegremente.

— Por quê? — quis saber muito curiosa.

— Acho que não tenho dom para lidar com as Leis. Costumo me preocupar com as pessoas. Fico inquieto diante das injustiças e apreensivo para ajudar, mas nem sempre isso é possível. Por essa razão decidi compreender melhor as pessoas e tentar ajudá-las de outra forma. Através de terapias pode-se fazer alguém descobrir em si forças que desconhecia ter e se melhorar, destacar-se e até se curar, conforme o caso.

— Acho que temos algo em comum — ela comentou.

— O quê?

— Eu me preocupo com as pessoas, com os seus sentimentos e a realidade dos fatos. Mas, infelizmente, para alguns profissionais da área de Comunicação e Jornalismo, as tragédias das vidas alheias viraram atrações. Muitos perderam o respeito. Falam ou escrevem sobre as pessoas sem a menor responsabilidade, fazendo acusações ou sensacionalismo, tirando a privacidade da vida alheia sem qualquer serventia útil para a sociedade. Não posso mudar o mundo, não posso mudar os profissionais, mas posso fazer a minha parte através de um trabalho limpo, vantajoso para aqueles que realmente necessitam.

— Puxa! — ele admirou. — Como é bom encontrar alguém com integridade profissional. — Ela sorriu e Sérgio perguntou: — Em que você trabalha? Alguma revista?

— Não! Quem me dera... Sou corretora de imóveis. Trabalho na área central, normalmente com locações para fins comerciais.

— Você é bem convincente. Deve ganhar bem só pelo seu modo de opinar, pois parece ter um dom natural de envolver e convencer as pessoas.

— Nem tanto — ela considerou rindo.

— Ah!!! Quem sabe você conseguiria fazer meu pai vender aquela casa?! — brincou rindo. — Não o convenço de modo algum!

— Não gosta de onde mora?

— Não. Minha família mudou-se para lá há alguns anos e até hoje não me acostumei.

— Então por que ainda mora com seus pais, Sérgio?

Olhando-a rápido, riu ao dizer:

— Policial não ganha tão bem assim. Apesar de meus vinte e oito anos, moro com meus pais para conseguir pagar meus estudos. Lógico que ajudo em algumas despesas, mas elas dobrariam se eu alugasse um lugar. Até por que, mal consigo sustentar esse carro! — brincou e riu com gosto.

— Eu tenho condições de ter um apartamento — afirmou de modo simples. — Mas moro com meus pais, duas irmãs e um irmão. Apesar de, às vezes, não suportar meus irmãos, ainda estou lá — riu.

Sérgio a ouvia atentamente, sustentando leve e generoso sorriso nos lábios bem torneados. Ele estava curioso. Desejava fazer algumas perguntas, mas acreditava não ser o momento adequado. Afinal, tinha acabado de conhecer a moça e devia ser discreto.

O rapaz admirou Débora desde o primeiro instante em que a viu assustada e bem atrapalhada segurando a menina. Ao vê-la sob forte emoção e lágrimas, observou sua sensibilidade e experimentou algo estranho quando encarou seu olhar carente que implorava por auxílio. Foi naquele instante que Sérgio precisou controlar o forte desejo de abraçá-la a fim de ampará-la e confortá-la por tudo. Sentiu como se a conhecesse há tempos.

Débora era uma moça bonita, elegantemente trajada e levemente maquiada. Parecia discreta e, ao mesmo tempo, direta em suas colocações. Tinha um corpo bem delineado, cabelos lisos pouco abaixo dos ombros e suavemente clareados, combinando perfeitamente com sua pele alva. As unhas, delicadamente pintadas com uma cor transparente, davam um toque especial em suas mãos tênues e bonitas. Na esquerda, ostentava delicado anel de ouro.

Ela era solteira. Ele sabia disso pelos dados pessoais mencionados durante a ocorrência. Muito observador, não viu qualquer aliança de noivado, o que o deixou mais tranqüilo. Entretanto seus pensamentos fustigavam para saber se a jovem tinha algum compromisso com alguém. Dificilmente uma moça bonita como aquela não teria um namorado.

Dirigindo maquinalmente, ele prestava atenção em tudo o que ela falava. Propositadamente fazia-lhe perguntas informais só pelo prazer de ouvir o som suave de sua voz na fala bem ponderada e clara. Mas uma onda de insatisfação o abateu quando ela anunciou:

— Minha rua é a próxima à direita!

Chegando ao referido endereço, ele perguntou:

— Qual é a sua casa?

— É aquela ali! Onde há uma árvore na calçada — apontou.

Sérgio manobrou e estacionou o veículo frente à bela e grande residência. Encarando-a, sorriu ao brincar:

— Pronto! Apesar de tudo, chegou a sua casa sã e salva.

Débora ficou sem palavras. Não sabia o que dizer e não tinha vontade de se despedir. Olhando-o nos olhos, experimentou a impressão de ter sua alma invadida e fatalmente atingida por uma sensação desconhecida que os dominou num profundo e sério silêncio.

Longos minutos se passaram. Sérgio tentou disfarçar o sentimento que os envolvia. Fugiu-lhe ao olhar, comentando meio tímido, sussurrando quase sem querer:

— Que estranho...

— O quê? — ela quis saber.

— É que... Sabe, posso jurar que já vi essa cena antes e...

— Isso não me surpreende — ela admitiu com voz meiga.

— Como assim? — tornou o rapaz.

Breve pausa e, em meio ao constrangimento, Débora contou:

— Quando entrei na viatura e o olhei... Bem... Senti algo tão estranho como se só você pudesse me socorrer, me entender... E ao chegarmos à delegacia, eu procurava me conter, mas implorava em pensamento que você me ajudasse. — Sorriu sem jeito, encarou-o e revelou: — Tive um dia difícil e depois de toda aquela situação complicada, daquele monte de gente que estava ali com modos estranhos, agressivos, eu não queria ficar sozinha esperando para ser atendida. Queria te pedir para ficar comigo, mas seria ridícula, pois nem sabia direito o seu nome. Porém era como se o conhecesse, como se soubesse que iria me ajudar de alguma forma, mas você precisou ir embora e eu fiquei em desespero.

— Eu só estava cumprindo com o meu dever. Desculpe-me, mas não podia ficar ali.

— Não, Sérgio! O outro policial sim estava cumprindo o dever dele. Porém você exalava algo mais humano e não mecânico para com o seu trabalho. — Ele não disse nada e Débora prosseguiu em voz branda: — Ao ficar sozinha na delegacia, tive uma sensação de insegurança, de um medo tão grande! Nenhum preconceito, é que não estou acostumada àquele tipo de ambiente e pessoas com aqueles modos e palavreados. Eu queria me sentir amparada, segura e, devo confessar, pensei muito em você. Foi como um pressentimento. Fiquei achando que o veria entrar ali a qualquer momento. Demorou demais para eu ser atendida. Estava tarde e me considerei boba por ter a ilusão de que você voltaria.

— Por que boba? — perguntou com um tom afável na voz.

— Boba... Sei lá! Talvez por desejar a sua companhia e...

— E eu voltei! Demorei por ter de atender a um outro chamado, mas voltei.

— Tomei um susto ao reconhecê-lo! — sorriu com delicadeza. — Quase não acreditei. Eu ia telefonar para o meu pai, a fim de ele ir me buscar e... Não sei por que não lembrei de fazer isso antes. Meu pressentimento se confirmou. Estou sentindo algo diferente com isso.

— É... Aqui estamos — disse sorrindo.

— Sérgio, não duvido que você já tenha visto, mentalmente, essa cena antes. Acredito nisso e em muito mais. Parece que nos conhecemos — revelou com firmeza e encarando-o, parecendo esperar uma resposta.

— Não duvido de seu pressentimento — replicou com largo sorriso. — Realmente fiquei preocupado com você naquele lugar. E nunca aconteceu de eu ficar inquieto por alguém após cumprir meu serviço. Alguns plantões, a delegacia tem um clima muito pesado e uma moça como você não está acostumada àquilo. Não consegui esquecer a situação e logo imaginei que demorariam muito para atendê-la, por isso, antes de ir embora, decidi passar lá para ver se ainda estava aguardando e se precisava de ajuda.

— Muito obrigada por tudo. É bom encontrarmos pessoas humanas e prestativas como você em momentos conturbados. E também obrigada por ter me trazido.

— Não me agradeça. Sua companhia foi um prazer.

Débora estendeu-lhe a mão para um cumprimento quando, na verdade, teve o desejo de abraçá-lo por tanta gratidão. Contudo conteve-se.

Vendo-a pegar suas bolsas, descer do carro e caminhar para o portão da requintada residência, ele suspirou fundo experimentando uma sensação melancólica quando acenou ao ir embora.

Tomado de estranha emoção, com a qual intimamente ficou insatisfeito pelo desfecho da despedida, Sérgio questionava-se sobre o motivo da jovem não lhe dar um cartão. Afinal de contas, viu-a oferecendo um para a mãe e o tio da menina perdida.

Ele havia gostado tanto dela! Pareceu-lhe tão grata pela atenção! Viu em seu olhar uma chama, um brilho expressivo nos últimos minutos em que conversaram. Entretanto ela não manifestou qualquer desejo de vê-lo novamente.

Deixando-se entristecer, o rapaz chegou à sua casa vivenciando um travo de decepção. Acreditou que uma moça tão bonita, inteligente e bem estabilizada financeiramente jamais deveria dar atenção ou se interessar por alguém como ele, que não passava de funcionário público, com um baixo salário recebido para trabalhar em favor da população.

Dominado por certa angústia, entrou em casa, beijou sua mãe e nada comentou a respeito. Explicou somente em rápidas palavras o motivo de não ter ido à universidade.

* * *

Todos já haviam terminado o jantar e Débora não parava de contar detalhes do acontecido, mas foi atalhada da empolgação.

— Passar a tarde e o começo da noite em uma delegacia!!! Andar no carro da polícia!!! Você é doida varrida!!! Onde já se viu?!!! — com deboche e ironia exclamou Emy, irmã mais velha de Débora.

— Eu não tive escolha, tá! — defendeu-se a outra irritada. — O que você faria em meu lugar?!

— Ora, minha filha! — criticou Emy em tom muito arrogante. — Problema da mãe da menina, tá! Quem mandou ser descuidada? Que ótima mãe, hein?!

— Você deveria ter me telefonado, Débora — reclamou o pai, senhor Aléssio, em tom moderado. — Não foi uma experiência agradável passar horas em uma delegacia.

— Não mesmo! — confirmou Débora. — Lá havia uma confusão a ser resolvida... Pessoas de um nível moral... Sabe, né? Também um caso de homicídio. Nossa! As pessoas tinham de prestar depoimento e demorou tanto. Até chegar a minha vez para fazer o B.O. pelo furto do meu celular...

Emy não suportou e tornou em tom de zombaria:

— Que gratidão os parentes da menina tiveram! Oh!!! Largaram você lá, sozinha, pobrezinha!

— A Débora sempre gostou de sofrer, Emy. Você ainda não se acostumou? — provocou Élcio, irmão de ambas.

— Emy e Élcio, vão se danar!!! Tá legal?!!! — gritou Débora, reagindo abruptamente. Levantando-se, concluiu: — Não sou uma inútil, incapacitada e dependente como vocês dois! Para mim vocês são frustrados, debilitados de ações, produções próprias e por isso só sabem alardear a boa vida que levam por terem um papai que os banquem!

— Olha aqui, sua!...

Débora não esperou a réplica de Élcio. Dando as costas, saiu da sala de jantar a passos firmes e rápidos.

Em seu quarto, a moça bateu a porta com força para fechá-la, demonstrando sua ira e, em seguida, atirou-se sobre a cama. Estava extremamente nervosa. Emy e Élcio tinham o dom de irritá-la.

Enraivecida, ela não suportou e começou a chorar. Apesar do prejuízo pelo celular, do susto que sofreu com o furto, da espera na delegacia onde se sentiu tão insegura, da prova que não realizou, Débora acreditava ter agido bem, conforme sua consciência mandou. Fez o que seu coração pediu. Não estaria tranqüila caso deixasse aquela garotinha ali.

Mas sua família só sabia criticá-la. A jovem duelava com os próprios pensamentos, indignados e conflitantes, até lembrar-se de Sérgio, tão solícito, educado e calmo. Nunca imaginou que um policial pudesse ser assim. Para sua surpresa, até a equipe de plantão, que trabalhava na delegacia, tratou-a muito educadamente ao lhe atender e fazer o B.O. apesar dos acontecimentos conturbados e serviço ingrato. Jamais havia precisado da ajuda da polícia.

Envolvida por energias diferentes, a bela jovem que agora estava tranqüila, permitiu que suas idéias vagassem. Era impossível não pensar em Sérgio. Admirava-o pela preocupação com ela e por se dar ao trabalho de verificar se ainda aguardava para ser atendida na delegacia. Foi uma gentil prestatividade dele, pois poderia ir embora para casa sem se importar com ela.

Acreditava já o ter visto antes. Talvez, de relance, na universidade. Era gostoso lembrar sua voz forte e ponderada, seu comportamento digno, a calma constante... Sentia como se o conhecesse há tempo, pois confiou nele sem saber a razão.

Virando-se, a moça fitou o teto e seus olhos irradiaram a chama de um envolvente desejo vindo de seu coração, enquanto sorria sem perceber. Apreciando as repetitivas recordações, adorava lembrar-se de cada detalhe de sua conversa com ele durante o caminho para sua casa.

Sérgio era um rapaz bonito, cabelo bem curto e barba escanhoada na pele morena clara, quase bronzeada. Seus olhos eram atraentes, de um verde esmeralda brilhante que fascinava com certa magia, pois ela sentiu como se não quisesse deixar de os fitar.

"É interessante estudarmos no mesmo lugar", pensava Débora sem dissipar a agradável lembrança. "Ele é tão esforçado! Que diferença... O Sérgio, um estranho, me compreendeu, não me criticou e ainda me ajudou. Enquanto minha família... Realmente, ele tem mais vocação para psicologia do que para policial. Eu deveria ter-lhe feito mais algumas perguntas, mas fiquei com vergonha... não sei o que me deu. Ah! Da próxima vez que encontrá-lo...". De imediato sobressaltou-se enervada consigo mesma: "Que droga! Como pude ser tão burra?!!! Não lhe dei um cartão e ele não tem meu telefone! Ai, Débora!!! Idiota! E agora?!".

Uma névoa de contrariedade envolveu-a. Irritada, sentou-se na cama e murmurou:

— Puxa! Eu queria tanto encontrá-lo novamente.

Chamada à razão pelos próprios pensamentos, repreendeu-se:

"Ai, ai, ai, Débora! E se o Sérgio tiver algum compromisso? Ele disse que mora com os pais, mas pode ser casado ou então noivo." Forçando recordar-se, prosseguiu: "Não... acho que não o vi de aliança. Mas a falta da aliança não quer dizer ausência de compromisso com alguém. Deixe-me ver... Não, ele não tinha aliança ou anel... Quando segurava o volante, vi que suas mãos eram bem fortes! Reparei na roupa bem alinhada, no tênis... Ah! Ele falou que pagava os estudos e mal podia sustentar as despesas com o carro! Não deve ser noivo, talvez só namore. Ele é tão bonito! Aliás, deve malhar muito em alguma academia ou mesmo no quartel, pois tem um físico tão torneado! Mas que droga!!! Como vou encontrá-lo agora?! Seria ridículo eu ir lá onde ele trabalha. Parecerei muito vulgar. Procurá-lo na universidade?! Seria trabalhoso e qual desculpa eu daria? Ai, Débora, sua imbecil!". Ofendia-se por não encontrar uma solução.

A voz de Yara, sua irmã caçula, tirou-a daquelas reflexões:

— Débora! Telefone! Atende aí!

"Nossa! Nem ouvi tocar!", surpreendeu-se em pensamento.

Por fim respondeu:

— Pode deixar! Obrigada!

Débora foi surpreendida por Breno, tio de Cris.

— Olá, Breno! Que surpresa!

— Estávamos preocupados com você. Desculpe-me por ligar a essa hora, mas não dormiria sossegado se não tivesse notícias suas.

— Não se preocupe. Deu tudo certo — avisou a jovem com simpatia no tom de voz.

— Não queríamos deixá-la só na delegacia, mas...

— Ora! Eu sei. Nem precisa se explicar. — Logo perguntou: — E a Cris?

— Dormindo feito um anjo! A Elza ligou agora dizendo que a Cris tomou um banho, jantou e dormiu rapidinho! Ah! Meu cunhado ficou muito grato pela sua atitude com a Cris. Será um prazer darmos um celular novo para você!

— Não! De jeito nenhum! — exclamou ela.

— Nada pagará sua atenção, seus cuidados e sua generosidade, mas é o mínimo que podemos e fazemos questão! — insistiu Breno com extrema amabilidade.

— Por favor, não. Eu ia mesmo trocar aquele aparelho.

Ela estava decidida em não aceitar o presente. Entretanto foi difícil convencer Breno sobre sua opinião e encerrar o telefonema de forma educada, pois ele era persistente, mas conseguiu.

Cansada, exausta, lembrou-se de ligar para a operadora e avisar sobre o furto ocorrido.

Ao deitar-se para dormir, ainda experimentava uma sensação de frustração ao pensar que seria difícil ver Sérgio novamente. Ela não sabia explicar aquele sentimento de atração que experimentava. Lembrar-se dele era prazeroso! Extenuada, rapidamente conciliou o sono enquanto pensava nele.

* * *

No dia seguinte, o sol frio daquela manhã de outono invadiu o quarto quando Débora abriu a janela. Não havia agendado muitos compromissos para aquele dia e poderia chegar mais tarde ao serviço, planejando ir trabalhar com seu carro.

Embora pertencesse a uma família bem estruturada financeiramente, a jovem fazia questão de trabalhar, levantar cedo e sempre se ocupar com coisas úteis.

Nos últimos tempos, desejava sair daquela casa para morar sozinha, abandonando a proteção e qualquer dependência material de seus pais. Apesar de acreditar ser madura para tal responsabilidade, não entendia a origem do medo para tomar essa atitude. Algo apertava seu coração ao pensar nisso.

Refletindo sobre várias coisas, ela tomou um banho, vestiu-se impecavelmente como sempre e, antes de fazer o desjejum, arrumou suas coisas pegando o material de que precisaria para levar à noite à universidade. Procurando a agenda com o telefone de suas amigas do curso de graduação, repentinamente, ficou assombrada e inquieta ao descobrir que sua pasta, motivo de tanto transtorno e trabalho no dia anterior, não estava ali.

— Meu Deus! A agenda! Os contratos assinados pelos locadores! Os documentos que... Ah, não! O meu trabalho da faculdade!!!

Incrédula, procurou a pasta em suas bolsas, sobre a escrivaninha, atrás do computador, sob os livros e outras pastas, mas não a encontrou. Tinha certeza de ter ido direto para o seu quarto ao chegar à noite anterior. Lembrou-se de só poder tê-la esquecido no carro de Sérgio. Sentiu-se em apuros, pois tudo de que precisava estava naquela pasta.

Repentinamente, foi interrompida por suaves batidas à porta de seu quarto. Ao abri-la, deparou-se com a empregada, avisando:

— Débora, tem um rapaz lá no portão te procurando. Ele se anunciou pelo interfone. Disse que se chama Sérgio e está com uma pasta tua. Vai atender esse moço?

— Pelo amor de Deus, Iolanda!!! — praticamente gritou. — Faça-o entrar! Eu... Eu estou acabando de me arrumar! Vai lá correndo, vai! — falou com dengo, segurando a mulher pelos ombros, fazendo-a virar e dando-lhe um empurrãozinho. Avisando: — Estou indo!

A empregada riu e obedeceu. A moça voltou à frente do espelho procurando algum detalhe em sua imagem que poderia comprometer sua elegância. Ajeitou novamente os cabelos, dando-lhe um toque natural e retocou o batom. Esborrifando uma colônia no ar ficou sob o orvalho da suave fragrância que caía. Olhou-se de perfil no espelho e, finalmente, saiu do quarto.

Chegando à sala de estar, notou certo constrangimento em Sérgio, talvez pelo requinte do interior da casa, da elegante e moderna decoração.

— Olá, Sérgio! — expressou-se com verdadeira alegria. — Bom dia! Tudo bem?!

— Bom dia, Débora! Estou bem e você?

— Melhor agora! — eufórica e emocionada por vê-lo, respondeu impensadamente. Seu rosto corou imediatamente e, envergonhada, tentou corrigir-se, mas gaguejou: — É... Bem... Puxa! Eu estava feito louca procurando essa pasta... Imaginei que tivesse ficado com você... Quero dizer, em seu carro. E... como eu poderia encontrá-lo?

Ao vê-la embaraçada com as palavras, ele ofereceu largo sorriso, estendeu-lhe a pasta e contou:

— Ao fechar o carro ontem à noite, eu vi que a esqueceu no banco de trás. Não tinha como avisá-la, por isso vim cedo, pois acreditei tratar-se de um material importante.

— E como é importante! Ah! Perdoe-me por mais esse trabalho. Não imagina como me ajudou novamente.

A moça ficou petrificada diante do rapaz. Seus olhos novamente se fixaram por longos segundos e o silêncio imperou até a empregada interrompê-los:

— Com licença? — pediu educada. — A senhora quer que eu sirva um café?

— Não! Quero dizer... — atrapalhou-se. — Ai, Sérgio, me desculpe. Nem pedi para se sentar... Mas... É assim... — Ele sorriu vendo-a incapaz de organizar as idéias. Sabia a razão daquela dificuldade de expressão, pois também se sentiu inebriado durante aqueles segundos em que se olharam. Débora respirou fundo, riu e falou: — Bem... Faço questão que tome café comigo, por favor. Depois de tudo o que fez por mim, não pode recusar. Vamos ali para a mesa já posta? — propôs apontando para o outro recinto.

O rapaz não esperava por aquele convite. A certa distância, havia reparado uma grande mesa bem posta para o desjejum, por isso, um tanto constrangido, avisou:

— Oh, Débora... Desculpe-me decepcioná-la, mas já me alimentei em casa e...

— Então, aceite só um cafezinho! Já está pronto. A Iolanda nos servirá aqui mesmo. Sente-se, por favor! — pediu generosa, apontando para o sofá.

Ele sorriu satisfeito e, educado, respondeu ao se sentar:

— Se for um cafezinho, eu aceito!

A empregada entendeu o olhar de Débora. O quanto antes a mulher providenciou delicadas xícaras de porcelana sobre linda bandeja de prata deixada na mesa central da sala, pois, ao sutil sinal da moça, entendeu que ela fazia questão de servi-lo. E enquanto apreciavam a bebida fumegante, o simpático rapaz perguntou:

— Avisou a operadora de seu celular sobre o furto?

— Ah, sim. Ontem mesmo, mas preciso enviar uma cópia do B.O. Liguei logo após ter falado com o tio da Cris.

Certa decepção abraçou o coração de Sérgio naquele segundo, mas disfarçou bem e falou em seguida:

— Percebi você muito comovida com aquela menininha. Aliás, quem não ficaria, não é? Sabia que telefonaria para ter notícias dela.

— Emocionei-me sim, mas não liguei. O tio e a mãe estavam preocupados comigo, e ele telefonou.

O silêncio pairou inebriante até Sérgio terminar de beber o café e anunciar:

— Foi ótimo saber que você está bem. Agora que já tem sua pasta e roubei um pouco de seu tempo, preciso ir — falou, estampando lindo sorriso.

— É uma pena. Sua companhia é bem agradável, mas entendo... Precisa cumprir o horário.

— Na verdade, hoje estou de folga — comentou, levantando-se. — Porém tenho de ir até a companhia onde trabalho para resolver um assunto administrativo. Tenho o dia todo para isso, mas não devo ser o motivo de seu atraso para ir trabalhar.

— Não tenho hora para chegar ao serviço. Minha agenda está tranqüila. Só preciso entrar em contato com algumas colegas para saber como ficou o trabalho a ser entregue ontem... — Sorriu animada, com um brilho no olhar ao dizer: — Quem sabe, à noite, nós nos encontremos lá na universidade!

— É... Quem sabe... — Sérgio pensou rápido, dissimulou qualquer interesse e perguntou: — Vejo que está arrumada para ir trabalhar e eu estou indo para o centro da cidade. Quer uma carona?

Com entonação suave na voz e nítida expressão de felicidade, Débora respondeu:

— Lógico! Se não for incomodá-lo...

— Claro que não! Pegue suas coisas e... — brincou — troque de pasta! Ela sorriu gostoso ao responder:

— Sem dúvida! Só um minuto! Você me espera?

— Não tenho pressa. Pode até tomar seu café da manhã sossegada.

— Não! Hoje estou sem fome. Sente-se. Não vou demorar — avisou, indo para seu quarto.

Sérgio acomodou-se novamente e sorria em seu íntimo, sentindo-se extremamente feliz por ela tê-lo tratado tão bem e aceitar seu convite. Poucos minutos passaram e a moça retornou à sala, pedindo animadamente:

— Vamos?! Estou pronta!

— Sim! Vamos — respondeu ao levantar-se e admirá-la discretamente.

Sérgio não conteve a satisfação de tê-la ao lado e, ao entrarem no carro, ele perguntou:

— Posso dizer uma coisa? — Encarando-a, invadindo-lhe a alma através do olhar, o que a deixou muda, o rapaz falou em tom grave e emocionado, sem perder a oportunidade de vê-la em silêncio: — Você está muito bonita, Débora! Além disso, é tão meiga... Tem um sorriso cativante que impressiona e atrai. — Vendo-a com a respiração represada e sem resposta, Sérgio arriscou, sem demora, pois não queria se iludir. Desejava saber, era tudo ou nada, por isso argumentou: — Seu namorado não deveria deixá-la pegar carona, mesmo com amigos da universidade.

Fitando-a firme, ele observou seu belo rosto alvo enrubescer e, com um leve tremor na voz baixa, Débora comentou parecendo envergonhada:

— Não tenho namorado.

Ele não disse nada. Olhou-a de uma forma diferente ao contemplá-la e ofereceu largo sorriso ao experimentar uma felicidade sem igual. Depois, ligou o carro e seguiu conversando sobre outros assuntos.

Apesar de manter as aparências, Débora ainda trazia uma inquietude pelo fato de ele tê-la deixado constrangida com a argumentação. Ninguém a fazia perder as palavras daquela forma. Sabia dominar seus sentimentos em toda situação. Entretanto jamais experimentou aquela sensação em que Sérgio invadiu-lhe o íntimo, parecendo saber de seus sentimentos e pensamentos com uma habilidade a qual dificilmente ela poderia explicar com palavras.

Chegando ao destino, Débora ofereceu-lhe um cartão com seus telefones, lembrando-o sobre o fato de o número do celular estar desativado.

Ele, por sua vez, também forneceu o número do telefone de sua residência e endereço. A jovem demonstrou-se feliz. Agradeceu a carona e pensou ligeira. Encorajou-se e, sem que ele esperasse, beijou-lhe o rosto segurando-lhe a nuca com delicado carinho, quase um afago. Sorrindo em seguida, como se tivesse feito uma molecagem. Ia descendo do veículo, quando Sérgio se curvou e, rapidamente, segurou-a levemente pelo braço, chamando-a:

— Débora!... — Ao ver seu rosto reluzente e sorrindo virar com expectativa, ele a soltou como se fizesse suave afago no braço e perguntou: — Talvez possamos ir juntos à universidade hoje. A que horas eu poderia vir pegá-la aqui?

Titubeando por segundos, ela questionou:

— Por volta das cinco horas você estará em sua casa?

— Sim. Por quê?

— Não sei a que horas vou deixar o serviço hoje e... Posso te ligar avisando?

— Lógico que sim! — afirmou animado. — Vou aguardar.

— Até mais então... — despediu-se com expressiva satisfação ao descer do carro.

Sérgio suspirou fundo e vagarosamente enquanto a observava caminhando. Ele parecia imerso em um sonho e, quando menos esperava, a jovem olhou para trás e acenou. Sobressaltando-se, ele retribuiu de imediato. Ao vê-la entrar na empresa onde trabalhava, o rapaz passou as mãos pelo rosto, sorriu incrédulo e seguiu.

3

Dificuldades em família

No final da tarde, estampando um semblante bem feliz, Débora pareceu resplandecer ao reconhecer os nobres traços do rosto de Sérgio, que a procurava em meio ao movimentado centro financeiro da cidade de São Paulo onde haviam marcado de se encontrarem.

Ao se depararem, o rapaz a beijou no rosto. Sorrindo de modo alegre e cristalino, falou bem descontraído:

— Não encontrei lugar para estacionar aqui. Teremos de andar um quarteirão. Desculpe-me.

— Desculpe-me você, por eu ter telefonado mais cedo do que o combinado.

— Débora, dê-me essa pasta antes que você a jogue ao chão! — brincou. — Será difícil apanhar tantos papéis em meio a esse movimento de pessoas e o vento. — Pegando a pasta, continuou no mesmo tom: — É que crianças deixam as coisas caírem à toa! Você sabe... — ele riu ao dizer aquilo propositadamente para provocá-la.

— Ah!... Mas que ousadia! — replicou a bela jovem correspondendo à brincadeira. Enquanto andavam, continuaram conversando até ela comentar: — Depois de telefonar para você, eu me arrependi.

— Por quê?

— Ah!... Ainda é cedo!

As pessoas que passavam por entre eles atrapalhavam o diálogo. Aproveitando-se desse fato, Sérgio pegou a delicada mão de Débora, dizendo:

— Com licença — Dessa forma, enlaçou-a em seu braço, para não se separarem, e avisou: — É preciso segurar firme as crianças para não se perderem.

A jovem riu gostoso e, com toda a liberdade, recostou-se nele como se o conhecesse há tempo. Num gesto mimoso e em meio ao riso, ela continuou encostada em seu braço por algum tempo enquanto andavam. Sem perceber sujou-lhe a blusa com seu batom.

— O que ia dizendo sobre eu vir mais cedo? — tornou ele.

— Você não precisaria chegar tão cedo à universidade. Eu deveria esperar e ligar mais tarde.

— Ah... O que é isso? Eu estava sem fazer nada. Continuaremos a fazer nada juntos, certo? — falou de modo alegre, olhando-a com admiração e reparando em seu jeito meigo.

Débora sorriu novamente. Não demorou muito e chegaram até o carro estacionado. Gentil, o rapaz abriu a porta para ela entrar, contornou o veículo e, acomodando-se no banco do motorista, perguntou antes de saírem:

— Conseguiu falar com suas colegas sobre o trabalho em grupo?

— Ah, sim! Minhas amigas são ótimas! Bem, não sou do tipo que se acomoda nos trabalhos em grupo, participo bastante e elas sabem disso. Então, fizeram tudo, colocaram o meu nome e entregaram.

— E a prova que perdeu? — tornou ele.

— Terei de pedir uma substitutiva. Falarei com o professor hoje.

— O que acha de irmos à lanchonete perto da universidade?

— Ótimo! Tudo bem! — concordou ela satisfeita.

Ao lado da prazerosa companhia, Sérgio procurou sair dali o quanto antes.

Conversando bastante nem perceberam o caminho. Logo depois, o casal ocupava uma mesa e tomava um refrigerante em uma lanchonete próxima da universidade. No local havia vários estudantes. Os dois falaram sobre várias coisas, quando Débora disse bem extrovertida:

— Gostaria de saber um pouco mais sobre você!

— Não é para o jornal da universidade, é? — quis saber em tom alegre e descontraído.

— Imagine!... Lógico que não.

— Bem... Acabei de completar vinte e oito anos, sou solteiro, sem compromisso, funcionário público, insatisfeito com meu salário... — riu com gosto. — Moro com meus pais, tenho dois irmãos mais velhos e... Deixe-me ver... Ah! Faço o curso Psicologia e tenho muitos planos e metas para atingir. — Encarando-a de modo a invadir-lhe a alma, falou baixo, em tom brando e generoso: — Neste momento estou em companhia de uma linda moça e... Sabe... ela é especial! É alguém que eu gostaria de conhecer um pouco mais! — oferecendo belo sorriso, aguardou.

Débora sentiu o rosto aquecer imediatamente. Encabulada, sorriu com doçura ao afirmar:

— Você sabe como me deixar envergonhada e me fazer perder a fala, hein!...

Frente à moça, Sérgio colocou os cotovelos e as mãos levemente entrelaçadas sobre a mesa. Aproximou-se mais, perguntando com fala ponderada e séria, enquanto continuava com o mesmo olhar:

— O que quer saber de verdade?

— Como assim?...

— Bem... A pergunta foi sua, Débora — sorriu ele.

— Puxa... Você me deixou sem graça novamente. Apesar de responder tudo educadamente, você o fez em forma de relatório ao falar de uma vez.

— Desculpe-me. Talvez seja por força do hábito. Não tive a intenção de constrangê-la. Quis ser gentil.

— Você foi gentil. O que quis dizer com a expressão: força do hábito?

— Débora, eu entendi que você quer conhecer meu perfil psicológico, ou seja, a maneira de eu reagir em determinadas situações e o modo como me relaciono com as pessoas. Posso ser sincero? — Ao vê-la acenar positivamente com a cabeça, ele correspondeu ao sorriso e continuou: — Você estava supercuriosa para saber algumas informações pessoais a meu respeito, assim como eu hoje cedo. Isso é normal! — falou animado. — Por isso dei um jeitinho e falei tudo o que mais queria saber e de uma só vez. Esse tipo de interesse acontece com mais intensidade, principalmente por saber qual é o meu trabalho. — Ela não disse nada e ele prosseguiu: — Acredito que nunca conheceu nem teve um amigo policial militar. E quanto a dizer que respondi por força de hábito, refiro-me à forma mecânica e rápida como faria em meu serviço. No militarismo, muitas vezes, é preciso ser prático, frio e objetivo. Sei que isso não parece humano... Entende? Por essa razão, tenho certeza de que não me enquadro nessa função.

— Então por que entrou para a polícia, Sérgio?
— O meu pai é policial militar reformado e...
— O que é reformado? — questionou de imediato.
— Perdoe-me — suspirou fundo e sorriu sem jeito. — Tão habituado ao meio, esqueço-me e uso termos militares. Reformado substitui aposentado. Então... Meu pai é PM aposentado. Meus dois irmãos são PMs também e estão na ativa, ou seja, ainda trabalham. — Pensou por segundos e foi verdadeiro ao revelar: — Bem... Entrei na polícia por falta de alternativas. Sabe... minha mãe era enfermeira, mas com quatro filhos precisou deixar o emprego, a fim de cuidar da casa e de nós...
— Mas você disse que tem dois irmãos ou eu ouvi errado? — lembrou-se, atenta.
— Sim, tenho mesmo. O Marcílio é meu irmão mais velho, casado e tem dois filhos. Depois o Tiago, solteiro e quem eu tenho de aturar para dividir um quarto — riu ao avisar —, estou brincando, nós dois nos damos muito bem. — Mais sério, continuou: — Depois meus pais tiveram a Lúcia e eu. Mas minha irmã morreu há um ano e meio.
— Perdoe-me — falou sentida. — Eu não podia imaginar.
— Tudo bem — argumentou ele, disfarçando um forte sentimento sem que a moça percebesse. Em seguida contou: — As despesas eram muitas e meu pai não poderia pagar meus estudos nem de meus irmãos, por isso eu os concluí em escola pública, entrei na polícia e fiz cursos até chegar a uma graduação satisfatória, a de sargento. Economizei o que pude até entrar para a universidade.
— Que bacana! Você é um lutador! Seria fácil se acomodar e culpar a vida por não conseguir alguma coisa.
— Eu penso assim: tenho de começar a fazer algo e me transformar agora para estar melhor daqui a alguns anos. Se eu fizer nada por mim hoje, serei e terei nada daqui a alguns anos. Concorda?
— Lógico! Sem dúvida!
— Sabe... eu não quero ser como o meu pai e meus irmãos. Acho a vida deles bem limitada, dependente do serviço público e... — calou-se e suspirou fundo.
— Parece que não quer depender de ninguém, não é Sérgio? — observou com simplicidade.

— Não pense que sou orgulhoso. Tenho uma maneira diferente de planejar a vida. Aliás, não me acho nada parecido com a minha família. Há tanta diferença entre nós!

— Eu sinto a mesma coisa com relação à minha família! — disse ligeira. — Também sou a terceira filha entre quatro irmãos. A Emy e o Élcio são os mais velhos, depois eu e a Yara é a caçula. A Yara é neutra em tudo, adolescente ainda. Porém a Emy e o Élcio fazem da minha vida um inferno por eu não pensar ou agir como eles! E meus pais nunca se manifestam em minha defesa!

— O que os leva a essa incompatibilidade? — Observando-a oferecer meio sorriso ao girar o copo de refrigerante entre as mãos. Ele se interessou, curioso: — Eu perguntei algo errado?

— Não! De forma alguma — tornou ela. E entre o riso, falou: — É que... Ai! Você vai zombar de mim!

— Por quê? — questionou no mesmo tom.

— Sérgio, eu sempre pensei em procurar um psicólogo para entender melhor o que vivo, sinto e os conflitos inevitáveis com meus irmãos com os quais eu tento, tento e tento me segurar... Contudo não suporto e revido as agressões verbais, depois me sinto tão mal por fazer isso. Acreditei que procurar um psicólogo demonstraria assumir certo desequilíbrio da minha parte. E... Veja a ironia do destino!... Estou falando com você como se estivéssemos em uma terapia — disse com graça.

Sérgio sorriu e explicou:

— Débora, sinto muito em decepcioná-la, mas os préstimos dos psicólogos e a busca de terapias jamais são procurados por pessoas desequilibradas. Muito ao contrário! Aqueles que admitem soluções para seus problemas ou dificuldades, buscando entendimento, harmonia e um melhor jeito de lidar com o que experimentam ou sofrem, são justamente as pessoas equilibradas.

— Como pode garantir isso? — perguntou mais séria.

— Você já viu um alcoólatra irrecuperável admitir que seja alcoólatra? Um viciado irreversível dizer que é dependente químico? Garanto que isso é pouco provável. Essas pessoas são doentes e estão presas em seus vícios de tal forma que não conseguem enxergar e admitir a realidade a ponto de procurar ajuda. Muitas vezes se fazem de vítimas e acusam os outros de não compreendê-las. Consideram-se auto-suficientes e não admitem o vício doentio, pois acreditam poder parar a qualquer momento com o que as escravizam sem a ajuda de profissionais ou grupo de apoio. Isso é desequilíbrio. — Ao vê-la refletindo, concluiu: — Você sabia que de cada cem pessoas alcoólatras que assumem a dependência, buscam ajuda e fazem tratamento, menos de quarenta conseguem êxito depois de um ano? E dos sessenta que desistiram, menos de vinte retornam para buscar ajuda? E bem poucos desses vinte persistem?...

— Nossa! Eu não sabia disso!

— Entre todas as cem pessoas que admitiram a dependência, procuraram auxílio e se propuseram ao tratamento, dentro da área clínica, dizemos que essas são conscientes. Aquelas em torno de quarenta, mais ou menos, que prosseguiram na terapia e seguiram cada um dos doze passos, apesar de toda luta a interior e sacrifício, são as conscientes, persistentes e equilibradas. As que retornam são as determinadas a alcançar o fim de seus objetivos. As que desistem definitivamente voltam a crer na possibilidade de serem auto-suficientes, são as acomodadas. Contudo todas aquelas que procuram uma ajuda profissional são pessoas conscientes e que não desejam continuar experimentando determinados problemas, dificuldades, angústias, dúvidas, baixa auto-estima. Querem justamente se livrar do que as incomoda a fim de viverem em harmonia consigo mesmas. Elas se libertam para uma evolução pessoal saudável, um crescimento espiritual digno, compreendendo e se integrando com os quais precisam e desejam conviver sem atritos, sem agressões de qualquer tipo, sem auto-agressão ou autoflagelação. — Oferecendo uma pausa, vendo-a atenta e pensativa, o rapaz desfechou em tom brando: — Uma coisa é terapia, outra é amizade ou coleguismo. Neste momento não estou sendo terapeuta. Como disse no início, eu gostaria de conhecê-la. Estamos conversando...

Débora encarou-o com largo e belo sorriso ao admitir:

— Eu desconhecia tudo isso. Obrigada pela explicação e exemplo. Nunca pensei por esse ponto de vista. — Breve silêncio e contou: — Bem... Sabendo um pouquinho sobre você, posso falar de mim... — Riu e continuou: — Como disse, às vezes acho que não pertenço à minha família. Sempre tivemos uma vida privilegiada. Fomos criados pelas babás e estudamos nas melhores escolas. Meus pais são advogados. Minha mãe finge se interessar pela profissão só para fugir dos assuntos da família. O meu pai tem uma grande empresa que presta assessoria jurídica ampla: contábil, fiscal e civil para muitas companhias e empresas de considerável porte. Além disso, ele realiza serviços de despachante alfandegário para liberação de importações e exportações. O Élcio e a Emy se formaram em direito e, em minha opinião, trabalham com meus pais para terem onde se ancorar. A Yara não sabe o que quer da vida e só faz cursinho. Na verdade não sei descrevê-la. Por insistência do meu pai eu comecei a fazer Direito e detestei. Nem tinha dezoito anos ainda! Parei antes de terminar o primeiro semestre. Comecei a fazer Administração de Empresas e não me adaptei. Decidi e me adeqüei ao jornalismo. — Breve pausa e exclamou: — Nossa!!! Como me criticaram!!! A propósito, minha família me censura em tudo!!! Com exceção da Yara.

— Inclusive por você trabalhar — intrometeu-se com leve riso.

— Como você sabe disso?! — Sem esperar por uma resposta, contou: — Meu pai não se conforma em me ver trabalhando como corretora de imóveis! Entretanto tenho o maior orgulho do que faço, pois é um enorme prazer não viver da mesada dele igual aos meus irmãos.

— Mas, se você trabalhasse na empresa de seu pai, não estaria recebendo mesada pelo fato de prestar um serviço, certo?

— Errado! Conheço bem aquela empresa. Tenho até medo de conhecer mais... — Ficou com olhar perdido, mas logo falou: — Sei muito sobre as atribuições de meus irmãos. Ali tem muita coisa errada e... Não posso concordar. Meus irmãos não fazem absolutamente nada! Só assinam alguns papéis para somarem número de advogados atuantes, engrandecendo os préstimos da empresa, mas as realizações dos serviços passam longe deles. Por eu trabalhar, procurando não depender do meu pai para tudo, os dois me ridicularizam e meus pais se calam parecendo coniventes, dando-lhes apoio! Entende? — Sérgio pendeu com a cabeça positivamente e ela prosseguiu: — Você acredita que minha mãe veio conversar comigo e me perguntou se eu não estava com inveja da Emy e do Élcio?!

— Por que ela perguntou isso?

— Certamente por eu não agüentar mais as chacotas e o desrespeito deles para comigo e revidar à altura quando começam a me ridicularizar. Fiquei tão magoada com a minha mãe... — Um pouco de silêncio, misto a um olhar de melancolia, e desabafou: — Meus pais nunca me valorizaram... O meu pai nunca me amparou ou me protegeu...

Os belos olhos castanhos de Débora se empossaram nas lágrimas que tentou, desesperadamente, deter ao olhar para o alto sem encarar Sérgio. De início, ele não podia entender, mas um tormento angustioso tomou conta de seu coração por não desejar vê-la sofrer.

Como explicar tal sentimento, se mal a conhecia?!

Inquieto e impulsivo, por sobre a mesa que os separava, ele estendeu os braços e afagou as delicadas mãos da jovem, colocando-as entre as suas. Envergonhada, ela abaixou a cabeça, escondendo o rosto entre os cabelos e chorou em silêncio. Sérgio se levantou, sentou-se ao seu lado e a abraçou, aconchegando-a ao peito enquanto afagava-lhe suavemente os cabelos. Ele não disse nada e ela chorou um pouco escondendo o rosto discretamente com uma das mãos enquanto a outra o envolvia. Minutos passaram e ela procurou se recompor desculpando-se ao se afastar um pouco:

— Acabo de conhecê-lo e... Ai! Que droga!... Detesto chorar — murmurou. Após suspirar fundo, pediu: — Perdoe-me, Sérgio... É que... Nos últimos tempos tem sido difícil eu tolerar tudo o que acontece lá em casa e... Venho descobrindo algumas coisas daquela empresa que...

Débora se calou e não erguia o olhar, secando o rosto com as mãos. Aguardou o longo silêncio, observando-a e acariciando-lhe suavemente as costas ao dizer:

— Não tem motivo para pedir perdão, Débora.

— Você não é obrigado a ouvir minhas lamúrias.

— Caso isso me incomodasse, eu arranjaria uma desculpa para ir embora, certo? — Ela deteve as lágrimas e as palavras, e ele questionou parecendo adivinhar sua vida: — Há quanto tempo não sai, não namora e não se diverte? Não passeia, não viaja nem conversa com algumas amigas sobre futilidades?...

— Por que me pergunta isso?!

— Essas atividades, desde que praticadas de forma saudável, fazem bem para a mente, relaxam... Apesar de você apresentar-se bem disposta e alegre, vive tensa, quase triste, mas disfarça bem, não é? — Com os olhos avermelhados, Débora virou-se, encarou-o sem dizer nada e fitou-o longamente com expressão indefinida. Não sabia o que dizer, pois ele falou a verdade. Arrependido, afagando-lhe rapidamente o ombro, pediu: — Desculpe-me... Eu não tenho o direito de invadir sua privacidade ou...

— Espere. Tem toda a razão. Estou entendendo o motivo de minha tensão. Acho que fico tanto tempo presa, com pensamentos inúteis nas críticas feitas por eles... Acabo me aborrecendo, não me desligo do que me disseram e crio tormentos inúteis em vez de soluções.

O casal não esperava, quando um vulto chamou-lhes a atenção e se voltaram para o lado vendo uma bonita jovem parada, sorrindo e aguardando. Débora dissimulou e sorriu ao cumprimentá-la com um beijo:

— Oi, Rita! Tudo bem?!

— Oi! Tudo jóia e você?! — correspondeu animada.

— Bem! — Sem demora Débora apresentou: — Rita, este é o Sérgio. Sérgio, esta é a Rita, minha colega de classe e melhor amiga!

— Prazer! — exclamou alegre, dando-lhe um beijo no rosto.

— O prazer é meu! — Retribuiu o rapaz, levantando-se e propondo: — Por favor, sente-se conosco! Estamos esperando o horário...

— Ah, não! Obrigada! Fiquem à vontade! — tornou Rita sorridente. — Eu só quero um segundinho da Débora! — Voltando-se para a amiga, estendeu-lhe algumas folhas e explicou: — Dé, aqui está uma cópia do trabalho de ontem...

— Ah! Obrigada! Se não fossem vocês!...

— Que nada! Você já fez tanto pela gente! Mas... Só preciso de um favorzinho — explicou ligeira. — Hoje nem vou entrar, mas tenho de entregar este resumo. Poderia me fazer esse favor, Dé? — perguntou, estendendo-lhe uma pasta ao chamá-la pelo apelido carinhoso.

— Deixa comigo! — expressou-se Débora, pegando a pasta.

— Obrigadão! Tá! — agradeceu Rita dando-lhe um rápido beijo no rosto e avisou: — Agora preciso ir. Prazer em conhecê-lo, Sérgio! Tchau, tchau! — exclamou após beijá-lo novamente e se afastar, ao tempo em que fazia gracioso aceno com a mão.

Sentado ao lado de Débora que disfarçava os suaves tremores pela brisa fria e úmida, Sérgio perguntou:

— Tem certeza de que não quer comer nada, mesmo?

— Não, não... Obrigada.

— Quer entrar? Está...

— Sérgio — ela o interrompeu e foi bem direta —, gostaria de não perder sua amizade. Creio que ninguém goste de ver os outros chorando por ninharias e ainda ouvir problemas... Acho que não teve uma boa impressão a meu respeito e...

— Ei, Débora!... — expressou-se num murmurinho vivo e alegre ao sorrir. — Pare de se punir, de se julgar ou se criticar e tentar prever a opinião dos outros. Já pensou que você pode estar bem errada com esse tipo de condenação e julgamento?

— Acho que estou precisando de um psicólogo — riu com meiguice.

— Quer ser minha cobaia?! — correspondeu, brincando do mesmo jeito. — Preciso de voluntárias para a aplicação de alguns testes para meu trabalho de conclusão de curso.

— Gostei da idéia! Vamos combinar isso direitinho!

Vendo-a iluminar novamente pelo belo sorriso, ao se levantarem, e percebendo-a tentar aquecer os braços com as mãos, ele perguntou:

— Quer meu suéter? Ficará grande, mas não sentirá frio.

— Não, não... Obrigada. A sala de aula é quente — disse educada.

— Jogue-o nas costas. Aceite — insistiu enquanto caminhavam.

— Não é preciso — Mudando rapidamente o assunto, ela perguntou: — Quer ver onde é minha sala?

— Ah! Quero sim! — Sem que a jovem esperasse, ele avisou: — Preciso saber onde pegá-la e a que horas.

— Não vai se dar ao trabalho de me levar para casa, vai? — perguntou com pensamentos repletos de desejos positivos.

— Se fosse trabalho, não iria me candidatar! Agora, vamos!

Ele pôde sentir o vento cortante e inesperado. Ao vê-la com seus materiais nas mãos e encolhendo-se, tornou a oferecer sua blusa, mas Débora recusou parecendo constrangida. Diante da educada recusa, o moço sobrepôs o braço em seus ombros, envolveu-a e recostou-a em si a fim de aquecê-la. A jovem não disse nada, deixando-se agasalhar daquela forma e ser conduzida.

* * *

Ao término das aulas, conforme havia combinado, Sérgio se encontrou com Débora e dessa vez, por não resistir ao frio, ela aceitou rapidamente o suéter de lã que ele novamente ofereceu.

Satisfeito, o rapaz a deixou em casa. Durante o trajeto conversaram muito e se conheceram um pouco mais. Antes de descer do carro, Débora fez questão de devolver-lhe o suéter, pois achava que ele estava com frio e não queria vê-lo ir sem vestir a blusa.

* * *

Era bem tarde quando Sérgio chegou a sua casa. Estava animado como há muito não se via. Ao entrar, cantarolava baixinho, quase num murmúrio. Alegre, jogou as chaves do carro para o alto num gesto de brincadeira, apanhando-as em seguida, sorrindo sozinho.

Sem perceber, era observado por sua mãe, dona Marisa. A mulher estava sentada à mesa da cozinha, expressando-se aborrecida por esperar o filho. Sérgio surpreendeu-se ao vê-la. Não era costume de sua mãe ficar até àquela hora aguardando-o.

— Bênção, mãe — cumprimentou e a beijou, perdendo o ânimo de imediato.

— Deus o abençoe — respondeu de modo mecânico.

— Por que a senhora ainda está acordada? É tão tarde!

— Não consegui dormir.

O rapaz deu um suspiro e em seu belo semblante fulgurou um ar de insatisfação. Não desejava saber detalhes de qualquer ocorrido. Tinha idéia do que havia se passado. Entretanto viu-se na obrigação de perguntar:

— O que aconteceu?

— Ah!... O de sempre, Sérgio! A Ana nunca se controla: bate nas crianças, briga com o seu irmão... Hoje foi o maior inferno nesta casa. Seu pai se meteu na briga e...

— A pior coisa que o pai fez foi comprar esta casa para ajudar o Marcílio e a Ana. O Marcílio nunca assumiu qualquer responsabilidade. A Ana, por sua vez, sempre foi temperamental. Ela engravidou para se casar e fugir do domínio possessivo do pai. Agora, deu no que deu! O Marcílio sempre gastou mais do que ganha! Nunca pensou no dia seguinte!... É tão acomodado que, quando não conseguiu pagar o aluguel, convenceu o pai a comprar esta maldita casa para vir morar conosco e se encostar, claro!

— Eu não sei mais o que fazer, filho! Não suporto essas brigas!

— Nem eu! Cansei! — tornou ele firme. — Estou farto de ajudar a financiar compromissos que eu não assumi! Por que acha que não me casei?! Por que acha que estou estudando, dando um duro danado para suportar a faculdade, tantas pesquisas, estágios e situações inúmeras?! Sabe por quê? Por eu pensar no meu futuro! Não serei dependente e acomodado a vida toda! A Ana é bem esperta! Não é ingênua não! Ela engravidou para se casar. Ao ver o quanto estava sendo difícil só com um filho, por que se deixou engravidar do segundo e agora do terceiro?!!

— Andando vagarosamente de um lado para outro, desabafou: — Ah, mãe... Não! Para mim, chega! — Breve pausa e protestou: — Caramba!!! Será que não sabem planejar a vida?! Pensa que é só pôr filho no mundo e berrar para os outros se apiedarem e ajudar?! — Sérgio estava nitidamente insatisfeito, inconformado com a situação. Era uma das poucas vezes que reclamava daquela forma. Dificilmente se alterava.

— Acho que o casamento deles acabou — lamentou a mulher.

— Mãe — espalmando as mãos sobre a mesa, ele falou em tom grave, olhando-a bem nos olhos —, esse casamento nunca começou! Para um casamento acontecer, ele precisa de muito mais do que duas pessoas sob o mesmo teto! Em uma união é necessário respeito, lealdade, verdade, parceria e confiança... perdão... Somando tudo isso ao carinho e à compreensão, resulta o amor. O que a Ana e o Marcílio jamais tiveram! Quando há a menor dúvida sobre um desses itens, o melhor é não se unir, não se casar. O parceiro ou parceira raramente mudam depois da união. Ao contrário, eles revelam um lado bem sombrio que antes não foi visto. Se ele bebe, fuma ou joga compulsivamente, não dá atenção, sai com outras mulheres, e ela pensa que o companheiro mudará após se casarem... Que engano! Se ele acredita que ela será menos irritada, mais caprichosa, carinhosa e lhe dirá toda a verdade depois de casarem... Que engano! Se isso não for carma, é burrice!!! Quando é carma, um corrige o outro!

— Como pode falar de casamento se nunca se casou, Sérgio?! Ao contrário! Acabou fugindo do casamento com a Sueli! Uma moça que...

— Opa!!! Espere aí, mãe!!! — alterou-se. — Não fugi de casamento algum! Namoramos sério sim. Não foi passatempo. Porém nesses... sei lá... quase dois anos de compromisso, eu consegui ver que a Sueli era uma pessoa dominadora, autoritária, egoísta e... Egoísta só não! Ela é egocêntrica! Para a senhora entender, eu explico em detalhes: a Sueli acredita que tudo existe em função dela. Ela me julgava como sendo de sua propriedade. Eu deveria lhe dar satisfações de tudo! Pelo amor de Deus! Isso era sufocante!!! Nunca consegui trabalhar direito, estudar como precisava... Tinha sempre de me dedicar inteiramente a ela. Puxa! A gente vive ao lado de alguém, não em função dessa pessoa! — Alguns minutos e falou mais brando: — Tentei fazê-la entender, mas não adiantou. Meu erro foi terminar algumas vezes, depois ficar com pena e reatar o namoro. Porém cheguei a um ponto insuportável! Então foi definitivo. Terminei o namoro e não deixei qualquer esperança da qual a Sueli pudesse se alimentar. Nunca, nunca a iludi com promessas de casamento! Isso é história da cabeça dela!

— Ela é uma boa moça. Foi a melhor amiga da sua irmã... — dona Marisa teve a voz interrompida pela emoção e de seus olhos transbordaram as lágrimas.

— Eu nunca disse que ela era má... Se bem que nesse aspecto ela não deixa a desejar... Sinto algo... — murmurou. — Não a quero nem como colega. Não temos um perfil psicológico compatível. Lamento ter demorado para descobrir isso. Meu erro foi deixar esse namoro durar tanto tempo.

— Dois anos foi tempo demais, Sérgio. Parece que a enganou...

— Quase dois anos! — corrigiu-a de imediato. — E o enganado nessa história fui eu! A senhora acha que a Sueli demonstrou sua verdadeira personalidade antes?! Foram nos últimos meses e... Posso até dizer que foi no último ano em que ela mostrou realmente quem era e a sua índole... Sou muito observador, mas demorei a notar o quanto ela representava bem, mascarando-se e manipulando todos a sua volta. Uma jovem alegre, sorridente e cativante até dominar as pessoas com seus mimos ou fazendo o tipo: sou vítima, pobre de mim! Foi então que ela, veja bem, ela começou a falar em casamento. Senti algo errado e me recusei a um compromisso tão sério e definitivo. Exatamente nessa época a Sueli revelou-se! Ela foi capaz de ofensas gratuitas contra mim com o intuito de sentir-se superior. É o tipo de pessoa que não admite a realidade, pois isso era o mesmo que ficar por baixo. — Alguns segundos e prosseguiu com certa mágoa na expressão: — Chegou a me chantagear para eu retomar o compromisso... A senhora não imagina... Fui analisando e cheguei à conclusão de que a Sueli era falsa demais e cruel... Não fazia nem faz nada na vida. É uma pessoa improdutiva com ocupações superficiais e fúteis. Digo isso com conhecimento de causa, pois ela sempre se achou importante em tudo, mas não concretizava nada de material ou espiritual. O que, aliás, espiritualmente ela ostentava um delírio de grandeza!

— A Sueli seria uma nora melhor do que a Ana. Não sei por que a Ana briga tanto!

— A Ana e o Marcílio vivem dessa forma por falta de vergonha na cara, por não terem responsabilidade, respeito, planejamento de vida e bom senso! Pense, mãe! O que ele faz para melhorar essa situação?! — perguntou um tanto irritado e, sem esperar sua mãe responder, Sérgio exclamou: — Ele foge! Bebendo, fumando, jogando e ficando no bar o quanto pode! E a Ana?! Como ela reage para restituir, prosperar diante dessa situação?! Ela briga, xinga, grita, bate nas crianças e engravida novamente! Porém, mãe, a Ana e o Marcílio não são os únicos culpados nessa história. Ah, não! — falou com uma pitada de ironia. — Parte dessa culpa cabe à senhora e ao pai que os apóiam. Vocês os sustentam na irresponsabilidade! Não pense que a Sueli seria diferente da Ana não! Tenho certeza de que a Sueli seria bem pior! — Alguns segundos de silêncio e ele falou mais tranqüilo: — Só tem uma coisa: eu não fumo, não bebo nem jogo, não fico me esbaldando em farras... Sabe... não é fácil ter o trabalho que tenho, com a responsabilidade que me é imposta, ao mesmo tempo pagar o curso dessa graduação, estudar, manter-me na faculdade com as melhores notas, realizar os mais complexos e difíceis estágios, pesquisas, terapias e tarefas que exigem muito tempo, imensa atenção... Estou exausto... Não sei se reparou, mãe, mas passei e passo muitas noites em claro estudando ou então trabalhando na polícia à noite, até dobrando escala pelo fato de o comandante permitir minha permuta de horário porque eu estive, durante todo o dia, fazendo estágio para a minha graduação. Apesar do sacrifício, eu agradeço a Deus pela oportunidade. E em nenhum momento deixei de corresponder a confiança em mim depositada e a ajuda recebida de meus superiores para eu poder estudar, nem joguei minhas notas no lixo! Sempre me esforcei e parece que nessa casa ninguém reconhece. Não é fácil fazer tudo isso que faço... A vontade de desistir é imensa. — Com postura mais firme, alertou em tom grave e pausadamente: — Mas eu não desisto! Nessa história toda, o pior é ainda ter de ajudar, de alguma forma, financiar os gastos e conciliar dois irresponsáveis como a minha cunhada e meu irmão! Só que isso vai acabar! Ah, vai! Nem cursos dentro da própria PM o Marcílio se esforçou para fazer, pois assim ele teria um salário melhor! Nem a senhora, o pai ou a sem vergonha da Ana o incentivaram ou até o forçaram! Ele é um moleque! Só que chega de viver às minhas custas!!!

— Você não entende que...

— Chega, mãe! Saiba que eles brigam e batem nos filhos para a senhora e o pai, com dó dos meninos, continuarem apoiando-os, sustentando-os, cuidando das crianças e fazendo pelos netos o que os pais deveriam! — Sem trégua, exclamou: — Eu não arrumei mulher nem filho porque planejo a minha vida! E não pretendo arrumar tão cedo! Por essa razão não deixarei de cuidar do meu futuro, da minha estabilidade e segurança para apoiar quem não merece!

Ao fim do desabafo, ele suspirou fundo, exaurido daquela situação. Ao ameaçar ir para o quarto, sua mãe exclamou, questionando com a intenção de irritá-lo:

— Se não pretende arrumar mulher e filho tão cedo, por que se envolve com qualquer uma? Não dá para crer em todo esse esforço que relatou quando mostra tempo de sair e ficar na farra!

— O que a senhora disse?! — intrigou-se, incrédulo, retornando frente a ela.

— Foi isso mesmo o que ouviu. Mal desmanchou o namoro com a Sueli e já está com outra e querendo ter muita moral com suas opiniões!... Quisesse ficar com alguém só por ficar, que fosse a Sueli, pois a conhecemos. Namorariam em casa em vez de matar aula com qualquer sem vergonha por aí!

— Como pôde conceber a idéia de eu matar aula?! — quis saber austero.

Dona Marisa sorriu, com deboche, ao esclarecer de modo rude:

— Além de você estar impregnado de perfume... E, diga-se de passagem, que é um perfume bem caro! Sua blusa está suja de batom. Blusa que a besta aqui lavará amanhã lá no tanque.

Para não deixar a situação acalorada, Sérgio murmurou num tom grave:

— Não fale sobre o que a senhora não sabe, mãe. — Sem demora, avisou: — Com licença, vou dar uma olhada no Tufi — argumentou, referindo-se ao rato treinado por ele.

— Como posso falar sobre algo com você se nunca conversa comigo?! Acho que esse rato te conhece melhor do que eu! Ah, sim!... A tal dona Antônia, mãe do seu amigo, e o tal doutor Édison, professor e médico de loucos, certamente o ouvem e conhecem a sua vida melhor do que eu, sua própria mãe!!!

— Eu falo com a senhora, mãe, porém nunca me ouve e... se ouve, não me dá importância nem valor, como sempre fez. O Tufi, ao menos, mostra-se bem alegre quando eu chego em casa.

Ao vê-lo virar as costas, perguntou:

— Não vai comer nada?!

— Não — respondeu sem se voltar e de modo que ela quase não o escutou.

Sérgio experimentou uma amargura indefinida. Brincou um pouco com o ratinho e após devolvê-lo à gaiola, tomou um banho e se deitou. Desejou como nunca poder sair daquela casa. Muito pensativo, demorou a conciliar o sono. Somente ao se lembrar de Débora, sentiu um pouco de alívio em seu coração magoado. Por essa e outras razões, acordaria sem disposição.

4

Débora hospitalizada por causa de uma mentira

Por dormir pouco, ao despertar, Sérgio sentia-se indisposto. Gostaria de ficar na cama, mas deveria ir trabalhar. Tratava-se de uma escala de serviço extra com a duração de vinte e quatro horas. Desencorajado de procurar forças interiores, ele lutou consigo mesmo a fim de encontrar vontade e ânimo para enfrentar a constante pressão exigida por um serviço quase sempre ingrato, mas no qual precisava mostrar-se à altura dos padrões preestabelecidos diante das inesperadas necessidades e urgências. Mesmo após um banho rápido, tinha os sentidos sonolentos e pensamentos desarranjados. Porém seu sono foi afugentado ao chegar à cozinha, ver que sua mãe estava em pé e até preparando seu café da manhã.

— Bênção, mãe. Nossa! A senhora já levantou?!

— Deus te abençoe — respondeu, colocando-lhe a xícara. Depois avisou: — Não dormi. Estou preocupada com seu irmão.

— Qual deles? — o filho questionou sem vontade.

— O Tiago não voltou para casa. Você nem reparou?

— Não é a primeira vez que ele dorme fora e não avisa. A senhora sabe...

— Mas me preocupo!

— Já ligou para o celular dele?

— A ligação só cai na caixa postal — disse a mulher.

Sérgio ofereceu meio sorriso e nada disse. Acomodou-se melhor para o desjejum, mas dona Marisa, repentinamente, lembrou:

— Esqueci de te falar ontem... — O filho a acompanhou com o olhar até ela se sentar na outra lateral da mesa e contar: — A Sueli telefonou ontem e...

O rapaz não conseguiu resistir e falou firme:

— Desde que terminamos aquele maldito namoro, ela liga todo dia! Eu já pedi para não me contar, não foi?!

— Mas ela quer falar com você. Nós duas conversamos um pouco e a Sueli insistiu para eu te dar o recado. Ligue para ela, filho!

— Vou fazer de conta que não ouvi isso — respondeu insatisfeito.

— Sérgio, quem sabe...

Num gesto rápido, o filho se levantou, interrompendo-a e sem começar o desjejum, pediu:

— Com licença. Estou atrasado!

Depois de se arrumar rápido, ele retornou à cozinha com uma bolsa onde guardava seu fardamento e despediu-se de sua mãe o mais rápido que pôde.

* * *

Horas depois...

Débora preguiçosamente remexeu-se na cama. Ainda deitada, trazia um suave sorriso no rosto ao se lembrar de Sérgio. Recordando-se de diversos detalhes, sentiu seu coração acelerar. Ficou feliz ao rever mentalmente a cena de ele ajudá-la a vestir o suéter tão grande... Acreditava até poder sentir o perfume gostoso de sua loção suave, ouvir seu riso contagiante, ver seu lindo olhar penetrar sua alma...

A moça demonstrava-se encantada, apaixonada. Havia tempo que não tinha compromisso sério. Decepcionou-se muito com outro rapaz e resolveu dedicar-se ao estudo e ao trabalho.

Sonhou acordada por longo tempo até decidir se levantar. Tinha planos para aquele dia.

Durante o desjejum, em companhia de sua família, Débora praticamente não conversou nem dava atenção ao que diziam. Estava imersa em lembranças do dia anterior até se sobressaltar com a indagação:

— Não é mesmo, Débora? Filha! Não me ouve?!

— O que, mãe? — perguntou voltando à realidade.

— Ora, mãe! Não vê a divagação de sua filhinha? Seu olhar tão perdido... Parecia enfeitiçada por uma magia nimbada de imagens de castelos rutilantes onde vive um belo príncipe prodigioso — satirizou Emy em tom poético e sarcástico.

— Não enche, Emy! — protestou Débora. Virando-se para a mãe, perguntou: — O que você dizia?

— Estávamos falando do planejamento de férias para o final do ano. O Élcio e a Emy querem ficar em Angra. A Yara deseja ficar aqui... Então, talvez você me acompanhe com o seu pai para a Europa. Adoro ver neve no Natal!

— Ah, mãe... Não sei. Está tão longe! Nem chegamos ao meio do ano!

— É o momento ideal para as melhores reservas, Débora! Não vai querer ficar em um lugar chinfrim?!

— Poderíamos ficar aqui mesmo — propôs Débora. — Por que não passamos juntos só esse ano?

— Podemos alugar um barco e brindar a passagem de ano vendo os fogos de Copacabana! — animou-se Élcio.

— Eu não quero ir para o Rio! Não gosto daquele calor, você sabe! — reclamou Débora.

— E só porque quer, ficaremos socados aqui?! Não mesmo, queridinha!!! — tornou Emy.

— Tenho o meu serviço e não sei se posso tirar férias — explicou Débora com austeridade. — Não vivo à custa do papai! — desfechou com ironia ao encarar a irmã.

— Mas claro!!! Somente os mais capacitados trabalham em nossa empresa — revidou Emy em tom ofensivo. — As pessoas insignificantes só sabem reclamar e perturbar a felicidade dos outros. Talvez por serem tão impotentes e incompetentes, só lhes resta fazer colunas pejorativas aos atuantes profissionais de grande sucesso nos jornais baratos e de quinta categoria. Quando não... tornam-se simples vendedoras!

— Pelo menos eu tenho honestidade! — atacou Débora com palavras expressivas. — Não fico procurando meios de fazer com que outras empresas soneguem impostos, não faço caixa dois com registros contábeis fraudulentos da posição patrimonial de uma organização ou de uma pessoa física, não abro ou manipulo dinheiro em paraísos fiscais para os grandes empresários, alguns políticos safados e líderes protestantes sem-vergonha, para se livrarem dos impostos neste país! Isso é sujo demais para mim!!! Somente os deverasmente nojentos e imorais profissionais da sua área são capazes de se satisfazerem com suas empresas tão imundas!!!

— Chega!!! Vamos parar com isso!!! — Vociferou o senhor Aléssio ofendido.

— Com licença! — pediu Débora com voz amarrada, falando entre os dentes cerrados ao mesmo tempo em que fuzilava a irmã com o olhar.

Sem dar importância ao chamado de seu pai, a jovem seguiu para seu quarto, batendo a porta e atirou-se sobre a cama.

— Droga! — exclamou irritada. — Que inferno de vida!

Pouco depois, pegou o telefone, ligou para sua amiga Rita e conversaram por longo tempo falando de várias coisas, mas o assunto principal foi sobre Sérgio. Débora convidou-a para sair, porém a colega não podia, já tinha outro compromisso. Após desligar, a jovem não estava mais nervosa. Levantou-se, olhou-se no espelho e arrumou rapidamente a roupa desalinhada. Pensava em sair, não queria ficar em casa. Desejava comprar um celular novo, mas lembrava-se de Sérgio. Queria vê-lo. Era tão bom ficar em sua companhia, entretanto não sabia qual desculpa poderia dar para procurá-lo. A moça pegou a bolsa e, repentinamente, olhou por todo o quarto, estampando largo sorriso ao certificar-se de ter esquecido sua pasta, novamente, no carro de Sérgio. Alegre, quase gritou:

— Bendita pasta!!! — Pegando as chaves de seu carro, saiu sem dar satisfações.

* * *

Um pouco mais tarde, Débora estacionou o carro frente à casa do endereço que Sérgio lhe deu. Descendo do veículo, não hesitou em tocar a campainha e aguardar. Não demorou e uma senhora atendeu:

— Pois não!

— Boa tarde! O meu nome é Débora, sou colega do Sérgio. Estudamos na mesma universidade. Ele está?! — perguntou ansiosa.

— Não, filha — respondeu em tom bondoso. — Eu sou a mãe dele. Meu nome é Marisa. O Sérgio está trabalhando hoje.

— Ah... Desculpe-me — falou decepcionada. — Não sabia que ele trabalhava aos sábados.

— Será que posso te ajudar, Débora? — indagou a senhora abrindo o portão e se aproximando da moça. Foi então que percebeu a mesma cor do batom e sentiu o perfume que havia no suéter do filho. Imediatamente um sentimento de aversão brotou no coração da mulher que se deixou dominar pela influência de sua filha Lúcia, desencarnada havia um ano e meio. O espírito Lúcia a envolveu, passando-lhe intensos pensamentos.

Constrangida, Débora sorriu com simpatia ao explicar:

— Ontem o Sérgio me deu uma carona e... Bem... eu esqueci meu material da faculdade no carro dele.

A senhora manteve as aparências, mas sentiu uma antipatia inexplicável pela jovem. Pensando rápido, a mulher planejou o que dizer ignorando estar sob a interferência dos desejos do espírito Lúcia, e, mesmo sabendo o que aconteceria, propositadamente aconselhou:

— Ele foi trabalhar de carro. Se estivesse aqui, eu mesma pegaria o material para você. Mas por que não liga para o celular dele?! — sorriu.

— Quando o Sérgio está ocupado, o aparelho fica desligado, por isso é bom tentar algumas vezes!

— Eu não tenho o número — avisou a jovem com simplicidade.

— Tem onde anotar? — tornou a senhora, mostrando-se amável.

Débora abriu sua bolsa, tirou o celular que acabara de comprar e registrou o número fornecido pela mãe de Sérgio. Satisfeita, a moça sorriu generosa e agradeceu muito antes de ir embora.

Ao ver a jovem partir, dona Marisa entrou, pegou o telefone e ligou:

— Sueli?!

— Bom dia, dona Marisa...

— Sueli, preste muita atenção. Ligue o celular que você deu ao Sérgio e ele te devolveu. — A moça tentou argumentar, mas a senhora a interrompeu: — Escuta! Faça o que estou falando e bem rápido! Olha, uma moça deve ligar para esse celular. Você atende dizendo que é noiva do Sérgio e...

Com ligeiras orientações, elas tramaram uma circunstância difícil de Sérgio explicar. A conversa durou algum tempo, até que a moça precisou desligar, pois o referido celular tocou:

— Alô? — atendeu Sueli.

Débora estranhou ouvir a voz de uma mulher e perguntou, educada:
— Desculpe-me, mas esse número é do celular do Sérgio?
— É sim. Aqui é a Sueli, noiva dele.

Um frio percorreu o corpo de Débora ao lembrar dele olhando em seus olhos, afirmando não ter nenhum compromisso. Aquilo foi muito sórdido, cruel...

— Ah... — gaguejou Débora após segundos. — Perdoe-me... é que...
— Você é colega dele? — perguntou a outra bem cínica.
— Sim... Sou — afirmou com voz trêmula. Em seguida explicou: — Estudamos na mesma Universidade e...
— Ele me falou de um grupo de amigos da faculdade que iria ligar para ver nossa futura casa e levar os presentes. Ele está trabalhando hoje e foi por isso que o celular ficou comigo. Se você não se importar, posso recebê-la mais tarde junto com os outros.
— Não. Na verdade eu nem sabia que ele estava de casamento marcado. Só liguei porque ele está com meu material e...
— Qual é o seu nome? — interrompeu-a novamente.
— Débora...
— Então eu digo que você ligou, Débora. Pode ser assim?
— Claro... Como você se chama?
— Sueli!
— Ah, sim... — disse completamente atordoada e incrédula.
— Olha, Débora, desculpe-me não poder conversar mais, é que estou fazendo a prova do vestido de noiva e... Você sabe...
— Claro! Perdoe-me por tomar seu tempo! Felicidades, Sueli.
— Obrigada! Tchau!

Sueli desligou e jogou-se no sofá, gargalhando satisfeita.

Débora tinha os olhos nublados de lágrimas por se sentir humilhada, enganada e traída de certa forma. Decidiu não parar o veículo e continuou dirigindo-o em uma avenida cujos veículos estavam em alta velocidade.

"O Sérgio não precisava ter mentido! Foi por isso que não me deu nenhum número de celular! Como não teria um celular?! Por que ele me enganou?!", pensava angustiada.

Entorpecida pelo sentimento que a invadiu tão inesperadamente, ficou perplexa. Pelo fato do aparelho ser novo, ela se atrapalhou entre dirigir e desligar o celular e, em um cruzamento de avenidas importantes, mal ouviu um grande estrondo.

* * *

Sem explicações aparentes, aquele dia parecia bem penoso para Sérgio. Apesar de ele não enfrentar qualquer problema no serviço interno que desempenhava, experimentava um sabor de fel em seus sentimentos.

Depois de se ocupar com tarefas corriqueiras na Companhia, o sargento Sérgio Barbosa caminhava perto da sala de rádio onde se podia ouvir a comunicação entre as viaturas daquela unidade e o Centro de Operação da Polícia Militar, conhecido como COPOM.

O soldado operador do rádio parecia aflito e o chamou de modo transtornado assim que o viu:

— Sargento Barbosa! Corre aqui!

— O que foi?! — preocupou-se Sérgio.

— Uma das nossas viaturas está envolvida em um acidente! — contou-lhe o soldado. — É a viatura do soldado Félix e o soldado Martins.

— Como aconteceu?! — Sérgio quis saber rápido.

— Eles foram atender uma ocorrência. Estavam com a sirene ligada e... Parece que num cruzamento, abalroaram um veículo.

— Quem está no local prestando apoio? — tornou Sérgio controlado.

— Ninguém ainda. Acabou de acontecer. O soldado Félix diz que eles só sofreram escoriações leves, mas o outro veículo envolvido está torcido e preso entre a viatura e um poste.

Ao mesmo tempo em que escutavam o soldado falando ao rádio da viatura acidentada com o Centro de Operações da PM, Sérgio questionava detalhes:

— E o motorista do veículo?

— Parece que é uma mulher. O COPOM está fazendo o levantamento dos dados do proprietário e...

Naquele instante o policial do COPOM, que conversava com o soldado encarregado da viatura acidentada, comunicou os dados:

— O QRA — QRA, código correspondente ao nome próprio, informou o policial do COPOM —, da proprietária do veículo é: Débora Cristina Ribeiro Marins. — Em seguida falou o endereço.

Ao ouvir o nome e mais detalhes, Sérgio sentiu o rosto esfriar. Lembrou-se imediatamente do momento no qual anotou aquele nome e endereço dias antes para a ocorrência da menininha perdida. Sem demonstrar-se alterado, sentiu-se confuso e quase não acreditando no que ouvia. Inesperadamente tomou frente ao rádio e exclamou, avisando:

— COPOM, aqui é a base!

— QAP, base! Prossiga! — respondendo em código habitual, o policial do COPOM falou: QAP, significa: Estou na escuta.

— Por aqui... sargento Barbosa, QSL? — QSL corresponde a: Entendido?

— QSL! Prossiga! — Entendido! Tornou o operador.

— Poderia repetir o QRA da proprietária do veículo envolvido? — QRA, corresponde a: Nome.

— Positivo! O QRA da proprietária é: Débora Cristina Ribeiro Marins. QSL? — QSL, igual a: Entendido?

— QSL! QRV e TKS, COPOM! — Entendido! Estou à disposição e obrigado, COPOM. Foi como Sérgio desfechou a comunicação.

Ao verificar, constatou não ter viaturas disponíveis para atender aquela ocorrência, pois todas as outras estavam em atividade por outros chamados, Sérgio certificou-se de que ele mesmo deveria ir para o local prestar apoio.

Depois de ordens ligeiras ao soldado que seria seu motorista, a fim de apressá-lo, ele informou ao COPOM que estava indo ao local do acidente. Foi quando soube que uma equipe do Corpo de Bombeiros se encaminhava para o lugar, pois a condutora do veículo estava presa nas ferragens. Receoso, Sérgio se fez firme para perguntar se havia vítima fatal, mas não souberam afirmar, uma vez que o veículo retorcido não os deixava ver direito. A condutora parecia desfalecida, segundo os policiais que se envolveram no acidente, mas estava bem, passavam-lhe informações. Os pensamentos de Sérgio fervilhavam, não queria acreditar. Contudo o nome e o endereço não lhe deixavam dúvidas.

— Sargento, o senhor está bem? — perguntou-lhe o motorista, percebendo-o com expressão alterada enquanto estavam a caminho.

— Sim estou — respondeu breve.

À medida que se aproximava do local do acidente, Sérgio sentia crescer em seu peito uma dor com misto de angústia insuportável pela expectativa.

Ficou sério, sem demonstrar sua aflição. Nem ouvia o que o soldado lhe falava vez e outra por estar atento às comunicações do rádio da viatura a fim ter mais notícias.

No local, desceu rapidamente e o verificou sendo interditado para a ação dos bombeiros. Localizando os policiais de sua Companhia de Policiamento envolvidos no acidente, verificou que as escoriações foram leves e superficiais. Eles achavam-se aparentemente bem e conversavam com outros policiais que chegavam ao local. Sérgio estava com o coração aos saltos ao observar o carro contorcido entre a viatura amassada e um poste. Nesse momento, ficou atordoado com o que via, pois dificilmente alguém sobreviveria dentro daquele amontoado de ferro.

Apressando-se para perto do veículo, ele pôde ouvir e reconhecer a voz chorosa e amedrontada de Débora. Um oficial do Corpo de Bombeiros conversava com a moça presa nas ferragens do veículo, tentando acalmá-la. Foi nesse instante que, bem perto do carro, Sérgio precisou manter-se firme para não ser impulsivo. Ele silenciou seu desespero e calou qualquer emoção que denunciasse seu desejo de ajudá-la como o seu coração pedia.

Seguindo as normas, o sargento Barbosa aguardou e na primeira oportunidade se apresentou ao oficial, Policial Militar do Corpo de Bombeiros, dizendo estar ali para todo o apoio necessário. Contudo ouviu:

— Obrigado, sargento! Mas será melhor se afastar. Vamos serrar as ferragens e...

— Por favor, tenente — pediu sério e comovido. — Dê-me permissão para falar com ela. Eu a conheço... E sei que a Débora poderá ficar mais tranqüila e confiante se me vir.

Experiente, o oficial comandante da operação pensou por instantes e decidiu:

— Tudo bem. Venha e fique aqui. Apóie seu pé lá — apontou. — Erga-se, debruce ali e poderá vê-la e segurar a sua mão. — Ao vê-lo se posicionar, o senhor orientou comovido: — Converse com ela. Tente acalmá-la, pois está bem nervosa e, pelo seu estado, não deve tentar se mover ou se agitar. Está muito aflita e... Você sabe...

Suspirando fundo, Sérgio pendeu com a cabeça afirmativamente e procurou se manter o mais tranqüilo possível. Posicionado conforme indicado, ele conseguiu vê-la e a chamou:

— Débora? — Ao olhá-la melhor, viu seu rosto escoriado e sangue escorrendo nele, parecendo vir de um machucado na cabeça. A jovem encontrava-se muito confusa e inquieta, mesmo assim o reconheceu.

— Sérgio!... Me tira daqui!!! — implorou chorando.

— Dê-me sua mão, Débora — pediu piedoso. Ela obedeceu, apesar de bem atordoada. Ele falou: — Calma. Está tudo sob controle. Vamos tirar você daí.

Sérgio estava praticamente deitado sobre o carro amassado procurando confortá-la.

— Fique comigo... — tornou ela em lágrimas, mas sem o desespero de antes.

— Ficarei, minha querida. Eu prometo! Segure minha mão bem firme, tá?

Verificando que a moça estava bem mais calma com a presença de Sérgio, o oficial do bombeiro chamou-o:

— Sargento! Cubra-a com isso. — orientou-o ao jogar-lhe uma cobertura apropriada. — Serraremos a lataria do carro e as fagulhas poderão atingi-la! — Oferecendo-lhe uma jaqueta de bombeiro do mesmo modo, avisou: — Cubra-se também ou poderá se queimar.

Sérgio fez exatamente como foi pedido. Seu coração apertava a cada instante, pois as condições de Débora poderiam ser graves. O barulho da serra cortando a lataria era estridente. Em algumas oportunidades, ele podia ouvi-la chorar e implorar seu socorro.

— Calma, Débora! Estou aqui! Ficarei com você!

— Pelo amor de Deus!!! Me tire daqui, Sérgio!!! — gritava amedrontada. Durante uma pausa no barulho, ela avisou chorando: — Não mexam o carro! A minha perna dói!!! Dói muito!!! Tem algo me cortando!!! E... Não consigo respirar direito! Estou sufocando!!!

— Daqui a pouco estará livre e será socorrida — Buscando olhar para o oficial que a ouviu e estudava sobre o próximo procedimento, ele entendeu a expressão de Sérgio e avisou em voz baixa que não tinham como resolver facilmente a situação. Dando orientação aos outros bombeiros, prosseguiram com o trabalho.

A jovem chorou pela dor e ficou amedrontada, gritando por alguns sustos. O trabalho foi muito delicado e ao chegar o momento de Sérgio precisar se afastar para os bombeiros tirarem-na das ferragens, ela entrou em desespero, chamando-o aflita.

Ao vê-la ser cuidadosamente removida, Sérgio se aproximou. Repentinamente, Débora agarrou-se a ele como se o enforcasse com um abraço. Chorando muito, não o largava.

Compreensivo, entendendo as circunstâncias difíceis, o comandante da operação dos bombeiros pediu com brandura ao observar Sérgio afagando-a com bondade e beijando-lhe a cabeça com ternura:

— Sargento, precisamos imobilizá-la e tirá-la do chão. Como pode ver, ela está em choque, com sério ferimento na perna. Não podemos usar força ou a machucaremos, entendeu?

Consciente das necessidades, Sérgio falou mais firme e ponderado:

— Débora, calma! Está tudo bem, querida! Está tudo bem! Preste atenção, meu bem — sussurrou. — Solte-me para que possam socorrê-la — dizia enquanto tirava o braço enlaçado com força de seu pescoço.

A moça tremia e chorava compulsivamente, porém não dizia nada. Agarrando Sérgio pela camisa, ela inibia a ação dos bombeiros.

— Filha, precisamos levá-la para o hospital mais próximo — explicou o oficial, procurando orientá-la. — Você está com um ferimento hemorrágico na perna, além de várias escoriações pelo corpo e corte na cabeça.

Mas ela parecia petrificada e segurava fortemente a camisa de Sérgio que, delicadamente tentava soltar-lhe as mãos ao reafirmar:

— Débora, preste atenção! — falou mais firme, porém piedoso. — Você precisa de um médico. Será levada a um hospital e isso precisa ser agora!

— Fica comigo!... — implorou em lágrimas.

— Irei vê-la o quanto antes. Eu prometo, minha querida... — avisou baixinho e com ternura.

De repente, ela o olhou de um modo estranho e murmurou:

— Você mentiu pra mim. Está mentindo de novo...

— Não menti pra você — sussurrou no mesmo tom, acreditando tratar-se de um delírio pelo acidente.

— Mentiu... Liguei pro seu celular e... sua noiva... foi sua noiva quem atendeu...

— Débora, eu estou sem celular. Não te dei nenhum número de celular e não tenho noiva — falou mais sério.

Ela espalmou a mão em seu peito, deixando-se cair. Ele a segurou alguns minutos em seus braços enquanto os bombeiros a imobilizavam como precisava, momentos em que ela recordou os fatos e contou baixinho:

— Fui até sua casa... Sua mãe me deu o número... Liguei e sua noiva atendeu... disse que estava provando o vestido de noiva e... Fiquei atordoada. Eu dirigia e... e... Não sei o que aconteceu. Acho que bati o carro. Eu acho...

Nesse momento ela estava imobilizada, sobre a maca, recebendo soro no braço e pronta para ser levada. Sérgio afagou-lhe os cabelos e ficou confuso, perplexo com o que ouviu. A movimentação no local não o deixava concatenar as idéias. Petrificado, ele só viu os olhos de Débora repletos de lágrimas fitando-o num último relance antes de ser levada para os devidos socorros. O oficial do bombeiro o chamou à realidade quando o estapeou nas costas e falou:

— Bom trabalho! Ela ficará bem! — Vendo-o desorientado, o senhor se aproximou, avisando para consolá-lo: — Não é somente sua conhecida, ela é sua namorada e eu me surpreendi com sua atitude. Soube se controlar muito bem, sargento. Mas... Digo, por experiência, para não levar em consideração o que ouviu. Já vi pessoas em situações traumáticas não reconhecerem ninguém, não falar coisa com coisa. Além de assustada, machucada, ela está desorientada e nesse estado de choque, certamente, confundiu tudo. Agora leve os PMs da viatura envolvida para serem periciados pelo médico. Lembre-se de que precisa fazer a ocorrência.

— Sim senhor — respondeu forçando-se a não perder o controle. Na verdade, Sérgio queria correr para junto de Débora e acompanhá-la, além de esclarecer aquela história. Mas não podia. Estava preso ao dever. Virando-se para o oficial, agradeceu: — Obrigado, tenente. Muito obrigado por ter me deixado ficar com ela e...

— Você ajudou muito. Em momentos difíceis como esse é importante a vítima se manter calma, não se mover bruscamente pelo desespero enquanto agimos... Agora vá! — Estendendo-lhe a mão, cumprimentou dizendo: — Boa sorte!

Como sargento, ele correspondeu ao cumprimento e se retirou.

Após tomar as providências necessárias para aquela ocorrência, Sérgio retornou para a Companhia da PM onde trabalhava e procurou obter mais informações sobre onde Débora havia sido socorrida. Não poderia simplesmente largar o serviço para vê-la e experimentava uma angústia que não podia entender. Afeiçoou-se muito rápido àquela moça que mal conhecia.

Somente na manhã seguinte, após deixar o serviço, poderia procurá-la, saber de seu estado e tentar esclarecer o mal entendido. Aquela seria uma noite bem longa, em que teria seus pensamentos fustigados por horas a fio.

* * *

Na manhã seguinte, Sérgio saiu do serviço e foi imediatamente ao hospital onde a haviam socorrido. Ao chegar, informaram que a moça havia sido transferida para outro hospital a pedido da família. Procurando saber o endereço, decidiu ir visitá-la imediatamente. Não demorou muito e Sérgio estava no corredor hospitalar à procura do quarto de Débora. Recebido pelo senhor Aléssio, ele se apresentou:

— Meu nome é Sérgio. Sou amigo da Débora e queria saber como ela está.

— Sou o pai dela. Prazer, Sérgio. Meu nome é Aléssio.

— Prazer, senhor Aléssio — cumprimentou, retribuindo o aperto de mão. Em seguida, perguntou: — E a Débora?

— Minha filha está fazendo um exame de tomografia. Aparentemente ela estava bem. Sofreu um machucado feio na perna, pois um ferro atravessou-a. Além disso, sofreu diversos cortes pelo corpo e precisou de vários pontos. Ela não deixou de sentir as pernas, mas um dos médicos encontrou uma forte contusão nas costas e precisará de uma avaliação. Hoje cedo nos deu um susto maior. A Débora teve momentos de delírios, sofreu convulsões e... — O homem se deteve pela forte emoção. Após segundos, continuou: — O médico acha que no acidente ela sofreu alguma pancada forte na cabeça e precisa ser monitorada e realizar alguns exames para verificarem se seu organismo está se recuperando sozinho do traumatismo.

Sérgio estava pálido e transtornado. Procurou disfarçar o nervosismo, pois se julgava culpado pelo que aconteceu. Ele achava-se pensativo e cabisbaixo, quando o senhor Aléssio perguntou:

— Desculpe-me, não me lembro de você. São colegas da universidade?

— Sim. Estudamos na mesma, só que em cursos diferentes.

— Como ficou sabendo do acidente, Sérgio? — perguntou curioso.

— Eu sou policial militar e estava de serviço ontem quando o acidente aconteceu. Ouvi pelo rádio e fui para o local. Fiquei com a Débora enquanto os bombeiros trabalhavam para cortar as ferragens. Conversamos para que se acalmasse... Após ela ser socorrida, fiquei bem preocupado, mas só sai de serviço hoje cedo e decidi saber como ela está.

Repentinamente a mãe de Débora chegou ao quarto chorando e abraçando o marido.

— E ela? Como está?! — perguntou o pai, preocupado.

— Desmaiou. Não me deixaram ficar na sala. Estão cuidando dela e precisarão esperar para fazer o exame.

O senhor Aléssio a envolveu e afagou-lhe as costas. Virando-se para Sérgio, avisou:

— Essa é a Hilma, minha esposa e mãe da Débora.

A mulher estava emocionada e ainda escondia o rosto pelo choro, sem olhar para o rapaz.

Sérgio não disse nada. Não tinha o que falar por estar nervoso. Em sua mente as idéias fervilhavam ao deduzir tudo o que aconteceu. Deveria ter avisado a amiga que havia terminado um compromisso com alguém que não o deixava em paz. Agora era tarde. Débora levou um choque com a mentira de Sueli e, provavelmente, distraiu-se ao dirigir, expondo-se ao acidente.

Sentindo-se deslocado, avisou que iria embora, porém voltaria para ter notícias. E desorientado, ele foi para casa.

* * *

Ao estacionar o carro na garagem, o rapaz foi pegar sua bolsa no banco de trás e viu a pasta de Débora. Pegou-a comovido e encostou a pasta nos lábios, experimentando uma tristeza nunca sentida. Amargurado, porém resoluto, segurou sua bolsa e fechou o carro entrando em casa à procura de sua mãe. Ao encontrá-lo na cozinha, dona Marisa o recebeu com surpresa:

— Nossa, filho! Não te vi chegar!

Sem cumprimentá-la e postando na voz um tom sério e preocupante, ele perguntou:

— Ontem uma amiga veio me procurar aqui, não foi?

— Ah... Foi sim. Como ela se chama mesmo?...
Num grito grave, ele vociferou:
— Por que a senhora deu o número daquele maldito celular para ela?!!!
— Ora, Sérgio!... Ela disse que era sua colega e se não quisesse conversar com a moça, não desse nosso endereço! — reagiu a senhora.
— Acontece que eu queria falar com ela sim!!! — respondeu, não contendo o nervoso. — A senhora não imagina o que fez!!! A senhora é uma irresponsável!!!
— Olha aqui, Sérgio! Abaixe a voz para falar comigo!!! A moça contou que esqueceu um material no seu carro e...
— Está aqui!!! É esse o material que ela esqueceu!!! — gritou, mostrando-lhe a pasta. — E a culpa pelo que aconteceu com ela é sua!!!
— Como assim?! Não fiz nada!
— Mãe, a senhora sabe que aquele celular não está mais comigo!!! Sabe que o devolvi para a desgraçada da Sueli quando terminamos!!! Por que foi dar aquele número para a Débora?!!! Por quê?!!! — exigiu. Sem esperar, contou: — A senhora deu o número para a Débora e ela ligou enquanto dirigia. A Sueli atendeu e disse que era minha noiva e... Sabe lá Deus o que mais essa infeliz falou! A Débora ficou chocada. Não viu uma viatura que passava o sinal vermelho e foi atingida em cheio!!! Eu estive no local!... — falou mais comovido e com a voz embargada. — Não imagina como ela ficou... Não tem idéia do que precisou enfrentar e como sofreu presa nas ferragens! — Apesar de ver sua mãe assustada, Sérgio continuou: — Fiquei com ela enquanto os bombeiros serravam a ferragem retorcida e... Não pude acompanhá-la, pois estava de serviço. Acabei de vir do hospital. Ela sofreu vários ferimentos, traumatismo craniano, teve convulsões e contusão na coluna... Sabia?! Eu me senti culpado e não consegui encarar a família. A mãe dela está desesperada. Imagine-se no lugar dessa mãe! Imagine as possíveis seqüelas para essa moça tão jovem e cheia de planos!... Cheia de vida!... E a culpa é sua — falou num lamento.
— Eu não sabia...
— Sabia sim. Sabia que o celular não estava comigo. Então eu pergunto, por que, mãe?... Por que a senhora deu aquele número?!
Dona Marisa ficou pálida e em silêncio.
Sérgio a encarou por longo tempo. Em seus olhos via-se uma dor, uma tristeza profunda e inexplicável.

Nesse momento, o irmão de Sérgio adentrou e ficou surpreso ao vê-los paralisados.

— Oi! Tudo bem? — perguntou Tiago. — Sérgio não respondeu nem o olhou. Pegou suas coisas e foi para o quarto. Mas o rapaz insistiu: — O que aconteceu aqui?

— Nada! — respondeu sua mãe. Rispidamente, ela perguntou: — Onde você esteve?! Por que apareceu aqui só hoje sem nos dar notícias?

— Iiiiiih!... A mãe vai começar com a ladainha? — expressou-se, e sem esperar por qualquer comentário, Tiago foi para o quarto. Ao ver Sérgio muito abatido e jogado sobre a cama, o irmão brincou: — Chegou hoje também e levou bronca, né?!

— Cheguei sim. Só que eu estava de serviço e não na farra.

— Quem disse que eu estava? — Vendo-o abatido, perguntou: — E aí, meu? Por que essa cara? Só estou brincando. — Sérgio sentou-se na cama, ficando de cabeça baixa e parecendo bem preocupado. Acomodando-se à sua frente, Tiago insistiu: — Ei! E aí, cara? O que foi?

— A Sueli e a mãe foram longe demais dessa vez.

Sem suportar o sentimento de indignação, Sérgio narrou exatamente tudo. Desde quando e como conheceu Débora até a discussão com sua mãe. Ao saber dos detalhes, Tiago ficou sério e aconselhou:

— Não acho que seria um bom momento para visitá-la no hospital.

— Por quê? — quis saber Sérgio.

— Olha... Veja bem... Pelo que me contou e da forma como o fez, deu pra ver que vocês dois estão começando a se gostar e muito!

— Ei!... Também não é assim. Achei que ela é uma moça... interessante, inteligente, bonita, meiga e...

— Tudo bem! Viva de ilusão, não admitindo que está apaixonado. Mas o fato de ela ter se abalado com a trama da Sueli a ponto de não prestar atenção no trânsito e bater o carro... cara!... Isso mostra que a garota ficou desiludida e gosta muito de você. Ou então não teria dado importância ao assunto.

— Não foi ela quem bateu na viatura. Sirene ligada não dá o direito à alta velocidade e à falta de cuidados indispensáveis à segurança. O semáforo estava verde para ela. O seu carro foi atingido na lateral e prensado contra um poste.

— Mesmo assim ela não deveria falar ao celular enquanto dirigia!

— Não é bem assim, Tiago. Veja... é que...

— É que estou amarrado na garota e vou defendê-la! — interrompeu-o, compondo a frase a seu jeito, divertindo-se com a idéia.

— Não dá pra falar sério com você, Tiago!

— Meu!!! Olha a tua cara! Quando foi que se chateou tanto ao atender uma ocorrência? Você é policial, cara! Está acostumado com isso!

— Mas nunca atendi uma ocorrência com uma amiga vitimada daquela forma.

— Amiga?!... Sei! — Vendo-o sério, Tiago argumentou mais calmo: — Sérgio, se ela não está bem, não é bom vê-la. Espere sua recuperação. Ela está em choque e não vai recebê-lo bem.

— Estou preocupado, é só.

— Diga a verdade, você não está se agüentando e quer desmentir a Sueli. — Sérgio o encarou firme, mas não disse nada e o irmão perguntou: — Conhece alguma amiga dela?

— Lógico! A Rita! — respondeu parecendo iluminar. Mas logo desanimou: — Não tenho como entrar em contato. — Sérgio pensou um pouco e exclamou: — Espere! Quem sabe!... — Ele pegou a pasta de Débora, abriu-a e começou a folhear o conteúdo à procura de um endereço ou telefone. — Achei!!! — gritou. — Aqui está o telefone das colegas e... ...eu conheci essa aqui, a Rita! Vou ligar para explicar tudo e... — Olhando para Tiago, sorriu e agradeceu: — Obrigado, cara!!! Não sabe o que fez por mim!!!

— Ora!!! Fale a verdade! Eu sou o máximo!!! — gabou-se Tiago, jogando-se na cama.

Sem demora, Sérgio pegou o telefone e ligou. Ao falar com Rita, contou sobre o acidente e pediu para encontrá-la o quanto antes, pois precisava muito falar com ela. Preocupada, a moça aceitou e avisou que o aguardaria. Com o coração apertado, Sérgio tomou um banho rápido e foi até a casa de Rita.

5

Rita, uma grande amiga

Naquela tarde fria, nublada e bem cinzenta, Sérgio, depois de pegar Rita em sua casa, demonstrava-se nitidamente preocupado ao contar-lhe sobre o que aconteceu. Sentados em uma lanchonete, eles conversavam:

— Foi isso, Rita. Estou me sentindo tão mal com essa situação, além de muito preocupado com o estado dela. — Esfregando o rosto com as mãos, falou de modo aflito: — Meu Deus!... Se algo grave acontecer a ela ou se houver seqüelas pelo acidente... nunca vou me perdoar!

— Calma. Não seja precipitado. Estou preocupada também, mas sinto que vai dar tudo certo. No local do acidente ela te reconheceu e vocês conversaram. Acho que é um bom sinal. Isso não vai passar de um susto.

— Tomara. Não estou suportando ficar aqui nessa agonia. Quero vê-la, falar com ela. Ao mesmo tempo, fico receoso! É provável que a Débora nunca mais queira me ver.

— Tá gostando dela, né? — perguntou a moça à queima roupa.

Sérgio a olhou firme e confessou com certa ternura mista de tristeza:

— É... Devo admitir que gostei dela sim. Queria ter a oportunidade de conhecê-la melhor. Mas imagine a impressão negativa que a Débora tem a meu respeito por causa dessa mentira tão baixa! Não consigo pensar em outra coisa a não ser em vê-la recuperada e esclarecer tudo. Você entende?

— Entendo sim. — Rita sorriu de um modo enigmático ao afirmar: — Não sei por que, mas vou te ajudar. Sinto que é um cara bacana e está sendo sincero. Além disso... — riu. — Achei tão bonitinho ver vocês dois abraçados lá na lanchonete perto da universidade!

Sérgio ofereceu meio sorriso e comentou:

— Sabe... parece que a conheço de longa data. Conversávamos, mas de repente ela se emocionou com um desabafo e eu não resisti e a abracei. Queria protegê-la de qualquer sofrimento!

— A Débora emocionada e desabafando?! — estranhou a amiga. — Coisa difícil, hein!

— Eu preciso de notícias dela. Quero vê-la e esclarecer toda a verdade — falou implorando.

— Tudo bem! Quer ir ao hospital agora?!

— Claro, Rita! Vamos! Dependendo de como ela me receber, não sei o que dizer.

— Veremos! Meus pressentimentos são de que a Débora está bem.

— Acredita piamente em seus pressentimentos, Rita?

— Se eu não acreditasse, não estaríamos conversando — respondeu, rindo gostoso.

A caminho do hospital, eles fizeram planos de como agir ao visitar Débora. Rita avisou que entraria primeiro e conversaria com a amiga. Ele ouviu e concordou.

* * *

Para a surpresa de Sérgio e Rita, ao chegarem, pediram para aguardarem na recepção onde dona Hilma foi recebê-los. Mais calma, a mãe de Débora explicou que a filha estava sob o efeito de sedativos e dormia. Seu estado era estável, mas muito delicado. Estava monitorada e inspirava cuidados. Precisava descansar para realizar outros exames. Não poderia se alterar nem receber visitas.

De volta ao carro, ele lhe deu o número do telefone de sua casa e o endereço antes de irem embora. Percebendo a decepção de Sérgio enquanto dirigia sério e sem falar nada, Rita tentou animá-lo:

— Ficamos mais aliviados por saber que ela está bem.

— Não faz idéia de como me sinto. Acho que poderia ter evitado tudo isso. Se eu tivesse contado sobre a ex-namorada... se...

— Ei! Vamos deixar de pensar no que deveria fazer? Vamos agradecer a Deus por ela estar bem. Daremos um jeito nessa situação. Não será fácil.

Eu conheço a Débora e sei que ela odeia traição. Mas você não a enganou. Poderemos explicar tudo.

— Obrigado, Rita! — agradeceu, sorrindo pela primeira vez.

— Sabe, Sérgio, minha opinião é que a Débora está melhor do que a mãe nos disse.

— Por que acha isso?

— Pela serenidade no semblante da dona Hilma. Não reparou?!

— É sim, eu percebi isso. Ela não estaria sorrindo e nos tratando com tanta amabilidade se a filha ainda estivesse num estado tão delicado, inspirando cuidados... A dona Hilma estava muito tranquila, completamente diferente de quando a vi hoje cedo.

— Eu não engoli essa história de a Débora não poder receber visitas. Reparou que não nos deixaram nem chegar perto do quarto? Com certeza foi a mãe quem decidiu afastar os amigos. Aquela mulher é extremamente arrogante. Você nem imagina! A Débora é tão diferente! — Observando Sérgio cabisbaixo, parecendo ter inúmeros pensamentos inquietantes, ao vê-lo estacionar frente a sua casa, ela comentou: — Ei? Você está abatido, preocupado e sem dormir há muito tempo. É melhor ir para casa e descansar um pouco.

— Não sei se vou conseguir dormir, mas estou exausto. — Olhando-a, sorriu levemente ao agradecer emocionado: — Obrigado, muito obrigado mesmo, Rita!

— Não precisa agradecer... — tornou sem jeito. — Sabe, eu gosto muito da Débora e achei que você é um cara legal! Quando conversamos por telefone, ela não parou de falar de você!

— Sério?! — questionou, iluminando o rosto com agradável sorriso.

— Ela gosta de você, Sérgio! Percebi, ou melhor, senti que você gosta muito dela! — Ele concordou com um aceno de cabeça e a jovem admitiu: — E eu estou torcendo para dar tudo certo, pois minha amiga merece! Conte comigo! — Beijando-o no rosto, falou antes de descer do carro: — Reze, Sérgio! Lembre-se de Deus!

— Pode deixar! E ligue para mim se tiver alguma notícia!

Despediram-se e ele se foi.

* * *

Ao estacionar o carro na garagem de sua residência, Sérgio parou pensativo por alguns minutos. Não sentia vontade de entrar. Aquela casa o deixava insatisfeito, mas não havia alternativa. Precisava dormir, pois estava esgotado.

Ficou satisfeito por não encontrar com alguém de sua família e foi direto para o quarto que dividia com Tiago. Sorriu com o canto da boca ao ver o irmão largado sobre a cama, deitado exatamente como quando ele saiu, só que dormindo profundamente.

Sérgio foi para o banheiro, tomou um banho morno e demorado. Não quis se alimentar. Seu sono era mais forte do que a fome. Foi um alívio quando se deixou cair sobre sua cama mas não parava de pensar em Débora e em tudo o que aconteceu. Sentia uma dor no peito ao recordar de vê-la machucada e amedrontada no carro acidentado, enquanto só podia segurar sua mão delicada e fria. Porém o cansaço o arrebatou.

Passadas horas, durante o sono, momento em que a alma não necessita do corpo e os liames que os unem se afrouxam, permitindo mais liberdade e mais faculdades à alma, Sérgio logo experimentou uma sensação asfixiante e perturbadora que o prendia ao corpo físico. Foi então que passou a ver como era a casa onde morava sob uma visão espiritual.

Espíritos sarcásticos com aparências horrendas, parecendo monstros, estavam em seu quarto. Três deles praticamente atiravam-se sobre o corpo adormecido de Sérgio. Traziam a feição retorcida por um sorriso zombeteiro, enquanto agiam como que se esfregando no rapaz impregnando-o como se o deixassem sujo e ao mesmo tempo sugando-lhe as energias corpóreas.

Sérgio se debatia. Procurava se libertar daquelas mãos asquerosas e imundas que o agarravam. Era algo repugnante e difícil de descrever. Ele sentia como se estivesse acordado. Tentava gritar, mas sua voz não saía. Tinha a sensação medonha de algo grudento e pastoso com cheiro fétido, como o de um corpo em estado de putrefação, empastar seu corpo. Faltava-lhe oxigênio nos pulmões e um medo o dominava de modo impressionante, enquanto lutava para fugir daquele pavor.

Olhando para o lado, pôde ver Lúcia, sua irmã desencarnada. O espírito Lúcia apresentava-se com uma aparência sofrida, esfarrapada e aspecto doentio. Ela trazia no rosto o furo feito pelo tiro que a matou onde, de forma escabrosa, plasmava-se como que vermes a roerem sua face do mesmo modo como se processou a decomposição de seu corpo de carne no caixão, já na sepultura. Perto dela havia um espírito com postura austera. Vestes estranhas, parecendo um fardamento militar antigo. Ele não tinha uma aparência normal. Seu rosto era desfigurado e monstruoso, como se houvesse grandes cistos deformados sob uma pele nojosa, de aspecto sinistro pelo formato da cabeça bem maior de contorno anormal.

Aproximando-se de Sérgio, que estava assombrado e relutava àquela experiência, o espírito se divertiu, ao apreciar seu desespero, enquanto Lúcia chorava. Provocando uma manifestação estrondosa e malévola para o rapaz entender, ele aconselhou:

— Não disfarce! Mostre-se como realmente é! Mudou sua aparência agora que está encarnado. Mas não pense que isso me impediu de reconhecê-lo! — Ao tempo em que argumentava como se rosnasse, esse espírito se acercava mais de Sérgio. — Novamente nos encontramos, só que está em desvantagem. Eu tenho meu exército! Você não!

Enquanto se debatia, Sérgio tentava falar e gritar, mas não conseguia.

A experiência macabra vivida pela alma no estado de sono produzia numerosos efeitos hormonais no organismo, exaltando o corpo físico com aceleração cardíaca, pressão alta e outras estimulações circulatórias e metabólicas pelo fato do corpo ligar-se à alma através dos liames ou fluidos vitais.

E por acréscimo de misericórdia, por não conseguir interferir ou ligar-se mentalmente a Sérgio para auxiliá-lo a libertar-se daquela obsessão, o anjo da guarda ou mentor do rapaz conseguiu estimular energias a Tiago, deixando seu sono suave a fim de acordá-lo pelos barulhos e movimentos agitados produzidos pelo irmão.

Tiago despertou e, mesmo assonorentado, sentou-se ao ver Sérgio se debatendo e tentando murmurar algo. Sem demora, procurou acordá-lo. Porém, mesmo acendendo a luz, o outro continuava dormindo agitado.

— Ei! Acorda, Sérgio! — dizia, balançando-o pelo braço.

Com um movimento brusco e inesperado, ele acordou, sobressaltando-se. Segurando com força o braço do irmão, sentou-se rápido, ao mesmo tempo em que respirava fundo como se estivesse sem ar, depois gritou:

— Não!!! Saia daqui!!!

— Calma! Solta meu braço! — falou Tiago, assustando-se com a reação do outro. — Você estava sonhando. Calma, aí.

Olhando em volta, ainda ofegante, Sérgio perguntou:
— Cadê eles?!
— Não tem mais ninguém aqui. Acho que teve um pesadelo.
Ainda sentado na cama, Sérgio colocou os pés no chão e esfregou o rosto com as mãos para afugentar as lembranças pavorosas, murmurando:
— Meu Deus!... O que foi isso?!
— Um sonho ruim — tornou Tiago, sonolento. Depois aconselhou: — Deita aí ou vai lá pra sala assistir à televisão porque eu ainda quero dormir... Ainda é uma e meia... — falou, jogando-se na cama.
Sérgio sentiu medo de sonhar novamente. Abalado com a impressionante realidade do pesadelo, levantou-se e caminhou pelo quarto tentando entender a mensagem daquele sonho dentro dos conceitos que havia aprendido na graduação universitária.
— Apaga a luz... — resmungou Tiago, remexendo-se.
Respeitando seu pedido, Sérgio obedeceu e foi para a sala.
Como nos é ensinado na Doutrina Espírita, é durante o sono ou o cochilo que a alma se liberta do corpo e entra em contato com o mundo dos Espíritos. As visões, imagens, mensagens que conseguimos, por vezes, lembrar são coisas ou lugares que vemos ou onde estivemos. "O sono influi mais do que pensamos sobre a nossa vida". Através dos sonhos, podemos ter uma visão do passado ou um pressentimento do futuro. Lembranças de onde estivemos ou de lugares a que ainda iremos. O sonho, muitas vezes, pode ser uma vaga recordação do que experimentamos durante o sono. Pode ser comunicações, com encarnados ou desencarnados, das quais trazemos alguns conselhos de espíritos benfeitores ou não. Isso de acordo com o nosso nível espiritual[2].
Sérgio já tivera sonhos daquele tipo. No entanto a partir daquele dia passaria a tê-los com mais intensidade, uma vez que seu espírito protetor e sua própria consciência o chamariam à atenção para detalhes a fim de ele se manter vigilante e não se desviar do caminho certo.

* * *

---

[2] N.A.E.: Em O Livro dos Espíritos, as questões de número 400 a 455, explicam-nos muito mais sobre os sonhos, o sono e a emancipação da alma.

Sérgio estava impaciente para ter notícias de Débora. Mesmo trabalhando em um serviço tão exigente em atenção, ele furtou-se por alguns minutos e ligou para Rita que o avisou:

— Olha, eu soube pela Yara que a Dé está bem — falou, referindo-se à amiga pelo apelido que a chamava quase sempre. — Ela está com gesso e ataduras. Levou pontos na cabeça e em outras partes do corpo. Os exames da coluna não acusaram nenhuma lesão grave. Foi só um grande hematoma mesmo. O rosto dela está inchado, mas tudo indica que foi pela batida na cabeça. De um modo geral, a Dé está bem: alimentando-se e conversando normalmente. Às vezes tem sono por causa dos remédios. A Yara me contou que é a dona Hilma quem não quer visitas para a filha. Contudo a Yara foi muito legal! Você nem imagina! — animou-se.

— O que foi?! — perguntou curioso.

— A Yara levou o celular para o quarto e eu conversei um pouquinho com a Débora!!! — contou eufórica.

— E aí?!!! — tornou Sérgio, empolgado.

— Ela estava meio sonolenta por causa dos remédios, mas pareceu bem. Nós nos falamos pouco, até rimos ao lembrar que eu não saí com ela naquele dia do acidente quando me convidou e não pude ir!

— Acho que não irei à universidade hoje e vou visitá-la!

— É melhor esperar, Sérgio — aconselhou Rita.

— Por quê?!

— Primeiro, por causa da mãe dela. Acho que vai perder seu tempo. Depois... Veja... seria bom eu falar primeiro com a Dé, pois ela está se recuperando não só fisicamente como também do susto que passou. Além disso, ainda deve pensar que você é um crápula, que a enganou... Entende?

— Você está certa. Eu entendo e estou mais tranquilo por saber que ela está bem. Mas não vejo a hora de falar com a Débora. Você nem imagina!

— Não devemos forçar a situação. Vamos aguardar até ela receber alta, então vou visitá-la e conversaremos. Vou te informando sobre qualquer novidade e me ligue quando quiser.

— Obrigado, Rita! Espero que não necessite, mas... se precisar, pode contar comigo!

— Valeu, Sérgio! Fique despreocupado, vai dar tudo certo!

Rita parecia bem disposta a ajudá-lo, demonstrando-se amiga de verdade.

Alguns imprevistos a impediram de visitar a colega e, quando pôde foi inibida de conversarem sobre Sérgio, pois sempre havia alguém da família de Débora presente no quarto. Mesmo assim, a convalescente trocava olhares indefinidos com a amiga e chegou a murmurar dizendo que precisava falar com ela.

* * *

Os dias e as semanas se arrastaram lentos demais para Sérgio, inconformado ao saber, por intermédio de Rita, que Débora não queria recebê-lo. Rita, como grande amiga, explicava que não pôde conversar com a outra como pretendia, pois não tiveram muita oportunidade de estarem sozinhas e o tempo não foi suficiente para detalhar tudo.

Contrariado, o rapaz quase não falava, principalmente, em sua casa e com seus familiares. Havia ficado bem sentido com sua mãe e magoado pelos resultados das conseqüências de sua atitude.

O pouco que podia, Sérgio dormia mal e passou a ter sonhos bizarros. Ao mesmo tempo, no dia a dia, surgiam situações complicadas que chegavam a deixá-lo insatisfeito e até irritado. Contudo não se esquecia de Débora. O desejo de vê-la era intenso e não sabia explicar. Queria olhá-la, abraçá-la, confortá-la em seus braços depois de esclarecer toda a mentira sórdida e cruel inventada por Sueli.

Uma angústia inexplicável parecia cortar seu peito, dilacerando sua alma ao saber que precisaria esperar. Tais sentimentos eram provocados pelo espírito que o atormentava, trazendo sempre o desejo no mal e pronto para aproveitar qualquer oportunidade ou pensamento de Sérgio a fim de desequilibrá-lo e deixá-lo cada vez mais insatisfeito com a vida.

* * *

Depois de tantos imprevistos e planos frustrados, o dia tão esperado chegou. Era um sábado e, sentada na cama da amiga, que se recuperava, Rita dizia:

— Débora, você é inteligente! Eu sei que entendeu! — Diante do silêncio da outra, ela continuou: — Dé, seria bom ouvir tudo o que o Sérgio tem para falar e só depois concluir. Não se precipite com opiniões...

— Mas e se ele estiver mesmo de casamento marcado?!

— Acorda!!! Vai acreditar na palavra dele ou de uma qualquer?! Alguém que nunca viu e estava do outro lado da linha?! Ora!!! Tenha santa paciência! Acabei de contar que o Sérgio está disposto a levá-la para um frente a frente com a família dele para provar tudo!!! — Breve pausa e se expressou mais branda: — Deveria ver como ele está angustiado... Arrasado, para dizer a verdade, pois se sente culpado e... Puxa! Como ele gosta de você!

Débora ficou pensativa, suspirou fundo e decidiu:

— Acho que vou ligar para ele e...

— Está a fim de deixá-lo esclarecer tudo?! — interrompeu-a, animada.

— Estou, sim. Mas...

— Então espere! — pediu Rita com sorriso maroto ao se levantar.

— Ei?! Aonde você vai?!

— Chamar o Sérgio! — avisou quase saindo do quarto.

— Ele está aqui? Na minha casa?!!

— Não, né! O coitado está esperando no carro, lá na rua. — Olhando o relógio, avisou: — Esperando há mais de uma hora e meia. Vou chamá-lo.

— Espere! — pediu Débora.

— Por quê?!

— Eu devo estar horrível!... Eu...

Rita gesticulou com a mão e sem esperar virou as costas, deixando a amiga sozinha. Não demorou e retornou na companhia de Sérgio, que cumprimentou os pais de Débora ao entrar, e logo foi levado por Rita até o quarto da moça.

Ao ver Débora sentada na cama, ele parou à porta por alguns instantes temendo qualquer reação. Mas criou coragem, aproximou-se, curvou-se, beijou-a no rosto e perguntou com voz tímida:

— Oi, Débora! Como você está?

— Bem melhor e me recuperando — respondeu com leve sorriso e um brilho especial no olhar.

— Bem!... — interrompeu Rita com sorriso de molecagem. — Acho que vou ao quarto da Yara para conversar um pouquinho. Se precisarem...

Antes de Sérgio ou Débora dizerem algo, a amiga se retirou rapidamente. Ele ficou sem jeito e a jovem pediu, apontando para a cadeira posta ao seu lado, puxando-a para mais perto:

— Sente-se aqui.

Acomodando-se, o rapaz agradeceu:

— Obrigado por me receber. Eu queria muito falar com você.

— Preciso te agradecer, Sérgio. Obrigada por ter ficado comigo enquanto os bombeiros me tiravam do carro. É engraçado — sorriu. — Não me lembro de tudo. Parece que algumas coisas se apagaram e... — Encarando-o, admitiu: — Mas recordo muito bem de você me chamando, pedindo para eu ficar calma, segurando minha mão... Lembro que o abracei e não queria soltá-lo. Não foi fácil... Obrigada.

— Não me agradeça. Não vou dizer que foi um prazer estar ali, vendo-a naquela situação. Mas eu precisava ficar com você. Eu estava desesperado, aflito... E não poderia ser diferente. — Algum tempo de silêncio em que seus olhos se fixaram e ele falou: — Precisamos conversar e eu quero pedir um milhão de desculpas. Não consigo me perdoar pelo que aconteceu.

— Mas não teve culpa em nada!

— Débora, você disse que ligou para o meu celular e alguém se passou por minha noiva... — Olhando firme em seus olhos falou como se implorasse: — Por favor, acredite em mim. O que a Sueli te contou é tudo mentira e eu posso provar. Sinto-me culpado por não ter te contado que terminei um namoro há quase seis meses e ela não aceita, por isso está fazendo um inferno da minha vida. Como se não fosse o bastante, a minha mãe colaborou, pois aquele maldito celular foi um presente da Sueli quando namorávamos. Quando terminei o namoro, eu o devolvi junto com tudo o que ela me deu para deixar bem claro que não queria ter qualquer lembrança dela. — Ele tinha uma expressão triste e angustiada, mas continuou: — Sinto-me culpado por não tê-la avisado disso. Não tivemos muito tempo e...

Débora não tinha mais dúvidas. Vendo-o se explicar daquela forma, tão submissa e comovente, sentiu que Sérgio falava a verdade. Notando-o bem preocupado e até nervoso pela situação, ela se inclinou para tocar em seu braço. Afagou-o, segurando em sua mão ao argumentar com voz meiga:

— Pare, Sérgio... Não se culpe mais. Fui imprudente ao usar o celular enquanto dirigia. Por isso bati o carro. Se eu tivesse ligado para aquele número, estacionada em algum lugar, é lógico que teria ficado surpresa, abalada... mas não sofreria o acidente. E outra coisa... ficaria magoada com você e indignada por ter mentido, porém iria procurá-lo e você me explicaria a situação. E isso nos pouparia de toda essa angústia e... perdemos tanto tempo e sofremos por...

Débora se embaraçou com as palavras e se calou. Eles se fitavam quando Sérgio se aproximou mais e acariciou suavemente sua face delicada. Sentindo aquela pele macia e morna, experimentou o coração bater forte e murmurou com brandura no tom bonito de sua voz grave:

— Débora... Eu gosto muito de você. Não pode imaginar o quanto sofri e...

Inebriado de emoção, segurou cuidadosamente seu rosto, acariciou seus cabelos enquanto a olhava encantado, desejoso por beijá-la. A jovem, deixando-se envolver pelos carinhos, achegou-se a ele quando suas faces quase se tocavam. Sérgio ia beijá-la, seus lábios chegaram a se tocar com ternura, mas o som de leves batidas na porta os impediu, e o rapaz rapidamente se afastou.

— Visitas para Débora!!! — anunciou a voz alegre do senhor Aléssio. Ao entrar, teve uma ligeira visão do clima romântico, percebendo algo diferente no comportamento suspeito, talvez assustado, de sua filha e do rapaz. Não disse nada, disfarçando ao avisar: — Vejam quem está aqui!

Sérgio ficou sem jeito e se levantou ao ver os visitantes entrarem. A princípio, Débora pareceu sem graça, mas alegrou-se ao ver a pequena menina e exclamou:

— Cris! É você, meu amor!

A garotinha se abraçou à jovem enquanto os outros entravam.

Elza, mãe de Cris, aproximou-se, beijou a moça e apresentou:

— Débora, esse é o meu marido Lucas. — Em seguida, explicou: — Lucas, essa é a Débora, que encontrou a nossa filha.

— Prazer em conhecê-la, Débora! — cumprimentou o homem de boa aparência e bem trajado. Logo se justificou: — Desculpe-me por não ter vindo antes. Estive viajando a trabalho. Mas a Elza e a Cris sempre me davam notícias suas!

— Já me recuperei bem — contou Débora.

— Mamãe — chamou Cris com sua vozinha doce —, é o tio da polícia — disse, apontando timidamente para Sérgio.

Os pais da garotinha não entenderam e a jovem esclareceu sorrindo:

— Nossa, Cris! Que memória! — Virando-se para o casal, apresentou: — Este é o Sérgio. — Enquanto o cumprimentavam, ela explicou: — Nós nos conhecemos no dia em que eu encontrei a Cris. Fico impressionada por ela tê-lo reconhecido! Ele é policial militar e nos levou para a delegacia naquele dia.

— Pensei que estudassem juntos! — interferiu o senhor Aléssio parecendo insatisfeito.

— Estudamos sim — afirmou Sérgio. — Nós nos conhecemos quando a Débora encontrou a Cris e, naquele mesmo dia, descobrimos que cursávamos a mesma universidade.

O senhor nada disse. Repentinamente Breno, tio da garotinha, adentrou o quarto junto de dona Hilma, dizendo:

— Surpresa!!! — gritou alegre, trazendo à frente um belo arranjo de flores frescas.

— Breno! — alegrou-se Débora.

— Tudo bem, minha querida?! — beijou-a no rosto, abraçando-a por longo tempo.

— Tudo bem — respondeu a jovem sorrindo.

Foi então que começaram a conversar, pois o rapaz sentou-se na cama da moça tomando-lhe toda a atenção.

Atraída pela conversação, Rita chegou ao quarto e foi para um canto junto a Sérgio, isolado por todos. Ele sentiu-se excluído e com o passar do tempo Rita o chamou para irem embora.

Despediram-se de Débora, que não ficou satisfeita, e dos demais. Eles se foram.

* * *

Durante o caminho para sua casa, Rita comentou:

— Hoje vou sair com meu namorado. Temos de ir ao casamento do primo dele. Desculpe-me por não termos ficado mais tempo. Não é só por eu precisar sair, mas achei que aquele pessoal tinha intenção de fazer uma visita bem demorada!

— Você me ajudou tanto, Rita! Acha que vou me indispor justo com você?! Também percebi que a conversa seria bem duradoura.

— Vocês dois se entenderam?! — quis saber curiosa ao sorrir.

— Bem... — ele riu. — Expliquei o que precisava e ela entendeu. — Sorrindo de um jeito especial, contou: — Quando o clima ficou bem romântico... Sabe... quando... Aquele pessoal chegou.

— Que droga!!! — protestou a moça irritada.

— Tudo bem, não esquenta. Não que eu esteja feliz, mas pelo menos nos entendemos. Teremos outras oportunidades!

— A Débora é uma pessoa maravilhosa, Sérgio. Ela é bem sincera. Uma amiga legal. Já me ajudou muito! Você nem imagina!

— O que ela fez? Se é que eu posso saber! — disse o rapaz.

— Nós ficamos amigas logo no primeiro semestre da faculdade e aconteceu algo bem inesperado. Meus pais foram viajar e morreram em um acidente de carro. Então me vi atordoada, totalmente confusa, aturdida...

— Puxa... — lamentou. — Sinto muito. Mas você tem irmãos ou parentes, não tem?

— Tenho um irmão que acabou de fazer dezessete anos. Não tenho avós. Só um tio por parte de pai, que mora perto da minha casa e uma tia por parte de mãe, que é casada e mora em Pernambuco. Essa tia é uma pessoa excelente. Seu marido e filhos também! Eles trabalham muito, têm vários funcionários e quase não vêm a São Paulo. Mas eu não poderia largar tudo aqui e ir morar lá. Vontade não falta, mas preciso terminar a universidade e pensar no futuro do meu irmão. Essa tia, o marido e os filhos são donos de um hotel à beira mar que fica lotado em qualquer época do ano. É um lugar mágico! Maravilhoso! Um paraíso! — explicou com leve sorriso parecendo de saudade ou de sonho.

— E o seu tio?

— Um crápula, nojento!!! — reagiu de imediato. — Não gosto de falar dele. Aliás, não quero vê-lo nem pintado de ouro! — Pequena pausa e continuou: — Quando meus pais faleceram, eu quis deixar a universidade, mas a Débora não deixou. Ela e o meu namorado não me largavam. Ele não tinha muito tempo por causa do trabalho, mas ela... Puxa! A Dé me deu a maior força! Eu a considero como uma irmã!

Sérgio sorriu agradecido ao afirmar:

— Posso dizer o mesmo de você. O que tem feito por mim e pela Débora, talvez uma irmã não fizesse.

— Você tem irmã?

— Minha irmã faleceu há quase dois anos — respondeu sem alongar.

— Sinto muito. É difícil nos separarmos de quem amamos.

— Pronto! Chegamos! — ele exclamou, olhando-a com satisfação. Demonstrando-se grato, falou: — Obrigado, Rita. Você foi mais do que uma amiga!

— Que nada! — falou sem jeito. — Assim que a Débora se recuperar, sairemos eu, meu namorado Gustavo, você e a Dé para comemorarmos! Será ótimo!

— Combinado! — ele concordou.

Rita o abraçou com força, experimentando um sentimento feliz pelo resultado positivo de tudo. Deu-lhe um beijo no rosto e depois de ele retribuir da mesma forma, ela o lembrou:

— Amanhã você telefona para ela! Não se esqueça!

— Pode deixar! Mas... Não vou esperar até amanhã... Não consigo!... — riu.

— Agora preciso ir! Ainda tenho de me arrumar! — falou, descendo do carro.

— Bom divertimento!

— Obrigada!!! — gritou alegre, virando-se e caminhando com seu jeito exclusivo, naturalmente especial ao menear a longa saia modelo indiano que combinava com a blusa do mesmo estilo, coberta nas costas por seus longos cabelos lindamente cacheados que pareciam um manto negro esvoaçando com suavidade ao vento brando. Rita era muito bonita e tinha seu estilo próprio de ser. Algo que combinava com sua personalidade, graça e vivacidade.

Ele sentia o coração mais leve e repleto de esperança. Acompanhando Rita com o olhar, após ela entrar em sua casa, o rapaz sorriu e se foi.

6

Débora enfrenta a oposição do pai

Sérgio chegou à sua residência bem mais animado e, sem perceber, trazia um sorriso suave nos belos lábios bem contornados. Assobiava ao entrar, mas foi surpreendido pela presença desagradável de Sueli, sentada sozinha na sala.

— O que você está fazendo aqui na minha casa?! — perguntou secamente.

— Oi, Sérgio! Tudo bem?! — falou com voz melosa.

— O que quer aqui?! — Sem esperar uma resposta, falou irritado: — Suma daqui!!! Não quero ver a sua cara nunca mais!!!

— Eu estava conversando com a dona Marisa e...

— Onde está a minha mãe?! Como ela permitiu que entrasse aqui?! — interrogou, olhando em volta com modos agastados.

— O telefone tocou. Era para o seu irmão e ela foi levar o aparelho lá no quarto.

Nitidamente insatisfeito, ele ia dando-lhe as costas para sair daquele cômodo, quando Sueli o chamou:

— Sérgio! Por favor! — Ao vê-lo se virar, ela pediu: — Por favor, me desculpe pelo que aconteceu à sua colega.

— Você é louca?! Acha possível eu desculpá-la pelo que fez?! Sabe quais foram as consequências?! — questionou com veemência, encarando-a firme. — Você é uma criminosa!!!

— Puxa... — tentou justificar com lamento na voz. — Não podia imaginar que por causa de uma simples brincadeira...

— Brincadeira?!!! — interrompeu-a nervoso. — O que fez foi sórdido! Cruel! Gente como você deveria estar atrás das grades!!!

— Por favor!... Não me julgue mal. Quando a sua mãe me contou o que aconteceu com a moça, eu fiquei em choque. Jamais pensei que...

— É lógico que você jamais pensou!!! — interrompeu-a num grito. — Criaturas egoístas, mesquinhas e dominadoras não pensam!!! Simplesmente são cruéis!!!

— Não sei o que me deu quando ela ligou e... Compreenda... eu gosto muito de você ainda e... — dizia como se implorasse seu perdão.

— Você chama esse sentimento vaidoso, orgulhoso, possessivo, de gostar?!!! — Aproximando-se, olhou-a com desprezo ao afirmar: — Uma pessoa capaz de mentir, ferir sentimentos, enganar, exigir, não tem valor algum para mim! — Pausadamente, repetiu: — Entenda que você não tem qualquer valor para mim!!! Seu mundo é pequeno demais! Enquanto seu complexo de inferioridade é imenso e é por isso que faz o que fez. Você é presunçosa, ou seja, pensa que as normas de respeito e dignidade devem ser exigidas às outras pessoas, mas não a você! Sua capacidade de egoísmo e orgulho é tão grande que acredita nunca se enganar. É capaz de acreditar que sua motivação é sempre pura, inocente e você nunca erra! Preste atenção e observe que você não assume totalmente a responsabilidade pelo seu comportamento, principalmente, quando o resultado é negativo e sempre quer ser perdoada. Acha que suas necessidades têm mais prioridade do que as das outras pessoas. Você não tem escrúpulo, Sueli!!! Costuma usar os outros para satisfazer suas necessidades e seus caprichos, sempre. E isso nunca vai acabar! Só sabe exigir e roubar a atenção, a admiração, o tempo, o amor, as idéias dos outros para realizar os seus desejos insaciáveis, deixando qualquer um exausto!!! Você não tem discernimento!!!

— Sérgio! Eu!...

— Chega!!! Saia daqui!!! Não quero te ver nem ouvir sua voz nunca mais!!! Entendeu?!! Saia da minha casa!!!

Naquele momento, dona Marisa entrou e presenciou a discussão, interrompendo:

— Sérgio! O que está acontecendo aqui?!

— Sou eu quem deve perguntar o que essa aí está fazendo aqui?!!! — exigiu, apontando para Sueli.

— Esta é minha casa e recebo aqui quem eu quiser! — exclamou a mãe autoritária. — A Sueli sempre foi nossa amiga e...

O filho não a esperou terminar. Estava indignado e, virando as costas, saiu.

Em seu quarto, Sérgio sentou-se na cama e esfregou o rosto com as mãos num gesto insatisfeito. Tiago falava descontraidamente ao telefone, mas o observou e, ao terminar a ligação, perguntou:

— E aí? Tudo bem?

— Estava tudo bem! — reclamou Sérgio.

— O que rolou?! — tornou o outro curioso.

— O que essa safada está fazendo aqui em casa? Parece que a mãe não tem o mínimo de consideração por mim! Caramba!!!

— Eu ouvi quando a mãe ligou pra ela.

— Por que a mãe faz isso, Tiago?!

— Talvez tenha esperança de vocês voltarem.

— Não sei como fui namorar essa... Onde eu estava com a cabeça?!

— Para ser sincero, Sérgio, nem eu sei como você ficou tanto tempo com ela. — Vendo-o sério e sem dizer nada, Tiago perguntou animado: — E aí?! Foi lá visitar sua amiga?!

O belo rosto de Sérgio pareceu iluminar com um largo sorriso e ele contou:

— Fui e conseguimos conversar um pouco. E... Rolou um clima legal!

— Olha só!... Para quem estava tão durona... De repente ela não resistiu diante do seu charme! — brincou o irmão. Sérgio sorriu e Tiago perguntou: — Vai visitá-la amanhã novamente?

— Não sei... Pode parecer que estou forçando... Além disso, não fico muito à vontade perto da família dela. São bem estabilizados e um tanto arrogantes. Completamente diferente dela. O que me interessa mesmo é conhecer melhor a Débora, ficar com ela... — sorriu inebriado.

— Iiiiih!... Olha só o cara, meu! — brincou Tiago, rindo gostoso. Quando ia sair do quarto falou: — Tá apaixonado!!! Ferrou!!!

— Ah!... Cai fora!!! — revidou Sérgio, contagiado pelo riso. Mas antes do outro sair, pediu: — Ei! Deixa o telefone comigo!

Tiago voltou, deu-lhe o aparelho e gargalhou antes de desfechar:

— Não precisa dizer para quem vai telefonar!

O irmão riu e não falou nada. Sozinho, ligou imediatamente para Débora. Conversaram por longo tempo. Ele prometeu visitá-la no dia seguinte, atendendo ao doce pedido da moça, antes de desligar. Deitado em sua cama, o rapaz estava feliz. Sustentava um sorriso suave e tranqüilo até seu pai entrar no quarto, após poucas batidas à porta.

— Sérgio?

— Oi, pai! Entra! — respondeu de imediato, sentando-se.

O senhor entrou calmo e sentou-se na cama de Tiago, ficando frente a Sérgio.

— Tudo bem, pai?

— Quase tudo. Eu queria falar com você e... Bem, não o vejo há dias.

— Não tenho tempo para nada. O trabalho, o estudo, as atividades do curso, as horas de estágio e outras coisas me mantêm ocupado.

— Imagino — argumentou sem dar muita importância. Depois tornou: — Sabe o que é, Sérgio, primeiro sua mãe veio falar comigo e...

— Aaaaah!... Eu sabia! — interrompeu de imediato, mostrando-se insatisfeito. — A mãe foi reclamar de mim para o senhor, não foi? Disse que eu quase não paro em casa, vivo na casa do João, converso mais com a mãe dele, a dona Antônia, do que com ela... Não tolero a Sueli aqui! E o que mais?! — Breve pausa e, diante do silêncio, explicou: — Pai, o senhor sabe o que a mãe e a Sueli fizeram e o que isso causou a uma amiga minha?

— Sua mãe me contou.

— Contou com a versão dela! — respondeu irritado. — A Débora quase morreu por...

— Sérgio, você nem conhece essa moça e...

— Não conheço, mas quero conhecer! E daí?! — revidou, interrompendo. — Devo me submeter eternamente aos caprichos da Sueli e aos desejos da mãe? Nunca mais poderei trazer alguém aqui em casa por causa da presença da minha ex-namorada? Por favor, né, pai!

— Eu entendo. Mas não sei como lidar com essa situação entre você e sua mãe.

— Pai, pense! Sou filho de vocês. Moro nesta casa. A Sueli é só uma conhecida. Eu não quero vê-la. Não suporto a idéia de falar com ela. Acho que mereço um pouco de respeito por parte do senhor e da mãe, não é? Ao menos isso, já que não reconhecem meu esforço para uma vida melhor.

O homem abaixou a cabeça, ficou pensativo, respirou fundo e afirmou:

— Vou falar com sua mãe. — Após alguns minutos, um tanto sem jeito, ele pediu: — Sérgio, eu estou com alguns probleminhas financeiros. O Marcílio não pode pagar algumas contas nesse mês e... Bem, filho, eu sei que você já ajuda muito e tem suas próprias despesas, mas...

— De quanto o senhor precisa? — perguntou em voz baixa.

— Eu tenho anotado lá no meu quarto. Você poderia ir lá para ver e... — Olhando-o nos olhos e sentindo-se constrangido, o senhor Inácio comentou: — Se não puder ajudar, vou entender.

— Pai — falou devagar e bem calmo —, desde quando comprou esta casa para ajudar o Marcílio e a Ana, deixando-os morar conosco, o senhor e a mãe não tiveram mais sossego. O Marcílio deveria assumir toda a responsabilidade com a mulher e os filhos que ele arrumou.

— O que posso fazer, Sérgio? Mandar todos embora daqui? Pôr o seu irmão, a mulher grávida e dois filhos na rua? — O rapaz não respondeu e o senhor Inácio continuou: — Filho, sei que vivo te incomodando ao pedir mais dinheiro para as despesas, mas... O Tiago nunca guarda nada. Sempre que pergunto, ele está sem dinheiro.

— O Marcílio tem seus gastos com bebidas, jogos, cigarro... Arrumou mulher e filhos... Por que eu e o Tiago devemos ter dinheiro para as despesas extras que não nos pertencem? Por que não exige que seu filho mais velho assuma suas responsabilidades?

— Desculpe-me. Se não puder ajudar...

— Pai, não é isso! — disse, encarando-o. — O senhor e a mãe são usados por eles! Acham isso normal! Já pensou se eu e o Tiago fizéssemos o mesmo?! Como seria? — Alguns segundos e, após suspirar fundo, avisou: — Tudo bem. Depois eu vou lá para ver em que posso ajudar.

— Certo — respondeu, cabisbaixo, saindo do quarto.

Sérgio apoiou os cotovelos nos joelhos, entrelaçou as mãos na frente do corpo e abaixou a cabeça. Estava insatisfeito com sua vida, com o modo de ser manipulado, de ser envolvido em problemas que não lhe pertenciam e de não ser valorizado. Ficava sempre em segundo plano.

Enquanto isso, num plano que não podia ver, Sérgio era abraçado pelo espírito Lúcia, sua irmã desencarnada. Ela o envolvia com impressões melancólicas, angustiosas e tristes ao mesmo tempo orientava-o em nível de pensamento:

— Não fique com essa Débora, Sérgio. Sua vida será melhor sem ela. No passado houve muita discórdia por causa dessa moça. Foi durante a Revolução Farroupilha no sul do país. Você desertou por causa dela. Juntando-se à causa dos rebeldes. Suas estratégias ajudaram a tropa dos farrapos a conquistar uma cidade, travando a maior batalha contra o Exército Imperial. Algo até então nunca visto.

Sérgio continuava reflexivo e não podia ver o que acontecia no plano espiritual, mas sentia uma vibração estranha, desanimadora.

O espírito que tentava obsediá-lo há tempos, aproximou-se. Trazia a mesma aparência repulsiva e austera, aparentando um homem acima da meia idade. Depois de uma gargalhada maldosa, vociferou:

— Seu covarde! Desertor covarde!!! Você foi um tenente do Exército Imperial e o homem em que depositei toda a minha confiança! Minha filha estava prometida a você e a abandonou depois de conhecer essa que hoje se chama Débora. Minha filha sofreu. Sofreu tanto que morreu de desgosto e vergonha. E hoje, seu desgraçado, você ainda maltrata minha filha como fez no passado! Desprezando-a como lixo! Mas eu vou acabar com você! Com essa Débora! Ah! Se vou!

Nesse momento, Sérgio fustigava os pensamentos em um nível muito inferior. Deixando-se envolver por idéias ruins e terríveis.

"Droga de vida!", pensava Sérgio. "Eu queria ser mais independente, mais livre. Parece que nunca vou conseguir! Será que terei paz se sair dessa casa ou quando morrer?!"

— Nem quando sair daqui eu vou deixar você em paz, seu desgraçado! Vou seguir você e aquela vadia até o inferno e muito além! — tornou o espírito Sebastião, sentindo-se superior e poderoso diante do encarnado que atormentava.

Mesmo sem ouvi-lo, Sérgio experimentou uma sensação angustiosa e amarga, atribuindo tal sentimento aos problemas de família.

* * *

Semanas passaram.

Apesar de tão pouco tempo, o calor de uma paixão nasceu e cresceu entre Débora e Sérgio. Eles conversavam muito por telefone e o rapaz a visitou várias vezes. O que não deixava o senhor Aléssio e sua esposa satisfeitos. Débora estava bem recomposta, retornando ao trabalho e aos estudos.

Naquela manhã, Yara chegava à sala acompanhada da risada gostosa da irmã que voltava à rotina.

— Ora! Ora! Gargalhadas logo cedo! — reparou dona Hilma, bem satisfeita. — Que bom vê-la assim, Débora!

A filha sorriu, acomodou-se à mesa e não disse nada, mas Emy perguntou:

— Pode dividir conosco tanta alegria?

— É muito bom retomar a vida! Eu não sabia o quanto era gostoso trabalhar, estudar, andar sozinha!... — Débora respondeu e sorriu. — Puxa! Chega de ficar naquele quarto e nos limites desta casa. São em coisas simples que encontramos a felicidade.

— A felicidade não se encontra, compra-se! — riu Emy.

— Não mesmo, minha irmã! A felicidade está dentro de nós e não em coisas exteriores, muito menos nas lojas, shopping e grandes marcas! — retrucou Débora.

Levantando-se, Emy desfechou:

— Não vou me indispor com você logo cedo. Acabou de se convalescer. Com licença!

Sem se importar com o ocorrido, como sempre, dona Hilma perguntou:

— Então você volta hoje mesmo ao trabalho? Está bem disposta?

— Como nunca, mãe! — animou-se a filha.

— Vai à universidade hoje? — tornou a senhora.

— Lógico!

— Mas hoje é sexta-feira! — estranhou Yara.

— Não quero perder nem mais um dia de aula. Tenho tanta coisa em atraso!...

— Do que vocês duas riam tanto? — tornou a mãe.

Débora gargalhou, trocou olhares com Yara e contou:

— A Yara fez uma tatuagem nova! Só vendo para acreditar!

— Filha!!! — a jovem riu e não se manifestou. Em seguida, dona Hilma avisou: — Ah! Quase me esqueci, Débora. Seu pai está no escritório esperando para falar com você antes de sair.

— Iiiiiih!... Lá vem bronca! — reclamou insatisfeita.

Após terminar o desjejum, Débora foi ao escritório falar com seu pai. Depois de cumprimentá-lo, sentou-se na cadeira frente à sua mesa, colocando-se à disposição.

— A mãe disse que você queria conversar comigo.

— Quero sim — confirmou, levantando-se e fechando a porta do escritório. Voltando, encostou-se à mesa, quase sentando, e, diante da filha, falou: — Serei breve. Você sabe que gosto de ser direto. Há alguns dias eu tenho visto o seu amigo, o Sérgio, muito presente nesta casa. Sei que vários colegas vieram te visitar, mas não sou ingênuo. Esse rapaz não veio aqui só por causa de seu estado de saúde.

— Eu e o Sérgio...

— Espere, Débora! — interrompeu-a de imediato. — Deixe-me terminar. Não é preciso que se justifique. Eu notei algo romântico em seus olhares. Sem dúvida, quero que reflita muito sobre nossa conversa e reverta essa história. — Alguns segundos de pausa e falou: — Veja bem... Você é uma moça muito bonita, jovem, com estudo, educada... Além de outros incontáveis adjetivos. E esse rapaz? O que ele tem para te oferecer? Não passa de um mero policial! Qual o futuro dessa criatura?! Como poderá te oferecer conforto, estabilidade financeira e tantas outras coisas às quais você está acostumada?! — Sem trégua, advertiu: — E não me venha com a história de que gosta dele! Que se amam! Vocês mal acabaram de se conhecer! Não quero mais ver esse Sérgio aqui! — disse firme.

— Pai, eu...

— Débora! Não quero que diga nada! Só pense! Entendeu?

A moça sentiu o rosto aquecer. Ficou contrariada com o que ouvia, mas sabia que não adiantaria argumentar. Conhecia bem seu pai.

— É só isso? — perguntou desanimada.

— Não — falou mais tranqüilo. — Veja, filha... Estou pensando no seu bem, na sua segurança futura. Quero que tenha ao seu lado um homem capacitado. Por exemplo... O Breno! Um empresário bem sucedido e que demonstra extrema consideração e carinho por você! Ele até comentou comigo o quanto te admira! O Breno é um rapaz com totais condições de te oferecer uma vida de princesa! — A moça ficou petrificada e sem dizer nada. O senhor Aléssio ainda falou: — Compare e analise tudo. Quero o seu bem. Estou sempre aberto para diálogos.

— Diálogos, pai?! — questionou com ironia e indignada. — Nunca consegui dialogar com você, pois sempre acredita ser o único que sabe falar e não dá a oportunidade para eu expressar qualquer opinião. Talvez pense que está em um tribunal defendendo alguma causa, mas só você tem o poder de julgar, argumentar e protestar! Com licença!

Dizendo isso, Débora saiu a passos firmes sem olhar para o pai. Tinha os olhos nublados e por isso disfarçou o rosto entre os cabelos ao passar pela sala. Chegando ao seu quarto, ouviu seu celular tocando e correu para atendê-lo:

— Oi, Sérgio!

— Estou te esperando aqui fora e com celular novo! — avisou alegre.

— Não quis interfonar e... Você já está pronta?

— Estou saindo! Beijo!

Sem conversar com ninguém, ela saiu de casa, entrou no carro de Sérgio e se foram.

* * *

A caminho do serviço, ele percebeu uma angústia no silêncio da jovem, o que nunca aconteceu. Depois de contar sobre a compra do celular e alguns fatos corriqueiros, por não vê-la interagir, Sérgio perguntou:

— Está tudo bem?

— Sim... Tudo bem.

— Não parece. — Sorrindo com brandura, falou: — Você não mente bem.

— Desculpe-me, Sérgio. Só não queria falar disso agora. Talvez depois...

— Claro! Eu entendo — compreendeu e a observou por alguns segundos, vendo-a com os olhos marejados.

Foi então que o rapaz falou sobre outras coisas, procurando distraí-la. Chegando próximo aonde ela trabalhava, ele avisou:

— Passo para te pegar. Caso saia mais cedo, você me espera, tá? — Débora parecia insegura e não desceu do carro. Uma tristeza indefinida pairava em seu olhar terno. Sérgio segurou-lhe o rosto delicado, fez-lhe uma carícia e perguntou em tom bondoso: — Tudo bem, mesmo? — Sem que ele esperasse a moça o abraçou forte, escondendo o rosto. Ele a envolveu com carinho, apertando-a contra si, experimentando um sentimento muito forte. Afagando-a com generosidade, falou baixinho: — Eu ainda tenho tempo. Quer conversar a respeito?

— Não... — murmurou com a voz abafada pelo abraço. Depois explicou: — São problemas lá de casa e não quero preocupá-lo com bobagens.

Ao senti-la mais calma, Sérgio cuidadosamente a afastou de si, olhou-a nos olhos, acariciou-lhe o rosto e não resistiu ao sentimento que o dominava. Débora parecia implorar por seus carinhos e, vagarosamente, ele aproximou seus lábios dos dela, tomou-a nos braços e a beijou com todo o amor.

Era a primeira vez que se beijavam daquela forma e vivenciaram uma sensação nunca sentida antes, como se uma energia indefinida invadisse seus corações apaixonados.

Ainda deixando-se ficar em seus braços, Débora trazia os olhos brilhando e suave sorriso tímido. Afagando-lhe o rosto, confessou:

— Gosto muito de você, Sérgio. Eu te adoro.

— Eu também. Desde o dia em que a conheci, não consigo parar de pensar em você e... Como eu desejava beijá-la e abraçá-la dessa forma. Não pode imaginar!

Oferecendo um belo sorriso, a jovem afirmou:

— Posso imaginar sim! Eu também não deixei de pensar em você. — Beijaram-se novamente, depois ela avisou: — Agora preciso ir.

Despediram-se com carinho e, mesmo contrariando a vontade, ela desceu do carro e se foi olhando algumas vezes para trás, acenando graciosamente.

* * *

Depois da aula, Sérgio levou Débora para casa. Estacionando o veículo frente à residência da moça, quis saber:

— O seu pai disse alguma coisa a meu respeito?

— Por que pergunta isso? — falou surpresa.

— Ele me recebeu bem todas as vezes que fui te visitar, mas... Senti algo diferente em nossos últimos encontros. Acredito que não aprovará nosso namoro — disse sério e bem sincero.

A jovem ofereceu um lindo sorriso ao dizer com jeito meigo e gracioso:

— Você não me pediu em namoro. Pensei que só ficaríamos.

Aproximando-se e acariciando seu rosto delicado, Sérgio perguntou em tom apaixonado, quase num sussurro:

— Quer namorar comigo?

— Eu adoraria...

Ele a calou com um beijo, afagando-a com carinho por longo tempo. Após alguns minutos, tornou num tom tranqüilo, trazendo-a à realidade:

— Você não me respondeu sobre o seu pai. Isso significa que ele não simpatizou comigo. Por isso você estava triste hoje de manhã?

Tentando fugir da resposta, ela comentou:

— Sabe... Meu pai é um pouco difícil... Ele não concorda com nada que eu faço. Nunca tenho razão. Mesmo se ele não estiver de acordo, o que isso importa? Sou maior de idade!

— Entendo que ele não quer o seu mal e está pensando em seu futuro. Afinal, vocês têm uma grande estabilidade financeira e eu não. Não estou interessado nos bens da sua família ou em sua herança. Vou conseguir minha estabilidade, talvez simples, modesta, mas certamente segura e honesta. E é provável que com o tempo ele me veja de outra forma, se me conhecer melhor.

Débora ficou incrédula. Parecia que Sérgio tinha ouvido a conversa entre ela e o pai. Não querendo desapontá-lo no futuro, a jovem avisou:

— Não tenha tantas esperanças. Meu pai é teimoso e minha mãe não me defende. Teremos obstáculos.

— Bem... Acho que os obstáculos surgirão de ambos os lados. Se o seu pai não ficar satisfeito por estarmos juntos, tenha a certeza de que minha mãe não pensará diferente dele. — Vendo-a reflexiva e despreocupada, ele olhou o relógio e decidiu: — É tarde, Débora. Adoro sua companhia, mas é arriscado ficarmos aqui. Não quero expô-la em situação de risco.

— Você é muito precavido. Vejo que não pára de olhar em volta, pelos retrovisores... — falou sorrindo.

— Na minha profissão, já vi fatos que não desejo experimentar. Se algo te acontecer, por minha culpa, acho que morro.

— Ah!... Só uma coisa: a Rita me telefonou e nos convidou para sairmos com ela e o Gustavo amanhã! O que acha? — propôs toda animada.

— Vamos ver. Eu tinha outros planos, mas podemos considerar.

— Você me liga quando chegar em casa?

— Ligo. Ligo sim.

Apaixonados, eles se beijaram e se despediram. Ele esperou que ela entrasse e depois se foi.

* * *

Durante o trajeto até sua casa, na espiritualidade, o mentor de Sérgio o acompanhava, influindo em seus pensamentos com bons conselhos:
— Precisa ser cauteloso com as idéias, meu querido. — Mesmo sabendo que não era ouvido, o anjo guardião do rapaz tinha plena certeza de seu pupilo receber suas influências e no momento preciso poderia se valer delas, caso se mantivesse atento na fé e vigilante. Por isso continuou: — O inimigo do passado pode acreditar que você ainda tem dívidas com ele. Quando se trata de uma criatura sem entendimento e pouca evolução, ela quer nos induzir ao mal para sofrermos. Espíritos desse tipo, encarnados ou desencarnados, comprazem-se em uma falsa felicidade quando conseguem nos comprometer ou nos induzir a uma atitude degradante que atrasa nosso adiantamento espiritual, quando cedemos as suas sugestões sórdidas. E Deus... Bem... Deus permite que esses irmãos imperfeitos na moral sejam instrumentos para testar nossa fé e nossa vontade de continuar agindo como criaturas atuantes no bem. Não é diferente das escolas terrenas onde estudamos e depois realizamos provas para testarmos nosso conhecimento. Podemos ser promovidos ou reprovados e, no último caso, precisaremos refazer os estudos e novos testes.

Meu querido Sérgio... — prosseguia o sábio mentor. — Sabe, quando nos acontecem coisas ruins, elas são instrumentos para provar o nosso equilíbrio e a nossa confiança em Deus. Mas quando sofremos e nos deixamos aterrorizar, querendo desistir ou nos alterando de forma grosseira, por essas más experiências e sentimentos, é por que atraímos para nós, em ações e pensamentos o desejo no mal, o que não é correto. É por isso que sofremos e sofremos muito. Pois os espíritos maus correm em nosso auxílio e nos ajudam com as más tendências, por desejo de vingança ou por prazer. Os pensamentos deles invadem os nossos. Mas Deus, em sua infinita misericórdia, sempre nos ajuda, enviando-nos os bons espíritos que vão nos influenciar também. Porém depende de nós nos inclinarmos às inspirações boas ou más que exercem sobre nós. Vamos analisar o que você já aprendeu no curso que está quase concluindo: Por que pessoas que sofrem sérios e difíceis problemas reagem diferente? Uma, apesar de enfrentar uma situação aflitiva e pesarosa, não sofre, a outra entra em extremo desespero, quer que a vida acabe. Isso, por uma ser um espírito que cede aos maus conselhos e não é evoluída, a outra sofre, mas sabe que a experiência ruim é passageira.

Durante o caminho sabiamente Wilson, o espírito protetor de Sérgio, passava-lhe pensamentos instrutivos e salutares a fim de seu protegido se alicerçar no bem com equilíbrio e pensamentos positivos que servem de incrível proteção às influências negativas de encarnados e desencarnados.

O rapaz sentia-se melhor, bem aliviado e seguro. Chegando à sua casa, ligou para Débora e conversaram por muito tempo, combinando saírem no dia seguinte.

Antes de dormir, ele estava simplesmente feliz e fez uma prece agradecendo e pedindo proteção.

7

Sérgio e Débora: do passado ao presente

Os meses foram passando.

Um doce e agradável romance acontecia entre Sérgio e Débora. Eles se davam muito bem. O rapaz havia terminado o curso universitário, por isso estava extremamente feliz e mais tranqüilo do que nunca, após terminar o período de supervisão exigido, uma espécie de estágio na área de Psicologia.

O casal estava no cinema apreciando um filme. Como anjo guardião não é ama seca, os mentores do casal encarnado trocavam conhecimento com um grupo de espíritos amigos, alguns socorristas e outros instrutores que desejavam notícias dos encarnados queridos a quem tanto estimavam. Havia no grupo alguns aprendizes que se interessaram e Wilson, mentor de Sérgio, contava:

— Alguns irmãos, quando ainda presos no vício, no mal, na crueldade sempre tentam nos incitar a cometer erros, aproveitando de todas as circunstâncias para isso. E um caso clássico, digno de aproveitamento para estudo, é o acerca do que acontece com Débora e Sérgio.

Olívia, mentora de Débora, comentou:

— É impressionante como esses perseguidores interferem nos pensamentos dos encarnados, direcionando-os e manipulando-os, quando a pessoa não examina a idéia imediata e não distingue o bem do mal, deixando-se inclinar às tentações e erros de difíceis reparos futuros.

Um dos instrutores acrescentou ao grupo:

— O que os espíritos, sem evolução, desejam é corromper e prejudicar o outro, fazendo-o sua vítima, seu escravo. Wilson e Olívia vêm acompanhando seus prezados pupilos há tempo e poderão relatar como e quando esse desejo de vingança do espírito Sebastião iniciou.

— Sim, claro! — concordou o espírito Wilson, contando: — Na mais longa revolução da história do Brasil, Sérgio, Sebastião, Sueli, Débora, Lúcia e Tiago se reencontraram. O grande episódio chamado de Guerra dos Farrapos ou Revolução Farroupilha aconteceu no Sul do Brasil, mais especificamente no Rio Grande do Sul, na época do Império. De um lado os adeptos da Monarquia ou governo Imperial; de outro, os rebeldes ou farrapos que lutaram para criar uma República. Aqueles que eram contra a criação de uma república deram o apelido de farrapos ou farroupilhas aos revolucionários com a intenção de humilhá-los e depreciá-los. Entretanto esses líderes nada tinham de maltrapilhos, muito ao contrário. Tratava-se de representantes da elite, estancieiros e criadores de gado da província. Os lugares e os interesses que queriam defender tinham grande importância ao Império.

Diante da pausa em que Wilson refletia em como resumir os fatos, o espírito Olívia lembrou:

— Bento Gonçalves da Silva foi o líder dessa revolução, apoiado por diversas camadas populares que estavam bem insatisfeitas com os altos valores dos impostos taxados pelo governo imperial sobre a produção de carnes para consumo – carne salgada – e couros utilizados para a confecção de diversos artigos. Além dessas, havia outras inúmeras queixas, pois a contribuição da província[3], para a economia brasileira, era muito explorada. No Rio Grande do Sul principalmente, cabendo a este cobrir inúmeras despesas da província de Santa Catarina e de outras regiões por não conseguirem arcar com suas próprias despesas e o que recebiam do governo central era insuficiente, cabendo a contribuição complementar de recursos vindos de outras províncias. Dessa maneira, sobrecarregando-as com impostos.

Em seguida ela trocou olhar com Wilson, como se lhe passasse a vez, e ele contou:

---

3 N.A.E.: Província era o nome dado à divisão regional, ou seja, o mesmo que estado.

— Diversas batalhas sangrentas foram travadas no sul do país entre o exército imperial e os rebeldes farroupilhas. Houve vitórias e derrotas de ambas as partes em diversos lugares da província, desde as grandes cidades até os mais distantes e pequenos vilarejos gaúchos.

Em 1836, pouco antes da prisão de Bento Gonçalves, os imperiais derrotaram os farroupilhas em uma e outra luta, parecendo em vantagem. O Marechal Sebastião, espírito impiedoso que até hoje persegue Sérgio, era um comandante militar nessa época, recebendo muitos méritos e até postos de destaque pelas vitórias e estratégias. Mas as tropas republicanas – farroupilhas – começaram a se unir e crescer por causa dos apelos dos oficiais do exército revolucionário, que angariaram recursos financeiros e soldados, incluindo escravos e presos para se alistarem, prometendo-lhes liberdade ao final da guerra.

Sérgio, nessa época, era um jovem Tenente do Exército Imperial e de compromisso firmado com a filha do Marechal Sebastião. Tratava-se de um acordo de união arranjado entre as famílias, algo bem comum naquele tempo. A filha do Marechal Sebastião era Sueli, ex-namorada de Sérgio na atual encarnação.

Convocado para combater os revolucionários farroupilhas, mesmo forçado, Sérgio precisou seguir para o sul ou enfrentaria a rigorosa pena por deserção. Participou de algumas lutas e ficou desgostoso com o que vivia e presenciava. Tudo piorou quando, na tentativa de emboscar Bento Gonçalves, Sérgio tornou-se o oficial de maior confiança do Marechal Sebastião.

Certa vez, após frustradas tentativas, sobre o cavalo a passos lentos, Sérgio cavalgava cabisbaixo e completamente silencioso ao lado do Marechal Sebastião, comandante do grupamento. A maioria dos soldados daquela tropa do Exército Imperial estava alegre, falante e sob o efeito de forte bebida alcoólica. Marchavam para Porto Alegre. A jornada seria longa. Chegando a um vilarejo bem pobre, viram a bandeira tremulando com as três cores dos defensores republicanos, o que significava um sinal de apoio aos rebeldes revolucionários farroupilhas. A situação mudou.

Naquele instante, o comandante do grupamento desembainhou sua espada e sinalizou o ataque dos soldados contra o pequeno, pobre e indefeso vilarejo. A tropa deu um grito de excitação. Uma ovação animalesca e voraz os dominou. A maioria dos cavalos foram esporeados, açoitados e postos a invadir rapidamente o lugar, pisoteando quem estivesse pela frente. Golpes de espadas zuniam no ar, tiros disparados e gritos de pavor eram ouvidos.

Dor, choro e desespero.

Sérgio e outros três do grupamento permaneceram montados enquanto seus animais refugavam, resfolegavam e trotavam em círculos, precisando ser dominados com firmeza, pois estavam bem assustados e nervosos.

A chuva fina começou, mas isso não impediu os soldados apearem de seus cavalos, matar os poucos homens que havia ali. Nem mesmo os velhos, as mulheres e as crianças foram poupados. Eles não tinham como fugir. Alguns meninos, menininhas, criancinhas... moças e mulheres foram brutalmente violentados por vários homens verdadeiramente animalizados e depois eram mortos com crueldade.

A cena aterrorizante petrificou Sérgio por alguns minutos. Seus pensamentos ficaram terrivelmente perturbados. Entre muitas coisas presenciadas naquela guerra, até então, era a mais selvagem e vil atrocidade que testemunhou. Estava longe de ser uma guerra. No vilarejo não havia combatentes, nem homens suficientes em condições de defender os velhos, mulheres e crianças. Algumas casas começaram a ser incendiadas e saqueadas como de costume. Todos os poucos homens da vila já se achavam mortos, enquanto as mulheres eram impiedosamente maltratadas.

Sérgio desceu de seu cavalo e os soldados, tão chocados quanto ele e que lhe eram fiéis, fizeram o mesmo. Ele tentava encontrar o comandante da tropa, com o intuito de pedir que ordenasse o fim daquelas ações criminosas, repugnantes e cruéis.

Foi então que, a certa distância, viu Sebastião, comandante da tropa, entrar em um dos casebres. Após vencer as dificuldades para chegar até lá, Sérgio entrou na casa pobre de madeira tosca e viu um soldado violentando uma menina que não tinha nem oito anos. Atingiu o agressor bárbaro com um golpe forte e o derrubou. Virando-se, Sérgio surpreendeu-se com o comandante Sebastião procurando atacar, da mesma forma violenta, uma outra jovem. Indo a sua direção, Sérgio o esmurrou. Eles brigaram por algum tempo até Sebastião cair e, mesmo no chão, o comandante atirou querendo matá-lo. De imediato, Sérgio chutou-lhe o rosto até vê-lo desmaiado. Olhando para trás, viu a jovem chorando e abraçando o corpo da garotinha que ele havia defendido pouco antes.

Nesse instante, ele percebeu que o tiro disparado para matá-lo atingiu a menininha fatalmente.

Chegando à porta, confuso e sem saber o que fazer, o oficial viu os soldados da tropa imperial completamente sem controle como animais selvagens. Tudo acontecia muito rápido e ele sentia-se muito mal. Aquilo não fazia parte de sua índole. Não suportava ver tanta covardia, crueldade e sordidez. Ao tempo em que Sebastião permanecia sem sentidos, Sérgio gritou em voz de comando ordenando que todos parassem com aquele barbarismo, mas os homens não o ouviam e continuavam com a prática insana.

Num momento inesperado, como um bicho indomado, um dos soldados passou por ele, que estava à porta, e foi à direção da jovem ajoelhada e abraçada à irmãzinha morta. Puxando-a pelos cabelos, agarrou-a pelas roupas, já rasgadas, e ia atacando-a, quando Sérgio reagiu investindo contra ele. Agrediu-o, deixando-o sem sentidos. A jovem chorava em desespero. Ajoelhada, segurava um pedaço de pano de seu vestido todo rasgado para tentar cobrir o corpo exposto. Apiedado, Sérgio tirou a jaqueta do uniforme que usava e a cobriu. Indo novamente até a porta, o jovem oficial sentiu-se enojado com o que presenciava e impotente para controlar aquela situação. Foi quando dois soldados dignos e de sua confiança, assombrados com a desnecessária violência dos companheiros, foram até Sérgio. Mesmo vendo-o desorientado, em pé na soleira da porta do casebre, perguntaram-lhe o que fazer.

Momento em que Sérgio decidiu, dizendo: "Não conseguiremos impedir essa barbaridade! Não estou de acordo com atos tão imundos e cruéis, pois poderiam ser nossas mães, irmãs, esposas ou filhas!... Estou indo embora. Quem quiser, siga-me!".

Após isso, Sérgio assobiou para o cavalo que obedeceu ao chamado e foi ao seu encontro. Virando-se por um instante para dentro da casa, viu o comandante Sebastião despertando, mas ainda bem atordoado.

Olhando a jovem encolhida ao chão, segurando firme a jaqueta que lhe dera para se cobrir, ele entrou novamente, puxou-a para que se levantasse. Mas a moça resistiu, usando suas últimas forças para agredi-lo, pois acreditou que seria maltratada. Vendo-a com as vestes e percebendo que a jaqueta não era suficiente para cobri-la, apesar dos fracos socos e tapas que recebia, Sérgio apoderou-se de uma coberta, enrolou-a com rapidez, cobrindo-a toda e, jogando-a sobre o ombro, saiu às presas. Montando seu cavalo, retirou-se a todo galope.

Mesmo com a chuva fria e fina, que caía sem trégua, ao olhar para trás, ele pôde ver as labaredas avermelhadas clareando a vila totalmente incendiada pela tropa imperial que fez dali o que queria.

Após uma curta jornada, ele orientou os dois soldados que o acompanhavam para se separarem, pois teriam mais chance de fugir uma vez que eram desertores e seriam procurados pelo Exército Imperial para serem julgados e, ao mesmo tempo, poderiam ser atacados por tropas farroupilhas que deveriam estar por perto. Despediram-se. Sérgio ajeitou a jovem envolta na coberta sobre o lombo do cavalo, mas não descobriu seu rosto para que não gritasse e a segurava firme para não cair ao trote do animal.

O céu recoberto de nuvens cinzentas fez a noite chegar rapidamente. Parando próximo a uma grande árvore cuja copa lhes serviria de abrigo e a mata ao redor de proteção, ele decidiu descer do cavalo. Certificando-se de poderem passar a noite ali sem serem descobertos, ficou mais tranqüilo. Tirando a moça do dorso do cavalo e ajeitando-a junto ao tronco da árvore, Sérgio descobriu-lhe a cabeça e afrouxou a coberta na qual estava enrolada.

Em meio ao pranto silencioso, a jovem tremia muito e não conseguia encará-lo. Ele estava preocupado. Havia salvado aquela bela moça de indescritível brutalidade, mas não sabia o que fazer com ela. Era um desertor e precisava fugir com rapidez, mas nem tinha para onde ir e ela o atrasaria. O Marechal Sebastião não lhe perdoaria e o mandaria para enfrentar um Conselho de Guerra, o que significava encarar a morte. Por outro lado, se fosse encontrado por uma tropa farroupilha seria morto como inimigo. Seus pensamentos fervilhavam enquanto aliviava o cavalo da sela e procurava pelo bornal – um saco de couro curtido dividido em repartições para armazenar provisões para a viagem. Ao encontrá-lo, rasgou um pedaço de carne salgada e o levou até a jovem ainda acuada. Momento em que lhe afastou os cabelos para ver seu rosto e um sentimento indefinido o invadiu. Amedrontada, a jovem sussurrou ao implorar para que ele não a machucasse. Essa jovem trata-se de Débora, na atual encarnação.

Piedoso, Sérgio pediu que confiasse nele, pois iria protegê-la. A jovem então aceitou o alimento, a água, mas permanecia constrangida. Durante a chuva da madrugada, ele a cobriu com a capa que trazia e precisou ficar a seu lado a fim de se manterem aquecidos.

Cavalgaram dias e enfrentaram inúmeras dificuldades, principalmente o mau tempo. Sérgio sabia que precisava se livrar do uniforme e de outros artefatos que o identificavam como sendo do exército imperial. Entretanto não tinha outra vestimenta para usar.

Mais de trinta dias passados juntos, fizeram com que Sérgio e Débora se afeiçoassem mais, criando um vínculo de confiança, amizade e o nascer de um forte sentimento. As dificuldades os uniam cada vez mais. Estavam em fuga e as provisões acabado. Alimentavam-se de pequenas aves que demoravam a cair nas armadilhas feitas, de peixes pegos com a lança certeira de Sérgio e frutos silvestres. Uma união mais carinhosa, sincera e íntima foi inevitável. Eles se amavam. Porém ele se preocupava, precisava proteger Débora em todos os sentidos, necessitavam de provisões e abrigo. Não poderiam viver daquela forma.

Certa noite em que a garoa pesada e fria os fazia se encolher abraçados sob a capa e um arbusto, o relincho do cavalo inquieto surpreendeu Sérgio. Ele cobriu a jovem de modo que não a vissem. Levantou e pegou a adaga para se defender sentindo que estavam sendo vigiados. Rapidamente, foi cercado por pequena tropilha farroupilha e um deles apontou-lhe a carabina inibindo-o de reagir. Débora gritou, correu e o abraçou.

O comandante do grupo pediu uma trégua e fez muitas perguntas. Ao conversar melhor com Débora reconheceu-a como sendo a filha de seu compadre. A jovem contou-lhe tudo, explicando a razão de estar com aquelas vestes e afirmou que sobreviveu graças a Sérgio.

Olharam-no com outros olhos, pois como desertor do exército imperial ele seria bem-vindo ao exército revolucionário.

Dali foram levados para as terras de um charqueador – produtor de carne salgada – um homem muito bem posicionado e influente, que apoiava a revolução.

Sérgio ficou sabendo da prisão do líder revolucionário Bento Gonçalves. Deixando Débora sob os cuidados oferecidos na grande estância que servia de guarida aos farroupilhas, decidiu aderir à causa, pois conhecia as estratégias do Exercito Imperial. Nesse período, reencontrou um dos soldados que desertou com ele. Mais uma vez o rapaz fielmente o seguiu. Tratava-se de Tiago, atualmente seu irmão.

Entre uma e outra batalha Sérgio retornava à estância junto da tropa farroupilha. Era difícil ficar longe dela por tanto tempo. Algumas vezes Tiago não seguia junto dos revolucionários e ficava para reforçar a segurança da estância.

Em reuniões ou churrascos festivos dos líderes revolucionários, Sérgio recebia toda a atenção por sua eloqüência e estratagemas, destacando-se. As mulheres, na maioria das vezes, só ouviam a distância, admirando sem participar. Mas aconteceu algo que Sérgio não previa: a filha do nobre charqueador apaixonou-se por ele. Ao vê-lo com Débora, a jovem não conseguia conter seu ciúme nem sua inveja.

Em reuniões mais privadas em que a casa principal da estância acolhia, com um bom fogo de lareira e mate quente, os líderes da revolução, a jovem filha do anfitrião se insinuava, disfarçadamente, para Sérgio com um comportamento sensual e bem provocativo. Contudo nada interferia no amor que ele sentia por Débora, sempre usando um vestido branco de delicadas rendas com um xale que mal cobria os ombros. Era uma imagem que ele nunca esquecia.

Sérgio tinha planos e sonhos com sua amada, por isso ignorava facilmente a tentativa de sedução da outra jovem. Ele estava decidido a acompanhar o exército farroupilha em uma última batalha a pedido dos oficiais revolucionários com a finalidade de mostrar-lhes qual o melhor a fazer.

Era o ano de 1837, e pelas estratégias de Sérgio, foi realizada uma grande batalha nas cidades de Rio Pardo e Caçapava. A maior já vista contra o Exército Imperial em que os farroupilhas venceram.

A fuga de Bento Gonçalves do Forte do Mar, na Bahia, ofereceu mais força e coragem às tropas republicanas. Bento Gonçalves era um homem rico, com muitas experiências militares em guerras. Ele criou lojas maçônicas por todo o sul e preparou um serviço de correspondências secretas, dispondo da total discrição dos irmãos daquela ordem para auxiliá-lo.

Sérgio conheceu esse líder revolucionário que lhe pediu para prosseguir a seu lado, mas o rapaz queria uma vida tranqüila ao lado de Débora.

A vitória dos farrapos em Rio Pardo e Caçapava teve imensas conseqüências para o comandante militar da província, que foi obrigado a enfrentar o temeroso Conselho de Guerra. E esse comandante era o Marechal Sebastião.

Antes disso, manteve contato com sua família e Sebastião soube que Sueli, sua filha na época, havia ficado grávida. Tal fato era de indescritível vergonha à família. Pela versão da moça, Sérgio a havia desonrado. A jovem ficou enclausurada até que uma parteira foi chamada para fazer o aborto. Sueli morreu durante a realização desse crime hediondo. Para tentar encobrir o motivo da morte da jovem, divulgaram que ela faleceu de desgosto e tristeza pelo abandono do noivo e por vergonha de sua deserção.

Sem saber absolutamente do fato no qual foi injustamente acusado, Sérgio retornou para a estância onde Débora o aguardava.

Por seus préstimos, um dos líderes da revolução deu-lhe considerável valor para começar uma vida nova e Sérgio aceitou. Pretendia partir o quanto antes, mas naquela noite foi convidado para um churrasco de comemoração na estância vizinha. Sabendo da festa de antemão, a jovem filha do charqueador convenceu Débora a não ir e ficar ali, dizendo que no festejo teriam muitos homens sem classe que se embebedavam e criavam problemas. Para não desagradar o companheiro, Débora decidiu não ir nem comentar nada sobre o verdadeiro motivo, dizendo simplesmente que estava indisposta.

Bem tarde, a casa estava vazia. Quase todos os empregados haviam se recolhido. Mas a anfitriã insistia para que Débora permanecesse com ela frente à lareira forte, conversando.

O dia clareava quando a jovem filha do charqueador esperava por Sérgio e os demais fora da casa.

Os empregados estavam alvoroçados e a jovem contou que durante a noite, enquanto todos dormiam, ela e Débora conversavam animadas na beira do fogo, quando a porta principal da sala foi aberta sem qualquer ruído. Um homem encapuzado, maltrapilho e usando uma capa, entrou exigindo jóias. Ela tremia, mesmo assim buscou algumas peças de jóias valiosas, enquanto o homem apontava uma pistola, mantendo Débora como refém. A jovem contou que o homem guardava as peças quando Débora se mexeu e ele atirou. Bem rápido, ele montou um cavalo que não deu para ver, mas ouviu o galope.

Sérgio não suportou o golpe. Adentrou correndo na casa e confirmou que Débora estava morta com um tiro no rosto. Depois de um grito de lamento e das lágrimas que correram em sua face, ele se calou. Após o enterro da companheira, não faltaram convites insistentes para ele ficar, mas nada disse. Somente agradeceu o anfitrião, cumprimentou os oficiais farroupilhas e partiu.

A filha do charqueador ficou em prantos, pois sua trama fracassou. A jovem havia combinado com um funcionário da estância o assassinato de Débora, prometendo-lhe as jóias que lhe entregou como pagamento. Queria Sérgio livre para poder conquistá-lo. Mas nada adiantou, ela ficou só. Essa moça, filha do charqueador, viveu seus dias em silencioso pesadelo pelo ato criminoso planejado. Ficou totalmente desequilibrada por não esquecer o instante em que Débora, praticamente desfigurada, morreu em seus braços.

As Leis de Deus, registradas na consciência, não falham por sermos os herdeiros de nós mesmos. A jovem que planejou o assassinato de Débora, naquela época, reencarnou como Lúcia, irmã de Sérgio. Mas já se encontra de volta ao plano espiritual depois de experimentar exatamente o que fez no passado.

Wilson terminou a narrativa e Olívia explicou:

— Lúcia reencarnou como irmã de Sérgio a fim de se desprender do sentimento insano e obsessivo que tem por ele, o que ela chama de amor. No planejamento reencarnatório a idéia era de ela transformar essa possessividade em um sentimento mais suave e verdadeiro por ele. No entanto Lúcia teve e tem extrema paixão pelo irmão. Não aceitou ajuda clínica, filosófica ou religiosa e passou a ser desequilibrada, ter desejos incestuosos, ou seja, ela alimentava a idéia e os sonhos de relacionar-se sexualmente com o próprio irmão.

— Mas isso nunca aconteceu — tornou Wilson. — Sérgio é um espírito equilibrado, sábio e prudente. Sentia pela irmã Lúcia o mesmo que por seus outros dois irmãos e nunca cedeu aos seus assédios. Antes desse reencarne, ele já tentou ajudar Lúcia, mas ela não controla a idéia fixa de seus desejos. Foi então que o espírito Sebastião passou a dominá-la através dos pensamentos. Agora, desencarnada, Lúcia não passa de mais uma vítima escravizada por esse obsessor que a usa contra Sérgio.

— Nós sabemos — completou Olívia — que mesmo na espiritualidade, a criatura egoísta e orgulhosa acredita ter toda a razão. O espírito Sebastião quer vingar-se de Sérgio por ele ter abandonado sua filha, desertado do exército, entre outras coisas que sua consciência imagina. Mas, na verdade, Sérgio não admitiu nem aceitou as práticas vis e hediondas de Sebastião. O que Wilson contou foi somente um dos combates covardes e brutais praticados por Sebastião. Sérgio o havia repreendido sobre os atos desumanos, animalescos e selvagens em batalhas desnecessárias, ameaçando levar aquilo ao conhecimento dos altos postos do Exército Imperial. Não adiantou. Sebastião era torpe, obsceno, indecente por seu vício repugnante de atacar e violentar mulheres e crianças. Era algo que lhe proporcionava prazer. Desejos, sentimentos e vícios típicos de pobres irmãos sem evolução. Desencarnado, a consciência de Sebastião alardeava cobranças constantes e ele acreditava que isso era por culpa de Sérgio, que o repreendeu.

— Atualmente, Sebastião persegue Sérgio, meu protegido, que passará por provas e tentações. Com fé em Deus e acreditando que nada nem ninguém têm mais poder do que o Pai da Vida, ele se elevará espiritualmente e concretizará a que veio nessa reencarnação.

— Tanto Sérgio quanto Débora serão incentivados a cometerem erros, enganos... Seus pensamentos estarão invadidos de idéias e inspirações que podem levá-los à prática de falhas, desregramentos bem comprometedores, deixando-os em um estado que os faça cair em desespero e culpa — explicou Olívia, mentora de Débora. — O principal desejo desses irmãos, sem instrução, é nos ver prejudicados, caindo em desgraça como eles. Por essa razão devemos lembrar que o desejo no bem é prece a Deus e as bênçãos nos chegam como conseqüência do que pensamos. Quando estivermos em dificuldades, lembremos de Jesus que nos ensinou: "Pai, que seja feita a sua vontade e não a minha".

O silêncio reinou. E voltando-se para o grupo, um dos instrutores avisou:

— Tivemos uma grande lição. E rogamos para que nossos amigos Wilson e Olívia vejam seus protegidos munidos de fé, força de vontade e bom ânimo para que se elevem nessa atual experiência. — Após os esclarecimentos, os mentores e os demais se despediram e foram.

8

Respeito e amor

A noite caia suavemente e o casal passeava de mãos dadas após saírem do cinema.

Passos calmos e com o balanço das mãos entrelaçadas, o silêncio reinou por longos minutos até Sérgio parar fazendo com que Débora permanecesse à sua frente. Os belos olhos verdes do rapaz brilharam ardentes enquanto ele sorria.

— O que foi? — perguntou a moça com um jeito manso, alegre e desconfiado.

— Eu quero te dizer uma coisa. — Observando a expectativa guardada atrás do sorriso da jovem, ele explicou: — Talvez você acredite que é cedo para eu dizer isso, mas... — Olhando-a, sentiu o coração acelerado e declarou quase num sussurro: — Débora, eu te amo.

Depois de um instante paralisada, incrédula, ela afirmou estampando felicidade:

— Eu também te amo, Sérgio.

Dizendo isso, a jovem se atirou em seus braços e ele a sustentou no ar rodopiando uma vez vagarosamente. Apertando-a contra si, Sérgio a beijou com toda a força de seu amor.

Ainda segurando-a com carinho, o rapaz não entendeu, e achou graça ao vê-la pedir rindo de modo constrangido ao falar com jeitinho delicado:

— Adoro ficar em seus braços, mas... Pode me colocar no chão? É que meu vestido... — riu. — Ele está subindo!... — exclamou enquanto tentava segurar a roupa.

Sérgio riu gostoso. Colocou-a no chão, pediu desculpas e reparou mais detalhadamente em seu vestido branco, leve, com delicados contornos que Débora estava usando. Com gestos suaves, ao passar as mãos discretamente na silhueta de seu bonito corpo, ela alinhava o vestido quando ele elogiou com grande satisfação:

— Você está linda!

— Obrigada — agradeceu com jeito meigo.

— Nossa, Débora!... — exclamou perplexo, mas com suave sorriso. — Parece que eu já vi essa cena antes.

— Nunca usei esse vestido quando saímos. Você pode ter visto uma cena do passado ou, antes, teve uma visão do futuro.

Seus olhos se fixaram e ele afirmou novamente:

— Adoro você. Te amo tanto... — beijou-a com ternura.

— Eu te amo muito — ela retribuiu da mesma forma.

O rapaz sobrepôs o braço em seus ombros, apertou-a junto a si e a jovem o enlaçou pela cintura. Abraçados, começaram a caminhar enquanto conversavam.

— Débora, às vezes sinto como se a conhecesse há muito tempo. Desde que nos vimos pela primeira vez me apaixonei por você! Queria vê-la novamente e senti uma angústia por não me dar o seu telefone!

— Eu sei. Também senti algo muito forte! Uma coisa que não sei explicar! Sabe... — riu. — Não imagina como fiquei irritada comigo mesma por não te dar o telefone da minha casa! Como fui idiota! E a minha curiosidade para saber se você tinha alguém!... — riu com gosto. — Mas ao saber que você estava lá em casa para me devolver aquela pasta!... Quase tive um infarto!

— Você acredita em reencarnação?

— Acredito! Quando nós nos trombamos na escadaria da delegacia e você me segurou para eu não cair, foi uma cena que eu já tinha visto antes.

— Não, senhora! — brincou ele. — Retire esse "nós nos trombamos"! Foi você quem bateu em mim! Aliás, precisa tomar cuidado, pois andou batendo em tudo pelo caminho — riu.

— Tudo bem! Eu assumo a culpa, seu guarda! Pode me levar presa! — ela correspondeu alegre.

— Não brinque com isso, menina!... Olha que vou aceitar a sugestão!

— Eles brincaram e riam até ele falar mais sério: — Débora, é o seguinte, como já te falei, eu e mais três colegas vamos abrir uma clínica mesmo. Acredito que arrumamos um bom lugar e só estamos aguardando o trâmite das documentações, entre outras coisas.

— Que bom, Sérgio! Fico feliz com isso! Mas... E o serviço na polícia?!

— Não pretendo continuar por muito tempo na polícia. Depende das condições financeiras. Tenho consciência de que no início, quando clinicar como psicólogo, não ganharei o suficiente para sustentar todos os meus gastos. Mas creio que conseguirei conciliar o horário com o serviço na polícia e com o agendamento dos pacientes.

— Esses colegas são de confiança?

— Sim são! Nós temos várias idéias em mente. O foco da clínica será voltado para a Psicologia, no entanto não vamos nos limitar só a isso. Teremos um setor para massagens de relaxamento de diferentes tipos, terapias alternativas como acupuntura, florais, homeopatia... Ah! Seremos três psicólogos e um médico psiquiatra que foi nosso professor na universidade e um verdadeiro mentor!

— Tem tudo para dar certo!

No carro de Sérgio, eles conversaram mais a respeito, depois ele comentou bem sério:

— Débora, esses planos para a clínica são para curto prazo, por isso quero ser bem transparente quanto ao nosso relacionamento, o nosso namoro...

— Como assim?!

— Nossas famílias oferecem resistência a aceitar nosso namoro. Eu não gostaria que continuasse dessa forma. Veja, eu só vou buscá-la na universidade, levo-a para o serviço, saímos sozinhos ou com a Rita e o Gustavo, quando não, estamos direto na casa da Rita. Desde que começamos a namorar não freqüentei mais a sua casa e você nunca foi até a minha. Nossas famílias não se conhecem e...

— Sérgio — interrompeu-o, com modo meigo e educado —, eu sei. Sinto falta disso e gostaria que fosse diferente, mas...

— Quanto à minha mãe, eu darei um jeito. Agora, você acha que eu precisarei conversar com seu pai para deixar claro que nós não estamos brincando e que nosso compromisso é sério?

— Eu não queria falar sobre isso, mas...

— Mas?... — insistiu diante da demora.

— A verdade é que o meu pai vem discutindo comigo, há algum tempo, por causa dos nossos encontros e...

A voz de Débora embargou. Vendo-a com dificuldade para se explicar, Sérgio deduziu:

— O seu pai quer que se afaste de mim. Acredita que o patrimônio de sua família é o alvo de um pretendente como eu, e quer vê-la compromissada com alguém de seu nível social. Certo?

A jovem não o encarou. Abaixou a cabeça e passou as mãos delicadamente pelo rosto secando as lágrimas que correram. Mesmo dirigindo, ele tocou sua face gelada percebendo um leve tremor que parecia vir de sua alma.

— Não fique assim... — pediu com ternura. — Nós não conversamos sobre esse assunto e será impossível fugirmos dele a vida toda. Precisamos dar um jeito nessa situação.

— Não é tão simples assim, Sérgio... — murmurou, quase chorando.

— Então preciso saber. Quer falar a respeito?

— É um assunto delicado e... — ela não conteve as lágrimas e sua voz embargou.

— Ei!... Não fique assim... — pediu comovido ao vê-la daquele jeito. Precavido, ele pensou um pouco e disse: — Não vamos correr o risco de ficarmos parados em uma esquina conversando e esperando para sermos assaltados. Se esse assunto é delicado e a deixa sensível, não vou levá-la a um barzinho ou restaurante para falarmos sobre isso.

— Podemos ir à casa da Rita — ela sugeriu.

— Já incomodamos a nossa amiga o bastante, não acha? — Diante do silêncio, Sérgio ponderou: — Vejo que temos muito que conversar. Precisamos de um lugar tranqüilo.

— Onde? — perguntou ela após algum tempo.

Com semblante bem sério, olhou-a firme ao dizer.

— Confie em mim, tá? Iremos para um lugar onde não nos incomodem. Só vamos conversar. Precisamos esclarecer muitas coisas com urgência. Tudo bem?

A moça não disse nada. Pouco depois, eles adentraram ao quarto de um motel bem luxuoso.

Fechando a porta e colocando as chaves do carro sobre um móvel, Sérgio percebeu-a sem ação e parada após os primeiros passos. Débora estava com o olhar perdido e seus pensamentos pareciam bem distantes. Levemente, com a mão em suas costas, ele a conduziu para perto da cama e pediu gentilmente:

— Venha. Sente-se aqui. — Ela obedeceu mecanicamente e o namorado tornou a falar no mesmo tom: — Dê-me sua bolsa — Ao levar a bolsa para pô-la sobre o móvel, perguntou: — Quer pedir alguma coisa para comer? Tomar um refrigerante?

— Pode me arrumar um pouco de água, por favor?

Ele abriu o frigobar, pegou a garrafa com água, colocou a bebida em um copo e a serviu. Reparando um comportamento estranho na jovem, nada disse de imediato. Esperou-a beber alguns goles e depois que lhe devolveu o copo, colocou-o sobre a mesa e quis saber:

— Algum problema por estarmos aqui, Débora? Você está preocupada ou se sentindo incomodada com isso?

— Precisamos conversar, não é? — respondeu olhando-o de modo indefinido.

— O que está acontecendo? — questionou em tom bondoso, sentando-se ao seu lado.

— Sérgio, eu já te contei muitas coisas sobre minha família. Descobri que a empresa do meu pai fez e ainda faz negociações bem comprometedoras. — Com os olhos marejados, fixou-os no namorado e revelou: — O meu pai quer que eu me afaste definitivamente de você... Chegou até a me ameaçar...

— Como?! — perguntou brando, porém incrédulo.

— Nós brigamos muito. Gritamos um com o outro e o clima está péssimo lá em casa desde quando eles retornaram da Europa, naquelas férias no fim do ano que eu não quis ir. — Lágrimas rolaram, mas ela prosseguiu: — Meu pai vem propondo que eu tenha um compromisso com o Breno. Ameaçou fazer algo contra você caso nós não nos separássemos.

— Espere. Não estou entendendo. Que razões o senhor Aléssio tem para propor um absurdo desses?

— O Breno e o Lucas têm uma grande empresa de importação e exportação de bebidas. Por causa daquele acidente de trânsito meu pai os conheceu, ou melhor, reconheceu-os, pois presta diversos tipos de serviços para a empresa do Breno. Depois de eles irem lá em casa o vínculo de amizade e negociação cresceu.

Sérgio sentiu-se esquentar. Esfregou o rosto, acomodou-se melhor, pegou as mãos de Débora fazendo-a encará-lo e argumentou com voz calma:

— Meu bem, preste atenção. É simplesmente ridículo o seu pai propor que tenha um compromisso com o Breno só por prestar serviços à empresa dele. Não estamos no século XIX!

Com lágrimas a correr por seu lindo rosto, ela disse:

— Existe algo muito mais sério acontecendo que eu não sei explicar. Repentinamente o Lucas e o Breno se uniram ao meu pai e à empresa, aumentaram as negociações, mas algo está escuso. Ao mesmo tempo, o meu pai vive discutindo comigo por dispensar uma pessoa da posição social do Breno.

— Eu não vejo motivo para tanta aflição. Ninguém pode obrigá-la a ter um compromisso ou a se unir com alguém. O senhor Aléssio está pensando em seu bem-estar porque é um homem rico e...

— Rico e, como muitos ladrões, ele não paga o que deve mesmo tendo condições financeiras para isso — disse ao interrompê-lo. — A pressão lá em casa está muito forte sobre mim. Realmente, sinto-me como se estivesse vivendo no século XVIII ou XIX. — Alguns segundos e revelou: — Como se não bastasse não aprovarem nosso namoro, me criticarem por estarmos juntos, eles querem que eu tenha um compromisso com alguém do nosso nível. O Breno vem tentando se aproximar de mim e... — chorou. — Ele disse que está apaixonado e não consegue me esquecer...

— Por que não me contou isso? — perguntou Sérgio calmamente.

— Ele sempre foi educado. Não me assediou nem se impôs.

— Por que não disse que estávamos namorando?

— Eu disse! Mas parece que ele ignorou isso. Passou a me ligar quase todos os dias, manda-me flores ou presentes... — Encarando-o, desabafou: — Era algo desagradável para eu te contar. Além dos obstáculos que encontramos com nossa família, seria pior saber que um outro cara tenta impedir ou incomodar o nosso relacionamento.

— E o que você fez? — tornou o rapaz, parecendo calmo.

— Sérgio... Ele é muito educado, gentil. É difícil brigar com gente assim! Eu fui firme pedindo para não me procurar mais, no entanto ele sempre vai lá em casa e passa horas conversando com meu pai... Quando fica para o jantar, pois meu pai sempre o convida, eu viro as costas e saio de casa. O que quer que eu faça?! — perguntou num lamento.

— Pelo visto ele é muito folgado. Só há uma maneira de resolver isso! Eu vou conversar com o Breno! — avisou um pouco alterado pelo ciúme. Em seguida, comentou como uma ameaça: — Se é que ficaremos somente no diálogo! Ele está passando dos limites!

— Não, Sérgio! Por favor, não faça nada. Eu tenho uma idéia melhor.

— Qual?

— Estou decidida: vou sair de casa. Há tempo quero fazer isso e acho que demorei demais. Não existe razão para você querer conversar com o meu pai para tentar convencê-lo que nosso compromisso é sério ou coisa desse tipo. — Débora silenciou por instantes, enquanto ele ficou pensativo. Com a voz embargada, ela reclamou indignada: — Sinto como se o meu pai quisesse me vender... Nem parece meu pai... — Nesse instante foi vencida por um pranto sentido e sufocado pelas mãos.

Apesar da aparente fragilidade e delicadeza que a namorada aparentava, Sérgio viu sua força para enfrentar aquela dificuldade. Ele a abraçou forte e afagou-lhe os cabelos, deixando-a desabafar. Seus pensamentos se corroíam por uma imensa revolta e raiva, mas não queria que ela percebesse, pois desejava ajudá-la. Sentia obrigação de ampará-la, porém não tinha como. Ele a amava e nada comentou para não ser mais uma preocupação.

Beijando-a com carinho, pediu amoroso:

— Calma. Não fique assim. Daremos um jeito.

— Sérgio, sou eu quem tem de dar um jeito nessa situação.

— Você não está só. Estamos juntos e eu quero protegê-la, apoiá-la em tudo.

— Quando eu sair da casa do meu pai, creio que teremos sossego.

O namorado estava preocupado. Algo o incomodava e, olhando-a, argumentou:

— Não se iluda. Talvez o Breno ou mesmo o seu pai não a deixe em paz.

— Não vou falar com o meu pai por um bom tempo e o Breno... Bem... ele viaja muito. Tem uma vida social bem agitada por conseqüência dos seus negócios e passa a maior parte do tempo na Suíça, Itália ou em outros lugares. Quando ele me pediu...

Débora subitamente deteve as palavras e Sérgio, com sua grande habilidade de observar minuciosamente o comportamento das pessoas, atento, perguntou com aparente tranqüilidade:

— O que o Breno te pediu?

— Não quero lembrar isso... — avisou, abaixando a cabeça.

— Débora — falou sério —, eu preciso saber em que estamos envolvidos e com quem. Não tente esconder o que aconteceu ou está acontecendo!

— É que... — titubeou, mas contou com receio: — Em uma das vezes, quando conversamos, o Breno pediu para se casar comigo. Explicou que viajaríamos muito e isso me faria feliz o suficiente para esquecer você... Quase não ficaríamos no Brasil...

O silêncio foi absoluto. Estavam sentados lado a lado e Sérgio controlava imensa revolta e indignação. Ela parecia angustiada e preocupada com a decisão dele. Porém, bem calmo, o namorado perguntou, olhando-a nos olhos:

— Por que não me contou tudo isso? Principalmente o fato de ele pedi-la em casamento.

— Fiquei com medo da sua reação e!... — Abraçando-o pela cintura, encostou a face em seu peito e falou quase chorando: — O Breno não é agressivo nem me impõe nada... Só diz que me admira e tem uma postura educada... Acho que ele falou isso por falar. Talvez como última tentativa... — Erguendo o olhar e fazendo-o encará-la, Débora comentou: — Sérgio, nós estamos tão bem! Eu te amo tanto e não queria preocupá-lo ou magoá-lo. Sou fiel a você e tudo isso não passa de obstáculos que não vão interferir em nossas vidas. Na verdade, por você ser policial, eu fiquei com medo que se irritasse e fizesse algo que comprometesse nossa felicidade. Desculpe-me. Errei por omitir, mas não o traí. Omiti por medo, por acreditar em resolver essa situação de outra forma. — Vendo-o calado, continuou parecendo aflita: — Agora mesmo, quando disse de só haver um jeito de resolver isso e que iria conversar com ele e... ameaçou ao deixar em dúvida de que essa conversa talvez não ficasse só nisso... Sérgio, eu...

— Calma — pediu com voz terna ao interrompê-la. — Eu sou policial, não sou bandido. Não pode associar uma coisa à outra. Já precisei usar de força física, mas foi para me defender ou defender outra pessoa e em ato de serviço. Isso é legítima defesa, porém nunca fui além do necessário ou usei de crueldade por vantagem física, por vingança, para mostrar que era o melhor. Isso nunca! E policiais que agem assim não trabalham comigo. Não admito agressão gratuita. Quando eu disse que talvez eu e o Breno não ficássemos só na conversa, eu referi-me a ele reagir de alguma forma ou mandar um de seus capangas, digo, seus seguranças me agredirem. Algumas vezes em que a peguei ou levei para sua casa, vi os seguranças dele nos observando. Para mim, aqueles sujeitos têm típica postura de bandidos. Tudo bem que o Breno é bem privilegiado, mas não sei se precisaria de tanta segurança assim. Isso me deixa intrigado.

— Não quis dizer que você era bandido. Desculpe-me. — Em poucos segundos, comentou: — Sérgio, isso vai acabar quando eu sair de casa. Meu bem, é questão de tempo, tá?

— Meu amor, estou passando por um período de grande mudança em minha vida profissional, mas vou ajudá-la e apoiá-la no que puder. Por favor, conte-me tudo o que acontecer.

A moça ofereceu um sorriso leve e generoso ao tempo em que recebia um carinho na bela face alva. Recostando-se no ombro de Sérgio, eles permaneceram em silêncio por longos minutos. Fazendo-lhe constante e delicado afago, ao perceber que a namorada não exibia mais sinais de choro ou tristeza no rosto tranqüilo, ele segurou-lhe o queixo, fitou-a nos olhos, invadindo-lhe a alma, e afirmou bem baixinho:

— Débora, eu te amo. Você é a coisa mais importante que aconteceu na minha vida.

Ela entregou-se ao longo beijo apaixonado, enquanto ele a abraçava e em seguida deitou-a cuidadosamente. A troca de beijos e carícias foi duradoura até a jovem murmurar-lhe ao ouvido:

— Sérgio... Eu te amo... Amo demais.

— Te quero muito... — sussurrava ele entre os beijos e sob o efeito de uma respiração ofegante ao envolvê-la como queria sob si e seus carinhos. Mas, sentindo-a apreensiva, afastou-se vagarosamente e perguntou em tom generoso: — Está tudo bem, meu amor? — Ela agarrou-se em seu pescoço, abraçando-o com força e escondendo o rosto em seu ombro. Sérgio se virou e puxou-a delicadamente fazendo-a se deitar sobre ele, acalmando-se e entendendo aquele momento. A moça ainda escondia o rosto em seu ombro permanecendo imóvel, enquanto ele afagava suavemente suas costas com carinho. Após alguns minutos, o rapaz disse com brandura: — Desculpe-me, Débora... Desculpe-me, amor. Eu...

Apoiando-se sobre seu peito, olhando-o nos olhos, ela falou em tom brando:

— Não peça desculpas. Eu te amo muito! Eu também te quero!... Só que...

Ajeitando-a cuidadosamente na cama, deixando-a de frente para si, continuou deitado ao seu lado apoiando-se em um dos braços. Sérgio tirou-lhe o cabelo do rosto com gestos sutis de carícias, falando baixinho e envergonhado:

— Não precisa se justificar, por favor. Não quero constrangê-la e não vou forçá-la a nada. Fui precipitado e... Não pense que só por estar em um motel comigo deva se submeter a qualquer intimidade. Eu não fui legal e...

— Sérgio, pára! — pediu com leve sorriso. Depois explicou, quase murmurando: — Não estou pensando nada. Eu te quero também, mas não me sinto preparada. Por amá-lo, desejo que seja algo bem especial. Sei que não vai me forçar a nada. Vejo que tem dignidade e é por isso que estou aqui. Confio em você, na sua compreensão por eu não me sentir preparada e...

— Desculpe-me... — pediu em tom arrependido. — Eu disse que só queria um lugar tranqüilo e havia prometido...

— Espera. Primeiro não se desculpe. Não quero que se frustre ou se decepcione comigo por eu ser sincera ao dizer a verdade sobre esse não ser o momento.

— Não! Você está certa! Eu entendo.

Ela sorriu com doçura, aproximou-se dele e pegou-lhe o braço colocando-o em torno de sua própria cintura. Roçando-lhe o rosto com os lábios, sussurrou amorosa e com certa vergonha:

— Por estarmos em um lugar tranqüilo... Bem... Eu queria sentir seu toque, seus carinhos, seus beijos... Pode ser só assim?... — murmurou.

Sérgio sorriu e nada respondeu. Deixou que seus lábios se encontrassem com amor e a abraçou, afagando-a com delicadeza, envolvendo-a e se deixando envolver como ela queria.

* * *

Uma luz pálida clareava suavemente o quarto quando Débora se deu conta de estar deitada sobre o ombro de Sérgio, que dormia abraçado a ela. Tomada de uma sensação estranha ao lembrar que haviam passado a noite ali, com toda a força de seu coração, desejou que aquele momento não acabasse. Olhando-o em sono profundo, admirou sua dignidade, seu respeito por ela, por não forçá-la a nada. Somente trocaram carinho e conversaram bastante até adormecerem. Por um segundo, sentiu uma pitada de arrependimento, pois o queria muito. Afagando ternamente seu belo rosto e o braço, ela o chamou baixinho:

— Sérgio... Já amanheceu, meu amor.

O rapaz abriu os olhos lentamente, suspirou fundo e olhou em volta como não se recordasse imediatamente de onde estavam. Logo sorriu, abraçou-a com carinho e a beijou dizendo com voz rouca:

— Bom dia, meu amor.

— Acho que perdemos a hora, Sérgio — avisou com jeito gracioso.

— Você tinha algum compromisso? — perguntou com jeito maroto.

— Só com você. Hoje é sábado — falou de modo meigo. Em seguida, a jovem se levantou enquanto ele permaneceu deitado por minutos. Frente ao espelho, surpreendeu-se: — Nossa! Meu vestido está todo amassado.

Sentando-se na cama, ele resolveu:

— Vou pedir o café da manhã e depois iremos. Dormi um sono tão pesado... — Observando-a em profundo silêncio, perguntou, aproximando-se: — Você está bem?

— Sim, estou.

— Parece tão pensativa...

— Quero chegar a minha casa, tomar um banho, trocar de roupa e sair para resolver uma coisa o quanto antes. Só que eu queria pedir para me acompanhar.

— Claro! Mas preciso saber o que pretende.

— Visitar três ou quatro apartamentos em vista para alugar. Todos são pequenos, mas para mim serve e eu gostaria da sua opinião. — Ao vê-lo com semblante sério e muito reflexivo por longos minutos, ela perguntou: — Algum problema?

— Não. Nenhum. Vou com você sim.

Dizendo isso, o rapaz caminhou até a janela cuja vista dava para um pequeno jardim de inverno e continuou silencioso. Sentindo o coração apertar, Débora foi à sua direção e argumentou com certo temor:

— Sérgio, perdoe-me por te trazer tantos problemas. — Vendo-o se virar e ficar à sua frente, olhando-o nos olhos, continuou: — Por favor, desculpe-me por essa noite, por eu não... Você está decepcionado, frustrado comigo...

Rapidamente ele a envolveu em seus braços e a calou com um beijo. Depois sorriu e fitando-a de um jeito apaixonado, enquanto a embalava suavemente de um lado para outro, falou com ternura:

— Pare de me pedir desculpas. Você não fez nada errado. Nós precisávamos de privacidade para conversar em um lugar tranqüilo. Eu te amo. Assim como eu, você desejava que ficássemos juntos em um lugar mais à vontade no sentido de não ter alguém por perto. — Breves segundos, em que a invadia com seu olhar, que tinha o dom de exercer forte atração, confessou generoso: — Não vou negar que te desejo, Débora. E como... Mas estou satisfeito por tê-la abraçado, beijado, acariciado sem ter de me preocupar com nada. O fato de não ter acontecido um amor mais íntimo, não diminuiu o que sinto por você. Saiba que me senti muito bem por sua sinceridade ao dizer que não estava preparada. Eu a respeito e quero que confie em mim. Nunca vou forçá-la a nada. E... Se você concordar, poderemos voltar aqui outras vezes para conversarmos, trocarmos carinho... ou só dormirmos, como aconteceu hoje — sorriu. — Não fico muito à vontade quando estamos em lugares públicos ou na casa da Rita e também não gosto da idéia de ficarmos parados dentro do carro, por questão de segurança. Se voltarmos aqui ou formos a outro lugar tranqüilo e seguro, pode ter certeza de que vou controlar meus desejos e... será como você quiser.

Débora ficou na ponta dos pés, abraçou-o forte e disse ao ouvido:

— A cada minuto eu te adoro mais ainda!

— Só uma coisa, Débora — falou sério, deixando-a preocupada. Sustentando uma denotação de gravidade, continuou: — Eu menti para você quando disse que só usei de força física quando necessário e por conseqüência da função.

— Como assim?! — indagou inquieta.

— Às vezes bato em meu irmão Tiago e... e... apanho também. Nós temos um equipamento de ginástica em casa e sempre que podemos nós fazemos corridas, malhamos e depois lutamos. É que já fiz arte marcial, mas parei — riu. — O Tiago ainda freqüenta a academia e é faixa preta. Bem... — gargalhou gostoso, ao vê-la segurar o riso no semblante bravo e continuou com ironia: — Então, sem razão alguma, às vezes eu agrido, sou agredido e...

— Seu safado!!! — expressou-se rindo, esmurrando-o no peito com suave delicadeza. — Você me deixou nervosa, sabia?!

O namorado riu com satisfação e a abraçou, beijando-a.

Conversaram um pouco e brincaram enquanto tomavam café. Sabendo que a levaria para casa e passariam o dia juntos, Sérgio perguntou:

— Você se importa se eu tomar um banho antes de irmos?

— Lógico que não! Vai lá!

— E você, fique aqui! — exclamou sério, mas riu imediatamente ao brincar.

Não demorou e logo foram embora.

* * *

A caminho da casa de Débora, ela falava mais detalhes de seus planos enquanto ele reparava as suaves mechas de seus cabelos que reluziam como ouro sob a luz do sol matinal.

Estacionando em frente à luxuosa residência, Sérgio esperou no interior do veículo enquanto ela entrou. Longo tempo depois a jovem retornou, perguntando animada:

— Demorei?!

— De jeito nenhum! — respondeu o namorado com um sorriso irônico. Explicando no mesmo tom, expressou-se brincando: — Imagine! Uma hora e meia para mim não é nada! — ofereceu largo sorriso. — Só que minhas costas estão arrebentadas por ficar sentado aqui no carro. E por você ser a culpada, me deve uma massagem!

— Vou fazê-la com o maior prazer! — riu gostoso. — Agora, vamos?!

— Pegou os endereços?

— Estão aqui! Sei onde ficam!

— Falaram algo por vê-la chegar agora? — indagou mais sério, antes de irem.

— Por que acha que demorei tanto? — justificou com uma questão, fechando o sorriso. —Mas... não vamos dar atenção a isso, pois logo será resolvido, certo?

Ele ofereceu belo sorriso ao dizer para não se chatearem:

— Pensei que tivesse demorado porque lavou os cabelos, ainda estão molhados. E eu gostaria de saber por que não deixa seus cabelos mais compridos? São tão lindos!

— É mais prático assim! — sorriu.

O casal passou o dia visitando apartamentos que interessavam a ela. No carro, logo no início da noite, após verem o último da lista, a moça se queixou delicadamente ao se sentar:

— Ai... Estou exausta.

— E eu, com fome! — reclamou o namorado.

— De qual gostou mais? — quis saber, animada.

— Do terceiro.

— Sem dúvida! Eu também! É pequeno, mas...

— Pequeno?! — perguntou ele achando graça.

— Você não acha?

— Não. O tamanho é ótimo.

— E é um dos mais baratos! Ah! Vou alugá-lo!!! — expressou-se feliz.

— Ótimo! Mas vamos comer alguma coisa. Vou desmaiar de fome e a culpa será sua! — falou alegre.

— Desculpe-me! É que estou tão animada!... — Sérgio fingiu desmaiar e se jogou sobre ela, que brincou: — Tudo bem! Vou socorrê-lo para um restaurante! Quer que eu dirija?

— Deus me livre!!! — Levantando-se rápido, ele riu exclamando para mexer com ela: — Você é capaz de atropelar outra viatura e o meu carro não tem seguro!!!

— Sérgio!!!

— O quê?! — perguntou, divertindo-se ao rir gostoso.

* * *

O casal estava em uma cantina italiana e conversavam enquanto comiam:

— Se não fossem os gastos que tenho com a montagem da clínica, eu poderia ajudá-la.

— De jeito nenhum. Só por ficar do meu lado e me apoiando!... Puxa! Na verdade, dinheiro não é o meu problema. Ganho bem e tenho alguma reserva. Posso me manter com tranqüilidade. Mas...

— Mas?... — perguntou o namorado diante da demora.

— Serei bem sincera. Não gosto de vê-lo trabalhando na polícia. Sabe... Às vezes fico pensando que o verei em um hospital ou... Tenho tanto medo de que te aconteça alguma coisa! Por isso você poderia pedir para sair logo desse serviço, pois eu posso te emprestar um valor... Sei lá! Até você se estabilizar na clínica!

— Entendo o que quer dizer, mas...

— Sérgio, você não ganha tão bem lá! Dedicando-se mais como psicólogo poderá se estabilizar em pouco tempo e...

— Débora, espere. Eu gosto de segurança e a situação está sob controle. Sempre fui prevenido em questões financeiras, pensando no futuro. Nem minha família sabe que tenho uma economia razoável guardada há tempo. Antes de entrar na universidade, eu tinha dois empregos. Trabalhava na polícia e dava aulas de Informática em uma escola de computação básica. Não pagavam bem, mas eu nunca usei esse dinheiro. Além disso, uma porcentagem do que recebia na polícia eu também poupava. Mesmo assim, ajudava e ajudo nas despesas lá de casa. Por isso, acho meu irmão muito folgado. Ele poderia fazer alguma coisa e ter dois empregos, já que a família está aumentando e... Ora, você sabe da história e não vou me desgastar. — Alguns segundos e continuou: — A situação ficou difícil quando entrei para a universidade, pois deixei de dar aula e precisava me virar só com o que ganhava como policial. Durante o período que durou a graduação em Psicologia, não consegui poupar nada. Os gastos com livros e outras coisas eram grandes. Agora tudo está mais calmo. Não sei como, mas as despesas com a clínica estão sob controle.

— Tudo é dividido entre os quatro sócios?

— Sim, é. Até me surpreendo por conseguir acompanhar com as despesas de um jeito ou de outro. Algumas vezes, em vez de empregar dinheiro, contribuo com serviços de mão-de-obra. Tudo está dando certo!

— E a localização?

— Ah! É ótima! — disse animado. — Quem conseguiu foi o Nivaldo. É uma casa. Foi usada por uma clínica ortopédica e fisioterápica. O que significa que as instalações contribuem para o que precisamos. Estou cuidando da pintura, de uma adequação na parte hidráulica, alguns reparos, decoração, mobília apropriada para determinados setores, divisórias...

— Você?! — surpreendeu-se, sorrindo.

— Lógico! E sou bom nisso! — gabou-se. — Cada um faz uma coisa. O João está cuidando da prestação de serviços terceirizados na parte de massagem, do fisioterapeuta, de quem cuidará da acupuntura, de especialistas em florais e outras coisas. E é o doutor Édison, considerável médico psiquiatra, quem controla as finanças.

— Ah! Eu quero conhecer!

— Não, senhora! Só a levarei lá quando estiver tudo arrumadinho! — exclamou sorridente.

— Aaah!... Não!... — falou com jeito manhoso. Alguns segundos, perguntou mais séria: — Tem certeza que não precisa de uma ajudinha financeira?

— Não vou mentir e dizer que estou nadando em dinheiro, porém consigo controlar tudo.

— Se precisar, conte comigo — avisou com expressivo olhar meigo.

— Eu sei, meu bem — disse com sinceridade, admirando-a.

Os dois estavam animados. Por algum tempo conseguiram afugentar as preocupações que castigavam seus pensamentos.

Era tarde quando Sérgio levou Débora para casa e se foi. Durante o trajeto, ele dirigia vagarosamente, experimentando uma onda de sentimentos que começaram a deixá-lo apreensivo, mas nada disse.

9

Sérgio se deixa dominar pelo ciúme

Chegando à sua casa, Sérgio percebeu que não havia ninguém acordado. Um silêncio fúnebre pesava no ar. Após tomar banho, deitou-se e rapidamente adormeceu. Porém teve a impressão de estar acordado. Ouvia sussurros, risos macabros e figuras animalescamente monstruosas. Aquela noite não lhe serviu para o devido descanso. Pela manhã, despertou sentindo as mãos frias e a cabeça pesada. Para afugentar o mal-estar, ele se levantou e procurou se recompor o quanto antes. Chegando à cozinha, encontrou seu irmão Tiago fazendo o desjejum e sua mãe falando sobre ele.

— Bom dia! A bênção, mãe — cumprimentou Sérgio.

— Deus o abençoe.

— Bom dia, Sérgio! Sente aí! — pediu Tiago, sempre animado. — Que tal treinarmos um pouco? Se dependesse de você, aqueles pesos lá na garagem estariam enferrujados! Vamos dar uma boa aquecida, malhar e lutar um pouco?!

Acomodando-se frente ao irmão, falou desanimado:

— Não estou bem disposto hoje. Talvez amanhã à noite. — Virando-se para sua mãe, Sérgio perguntou: — Estava falando de mim? Ouvi meu nome.

Imediatamente, dona Marisa reclamou:

— Você deu para passar a noite fora de casa! E o dia também!

— Mas eu liguei avisando — defendeu-se Sérgio, calmamente, servindo-se com uma xícara de café.

Na espiritualidade, espíritos inferiores se alvoroçavam, inspirando idéias que pudessem gerar conflito entre mãe e filho. Deixando-se dominar por pensamentos que não lhe pertenciam, dona Marisa não parava de se queixar fazendo com que o filho perdesse o apetite. À medida que a senhora aceitava a influência espiritual, suas reclamações ficavam mais fortes e agressivas. Em dado momento, ela extrapolou ofendendo Débora com acusações e nomes que feriam gravemente sua moral.

— Uma vadia como ela só pode passar a noite fora e...

— Chega, mãe!!! — gritou Sérgio, levantando-se ao mesmo tempo em que socou a mesa com ambas as mãos. As louças estremeceram e o silêncio foi imediato.

— Calma aí, meu irmão. Fica frio — pediu Tiago com jeito ponderado. Virando-se para a mãe, repreendeu: — Agora a senhora pegou pesado, hein! Vamos com calma, tá?

— Não vou admitir que me trate mais assim, mãe! — afirmou Sérgio com veemência. — A senhora vive me provocando, desrespeitando minhas opiniões e sentimentos. Agora chega!

Nesse instante, o espírito Sebastião insuflava:

— Vamos, Sérgio! Esse é o momento! Diga tudo o que pensa. Sua mãe nunca o considerou. Não tem amor por você. Lembre-se de que ela mesma disse que quase o abortou, pois não queria mais ter filhos! Você nunca foi querido e só serve como provedor para sustentar os gastos deles!

Sérgio não podia ouvi-lo, mas tais idéias chegavam nítidas aos seus pensamentos. Ele estava em pé ouvindo as queixas de sua mãe e não suportou ouvi-la dizer:

— Não vou admitir que grite comigo. Você não passa de um moleque!!!

— Moleque?!!! Depois de todo o esforço que me viu fazer para ter uma vida melhor?! É isso o que eu pareço para a senhora?! Um moleque?!

— É isso mesmo! Você nem foi homem corajoso o suficiente para constituir uma família! É um covarde por admitir que não quer ter mulher nem filho! — revidou a senhora.

— Sou homem suficientemente capacitado para planejar a minha vida e não um vagabundo como o Marcílio que vive à custa do pai e dos irmãos! Engravidar uma mulher é fácil! Gostaria que ele fosse homem suficiente para assumir as responsabilidades!!!

Wilson, o mentor de Sérgio, aproximou-se e, com extrema generosidade, abraçou-o pelas costas com um gesto paternal, inspirando-o:

— Essa discussão ficará pior. Se ela ainda não tem bom-senso, tenha bom-senso você. Ame e perdoe.

Por um segundo Sérgio ficou atordoado pelo choque de energia salutar recebida, pois estava muito nervoso. Mesmo sem ouvir seu anjo guardião, o rapaz analisou sua mãe como incapaz de entendê-lo e qualquer tentativa para isso só iria desgastá-lo inutilmente se continuasse a falar. Dona Marisa não parava de agredi-lo com palavras e acusações injustas. Percebendo ser inútil ficar ali, ele foi para o seu quarto parecendo irritado. Atirando-se sobre sua cama, ficou pensativo, não suportava aquela situação. Não demorou e Tiago entrou no quarto, sentou-se na cama ao lado do irmão e perguntou em tom brando:

— Está mais calmo?

— Como posso estar?! A mãe não me dá um tempo!!! Não tenho um dia de sossego, Tiago! Agora deu pra ofender a Débora! Não agüento mais essa vida!

— A mãe está nervosa desde quando você parou de ajudar financeiramente em casa.

— Espere aí! — exclamou, sentando-se. — Eu pago as contas de água, luz e parte do imposto da casa. O que deixei foi de dar dinheiro para as despesas do Marcílio! — Breve pausa e o rapaz desabafou: — Ele e a Ana precisavam de dinheiro para a compra do mês e eu ajudava! Faltava leite para as crianças, eu comprava! Até fralda comprei! Ah, não! Chega! Tenho que cuidar da minha vida. Não consigo mais ficar nesta casa. Estou pensando seriamente em sair daqui. Sozinho terei menos despesas e mais sossego!

— Eu te entendo, cara! Já cansei também. Faz algum tempo que estou dando aula na academia e às vezes os treinos terminam tarde ou algum aluno fica lá conversando e, de tanto levar bronca por chegar tarde demais, acabo dormindo lá. Só que não conto nada aqui em casa ou meu dinheiro será sugado! Eu não tenho dó deles como você. Prefiro levar algumas broncas por considerarem que eu estava na farra a ser roubado pelo meu próprio irmão. Puxa! O Marcílio sempre foi muito folgado.

— Você fez bem. Eu fui um tonto! — reclamou Sérgio. — Colaborei com tanta coisa e ninguém reconhece. Sabe... comentei com a Débora sobre eu ter trabalhado em dois empregos... Passei muito sufoco para me formar em Psicologia e estou dando o maior duro para montar a sociedade com a clínica... Agora, em vez de incentivo, só recebo críticas e ofensas.

Tiago havia se levantado e enquanto ouvia o irmão foi até a gaiola e pegou o ratinho de estimação, levando-o até Sérgio. Sabia que o bichinho o acalmava. Falando com o animalzinho, ele avisou:

— Vai lá, Tufi! Conta para o seu dono que fui eu quem deu o maior trato na sua gaiola ontem e hoje! — Entregando-o para Sérgio, falou: — Eu ia colocá-lo na sua orelha hoje cedo, mas não quis incomodá-lo e o deixei aqui no quarto. — Vendo o irmão afagar Tufi, Tiago perguntou com jeito maroto: — E aí? Conta. Como está a clínica?!

Brincando com o rato, o outro respondeu com um ânimo imediato:

— Ficando ótima! Vou pintá-la na semana que vem.

— Amanhã! — lembrou Tiago.

— É! Esqueci que amanhã é segunda-feira! — riu. — Já comprei as tintas, os rolos e pincéis.

— Quer ajuda?! — tornou Tiago.

— Lógico! Qualquer força será bem-vinda! Mas você não está na escala vespertina?

— Não. Estou de manhã, como você. Houve uma mudança de comando e alteração na escala. Ficou ótimo!

— Obrigado por cuidar do Tufi pra mim — agradeceu, olhando-o de modo generoso.

— Ah!... Que nada! O duro é quando o danadinho sai do meu ombro, desce para o chão e corre te procurando. Pra pegá-lo dá um trabalho!... — Antes de o irmão comentar, Tiago defendeu-se: — Tá bom! Eu sei que dá para limpar a gaiola e alimentar o Tufi sem tirá-lo de lá, mas, às vezes, quando tenho tempo, não resisto brincar um pouco com ele.

— Brincar com ele ou pôr medo na mãe? — perguntou Sérgio, sorrindo desconfiado.

Tiago gargalhou gostoso. Sentado, jogou-se para trás de tanto rir e contou:

— Outro dia, ela estava vendo televisão e eu o coloquei no encosto do sofá!... — ria, contagiando o irmão ao narrar suas peraltices. — Eu me agachei e coloquei uns pedacinhos... só uns pedacinhos de queijo no encosto atrás da mãe... e o Tufi parou ali para comer... — ria divertindo-se.

— Ela sentiu algo em seu pescoço e passou a mão várias vezes... A mãe nem piscava, estava tão atenta à novela e não percebeu que era o rabo do Tufi... — gargalhava. — Ela ficou invocada com o que passava em seu pescoço e puxou pensando que era alguma outra coisa... Mas quando pegou o Tufi na mão, a mãe deu um grito! O coitado se assustou e saiu correndo na minha direção para a ponta do sofá!... A mãe me xingou tanto!!! — Tiago agitou-se com a lembrança de sua travessura. Depois comentou: — Viu?! O Tufi confia em mim! Correu para a minha mão.

— Mas toma cuidado para ele não escapar. — Sérgio sorriu e reparou: — É engraçado... a mãe morre de medo dele, mas quando percebe que eu não tive tempo nem você, ela cuida do Tufi. Sem tirá-lo da gaiola, lógico. Eu a vi colocando comida, água, trocando o jornal... — Após alguns minutos de silêncio, ele refletiu um pouco e falou encarando-o: — Eu te admiro, sabe Tiago!

— Por quê? — perguntou com estranheza.

— Tudo pra você está bom, está ótimo...

— Sabe, mano... Não adianta brigar com a vida. Se fizer isso, a vida será agressiva com você, pois é você quem a faz.

— Por que você não estuda, hein, meu?! Por que não procura algo melhor? Faz um curso universitário?...

— Não pensei nisso. Adoro trabalhar no Corpo de Bombeiros, meu! Nossa! Aquilo é minha vida! Não me sinto policial!

— Enfrentando fogo, fumaça, incêndios, desabamento, enchente... Acho que não é um serviço fácil. Eu nunca vou me esquecer da ação do grupamento do Corpo de Bombeiros que tirou a Débora das ferragens retorcidas. Eles estavam preocupados, emocionados. Atuavam com amor, com respeito a uma vida... Parecia não haver hierarquia e... de relance, quando a tiraram do carro, eu vi dois se abraçando, comemorando. O comandante da operação estava com lágrimas nos olhos, porém disfarçou. A Débora, em choque, me agarrou, mas eles cuidavam da imobilização de sua perna, não a forçaram para arrancá-la de mim... Conversavam, explicando os procedimentos...

— Sempre agradeço a Deus quando conseguimos salvar uma vida — afirmou Tiago com brando sorriso e olhar brilhante. — É tão gratificante poder quebrar uma parede e tirar alguém das chamas... de um desabamento. É recompensador socorrer uma pessoa que está se afogando ou mesmo encontrar um corpo desaparecido nas águas ou sob um deslizamento de terras para entregá-lo à família a fim de que possam lhe dar um último adeus. É triste, mas reconfortante não deixá-los na dúvida, na insegurança e sem a despedida.

— Que coisa bonita, cara! — expressou-se Sérgio, sorrindo admirado.

— Ah! Outro dia aconteceu algo curioso. Houve um deslizamento de terra e felizmente encontramos duas vítimas com vida. Provavelmente sobreviveram por lhes restar ar debaixo da parede que caiu sobre elas. O peso da terra era enorme. Os cachorros foram usados para encontrá-las mais rápido. Pelas informações dos parentes e moradores só haviam aquelas duas pessoas que foram socorridas, mas os cachorros ainda farejavam, choravam, cavavam mostrando que tinha mais alguma coisa ali. Os cães insistiam. Havia ameaça de outro deslizamento há qualquer momento, o que nos deixava bem preocupados. Diminuímos o número de bombeiros em risco e começamos a tirar a terra com cuidado. Levantamos uma parede de madeira caída e encontramos uma cachorrinha! Filhotinha! — contou Tiago com expressiva alegria.

— E vocês a socorreram? — perguntou curioso.

— Lógico! É uma vida, Sérgio! Um veterinário do canil da PM a atendeu, engessou uma das patinhas e nós a levamos para a unidade.

— E depois?!

— Ela precisou tomar antibióticos. Ficou boa e entrou nas vacinas! — riu. — A única coisa que a coitadinha não gostou. Todos cuidam com a maior atenção da Violeta.

— Violeta?...

— Sim, Violeta! Foi o nome que demos a ela e através de votação! O dono não foi procurá-la e ela se tornou mascote lá no grupamento. Tem que ver como é inteligente! Só falta falar e brinca pra caramba!

Sérgio se distraía com o que o irmão contava, aliviando seus pensamentos da discussão com sua mãe um pouco antes e das preocupações com os problemas de família.

***

Apesar dos obstáculos com as famílias que não apreciavam o namoro entre Débora e Sérgio, nada conseguia separá-los. Ao contrário, o amor e a confiança entre eles aumentavam e os uniam cada vez mais. Um não freqüentava a casa do outro e por isso quando não estavam na companhia de amigos, procuravam um lugar tranqüilo onde pudessem conversar e trocar carinho com segurança, sem ninguém para incomodá-los.

* * *

O tempo passa célere.

Sérgio estava satisfeito com a clínica, surpreso com a procura e o interesse das pessoas pelas diversas terapias.

Débora deixou a casa de seus pais. Houve muita discussão antes e depois de sua mudança, o que deixou o senhor Aléssio furioso.

O apartamento alugado ainda não tinha toda a mobília. Ela e o namorado estavam assistindo a um filme deitados no tapete da sala e apoiados em almofadas.

— Ai, minhas costas... — resmungou a jovem baixinho ao se remexer.
— Não vejo a hora de entregarem o sofá. — O rapaz tinha o olhar perdido e os pensamentos distantes. Não estava atento ao filme nem ao que a namorada dizia. E ela perguntou: — Quer mais pipoca?

— Ah!... Não, obrigado — respondeu, após leve sobressalto.

— O que foi, Sérgio? Você está tão longe... — perguntou com jeitinho.

— As coisas melhoraram depois que se mudou para cá? — quis saber ele.

— Como te falei, no começo estranhei um pouco, porém sinto-me mais livre, independente e isso me trouxe tranqüilidade.

— O senhor Aléssio está mais calmo? Parou de me culpar por sua decisão?

— Não conversamos mais.

— Ele não ligou? Você não procurou falar com ele ou com sua mãe?

— Não. E está melhor assim. Já brigamos bastante.

Olhando-a profundamente, questionou bem calmo e sério:

— Sei que venho perguntando isso com freqüência, mas... e o Breno?
— Vendo seu rosto pálido enrubescer e a moça fugir-lhe ao olhar, preocupou-se. Deitado ao seu lado, Sérgio segurou cuidadosamente sua face delicada e tornou com baixo volume na voz grave: — Prometemos dizer a verdade um para o outro. O Breno a procurou?

— Procurou-me, sim. Mas... Espere. Ele não perdeu a classe nem me fez qualquer proposta. Só quis saber se eu estava bem e...

— Débora, esse é o método dele para se aproximar. Esse rapaz não é equilibrado para insistir tanto assim! Ele é obcecado por você! Não sei o motivo, mas acho que esse cara vai tentar algo contra nós, contra você! Por que não me contou? Quando foi isso?

— Meu amor, você está com muitas preocupações com sua família, com a clínica! Eu não queria te levar mais problemas!

— Você não é um problema para mim, Débora.

— Mas o Breno é!

O namorado estampou nítida insatisfação por ela ter omitido o fato e insistiu mais sério:

— Quando e quantas vezes ele a procurou? E o que disse?

— Tá bom! Se quer saber mesmo!... Recebi incontáveis recados dele e todos bem gentis. Ele nunca me ofendeu. Não se preocupe... Das vezes em que, sem querer, atendi o celular e conversamos, o Breno foi educado. Até se culpou acreditando que eu saí da casa dos meus pais por causa dele.

— E não foi?!

Encarando-o, respondeu no mesmo tom:

— Não! Saí de lá por você, esqueceu? Porque meu pai queria que terminássemos!

Em tom baixo, escondendo o nervosismo, lembrou-a:

— Seu pai desejava que terminássemos para você assumir um compromisso com ele, esqueceu? E o Breno por sua vez não deixava de freqüentar sua casa. — Sérgio sentiu-se esquentar, mas se controlou e perguntou: — Por que você atendeu as ligações do Breno? Não olhou o número no visor do celular?

— Ele tem uma empresa grande. Os números são diferentes a cada ligação. Puxa! Eu preciso atender o celular! Trabalho com isso e dependo desse emprego mais do que nunca — sua voz embargou e era difícil conter as lágrimas.

— Por que não me contou? — perguntou, murmurando sentido ao encará-la.

— Eu ia te contar, mas não hoje!... Ele me procurou pessoalmente e das vezes em que nós conversamos...

Envolto por energias pesarosas do espírito Sebastião, que o inspirava, Sérgio sentou-se rapidamente e reagiu com austeridade ao interrompê-la:

— Como é?! Vocês se encontraram e conversaram?!!! Quantas vezes vocês saíram?!!!

— Não pensei que fosse protestar dessa forma! — falou sob o efeito do choro que tentava segurar. — Veja como você está?!

— Estou me sentindo enganado, Débora! O que queria ouvir de mim?! Parece que sou sempre o último a saber!

— Não!... — Sentando-se ao seu lado, segurou em seu braço forte e enrijecido, que não conseguiu envolver e falou entre as lágrimas, em tom arrependido: — Ele foi até a companhia imobiliária e me esperou sair. A primeira vez, conversamos na frente do prédio e ele me pediu perdão se culpando, disse que queria ser meu amigo. As pessoas que passavam... Algumas colegas ficaram me olhando com aquelas flores nas mãos...

— Flores?!!! — gritou Sérgio.

— O que eu poderia fazer?! Ele me entregou o maço e eu segurei! — explicou, parecendo implorar por compreensão. Mesmo chorando, prosseguiu: — Pelo fato de muitos ali te conhecerem, saberem que namoramos eu... eu dispensei o Breno e... — um pranto copioso a interrompeu.

Sérgio se levantou. Suspirou fundo. Caminhou alguns passos e ficou olhando através da janela para não encará-la. Sentia uma fúria nunca experimentada. O espírito Sebastião não oferecia trégua, castigando os pensamentos do rapaz com as piores idéias. Virando-se e vendo-a sentada no chão sob o efeito de um choro silencioso e sentido, ele perguntou secamente, quase impiedoso:

— Você aceitou as flores, dispensou o Breno e?!... e... mais o que, Débora?!

Soluços quase a impediam de falar, e mesmo com a voz entrecortada, ela contou:

— Fiquei con... confusa. Constrangida, por me verem com ele que... que se exibia gentil... generoso por... Eu estava envergonhada. Não me surgiu outra idéia, a não ser... — ela chorou.

— Que idéia você teve, Débora? — perguntou em voz baixa, dissimulando o ciúme.

— Marcar com ele em outro lugar... — sussurrou.

Sérgio sentiu-se transtornado. Foi o mesmo que receber uma facada no peito e ver seus sentimentos destroçados pela decepção. Estava incrédulo. Virou-se para a janela novamente sem olhar para Débora, que chorava. Com os pensamentos fustigados e extremamente contrariado, ele decidia o que fazer diante daquela traição. Caminhou até a mesa, pegou as chaves do carro e a jaqueta, vestindo-a. Estava pronto para ir embora.

Inspirada por Olívia, sua mentora, Débora se levantou, às pressas, e o abraçou pelas costas implorando:

— Por favor, Sérgio!... Perdoe-me!!! Não aconteceu nada! Só conversamos!

Ele se virou de frente para ela, segurou-a com força, apertando-lhe os braços ao lhe dar um leve chacoalhão e, afastando-a um pouco, perguntou firme:

— Você contou isso para a Rita?

— Contei... — respondeu, abaixando o olhar ao tempo em que ele a segurava.

— Débora, você me enganou — murmurou, sentindo-se ferido e decepcionado. — Mentiu para mim...

— Não!!!

— Vez e outra eu te pergunto sobre o Breno e você diz que está tudo bem! Então isso é tudo bem para você?!!! Por que não me contou?!!! Aaaah! Mas contou para a Rita!... O Gustavo também deve saber, mas... e eu?!!! Somente agora me diz que ele foi gentil, te levou flores e que você marcou encontro com ele?!!! Está escrito: idiota, na minha testa?!!!

Sérgio a largou com um leve empurrão e ia embora. Débora se colocou à sua frente, impedindo-o de sair e contou rápido, gritando:

— Eu pensei em me livrar do Breno com a mesma classe que ele exibe! Então pedi para me encontrar num bar, ali perto, no dia seguinte. Estávamos lá sentados em uma mesa na calçada, em público! Quando ele, com toda aquela generosidade, disse que queria ser meu amigo, apesar de gostar muito de mim!... Eu disse que sentia muito!!! Que ele era uma cara legal!!! Mas que eu amava você!!! Disse que a nossa amizade seria difícil pelo fato de você ser ciumento! E... — Respirando ofegante, tremia ao revelar: — Com toda a força e verdade vindas do fundo do meu coração... Eu falei que te amava muito e que nós dois estávamos imensamente felizes por eu esperar um filho seu!!! — Sérgio levou um choque. Ficou petrificado. Vendo-o confuso, ela continuou com lágrimas correndo na face pálida: — Eu não queria que você brigasse com ele! Já tem muito com o que se preocupar. Além disso, tenho medo de que algo aconteça com você, Sérgio! Eu morreria!...

— Espere aí — ele pediu com baixo volume na voz estremecida. — Você não pode estar grávida... Nunca houve nada... Não pode esperar um filho meu.

— Eu sei!!! — gritou para despertá-lo, ao vê-lo pasmado ainda. Encarando-o firme e séria, indagou: — Acha que sou louca?!!! — Mais branda, explicou com voz morna e apaixonada: — Lógico que não existe bebê algum. Não teria como eu engravidar... Primeiro, porque nunca nos relacionamos! Segundo, por eu usar uma medicação para impedir as cólicas terríveis que sinto e, enquanto usar esse hormônio, eu não tenho as cólicas, não menstruo nem engravido. Eu menti para me livrar dele, mas...

— Mas, o quê? — ele sussurrou, parecendo ainda estar sob o efeito de choque.

— Mas não posso negar que seja meu sonho... — Tornou, murmurando com sorriso leve e doce: — Quero terminar a faculdade, arrumar um bom emprego, vê-lo bem estabilizado e... Eu te amo tanto, Sérgio, que esperar um filho seu me faria a mulher mais feliz do mundo!

O namorado permaneceu alguns minutos parado à sua frente concatenando as idéias. Com o coração acelerado, ela aguardava uma manifestação. Ele reagiu oferecendo leve sorriso, olhando-a com um brilho lacrimoso nos belos olhos verdes, e abraçou-a com força. Com a voz abafada em seu peito, a jovem pediu chorando:

— Desculpe-me, Sérgio! Eu só queria resolver essa história com o Breno da melhor maneira e de uma vez por todas. — Afastando-se do abraço, pôde ver as lágrimas correr no rosto do rapaz. Passando a mão delicada com suavidade ao apará-las, explicou, chorando junto com ele: — Eu ia te contar, mas não o fiz quando tudo aconteceu por medo de você reagir furioso contra o Breno. Sei que errei por esconder os fatos, mas acho que funcionou. Ao me ouvir dizer que estávamos felizes por esperar um filho, ele empalideceu e não disse mais nada. Eu sorri, levantei e fui embora.

Acariciando-lhe os cabelos finos, enquanto a envolvia com um dos braços, puxou-a para si e perguntou bem calmo:

— Ele te procurou novamente?

— Não — respondeu firme, fitando-o nos olhos.

— Débora... Por favor, desculpe-me pela reação irracional. Estou envergonhado pelo meu comportamento, mas... Não esperei para ouvir tudo o que precisava contar. Fui precipitado demais. É que não suporto a idéia de vê-la com outro. Desculpe-me, tá? — pediu extremamente humilde e acanhado.

— Sou eu que devo pedir desculpas.

Beijando-lhe a testa, fazendo-lhe um carinho no rosto gelado, ele argumentou:

— Eu te adoro! Podemos ser bem felizes juntos!

A jovem o beijou nos lábios e o puxou pela mão, pedindo com jeitinho gracioso ao sorrir:

— Tire a jaqueta e deixe essas chaves aí. — O namorado obedeceu e ela tornou falando no mesmo tom: — Agora vem. Vamos terminar de assistir ao filme. — Deixando-se conduzir, o rapaz acomodou-se no chão novamente e ela perguntou enquanto preparava o equipamento para retornar a ver o filme: — Está com fome?

— Não. Estou com vergonha.

Débora aproximou-se, sentou-se ao seu lado e confessou:

— Eu também estou envergonhada por omitir o que fiz.

Olhando-a firme, propôs:

— Acho que não é o momento ideal para colocarmos uma pedra sobre esse assunto e esquecer tudo. Tem algo que ainda queria me dizer? — quis saber generoso.

— Contei tudo o que precisava saber. Para ser sincera, sinto uma dor no peito por você ter falado que eu o enganei daquela forma. Não foi isso o que fiz. Só quis poupá-lo de problemas.

— Agora eu entendo. Fui precipitado demais e... Não sei explicar o que senti na hora. Perdi o controle emocional e a razão. Isso não pode acontecer!

— Eu não conseguia falar e você me pressionava só com o olhar. Não consigo ser ágil sob pressão e...

— Vem cá... — pediu com jeito generoso ao pegar o braço da namorada e levantar a manga da blusa, ao mesmo tempo em que examinava, perguntou: — Machuquei você quando a segurei?

— Não!... — sorriu, puxando o braço. — Pare com isso.

— O que fiz foi agressão, Débora — falou sério com o semblante triste. — Isso não podia acontecer. Estou me sentido tão mal!...

— Você é ciumento! — riu suavemente ao falar.

— É... Sou — admitiu, abaixando o olhar.

— Tem alguma coisa que queira me perguntar, Sérgio? — tornou ela mais séria.

— Na verdade... Tem algo que me incomoda — revelou. — Sempre lembro disso e...

— O que é?

— Débora, quando fomos ao motel pela primeira vez, ao entrarmos no quarto, você reagiu de uma forma muito estranha. Parecia com medo. Estava nervosa, confusa e tremia. Por quê? — indagou com voz branda e olhar enternecido. Vendo-a pensativa, falou no mesmo tom: — Se não quiser me contar, tudo bem. Talvez seja alguma experiência pessoal a qual não me deve explicações. A partir do momento que decidimos ficar juntos, acho que devemos deixar tudo bem claro entre nós, sobre o que nos diz respeito. O passado não me importa nem me incomoda, tá?

Ele lhe fez um leve carinho na cabeça e ia puxando-a para um abraço, quando ela o deteve e encarou-o, falando em voz baixa:

— É que eu jurei nunca mais entrar em um motel.

Seus olhos ficaram marejados e Sérgio pediu com ternura, tentando abraçá-la:

— Esquece. Isso é passado e não quero vê-la magoada. Vem cá...

— Não. Eu quero contar. — Encarando-o, falou firme e, sem se deixar envolver pelo abraço, continuou: — Tive alguns namoradinhos, mas nada sério. Cerca de três anos antes de te conhecer, eu namorei um rapaz. Era algo mais sério. Eu tinha acabado de fazer dezoito anos. Estávamos juntos há alguns meses e nos gostávamos. Ele sempre insistia para uma relação mais íntima, mas eu regulava, entende? Não me sentia preparada. Nossas famílias se conheciam. Eram amigas e se davam muito bem...

Ela engoliu seco, sentiu a voz travada e duas lágrimas deslizaram por sua bela face. Sérgio as aparou e, comovido, perguntou com bondade:

— Tem certeza de querer falar sobre isso comigo? Se você já superou esse fato, não precisa contar nada. Não pense que a estou pressionando.

— Sérgio, eu sempre quis te contar isso. Porém... Às vezes... não tinha chance e... Quando surgia oportunidade, eu me sentia envergonhada. Se não o incomoda mesmo, quero te contar. Apesar de ser algo superado, você precisa saber. Se quiser fazer perguntas, fique à vontade, por favor.

— Tudo bem — expressou-se com leve sorriso, afagando-a o rosto.

Débora suspirou fundo e contou:

— Como eu ia dizendo, lógico que nossas famílias eram amigas, todos tinham dinheiro! — falou com ironia. — Demorou, mas decidi que teríamos mais intimidade. Naquele dia fomos a uma casa noturna onde dançamos muito, encontramos com amigos e nos divertimos bastante. Ao sairmos de lá, eu sugeri e, sem relutar, ele me levou a um motel muito luxuoso. Eu estava ansiosa e até nervosa. Chegamos ao quarto e me sentia suada por dançar a noite toda, por isso decidi tomar um banho. Saí enrolada em uma toalha e pensei que ele fosse tomar uma ducha, mas não. — Longa pausa, e lágrimas rolaram num choro silencioso. Sérgio a acariciava com ternura, sem dizer nada. Depois, mesmo com as lágrimas insistentes, a moça continuou: — Ele estava eufórico. Pedi para que fosse tomar um banho, porém nem me ouviu e... Pensei que iria me tratar com carinho, mas me senti sufocada... quase atacada. Não era o que eu queria e mudei de idéia, pedindo para que parasse de agir daquela forma, pois estava me forçando. Ele não deu importância e continuou... Então o empurrei com força, afastando-o de mim. Levantei, fui correndo vestir minha roupa, que estava no banheiro, e tranquei a porta. Demorei um pouco lá dentro pensando no que fazer. Ele ficou furioso. Levei um susto quando esmurrou a porta. Decidi sair e encará-lo, pois eu não era qualquer uma para ser tratada daquele jeito. Mas...

— Mas, o quê? — perguntou Sérgio diante da demora.

— Quando olhei, vi que ele havia feito uso de drogas. Fiquei nervosa e aos gritos brigamos. — Demonstrando-se bem aflita, ela contou com inflexão de agonia e desespero: — Eu disse que iria embora, mas ele me segurou, me agrediu muito, me bateu forte e eu não conseguia reagir. Estava insano e tentou me forçar a ter relação, me jogando na cama... e sobre mim... — Lágrimas correram e sua voz embargou. — Consegui pegar um cinzeiro grande, de vidro, e bater com toda a força em sua cabeça. Ele caiu desmaiado. Fiquei apavorada. Peguei as chaves do carro e fui embora. Estava nervosa, confusa. Não me deixaram sair do motel até ele atender ao telefone do quarto. Só depois fui embora.

Débora abaixou o olhar e Sérgio perguntou, com brandura, disfarçando a indignação:

— Ele a violentou?

— Não! Mas eu estava atordoada, com medo e fui para casa. Minha decepção foi imensa. Eu chorava ao contar para o meu pai o que aconteceu. Ele me viu com a boca sangrando, com hematomas no rosto e nos braços... Pedi que fizesse alguma coisa, pois ele é advogado! Porém meu pai disse que eu era maior de idade por ter acabado de fazer dezoito anos. Eu sabia o que ia fazer em um motel e, se não houve estupro, não precisaria prestar queixa, pois isso só serviria de escândalo em nosso meio social... Odiei meu pai a partir desse dia. Larguei a faculdade de Direito... Nunca mais vi aquele cara... — Caindo em um pranto sentido e silencioso, entregou-se ao abraço de Sérgio, que a agasalhou em seu peito.

Após longo tempo, vendo-a recomposta, ele falou:

— Desculpe-me fazê-la relembrar tudo isso e também por agir daquele modo quando fomos ao motel pela primeira vez.

Segundos de silêncio em que se entreolhavam e Débora falou calmamente:

— Na primeira vez, ao chegarmos ao quarto, eu estava com medo sim. Depois fiquei mais à vontade, mas não me senti preparada... Entende?

— Lógico!

— Sérgio, você foi tão leal, digno, respeita minha insegurança até hoje. Isso me martiriza. Imagino que deva se relacionar com outra mulher, pois...

— Não! Não existe outra mulher na minha vida! — interrompeu-a de imediato.

Ela o encarou e seu rosto iluminou com um lindo sorriso de satisfação pela fidelidade do namorado. Depois argumentou:

— Precisávamos de um lugar tranquilo e seguro só para nós. Das outras vezes em que me levou lá, fui me acostumando e o admirava. Confiava mais e mais em você. Conversamos bastante, trocamos tanto carinho... Eu sei que me desejava, que com as carícias eu te excitava, mas você sabia como me envolver e se controlar. Eu te queria tanto... Quantas vezes me frustrei, eu me arrependi por só ficarmos daquela forma. Mas eu desejava que não fosse em um motel, pois acho que fiquei com algum trauma, tive medo disso atrapalhar nosso envolvimento...

— Meu bem — sorriu generoso —, nós ficávamos tão à vontade! Quantas vezes me deixou tirar seu vestido... Deitava-se de bruços, enquanto eu adorava acariciar suas costas, sentir sua pele macia e a massageava... Nunca a vi totalmente despida — ofereceu sorriso enigmático —, mas ficava imaginando e... Eu adoro você e vou respeitar sua vontade até decidir pelo melhor momento.

— Nunca o vi totalmente despido — revidou no mesmo tom provocante — e adorava tocar seu corpo... Você nunca me forçou nem exigiu satisfações, só aceitava e não imagina como isso transformou meu modo de sentir e pensar. Adorava acordar ao seu lado e estar segura. Puxa! Como eu queria te contar tudo isso! Mas tinha tanta vergonha. Você precisava saber para não pensar que eu o rejeito, não se sentir frustrado e... Sei lá!

O namorado a aninhou nos braços, beijou-a com carinho e disse baixinho:

— Eu te amo, Débora. Sempre vou respeitar a sua vontade. Fique tranqüila... Por mais forte que sejam meus desejos, não vou traí-la com outra porque eu desejo você.

Ficaram deitados sobre as almofadas por longo tempo e em total silêncio. Tornaram a assistir ao filme. Já era quase noite quando terminou.

A jovem o abraçou com força, murmurando, ao ouvido, que o amava e dando-lhe suaves beijos que o estimulavam. Sem suportar as carícias, Sérgio pediu, sussurrando:

— Débora... Pára... — A moça não atendia, e ele tornou a pedir: — Por favor... Pára...

— Não... — murmurou com voz suave e romântica. — Eu te quero muito. Te desejo tanto!

— Também te amo... Mas... Pense bem... Eu também te quero.

— Então me leva para o quarto — sussurrou-lhe ao ouvido com voz doce.

Sérgio a tomou nos braços, beijou-a e obedeceu. Foi então que mergulharam em um oceano de carinho e amor verdadeiro.

***

O dia amanheceu num ritmo lento e silencioso.

Débora acordou e sorriu ao ver seu amado deitado de bruços, dormindo um sono tranqüilo e profundo. Levantando-se vagarosamente para não acordá-lo, tomou um banho e foi até a sala. Olhando pela janela, viu que a chuva caía sem trégua e o céu estava encoberto por nuvens cinza.

Ela sorriu ao se lembrar da noite anterior. Tudo aconteceu como queria, como sonhou. O mundo deixou de existir para eles. Sem perceber que os minutos passavam, sobressaltou-se quando, silenciosamente, Sérgio chegou de mansinho e a abraçou pelas costas.

— Ai! Que susto! — exclamou rindo.

— Bom dia, meu amor! — disse, embalando-a e dando-lhe um beijo rápido. — Dormiu bem?

— Nunca dormi tão bem! — respondeu, virando-se e abraçando-o.

— Ainda não parou de chover! — admirou-se ele ao olhar através da janela.

Afastando-se sorrindo, a jovem avisou:

— Vou pegar uma blusa mais grossa e sair para comprar algo e café...

— Você não tem café em casa? — perguntou com simplicidade.

— Ai, Sérgio... Não tenho quase nada em casa — admitiu sem graça. — Não sei fazer café e pouco entendo de cozinha... Geralmente uso o microondas para preparar pratos congelados.

Ele sorriu, mas no fundo sentiu uma ponta de decepção. Depois decidiu:

— Espera. Vou tomar um banho e iremos juntos.

— Não precisa!...

— Débora, eu faço questão! — falou com jeitinho.

Ela suspirou fundo, deu meio sorriso e concordou.

Um tempo depois, enquanto faziam o desjejum, Sérgio comentou:

— Como você sabe, a clínica não está dando lucros gigantescos, mas já começamos a obter um retorno do investimento.

— Então você vai sair da polícia?

— Acredito que daqui a uns seis meses.

— Seis meses?! Sérgio, é muito tempo! Esse trabalho é arriscado! Eu falto morrer quando sei que está em serviço!

— É questão de tempo. Preciso dessa estabilidade financeira no momento.

— Mas você é um psicólogo! Sócio em uma clínica que está dando certo!

— Sim, certo. Mas o retorno do investimento ainda oscila. Há mês que ganho mais, outro não. Posso não ter um bom salário como policial, mas é garantido. Tomei uma decisão séria e vou precisar desse dinheiro agora.

— Que decisão?! — perguntou com leve contrariedade no semblante.

— Vou alugar uma casa e já tenho uma em vista. Não quero mais morar com meus pais.

— Não! — reagiu de imediato. — Venha morar aqui comigo!

Ele abaixou o olhar e, após um relampejo de reflexões, comentou:

— Não vou me sentir bem morando aqui, mesmo se dividirmos as despesas. Eu adoro você, Débora. Levo a sério o nosso compromisso. Pretendo ter um futuro promissor ao seu lado, mas agora não é o momento de vivermos juntos.

— Por que, Sérgio? — indagou com voz melancólica.

— Não estou sendo infiel, desleal ou orgulhoso por recusar sua proposta. Não sei explicar, meu bem... É algo que sinto. Quero que seja desse jeito.

— Quer evitar comentários e críticas?

— Talvez... Acho que sim. — Pegando suas mãos por sobre a mesa, olhou-a nos olhos brilhantes, afirmando: — Débora, pode parecer cedo para eu dizer isso, mas... Estou decidido a me casar com você. Isso será algo muito especial em nossas vidas. Nós nos uniremos por uma decisão e não por uma necessidade.

Débora não conseguiu segurar as lágrimas. Ele se levantou, ergueu-a, deu-lhe um beijo e a abraçou com carinho, perguntando com ternura:

— Tudo bem?

— Tudo... Se é assim, eu respeito sua opinião. Mas se a situação ficar difícil e...

— Ei!... — falou sorrindo. — Fique tranqüila. Não voltarei a morar na casa dos meus pais. Aí, sim! Venho morar aqui, se você deixar!

Eles se abraçaram felizes com a esperança florescendo em seus corações apaixonados.

10

Sérgio revela o assédio de sua irmã

O tempo passou e Sérgio conversava com seu melhor amigo e sócio no final do dia.

— Estou tão cansado... — murmurou ele, que raramente reclamava.

— Conseqüência de dois serviços — comentou João, sentando-se frente ao colega. Não é o momento de sair da polícia? Desde quando o conheci, esse sempre foi o seu desejo.

— Você tem uma mãezona que o apóia e condições que eu não tenho, meu amigo. Aliás, deixe-me contar! — animou-se um pouco. — Estou alugando uma casa e vou querer a sua ajuda para algumas reformas! Não dá mais para viver com meus pais. Nem preciso entrar em detalhes, você já conhece o drama — sorriu. — A casa está maltratada, mas nada que não tenha conserto!

— Gostei da sua decisão. Conte comigo! Está na hora de se livrar do que o mantém cativo e empreender sua própria jornada — concordou João com tranqüilidade. — Todo aquele que se previne de riscos danosos, busca o domínio de si mesmo e empreende uma jornada nova, já é um herói!

Sérgio sorriu. Acomodou-se melhor em sua cadeira e falou em tom irônico, porém verdadeiro. Sentia necessidade de ser ouvido e viu naquele momento uma oportunidade:

— Já que o doutor João se dispõe a ser meu terapeuta, vamos lá! — exclamou brincando. Depois comentou: — Quando eu deixar a casa dos meus pais, para a minha família, principalmente para minha mãe, vai parecer que eu quero buscar a perfeição, transformando-me em outra pessoa para me exibir. Mas não é o caso. Estou honrando e valorizando o que realmente é verdadeiro em meu ser e isso não é errado. O ambiente lá chegou a um ponto insuportável para mim. Essa opção de mudança é uma recompensa por todos os esforços que despendi. Quero paz!

— E o que a Débora diz?

— Ela me apóia totalmente. Acredita que não devemos aceitar as situações tais como são, mas sim procurarmos descobrir o que podemos fazer para melhorar. Haja vista que ela saiu da casa dos pais. Sabe, João, a vida tem um significado e nós temos de ficar atentos aos chamamentos para o que rejeitamos ou evitamos na nossa jornada. Se desprezarmos os chamados, entramos em desequilíbrio com nosso ser. Continuando a morar com meus pais, sabendo que posso ser independente, estarei ignorando e reprimindo o meu potencial deixando de atuar plenamente no que quero e gosto de fazer. Conseqüentemente, vou me envolver nos entreveros, brigas inúteis ou sufocar-me calado ao ser desencorajado quando eu procurar ter paz e fizer esforços para ser bem-sucedido.

Diante do silêncio, calmamente, João perguntou:

— Não são as constantes divergências em sua família, como já me contou, que o fazem ter um sentimento aversivo por aquela casa?

— Tudo começou quando meu pai comprou aquela casa. Deveríamos ajudar o Marcílio, mas não colocá-lo para morar conosco. Independente disso, tudo me incomoda naquela casa. Nos últimos tempos, até pesadelos horríveis eu tive! E eles se repetem!

— Sei... Você me contou. — De imediato, João comentou: — Estive analisando esses sonhos que me contou.

— Pesadelos! — insistiu Sérgio com um tom engraçado.

— Prefiro chamar de sonhos — tornou o outro rindo.

— Fala assim porque os pesadelos não são seus, né?! — sorriu ao brincar.

— Mas como ia dizendo... — João riu, fingindo não dar importância.

— Sabe... anotei as principais situações que me contou e pesquisei o significado. Acredito que entendi alguns detalhes descritos sobre as imagens e mensagens.

— Eu tenho examinado a relação dessas manifestações em sonhos dentro de vários aspectos. Porém estou muito interessado em sua opinião — disse Sérgio com grande expectativa, olhando para o amigo.

— Sérgio, você sabe que, em Psicologia, conforme aprendemos sob a visão do mestre Jung[3], os sonhos podem ser analisados por três aspectos diferentes. Primeiro, o imagético, que é a imagem; segundo, o simbólico; e terceiro, a identificação com o contexto da vida da pessoa. O sonho é um conjunto psíquico, pertencente à alma ou mente e de natureza autônoma. O que, em outras palavras, quer dizer que a consciência não comanda os sonhos, eles são comandados pelo inconsciente.

— Espere, João! Não vamos esquecer que o poder do consciente é considerável quando a pessoa possui certo controle sobre ele. Muitos músicos, inventores e figuras célebres realizaram seus grandes feitos depois das idéias lhes terem vindo após um sonho. E, segundo as pesquisas, o que se sabe é que, enquanto acordadas, elas acreditaram que a resposta lhes chegaria através de sonho e assim aconteceu.

— Mas é claro que isso funciona! Eis a prova do poder benéfico das orações, preces e bons pensamentos antes de dormir ou a qualquer hora do dia. Porém, meu amigo, aqui estamos falando sobre os sonhos involuntários, aqueles que você não quer ter, certo? — sorriu ao questionar.

Sérgio riu de si mesmo, depois pediu:

— Então continua, mas sem recordar as aulas. Quero ouvir a sua opinião!

— Não posso chegar ao final da conclusão sem antes fazê-lo pensar e analisar, junto comigo, o que é certo ou errado. Por isso vai me ouvir, sim! — brincou o colega. — Vamos lá, doutor Sérgio. O senhor sabe que o sonho é uma expressão psíquica, ou seja, uma expressão pertencente à alma, à mente e com uma racionalidade própria ou raciocínio próprio, mas diferente da instituída na consciência.

— João, você deve deixar seus pacientes malucos se usar essa linguagem! Pega leve! — exclamou sob o efeito do riso. — Será bem mais fácil traduzir isso dizendo que no sonho só existe o que a pessoa conhece, teve contato ou criou mentalmente através de alguma idéia sobre o que tenha ouvido. E isso acontece para quê? — Sem esperar respondeu: — Para que o inconsciente transmita ao consciente as mensagens ou imagens simbó-

---

4 N.A.E.: Jung, lê-se: Iungui. — refere-se a Carl Gustav Jung, Médico Psiquiatra, nasceu na Suíça em 1875 e desencarnou em 1961.

licas como manifestações involuntárias e espontâneas. Essas mensagens do inconsciente são, muitas vezes, difíceis de compreender e mais ainda de analisar.

— Sem dúvida! Essas imagens são difíceis de analisar porque não podem ter igual interpretação, ou seja, o mesmo tipo de sonho não tem significado idêntico para duas pessoas. Isso é muito raro! Só acontece em casos de premonições ou mediunidade. Do contrário, temos de desemaranhar a ligação do sonho com a vida de quem o teve e descobrir o significado das imagens e mensagens. Isso significa decifrar o recado que o inconsciente quer dar ao consciente, ou melhor, o recado de você para você mesmo.

— João, vamos lá! Chega de aula! Você é meu colega há cerca de sete anos e conhece bem a minha vida. Qual a sua opinião sobre os sonhos ou pesadelos que se repetem sempre dentro do mesmo aspecto? Não tenha melindres. Quero ouvir seu parecer clínico e verificar se é compatível com o meu — avisou Sérgio bem sério.

— Você sonhou com sua irmã que já faleceu. No sonho, a aparência que ela exibia era a de uma morta ou o aspecto de depois de morta. Essa foi uma das coisas que você destacou na imagem que me descreveu. Para o mundo material e corpóreo, a morte simboliza o fim absoluto de qualquer coisa positiva que existiu. Como símbolo, a morte é o aspecto perecível e destrutível da existência. Pode significar a entrada em "mundos" desconhecidos dos infernos ou dos paraísos. Como psicólogos, sabemos que a morte e a vida são duas forças que coexistem, vivem juntas ao mesmo tempo.

— Até aí, concordamos — manifestou-se Sérgio. — Analisando como se os sonhos não fossem meus, eu acredito que a mensagem foi a minha entrada num mundo desconhecido, mas infelizmente infernal. Isso pelo fato de minha irmã se apresentar sofrida, fraca, maltrapilha, com o rosto disforme pelo tiro cujo orifício estava com vermes e a pele se desfazia como em decomposição e, além disso, a Lúcia chorava.

— Sérgio, você sabe que o rosto representa um desvendamento da personalidade. Ao mesmo tempo, ele é o símbolo do mistério conforme a aparência. O rosto deformado pode simbolizar o que não tem vida ou o rosto verdadeiro. O rosto é a sede dos órgãos dos sentidos, é a parte mais viva, mais sensível do ser e a mais visível de todo o corpo. Ele é revelador, pois em pequenos movimentos faciais a pessoa exibe as emoções e as opiniões sem palavras. Nos sonhos, ele pode simbolizar a evolução do espírito das trevas à luz. A força de sua irradiação luzente ou da imagem opaca nos revela algo bom ou ruim.

— João, como já contei, nesses pesadelos vejo a minha irmã em um estado lastimável, mas ela nunca está sozinha. Existem outras imagens de criaturas disformes. As aparências são de humanos, mas com aspectos monstruosos, horrendos dos quais me sinto enojado. Ah! Lembrando aquele que se destaca, parecendo liderar os demais.

— O monstro pode significar que você precise passar por provas para superar dificuldades, dominando o medo. Como sabe, nos sonhos, as criaturas disformes, asquerosas podem representar seres animalizados de espíritos inferiorizados, que perderam a forma humana. Assim sendo, são espíritos com tendências vis, malévolas. Tanto é que você se assusta ao despertar ou sente como se não tivesse dormido. Ao acordar indisposto, sem ânimo, sentindo suas energias sugadas é como se tivesse doado energias para esses seres monstruosos. Isso faz com que eles continuem existindo e ganhando forças, pois esse homem monstruoso, que se destaca cada vez mais, alimenta-se de seu medo e se revitaliza, a cada momento, através de você.

João parou por instantes observando atentamente Sérgio, que não demonstrava qualquer reação. Após um tempo, o amigo pediu:

— Vai, João! Continue, por favor.

— Devo admitir que não é fácil dar uma opinião a um colega, principalmente em um caso como esse.

— Posso garantir que até agora o seu parecer coincidiu exatamente com o meu. Creio que chegaremos a um ponto culminante e é aí que eu gostaria de saber o que você pôde concluir. — Com semblante sério, pediu de modo profissional e educado: — Por favor, prossiga.

— Bem... Na minha opinião, o homem monstruoso e horrendo que o agride moralmente, ofende, quer amedrontá-lo, desafia-o e deseja sua morte ou seu mal, pode simbolizar a necessidade de matar o homem velho para que renasça um homem novo em você. Em civilizações antigas, a imagem de monstros devoradores eram símbolos da necessidade de renovação. Veja... o mundo desse homem monstruoso dos seus sonhos não é o mundo exterior, mas o mundo da psique, da alma, do espírito, da mente. Lembre-se de que, na Bíblia, vemos que o monstro tem o simbolismo de uma força irracional. Eles possuem características disformes, tenebrosas, desordenadas. Isso lemos em Ezequiel e Jonas. E vamos recordar que Jonas foi engolido pelo monstro marinho, ou um grande peixe, como lemos em outros textos, mas ele saiu de seu ventre profundamente modificado. Sérgio — continuou com tranqüilidade —, os seus pesadelos com criaturas monstruosas e disformes podem significar a sua renovação, evolução se vencer suas dificuldades. É o passar pela escuridão antes de chegar à luz; é enfrentar a tempestade antes que venha a calmaria.

— João, você falou em medo e que esses seres monstruosos se revitalizam ou ganham forças com o meu medo. É lógico que fico em grande expectativa com tantas mudanças acontecendo em minha vida, mas não tenho medo algum.

— Ora, Sérgio! O medo pode ser exteriorizado não exatamente com o sentimento de covardia ou vontade de fugir de uma situação existente neste instante. Pode ser algo do passado, do presente ou do futuro. Lembre-se de que estamos falando de um recado simbólico de você para você mesmo através do sonho. Eu te conheço. Sei que não tem medo de desafios e os enfrenta com facilidade, programando sua vida. Mas vamos lembrar que você tem medo de brigas e conflitos familiares e quer sair da casa de seus pais para fugir disso. Então experimenta sentimentos de angústia e grande conflito por essas divergências.

— Lógico! Não quero brigar!

— Eis a fonte de energia que você tem para alimentar o ser monstruoso de seus sonhos! Analise! As brigas, as discussões e entreveros o deixam exaltado e irracional. Envolvendo-se nelas você sabe que perde o controle emocional e, depois de algum tempo, sente-se muito mal pela sua atitude, pelo modo como agiu. Simbolicamente, ao brigar ou discutir, você cede energias a esse ser e ele ganha forças, revitalizando-se e se alimentando através de você e de seus pensamentos. Esse monstro é a sua sombra, o seu lado sombrio.

— Espere um pouco! Você está falando do ser monstruoso no sentido simbólico ou de um espírito na definição exata da palavra?

— Isso é você quem precisará descobrir. Afinal, o sonho é seu! — riu João. Em seguida, explicou: — Meu caro, sou espírita e sendo assim acredito em sonhos simbólicos e sonhos espirituais. Independente de ser simbólico ou espiritual, quando temos qualquer sonho desagradável ou acordamos nos sentindo desanimados, devemos mudar nosso padrão de pensamento para melhor, pois isso significa um recado no nosso inconsciente. Essa mudança comportamental é fazer nascer o homem novo.

— Chegamos aonde eu queria, João! Sei que você é espírita. Já li muitos artigos e livros espíritas, principalmente a título de estudos complementares, pois não encontramos explicação dentro da Psicologia Analítica ou da Psicanálise para muitas coisas. Gostaria que me explicasse, sob a visão espírita, o que podem ser essas aparições perturbadoras nesses pesadelos repetitivos e com o envolvimento da minha irmã falecida. Não acredito que sejam sonhos apenas simbólicos, como falamos até agora. Estou certo de que vejo o plano espiritual.

João suspirou fundo, depois argumentou cauteloso:

— Sua irmã desencarnou por um tiro no rosto. Segundo a versão de quem estava junto, a Lúcia reagiu desnecessariamente a um assalto. Diante disso, a meu ver, foi um desencarne precoce. Em seus sonhos, a aparência de sua irmã é deplorável e destaca-se o rosto em decomposição. Como psicólogo e espírita, para mim, isso demonstra que por trás da personalidade apresentada em vida, sua irmã cultivava ou sofria sentimentos interiores extremamente perturbadores. Algo que corroia sua mente e agora pode tê-la visto com o rosto real.

— O rosto representa muita coisa, como lembrou. Esse tipo de apresentação não é casual. Eu sinto. Minha irmã pode se prender ainda às impressões do corpo pela morte precoce. Não acha?

— Isso é possível. Não sabemos sobre os desígnios de Deus. De repente, sua irmã precisou experimentar essa situação e seu desencarne não foi precoce. Os motivos desse tipo de apresentação podem ser vários. Até outro espírito pode se apresentar como a Lúcia, parecendo em estado lamentável para inquietá-lo e perturbá-lo através do sonho.

Sérgio, muito pensativo, comentou:

— Dentro da Psicologia, para Jung o feminino é chamado de ânima no aspecto inconsciente, no sonho. Quando um homem sonha com uma mulher ela representa a sua ânima. O sonho com a ânima mostra as tendências psicológicas do homem para com os sentimentos, o humor, a intuição, a sensibilidade, a capacidade de amar... Ou, então, as manifestações negativas de observações maldosas que diminuem o valor do homem, fazendo-o desanimar diante dos desafios, tirando-lhe a coragem para conquistas positivas, deixando-o sem determinação, sem vontade. Além disso, tudo pode ser uma distorção da realidade e a ânima pode ser venenosa, induzir aos erros, a inquietude, a perversidade.

— É muito bom vê-lo analisar a ânima colocando de lado qualquer sentimento pelo fato da mulher, que é a ânima representada em seus sonhos, se parecer com sua irmã. Eu temia que ficasse sensibilizado. Vamos lembrar que essa mulher pode não ser sua ânima, mas sim um espírito e exibir-se sofrida para que você tenha piedade dela e, através desse sentimento, ela o suga, vampiriza-o. Mas, na verdade, ela, como espírito, é fria e impiedosa apesar do sofrimento. Isso acontece muito no plano espiritual. Um espírito feminino pode guiar, induzir e influenciar o desejo de um homem em sua transcendência, em sua elevação. Essa interferência pode ser para o seu bem ou para o seu mal, de acordo com a evolução desse espírito.

Sérgio ficou pensativo. Muito inteligente, analisou rapidamente o que ouviu. Olhando para o colega, concordou:

— Primeiro você me derrotou desvendando o meu medo exteriorizado através da fuga. Realmente, não tolero brigas ou discussões fortes, pois tenho medo da minha reação. Não sou tão brando como pareço e temo ficar sem o domínio do controle emocional, ficar irracional e perder a razão.

— Não vá se chatear com isso. Aprendemos que nós, psicólogos, com todo o conhecimento adquirido, temos dificuldades em encontrar a matriz, o centro principal do problema quando estamos envolvidos nele. Somos seres humanos também! Por isso todo psicólogo deve fazer terapia. Ao procurarmos nos compreender, nós nos fortalecemos e continuamos a auxiliar melhor os outros.

— É verdade! — concordou, sorrindo amigavelmente. Depois comentou: — Estou vivendo um período de mudanças e transformações em minha vida. Analisando esses sonhos só posso concluir que meu inconsciente quer dar o recado ao meu consciente de que estou passando ou ainda passarei por mais desafios e dificuldades. O alerta é para eu dominar meu medo e ter forças para o nascer do novo homem.

— Isso não significa que tenha de brigar ou se envolver em discussões!

— Eu sei — riu. — Devo assumir o controle das minhas emoções diante do que esteja acontecendo e não me reprimir ou sair de perto. Preciso observar a situação sem me alterar. Eu saio de perto pelo medo de reagir e virar um monstro! — riu. — Você tem razão! Esses seres deformados e monstruosos são a minha sombra, o estado, a manifestação que reprimo em mim emocional e fisicamente, mas não mentalmente! Eu me afasto dos falatórios, mas não paro de pensar no que aconteceu e repito em pensamento tudo o que gostaria de ter falado.

— Deve deixar morrer o homem velho para que nasça o homem novo!

— Você sabe, João, para algumas pessoas é prazeroso viver rodeadas de brigas, dificuldades e conflitos. Elas, sem perceber, dizem de si mesmas: "Ai! Pobre de mim! Eu faço tanta coisa, sofro tanto e ninguém reconhece!" Se convivemos com criaturas desse tipo, já que não podemos mudá-las, mudemos nós! Quanto maior a luz, maior é a sombra. Precisamos ser indiferentes aos problemas que os outros criaram. Mudar os pensamentos e não entrar em conflitos íntimos.

— Parecer tranqüilo, não significa sentir-se tranqüilo, calmo e ter paz interior. Isso é provocar, criar uma aparência disfarçando a verdadeira emoção. Certo, Sérgio?

— Está certo, João! Vou reverter esse quadro! — sorriu.

Imediatamente o sorriso se desfez do rosto de Sérgio, que ficou muito reflexivo e distante. Sentindo-o com alguma dificuldade, perguntou:

— Eu te conheço, meu amigo. O que foi?

— Já é tarde e tomei demais o seu tempo.

— Sérgio, você me deixaria aqui sozinho caso sentisse que eu precisasse conversar?

— Não... — sorriu. — Tudo bem, vamos lá...

Sérgio confidenciou ao amigo todo o comportamento estranho que percebeu em si mesmo. Falou sobre esmurrar a mesa e confessou ter vontade de quebrá-la ao gritar com sua mãe. Contou sua atitude hostil, chegando a berrar com Sueli. Por fim, detalhou o ocorrido entre ele e Débora quando a segurou com força e a empurrou, não a deixando explicar. Minúcias foram narradas e João ficava atento a cada particularidade do amigo.

— Então é isso, cara! Poderia ter agredido qualquer pessoa, menos a Débora — disse em um tom lamentoso e arrependido.

— Sérgio, com que freqüência esses pesadelos têm se repetido?

— Posso ficar uma ou duas semanas sem sonhar, mas, em uma única semana, esses pesadelos podem ocorrer duas ou três vezes e até noites seguidas. Venho conversando com o doutor Édison sobre isso, mas por enquanto ele só está analisando, assim como nós. Dentro do aspecto simbólico da psicologia junguiana, hoje, nós dois entendemos a representação ou a mensagem de mais de cinqüenta por cento desses sonhos, porém isso não é suficiente para me ajudar. — Breve pausa e continuou: — Nesse momento de tantas mudanças, eu preciso me renovar, elevar-me das trevas para a luz. Do ponto de vista da Psicologia, eu destruo os seres monstruosos desses pesadelos horríveis com a minha mudança de atitude ao me relacionar com os problemas, sem precisar reprimir ou sofrer com transtornos íntimos através de pensamentos que me torturem. Esses pesadelos tendem a acabar à medida que eu encarar tais conflitos de forma natural e agir com sabedoria. Assim serei tranqüilo e calmo. Entendi a necessidade da minha mudança e sei que será um grande desafio, mas sou capaz. Agora uma coisa me incomoda... — Olhando-o firme, Sérgio perguntou: — E quanto à minha irmã? Como posso definir sempre a sua aparição ou envolvimento nesses sonhos? Pense comigo, se ela fosse a representação da minha ânima, acredito que não seria necessariamente sempre a Lúcia a aparecer em meus sonhos. Sinto que existe algo espiritual, muito forte, no que experimento. Não é somente simbólico, João.

— Sérgio, nós somos amigos. Você disse que eu conheço bem a sua vida, mas isso não é verdade. Para eu começar a analisar, preciso de mais informações. — Observando-o, comentou cauteloso: — Lembro-me de que, pouco antes da Lúcia falecer, vocês haviam brigado ou discutido. Nunca falamos sobre a divergência que tiveram. Respeitei seu desejo de silêncio, mas acompanhei o seu desespero quando soube do acontecido. Nós estávamos na sala de aula quando te avisaram e eu o acompanhei até o hospital e tudo mais. A aparição da Lúcia em seus sonhos não tem só a explicação no aspecto simbólico. Sem dúvida há uma mensagem espiritual, na minha opinião. — Vendo-o silencioso, continuou: — Não foi fácil eu te dizer, agora há pouco, que a forma como ela se apresenta exibe a sua verdadeira personalidade, desmascarando o que sua irmã representava e disfarçava em vida. Como psicólogo, eu reforço que esse aspecto facial se refere às emoções interiores extremamente perturbadoras que a Lúcia cultivava e sofria. Eu não posso dizer mais nada sem mais detalhes. Sempre senti que algo o incomodava em relação à sua irmã. Sei que é um excelente profissional e até melhor que eu!...

— Pare com isso, João!

— Ei, meu caro! Você foi o melhor da turma! Sabe que não posso analisar mais nada sem mais particularidades. Deve lembrar que talvez não se sinta tão à vontade em me relatar pormenores ou intimidades, uma vez que somos tão amigos e trabalhamos juntos. Vou entender e respeitar.

Sérgio abaixou o olhar e ficou pensativo por alguns minutos. Depois, suspirou fundo, acomodou-se melhor, encarou o amigo e argumentou:

— Não tenho nada para esconder de você. Então... Vamos lá! Pegue esse bloco para suas anotações! — ofereceu o material, deu meio sorriso e contou: — Minha mãe sempre foi bem distante de mim, sentimentalmente falando. Acredito que cresci e projetei em minha irmã mais velha a representação de uma mãe. Principalmente depois de minha mãe contar que não queria mais ter filhos e não me abortou porque meu pai não deixou — detalhava de modo normal, sem expressões de tristeza ou rancor. — A Lúcia sempre foi uma irmã dedicada, presente e amiga. Quando eu tinha mais ou menos quinze ou dezesseis anos de idade e estava mais voltado para as descobertas e curiosidades naturais sobre sexo, coisa comum nessa idade, comecei a notar algo no comportamento de minha irmã, coisa que não considerei normal. Foi nessa época que meu pai comprou aquela casa.

— Que tipo de comportamento não considerou normal?

— A Lúcia se despia da toalha, na qual se enrolava após o banho. No seu quarto, frente ao espelho, ficava por longo tempo acariciando o próprio corpo de modo sensual, simulando passar um creme. Percebi que ela deixava a porta do quarto aberta, propositadamente, mesmo sabendo que, de onde eu estava, podia vê-la totalmente, mas ela fingia não me ver.

— E onde você estava?

— Estudando em uma escrivaninha, semelhante àquelas mesas antigas de escritório, que ficava dentro do meu quarto e ao lado da porta em um ângulo que era impossível não ver minha irmã despida frente ao grande espelho do guarda-roupa.

— Você não poderia fechar a porta de seu quarto? — perguntou com simplicidade.

— Que porta?!!! — Sérgio não suportou e gargalhou da precariedade. Depois contou sob o efeito do riso: — Só havia os batentes. A casa precisava de muitos consertos! Incluindo a porta do meu quarto!

João riu com gosto pela expressão engraçada do outro e comentou:

— Isso não vai dar certo, Sérgio! Por essa razão psicólogos amigos não fazem terapia um com o outro. Eu não poderia rir desse jeito. Agi como um colega e não como profissional!

— Vai dar certo sim! — garantiu ainda rindo. — Continua, aí, cara!!! Estou bem à vontade para contar tudo. Consciente do que digo. Confiante em você e sendo verdadeiro nos detalhes. É bom se sentir assim! Você passa essa confiança. Não me sentia dessa forma quando fiz terapia com aquele psicólogo que um professor indicou. É questão de afinidade, sabe disso. Mas, vai! Continua!

João tornou a ficar sério e perguntou:

— E o que você sentia ao vê-la fazer isso, Sérgio?

— Sem dúvida de que fiquei excitado nas primeiras vezes, por ver o corpo nu de uma mulher sensualmente se acariciando. Depois levei um choque ao lembrar que era minha irmã. Decidi mudar meu horário de estudo e minha irmã resolveu mudar seu horário de banho. Era difícil fugir das suas provocações.

— Não tinha mais alguém na sua casa?

— Meu pai e meus irmãos estavam sempre trabalhando. Minha cunhada quase não saia de sua casa, que fica nas dependências do quintal, e minha mãe havia pegado costuras retas para fazer em casa e usava um quartinho que há nos fundos. Costurava lá.

— E o que você fez?

— Não tive coragem de contar para alguém. Então, um dia, fiquei nervoso. Fui até o quarto dela, dei-lhe uma bronca e fechei a porta com brutalidade. A Lúcia pareceu assustada. Veio conversar comigo depois, afirmando não saber que eu estava por ali. Mas era mentira. Hoje eu analiso e vejo que, apesar de ter pouca idade, eu tinha moral e integridade para não aceitar aquilo. Eu gostava da Lúcia como irmã, mas passei a ter um sentimento repulsivo ao lembrar o que ela fazia de propósito para me provocar. Puxa! Eu era seu irmão e um rapazinho! Bom... Ela não fez mais aquilo, e eu fingi esquecer o fato. O tempo passou. A Lúcia me pagou um curso de Informática que me ajudou muito. Depois comecei a trabalhar. Não demorou e eu arrumei uma namoradinha. Era uma menina bacana que se chamava Mara — Sérgio deixou o olhar perdido no teto e deu um suave sorriso, talvez pela lembrança quase apagada. Depois contou: — A

Lúcia implicava demais com a menina e sempre começava uma discussão com a Ana, minha cunhada, ou com a nossa mãe quando a Mara ia lá em casa. O namoro não durou nem três meses.

— Você namorou outras moças?

— Claro... — riu de um jeito maroto. — Mas não as levei à minha casa, lógico!

— Não as levou por causa da Lúcia?

— Não. Minha irmã não tinha nada a ver com essa decisão. Comecei a ver a vida que meu irmão Marcílio levava e decidi que a minha seria bem diferente. Eu não queria um compromisso firme, você entende? — expressava-se com muita naturalidade. — Passei a ter planos de estudar, mas não deu. Entrei na polícia e dava aula de Informática ao mesmo tempo para juntar dinheiro e fazer o curso universitário que eu sempre quis e sair da polícia. Sabe... depois de ver o Marcílio e a Ana brigando direto, fiquei com aversão a um casamento não planejado.

— O fato de Lúcia ter se mostrado despida e com gestos sensuais para provocá-lo afetou-o sexualmente?

— Não — respondeu direto.

— Alguma vez lembrou-se de sua irmã nua, com modos voluptuosos, quando se relacionava sexualmente com alguém?

— Nunca — tornou Sérgio com a mesma tranquilidade.

— Já se relacionou com homens ou teve esse desejo?

— Nunca.

— Só se relacionou com mulheres, mas poderia ser qualquer uma ou deveria ser uma namorada, amiga?

— Só com mulheres, mas não poderia ser qualquer uma. Sou seletivo.

— Sérgio, você teve e tem uma vida sexual saudável, física e psicologicamente falando?

— Sim. Tenho. — Em seguida Sérgio não agüentou. Seu rosto sério se contorceu até relaxar num largo sorriso e finalizar com uma gargalhada. Recompondo-se, mas sob efeito do riso, tornou a afirmar: — Sim... Tive e tenho.

O amigo se forçava para não rir, mas brincou:

— Espere aí! Explique-se melhor, porque eu não entendi a piada.

— Sim, João. Psicológica e fisicamente falando, eu tenho uma vida sexual saudável. Não dependo de medicação, drogas, estímulos com filmes, fantasias ou... — Ele riu novamente e se explicou: — Desculpe-me. É que lembrei uma coisa.

— Pode contar?

— Hoje está tudo bem. Ótimo! Temos uma vida sexual muito satisfatória, mas quando comecei a namorar a Débora... Passei alguns meses na "lei seca"! Trocamos beijos, abraços e calorosos carinhos, sem chegarmos aos fatos... Foi tão difícil dormir ao lado dela e... só dormir. — riu. — Eu estava desesperado! Tive compensações aliviadas por alguns sonhos, porém não é o mesmo que vivenciar o ato. Mesmo assim, não procurei outra mulher. Posso te afirmar que me considero normal...

— Você não me contou sobre esses sonhos de compensações! — falou João com molecagem.

— Esses... Deixe por minha conta! — tornou, correspondendo a brincadeira.

— Por que demoraram meses para se relacionarem? — perguntou sério.

— Ela não se sentia preparada. Eu jamais iria forçá-la. Íamos para um motel, ficávamos bem à vontade, mas só trocávamos carinhos. Tentei envolvê-la e seduzi-la algumas vezes. Achava estranho ela se sentir estimulada, gostar dos carinhos, mas de repente, percebia-a alterada, parecendo ter medo, não querer. Respeitei sua vontade e a deixei conduzir nossos momentos de intimidade. Então, esperei.

— A Débora tinha algum trauma?

— Tinha sim. E sem eu saber do que se tratava, agi de modo que a deixou mais segura e isso a fez superar o medo. Tinha muito a ver com motel, com o lugar e não com o nosso relacionamento.

— Quer contar? — João não perguntava por curiosidade, mas por fazer parte de um encadeamento de informações a serem analisadas sob uma ótica psicológica. Com a finalidade de descobrir se Sérgio era possuidor de algum tipo de transtorno ou distúrbio que estivessem ligados aos fatos originados em sua adolescência, refletindo em sua vida adulta ou atual e com a possibilidade de associação aos sonhos ocorridos com freqüência.

Sérgio ficou pensativo. Conhecia a importância daquelas informações, pois foi um fato muito marcante em sua vida e os detalhes poderiam ajudar na análise do que o perturbava, trazendo-lhe possíveis explicações para enfrentar os desafios. Como profissional da área, tinha bastante conhecimento de que a ajuda de um outro psicólogo era importante, imprescindível. Por comparação e exemplo, sabia que o melhor cirurgião cardiologista do mundo nunca conseguiria realizar uma cirurgia de ponte-safena em seu próprio peito. Refletiu por alguns minutos, pelo fato daquele assunto íntimo também pertencer à Débora, mas confiava no profissionalismo de João e, colocando-se na posição do paciente que deseja ser ajudado, decidiu:

— Foi assim... — suspirou fundo e contou: — Como toda garota, a Débora queria ter um primeiro relacionamento sexual com amor, carinho... Teve alguns namorados, mas nada significativos. Após um namoro mais sério com um cara conhecido da família, algum tempo depois, foram a um motel luxuoso, como ela contou. Mas não foi o que esperava. Ao sair do banho, viu que ele havia se drogado. Eles brigaram e o cara tentou forçá-la ao relacionamento. Ele a agrediu, bateu-lhe com força, e ela o acertou com um cinzeiro de vidro e foi embora. O cara não conseguiu estuprá-la, mas isso a traumatizou, principalmente, pelo pai não dar importância ao fato e ignorá-la, mesmo a vendo com hematomas e a boca sangrando. Não namorou mais até nos conhecermos. O fato de estarmos em um motel a deixava apavorada e eu não sabia disso! Depois que passamos a ficar em seu apartamento, as coisas foram mudando e... Ela tomou a iniciativa de termos o primeiro relacionamento e... Tudo aconteceu como ela sonhava: envolvi-a com amor, conquistei-a com carinho... — sorriu com ar de satisfação. Só depois revelou: — Ela me contou esse caso pouco antes e foi a primeira vez que me senti inseguro.

— Por quê?

— Ela já era especial e depois do que me contou... — Falou murmurando em tom apaixonado: — Não queria frustrá-la em sua primeira vez, machucá-la... Adoro a Débora! Você não imagina!

— Caso soubesse que sua namorada teve uma vida sexual ativa com outros homens, isso o incomodaria? Atrapalharia seu relacionamento com ela?

— Não! De forma alguma! Não me importo com o passado desde que ele não interfira negativamente em meu presente. Só seria muito precavido quanto às doenças sexualmente transmissíveis.

— E nos sonhos de compensação, durante esse tempo em que você e a Débora não se relacionavam sexualmente, você sonhava se relacionando com outras mulheres?

— Não. Sempre sonhei com a Débora — sorriu, deixando o olhar perdido ao confirmar. — Eu a amo tanto! Nunca pensei que eu pudesse me apaixonar por alguém dessa forma, cara!

— Estou sendo muito invasivo na sua vida íntima? — perguntou repentinamente.

— Não — respondeu rápido e com tranqüilidade.

João percebeu que os olhos de Sérgio brilhavam ao falar em Débora. Ele parecia sonhar e um sorriso apaixonado iluminava seu rosto sem que notasse. Repentinamente, avisou para observar sua reação:

— Voltemos a falar da sua irmã. Depois das apresentações desnudas, as quais a repreendeu, a Lúcia tomou outra postura em que exibia sensualidade?

— Vez e outra sim — respondeu bem sério. — Usou roupas íntimas bem sensuais quando me chamou até seu quarto. Insatisfeito, eu virava as costas. Quando entrei na universidade, ela me ajudou financeiramente com algumas mensalidades, no início. Senti que, por causa disso, ela se achava no direito de se mostrar sensual para me provocar. Lúcia se tornou muito amiga da Sueli, que passou a freqüentar direto a nossa casa. Depois de um tempo, comecei a namorar a Sueli e percebi um comportamento bem estranho na minha irmã que deixou de ser tão amiga da Sueli. Descobri que a Lúcia tinha ciúme da minha namorada.

— Sua irmã o acariciou alguma vez?

— A Lúcia sempre teve necessidade de contato físico para expressar sentimentos. Ela precisava abraçar, beijar, afagar, tocar ou segurar para dizer alguma coisa.

— Mas isso era só com você?

— Com meus irmãos também. Mas comigo era ostensiva. Quando eu já estava até pesquisando qual o tipo de transtorno dela, a Lúcia começou a perder o controle e começou a fazer certos carinhos para me excitar.

— Como eram esses carinhos?

— Se eu estava sentado em uma cadeira, ela me abraçava pelas costas, acariciava meu rosto, minha nuca e em seguida colocava a mão por dentro da minha camisa, afagando ou arranhando meu peito. Eu ficava revoltado, afastava-a de mim e saía de perto. Não sabia mais o que fazer. Vivi uma experiência terrível! Falei com ela várias vezes e pedi que parasse com aquilo. Mas ela negava a provocação e dizia que era um carinho de irmã. Começamos a brigar por diversas vezes. Depois voltávamos a conversar, até que... — Sérgio ficou sério, seu rosto empalideceu. João aguardou até ouvi-lo contar com certa revolta escondida na fala vagarosa: — Meus pais, o Marcílio e a família foram passar uma semana na praia. O Tiago trabalhava em uma escala de vinte e quatro horas. Eu e a Sueli íamos a um aniversário. A Sueli insistiu para levarmos a Lúcia. Eu não queria ir, mas... Voltamos bem tarde e tínhamos bebido um pouco. Eu não estava embriagado, somente sob o efeito de leve entorpecimento. Deixamos a Sueli em sua casa e fomos embora. Ao chegarmos, a Lúcia se exibia bem animada e alegre. Achei graça, pois nunca a tinha visto de fogo. Fui tomar um banho. Quando voltei, minha irmã estava sentada à mesa com uma garrafa de uísque e dois copos. Apesar do banho, eu estava cansado e um pouco zonzo, porém bem consciente. Então disse para a Lúcia que ela já havia bebido bastante, mas não consegui convencê-la a parar. Ela ria, divertia-se muito e disse que iria dormir se eu fizesse um brinde com ela. Aceitei. Brindamos ao emprego novo dela, depois ao salário e... Nem me lembro mais do que brindamos.

Ao final de tantos brindes, eu estava embriagado, sentindo-me mole, mas me lembro de cada detalhe. Quando pedi que fosse dormir, a Lúcia passou do estado de riso para o de choro. Completamente dominada e à disposição de um turbilhão nas faculdades pelo excesso de bebida alcoólica, ela começou a desabafar dizendo que era infeliz no amor por não ser correspondida. Falou sobre Deus ser cruel com ela e muito mais.

Eu a ouvi por um tempo, até não agüentar mais o sono e avisei que iria dormir. Ela decidiu ir para o quarto e eu a ajudei. Quando fui para minha cama, ouvi barulhos e a luz ainda estava acesa. Levantei, fui até o quarto dela e a vi cambaleando ao tentar abrir o zíper do vestido, dizendo que queria tomar um banho. Eu a ajudei com o zíper e voltei para a minha cama. Não conseguia mais ficar acordado. Nunca me embriaguei daquele jeito.

Na manhã seguinte, ouvi um barulho antes de abrir os olhos. Foi algo que me incomodou, mas não sabia dizer o que era. Senti que minha cabeça iria explodir. Era difícil abrir os olhos. Todo o meu corpo estava adormecido e eu sentia uma ânsia terrível. Quando me mexi um pouco, senti algo estranho. Virando-me para olhar, fiquei aterrorizado — Sérgio parou e sua voz pareceu travar.

— O que você viu? — perguntou o amigo.

— Já passava do meio dia e, ao meu lado, a minha irmã estava deitada, completamente nua, e abraçada a mim. Ela dormia no meu ombro com uma das pernas sobre as minhas.

— O que você fez?

— Sentei na cama e o quarto parecia rodar. Tentei cobrir a Lúcia com o lençol, mas não dava e comecei a chacoalhá-la. Eu estava tonto, confuso e como se isso não bastasse...

— O que aconteceu? — perguntou o outro diante da demora.

— A Sueli entrou no quarto e me viu em minha cama com a Lúcia nua!

— Como sua namorada entrou?

— Foi o pai dela quem vendeu aquela casa para o meu. Devido a Sueli ter tanta amizade com minha irmã, minha mãe e com o nosso namoro... Acho que foi a Lúcia quem lhe deu uma cópia da chave.

— O que a Sueli fez ao ver você sentado e sua irmã naquele estado?

— Ficou parada, olhando friamente. Eu entrei em desespero! Estava verdadeiramente em pânico! Tive vontade de berrar, mas não o fiz. Levantei, sacudi a Lúcia que acordou parecendo ainda embriagada e fui à direção da Sueli. Só que ela virou as costas e foi embora. Não tive tempo de explicar nada!

Num impulso, arranquei a Lúcia da minha cama e comecei a esbravejar com ela. Gritei como nunca! A Lúcia segurava o lençol em torno do corpo, olhava-me indiferente e até sorria! O que me deixava mais furioso. Sabe... Lembro bem dos olhos dela e... Por um momento, não parecia ser a minha irmã, parecia outra pessoa que me olhava. De repente, sem que eu esperasse, a Lúcia segurou meu rosto com as mãos e me beijou na boca. Imediatamente eu lhe dei um tapa no rosto... Um tapa muito forte, e ela caiu. Sua boca sangrou e depois apareceu um hematoma em seu rosto. — Breves segundos e Sérgio lamentou em tom triste: — Como me arrependi por tê-la agredido. Mas naquele instante pareceu o único jeito de despertá-la daquela loucura! Eu fiquei completamente insano, João.

— Você se relacionou sexualmente com sua irmã, ou não sabe dizer?

— O doutor Édison me fez a mesma pergunta. Posso afirmar, tenho certeza de que não tive relação sexual com ela — respondeu bem seguro.

— Baseado em que afirma isso tão categórico? Você bebeu muito, talvez tenha esquecido!

— Eu estava bêbado, mas bem consciente — falava calmo. — Sabia o que acontecia apesar da coordenação motora e do raciocínio estarem lentos. Lembro que tomei um banho e vesti um pijama curto. Estava calor e eu tirei a camiseta do pijama, só a camiseta — ressaltou. — Quando me deitei definitivamente, recordo ter sido na posição em que acordei. Despertei com o corpo adormecido, significando que não havia me mexido muito e eu estava vestido do mesmo modo como quando me deitei. Se tivesse acontecido alguma coisa, primeiro, eu não estaria com a parte de baixo do pijama e, outra, os lençóis da minha cama estavam limpos. Depois a Lúcia disse algo que confirmou isso.

— Então, por que ela sorriu? Será que pensou ter acontecido algo?

— Não sei dizer por que ela sorriu. Havia algo estranho em seu rosto. Mas tenho certeza de que não aconteceu nada. A não ser o fato de ela me beijar e eu a agredir.

— Como vocês se encararam depois?

— Não nos falamos pelo resto do dia. Fui atrás da minha namorada para tentar me explicar. Pensei que dificilmente alguém acreditaria em mim. Para minha surpresa, a Sueli me ouviu e contou que tinha notado o comportamento estranho da Lúcia e disse que minha irmã me olhava com desejos de mulher. A Sueli propôs que esquecêssemos aquele fato e me deu um apoio moral que eu não esperava. No dia seguinte, chamei minha irmã para termos uma conversa. Falei tanta coisa... Ela chorou, confessou que me desejava como homem e não como irmão. Fiquei aturdido com o que ouvi e mais transtornado quando a Lúcia disse que lamentava não termos nos amado na noite anterior. Isso confirma que nada aconteceu. Ela chegou a propor o absurdo de um envolvimento íntimo entre nós sem que alguém soubesse e o dia em que eu me casasse ou não quisesse mais, tudo bem, poderíamos esquecer nosso relacionamento.

Depois de ouvir essas palavras, eu tive raiva e pena da minha irmã. Propus que ela fizesse um tratamento, uma terapia, mas ela me agrediu com palavras. Ficamos alguns meses sem conversar, só falávamos o essencial. A partir desse ocorrido, a Lúcia mudou muito. Aconselhei novamente e por várias vezes que fosse a um psicólogo, mas ela não aceitava. Ela estava doente...

— Ela continuou a ter amizade com a sua namorada?

— Não. Somente a Sueli conversava um pouco. A Lúcia entrou em um estado depressivo que se podia notar. Um dia, a Sueli insistiu tanto para minha irmã acompanhá-la até o shopping que ela acabou aceitando. Elas não foram de carro e na volta, ao caminharem do ponto de ônibus até em casa, foram assaltadas por dois homens armados que usavam uma moto. A Sueli contou que a Lúcia reagiu depois de entregarem tudo. O rapaz atirou e o projétil atingiu-a no rosto, desviou para o cérebro e a matou.

— Sérgio, você acredita que sua irmã reagiu dessa forma para se suicidar, tentando fazer parecer um homicídio?

— Não sei dizer. Às vezes acho que sim.

— Sentiu-se culpado pelo que ela fez?

— A princípio sim. Depois não. Fiquei chocado com a sua morte, mas foi pelo remorso por não conversarmos mais. Eu não posso me culpar, pois inúmeras vezes pedi que procurasse ajuda, tratamento, mas ela não aceitou.

— E a Sueli?

— Namoramos por algum tempo, mas assim que ela propôs casamento, não respeitando os meus planos de estudar e me alicerçar melhor na vida, eu disse que não era o momento e nos separamos, voltamos... Até eu terminar definitivamente e ela me ameaçar.

— Ameaçar?

— Ameaçou contar para todo o mundo que viu minha irmã dormindo nua ao meu lado. Que a Lúcia lhe contou que eu a seduzia para o incesto. Isso se eu terminasse o namoro com ela. Foi aí que eu conheci realmente quem era aquela criatura. Ela não me deu sossego e fez um inferno da minha vida.

— Ela cumpriu a ameaça?

— Não. Seria minha palavra contra a dela. Além do que, depois do que ela aprontou com aquela história do celular, ao dizer para a Débora que era minha noiva e tudo mais... Ninguém vai acreditar nela, mesmo!

— Sérgio, você tem esses pesadelos só quando está na casa de seus pais ou eles ocorrem em outros lugares?

— Sempre foi na casa de meus pais, até a noite passada. Eu dormi no apartamento da Débora e acordei, de súbito, por conta do sonho. Ela despertou com meu solavanco ao me sentar rápido. Eu só disse que tive um sonho estranho. — Vendo o colega pensativo, Sérgio sorriu. Não suportou a curiosidade e perguntou: — O que você me diz de tudo isso?

— Psicologicamente, você já sabe. Mas espiritualmente falando... Meu amigo! Precisamos de uma longa e boa conversa. E a propósito, você conversou com a Débora a respeito de tudo isso? Falou sobre o comportamento de sua irmã?

— Não... A Débora passa por um momento delicado com a família. E estamos vivendo um período muito bonito, gostoso... Não me sinto preparado para contar. Ficaria constrangido e preocupado com o que ela poderia pensar. Vou esperar mais um tempo, depois eu conto.

— Sabe... estou com uma ampla bagagem para analisar. É ótimo quando alguém é tão direto, verdadeiro e detalhista como você foi! Não demonstrou orgulho ou arrogância por sermos da mesma turma, omitindo fatos por vergonha.

— Coloquei-me na postura de paciente. Sei que as informações completas e verdadeiras ajudam a encontrar soluções. Meu caso não é fácil e você sabe que nos últimos tempos o envolvimento sexual entre irmãos vem aumentando muito. O incesto acontece dentro das melhores casas, dos mais luxuosos apartamentos, nas residências dos bairros mais simples e também nas favelas. Os pais simplesmente estão ocupados demais e não reparam que os irmãos estão mantendo relações sexuais dentro da própria casa. Está havendo uma perda muito grande da transmissão de valores morais. Pais e filhos não se comunicam. A vida sexual é iniciada muito cedo. Incontáveis jovens comentem o incesto para se sentirem experientes quando chegar a oportunidade de praticar sexo fora de casa. Outros irmãos têm relações por medo de adquirirem o vírus HIV, caso tenham relações com parceiros fora de casa. Acreditam que entre eles será mais seguro enquanto não se relacionarem com outras pessoas. Há ainda o abuso do irmão mais velho contra o mais novo, do irmão mais velho contra a irmãzinha, e essas vítimas não falam pelo medo da ameaça. Mil situações desse tipo acontecem e os pais não sabem, não ficam atentos, acham que só ocorrem na casa do vizinho. — Suspirando fundo, falou como um desabafo: — João, eu já era maduro e, mesmo sendo um homem experiente, você não imagina o quanto sofri com aqueles assédios, com as recordações... Graças a Deus eu tive princípios de dignidade passados por meu pai, o que me deu força moral para não aceitar, não me envolver, não me corromper com as oportunidades provocadas pelo desequilíbrio da minha irmã. Hoje tenho estabilidade mental e emocional por não ter me desmoralizado com as tentativas de sedução da minha irmã. Tenho a consciência tranqüila e paz nesse sentido.

— Imagino como se abalou. É verdade, hoje em dia o ato sexual entre irmãos está sendo ignorado pelos pais, pela família. Tenho dois casos de incesto e os transtornos são... Nossa! Você é um caso raro por não parecer ter traumas a respeito. É um homem equilibrado para levar uma vida normal. Porém percebeu que existem seqüelas espirituais ou sentimentais resultantes do que lhe aconteceu. E a prova disso são os seus sonhos constantes.

— Nossa! Olha que horas são! — surpreendeu-se Sérgio. — Falei para a Débora que passaria lá antes de ir para casa.

— Eu gostaria de conversar com você e depois com a Débora. Serei sincero, meu amigo. Acredito que existe um envolvimento espiritual muito intenso. Pelo fato de você acreditar na Doutrina Espírita, será fácil se propor a uma assistência espiritual e a Débora também.

— Assistência espiritual! Por mim, tudo bem. Mas por que diz isso?

— Pelo que senti, Sérgio. A situação pode complicar. Esses sonhos são o começo da demonstração da atuação dos espíritos em suas vidas. Não queira saber o motivo, a razão ou qualquer coisa do gênero. O importante é você e ela terem forças para enfrentarem os desafios, não se abalarem e superarem os obstáculos para evoluírem. Creia, não vão perturbar e tentar desequilibrar somente você, vão fazer o mesmo com a Débora.

Sérgio ficou em silêncio e pensativo, mas nada comentou. Algo o inspirava para acreditar em João. Eles se levantaram e iam saindo quando o outro falou:

— Ah! Tem uma empresa considerável que quer contratar um psicólogo para trabalhar no Recursos Humanos a fim de analisar o perfil dos funcionários a serem contratados. Dependendo do salário, pode ser bom e aí você sai da polícia. Quer dar uma olhada para ver se é conveniente?

— Claro! Sem dúvida. Você conhece alguém de lá?

Os amigos saíram da clínica falando sobre o assunto que aguçou grande interesse de Sérgio, o qual procurava estabilidade para as mudanças que planejava em sua vida. Mas muita coisa estava para acontecer.

11

A ação dos espíritos inimigos

O dia chegava ao fim naquela sexta-feira. Semanas haviam passado desde a conversa com seu amigo João. Tudo os impedia de se falarem melhor. Os amigos não conseguiam conciliar um dia para irem ao centro espírita, pois muitas coisas aconteciam.

Naquele momento, Sérgio se encontrava paralisado no meio da sala de sua nova casa. Teve muito trabalho, mas agora tudo estava perfeitamente no lugar e exatamente como ele queria.

Olhou para o espelho colocado no corredor. Em seguida, admirou o belo quadro de paisagem agradável na parede da sala colocado acima do sofá.

Aquela introspecção durou longos minutos. Sentia-se agradavelmente tranqüilo, apesar de ter enfrentado a revolta de Dona Marisa, que reagiu ferozmente ao vê-lo sair de casa, mas Sérgio pareceu indiferente às suas opiniões e contrariedade. O trabalho empolgante em arrumar aquela casa e pôr no lugar suas coisas onde seria seu novo reduto, cobriu-o com um manto protetor e ele não se incomodou com a oposição de sua mãe. Para Sérgio aquela casa estava perfeita. Caprichoso, fez pequenos reparos, pintou e decorou com simplicidade, mas com grande bom gosto. Além disso, a residência era próxima da clínica aonde ele poderia ir a pé se quisesse.

Um momento como aquele trazia algo especial aos seus sentimentos, uma satisfação pela conquista. Trazendo no rosto um leve sorriso, sem perceber, suspirou fundo e caminhou até a porta indo para uma área ladeada por muretas graciosamente baixas de onde se podia ver as grades altas em lugar de um muro. O portão para a entrada lateral do carro que poderia seguir pelo largo corredor até o fim com espaço para vários veículos e o pequeno, mas agradável e delicado jardim que oferecia um toque especial à frente da casa.

Sérgio pensava em Débora. A namorada avisou que iria até lá, porém estava demorando. Ele parecia ansioso para lhe mostrar tudo arrumado, quando sentiu um aperto no coração, algo como um presságio desagradável.

Afugentando os pensamentos, decidiu tomar um banho. Ao terminar, escutou o barulho do carro de Débora na garagem e, espiando através da janela, certificou-se de sua chegada. Vestindo rapidamente uma camisa, o rapaz foi até o portão e o fechou enquanto ela descia do veículo. Indo ao seu encontro, abraçou-a com carinho, beijou-a e após ajudá-la a pegar algumas coisas, avisou sorridente:

— Coloquei tudo em ordem! Venha ver!

Pegando-a pela pequena mão fria, levou-a para olhar o que ele fez naquele dia, ao mesmo tempo em que explicava e mostrava muitos detalhes:

— Arrumei esse quarto de hóspede — riu ao avisar —, mas não é para você! A suíte está à sua espera! — Depois, exibiu o outro: — Neste quarto aqui fiz o escritório e minha tão querida biblioteca! Venha ver — chamou-a. E logo se entusiasmou: — Ah! Veja como esse banheiro ficou bonito!

— Realmente... — Admirou-se. A seguir, a jovem sorriu ao confessar: — Puxa! Quando vi aquele monte de coisa amontoada aqui dentro, não imaginei que pudesse arrumar tudo.

— Fiquei três noites dormindo em meio das caixas! — riu.

— Não foi lá para o apartamento porque não quis. Eu insisti bastante.

— Eu sei, meu bem — afirmou, fazendo-lhe um carinho. — Mas eu iria para lá somente à noite e ficaria sozinho enquanto você não chegasse da universidade. Aqui, comecei a pôr as coisas no lugar.

Circunvagando o olhar, ela sorriu e comentou com jeitinho gracioso:

— Ficou lindo! Sérgio, você é muito caprichoso!

Dando-lhe um beijo rápido, a namorada o abraçou com força.

— Tudo é simples, mas agradável. Não acha? — ele perguntou.

— Eu adorei! — tornou ela com leve sorriso, lançando-lhe um olhar indefinido.

Pegando as coisas que a jovem trouxe, levou-a até a suíte e, ao abrir o armário, mostrou:

— Reservei esse espaço para você guardar suas roupas e o que quiser. Está bom ou precisa de mais espaço?

— Está ótimo! Eu trouxe só algumas roupas, creme, secador... Para deixar aqui — sorriu.

— Vou colocar suas bolsas aqui... Depois você arruma do seu jeito — disse ao fechar a porta do armário. — Sérgio estava animado, não contendo a felicidade que o invadia. Pediu, levando-a para a sala: — Vem! Sente-se aqui. — Acomodando-a no sofá e ficando ao seu lado, propôs: — Já que cabulou aula... Vamos sair para comemorar? Temos vários motivos! A casa está do jeito que eu quero. A clínica está indo muito bem!... — Fez breve suspense, sorriu e contou: — Visitei aquela empresa que o João me indicou. Gostei muito da proposta, do horário fixo de manhã... e... Decidi pedir baixa da polícia. Vou sair de lá definitivamente. — Débora ficou verdadeiramente feliz e sem palavras. Abraçando-o forte, trazia nos olhos lágrimas de emoção. Embalando-a com afeto, ele comentou: — Acho que começo a colher os frutos e recompensas depois de tanto esforço e sacrifício! Temos muito que comemorar! — Afastando-a com generosidade, convidou: — Vamos?

Débora secou o rosto com as mãos ao dizer:

— Parabéns, Sérgio! Estou tão feliz por você! Nossa!... Não imagina como me sinto quando está trabalhando na polícia. É tão perigoso e nada gratificante. Sinto um alívio... — Olhando-o sorridente, perguntou: — Quando vai deixar de trabalhar lá?

— Vou cuidar de toda documentação a partir de segunda-feira. Não é tão fácil pedir baixa da PM. Não é como pedir demissão de uma empresa comum. Existe todo um procedimento... Mas agora vai dar certo! — Eles se abraçaram novamente. Sérgio a afagava com carinho ao convidar: — Vamos sair? — Observando seu semblante sem animação, ele quis saber de imediato: — Eu insisti tanto para que viesse aqui e... Isso pode te trazer problemas na faculdade. É por isso que está assim quietinha?

— Não. As provas nem começaram e eu não tenho faltas.

O namorado percebeu algo estranho em seu tom de voz. Acomodando-se melhor, foi bem direto pela preocupação:

— O que aconteceu, Débora? Por que está assim?

A jovem não suportou. Imediatamente entrou em crise de choro e curvou-se com as mãos escondendo o rosto. Puxando-a para junto de si, Sérgio a abraçou procurando descobrir o motivo daquele estado angustioso. Ele acreditou que não fosse algo tão grave, pois ela estava bem ao chegar e pareceu feliz com a notícia de sua saída da polícia. Afagando seu braço, falou de modo baixinho e carinhoso:

— Ei... Não fique assim... — Esperou por algum tempo e delicadamente forçou-a a se erguer um pouco, tirando-lhe uma das mãos com a qual encobria o rosto e disse: — Existe solução para tudo. Fique calma. Seja o que for, vamos dar um jeito. — Vendo-a chorar sem conseguir falar nada, tirou o braço de seus ombros, foi até a cozinha e lhe trouxe um copo com água adoçada, pedindo carinhosamente: — Beba... Nem se for só um pouquinho.

Alguns goles e a moça respirou fundo, mas ainda apresentava um choro doloroso e lágrimas tristes corriam em sua face pálida. Entregando-lhe o copo que foi posto sobre uma mesinha, ela olhou para Sérgio, que estava de joelhos à sua frente, afagando-a no braço e contou com a voz embargada:

— Hoje eu fui demitida.

Sentando-se ao seu lado, sobrepôs o braço em seus ombros puxando-a carinhosamente para que se recostasse em seu peito e falou tranqüilo:

— Não fique assim. Você é competente, Débora. Tem grande potencial. Vai arrumar outro emprego melhor.

— Não tenho tanta certeza — murmurou.

— Por que não?! É inteligente! Tem esse semestre!... Só falta um ano para se formar! Como corretora imobiliária da área empresarial no centro da cidade, conhece muita gente em diversas empresas. Quem sabe conseguirá um emprego na área em que vai se graduar?! — falava animado.

— Não diga isso. Você não sabe o que aconteceu...

— Quer contar? — perguntou bem sério.

Débora se afastou do abraço e sem olhar para Sérgio, explicou:

— Logo cedo, assim que cheguei à empresa, fui avisada sobre a demissão. — Contou sentindo um gosto amargo de decepção. Falava pausadamente enquanto uma e outra lágrima teimosa escorria por sua face: — A princípio fiquei com raiva. Quis saber o motivo, mas deram explicações evasivas do tipo: foi por corte de pessoal. Bem... Eu precisava acertar

muitas coisas, contratos para fazer... Pediram que eu passasse todo o meu serviço para uma colega. Ela é legal e eu explicava sobre os negócios locatários em andamento, até... — Débora chorou novamente. Sérgio somente aguardou e sofreu por vê-la daquela forma. Ao se recompor, ela continuou: — Eu não me importo com a vida particular das pessoas... Essa moça tem um caso com um dos sócios. É amante dele. Porém não tenho nada com isso e sempre a tratei bem e explicava as coisas com boa vontade... Talvez por eu não discriminá-la como outras pessoas fazem, essa colega me pediu segredo e contou que esse sócio, seu amante, disse a ela que meu pai pagou um considerável valor para que me demitissem.
— Bem sentida, ela desabafou: — Fiquei indignada! Por que ele quer atrapalhar a minha vida?!

Recostando-se em Sérgio, ele a abraçou e argumentou:

— Seu pai fez isso a fim de que volte para a casa dele. Logo você arruma outro emprego. Não fique assim.

— Você não sabe! — falou aflita. — Após saber disso, eu terminei rapidamente o que precisava e dei alguns telefonemas para pessoas conhecidas que trabalham em consideráveis companhias. Três pediram para eu comparecer no período da tarde para uma conversa ou possível entrevista. Todas disseram que realmente precisavam de alguém na área de marketing e pareceram bem interessadas e satisfeitas com o meu telefonema. Para contato dei o número do meu celular, pois avisei que estava deixando a empresa onde trabalhava. Essas pessoas conhecidas tratavam-se de diretores para os quais encontrei locações ideais para as empresas que eles representavam, submetendo-me a cansativas procuras para suprir todas as exigências. Acreditei que reconheceriam minha perseverança e boa vontade. Por eles afirmarem que necessitavam de funcionário com meu perfil, pediram para eu comparecer o quanto antes. Animei-me e até esqueci o que meu pai fez.

Débora parou por minutos. Pegou o copo com o restante de água e bebeu. Voltando a sentar onde estava, contou quase chorando novamente:

— Eu não tive tempo de almoçar. Saí correndo e, quando estava chegando próxima a uma das companhias, o meu celular tocou. Era alguém de uma das empresas que eu iria e uma secretária avisou que a vaga havia sido preenchida... Disse que ligou para eu não me dar ao trabalho de ir lá e... — Fez pequena parada e comentou: — Senti uma coisa que nem sei

explicar. Eu não poderia me alterar, afinal precisava ficar tranqüila a fim de causar boa impressão aonde estava indo. Então cheguei à outra empresa e aguardava o atendimento quando o celular tocou novamente e...
— chorou. — Era alguém da outra companhia me dispensando também.

Na hora eu quase chorei. Foi tão difícil me controlar. Depois de esperar muito tempo, a recepcionista me chamou avisando que não poderiam me atender hoje à tarde e pediu para eu aguardar o telefonema deles, pois agendariam nova data para uma entrevista.

Sérgio a escutava com toda atenção e considerou para deixá-la mais calma:

— Pode ser uma coincidência.

— Coincidência?! Não mesmo! Fiquei atordoada, mas me controlei e voltei até a companhia imobiliária que me demitiu. Entrei com a desculpa de ter esquecido algo. Conversei novamente com a colega para a qual passei meu serviço e, sem exibir minhas desconfianças, perguntei se ela poderia me indicar algum emprego. Depois de me dar alguns cartões, essa moça contou, sem que eu perguntasse, que ligaram de três lugares diferentes pedindo referências e perguntando o motivo da minha saída. Ela já estava orientada para passar qualquer ligação para o diretor da companhia... — Breve pausa e se revoltou: — Não sou burra! É lógico que o desgraçado do diretor daquela imobiliária, que aceitou o dinheiro do meu pai, deu as piores referências para eu não conseguir aquelas vagas!

A jovem chorava enquanto ele fazia-lhe carinhos para acalmá-la. Depois avisou:

— Débora, nem todos os lugares vão se dar ao trabalho de telefonar para o seu antigo emprego pedindo informações a seu respeito. Seu pai não pode conhecer ou controlar todas as empresas que existem.

— Mas eram grandes companhias! Isso vai me atrapalhar muito, Sérgio! Não era o momento de eu perder o emprego. Pago o aluguel do apartamento, o condomínio, a universidade e tenho despesas com água, luz, gás, telefone, celular, carro, alimentação, roupas!... Não está sendo fácil!

— Você não tem alguma reserva? Se precisar, use-as até conseguir um novo trabalho.

— Não tenho quase nada guardado... Gastei com a decoração do apartamento e outras coisas... Eu deveria desconfiar que isso pudesse acontecer. Quando saí da casa do meu pai e brigamos, ele me disse que eu ainda correria atrás dele. — Algum tempo e lamentou: — Sérgio... Você me alertou, mas não dei importância. Agora vejo o quanto aquele aluguel é caro e desnecessário. Meus gastos com alguns luxos são dispensáveis. Foi dinheiro jogado fora. Acreditei que você estava exagerando. Somente agora entendi.

— Fique tranqüila, vai arrumar outro emprego o quanto antes.

— Não tente ser otimista, Sérgio.

Por mais que o namorado se esforçasse em animá-la com pensamentos positivos, a jovem se enfraquecia vencida por idéias pessimistas e rancorosas perdendo as esperanças. O medo e a insegurança dominavam sua mente e seu coração.

Por longos minutos, a jovem permaneceu imersa em profundas e amargas reflexões. Até o rapaz despertá-la do silêncio, segurando delicadamente seu queixo, erguendo seu rosto e olhando profundamente em seus olhos, invadindo sua alma ao pedir:

— Responda sinceramente. Você gostou dessa casa agora?

— Lógico! Claro que gostei — respondeu com sinceridade, mas sem empolgação.

— A primeira vez em que eu a trouxe aqui para conhecer o lugar, você quase não disse nada nem reprovou a minha decisão de alugá-la, certo?

— Naquele dia a casa estava feia, com pintura velha nas paredes, torneiras enferrujadas, a mureta e o arco da varanda com reboque quebrado e o jardim era um verdadeiro matagal em miniatura. Acho que ninguém morou aqui por muitos anos! Eu nunca imaginei que você pudesse deixá-la como está hoje! Vi e acompanhei tudo o que fez e estou imensamente surpresa!

— Preste atenção, ainda é uma casa velha — falou em tom brando e algo explicativo para alertá-la. — Aconteceu que os muitos detalhes que a tornavam feia foram trocados ou consertados. O mato crescido foi arrancado e no lugar cultivado um bonito jardim. O portão que rangia como se fosse um efeito para filme de terror, silenciou depois de lixado, reparado pelo serralheiro, pintado e lubrificado transformando-se em uma peça clássica! Tenho certeza de que o valor da locação foi baseado na aparência da residência antes dessa transformação e no desejo do proprietário de querer alugá-la a um preço qualquer somente por medo de ser invadida. Se essa casa estivesse desse jeito no momento de alugá-la, o preço seria dobrado ou triplicado.

— Você está me dando uma lição de moral por eu...

Interrompendo-a e a abraçando, beijou-lhe a cabeça e completou generoso:

— Não, meu amor! Espere! Eu quero dar o exemplo de que nada é permanente. Podemos arrumar tudo quando conseguimos ver a beleza através do que parece feio. Quando algo não está bom e precisamos mudá-lo devemos arregaçar as mangas até conquistar o que desejamos e nos sentirmos bem com isso! Débora, preste atenção! Se você continuar experimentando o sentimento de mágoa pela crueldade de seu pai, o rancor pela injustiça do seu ex-encarregado e a decepção pelas três portas que se fecharam, você não vai conseguir cultivar um bonito jardim nem pintar as paredes da sua vida para deixá-la rapidamente nova e bonita. Perderá tempo por só ver, sofrer e sentir o que é feio e ruim. Olhando através das dificuldades do momento, não poderá ver as oportunidades a sua frente. É o mesmo que olhar através dos vidros sujos de uma janela: eles podem estar tão sujos que você não saberá que o sol brilha lá fora.

— Nunca precisei me preocupar com dinheiro, Sérgio — reconheceu angustiada. — Não sei o que é se submeter à prova de reduzir as despesas. Mesmo trabalhando e me achando o máximo, eu morava na casa dos meus pais e não sabia o que era administrar financeiramente uma casa. Só descobri isso quando fui morar sozinha. Acreditei que era capaz de me auto-sustentar totalmente. Esqueci da fábula da cigarra e da formiga. Não armazenei o suficiente para o inverno que não sei por quanto tempo pode durar.

— Gostou mesmo desta casa? — tornou, olhando-a com ternura.

Ela sorriu docemente ao repetir com simplicidade:

— Lógico! Ficou um encanto e se parece com você! Por que insiste em perguntar isso?

— Por que eu te adoro. Gostaria de te dar todo o conforto do mundo, mas eu só tenho essa casa e quero que venha morar aqui. Venda o que puder. Entregue o apartamento e traga suas coisas. Vem morar aqui comigo — pediu com jeito apaixonado.

Débora permaneceu séria e murmurou em com sua voz delicada:

— É confortante ouvir isso, mas Sérgio...

Fitando-a quase sem piscar, ele tocou carinhosamente sua face quase fria, contornou vagarosamente seus lábios com as pontas dos dedos, parecendo tatear uma jóia preciosa. Viu em seus olhos ardentes um brilho úmido de lágrimas que rolaram lentas. Aparando-as com ternura, questionou no mesmo tom ponderado de antes:

— Por que não? Algo a impede ou tem dúvidas de seus sentimentos por mim?

— Não!... Eu te amo! Te amo muito, Sérgio.

A bela face da jovem estava melancólica e exibia uma dúvida mesclada de conflito.

Com semblante sério, seguro de si, ele falou, pausadamente, olhando-a firme:

— Para me ajudar, você pediu para eu ir morar em seu apartamento. Eu disse que, caso encontrasse dificuldade, moraria com você. Naquela época fiquei um pouco preocupado com comentários e críticas... Não nos conhecíamos tanto quanto hoje. Estamos juntos há tempo suficiente para não nos importarmos mais com as críticas e comentários de quem quer que seja, além de nos conhecermos bem melhor. — Alguns segundos para que ela refletisse e continuou: — Débora, nem sempre conseguimos fazer nossos planos seguirem a ordem que desejamos. Meus planos são de ficar bem estabilizado, aperfeiçoar-me mais com estudos para ampliar meus conhecimentos e ser um profissional melhor. Não vou dizer que nos casaremos amanhã ou daqui a dois meses, mas vamos nos casar. Para mim não importa mais se viveremos juntos agora ou após casados. Esteja certa de uma coisa: aqui comigo ficará mais segura. Eu tenho como arcar com as despesas, inclusive da sua faculdade. Terá mais tempo e tranqüilidade para procurar um emprego de que goste sem tantas preocupações. Bem... Saiba que não viverá no luxo ao qual se acostumou... Contudo terá uma vida estabilizada, planejada, sem passar necessidades e com relativo conforto. — Fez breve silêncio, em seguida, pausadamente prosseguiu: — Tudo o que estou falando está nos meus projetos, nos meus propósitos. Mas... — Respirou fundo e explicou ponderado: — Só gostaria de pedir uma coisa... Eu te amo muito, mas continuaremos tomando cuidado para não trazermos ao mundo um filho que não esteja em nossos planos ainda. Eu quero e sei que teremos um filho, porém antes precisamos alcançar algumas metas e estabilidade para dar a ele ou a ela todo o amor, a atenção, a educação e o conforto que pudermos. — Alguns segundos e perguntou:

— O que me diz?

A namorada estava perplexa. Afagando-lhe o rosto, ela respondeu:

— Sérgio, eu te amo muito! Concordo com tudo o que você propôs, mas preciso de um tempo. Hoje, minha vida virou ao avesso! Tudo aconteceu muito rápido. Não acredito que esteja desempregada e com tantas responsabilidades financeiras para assumir. Preciso de um tempo para pensar e... Pode até acontecer o que você falou e, de repente, eu arrumo um emprego bem melhor. Quero continuar trabalhando e terminar os estudos. Você pode me dar um tempo? — pediu, olhando-o com um medo estampado em seu semblante pelo futuro incerto.

— Está certo! — Beijou-a rápido, levantou-se e sorrindo a fez se erguer. — Será como você quiser. Proponha-se ao mercado de trabalho. Termine esse semestre na universidade, mas... Se até dezembro não tiver êxito, você vem morar aqui.

— Tudo bem! Eu aceito! — sorriu ao afirmar.

O rapaz a envolveu num abraço amigo e gostoso. Embalou-a com leveza e avisou:

— É tarde e acho que você não está com ânimo para sairmos. Vamos pedir uma pizza?

— Desculpe-me! Você queria comemorar...

— Não faltará oportunidade! E para ser sincero, estou tão cansado depois de arrumar tudo por aqui! — Em seguida, sugeriu: — Você também está cansada! Pegue uma roupa bem confortável e vá tomar um bom e demorado banho! — riu ao avisar: — O chuveiro da suíte está funcionando e nenhum registro ou torneira estão velhos, feios e enferrujados! — Ao vê-la sorrir, falou: — Enquanto isso, pedirei a pizza, tá?

— Ah!... Realmente preciso de um banho para relaxar! — concordou ela.

Bem depois, enquanto apreciavam a pizza, na esperança de animá-la, Sérgio passou a comentar sobre outros assuntos, casos corriqueiros durante a compra de um móvel, entre outras coisas. Débora ficou atenta, parecendo se esquecer do dia tão difícil que teve.

***

No mesmo momento, na casa dos pais de Sérgio, dona Marisa ainda não se conformava com o fato do filho ter mudado. Completamente calado, o senhor Inácio somente ouvia a esposa esbravejar:

— Não é possível!!! Jamais pensei em ver tamanha frieza por parte do nosso filho!!! Quanta ingratidão!!! Bastou se formar doutor, ter uma porcaria de um diploma, pra ele empinar o nariz como se a gente não fosse nada na vida dele!!!

— É!... Deixa o Sérgio! — criticou Marcílio, concordando com sua mãe. — Um dia ele pode precisar da gente, aí eu quero ver como ele vai voltar com o rabo entre as pernas?! Ele usou todo o mundo aqui em casa, se arranjou na vida e pensa que não vai precisar de mais ninguém! A senhora viu!... O Sérgio não levou nenhum de nós pra conhecer a casa dele! Só o Tiago foi lá!

— Ouvi meu nome?! — indagou Tiago, acabando de chegar. Num tom de brincadeira, questionou: — Estão falando bem ou mal de mim?!

— Estamos falando do cachorro do Sérgio! — enervou-se Marcílio. — O safado nem pra...

— Ei! — alertou o irmão, interrompendo-o bem sério. — Olha como fala! Por que chamá-lo de cachorro e safado?! O Sérgio não merece esse tratamento não, meu! Nosso irmão foi o mais esforçado entre todos nós. Poderia chamá-lo de cachorro e safado caso ele ficasse encostado na família e aproveitasse da bondade dos pais e dos irmãos para cuidar da mulher e dos filhos!

Marcílio reagiu ferozmente. Tomado de forte sensação enervante, levantou-se rápido, foi à direção do irmão e esbravejou ao empurrá-lo, espalmando as mãos no peito de Tiago:

— Qual é cara?!!! Você é tão sem-vergonha quanto ele porque só sabem criticar sem saber o que é passar necessidade!!!

Uma briga começou entre eles.

Na espiritualidade, verdadeiro alvoroço se fez entre espíritos horrendos, sem instrução e que se satisfaziam com brigas e discussões de qualquer tipo, como que abraçando imediatamente os envolvidos na desavença e agressão a fim de incentivá-los à troca de duelos de palavras vis e repugnantes. Esses espíritos imperfeitos inclinavam-se também aos que assistiam sugerindo-lhes todo tipo de pensamentos conflitantes, envolvendo-os emocionalmente. Ao tempo em que tudo acontecia, esses espíritos levianos aproveitavam-se dos sentimentos de raiva, indignação, angústia, inveja, ciúme e outras más tendências dos encarnados e se revigoravam com suas energias, aproveitando-se de seus fluidos. Essas criaturas, invisíveis ao plano físico, fortaleciam-se, afinavam-se e se satisfaziam através do comportamento e dos pensamentos inferiores dos encarnados.

Para esses espíritos, a felicidade e a harmonia são tormentos insuportáveis. Eles invejam quem as cultiva. Principalmente quando se trata de seus desafetos. Fazem de tudo para tentar destruir esse estado de paz, mas, quando não conseguem, afastam-se.

Sustentando e se comprazendo com o que acontecia entre Tiago e Marcílio, o espírito Sebastião emanava energias ainda mais pesarosas, plasmando-as nos ambientes. Os encarnados não podiam ver, mas algo como que nuvens escuras em tons marrom, cinza e preto pairavam no interior de toda a casa, movimentando-se como uma massa densa, irregular e muito feia.

Cada palavra indecorosa, ofensiva e hostil pronunciada oferecia mais vigor àquelas energias espirituais extremamente inferiores, pois se movimentavam e se deslocavam de forma anormal, grudando nas paredes como matérias fecais misturadas a outras excreções inenarravelmente repugnantes. Uma espécie de lodo como secreções de corpos físicos em decomposição nos caixões.

O próprio Mestre Jesus nos ensinou: "Pede e te será dado". E os mais sábios nos alertam e chamam de "sujas" as palavras de baixo calão, pois em nosso corpo espiritual, no campo energético que nos envolve e no ambiente onde vivemos e convivemos, plasmam-se exatamente energias espirituais mentais impregnadas por nossas palavras, pensamentos e desejos. Sempre nos é dado o que pedimos para nós e para os outros, em pensamento ou não.

O espírito Sebastião, tendo ao lado o espírito Lúcia, observava tudo com satisfação. Voltando-se para ela, avisou:

— Veja como realmente são aqueles que se diziam seus parentes.

— Um bando de invejosos e orgulhosos — opinou a desencarnada com indiferença.

— O Sérgio me prejudicou imensamente no passado. Ele acabou com a moral da minha família, abandonando aquela que hoje, encarnada, é a Sueli! Como se não bastasse, o infeliz fez o mesmo nessa encarnação! E lembre-se de que ele desgraçou a sua vida também!

— Mas você sabe que ela não esperava um filho dele. A criança era de outro.

— Não importa! Qual o problema de se unir a ela e assumir a paternidade? O que iria acontecer? Se ele tivesse retornado antes como eu ordenei, teria se casado com ela e nunca desconfiaria do filho não ser dele. Ele não só maculou o nome da minha família, mas também esse infeliz me desmoralizou, humilhou-me e me rebaixou no nível mais inferior que pôde. Criticava minhas ordens e tudo que é comum de se fazer em uma guerra. Covardemente desertou! Desertou por causa daquela mulher! — riu com sarcasmo. — Mas ela me paga!!! Ela o fez se juntar ao inimigo e enfrentar minhas tropas!

— Não foi somente isso o que ele fez nessa época. O Sérgio acabou com minha vida, meus sonhos e esperanças. Ao partir para as batalhas contra o exército imperial a fim de conquistar as vilas e cidades, o Sérgio deixava a Débora em nossa estância. O Tiago, um dos soldados que desertou com ele, reencontrou-o e juntou-se aos revolucionários farroupilhas, mas nem sempre participava das pelejas, ficava e era designado a tomar conta da estância. — Trazendo um ódio cego encravado nos sentimentos, o espírito Lúcia relatava com imenso rancor: — Tornou-se um costume da Débora permanecer todas as noites na varanda, dizendo que gostava de contemplar o céu estrelado ou tomar ar. Comecei a ouvir, vez ou outra, calcadas de botas fortes no andar lento de homem. Passei a espiar. Tiago e Débora conversavam por horas... Enquanto todos dormiam. Eu vi o sorriso gentil no rosto dela ao gesticular delicadamente com voz dengosa que atraía os homens. O Tiago tinha um brilho intenso nos olhos quando estava com ela... Ah!... Nunca vou esquecer.

Por muitas vezes, ela desaparecia e ninguém sabia dizer onde estava.

O Sérgio não merecia aquela mulher, mas estava enfeitiçado e não dava a menor importância ao que eu dava a entender para persuadi-lo, pois ele precisava pegar os dois juntos. Aquela miserável era traidora, hipócrita!... Não suportei saber que ele pretendia ir embora para longe e começar uma vida com ela, por isso contratei o empregado a custo de jóias caras para dar um fim na Débora. Pensei que o Sérgio fosse correr para os meus braços, procurando consolo Mas não! Depois do desespero e do enterro, ele se foi sozinho! Não me conformo com isso!!!

— Covarde! Eu disse que ele é um covarde!

— Naquela oportunidade poderíamos viver um grande amor. Por culpa do seu desprezo, eu enlouqueci! Pensei que existisse um Deus bom, mas não! Nessa encarnação nascemos irmãos legítimos! E eu o amava! Ele tornou-se um homem lindo, forte e seus olhos são de uma atração impressionante quando pareciam invadir minha alma! Eu era capaz de fazer tudo por ele!!!

— E o Sérgio a rejeitou! — lembrou Sebastião. — Com aquela moralidade hipócrita, ele deu-lhe sermões e críticas, não foi? Falou que precisava de tratamento, fazendo-te pensar que estava louca! Fez você se sentir um verme, um lixo e é por isso que ficou assim depois de morrer! Qual era o problema de se amarem? — questionava, induzindo-a a pensamentos conflitantes para continuar dominando-a e utilizando as disposições afetivas de Lúcia para os seus objetivos de vingança. — Ele se achou superior e a tratou como um lixo em decomposição! Repugnava seus sentimentos!

— É verdade! O Sérgio começou a me dar sermões e mais sermões moralistas! Cada vez mais moralistas! E eu me sentia suja, imunda! Meus pensamentos ferviam e me corroíam!

— Isso mesmo! Sermões moralistas! — repetiu Sebastião. — Fiquei cansado de ouvir suas conversas sobre dignidade, respeito, justiça, dominar os desejos, ter boas práticas!... Ele não aprovava nem respeitava minhas vontades, meus prazeres, meus atos... Assim como fez com você, o Sérgio me torturou com seus sermões moralistas!!! Desgraçado!!! Quando morri, passei por tormentos infinitos! Eu parecia ouvir a voz dele ecoando todo o tempo em minha mente falando de moralidade, de respeito! Sofri feito um desgraçado!!! Tinha alucinações que nunca paravam! Sentia dores como se!...

— Como se o quê? — quis saber Lúcia com frieza.

— Até parece que aquelas vadias que tomei à força não gostaram de ter um homem viril como eu! Desencarnado, eu sofri... Sentia dores, sensações e pesadelos alucinantes como se eu fosse uma delas. Mas aquilo era impossível, por isso quase enlouqueci!!! Demorou, mas tomei força e reagi furioso! Tanto ódio brotou por experimentar aquilo que consegui me libertar. O ódio e a raiva pelo Sérgio foram tão imensos que não posso deixar de me vingar! Ah! Não!!! Sofri mais do que um cão e procurei o desgraçado porque precisava fazê-lo sentir o que eu experimentei! Descobri que tinha reencarnado e eu tinha passado mais de cem anos naquele tormento alucinado e doloroso por culpa daquele infeliz moralista! Igual a você, perguntei: cadê Deus?! — Breve pausa, continuou falando para persuadi-la: — Eu sei o que você passou após morrer daquele jeito. Acordou no caixão e sentia cada verme roer seu corpo, sentia a carne fedendo ao apodrecer... Gritou muito. Sentia as dores do tiro, do corpo se desfazendo, dos bichos te roendo e aquele cheiro insuportável. Mas o pior eram os pensamentos de culpa que não paravam, que te corroíam. Acompanhei tudo. Foi difícil te ajudar. Você só não sofreu mais, Lúcia, porque eu te regenerei com as energias sugadas dele e te despertei para esse mundo real, longe dos pesadelos e das alucinações que enfrentou dentro do túmulo.

— Agora eu vejo o Sérgio de modo diferente — tornou ela.

— É?!

— Vou dizer a verdade: eu o desejo como homem para usá-lo em favor de meus prazeres. Mas agora, depois de saber de tudo, eu o odeio por tudo o que ele já me fez. Tem o meu apoio, Sebastião — admitia, sentindo intensa hostilidade —, tem a minha ajuda. Juntos, faremos com que ele sinta tudo o que nos fez sofrer. Quero-o morto! E quanto à Débora...

— Eu mesmo cuido dela para você! — riu, zombando. Com crueldade, informou em tom típico de sua vileza: — Débora é uma tola, fraca e ingênua! Será bem fácil e prazeroso ver essa safada experimentar o que eu mais tive prazer de fazer com as vadias desse tipo! Sei que será fácil envolver essa desavergonhada, pois a Sueli é uma filha fiel e sempre pronta para me ouvir. Além dela, tem a Yara, a irmãzinha desprezível e insignificante com seus vícios, e o Breno, com caráter possessivo e sentimentos mesquinhos por Débora... Ah!!! Esse é dos meus! Ele vai se vingar por mim com escárnio e muita humilhação! E o Sérgio ficará arrasado. Sua vida não terá mais sentido e ele desejará a morte ao saber!... ao saber o que a Débora fez!!! — gargalhou sarcasticamente.

12

Psicólogo Espiritual

Rogando amorosamente a instrução e a colaboração influente de entidades de esfera superior, os espíritos Wilson e Olívia, mentores de Sérgio e Débora, encontravam-se em lugar onde o agradável magnetismo parecia acariciar os sentidos, as faculdades espirituais, atraindo-os a uma doce e suave meditação.

Revestido de sólidas energias edificantes, o grande salão reluzia nas paredes uma claridade própria, viva e alegre, difícil de explicar. Todo o ambiente era banhado de luz cristalina bem acolhedora, enquanto suave melodia se derramava em harmonia aprazível.

Acomodações confortáveis, como que nuvens fofas, surgiram no instante do relampejo do pensamento de Wilson, que se dispôs a sentar, deixando-se envolver e mantendo os olhos cerrados ao permanecer introspectivo.

O espírito Olívia, mesmo assentando-se na magnífica poltrona de matéria encantadora à sua disposição que parecia agasalhá-la, ficou contemplando o maravilhoso contorno do grande recinto. Majestosas colunas se estendiam lindamente do chão às alturas de cúpulas transparentes. De suntuosa fonte, ouvia-se o murmurinho das águas límpidas correndo por uma parede de pedras até chegarem a delicados lagos que fascinavam por seus espelhos d'água, de onde luzes transcendentes cintilavam. Ao lado da fonte, via-se incrível jardim que causava grande impressão pela beleza repleta de detalhes caprichosos em plantas e flores formosíssimas e agradáveis à visão. E era dele que brotavam trepadeiras similares a heras que imprimiam nobreza sublime ao esparramarem-se graciosas, em parte das paredes e de algumas pedras da fonte, ostentando delicadas flores brancas.

Plena natureza sob a proteção excelsa de um salão usado para conversações muito elevadas nas escalas dos valores morais e espirituais. É difícil descrever. Não existe, no plano material dos encarnados, nada a que se possa comparar.

Algo como que suave brisa de aroma agradável despertou a atenção de Wilson e Olívia para a entrada da entidade que, amorosamente, esperavam. Eles se levantaram, não contendo o sorriso de felicidade ao vê-la.

O semblante jovem e de nobres traços angelicais exibia alegria verdadeira. Era impressionantemente bela! Com aparência translúcida! Usava uma túnica simples, parecendo leve e de mangas longas e largas que se ondulavam com suavidade. Por onde a elevada criatura deslizava, flutuando, o piso era sutilmente tocado por sua vestimenta alva que possuía algo como substância luminosa. Sorridente, expressou-se com incrível doçura aos visitantes:

— Agradeço a Deus as bênçãos de suas presenças! — Abraçando-os com imensa felicidade, desejou: — Paz em Jesus, meus irmãos!

— Que o Mestre a abençoe — retribuiu Wilson.

— Assim seja! — concordou Olívia.

Ao leve gesto da mão delineada e graciosa, a entidade indicou para que se sentassem, acomodando-se frente a eles em assento que surgiu suave e instantaneamente como que nuvem sutil.

Olívia trocou olhar com Wilson como se lhe pedisse a palavra. Voltando-se à nobre entidade que aguardava sua manifestação, comentou com amável respeito:

— Querida ministra e instrutora amiga, sabemos o quanto é ocupada em trabalhos neste plano, em esferas superiores e até na crosta terrestre. Tomamos a liberdade de invocá-la e pedimos a generosidade desse encontro aqui, a fim de consultarmos seus bons conselhos diante de tudo o que acontece ou está prestes a ocorrer aos nossos pupilos. Imprevistos severos ocorreram e tememos por nossos protegidos, pelo risco que corre a missão desta encarnação tão planejada e por nós mesmos. Existe muito ódio e desejo de vingança no coração do pobre espírito Sebastião. Precisamos ser cautelosos e prudentes, mas...

— O espírito Sebastião está extremamente embrutecido — argumentou Wilson diante da pausa. — Depois de tantas batalhas com o emprego de crueldade desnecessária aos oponentes, junto da hedionda brutalidade contra mulheres e crianças, práticas por prazer a seus vícios lascivos, sórdidos e sádicos, ele desencarnou. Como não poderia deixar de ser, sua consciência o encaminhou a regiões muito baixas. Os tormentos vivenciados o consumiu por décadas. A esfera obscura onde gemeu, gritou e chorou como verdadeiro louco não modificou seu estado vibratório. Mais de um século, ele infernizou a própria mente pelo mal praticado. Os nobres irmãos encarregados do serviço de socorro em zonas tão sombrias receberam orientações misericordiosas para aguardar um relampejo de luz e esperança em Sebastião, a fim de ver enternecido o coração, brotando fé e arrependimento. Com humildade, ele deveria desejar receber o amparo da providência Divina e os socorristas estariam a postos. Mas não foi o que aconteceu. Mesmo bem sofrido perispiritualmente, pois seu corpo espiritual foi brutalmente danificado por sua consciência e por outros espíritos de impressionante inferioridade que habitam aquela região, o espírito Sebastião, em breves segundos de alívio mental, recebeu luz na consciência a fim de despertar fé. No entanto sua energia mental não teve uma reação positiva. Ao experimentar um breve instante de alívio na consciência, que o condenava àquelas condições turbulentas, Sebastião não ficou atordoado e reflexivo despertando para a fé. Ele potencializou toda a sua raiva, todo o seu ódio e desejo de vingança. Urrando como uma fera, quebrou o invólucro magnético criado por sua mente que o prendia naquelas condições tão sofridas. Sua aparência humana está bem alterada, com tantas deformidades, que podem ser consideradas monstruosas. Sua perversidade parecia mais intensa e cruel. Não demorou a se unir com os comparsas do passado e escravizar alguns pobres espíritos recém-desencarnados e voltou-se para o objetivo de vingança.

No planejamento reencarnatório de Sérgio, uma das propostas era ajudar sua irmã Lúcia a reverter os desejos obsessivos por ele, o que ela chama de amor. Esse desequilíbrio sentimental incontrolável vem de encarnações distantes, não apenas das duas últimas. Há muito tempo, no século XVII, mesmo Sérgio propondo-se a reencarnar como pai de Lúcia e educando-a sob princípios religiosos rigorosos, ele não conseguiu amainar a obsessão de seus desejos carnais e lascivos por ele, que teve muito trabalho com ela.

A moral elevada de meu pupilo, nesse aspecto, libertou-o do débito com o espírito Lúcia. No entanto seu coração nobre se candidatou a tentar, nesta reencarnação, a livrá-la dos alucinantes sentimentos.

Foi então que o espírito Sebastião passou a interferir, envolvendo-a em um intercâmbio mental para que a moça se desequilibrasse e tentasse seduzir o irmão. Sérgio não se inclinou.

Com Lúcia desencarnada, após revigorá-la com troca de energias mentais com o irmão, Sebastião a tem como aliada a fim de usá-la contra Sérgio. Sebastião odeia, culpa e quer se vingar ao afirmar que todos os seus sofrimentos no plano espiritual, conseqüência de suas práticas, foram por culpa de Sérgio que o repreendeu. Sebastião não admite que ouviu e experimentou as acusações de sua própria consciência.

Wilson silenciou e olhou para Olívia, que completou:

— Débora e Sérgio se encontraram, conforme predestinado. Por acréscimo de misericórdia, viveriam juntos e felizes, apesar dos desafios e tarefas a realizar, pois, no último reencarne, essa oportunidade lhes foi impossível pelo ato cruel de Lúcia contra minha pupila. No entanto, venerável mentora, o espírito Sebastião vem agregando espíritos tenebrosos a fim de vingar-se de Sérgio e Débora desnecessariamente. Devo admitir que jamais vi tão grande força do mal endereçada para esse fim.

— Concordo com Olívia — argumentou o espírito Wilson. — Por essa razão viemos lhe pedir sábias orientações e humildemente, se possível, o amparo eficiente de irmãos espirituais, seus subordinados e nossos superiores, para nos ajudarem em benefício de nossos protegidos e de muitos encarnados envolvidos. Sérgio não é impulsivo e reflete muito antes de qualquer atitude, ficando receptivo aos bons conselhos. Contudo, nos últimos tempos, ele mesmo se surpreende com a própria reação diante de fatos isolados. Sendo que isso ocorreu porque Sebastião e seus colaboradores do mal estão tentando fazê-lo desenvolver pensamentos e práticas imperfeitas. Para isso, Sebastião usa condições e habilidades espirituais rudes de suas faixas vibratórias muito baixas, envolvendo e atormentando aqueles a quem Sérgio quer bem. O espírito Sebastião parece reunir uma falange de esferas obscuras com o intuito de grande destruição de todo o planejamento reencarnatório proposto. Temo por desastrosas conseqüências se meu protegido não suportar. Por isso a procuramos — Wilson terminou e ficou no aguardo de uma orientação.

A serenidade e a atenção eram vivas mensagens silenciosas que revelavam compreensão e sabedoria no semblante delicado da amorosa e elevada entidade que os ouvia. Versada no atributo de grande soma de conhecimento, não parecendo surpreender-se com toda a narração, a generosa benfeitora ponderou por segundos e considerou em tom tranqüilo e tênue, como sugerindo reflexão:

— O Pai da Vida não é impetuoso. Jamais Ele emprega violência ou força brutal com a finalidade de constranger ou agredir a mente de uma de suas criaturas. — Ela contemplou os presentes com rápido olhar. Com meigo e terno sorriso, a sábia instrutora Laryel lembrou: — Deus é amor, harmonia e paz. Suas Leis de equilíbrio para a evolução estão na consciência de cada uma de suas criaturas. Não há como mudar. Por isso, desencarnado, o espírito Sebastião mergulhou nas reentrâncias de sua consciência. É a sua consciência que o cobrou e o cobrará, que o queimava como a dor terrível de um fogo incessante, fazendo-o vivenciar as impiedades e as vilezas cometidas com lamentável prazer. Sérgio não tem culpa pelo que o pobre Sebastião sofreu.

— Mas ele acusa meu pupilo por tê-lo alertado — preocupou-se Wilson.

Laryel sorriu em sinal de compreensão bondosa e avisou:

— Conheço Sérgio. Vi-o ativo e fiel trabalhador na espiritualidade. Muito me assustaria se eu soubesse que meu querido Sérgio ficou calado diante de tantas atrocidades. Nesse caso, o silêncio o tornaria cúmplice e conivente com os atos de selvageria. Além de covarde, ele também seria culpado por omissão. Quando encarnado, Sérgio o alertou como pôde, uma vez que ocupava posição subordinada ao comandante Sebastião.

Meus queridos — expressou-se com ternura angelical —, sabemos que os corpos físicos são disfarces do espírito quando encarnado. Encarnado, Sérgio prestou serviço a um exército e foi convocado para uma batalha. Quero ressaltar que o instinto de conservação nos foi dado por Deus. Isso nos sustenta em nossas provas, pois sem ele nos entregaríamos ao desânimo ou suicídio indireto, no caso de guerra, por exemplo. Repelir o que lhe antecipa a morte do corpo físico é correto. Mas cada caso é um caso.

Naquela época, Sérgio foi destinado a combater em uma guerra. No tumulto das batalhas quase não existem mortes instantâneas. Sendo assim, nosso querido irmão presenciou muita dor e sofrimento. Mesmo contrariado e angustiado com o que via, foi obrigado a usar suas armas e a força a fim de lutar com os opositores para se defender, mas nunca usou de crueldade ou tortura covarde para com suas vítimas. "As criaturas de Deus são os instrumentos de que Ele se serve para atingir determinados fins". Sérgio precisava estar ali. O fato de o pobre Sebastião acusá-lo por seus alertas morais é simplesmente uma fatalidade. Sebastião precisa acusar alguém, pois se encontra em um nível muito inferior, apegado aos atos sórdidos, prazeres doentios e estranhos ao ser humano, pois é de natureza inferior a dos animais.

O fato de Sérgio desertar quando conheceu Débora e a salvou, foi providencial naquela época. Aliando-se aos revolucionários, teve deveres a cumprir através das informações oferecidas sobre o que conhecia.
— Laryel sorriu levemente e lembrou: — "Numa guerra, a justiça está sempre de um lado" e há influência dos espíritos. A revolução farroupilha trouxe benefícios a essa Pátria tão estimada, pois foi por conseqüência dela que criaram as Leis para a não divisão desse país, entre outras harmonizações, lei de ação e reação, lei de causa e efeito para as pessoas necessitadas em experimentar ou reparar os erros do passado.

— Preocupo-me pelo fato de Sebastião estabelecer uma falange tão perversa e destrutiva. Nesse caso, precisaríamos de sua amorosa intercessão, querida Laryel — pediu Wilson com humildade.

— Espíritos por muito tempo inferiorizados no ódio, egoísmo, orgulho, crueldade e outras vilezas, acabam se personificando líderes de falanges. Porém nada é eterno e tudo se transforma com o objetivo de renovação e melhoramento, mesmo que haja dor a fim de destruir o mal que há na criatura, através de expiações deploráveis. — Laryel refletiu e comentou:
— Muitas coisas podem acontecer.

— Elevada instrutora, sabe que Sérgio tem uma importante tarefa e Débora deveria ampará-lo. Vejo meu querido filho espiritual se torturando lentamente com as interferências e influências diretas e indiretas do espírito Sebastião. Temo que eu possa ser incapaz de conduzir meu protegido pelo caminho do bem, ajudar com conselhos e sustentá-lo nas provas! O empenho por vingança, com o uso de fluidos criados para operar psicologicamente através da energia mental de desencarnado para encarnado é imenso, algo que impressiona! Pressinto a impotência espiritual de Sérgio para mobilizar força e vontade a fim de livrar-se da ostensiva obsessão, caso não receba auxílio de companheiros dos planos mais elevados — confessou Wilson em tom de súplica. — Sebastião exibe energia peculiar à sua monstruosidade e força mental que emprega para interferir nos pensamentos de todos. Sérgio reluta em deixar de ser policial pelas necessidades financeiras que o preocupam e por acreditar que foi criminoso ou bandido em vidas passadas. Ele ouviu um colega dizer isso e, por influência de Sebastião, não deixa de pensar no assunto. Teme deixar esse trabalho para não ter débitos morais. Com isso se atrasa na tarefa para a qual se propôs para este reencarne. — Pedindo humildemente, o mentor amoroso pareceu implorar: — Venerável emissária... precisamos de sua generosa intervenção. Sei de seu amor incondicional por todos os irmãos do caminho. Contudo também conheço a sua extraordinária atenção por esses queridos encarnados sob sua tutela, por se tratarem de criaturas especiais em seu coração e reencarnadas por compromisso de elevação e amor ao próximo — quase em lágrimas, o mentor Wilson silenciou.

Ela refletia sem qualquer manifestação. Por sua elevação, à custa de duras provas e trabalhos incansáveis, a respeitável entidade Laryel possuía uma natureza superior que ultrapassava a capacidade de conhecimento e sabedoria dos ministros daquela considerável Colônia Espiritual. Por conta disso, empreendia humildemente suas faculdades, como tarefeira espiritual, em atividades no campo de coordenações dignas nos Ministérios do Auxílio e da Regeneração, além de ocupação amorosa no exercício de socorro. Por suas incontáveis tarefas abnegadas, todos os demais ministros que trabalhavam com a excelsa emissária acatavam seus sábios conselhos ou orientações antes de tomarem decisões importantes.

Laryel, sempre com indizível serenidade, procurou contribuir com esclarecimento diante dos temores dos queridos amigos que ali estavam:

— Certa vez eu ouvi uma querida benfeitora-amiga ensinar que "O pensamento é força viva". E em um exemplo magnífico, comparou com algo, dizendo mais ou menos assim: A água, por mais suja e infectada que esteja, evapora-se subindo ao céu. Lá se transforma nas mais diversas e belas nuvens. Voltando em forma de chuva ou orvalho, estará purificada e será benéfica às criaturas. — A veneranda ministra aguardou por segundos, respeitando a reflexão de Wilson, depois continuou: — Como a água, o pensamento pode estar impuro, mas se o elevarmos para as alturas com verdadeira fé e humildade, rogando luz na consciência e crendo no amparo de Deus, o pensamento retornará suave e limpo tal qual a chuva, trazendo benefícios e criações mentais saudáveis, curativas, elevação e prosperidade ao homem de bem. — Aguardou e prosseguiu: — Conhecendo nosso querido Sérgio, acredito que ele é capaz de reagir a essas idéias destrutivas, mas tudo pode acontecer. O colega que desejou envenená-lo mentalmente com a idéia de que, hoje, alguém é policial pelo fato de ter sido criminoso ou bandido em outra encarnação, baseou essa opinião em si mesmo.

A função de Sérgio como policial o colocou na condição de sentir, para analisar, o que é ocupar uma posição superior e subalterna, ao mesmo tempo, sob pressão ostensiva de muita disciplina que, por vezes, é extremamente exagerada, no plano encarnado. Vivenciando tal experiência, ele terá bem mais proveito no que almeja desenvolver no plano espiritual para ajudar muitas, milhares de criaturas de Deus, nossos irmãos. Sua dedicação aos estudos psicológicos e empenho para ampliar os conhecimentos, dedicando-se a auxiliar nos mais diversos comportamentos da mente, é algo a fim de agregar-lhe evolução, crescimento intelectual em benefício dele como espírito. Sérgio possui moral elevada, mas deseja essa evolução intelectual a fim de trabalhar indispensavelmente na espiritualidade com irmãos que ignoram o uso da psique e utilizam a energia de criações mentais destrutivas através da força do pensamento, sem saber. Isso, para Sérgio, é ser um: psicólogo espiritual — sorriu de modo sutil.

Lembremos que as palavras, os desejos e os impulsos de uma criatura são controlados pelo poder do pensamento. Esse pode estar sob a influência de uma outra mente cruel e malévola, de encarnado ou desencarnado, que manipulam suas vítimas com rigor. Os objetivos desses irmãos sem instrução são trazer angústia, tormentos e todo tipo de insatisfações. As conseqüências ou resultados variam e dependem da afinidade que a suposta vítima se deixa ter com aquele que a quer dominar.

As propostas e as idéias de Sérgio, em seu inconsciente, são: alterar o intelecto, estudando com primorosa abnegação e carinho a fim de estimular a força inteligente que há em cada criatura através da energia mental. Tal estímulo e método clínico os libertarão com facilidade das amarras psicológicas que os mantêm atados à força do pensamento de um irmão espiritualmente inferior. — Prestimosa e calma Laryel ofereceu sorriso leve e doce, irradiando excelso magnetismo no olhar. Diante da perplexidade de Wilson, comentou: — O pensamento, as idéias que nos surgem, podem ser nossas, de mentes superiores ou inferiores. Nosso querido Sérgio está experimentando incrível poder psíquico que tenta agir em sua mente. Só caberá a Sérgio a atitude e postura consciente para criar forças interiores a fim de resistir a tão intensas energias mentais vindas de espíritos e de encarnados que são transviados morais. — Breve pausa e comparou: — O médico não pode dizer que a doença é indolor ou que o remédio é doce se não os provou.

— Venerada Laryel — tornou Wilson com humildade, respeito e certa apreensão —, é nobreza espiritual experimentar os sintomas para estudá-los e compreendê-los em ação com a finalidade de atuar em serviços de socorros aos irmãos necessitados. Mesmo sabendo e entendendo que Sérgio aceitou vivenciar os efeitos obsessivos em fase do planejamento reencarnatório, não esperávamos a imensa organização espiritual simpática ao líder cruel que tem o intuito de destruir meu pupilo com terríveis tramas e ataques para desequilibrá-lo, enlouquecê-lo, cegá-lo ou levá-lo a atos insanos de difícil reparação. Sebastião prepara um ataque covarde, tendo em vista o número de aliados cruéis que têm o puro prazer de ver alguém se derrotar ou desistir de suas provas por ceder às inspirações obsessivas. Essa vingança é injusta.

A instrutora permaneceu em silêncio. Seu rosto era sereno e sério pela gravidade do assunto. Depois da pausa, comentou:

— Sei exatamente o que se passa nesse campo, meus queridos... Não ignoro nada. Existem encarnados que sofrem por lições expiatórias, experimentando o que provocaram. Sem dúvida, mesmo encarnando em difíceis condições deficientes ou doentias, essas pessoas podem ligar-se mentalmente com espíritos impuros e vingativos que lhes sugerem dificuldades, dores, pensamentos enfermos... ou não. Quando aceitas ou criadas nos próprios pensamentos, essas fortes sugestões mentais chegam a ter tamanha força, que fazem a mente do encarnado atrair e proliferar princípios inteligentes microbianos ou viróticos para junto de seu campo mental. Ao mesmo tempo, as células do corpo físico se preparam para recebê-los, enfraquecendo-se e diminuindo os anticorpos. Então, na primeira oportunidade, esses micróbios, vírus ou bactérias infectam o corpo físico e nele se multiplicam e atacam, em massa, a pessoa que os atraiu. O corpo físico simplesmente obedeceu às ordens dos pensamentos do encarnado que, por vício de reclamação, criou ou se ligou mentalmente a espíritos impuros, vingativos e zombeteiros. Encarnados desse nível normalmente reclamam e a lamentação é uma doença mental de tratamento difícil, principalmente na espiritualidade.

Por outro lado, vemos outros encarnados nas mesmas condições deficientes ou doentias que reagem contra esses pensamentos venenosos. Algumas moléstias os atingem por tempo limitado. Com o poder de seus desejos e determinação, a pessoa pode ser capaz de destruir a moléstia, fazendo suas células reagirem contra o mal. Em casos de lições expiatórias, a pessoa pode não se regenerar totalmente, mas também não sofrerá como a outra.

Já vimos portadores de deficiências fazerem de suas mentes ferramentas tão poderosas em favor do bem-estar de si mesmas para as suas necessidades, que se tornam vitoriosas! São capazes de superar outras pessoas denominadas normais. Nem por isso essas pessoas portadoras de provas expiatórias necessárias deixam de experimentar o ataque psíquico de desencarnados que as querem ver derrotadas. Por que elas são vencedoras e outras não? Por que um alcoólatra é capaz de vencer o vício e outro não? O que dizer dos dependentes de drogas que, mesmo com tantos alertas sobre o perigo do uso de entorpecentes, insistem e utilizam a substância alucinógena e excitante? Alguns não aceitam a proposta do uso de entorpecentes. Outros, com grandes dificuldades, afastam-se do perigoso vício. Mas existem os que se inclinam às más tendências e não dominam os pensamentos, aceitando a ligação mental com espíritos inferiores, admitindo que esses espíritos, agregados ao mal, dominem suas vidas. Todos que possuem vícios são assediados por espíritos de níveis muito baixo, mas alguns viciados se libertam e outros não. E os que continuam se prendem a fantasias inúteis e passageiras, deformam-se perispiritualmente, destroem os órgãos do corpo físico a começar pelos neurônios, pelo cérebro perdendo a capacidade de concentrar-se e escolher. As ligações mentais se tornam mais intensas com espíritos inferiores e certamente os levarão à promiscuidade sexual, à prostituição... Como se não bastasse, o desequilíbrio espiritual e mental, vai atrair para o corpo carnal a experiência dolorosa e enfermiça da decomposição lenta, ainda em vida e até a contaminação virótica, em muitos casos. — Alguns segundos e prosseguiu, perguntando: — O que dizer disso? — Sem esperar, explicou: — Quer dizer que aqueles que não se libertam das ligações mentais inferiores, desencarnam enfrentando a ignorância, o medo, o sofrimento e o pavor pelo que fizeram aos seus corpos físicos e espirituais. Sofrem conflitos que os arrebatam deploravelmente. É a consciência de cada criatura que a castiga, exibindo no perispírito o que fizeram. Despreparados para a espiritualidade, permanecem em estado de perturbação por longo tempo, enfrentando as agressões furiosas, dolorosas de outros espíritos inferiores também tiranos e cruéis, que os perseguem e maltratam impiedosamente pelo prazer em fazer mal ou serem contra ao que o outro praticou. Alguns desses perseguidos sofrem, enfraquecem, não reagem e, como que se embalando deformados, embolando-se em posição semelhante à fetal e com aspecto tortuoso, passam a ter formato ovóide. Fecham-se doentes, sofridos e desgostosos dentro de seu próprio mundo, em extrema infelicidade, e podem ser usados, por outros espíritos insensíveis e cruentos, como instrumentos a serem como que imantados a encarnados, a fim de que esses passem a sofrer os efeitos das chagas desses sofredores fatigados. Outros, ao saírem do estado de perturbação, no afã, na ânsia da aflição extrema, da raiva pelas necessidades impressionantemente desesperadoras por seus vícios, pelo fato de se encontrarem em outro plano, que é um mundo muito mais real do que o dos encarnados, juntam-se a grupos de espíritos viciosos, verdadeiros vampiros de encarnados com diferentes experiências viciosas como: doenças, viroses graves, moléstias, incômodos ou sofrimentos físicos e morais, dependências químicas, fetichismo, compulsivos sexuais, sádicos sexuais, masoquistas sexuais e muitas outras parafilias, ou seja, distúrbios psicossexuais, além de crueldades das mais diversas e tantos incontáveis vícios. Deformados, sofridos e revoltados, esses desencarnados, junto do seu grupo afim, darão continuidade à vampirização de encarnados através dessas ligações mentais.

Por que alguns se libertam e outros não? Por que alguns ficam em condições de serem socorridos e outros não? — Ofereceu segundos para a reflexão e novamente questionou: — Em favor desses irmãozinhos desencarnados, que sofrem torturas indizíveis, o que pode ser feito, em termos de trabalho espiritual, para ajudá-los a se reerguerem vitoriosos com a bênção de Deus?

Não preciso explicar que meu querido Sérgio, encarnado atualmente, procura desenvolver o seu atributo da inteligência com a finalidade de elevar sua faculdade intelectual e fazer progredir o processo de socorro a essas mentes ainda tão ligadas, dependentes, prisioneiras de espíritos escravizados pelo vício que se inclinam ao mal pelo estado mental doentio.

— Respeitável instrutora — argumentou Olívia, com certa timidez, após a longa pausa —, desculpe-me a pergunta, mas... Essa inteligência ou a busca do desenvolvimento desse atributo intelectual não poderia ser feito por Sérgio somente na espiritualidade?

— "A inteligência só pode se manifestar por meio dos órgãos materiais. Somente a união com o espírito dá inteligência à matéria animalizada[53]", ou seja, a matéria do corpo físico. As faculdades intelectuais sempre evoluem no plano material. Infelizmente nem todos a usam para o bem, entretanto serão responsáveis por isso. O espírito com elevação moral amplia ou desenvolve suas faculdades intelectuais e, ao retornar para o plano espiritual, é capaz de compreender melhor o que aprendeu e vivenciou. Assim torna-se capaz de desenvolver mecanismos ou estratégias usadas para o bem que permitirão o auxílio, o amparo, a melhoria de vida aos encarnados ou desencarnados necessitados daquele benefício. Como exemplo, posso dizer que espíritos grandiosos reencarnaram e acompanharam a problemática de situações hospitalares e de diversos pacientes. Voltando à pátria espiritual, desenvolveram mecanismos que, hoje, auxiliam a monitoração de pacientes, o diagnóstico mais rápido de enfermidades, equipamentos de processo artificial que auxiliam a respiração e muito mais. Eles agiram e agem no anonimato após o que criaram e colocaram em prática, influenciando outros encarnados a aprimorarem o que foi produzido. Grandiosos espíritos agem no silêncio, pois "não querem receber seus galardões na Terra" e sempre agradecem a Deus pela oportunidade de trabalho terreno que auxiliou novas atuações na espiritualidade.

A abnegada ministra fez longa pausa. Em seguida Laryel, nobremente, deixou suas emoções aflorarem, permitindo-os conhecer melhor o seu coração misericordioso, repleto de amor aos queridos encarnados, quando seus olhos cristalinos irradiaram intensa luz pelas lágrimas que banharam sua face serena, de beleza suave e sublime, afirmando com generosidade e ternura:

— Meus queridos... Eu compreendo a preocupação que os invade, pois também sei e sinto o quanto essa tarefa será difícil, podendo deter nossos amados se eles cederem às perturbações obsessivas. Quando Sér-

---

5 N.A.E.: Em O Livro dos Espíritos encontramos mais explicações a respeito nas questões de 71 a 75a.

gio solicitou tal desenvolvimento de trabalho, que visava a uma forma de projeto e resultado de tamanho auxílio a encarnados e desencarnados, fiquei feliz, mas algo me perturbou o coração. Contudo lembrei-me de que essa sublime criatura, em tempos remotos, prometeu-me amparo e apoio em tarefa de semelhante oportunidade para meu aperfeiçoamento e elevação. Nos imprevistos daquela jornada, ele foi capaz de dar a própria vida para que eu prosseguisse. Pensando nisso, prometi ajudá-lo em trabalho evolutivo do qual sei que milhões não o querem atuando.

Agora encarnado e atuante ao que se propôs, é inevitável que nosso querido Sérgio sofra grandioso ataque de espíritos inferiores. Não desejam que suas vítimas tenham suas mentes libertas das terríveis ligações mentais. Esses encarnados ou desencarnados voltados ao mal, terão dificuldade ou até não conseguirão mais vampirizar como antes os encarnados que se esforçarem para essa libertação e passarão a viver diferentes, livres. Pessoas que usarem suas próprias energias mentais, reagindo contra os pensamentos deprimentes, depressivos e viciosos sem reclamações, trocando-os por sugestões e idéias positivas poderão experimentar uma vida mais promissora repleta de ânimo, independente das condições expiatórias ou provas difíceis que possam se submeter. Elas não terão mais seus corpos e mentes infectados pelos desejos viciosos, se vencê-los. Não serão mais escravas de doenças imperceptíveis, limitações prostrativas, deficiências intermináveis, vícios, práticas no mal...

Lembremos de que um complexo de aparelhagem para fins terapêuticos e métodos cirúrgicos de última geração, que salvou a vida de muitos, pode não ajudar algumas pessoas. Sendo assim, logicamente a proposta de Sérgio e de tantos outros encarnados e desencarnados que se propõem a essa renovação, não é mágica para mudar total e instantaneamente as criaturas desse mundo de provas e expiações. Entretanto, se seu trabalho resultar no auxílio para libertar a mente de muitas vítimas, aumentando o número de almas que se regeneram, isso é um grande sucesso. Estudando e se aprofundando em muitos casos clínicos, ao retornar para a espiritualidade, Sérgio usará essa elevação intelectual para o desenvolvimento técnico ou um método de minimizar essas conexões dependentes e destrutivas que ligam a mente de um espírito a outro e outros psicólogos espirituais o auxiliarão.

No orbe terrestre, profissionais na área da Psicologia Analítica receberão benéficas inspirações e influências de espíritos elevados. Isso com a finalidade desses psicoterapeutas se inclinarem à técnica de fazer uma abordagem da problemática humana além da vida, antes do nascimento, ou seja, serão psicólogos com uma visão reencarnacionista, através de uma Psicologia Reencarnacionista, que é a única capacitada para perceber, de forma ampla, verdadeira e não preconceituosa, o indivíduo, pois esses psicólogos sabem que podem ter à sua frente um paciente que é exatamente o reflexo do que ele foi num passado distante ou não, por isso vai respeitá-lo e tratá-lo como a um semelhante digno de atenção e auxílio. O amor e a fidelidade profissional e espiritual desses psicoterapeutas transcendem aos limites da matéria e da dificuldade atual, pois estão cientes de que não adianta só cuidarem da consciência atual, é preciso preparar e equilibrar a mente, o espírito, a alma... a psique. — Observando-os pensativos, avisou: — Estaremos atentos a Sérgio, principalmente por tantas tentações que usarão contra nossa amada Débora para desesperá-lo e levá-lo a cometer insanidade que mais tememos. Um simples desvio, uma pequena falta de vigilância e minha querida encarnada será vítima inocente de crueldades indizíveis, humilhantes e não terá como se socorrer, a não ser pela fé e esperança. — Breve instante e aconselhou: — Continuem atuantes, atentos e vamos aguardar. Inspirem seus protegidos. Principalmente você, Olívia. Temo por minha querida Débora, que é o apoio, o incentivo, a sustentação, a inspiração de Sérgio. Sem ela, ele precisará de muita força e extremo amparo. O amor verdadeiro que os une ultrapassa os limites sublimes que muitos desconhecem, e Deus assim os abençoa pela elevação que alcançaram juntos através de trabalhos úteis de muitas eras.

Um profundo silêncio reinou.

Toda tranqüila explicação da doce Laryel foi simples, porém chamando-os à seriedade da responsabilidade. Humilde e respeitosa, ela ofereceu generoso sorriso e se ergueu ao ver os dois mentores se levantando.

— Obrigado, querida benfeitora. Perdoe-me... Não deveria me desesperar — agradeceu o espírito Wilson com sinceridade.

— Sou grata por nos receber — disse Olívia na sua vez. — Usarei de toda a força de meu coração para cumprir a tarefa abraçada, inspirando minha protegida em qualquer situação e rogando incessantemente a Deus para que ela atente aos bons conselhos.

A ministra Laryel abraçou carinhosamente cada um por longo tempo. Segurando-os na mão, olhando-os com radiante magnetismo, afirmou docemente:

— Vão em paz, meus queridos. Deus os abençoa. Lembrem-se de que o conhecimento amplia a verdade e nos liberta. Agiram corretamente ao virem me procurar diante dos fatos, pois a busca justa por amparo exibe a fé e o amor em todos os aspectos, ligando nossa mente a esferas mais elevadas e garantindo a pureza de pensamentos benditos. Tenho certeza de que sairão daqui melhores do que chegaram. E, conforme minha promessa a Sérgio, estarei com vocês.

O jovem rosto delicado da respeitável Laryel espargiu uma luminosidade sublime e abençoada ao formoso sorriso amoroso.

Os visitantes estavam sem palavras e, naquele momento de despedida, experimentavam o desejo de ficar naquele lugar superior de vibrações seculares, clima encantador e em companhia daquela elevada criatura. Estavam recompostos e revigorados de energias salutares.

Beijaram-na mais uma vez e se encaminharam para uma larga porta com contorno de arco.

Alguns passos e Olívia olhou para trás quando Laryel, simplesmente, havia desaparecido.

13

O desespero de Rita

Na penumbra do quarto iluminado pela luz baça daquela manhã morna, Sérgio acordou, olhou para Débora que não se movia e dormia profundamente. Levantando-se, foi para a sala onde espiou através da cortina vendo o dia nublado e úmido. Preocupado em não despertar a namorada, tomou um banho demorado no outro banheiro.

Na cozinha preparava um café a fim de que a bebida lhe desse disposição e, enquanto fazia isso, recordava-se da conversa que teve com a namorada na noite anterior. Lembrou-se de que não teve dificuldade para adormecer como vinha acontecendo. Isso talvez por tê-la a seu lado. Contudo depois de uma hora de sono, acordou várias vezes com o coração acelerado e a pele suada, acreditando ser pelo fato de, durante a madrugada, ouvir o barulho do vento forte uivando na janela e escutar as folhas e os galhos da árvore roçando o muro da casa provocando estalidos estranhos e isso o incomodou. A noite mal dormida o deixou sem ânimo. Não sentia a mesma tranqüilidade do dia anterior. Sentado à mesa, experimentava vagarosamente a bebida fumegante, sentindo-se apreensivo com seus sonhos. Excepcionalmente, naquela manhã, não tinha qualquer recordação deles, pois somente sonhos daquele tipo o fariam acordar daquela forma várias vezes.

"Esses pesadelos estão longe de serem inofensivos e insignificantes", pensava Sérgio com algo de raiva e repugnância contra a experiência. "Para mim eles estão começando a se tornarem perigosos. Acredito que o jeito de acabar com isso seja...".

Suas idéias foram interrompidas pelo som da campainha. Ao atender, ele sorriu reconhecendo seu irmão Tiago aguardando, parado de perfil. Ao ir abrir o portão, Sérgio ficou sério ao olhar melhor para o rosto do outro, perguntando assustado:

— Entra logo!!! Cara!!! O que foi isso?!!! — tocando de leve na face machucada e com destacados hematomas, não se conformou: — O que aconteceu?!!!

Tiago não respondeu de imediato. Entrando na casa, foram para a cozinha onde, após se sentarem, o rapaz pediu:

— Dê-me um pouco desse café, aí!

Servindo-o, Sérgio não conseguia disfarçar a inquietude e a preocupação. Sentando-se à sua frente, tornou a questionar:

— Você andou brigando?! O que aconteceu?

— Foi o Marcílio...

— O quê?!!! Mas... Como?! Você nunca se envolveu nas brigas deles! E entre eles as coisas são resolvidas aos gritos! O Marcílio a agrediu e você foi defender?

— Espere, Sérgio! Dá um tempo! Tá?!

Insatisfeito, calou-se. Conhecia bem Tiago e sabia que o irmão não era agressivo e não se envolvia em duelos de palavras ou agressões familiares.

Após algum tempo bebericando o café na xícara envolvida com as duas mãos, Tiago suspirou fundo, tirou o boné e mostrou ao outro, dizendo:

— Olha, foram cinco pontos aqui — apontou sem tocar o ferimento —, mais três aqui e dois na sobrancelha. Acabei de sair do Pronto Socorro. Estava bem lotado... Demorou tanto para eu ser atendido e...

— O Marcílio fez isso?! — perguntou Sérgio, perplexo.

— Foi.

— Você prestou queixa? — tornou indignado.

— Ora, Sérgio!... Isso o deixaria preso pelo Regulamento Disciplinar da PM e... Puxa!... É meu irmão!

— Mas ele não se comportou como seu irmão!!! Olha isso! Já se viu no espelho?!

— Espere aí — pediu Tiago. — Eu vim aqui pra você me ajudar e não me deixar com mais problemas. — Segundos de pausa e comentou: — Não posso aparecer assim amanhã para trabalhar. Preciso dar uma explicação e documentar o fato. No pronto socorro eu disse ao investigador que reagi a um roubo e... Sérgio, pense bem... Somos militares e você sabe que o Marcílio está com o prontuário tão sujo que... Se eu prestar queixa na delegacia dizendo a verdade, ele seria indiciado e preso. Se o Marcílio fosse civil, a coisa seria diferente. Mas o fato de ser militar... Será aberto um Inquérito Policial Militar e ele será preso pela corporação, cara! O prontuário dele está repleto por comportamento inadequado! Essa acusação nova pode até levá-lo a enfrentar um Conselho de Disciplina! Pense nisso! E se ele for expulso por causa disso?!

— E o que você quer que eu faça? — indagou Sérgio mais brando.

— Venha comigo até a delegacia. Tenho de prestar queixa ainda hoje.

— E para lavragem do Boletim de Ocorrência você irá mentir, certo?

— Sem dúvida. Não posso fazer diferente. Não quero ter a consciência pesada por deixar meu próprio irmão em situação mais complicada do que essa. Isso aqui passa!... Tenho tudo pensado. Direi que saí de um baile quando tentaram pegar minha carteira. Eram dois pivetes, mas com estrutura física avantajada. Eu reagi. Nós nos atracamos. Um pegou um pedaço de pau e fez todo esse serviço — disse, apontando para o próprio rosto.

— Tudo bem... Vou com você, mas antes come alguma coisa — Levantando-se e arrumando a mesa para servir-lhe um desjejum melhor, falou: — Tenho queijo, pão, leite...

— Obrigado por estar nessa comigo, cara! Fico te devendo! — agradeceu Tiago com leve sorriso.

— Mas antes de irmos até o DP, você vai me contar exatamente o que aconteceu.

Tiago abaixou o olhar e contorceu a boca, expressando insatisfação. Minutos depois, deixou Sérgio a par da situação:

— ...não agüentei e começamos discutir.

— Então o socou! — deduziu Sérgio.

— Não!!! Longe disso! Quando eu falei alguma coisa referente a nós dois não arrumarmos mulher e filhos nos aproveitando da família... Eu não esperava, meu! Pensei em ir para o meu quarto, mas nem deu tempo! O Marcílio veio feito um bicho pra cima de mim e me empurrou com as mãos várias vezes. Trocamos ofensas. Nós nos xingamos de tudo quanto foi nome... Ele desfechou um soco e eu desviei, mas...

— Mas?... O quê?

— Fiquei com medo de quebrar o cara, né! Além dele não ser como a gente, é nosso irmão.

— Mas deixou que ele te quebrasse!

— Não! Tive de pensar rápido, Sérgio! Sou faixa preta. Tenho um treinamento rigoroso no serviço e fora dele! Sou bem diferente do Marcílio. Dei uns pés na orelha dele para enfraquecê-lo, mas sem machucar e tinha a intenção de sair dali na primeira chance. Quebramos toda a cozinha da mãe. Enquanto isso a mãe gritava, fazendo o maior escândalo. A Ana chegou e aí a coisa piorou. Eu só queria imobilizar o Marcílio, não iria machucá-lo. Não sei onde o infeliz arrumou força, livrou-se de uma chave de braço e arrancou o pé da mesa, que é de ferro, e veio novamente me atacar. Dei um pé no peito dele, mas a mãe se pendurou em um de meus braços e a Ana no outro. O pai me segurou com uma gravata no pescoço... Foi aí que me danei!!! O Marcílio me socou e usou a perna da mesa pra fazer todo esse estrago. Não tive como reagir. Tinha medo de machucar a mãe, a Ana ou o pai... Fiquei todo unhado pelas duas e... — Instantes de silêncio e comentou: — Foi só isso o que aconteceu. E depois que me viram apanhar o bastante, soltaram-me. Não sei dizer como peguei meu carro e saí. Fui para o Pronto Socorro. Lá desmaiei e só depois um investigador conseguiu conversar comigo. Daí, falei que era PM. Identifiquei-me e inventei a história do roubo. Ele queria providenciar uma viatura da PM para me dar apoio, mas eu disse que chamaria meu irmão.

— Por que não me telefonou, caramba?! Eu iria lá! — irritou-se Sérgio.

— Não queria te incomodar.

Sérgio abaixou a cabeça e esfregou o rosto com as mãos sem saber o que dizer.

Naquele instante, Débora chegou à cozinha. A jovem estava descalça, usando uma camiseta do namorado que lhe ficou larga, porém curta. Seus cabelos estavam bonitos com o desalinho natural, enquanto seu rosto, com expressão de quem acabou de acordar, resplandecia certa beleza encantadora pelo sorriso que se fez ao ver o irmão de Sérgio sentado e reagindo de um jeito diferente.

Tiago mal a olhou e recostou a testa na mesa, dizendo constrangido:

— Puxa, meu!... Desculpe-me, Débora... — Erguendo o tronco, segurou a fronte com as mãos, apoiou os cotovelos na mesa e comentou sem encarar a moça: — Oh, cara! Você deveria ter dito que a Débora estava aqui. Eu não queria...

— Pare com isso, Tiago! Qual é?! — interrompeu-o de imediato, expressando meio sorriso.

Sem graça, a jovem falou quase murmurando:

— Bom dia, Tiago! Desculpe-me, você...

O rapaz nem a olhou continuando como estava. Aproveitando-se que o irmão estava com a cabeça baixa, Sérgio sorriu para ela e deu-lhe um sinal discreto pelo fato da camiseta usada ser inadequada para aquele momento, por ser curta e quase transparente. Débora entendeu rapidamente e pediu em tom educado:

— Só um minutinho... Eu já volto!

Logo Tiago encarou o irmão perguntando bem sério, quase irritado:

— Por que não me disse que ela estava aqui?! Puxa, cara!!!

— Qual é, Tiago?! Você é meu irmão! Não tenho nada para te esconder.

— Mas ela é sua namorada! Já devo ter atrapalhado o bastante! — disse levantando-se.

Sérgio foi rápido, segurou-o pelo ombro e braço, pedindo:

— Você nunca me atrapalhou. Sente-se aí!

— Solta... — gemeu. — Tá doendo muito!...

— Desculpa. Senta e fica tranqüilo. Assim como você, ela não sabia que tinha alguém aqui. E eu não vejo qualquer problema. — Sorrindo, avisou: — Acho bom se acostumar com a presença dela nessa casa!

Tiago sorriu e, apesar de sentir-se um tanto envergonhado, perguntou:

— Está levando esse compromisso a sério mesmo, né?!

— Estou sim, cara! — Confirmou, ao sorrir de um modo apaixonado, quando revelou: — Adoro essa garota! Ela me dá segurança, de alguma forma. Seu jeito, seu modo de falar...

— Ela é muito legal! Não parece essas minas fáceis que têm por aí. É muito educada... Estou torcendo por vocês! E feliz por ter uma cunhada decente! — riu.

Débora retornou à cozinha vestida com suas roupas. Comportando-se como se nada tivesse acontecido. Sorridente, aproximou-se de Tiago, curvando-se para beijá-lo e cumprimentá-lo:

— Bom di... — interrompeu o que dizia ao olhar melhor o rosto que tentava esconder com o boné. Assombrada, exclamou: — Meu Deus!!! O que aconteceu, Tiago?!!!

Trocando olhares com o irmão, Tiago não sabia se ele gostaria que ela soubesse que aquilo era o resultado de uma briga de família, dissimulou e riu ao dizer:

— Já te contei tudo, Sérgio. Agora vou comer porque estou morrendo de fome. É a sua vez de explicar o que houve!

Ainda alarmada, Débora se curvou, tocou suavemente no rosto ferido, puxando-o para ver o outro lado da face e olhou os pontos na cabeça quando o rapaz tirou o boné.

Não querendo perder tempo nem assustá-la, Sérgio resumiu:

— O Tiago se machucou em uma briga. Foi medicado no Pronto Socorro Público. Vou acompanhá-lo até a delegacia para fazer um B.O. Depois iremos ao Hospital Militar, pode haver alguma fratura e... Somente o médico da PM pode dispensá-lo por alguns dias por suas condições físicas. Ele não pode trabalhar assim.

— Acho que tive alguma torção no tornozelo. Veja como está!

— Meu Deus!!! — exclamou a jovem não acostumada a ver pessoas feridas. — Somente um marginal para fazer isso! Cachorro! Safado! Sem-vergonha! — protestou ela, indignada.

Os irmãos quase caíram no riso, ao se entreolharem, e Sérgio avisou:

— Faça companhia a ele, Débora. Vou me trocar.

A moça procurava ser gentil com Tiago, que se mostrou bem satisfeito pela solidariedade.

Enquanto isso, no plano espiritual, Lúcia os rodeava com vibrações extremamente inferiores. Bem ativa, ela procurava envolvê-los em laços de simpatia recíproca e sentimentos além da amizade. Com o auxílio das energias de Sebastião, Lúcia provocaria o perigoso sentimento de ciúme em Sérgio, querendo que ele reagisse passionalmente contra Tiago e Débora. Um desânimo tomou conta do rapaz que se arrumava vagarosamente. Ele mudou de idéia e não queria acompanhar o irmão. Aquilo não estava em seus planos. Quando estava pronto, retornou à cozinha e permaneceu parado sem ser visto.

Débora, abaixada perto de Tiago, afagava-lhe o rosto com cuidadosa ternura e belo sorriso enquanto dizia:

— Isso vai sarar logo. Vai ver!

— Quando me olhou, pensou que tivesse visto um monstro — brincou ele.

— Não, Tiago!... Assustei-me por vê-lo machucado. Eu não esperava.

— A propósito, perdoe-me por vir aqui sem avisar. Você não estava preparada para visitas e tem o direito de ficar à vontade.

— Desculpe-me você por eu aparecer daquele jeito.

Falaram em tons baixos e envergonhados. Entretanto, para Sérgio, aquilo soou como algo meigo, terno, indo além das desculpas educadas.

O namorado sentiu-se esquentar. Para ele, a impressão foi de que o irmão não se esqueceu da aparência sensual de Débora vestida daquela forma, por isso abaixou a cabeça imediatamente a fim de não repararem em seu olhar que o denunciaria.

Sem que os perseguidores esperassem, Sérgio reagiu e afugentou aquelas idéias inferiores considerando que ela foi pega desprevenida e o irmão estava somente sendo educado. Débora e Tiago pareciam bons amigos e nunca percebeu qualquer tipo de atitude ou olhar com outras intenções. Suspirando fundo, interrompeu-os ao chamar:

— Vamos, Tiago?

— É... Vamos — disse desanimado, levantando-se e indo para a sala.

Débora se aproximou de Sérgio, pedindo:

— Você me liga?

— Ligo — confirmou, sorrindo com ternura.

— Vou ficar aqui. Sei que você quer que eu esqueça o que aconteceu, ontem, sobre meu pai, o serviço... Mas quero ficar sozinha um pouco. Só vou atender o telefone se for você.

— Você prepara o almoço para nós? — pediu com simplicidade.

— Sérgio... — murmurou, envergonhada. — Sabe que não sou boa para cozinhar e...

— Mas, Débora... — sussurrou ele. — Todo esse tempo morando sozinha e não se deu ao trabalho de aprender?! — perguntou com certa decepção.

— Eu...

— Tudo bem. Darei um jeito — falou baixinho e desapontado.

— Ei?! Algum outro problema além de mim? — perguntou Tiago diante da demora, percebendo-os conversando em voz baixa.

O casal foi até a sala e Débora contou para dissimular:

— Fui demitida ontem. Estou me sentindo tão mal com a situação e como tudo aconteceu que... Não quero sair nem falar com ninguém.

— Sinto muito — considerou Tiago que se aproximou, beijou-lhe demoradamente o rosto enquanto a abraçava e se despediu: — Tchau! Qualquer coisa liga para nós. — Virando-se, foi à direção da porta para sair.

Novamente Sérgio deu grande atenção àquela atitude ficando insatisfeito. Imediatamente repudiou qualquer pensamento ao abraçar Débora com força e demoradamente. Levantando-a do chão por alguns segundos para vê-la rir gostoso como sempre fazia, pois ele adorava vê-la reagir assim, beijou-a apaixonadamente. Depois sorriu e declarou murmurando:

— Te amo, tá!

— Eu também te amo muito! — pronunciou com doçura na voz e no sorriso.

— Qualquer coisa, me liga.

— Tá bom.

Ele saiu e alcançou o irmão. Juntos, foram fazer o que precisavam.

Débora experimentou um vazio imenso. Queria que Sérgio estivesse a seu lado, não esperava ficar longe dele justamente naquele dia. Outras idéias surgiram e a jovem se decepcionou por ele pedir que preparasse o almoço sabendo que ela não conseguiria. Não estava acostumada aos serviços domésticos e isso a magoou.

* * *

Bem mais tarde, o celular tocou e, ao consultar o visor, Débora verificou que era Rita, sua melhor amiga. Impregnada por uma sensação desconhecida, a jovem não quis atender, deixando o aparelho disparar diversas vezes. Achou que Sérgio já deveria ter voltado. Estava demorando muito. Ela havia saído, comprado o almoço e os esperava. Invadida por uma forte onda de tristeza e decepção, seu orgulho prevaleceu ao decidir que não ligaria para ele. Além desses, outros pensamentos a invadiam, pois acreditou que Tiago tiraria sua liberdade naquela casa e não poderia ficar mais à vontade, uma vez que os irmãos eram bem unidos. Sua amiga Rita também não dava sossego a ela e Sérgio nos últimos tempos. Mesmo depois que a colega ficou noiva de Gustavo, sempre os procurava por algum motivo ou para conversar. Antes mesmo de o namorado deixar aquela casa pronta para morar, ali se tornou um verdadeiro lugar de reunião. Os amigos ajudaram na pintura, principalmente, mas depois tudo era festa. Ficavam até altas horas, incluindo João e sua noiva. Não era de seu gosto que continuasse assim.

Era sábado e provavelmente Rita ligou para se encontrarem, mas Débora queria ficar sozinha com o namorado. Ainda sofria e se preocupava com a demissão e não gostaria de falar a respeito. Algum tempo depois, outra ligação. Dessa vez era Sérgio e ela atendeu imediatamente:

— Oi, meu bem! Estava esperando você ligar!

— Então por que não atendeu a Rita?!

— Como assim?! — ela perguntou, quase irritada.

— A Rita me ligou. Disse que tentou falar com você várias vezes e...

— Eu não quero conversar com ninguém, Sérgio — reclamou triste. — Não tenho esse direito?

— É nossa amiga, Débora. Você deveria tê-la atendido!

— Mas... Olha aqui, Sérgio. Eu tenho o direito...

— Débora, espera! — pediu rápido. Ponderado, avisou: — O Gustavo faleceu.

— Não... — lamentou incrédula. — Como aconteceu?!

— A Rita estava desesperada, em choque e sem noção... Eu não entendi direito o que ela falava, mas parece que foi afogamento. Falou do Rogério, mas não compreendi se foi socorrido ou... Vou passar aí, arrume-se. O Tiago fica e nós vamos ver a Rita. Tudo bem?

— Lógico!

* * *

Almoçaram a refeição que Débora havia comprado, mas Tiago não aceitou ficar na casa de Sérgio. Apesar de bem machucado e uma tala no pé ele queria ser solidário. Afinal, conheceu Rogério, irmão de Rita e Gustavo, seu noivo, durante o tempo em que ajudou o irmão na pequena reforma e pintura daquela residência. Tornaram-se amigos. Agora, estava determinado a dar seu apoio.

Ao encontrarem Rita junto da família de Gustavo e dos parentes do rapaz, que tomavam algumas providências, viram a amiga completamente transtornada. Ao reconhecê-los, a jovem atirou-se nos braços dos amigos e não parava de chorar. Pouco depois, ficou abraçada à Débora enquanto Sérgio e Tiago souberam de toda a tragédia através de uma conversa com um tio de Gustavo.

— ...então, juntou um grupo de oito rapazes e foram pescar nessa represa que falei. O Gustavo e os amigos costumavam fazer isso sempre...

— Eu sei — avisou Sérgio. — Ele me convidou, mas nunca tive oportunidade de acompanhá-los.

— Os amigos contam que o Rogério, irmão da Rita, nadou para longe da margem. Disseram que o chamaram, mas o menino gritou dizendo que estava passando mal. Eles tinham comido e bebido também. O Rogério começou a se debater, pedir socorro... O Gustavo e um outro amigo pularam na água e foram até ele. — O homem fez breve pausa pelo doloroso relato e prosseguiu: — Eles nadavam bem... Contaram que, de repente, o Gustavo afundou perto do Rogério e desapareceu. O outro amigo, que estava junto, conseguiu tirar o menino da água e voltou para buscar o Gustavo e... quando o encontrou, levou-o para a beirada também. Disseram que tentaram fazer respiração artificial, mas nada adiantou... Levaram os dois para o pronto socorro da cidadezinha e o médico constatou que estavam mortos. O Gustavo se afogou... Não entendemos como! — dizia chorando. — Ele era um excelente nadador! Não apresentava pancada na cabeça ou em outra parte do corpo...

— E o Rogério, irmão da Rita, também se afogou? — perguntou Sérgio.

— O menino tinha comido lanche que levaram e, pouco tempo depois, foi nadar. A causa de sua morte foi por congestão cerebral.

— Isso é o aumento do sangue nos vasos do encéfalo — explicou Tiago. — Essa afluência anormal do sangue talvez tenha ocorrido pelo excesso de movimentos físicos, no caso da natação, após ter-se alimentado muito.

— Os colegas contam que o Rogério chegou vivo e respirando mal. Depois vomitou um pouco, ficou vermelho e roxo... Não deixamos a Rita vê-lo e o caixão terá de ser lacrado — contou o senhor.

— Perdoe-me... Mal o conheço, mas... — interferiu Tiago novamente. — Veja bem... O Rogério é irmão dela. Era a única família que a Rita tinha. Ela o amava! Não é justo impedi-la de ver o irmão pela última vez.

— Moço, você não imagina como o corpo do menino está alterado... Roxo... Feio!

— Acredite, eu sei exatamente como está. Entendo que querem poupar a Rita dessa cena. Mas se ela vir o irmão porque deseja, por alguns segundos antes de lacrarem o caixão, será mais fácil para a Rita trabalhar essa perda, pois viu e teve a certeza de que era o seu irmão que estava ali.

— Quanto a isso, o Tiago tem razão — concordou Sérgio. — É bem provável que agora a Rita esteja chorando a morte do irmão, mas em seu íntimo não acredita no acontecido. Futuramente sofrerá bem mais para... Vamos dizer, aceitar isso e conviver com o fato sem tanto desespero.

— A Rita quer ver o irmão? — indagou Tiago firme.

— É... Ela quer. Fez um escândalo pra isso, mas...

Interrompendo-o, Tiago decidiu:

— Então ela vai vê-lo. Vou acompanhá-la — avisou decidido indo à direção de Rita.

— Mas não vão deixar vocês entrarem no necrotério.

— Fique tranqüilo, senhor. Ele vai conseguir — disse Sérgio, acalmando-o.

Perto de Rita, Tiago a separou do abraço com Débora, olhou-a firme e pediu:

— Procure prestar bem atenção no que vou te perguntar. — Ela engolia os soluços, enquanto ele secou-lhe as lágrimas com as mãos dizendo calmamente: — Rita, não quero vê-la desesperada, gritando ou fazendo escândalo. — A moça acenou positivamente com a cabeça e ele questionou com brandura e piedade na voz baixa: — Rita, você quer ver o seu irmão?

— Quero! Lógico!

— Calma — pediu sério ao sussurrar. — Controle-se. Veja bem, Rita, você sabe que sou do Corpo de Bombeiros da PM e já trabalhei com esse tipo de ocorrência, por isso sei que o Rogério não está com a aparência que tinha antes. Porém eu acredito que, se esta é a sua vontade, você tem o direito de vê-lo pela última vez. Mas terá de ser bem forte e se controlar. Vou acompanhá-la. Não ficará sozinha.

— A única coisa que... que quero... é ver meu irmão...

— Então se levante. Venha comigo — pediu Tiago, pegando em sua mão e conduzindo-a para outro setor do hospital.

Educadamente identificou-se como Policial Militar do Corpo de Bombeiros e gentilmente, solicitando ao responsável do setor, Tiago conseguiu levar Rita ao necrotério. Frente à gaveta aberta onde estava o corpo de Rogério, ela se deteve alguns passos antes. Acreditando que a jovem estava indecisa, talvez despreparada, o amigo argumentou bondosamente:

— Você não precisa se aproximar mais só porque viemos até aqui. Quer voltar?

— Não... — murmurou com lágrimas correndo em seu rosto.

Caminhando lentamente, aproximou-se chegando bem perto e observou o irmão. Rita olhou por muito tempo o rosto, contornou a gaveta como se o analisasse. Suas lágrimas pareciam infindáveis. Estendendo a mão para Tiago, chamou-o para junto de si, perguntando baixinho, com a voz rouca:

— Posso tocá-lo?

— Pode.

Rita acariciou levemente a face do corpo de Rogério com terno amor. Não suportando, virou-se rápido e abafou o choro, abraçando Tiago com toda a força.

— Tudo bem... Tudo bem... Calma — pediu generoso.

Erguendo os olhos negros e lacrimosos ao amigo, perguntou como se implorasse:

— Tiago... Pode rezar aqui? — murmurou.

— Bem baixinho — avisou piedoso.

— Você me acompanha na prece do Pai Nosso? — tornou falando bem baixinho.

O amigo acenou positivamente e juntos, praticamente, sussurraram a prece que o Mestre Jesus ensinou. Depois ela afagou novamente aquela face fria como um sinal de despedida. A jovem decidiu que era o suficiente. Abraçando-se fortemente à cintura de Tiago, Rita saiu do necrotério vagarosamente como se precisasse daquele amparo para caminhar. Antes de chegarem perto dos demais, ele a fez parar, olhou-a nos olhos e perguntou:

— Rita, você está bem?

— Acho que sim.

— Sabe que o caixão do Rogério será lacrado e sem visor?

— Sei. Mas isso não importa mais. Já o vi...

Ela parecia anestesiada e não chorava em desespero como antes.

— Rita — tornou Tiago — e quanto ao Gustavo?...

Olhando-o de maneira indefinida, caminhou alguns passos com lágrimas brotando tristemente de seus olhos. Ele a acompanhou e alguns familiares do rapaz se aproximaram para saber como a jovem estava, mas não tinham coragem de questioná-la.

Parando, olhando novamente para Tiago, Rita perguntou atordoada:

— O que aconteceu com você? Por que seu rosto está assim?

— Foi um acidente na noite passada... — respondeu dissimulando.

— Seu pé está enfaixado... Não deveria ficar andando.

— Isso não é nada. — Encarando-a, perguntou brandamente: — Rita, você está bem?

Ela o abraçou, chorando, e ele fez-lhe um afago piedoso de solidariedade. Envolvida pelos demais, tornou a sentar junto aos outros.

A jovem acomodou-se numa cadeira, abaixou o olhar e nada disse. Seu rosto sério aparentava nítido sofrimento, porém ela não chorava. Vez ou outra uma lágrima corria-lhe na face pálida.

* * *

Durante o velório em que os caixões foram postos um ao lado do outro, Rita chorava ao ver parcialmente a face de Gustavo, tocando o vidro como se lhe fizesse um carinho. Logo, afastou-se um pouco para dar lugar à mãe do rapaz que não continha o desespero. Observando os caixões e os demais a certa distância e por longo tempo, Rita sentiu-se atordoada e dominada por uma fraqueza que não sabia explicar. Procurou a amiga Débora com o olhar, mas não conseguia vê-la. Mesmo estando longe, Sérgio comentou ao perceber:

— Vamos lá! A Rita não está bem!

Pelas pessoas amontoadas em volta, demorou um pouco até chegarem perto da amiga. Débora foi a primeira que segurou em seu braço, podendo ver um homem alto e corpulento perguntar a Rita:

— Me disseram que viu teu irmão. Ele ficou horrível, né?

Rapidamente o homem se foi. Instante em que a jovem recostou a testa no ombro de Débora e sentindo suas pernas dobrarem, não teve forças nem para falar. Sérgio a segurou a tempo antes que caísse, levando-a para longe do velório a fim de que pudesse respirar. Não havia perdido os sentidos, mas estava exaurida de forças. Sentada em um banco frio de cimento, a moça mantinha os olhos fechados ao murmurar:

— Quero ir embora...

— Mas Rita!... — Débora ia dizer e foi interrompida.

— Se é o que ela quer, vamos respeitar! — opinou Sérgio.

— Será doloroso voltar aqui novamente para o enterro — tornou Débora.

— Não vou voltar... — Rita sussurrou chorando. — Não quero ver mais nada.

— Gente, temos de concordar! — interferiu Tiago, enérgico. — A Rita já viu e acompanhou o que precisava. Seu limite de força acabou! Chega! — Virando-se para a outra, pediu: — Débora, você que conhece melhor a família do rapaz, vá até lá e diga que a Rita não está passando bem e que vamos levá-la. Não dê mais explicações além disso. Amanhã explicamos que ela não passou bem e por isso não pôde vir.

Débora não questionou e obedeceu. Olhando para o irmão, Tiago reclamou:

— Não estou agüentando meu pé.

— Foi só uma torção. Não seja manhoso — falou Sérgio, que olhou e ofereceu leve sorriso.

* * *

Era madrugada quando Sérgio parou o carro frente à casa de Rita e pediu:

— Tiago, fique com a minha arma. Vou entrar com a Débora para pegarmos algumas roupas. Fique esperto, hein!

— Pode deixar!

Sentando no banco traseiro, Rita recostava a cabeça no vidro lateral do carro e parecia indiferente ao que acontecia. Tiago, ao seu lado, olhou-a por um instante, mas não fez nada. Precisava ficar atento para a segurança de todos.

Rapidamente, Sérgio e Débora retornaram, entrando no veículo. Ela sentou-se no banco dianteiro e virou-se penalizada para ver a amiga. Após devolver a arma ao irmão, que procurou sair dali o quanto antes, Tiago puxou Rita para que se recostasse em seu ombro.

* * *

Na casa de Sérgio, Débora discutia com o namorado enquanto entravam. Tiago havia acompanhado Rita até o sofá da sala e Débora reclamava:

— Devia ter nos levado para o meu apartamento!

— E deixar vocês duas sozinhas, com ela nessas condições? — ele replicou.

— Vocês dois poderiam ficar lá com a gente!

Parando frente à namorada, ele suspirou fundo e indagou quase com ironia:

— Onde dormiríamos, Débora? — Ela não respondeu, mas ainda parecia contrariada e Sérgio explicou: — A Rita pode precisar de algum socorro e será difícil você fazer isso sozinha. Aqui podemos ajudar melhor. Vocês duas podem dormir juntas na cama de casal do nosso quarto. No outro quarto tem uma cama de solteiro e será melhor o Tiago ficar lá por causa desse pé. Olha como está inchado! — apontou. — Aqui na sala tem um ótimo e confortável sofá. Eu fico por aqui.

— Por que não dorme no outro quarto? — tornou ela.

— No chão?! Puxa! Não viu que aquilo é um escritório?!

Tiago os interrompeu, tentando acalmar a discussão e pediu gentilmente:

— Débora — aproximando-se e apoiando em seu ombro para levantar o pé enfaixado do chão, explicou, falando baixinho e educadamente: — A Rita passou o dia inteiro no hospital, foi ao necrotério, depois ao velório... Ajude-a a tomar um bom banho morno, não só pela necessidade de uma boa higiene, mas para que ela relaxe um pouco.

— Claro! — prontificou-se bem disposta. — Pode deixar.

Pegando das mãos de Sérgio as bolsas com as roupas da amiga, Débora a levou para o quarto ajudando-a no que precisava.

Olhando para Tiago, o irmão sorriu com jeito maroto ao perguntar:

— Quer a minha ajuda para tomar banho e poder relaxar?

— Cai fora!!! Tá me estranhando?!

— Então vai tomar um banho — falou sorrindo, mas sem brincar. — Vou pegar uma roupa minha para você usar. Tem uma boa cama naquele quarto. Pegarei algumas almofadas para colocar esse pé para cima.

— Fico no sofá!

— Não! Deixa disso — tornou Sérgio, sorrindo ao estapeá-lo as costas. — Vai lá! E não demora porque estou louco por um banho. Enquanto isso, vou fazer um chá para tomarmos antes de dormir.

14

Terapia de uma evangélica, ex-espírita

Por tanta dor e tristeza, Rita não conseguiu dormir nas primeiras horas após se deitar. Somente ao amanhecer mergulhou, por algumas horas, em um sono profundo. Ao despertar, não sabia onde estava. Remexer as lembranças era algo em vão, sua memória nada dizia. Num impulso, levantou-se atordoada e acreditou que estivesse sozinha. Olhando-se, percebeu que vestia o seu pijama, mas na sua mente tudo era bastante confuso. Saindo do quarto, caminhou lentamente com os pés descalços pelo corredor e uma chama acendeu em sua consciência ao reconhecer que estava na casa de Sérgio. Chegando à cozinha, viu Tiago e Débora pararem de conversar. A amiga levantou, correu em sua direção, perguntando ao tocá-la:

— Rita, tudo bem?

Ela não sabia responder. Havia um vazio em sua mente. Com olhos bem inchados pelo choro do dia anterior, Rita só os olhava. Diante disso, Tiago propôs:

— Venha, minha amiga. Vamos ali para o sofá.

Conduzindo-a vagarosamente, fizeram-na sentar e Débora acomodou-se ao seu lado.

Sérgio, acabando de entrar e presenciando a cena, perguntou preocupado:

— O que aconteceu?

— Ela chegou à cozinha assim... Sem dizer nada — explicou Débora.

— Deve estar em choque — supôs Tiago, ajoelhado frente à Rita.

Sérgio entregou para a namorada as sacolas que tinha em mãos, fazendo-a se levantar automaticamente. Acomodando-se ao lado da colega, pediu com brandura no tom grave da voz firme:

— Rita, olhe para mim. — Vendo-a obedecer, perguntou: — Sabe quem eu sou?

— Sei, Sérgio... — murmurou com dificuldade para se expressar.

— Você está na minha casa. Já reconheceu isso? — A jovem balançou a cabeça afirmativamente e ele indagou cauteloso ao segurar suas mãos com bondade: — Rita, você sabe por que está aqui?

A moça permaneceu petrificada por alguns minutos, parecendo procurar nos resquícios da memória algo que justificasse aquele momento. Seu rosto estava pálido, expressando um grande esgotamento físico e mental. Com o inchaço na face pelo choro excessivo e a boca levemente entreaberta, Rita ergueu o olhar fixando-o em Sérgio. Após certo tempo, uma cruel avalanche de recordações infinitamente tristes invadiu velozmente o vazio de sua consciência.

Quando as lágrimas brotaram em seus olhos negros, ela soltou um grito de dor e desespero. Sérgio a abraçou com indizível piedade. A amiga o agarrou com força, chorando, gemendo e às vezes gritando.

A crise durou longo tempo.

Paciente, Sérgio aguardou que o cansaço pelo esforço febril do desespero a dominasse. Vendo-a em pranto, mas bem esmorecida, ele a afastou de si, pedindo ao irmão:

— Sente aqui e fique com ela.

Tiago assim o fez e ficou ao seu lado.

Levantando-se e olhando para Débora, que ainda estava parada com as sacolas nas mãos, Sérgio falou:

— Essas sacolas deveriam estar na cozinha — reclamou moderadamente, pegando-as das mãos da namorada que pareceu tomar um susto.

Acompanhando-o, ela comentou:

— Você não disse nada. Além do que, eu também estou atrapalhada, preocupada, sentida... — começou a chorar. — Eram nossos amigos... Ela é minha amiga...

Sérgio reconsiderou e deu-lhe um abraço, dizendo:

— Desculpe-me. Todos estamos tristes e nervosos. Eu também me sinto muito abalado... — Breves segundos de silêncio e a beijou na cabeça, afastando-a de si ao dizer: — Temos de ser fortes e continuarmos com a vida. Agora vamos preparar o almoço, tá? Ontem à noite não nos alimentamos direito e... Tem a Rita que provavelmente esteja bem fraca, pois duvido que comeu alguma coisa. Vamos? Precisamos ser rápidos! Eu te ajudo.

Débora estampou uma expressão estranha no rosto assustado ao perguntar:

— Eu!... Fazer o almoço?!

— Algum problema? — tornou ele. — É coisa simples, nada especial! Temos tudo aqui e o que não tinha em casa eu acabei de comprar. — Brando, questionou estranhando: — Qual o problema, Débora?

— É que... — ela titubeou olhando-o de modo indefinido.

— Você não sabe cozinhar nada, Débora? Nada? — tornou quase sussurrando.

— Não muito bem... Nem rápido. Eu... Ai, Sérgio!... — chorou.

Sem compreender o motivo do sentimento abrupto que o invadiu, contrariado, ele suspirou fundo e se virou indo para a sala ou, provavelmente, iria discutir com a namorada.

Na espiritualidade uma densa vibração inferior era imposta de forma asfixiante para que brigassem, mas Sérgio se controlou. Chegando ao outro cômodo, virando-se para Tiago, ele pediu sem rodeios:

— Você é capaz de ajudar a Débora lá na cozinha?!

— Lógico! Mas... Por que está assim irritado? — tornou, falando bem baixo.

— Ela não se esforça para aprender nada! Ontem foi mais fácil comprar o almoço pronto do que tentar fazer!

— Calma. Eu ajudo, e ela aprende alguma coisa. É questão de tempo, Sérgio. O que é preciso fazer?

— O básico, Tiago! Nem isso ela procura aprender! Arroz, temperar e fritar alguns bifes, lavar a alface, os tomates, fazer uma salada e... Caramba! Sei lá mais o quê! É só olhar na geladeira!

Tiago percebeu-o nitidamente nervoso e, sem fazer mais perguntas, deixou-o com Rita e foi à procura da namorada do irmão. Na cozinha, ao vê-la chorando, perguntou tranquilo:

— O que aconteceu, Débora? O que foi? — abraçou-a para acalmá-la.

Chorando em seu ombro, a jovem contou:

— É que eu... Bem... Não sei cozinhar direito e, de repente, ele quer que prepare um almoço!... O Sérgio sabia disso. É sempre ele quem cozinha.

Nunca se importou... Quando não, sempre comemos fora ou fazemos pedidos... Ou ele prepara um lanche...

Tiago quase riu ao entender por que Sérgio havia se zangado. Controlando-se, ele a animou:

— Então vamos lá! Eu cozinho melhor do que ele! E se você quiser ser ótima nisso, terá o melhor mestre! Vamos mostrar pro Sérgio que você é capaz!

A moça sorriu, secou as lágrimas enquanto Tiago se apoderou de aventais e, sorrindo, amarrou um em si e outro na cintura da jovem.

De onde estava, Sérgio conseguia ver o que acontecia na cozinha muito atento na disposição alegre de Tiago e em sua capacidade de tranqüilizar o clima tenso de pouco antes.

Um sentimento amargo de ciúme despontou no coração opresso de Sérgio que usava todas as suas forças a fim de afugentar o que experimentava.

* * *

Dias haviam passado.

Sérgio estava em seu consultório e folheava alguns de seus livros. Compenetrado no que fazia, não deu atenção ao vulto que entrou na sala e parou perto do divã em silêncio. Somente quando o amigo João riu, Sérgio assumiu uma postura mais receptiva e, olhando-o, sorriu em seguida.

— Desculpe-me. Estava tão concentrado em uma pesquisa que...

— Eu entendo! Não se desculpe. — Acomodando-se folgadamente no divã, sem olhar o colega, perguntou: — Por que você e a Débora não arrumam um tempinho para irem ao centro espírita?

— Você já viu como estou sobrecarregado? Além disso, tenho alguns pacientes especiais que tenho de entender.

— O que está pesquisando?

Atitude comum entre profissionais responsáveis que não se deixam dominar pelo orgulho ou arrogância, Sérgio comentou a título de trocarem referências e conhecimentos:

— Tenho um caso me intrigando. Trata-se de um distúrbio de personalidade[6], com certeza! O curioso é que não se enquadra em um único

---

6 N.A.E.: Os transtornos, distúrbios ou sintomas apresentados ou comentados nesta obra não podem servir de referências para diagnóstico. Somente um profissional bem qualificado na área poderá fazê-lo.

distúrbio, mas resulta em algumas combinações entre as várias dos mais significativos distúrbios de personalidade. — Ele sorriu de um modo engraçado ao anunciar: — Acho que acabei de matar a charada!

João sobressaltou, sentou rápido e com olhos ávidos comentou:

— Que interessante! Estou com dois casos que podem ser semelhantes. Já os analisei muito, mas... Vamos lá! Continue para eu ter certeza dos embasamentos.

— Bem... No decorrer da terapia realizei testes... perguntas e... A princípio era sempre eu a ter de extrair um assunto. Na primeira análise, pensei que fosse um caso de Boderline.

— Boderline, o distúrbio de personalidade limítrofe, é sério e muito comum! — destacou João silenciando a seguir com grande expectativa para que o outro prosseguisse.

— Sim, foi o que acreditei pelo temperamento instável, impulsividade e o desejo de controlar as pessoas à sua volta. Entretanto nas terapias seguintes a paciente apresentou nítidas características de distúrbio de personalidade dependente. Não toma decisões sozinha, só confia na opinião dos pais, do marido, das amigas... Tímida. Falava de um pavor de ficar sozinha ou ser rejeitada. Com o decorrer do tempo, eu me surpreendi com comportamentos que me levam a crer em um distúrbio de personalidade anti-social! Lógico que eu considerei o fato de ela revelar tantos detalhes, os quais me levaram a essa conclusão, por ter adquirido confiança e, depois de várias sessões, apresentou-se verdadeira, fazendo com que as reais características do transtorno de personalidade emergissem!

— Incrível semelhança! Deparei-me exatamente com dois casos e um é de uma mulher... Será que temos a mesma paciente?! — João desconfiou com inquietação repentina.

Sem mencionar nomes, o outro psicólogo comentou:

— É uma mulher, quarenta e seis anos, casada, mãe de uma moça de vinte e um anos e um garoto de dezesseis... — falava, quando foi interrompido.

— Ah!... Não! — descartou João. — Um é adolescente e a outra tem vinte e seis anos, solteira... E qual o relato mais chamativo no caso que você cuida?

— Primeiro apresentou insegurança por não saber o que quer da vida e queixa das decisões tomadas das quais se arrependeu ou foram experiências autodestrutivas. Relatou costume de impulsos autodestrutivos para manipular e controlar os que estão à sua volta. Em outros comentários se contradisse ressaltando sua timidez, vergonha, dependência dos outros para tudo... Estou surpreso com as exposições, nas quais eu não confiei, pois ela assume mentir e, mesmo sabendo que não é certo, diz não se arrepender! Usa uma aparente timidez para ser atraente, misteriosa... Apresentando-se vagarosamente como uma mulher inteligente e interessante. — Antes de o outro interrompê-lo, Sérgio completou: — Eu sei que o distúrbio de personalidade pode variar de pessoas excêntricas inofensivas a pessoas assassinas, sanguinárias, frias e calculistas.

Sem apresentar estresse ou qualquer expressão emocional, essa paciente contou que tem o dom de manipular situações e pessoas para seu benefício ou em favor do marido.

— Sérgio, o distúrbio de personalidade anti-social é um dos mais estudados por razão da complexidade que o acompanha. Pessoas que exibem esse distúrbio podem ser prejudiciais a elas mesmas e aos outros sem qualquer remorso.

— Calma, aí! Essa paciente não apresenta uma regra normal de boa conduta. Sabemos que a influência familiar, o ambiente social e difíceis experiências de vida devem ser bem considerados em razão de seu conceito ter grande importância para uma boa análise. E eu me aprofundei nisso!

— Não me dê aulas, Sérgio — avisou sorridente e revidando ao amigo o que ouviu dele por diversas vezes. Em seguida, pediu bem interessado: — Chegue aos fatos, por favor.

— A princípio a paciente chegou aqui com queixa de muita tristeza, demonstrou-se dependente para tudo e autodiagnosticou-se com depressão. Demorou muito para eu ter sucesso na extração de relatos minuciosos. No entanto senti algo estranho quando apresentava satisfação ao me ver interessado sobre algum detalhe e era aí que ela o omitia. Procurei ser mais reservado e deixei que falasse. Começou a contar experiências impulsivas. Acreditei poder tratar-se de uma pessoa eufórica e não impulsiva. Não me surpreendi quando, repentinamente, passou a falar muito, sem que eu interferisse e caiu em várias contradições.

— Você considerou tratar-se de um caso de distúrbio bipolar? O período entre a mania e um estado depressivo bem diferentes. Esse distúrbio de humor, a mania, exibe um estado eufórico, falante e a pessoa se distrai facilmente. O que a leva a contradições. Os maníacos normalmente têm uma auto-estima muito inflada. Fazem projetos, traçam metas, mas abandonam as idéias pela falta de disposição. No estado maníaco, a pessoa pode apresentar agressividade e à medida que aumenta sua autoconfiança aumenta sua hostilidade, podendo chegar ao extremo de tornar-se irascível ou violenta. Depois desse período eufórico, vem o período de depressão. São casos bem sérios!

— Terminou? — Sérgio perguntou bem sério.

— Terminei — João riu ao responder.

— Então, chega de aulas! — sorriu. Em seguida, ficou sério ao comentar: — Tenho em mãos um caso sério de distúrbio de personalidade anti-social! Todo o contexto se resume pelo fato de ela chegar aqui ao consultório com o propósito de mascarar seus sentimentos, comportamento, desejos e pensamentos. Usou tudo o que conhecia para não exibir sua verdadeira personalidade. Aprofundando-me em suas experiências de vida, tive relatos de dificuldades financeiras a tal ponto que muitas vezes não tinha o que comer. Os pais eram religiosos, honestos e conformados com o que Deus lhes oferecia. Percebi que ela apresentou considerável ausência de recepção e troca de carinho, elogios etc... Recebia críticas do único irmão que se destacava nos estudos e a humilhava. Era a ele que os pais direcionavam louvores e de quem sentiam orgulho.

O medo de ficar solteira a aterrorizava, principalmente, pelo fato de o irmão ressaltar essa possibilidade quando se expressava em discussões sem importância e a fim de magoá-la.

Provavelmente isso a levou a casar-se com o primeiro homem que a aceitou, mascarando-se com um comportamento educado, carinhoso, generoso, compreensivo... Mas ela mesma acredita ser muito fria no relacionamento amoroso.

Conforme ela me contou, o marido sempre se acreditou auto-importante, grandioso e imprescindível para a família e no emprego, porém com extrema necessidade de que todos reconhecessem e elogiassem seus feitos. É o típico homem que acredita ter razão em tudo. Explorava os outros e não se importava com qualquer pessoa. O marido sempre dizia que nasceu para ser servido. Arrogante e invejoso, com típico distúrbio de personalidade narcisista.

Ela sentia-se humilhada diante dos caprichos exigidos pelo esposo como: cuidados exagerados com suas roupas que deveriam estar impecáveis, casa limpa e tudo luxuoso no ambiente de recepção aos amigos, alimentação com cuidados especiais a seu gosto etc.

As ilusões de se manter sempre no topo terminaram quando ele perdeu o emprego. Como uma avalanche, os bens materiais foram os prejuízos seguintes.

Ela e os filhos sofreram incontáveis agressões verbais pelas explosões do marido e agressões físicas se iniciaram.

Acreditando tratar-se de um problema espiritual, essa paciente procurou um centro espírita para desmanchar qualquer trabalho ou macumba, como ela disse, algo que alguém tenha feito para eles. Afinal, não apreciava os seus deveres como mãe e obrigações impostas como esposa, mas confessou adorar o luxo e os ambientes sociais requintados.

Freqüentando um centro espírita, disse que passou por tratamento de assistência espiritual e fez cursos, vários cursos! Como ressaltou, os estudos foram concernentes à Doutrina Espírita.

O marido a acompanhou, mesmo a contragosto, a princípio. Ele começou a trabalhar, teve mais fé no Espiritismo e fez cursos.

Ambos assumiram tarefas no centro espírita e, com a conivência dele, ela passou a apresentar confiança atraente e persuasão angariando a simpatia, a credibilidade e o bom conceito das pessoas até adquirir intimidade em todos os setores do Centro.

Então, ela revelou um típico distúrbio de personalidade anti-social, como: mentir, furtar, trapacear... Sabia como manipular as pessoas conhecendo seus pontos fracos por saber de seus mais íntimos segredos.

— Ela os ameaçava com denúncias ou chantagens?

— Não!... Nunca! Sabia induzi-los pela influenciação com palavras que lhes entorpeciam e cegavam, ou seja, com a manipulação! O marido, com sua aparente grandiosidade, típico distúrbio de personalidade narcisista, também começou a colaborar com as subtrações das mais diversas formas, trapaças, mentiras e muito mais, pois ela contava ao esposo exatamente o que sabia a respeito dos outros. Tudo foi feito em benefício deles mesmos, mas com a esperteza de se livrarem de envolvimento com a justiça criminal. Isso era fácil, tudo no centro era produto de doações espontâneas. E quem é que cobra ou vai atrás do que foi feito com suas doações? — Breve pausa e continuou: — Destacou que nos bazares beneficentes ela e a filha se apoderavam das melhores peças a serem vendidas para arrecadarem fundos ao centro, colocavam-nas à parte e abriam uma espécie de conta onde registravam os débitos pelas compras supostamente adquiridas. O mesmo foi feito na cantina onde todo o consumo era anotado para ser pago futuramente. Mas quem pagava?! — perguntou Sérgio quase sorrindo de forma insatisfeita.

João pendeu com a cabeça negativamente. Não contendo a decepção com o que ouvia, comentou:

— É lamentável, mas isso não me surpreende. Independente da filosofia, da religião e dos ensinamentos adquiridos, o caráter e a dignidade de uma pessoa falam mais alto, principalmente quando ela não deseja mudar.

— Calma! Não terminei! — exclamou Sérgio. — A paciente contou que ela tratava com o maior respeito e com todo o carinho os demais companheiros para estar sempre inteirada sobre os acontecimentos no centro, para saber se havia alguma desconfiança de seus atos junto do marido. Para algumas pessoas mais íntimas, fingia-se triste ou sozinha a fim de atraí-las como vítimas de suas manipulações em proveito de trapaças como: alterar ou sumir com os débitos das compras no centro que pertenciam a ela e à família.

Mas aconteceu o que ela não previa. Outros tarefeiros do centro, pessoas mais honestas aos compromissos assumidos, conscientemente seguros, exigiram satisfações do que perceberam que estava errado. Não suportando ostentar a máscara, ela simplesmente ignorou dar satisfações cabidas e não se reuniu com os solicitantes. Depois ela examinou sua posição como tarefeira e decidiu reclamar a ocupação de seu cargo, requerendo-o com autoridade e muita exigência.

Foi nesse momento que vi exacerbados a arrogância e o orgulho que reluziram também um distúrbio de personalidade narcisista. Contou-me que cometeram uma grande injustiça com ela ao exporem frente a muitas pessoas o que foi feito por ela e sua família. Ela não se acha responsável e se posiciona como vítima. Inclusive fez acusações injustas contra outras pessoas a fim de livrar-se de certas culpas.

Veja, João, nós sabemos que portadores do distúrbio de personalidade anti-social são pessoas que, se não se tratarem, poderão ter responsabilidade por grande parte de violência, crimes e roubos de todos os tipos.

Os trapaceiros e enganadores correspondem ao maior índice de porcentagem desse distúrbio.

Ela e toda a família, conforme eu entendi, rejeitam as normas de regras de conduta e não estão a fim de autocontrole nem pretendem mudar!

— Por que diz isso?

— As evidências!

— Não entendi, Sérgio.

— Bem... Ela e a família consideram que tudo o que cometeram no centro espírita não foi errado. A culpa foi dos outros que não os entenderam, não reconheceram seus serviços prestados e... Enfim, eles abandonaram o espiritismo e se converteram ao protestantismo. O marido tornou-se um pastor evangélico, ela, uma espécie de ministra que expulsa os demônios dos transtornados que chegam à igreja e os filhos fazem as campanhas!...

A paciente revelou que é um prazer conhecer a vida das pessoas e o ponto fraco dos fiéis, expulsar demônios e beneficiar-se financeiramente por isso. Enfatizou que hoje seus feitos são imensamente mais lucrativos e satisfatórios do que nas sessões de desobsessão em que participava como dirigente no centro, pois lá não recebia nada. Somente conseguia benefícios pequenos.

Diante de tudo, posso dizer que apresentou nas duas últimas sessões, significativo humor e disse que dorme bem, alimenta-se normalmente e não tem qualquer remorso.

— O caso é sério!

— Seriíssimo! E mais! A paciente convidou-me para participar de sua igreja evangélica, recebendo um generoso benefício financeiro para lhes ensinar meios de insuflar, no inconsciente dos fieis, palavreados e tonalidades de fala que os façam agir cegamente e compulsivamente com mais doações.

— Meu Deus! — assustou-se João.

— Não! Acho que Deus não faz parte do que ela propõe — exclamou Sérgio, olhando seriamente para o amigo.

— E o que você respondeu quanto a essa proposta?!

— Para o convite indecoroso, você quer dizer! Respondi com toda a calma e respeito que eu honro e continuarei honrando o meu juramento como psicólogo, que é o de me colocar a serviço da sociedade com qualidade técnica e rigor ético... promovendo saúde e qualidade de vida.

Assim sendo, eu não vou corromper minha moral nem meu rigor ético como profissional na área da Psicologia ou em qualquer outra. Depois falei que ela e a família precisariam de um reequilíbrio com o propósito de não agirem com essa compulsividade anti-social. Lembrei que a terapia é um ótimo caminho para a própria pessoa se concentrar com a finalidade de mudar o comportamento.

— Mas, Sérgio, tudo o que me contou mostra que tanto ela quanto o marido possuem o clássico distúrbio de personalidade narcisista. Eles se julgam extraordinariamente capacitados! Isso, junto ao distúrbio de personalidade anti-social em que mentem de maneira crônica e descaradamente, eles representam, dão shows, furtam, trapaceiam, prejudicam um grupo social ou uma comunidade com pouco ou nenhum remorso... Meu amigo! Duvido muito de que aceitem a sua proposta de reequilíbrio!

Sérgio sorriu e disse:

— Dediquei-me profundamente a estudar esse caso. Mas aconteceram contradições e comportamentos estranhos os quais me levaram a dúvidas. Quando eu disse que havia matado a charada, foi por descobrir que a paciente entrou nesse consultório usando as características da personalidade anti-social contra mim! — sorriu. — Ela, propositadamente, trapaceou na representação de seus distúrbios psicológicos com a finalidade de aproximação e intuito de indução. Precisava de um psicólogo para prosseguir com suas farsas e aumentar o vigor de suas vigarices a partir do momento que ele a ensinasse quais e como são os melhores métodos e técnicas de neurolingüística, por exemplo!

— A PNL — Programação Neurolingüística, explicou João —, é a excelência do uso de uma arte ou dom pessoal para obter resultados excepcionais no que deseja realizar. As habilidades e as técnicas dessa ciência estão sendo cada vez mais usadas para a educação, terapias e outros, criando uma comunicação mais eficiente e rápida. A PNL, junto à técnica de visualização, que é a capacidade de vivenciar ou ver na mente uma situação futura desejada como se aquilo estivesse acontecendo mesmo, são as ferramentas mais poderosas que podemos ter para se criar resultados magníficos naquilo que queremos obter. Ela pode ser usada de modo positivo ou negativo. Inúmeros psicólogos e até outros que nada têm a ver na área, estão se corrompendo com o uso desses métodos para arrecadações numerárias impressionantes.

— João, há tempos eu sei que isso é usado por vários líderes religiosos, principalmente pelos protestantes ou evangélicos, com a finalidade de obter uma verdadeira fascinação de seus fiéis. Mas estava longe de imaginar que receberia um convite desse tipo!

— Sérgio, lembra-se da aula do Professor Doutor Ezequiel, quando ele falou que, para ele, era inconcebível um psicólogo evangélico ou protestante?

— Lembro! Duas ou três alunas fizeram o maior protesto!

— Isso porque elas eram protestantes. Acho que o professor Ezequiel quis nos testar com aquela situação para vermos o quanto alguns religiosos, mesmo no penúltimo ano de uma graduação em Psicologia, são preconceituosos, orgulhosos, arrogantes. Havia outros evangélicos na sala, mas eles ficaram pensativos, refletindo sobre o assunto. As pessoas orgulhosas, as que se achavam superiores, não meditaram e reagiram asperamente. Hoje eu entendo que algumas religiões são preconceituosas por não serem flexíveis à filosofia. Eles se esquecem de que muitas situações, suposições ou crenças que, no passado eram inconcebíveis, foram comprovadas pela ciência e os descrentes ridicularizados.

— Isso é fé cega! São pessoas que não buscam conhecer melhor a verdade por elas mesmas e só acreditam naquilo que os outros lhes disseram. A criatura humana é falha e muito limitada.

— Falha sim! Mas são limitadas somente quando lhes falta evolução ou força de vontade — acrescentou João com tranqüilidade. — Imagine um psicólogo evangélico ouvindo um paciente homossexual, bissexual?... E se o paciente falar da violência sexual que sofreu quando criança?... E um outro que deseja se recuperar de atos de pedofilia?... Esse profissional, sendo psicólogo evangélico, tem grandes possibilidades de ser preconceituoso e acreditar que a pessoa é dessa ou daquela forma porque quer! Provavelmente, não vai dar atenção ao caso e achar que o paciente está endemoninhado! Talvez queira convertê-lo!... A realidade do paciente não é a realidade do que esse evangélico quer ver e analisar. Até as comprovações científicas e novas descobertas eles se recusam a aceitar. São bitolados. Têm uma visão estreita e limitada da realidade da vida das pessoas e suas crenças! Isso é preconceito. Ah!... Não sei, não! Às vezes concordo com a opinião do professor Ezequiel e acho que alguns psicólogos evangélicos são inconcebíveis para quem deseja se livrar de transtornos e distúrbios. Eu confio mais em fazer uma terapia com um umbandista, budista, católico e outros do que com um profissional evangélico. Se aquele professor tivesse falado que é inconcebível um psicólogo espírita, eu iria parar, pensar, pesquisar e procurar saber com ele, mas de forma bem tranqüila, o porquê de sua opinião.

— E você, não está sendo preconceituoso quanto aos psicólogos evangélicos?

— Vou repensar nisso. Agora, digo que não pelo fato de eu ter buscado conhecimento sobre suas atuações, crenças nas opiniões apresentadas só pela sua religião. Não buscam ampliar as informações, notícias, ciências e práticas de vida sob a visão de sua profissão. Tudo para eles tem de ser de acordo com o puritanismo pregado por Lutero. Um homem cruel, oportunista, ganancioso, mais desumano do que as leis aplicadas pela Inquisição, pois sabia que aquelas práticas rigorosas e tiranas eram erradas, mas ele apoiou as mesmas severidades dolorosas com os camponeses alemães que se opuseram ao protestantismo, deixando-os queimar vivos. Criou um puritanismo mascarado ao incentivar que eram os únicos puros, os únicos corretos e com razão. Isso está contido no protestantismo até hoje, e seus líderes os denominam evangélicos para ninguém lembrar dos massacres apoiados pelo criador do protestantismo, Martinho Lutero. Não pense que só pedir perdão a Deus basta para livrar-se das culpas mentais, verbais, materiais e fisicamente praticadas. Como é possível uma criatura acreditar que é só pedir perdão a Deus para ficar liberta das condições inferiores e não ser mais prisioneiro dos crimes e delitos que cometeu? Ah!... Deixe-me ficar quieto, pois estou pecando verbalmente contra meu semelhante! — reclamou João de si mesmo, calando-se.

— Acho que essa paciente não vai retornar.

— Sérgio, talvez você esteja sendo testado!

— Testado?!

— Testado pela espiritualidade que o acompanha. Você é diferente, Sérgio. Não sei explicar como, mas é.

— Seria um teste moral?

— Quem sabe? Reflita sobre o assunto e dê atenção aos sinais. Medite e dê um jeito de ir ao centro. — Vendo o amigo pensativo, João esperou alguns minutos e perguntou: — E seu irmão, como está?

— Trabalhando. Está inteiro — sorriu.

— E a Rita? — tornou João num tom de tristeza.

— Ah... Péssima! Débora a levou para o seu apartamento, e pelo fato de não trabalhar, pode ficar mais tempo com a Rita. Acho que ela não está preparada para voltar à sua casa e ficar sozinha.

— Você voltou a conversar com a Débora para que morassem juntos?

— Não tivemos tempo para falarmos sobre o assunto. A Yara, irmã dela, deu para freqüentar o apartamento da Débora direto, e quando não é a Yara, é a Rita quem está por perto. — Sérgio pareceu preocupado e revelou: — Nem consegui um tempo para contar à Débora sobre aquele assunto da minha irmã, conforme você e o doutor Édison me aconselharam. Eu também concordo e quero fazer o quanto antes, mas não dá. — Ele silenciou por alguns instantes e comentou: — Se a Débora aceitar morar lá em casa, estou receoso de sair da polícia, por isso nem prossegui com o pedido, que já deu problema logo de início.

— Sérgio!!! Ficou louco?!

— Não, João. Estou temeroso. Não gosto de insegurança e... No próximo ano, como posso me garantir com o que receberei aqui na clínica e na empresa, caso eu vá trabalhar lá? A Débora estará no último ano e...

— Ei, Sérgio! Espere aí! Não quero me intrometer, mas você vai ajudá-la e não sustentá-la. A obrigação de pagar a faculdade é dela. Na minha opinião, ela deveria voltar a estudar quando arrumar um emprego.

— E se não arrumar? — indagou, olhando para o colega de modo indefinido.

— Ela não estuda! — exclamou João bem sério. — Sérgio, você é um ótimo profissional. Precisou transferir pacientes para mim e para o Nivaldo por causa do serviço na polícia! Eles reclamaram muito, sabia?! Você é bem requisitado e indicado pelos outros pacientes, mas sua agenda sempre está lotada! Talvez nem precisasse trabalhar na empresa que indiquei. O que você quer mais?! Vai ficar aí esperando todas as oportunidades desaparecerem para depois dizer que não teve sorte?! — Breve pausa e lembrou: — Viu?! Realmente você foi testado! Preocupado com a situação financeira, não aceitou a proposta da paciente que lhe ofereceu dinheiro para prestar serviços nada dignos com o seu juramento profissional!

— Aconteceram tantas coisas em tão poucos meses que... Estou sem coragem para qualquer decisão — murmurou num desabafo. — Como se não bastasse, tive dificuldade com a documentação para o pedido de baixa da PM, por isso penso em desistir.

— Esse pedido de baixa significa um pedido de saída?
— É.
— Então vamos lá! Vai tomar uma injeção de ânimo! Estou com o carro na revisão. Preciso de uma carona e a minha mãe, que é sua fã, vai adorar tê-lo para o jantar! A dona Antônia está brava por você não visitá-la há tempo!
— Não, João... Eu te levo, mas não vou entrar.

Sérgio levou o amigo para casa, porém ao ser recebido por dona Antônia, ficou inibido para recusar o convite e acabou ficando para o jantar. Depois ficaram uma boa parte da noite em agradável conversa repleta de instruções que o fizeram se sentir bem melhor.

15

O romance abalado pela influência espiritual

Os dias seguiram sem novidades.

Era uma noite de muito calor quando Sérgio e João caminhavam juntos falando sobre assuntos que Sérgio precisava entender para relembrar melhor. A lua no céu possuía um brilho estranho, opaco.

Sérgio sentia-se interessado na conversa, mas seu coração estava oprimido por algum motivo que não conseguia entender. Ele ouvia, ou pensava ouvir, logo atrás deles, passos e gargalhadas de um grupo nada amigável que os seguia.

De repente, qualquer idéia de alucinações fantasmagóricas, por mais aterrorizantes e absurdas que ouviram contar, pareceram insignificantes diante dos olhos de Sérgio.

Gigantescas sombras com contornos humanos deformados saltavam sobre ele e o amigo sem tocá-los. Podiam-se escutar seus sussurros, risos. Eram rápidas demais nas movimentações estranhas, como se em alguns momentos andassem como quadrúpedes.

Bloqueando o caminho, foram surgindo à frente de ambos outras criaturas extremamente malignas. Elas pareciam brotar do chão com aspectos monstruosos, urrando como animais ou gritando em uma língua estranha.

Virando-se para Sérgio, João lhe falou com brandura e de modo que o amigo podia ouvi-lo em pensamento:

— Não vamos nos assustar. Nossos anjos guardiões nos acompanham e muitos benfeitores que atuam verdadeiramente em nome de Jesus nos amparam.

— O que querem? — perguntou Sérgio em pensamento, entendendo que aquelas criaturas não os podiam ouvir.

— Isso é um método de impor o medo — respondeu João. — A língua estranha que usam para comunicação podem ser dialetos antigos dos homens, linguagem de tempos remotos à reencarnação de muitas pessoas. Pode ser um método de oferecer ou receber mensagens na época em que os politeístas faziam oferendas a vários deuses.

— Parece que posso entendê-los. Odeiam-nos... Querem-nos longe daqui e nos desejam mortos.

— A morte não existe, não é, Sérgio? Eles estão aí para provar. Esses irmãos estão infelizes, sem esperança... Muitos são verdadeiros escravos aterrorizados e tementes a Deus, mas obedecem a líderes macabros e desequilibrados. Tornam-se vítimas e culpados por cumprirem tarefas inferiores e malévolas. Não está se lembrando do que aprendeu na espiritualidade?

— É... Existem regiões espirituais criadas pela força ou poder mental, sendo algo como que verdadeiras colônias de tormentos indizíveis e reparadores. Esses lugares infernais existem por uma questão de ignorância, por causa das mentes voltadas a fazer o mal, mesmo que o considerem pequeno ou nada grave. Contudo nada é eterno e dizer que existe um inferno, onde alguém é condenado eternamente, não é verdadeiro.

— Parados próximos àquelas criaturas espirituais totalmente disformes, Sérgio ainda comentou sincero: — Eles formam organizações, falanges, cidades de baixo padrão vibratório. Sofrem com as enfermidades do corpo espiritual e com a cobrança constante da consciência por tudo o que fizeram errado. Há líderes insensíveis, cruéis e impiedosos que os dividem, que os separam e selecionam como animais para determinadas tarefas específicas.

— Que bom, Sérgio! Parece recordar rapidamente o aprendizado obtido em elevada esfera espiritual! Em um livro psicografado pelo querido Chico Xavier, o espírito André Luiz diz que: "O objetivo essencial de tais exércitos sombrios é a conservação do primitivismo mental da criatura humana, a fim de que o Planeta permaneça, tanto quanto possível, sob o seu jugo tirânico".

— Lógico! Sem a evolução mental, espiritual, sem pensar e repensar, sem conhecer a verdade, as criaturas não estarão libertas das energias mentais inferiores, podendo ficar presas a obsessores por muito tempo. "Conhecereis a verdade e a verdade vos libertará", disse-nos o Senhor Jesus. A fé cega, a fascinação, o fanatismo é o que alimenta o espírito para que ele se submeta a essas condições. O orgulho ou o ego inflado, a vaidade, a trapaça, o narcisismo, a dependência e muitos outros distúrbios de personalidade que, quando encarnada a criatura experimenta ou usa em benefício próprio, não querendo mudar-se, ela só tem o caminho doloroso de reparação a seguir. O que estamos vendo é uma pequena amostra do que as levarão aos agrupamentos mais inferiores e de piores condições. — Sérgio interrompeu temporariamente o que argumentava, mas logo continuou:
— Quando em uma terapia, temos um caso de complexo, distúrbios dos mais diversos, depressão, tendência suicida e outros transtornos, é muito importante lembrarmos que, junto à pessoa, pode haver terríveis espíritos que se afinam a ela com o intuito de vampirizá-la e agredi-la para agregá-la futuramente a falanges espirituais.

— Entendeu bem sua tarefa, meu amigo! Sinto-me minúsculo. Nem sei por que estou ao seu lado. Não sou digno.

— Não diga isso, João. Há situações que não entendo ainda e preciso de seu apoio, você sabe. Não lembro o que me levou a buscar, procurar um meio de ajudar as pessoas a se libertarem de tais obscuridades conscienciais, pois algumas se comportam como se ganhassem o gosto pela ignorância, pela preguiça...

— O que te trouxe para essa tarefa foi o seu amor incondicional. Você não está tratando de pessoas, Sérgio. Você está libertando espíritos.

Aquela troca de informações e conversa durou frações de segundos. Ao tempo em que as criaturas monstruosas subiam como que por fissuras abertas no chão, tomando uma postura de ataque, luta e agressão.

João percebeu que Sérgio parecia sufocado e orientou:
— Seu maior trabalho será vencer as vibrações baixas e hostis. Tentarão atacá-lo de todo jeito! Reaja! Socorra-se elevando o pensamento a Deus, ao Mestre Jesus! Foi isso o que me pediram para te dizer.

— Veja, João! É a minha irmã...
— Lembre-se, Sérgio, o pensamento é o centro de atração e repulsão de qualquer mal ou bem que o cerque. Podem usar determinados espíri-

tos para enfraquecê-lo. Farão de tudo para que você não tenha êxito em sua tarefa.

— Mas eu não sei de nada... Não faço nada...

— Você está repetindo o que eles dizem. Acorde, Sérgio!!!

Foi nesse instante que Sérgio sobressaltou, despertando-se horrorizado com o próprio grito. Levantando-se rapidamente, acendeu a luz, pois tinha a sensação de ver e sentir o que experimentou. Como sempre, dormia sem camiseta. Seu rosto gotejava suor e todo o tronco estava transpirando. Ao olhar para a cama viu os lençóis remexidos e embolados, sinal de ter se revirado demais antes de acordar.

Caminhando até a janela, abriu-a e foi quando a brisa suave da madrugada pareceu medicamentosa, tirando a impregnação da estranha sensação, como a chuva fina que se infiltra tanto na relva como nas folhas altas, despoluindo-as para que respirem melhor.

Consultando o relógio, ele murmurou:

— Ainda são 3h30!...

Sentando-se na cama, Sérgio pegou um caderno que tinha na gaveta e passou a escrever tudo o que se lembrava do sonho.

* * *

Mais tarde, no apartamento de Débora, ela conversava com o namorado:

— Mas não quero incomodá-lo!...

— De que jeito? Acredito que estará mais segura lá em casa! Com menos despesas, mais tranqüila e... Não sei... Eu gostaria que saísse daqui o quanto antes.

— Ai, Sérgio... Dê-me mais um tempinho? — pedia com seu jeito carinhoso. — Na próxima semana tenho uma entrevista marcada e acho que vai dar certo! — contou animada.

— Tudo bem, Débora. Como quiser — ele aceitou calmo, porém contrariado. Riu para relaxar e avisou: — Vou levar o Tufi para lá.

— Coitadinho! Ele ainda está lá na casa dos seus pais?

— Está. Não o levei para nossa casa porque ele ficaria muito sozinho. Fico fora o dia todo e não teria tempo para cuidar dele como deveria. Lá, meus pais ou o Tiago cuidam dele.

— E você? Quando vai começar a trabalhar lá naquela empresa? A documentação da PM já saiu?! — perguntou rapidamente, mudando de assunto.

— Eu pedi que me dessem mais um tempo para ser admitido na empresa, mas acho que não poderão esperar mais e estou com problemas com a documentação e... Sabe, além disso, sinto-me inseguro.

— Sérgio! Pelo amor de Deus! Você não vai desistir de sair da polícia agora, vai?!

— Seja como for, lá eu tenho um salário garantido. Tenho medo de que... Não sei. Entrei com pedido de férias e vou aguardar para ver no que dá.

A namorada, repentinamente, reagiu de um modo estranho e totalmente incomum à sua personalidade. Levantando-se, protestou inconformada e aos gritos:

— Sérgio!!! Você nunca teve uma oportunidade tão boa! Esse sempre foi o seu sonho! Antes tinha preocupações em abrir um consultório sozinho e não ter pacientes. Tudo sumiu como em um passe de mágica com a clínica da qual é sócio! De repente, vem a oportunidade de trabalhar na empresa por meio período, horário fixo e um salário compatível com o da polícia e você quer desistir?!!! Não posso me conformar!!!

A maneira como Débora se expressava, gritando, atraía obscuras vibrações. Em instantes, profundas energias inferiores invadiam o ambiente.

Frustrado com a reação da namorada, Sérgio permaneceu silencioso por longo tempo, estranhando e observando-a esbravejar sozinha. Não suportando a pressão sofrida em pensamento, ele se levantou, encarou-a nos olhos, interrompendo-a com voz grave e firme:

— Não preciso ir à direção da desgraça, parece que ela marcha ao meu encontro!!! Saí da maldita casa de meus pais para não ouvir os gritos e as reclamações de minha mãe e minha cunhada. Estou assombrado ao ver você agindo igual a elas!!! Pensei que me libertaria dos pesadelos asfixiantes, mas eles me perseguem!!! Não adianta eu mudar as coisas à minha volta, o que preciso é mudar as minhas escolhas!!!

Após o susto que levou, pois nunca o viu falar daquela forma e vendo-o caminhar em direção da porta, Débora correu, segurou-o pelo braço e pediu entre as lágrimas de arrependimento:

— Por favor... Desculpe-me, Sérgio!... — Ele não se virou para encará-la e permaneceu parado somente ouvindo-a se justificar: — Eu não sei porque disse aquilo daquela forma... Você me conhece. Não costumo brigar e... — Abraçando-o pelas costas com força, Débora chorou verdadeiramente sentida. O rapaz se virou e a jovem escondeu o rosto em seu peito chorando um pranto compulsivo. Agindo com estranha frieza, ele sobrepôs o braço em seus ombros, conduzindo-a para o sofá e fazendo-a se acomodar. Vendo-o em pé à sua frente, pareceu implorar ao pedir: — Sente aqui... Eu te adoro! Desculpe-me?

— Vou ser bem sincero com você, Débora — falou com baixo volume na voz grave e fitando-a com uma tristeza indefinível nos olhos verdes marejados. — Eu vim aqui porque não estava bem comigo mesmo. Em palavras bem simples posso dizer que desejava só ficar ao seu lado, quieto, calado... dar e receber carinho enquanto assistíssemos a um filme... Sei lá!... Eu queria seu colo, entende? Faz tempo que não ficamos sozinhos, só desfrutando a companhia agradável um do outro e... — Ela o olhava firme e nada disse. O namorado continuou no mesmo tom sentido: — Eu te amo, Débora. Te amo muito. Diante de tantas dúvidas e incertezas sobre decisões sérias e definitivas que tenho para tomar, eu não gostaria de ter qualquer outro problema. Desejaria que fosse morar comigo, mas como não quer, respeito a sua vontade. Você... Com a tempestade emocional que criou agora há pouco, não me proporcionou um instante de paz, quietude e aconchego... E era só disso que eu precisava para decidir o que é mais correto fazer na minha vida, para as nossas vidas, agora. Débora, fiquei decepcionado porque você agiu como alguém que eu não quero nem lembrar. Mais desiludido ainda porque desconhecia esse lado da sua personalidade.

— Sérgio... Eu!... — ela não sabia o que dizer.

Engolindo seco, com lágrimas quase rolando, o namorado aconselhou em tom sereno:

— É melhor conversarmos outra hora ou diremos coisas das quais podemos nos arrepender.

Curvando-se e beijando-a na cabeça, o rapaz se virou e saiu sem olhar para trás, deixando-a em imenso conflito íntimo e arrependimento.

* * *

Uma dor estranha parecia esmagar seu peito. Sérgio dirigia sem rumo, remoendo as idéias em um penoso estado de consciência devido ao choque por ver as tendências de Débora e as influências espirituais que lhe chegavam.

Repentinamente, lembrou-se de que Rita decidiu retornar para a casa onde morava, pois desde a morte de seu irmão e de seu noivo tinha ficado no apartamento de Débora.

Movido por um súbito impulso, ele decidiu visitá-la, pensando que a amiga poderia socorrê-lo de algum modo, nem que fosse só o ouvindo desabafar.

Estacionando o carro frente à residência da moça, percebeu que as janelas estavam abertas, um sinal de ela estar em casa. Em frente do portão, Sérgio havia tocado a campainha várias vezes, mas não foi atendido. Podia ouvir uma música tocando em volume um tanto alto no interior da residência e por isso chamou em voz alta, gritando o nome de Rita.

Em vão.

Da casa ao lado saiu uma senhora de cabelos grisalhos que o olhou de modo curioso enquanto andava vagarosamente em sua direção. Quando se virou para cumprimentá-la e pedir informações sobre a colega, a senhora se adiantou:

— Você é um dos amigos da Rita, não é?

— Sim, sou. Meu nome é Sérgio.

— Eu já vi você aí com a outra moça, amiga dela a... a...

— Débora!

— Isso! — admitiu a senhora. — Olha, moço... Minha idade não deixa mais eu pular o muro, por isso já ia ligar pra polícia, mas fiquei com medo...

— Por quê? O que aconteceu? — preocupou-se ele.

— Há duas horas, eu acho, vi a Rita entrando e perguntei como ela tava e... Acho bom você dar um jeito de pular esse portão! Não gostei do jeito dela. Falou que não tinha mais ninguém e que preferia morrer. Depois me largou aqui sozinha. Ligou o rádio alto e não atendeu quando eu chamei. Toquei a campainha nem atendeu quando liguei para a casa dela. Eu ia ligar pra polícia, mas e se não for nada? Você é amigo dela. Se puder, vai lá filho! Corre!

Sérgio suspirou fundo. Não dando importância ao frio que corria em seu corpo, escalou o alto portão, saltando com agilidade para dentro do quintal. Correndo até a porta da frente viu que estava bem trancada e seria difícil arrombá-la. Nas janelas havia grades. Apressando-se para os fundos, abriu a porta após vários pontapés.

Chamando pelo nome de Rita, foi entrando na casa à procura da amiga. Acreditando ouvir um gemido sufocado, correu para a sala onde a música alta o incomodou imensamente. Desligando o aparelho de som, Sérgio olhou para o canto e ouviu atrás da mesa da sala de jantar um murmurinho lamentoso e viu os olhos de Rita se fechando. Rápido, chegou até a amiga rasgando o saco plástico forte e transparente que lhe vestia a cabeça onde foi colado e apertado com larga fita adesiva em torno do pescoço. A jovem desmaiou por falta de ar e permanecia inerte. Imediatamente tentou fazer respiração artificial, mas as mãos da moça amarradas nas costas com inúmeras voltas da larga fita adesiva, não deixavam seu corpo ficar na posição adequada. Sérgio tentou puxar as amarras e não conseguiu soltá-las. Sentiu como se os seus olhos fossem atraídos para ver a pequena faca de cozinha sobre a mesa. Usando-a, cortou as fitas, colocou a amiga na posição correta, realizou respiração artificial e massagem cardíaca.

Ele ficou assustado, pois ela permanecia imóvel. De repente, Rita pareceu ter retornado à vida ao respirar forte, rápido, como se sufocasse um grito, como se o ar fosse acabar. Lágrimas correram imediatamente enquanto ela olhava para os lados, tentando entender ou recordar de alguma coisa. Tossindo repetidas vezes, tentava curvar o corpo, mas não tinha forças.

Sérgio chorou em silêncio. Nunca pensou em ver algum amigo ou amiga naquela situação e sob os seus socorros. Tirando-lhe as fitas e o resto do plástico rasgado do pescoço e livrando os punhos dos adesivos, pediu com brandura:

— Calma, Rita. Está tudo bem.

Pegando-a nos braços, levou-a para o quarto, colocando-a sobre a cama.

Vendo-a mais consciente, ele perguntou mais calmo:

— Rita, você está bem?

— Estou... — respondeu atordoada e largada sobre a cama.

— Eu sei que você tem plano de saúde. Por isso seria bom irmos para um hospital do seu convênio e...

— Não!!! — gritou ao implorar, sufocando o choro num travesseiro.

Sentando-se ao seu lado, Sérgio acariciou seus longos cabelos negros e cacheados. Depois lhe afagou o rosto até que, cuidadosamente, fez com que o encarasse.

A amiga o fitou por um segundo e fechou os belos olhos negros num gesto de fuga ou vergonha. Erguendo-a para que se sentasse, Sérgio a abraçou com carinho piedoso. Não suportando a troca de energias salutares, amigáveis e reconfortantes que lhe invadiram a alma, Rita o apertou forte, escondeu o rosto no abraço e chorou, chorou como nunca tinha feito antes.

Algum tempo depois, o telefone tocou insistentemente e o rapaz decidiu atender. Era a vizinha que desejava notícias. Ele deu-lhe uma desculpa convincente de que Rita teve uma crise de choro, mas estava bem. A senhora agradeceu a satisfação, desligando em seguida. Retornando ao quarto, Sérgio a observou melhor verificando um machucado em seu rosto. Rita parecia mais calma, mantendo o olhar perdido, sem fixar em ponto algum. Sentando ao seu lado, num gesto de amizade, Sérgio lhe fez um afago no braço com as costas da mão, momento em que, instintivamente, a amiga se encolheu. Prudente, expressando muita tranqüilidade, perguntou:

— Rita, o que aconteceu? — Lágrimas rolaram em sua face pálida, e o amigo tornou explicando: — Preciso saber o que aconteceu aqui. Primeiro, porque você precisa de atendimento médico. Sofreu pela falta de ar tempo o suficiente para desfalecer. Precisei ressuscitá-la! Segundo, em minha opinião, esse pode ser um caso de polícia. Estou errado?

Com voz rouca pelo choro, ela praticamente murmurou:

— Tentei me matar...

— Conte como foi, Rita. Peço isso como amigo, pois o modo como a encontrei é bem estranho e suspeito.

Sem encará-lo, sentada na cama, abraçando as pernas e ficando encolhida, ela contou com breves pausas e voz baixa entre os soluços e as lágrimas, expressando grande tristeza:

— Estou mal... Não consigo explicar o aumento dessa dor, dessa falta imensa que me consome... Não tenho mais nada, Sérgio... Não tenho esperança nem energia... Nem vontade alguma. Não sou útil ou necessária a alguém... Não tenho ninguém. Então, cheguei do mercado e tive a idéia de colocar um fim a todo esse desespero, essa dor...

— Pode me explicar como conseguiu se amarrar daquele jeito? — tornou calmo.

— Peguei o saco plástico grosso que trouxe do mercado, coloquei na cabeça e o prendi com a fita adesiva em volta e... Enrolei a fita adesiva em meus pulsos com as mãos para trás para não desistir e rasgar o plástico...

— Isso foi bem difícil de fazer, não achou?

— Não... — chorou.

— Por que a faca estava sobre a mesa?

Rita abraçava as pernas encolhidas e balançava vagarosamente o corpo exibindo um sinal de nervoso. Não o encarava. Demorou um pouco, mas respondeu oferecendo várias pausas como se refletisse antes:

— Enrolei a fita no saco plástico sobre o pescoço... Cortei com a faca e depois de dar voltas nos pulsos com o rolo adesivo eu...

— Como machucou o rosto?

— Acho que bati na mesa...

— Seus braços estão machucados com espécies de pancadas.

— Não sei...

Sérgio sabia que ela mentia escondendo alguma coisa. Porém não era o momento certo para exigir-lhe nada. Afagando-lhe os cabelos, procurou curvar-se para olhar em seus olhos e dizer:

— Minha amiga, você não está sozinha. Eu sei que rupturas drásticas de relações amorosas tão significativas, como a de seu irmão e de seu noivo, trazem um impacto doloroso e irremediável, indiscutível em curto prazo. Quando você tenta sobreviver à solidão, um estado mental de depressão extrema a domina. E não é fácil sair dele. — Vendo as lágrimas correrem em seu rosto, ele continuou: — Rita, não é fácil, mas há solução.

Nesse momento ela ergueu a face banhada pelas lágrimas onde exibia grande angústia, encarando-o firme, perguntou vagarosamente:

— Qual é a solução? Como eu posso levar uma vida normal? Principalmente agora... Tem muita coisa que você desconhece...

Puxando-a para um abraço, Sérgio a confortou num acalento silencioso enquanto a embalava preocupado com o que deveria fazer. Após algum tempo, vendo-a mais tranqüila, argumentou:

— Eu me considero seu amigo. Você foi e continua sendo uma pessoa muito importante para mim. Fiquei surpreso e assustado ao chegar aqui e... — Pequena pausa e falou: — Considero-a uma pessoa tão espiritualizada, tão elevada! Você e o João me deram tanta noção para entender as experiências de uma encarnação. Vocês me disseram que a vida não termina com a morte do corpo físico. — Após propositais segundos, ele contou: — Sabe... Hoje, eu saí do apartamento da Débora e ia para minha casa. De repente, senti uma dor no peito e pensei que ia enfartar. Foi uma coisa tão estranha. Aí eu decidi vir aqui para conversarmos um pouco. Rita, isso não aconteceu por acaso.

— Então, por que não chegou antes?... — sussurrou entre o choro.

— O quê? O que disse? — perguntou por não entender. Vendo-a balançar a cabeça negativamente a fim de não responder, ele indagou: — Diga-me uma coisa, exatamente agora você tentaria contra a própria vida?

Sérgio se surpreendeu ao vê-la abraçá-lo forte e rapidamente, chorando de modo compulsivo, experimentando um pranto doloroso e triste. Sabia que ela escondia alguma coisa, pois a situação em que a encontrou era bem estranha. Como especialista, ele tinha conhecimento de que aquele ocorrido merecia muita atenção e ajuda imediata. Permanecendo em silêncio por um tempo ao lado da amiga, ofereceu-lhe carinho e atenção. Afastando-se dele, ela tornou a deitar e abraçou o travesseiro encolhendo-se sobre a cama. Não chorava mais como antes, parecia se controlar.

Fitando-a com piedade, Sérgio avisou:

— Vou tomar água. Quer um pouco?

— Não... — murmurou.

Chegando à sala, o rapaz olhou por toda a volta. Algo o intrigava, talvez por pressentimento ou pelas experiências que possuía como policial.

Após olhar cômodo por cômodo e observar meticulosamente cada detalhe, nos quais não parou de pensar, decidiu telefonar para Débora, pois, sendo a melhor amiga de Rita ela poderia ajudar muito. Entretanto o telefone do apartamento só chamava e o celular não era atendido. Deixando recado na caixa postal para que a namorada entrasse em contato com ele o mais rápido possível, só lhe restava aguardar.

Retornando ao quarto, pediu para que Rita se sentasse e foi obedecido de imediato. Entregando-lhe uma xícara de chá em suas mão fracas e trêmulas, ele notou que a jovem apresentava grande desânimo. Humilhada e abatida, não o encarava. Mais de duas horas haviam passado e Débora não telefonou. Diante do profundo silêncio que reinou, Sérgio decidiu que a colega não poderia ficar só. Pondo-se frente a ela, considerou em tom brando:

— Rita, a Débora não me ligou até agora. Você não pode ficar sozinha e virá comigo para minha casa, certo?

— Não. Vou ficar aqui.

— Desculpe-me, mas não está em condições de decidir — falou calmo, porém firme.

— Não vou! — alterou-se ela, chorando.

— Ou você vem comigo ou eu ligarei para a polícia e iremos para a delegacia registrar essa ocorrência. Certamente vão encaminhá-la para um exame de corpo de delito, no qual passará por um médico que vai examiná-la, relacionando a série de lesões que você apresenta. Depois disso, vou levá-la ao hospital de seu convênio onde pedirei que um médico psiquiatra a atenda e, como psicólogo, preciso relatar tudo o que houve e pedir sua internação para sua segurança. Além do mais, Rita, há detalhes estranhos nesse acontecimento. Vou solicitar ao delegado uma perícia técnica em sua casa pelos fatos duvidosos.

Assim que Sérgio desfechou, viu-a com a respiração alterada, quase ofegante. Rita o encarava firme, exibindo uma estranha preocupação e medo no olhar. Sem que ele esperasse, ela reagiu rapidamente ao pedir:

— Não chame a polícia. Não faça nada disso... — Soluços entrecortaram sua voz quando decidiu: — Eu vou com você... Só...

— Só... O quê? — perguntou diante da demora.

— Só vou tomar um banho e me trocar...

— Não! — negou de imediato e bem firme.

— Como, não?...

— Não vou deixá-la sozinha, trancada no banheiro. Pensa que sou amador?! — Sem esperar que ela dissesse algo, tornou no mesmo tom: — Preciso saber de uma coisa: por que não quer a polícia aqui?

Chorando, a jovem respondeu:

— Estou com vergonha... Não quero me sujeitar a uma série de perguntas e investigações... Não quero ser humilhada.

— Tudo bem. Temos algumas horas para pensar e decidir o que fazer. Não vamos mexer em nada nesta casa. Pegue somente as roupas de que precisar. Eu já arrumei a porta dos fundos e a tranquei por dentro. Sairemos pela porta da frente. Você vai para minha casa e, quando a Débora chegar, pode ir para o apartamento dela.

— Mas...

FORÇA PARA RECOMEÇAR

— Não tem "mas", Rita! Se não fizer como estou sugerindo, vou chamar uma viatura!

Cabisbaixa obedeceu.

* * *

Chegando à sua casa, Sérgio sentia-se tomado de esquisitos perturbadores sentimentos. Disfarçando o que experimentava, procurou dar uma entonação mais terna e amigável ao tom de voz e pediu:

— Rita, vá para o meu quarto e descanse um pouco até eu encontrar a Débora. Só não feche a porta.

— Posso ficar aqui na sala?

— Claro! Fique à vontade.

Ela sentou-se no sofá, inclinou-se para o lado e se encolheu, cobrindo as pernas com a própria saia longa. Vendo-a apoiar a cabeça sobre algumas almofadas, Sérgio pegou o telefone e foi para outro cômodo a fim de ligar para Débora. Fez várias tentativas, mas não conseguiu.

Preocupado, pensava em alguma alternativa, pois não sabia o que fazer. Voltando à sala, encontrou Rita com os olhos fechados. Não acreditou que estivesse dormindo, mas sim em profunda reflexão.

Pegando as duas sacolas com as roupas da moça, levou-as para seu quarto, colocando-as sobre a cama. Virando as costas rapidamente, ele não reparou que uma delas, havia tombado, deixando expostas e caídas algumas peças íntimas que pertenciam à amiga.

Aquele dia parecia longo demais. O sol do verão quente não queria se pôr apesar da hora.

Sérgio havia passado o dia sem comer. Indo para a cozinha, levou o telefone para tentar falar com Débora ao mesmo tempo em que pensava em preparar uma refeição. Foi nesse instante que escutou um barulho na porta da sala. Teve a sensação de segundos de alívio, pensando que fosse sua namorada, mas, ao se aproximar, viu Tiago entrando em companhia de sua mãe.

— E aí, cara?! Tudo bem? — cumprimentou alegre, mas estranhou ver Sérgio petrificado.

Dona Marisa olhou para o sofá com ar de reprovação e repudiou ver Rita sentando-se rapidamente, parecendo assustada com a visita.

— Oi, mãe! Oi, Tiago! Tudo bem? — disse Sérgio sem conseguir disfarçar certa surpresa.

— Como você está, Sérgio? Nunca mais foi lá em casa!... — falou a mulher de um modo arrogante. Sem esperar que o filho respondesse, comentou: — Mas você não é a Débora!

— Não, mãe — avisou Tiago em socorro do irmão. — Essa é a Rita, uma amiga nossa! — Virando-se para a colega, apresentou: — Rita, essa é a dona Marisa, nossa mãe.

— Prazer... — cumprimentou a jovem com timidez.

— Prazer, Rita. Mas pensei que a Débora estivesse aqui.

Sérgio olhou-a surpreso como se sua memória tivesse apagado. Percebendo-o confuso, Tiago lembrou-o brincando:

— Acorda, meu irmão! Você pediu para eu trazer a mãe e o pai aqui hoje para verem sua casa e conhecerem melhor a Débora, esqueceu?

— Não! — tentou mentir. — É que... Tive alguns compromissos hoje e acabei me atrasando. Cheguei quase agora... Sente-se, mãe! — Pediu com gesto educado. Contudo percebia-se que algo estava errado com Sérgio, que parecia nervoso.

Sem dar atenção ao filho, dona Marisa permaneceu em pé com postura orgulhosa e pensamentos malignos, obedecendo exatamente ao que espíritos mórbidos exploravam em seu coração e a faziam usar. Dando alguns passos, enquanto olhava detalhadamente tudo a sua volta, comentou num tom amargo:

— É uma boa casa!

— Venha conhecer melhor — pediu Sérgio que mesmo atrapalhado, mostrava-lhe tudo. — Aqui é a cozinha. É bem espaçosa. Tem uma lavanderia e um quintal... Depois iremos lá. Venha — pediu ao ser seguido —, aqui tem um banheiro, aqui um dos quartos... Neste fiz um escritório e... — mostrou, abrindo a porta ao comentar: — Este é o meu quarto. É uma suíte.

Ao entrar para observar melhor, a mulher foi para perto da cama de casal e pegou com as pontas de dois dedos uma das peças de roupa íntima que estava no chão. Virando-se para Sérgio e exibindo repugnância ao mostrar-lhe, perguntou rude:

— O que significa isso?!

Ele sentiu o rosto queimar, pois qualquer explicação seria inútil. Contudo disse a verdade:

— Isso é da Rita, mãe — Pegando a peça de roupa da mão de sua mãe, colocando-a novamente na sacola, tentou dizer: — Eu e a Débora somos os melhores amigos da Rita e ela passa por uma situação difícil e...

— Pode parar, Sérgio! — exigiu com frieza. — Já entendi por que quis sair de casa.

— Mãe, espere aí!

— Primeiro, vejo essa cama de casal e você é solteiro. Sua namorada não está, mas deve chegar daqui a pouco. A amiga de vocês traz roupas íntimas e deixa em seu quarto! E você, com essa cara de assustado porque esqueceu que nós viríamos para cá hoje! Ainda bem que seu pai não veio! — A mulher saiu do quarto reagindo gravemente, repreendendo inclusive Tiago que não sabia o que acontecia, pois estava na sala sentado ao lado de Rita. Sem trégua, ofendeu-os: — É por causa dessas orgias que você vive socado aqui?!!!

— Espere aí, mãe!!! — gritou Sérgio. — A senhora não sabe o que está acontecendo!!!

— Nem quero saber!!! — respondeu agressiva. E olhando para Rita petrificada, dona Marisa gesticulou com desdém e pouco caso, humilhando-a: — E você!!! Não tente se apresentar como amiga. Estou longe de compreender o sentido de amizade quando vejo uma vadia sem-vergonha como você!

Após as graves ofensas, a mãe saiu porta afora, sem que Sérgio pudesse replicar. Tiago não entendeu a situação, mas trocou olhar com o irmão e correu atrás de sua mãe a fim de levá-la embora.

Rita caiu numa crise de choro e curvou-se sobre uma almofada.

Atordoado e com os pensamentos desorganizados, Sérgio estava incrédulo com o que acabava de acontecer. Sentia-se estranho, dominado por um mal-estar que não o deixava organizar as idéias nem os pensamentos com soluções.

Arrancando forças do fundo da alma, ele sentou-se ao lado de Rita, fez com que a amiga se erguesse e o encarasse, avisando com voz bondosa:

— Preciso da sua ajuda. Por favor, escuta-me — Ela foi parando de chorar e ficou mais atenta à medida que ele falava. — Eu gostaria de desaparecer agora, mas não posso. Por essa razão, preciso de você.

— Como assim?...

— Lembra quando eu falei o quanto minha mãe era fria e injusta?

— Lembro.

— Você, Rita, mais do que qualquer pessoa acompanhou tudo o que ela armou para a Débora. Foi tão grave que resultou naquele acidente. Sempre que tento me reconciliar com minha mãe, a situação fica difícil... Aconteceu o seguinte: fiquei sabendo que ela e meu pai reclamavam a minha falta e o fato de não conhecerem esta casa. Então marquei com o Tiago para trazê-los aqui hoje. Planejei para a Débora vir a fim de melhorar o clima entre todos, pois sei que o Tiago está enfrentando acusações e ofensas injustas por sempre estar comigo. Mas hoje...

— Eu acabei destruindo o seu dia, a sua reconciliação com seus pais...

— Nada disso! Espere, Rita! Sabe... — Contou com a voz que imprimia cansaço: — Estou passando por um período de dúvidas com algumas decisões definitivas em minha vida. Tive uma noite difícil...

— Sonhou novamente? — perguntou mais interessada em ajudá-lo.

— É... Mas o pior não foi isso. Bem cedo eu estava mal... Queria colo, entende? Daí, fui ao apartamento da Débora e nós brigamos. Ela gritou comigo. Foi exigente, agressiva com as palavras... Tive vontade de gritar, quebrar alguma coisa, mas me controlei e... Como foi difícil. Procurei manter a calma, disse algumas coisas para ela e fui embora. Passei na sua casa e... Nada foi por acaso. Esqueci completamente que o Tiago traria meus pais aqui. Eu já esperava que minha mãe fosse procurar alguma coisa para me criticar, deixar-me magoado e encontrou. Pronto. Foi o que ela queria!

— Foi por minha causa — falou sentida.

— Não, Rita — afirmou bondoso, afagando-a no rosto. — Se você não estivesse aqui, ela acharia outro motivo para brigar, gritar e reclamar. Por favor, ajude-me a superar essa angústia. E, como se não bastasse minha mãe fazer isso, eu estou com remorso por ter falado um monte de coisas para a Débora e... Acho que ela está magoada comigo, por isso não me atende.

— Como posso ajudá-lo, Sérgio?

— Você é minha amiga — falou, olhando-a nos olhos. — Preciso que compreenda que a dona Marisa é orgulhosa, ambiciosa, frustrada e... Não quero que chore por causa do que aconteceu aqui. Não se sinta humilhada pelas acusações da minha mãe e... Por favor, desculpe-me por fazê-la passar por uma situação como essa.

— Não foi sua culpa...

— Estou me sentindo péssimo. Tem tanta coisa acontecendo comigo. Está sendo difícil eu controlar minha vida, decidir-me...

— Em que eu poderia ajudá-lo, Sérgio? — perguntou esmorecida.

— Se pudesse me ouvir, já seria um bom começo — pediu, entonando na fala uma súplica e expressando no rosto uma exaustão triste. Diante do silêncio, ofereceu meio sorriso e a chamou: — Já é noite e não comemos nada até agora. Vamos lá para a cozinha e, enquanto conversamos, preparamos um sanduíche natural. Está calor e é bem saudável. — Levantando-se, estendeu-lhe a mão e sorriu ao convidá-la: — Venha! Estou morrendo de fome! — disse, forçando-se ao ânimo para convencê-la.

Aceitando a mão amiga, Rita ofereceu leve sorriso e se ergueu. Visivelmente constrangida e tentando esconder certo nervosismo, ela falou em voz baixa, mas nítida:

— Eu te ajudo sim... Mas... Está calor e eu queria primeiro tomar um banho.

Pensando rápido e agindo de forma dissimulada, Sérgio demonstrou-se alegre. Pegou-a pelos ombros como se brincasse e a conduziu ligeiramente para a cozinha enquanto falava:

— Ah!... Não!... Quando sair do banho terá de me socorrer, estarei desmaiado! Primeiro vamos comer alguma coisa, pelo amor de Deus!

Ele sorriu satisfeito por induzi-la com agilidade e, oferecendo-lhe algumas tarefas, conseguiu distraí-la.

16

Rita tentada pelo suicídio

Ainda abatida e tomando somente pequenos goles de refrigerante, Rita deixou o sanduíche intacto. Sentado à sua frente, Sérgio disfarçava suas preocupações, procurando conversar:

— Foi isso o que te contei... Nunca vi a Débora reagir agressiva assim.

— Isso é muito estranho. Ela sempre foi ponderada. Jamais gritou... A não ser quando os irmãos a perturbavam muito. Mesmo assim, era raro.

— Existem momentos em que a Débora fica atordoada, sem ação... Como eu falei, tudo bem se ela não sabe cozinhar, mas não se esforça para aprender o básico. Sou homem, mas isso não me impede de me virar bem na cozinha.

— Sérgio, acho que é questão de tempo. Conheço a Dé e sei o quanto ela é esforçada, aprende rápido, tem iniciativa, enfrenta os desafios...

— Não é o que parece. Veja, Rita, ela me disse que não cozinhava direito, isso para não admitir que não cozinha nada. Entendo que veio de uma família rica, não precisou aprender, mas... Puxa! Hoje tem uma outra vida! Mora sozinha, é independente... Nunca me importei em fazer determinados serviços domésticos nem de cozinhar, mas, às vezes, é questão de necessidade e de ter ajuda. Pelo fato de ela ver e acompanhar o que faço, deveria aprender e prestar atenção para, em uma emergência, não passar apuros.

— A Dé não é assim. Ela pode errar, mas continua tentando até aprender. Creio que o fato de ficar sem emprego a afetou. Espere um pouco. Dê um tempo para ela.

— Estou sendo paciente ao máximo. Mas de vez em quando... Principalmente quando ela começa a se comportar agressiva, exigente e nervosa... Não tolero. Por exemplo, até agora a Débora não retornou minhas ligações. Deixei vários recados.

— Eu não queria dizer isso a você, mas... Quando eu estava no apartamento da Dé, a Yara começou a ir lá com muita freqüência... Não sei... Creio que a irmã começou a influenciá-la. A Yara era uma pessoa bacana, mas mudou muito. A Dé gosta da irmã e acaba dando ouvidos.

— O que a Yara falava que a deixou intrigada?

— Sair, divertir-se, aproveitar a vida...

— Mas isso não é errado, Rita. Precisamos desse tipo de atividade. É lógico que não devemos nos dedicar só a diversões e passeios, pois é necessário assumirmos responsabilidades, mas...

— Não é como você pensa, Sérgio. A idéia de diversão da Yara é outra. Ela não tem preocupações com o futuro nem responsabilidade e está tentando influenciar a Dé para esse tipo de comportamento. A Débora não é boba, mas pode se dar mal por causa da irmã.

— Como assim, Rita?

— Não posso afirmar, mas fiquei inquieta quando estava lá e... Não sei reconhecer, para te falar a verdade, mas... Acho que a Yara faz uso de drogas.

— E a Débora sabe disso?! — perguntou preocupado.

— Não, eu acho. A Débora é ingênua para essas coisas e sabe... Acreditamos que pode acontecer com todo o mundo, menos com alguém da nossa família.

— Você viu alguma coisa?

— A Yara não fuma e nem faria isso no apartamento porque a Débora detesta cheiro de cigarro. Mas teve uma tarde que notei a Yara no banheiro com a porta meio aberta e, através do espelho, acho que a vi cheirando alguma coisa. Havia um pó esbranquiçado em seu nariz, porém a Dé não percebeu. De repente ela ficou alegre, eufórica e queria que eu e a Dé fôssemos com ela a uma casa noturna, que é um lugar legal, mas... Parece que a Yara perde a noção de responsabilidade, de comportamento adequado e... Bem... Algumas vezes, quando a Dé comentou o fato de vir morar com você, como se pedisse a opinião da irmã, a Yara reagia. Era totalmente contra. Dizia que você queria uma empregada. Isso pelo fato de já terem conversado antes sobre a história da Débora não saber cozinhar. Eu não sei o que é, mas tem algo errado. Essa influência é da Yara, acredite.

Rita percebeu o amigo apreensivo e decidiu omitir que Yara sempre falava de Breno para Débora, levando recados de que ele queria vê-la.

Sérgio mergulhou em profundos e torturantes pensamentos, analisando os fatos. Entretanto a inesperada chegada de Tiago, tirou-o das reflexões.

— Oba! Tem lanche pra mim?!

— Não senhor! — disse Sérgio, brincando e sorrindo aliviado com a presença do irmão.

Tiago foi até o banheiro, lavou as mãos, sentou-se à extremidade da mesa e foi se servindo, enquanto Sérgio perguntava:

— E a mãe?

— Ah... Não esquenta! Você sabe como ela é!

Os olhos negros de Rita brilharam, transmitindo certa amargura.

Virando-se para a amiga, Tiago sentiu que algo mais sério acontecia. Ele havia trocado algumas palavras com a jovem enquanto o irmão mostrava a casa para sua mãe. Porém não conversaram o suficiente. Nem sabia por que ela estava ali. Discreto, argumentou:

— Rita, estou envergonhado com a nossa mãe. Ainda bem que nós já havíamos comentado o quanto ela é indelicada e agressiva quando quer. Sabe... Não entendo por que... Parece que ela não gosta de nos ver progredir, não gosta de paz. Fica procurando motivos para reclamações, discussões acaloradas e brigas. Só fica satisfeita e chorando preocupada quando nós estamos doentes, com problemas, não damos notícias... Parece que isso a deixa feliz. Acho que vou fazer como o Sérgio, vou sair daquela casa.

— Por que o pai não veio? — indagou o irmão.

— O Marcílio e a Ana brigaram e a mãe queria que o pai fosse se meter. O pai não foi e então... Você sabe... A mãe o chamou de irresponsável, covarde... Ele ficou chateado e não veio.

— Eu esqueci completamente que marcamos para você trazê-los hoje aqui.

— Cadê a Débora? — quis saber Tiago.

— Tentei falar com ela a tarde toda. Deixei vários recados na caixa postal, na secretária... Nós discutimos hoje cedo e acho que ela está magoada comigo. Deve ser isso. — Virando-se para a amiga, ele pediu com bondade: — É melhor comer, Rita. Nem se for só uma parte do lanche.

A moça abaixou a cabeça e, vagarosamente, forçou-se a comer um pedaço do sanduíche.

Os irmãos se entreolharam e Tiago entendeu que não era um bom momento para qualquer pergunta ou comentário, por isso começaram a falar sobre assuntos corriqueiros.

Acreditando que não seria notada, Rita levantou-se, suavemente, pedindo baixinho:

— Com licença...

— Aonde você vai? — indagou Sérgio, franzindo a testa em sinal de desaprovação.

— Sérgio, eu... Preciso ir ao banheiro...

O rapaz se levantou, lançou-lhe um olhar autoritário e praticamente ordenou, apesar da fala mansa:

— Eu gostaria que a Débora estivesse aqui. Mas já que não está, terá de agir conforme vou dizer. Você vai usar o banheiro do corredor e a porta deverá ficar aberta dez centímetros. Nada de banho. Se demorar muito e não responder ao meu chamado, vou entrar lá. Pode acreditar! Se fechar a porta, vou arrombá-la e sabe que sou capaz disso! Entendeu?

— Mas...

— Não tem "mas", Rita! Somos amigos e não vou correr o risco!...

— Ei, Sérgio!!! O que é isso?! — protestou o irmão, assustado com o que ouvia.

— Você não sabe o que aconteceu, Tiago. Fica na sua! Depois conversamos! — Voltando-se para a jovem, tornou firme: — Sou seu amigo, Rita. Após o ocorrido de hoje, fui eu quem a tirou de sua casa, por isso sou responsável por não tomar qualquer providência ainda! Ou você me obedece, ou farei o que deveria ter feito, certo?! Ficarei aqui! Pode ir!

Com lágrimas correndo no rosto, que escondia entre os longos cabelos, a jovem abaixou a cabeça e foi para o banheiro. Mesmo na cozinha, Sérgio ficou alerta todo o tempo.

— Ficou louco?! — murmurou Tiago, contrariado e incrédulo. Mas o irmão não lhe respondeu de imediato. — O que você está fazendo?! Por que isso?!

Ao vê-la sair do banheiro com uma toalha nas mãos, Sérgio perguntou:

— Tudo bem? — Percebendo que a amiga foi para a sala chorando e usava a toalha para secar o rosto, ele foi até ela.

Inconformado, Tiago os seguiu e perguntou nervoso com a situação:

— O que está acontecendo aqui?!!!

— Dê um tempo, Tiago! — exclamou Sérgio também apreensivo. Puxando uma cadeira para perto do sofá onde Rita sentava, o amigo pediu em tom brando: — Desculpe-me por agir assim com você.

— Isso é necessário? — murmurou ela entre o choro.

— É sim, minha amiga. Estou com medo e preocupado de que tente de novo. — Vendo o irmão inquieto e exaltado, andando de um lado para o outro, observando-os, Sérgio pediu: — É melhor se sentar, Tiago. — Breve pausa e tornou: — Eu gostaria muito que a Débora estivesse aqui... Perdoe-me Rita, mas somos amigos e o Tiago não é um estranho. A situação é delicada... O tempo está passando e precisamos ter uma boa conversa, aqui e agora, para eu saber que decisão tomar.

Fragilizada, a jovem desatou a chorar. Sérgio explicou a Tiago exatamente tudo o que aconteceu na casa de Rita. E o fato de ela confessar que tentou suicídio, deixou-o perturbado.

Tiago sentiu-se mal. Estava perplexo, petrificado. Depois de todos os detalhes, Sérgio finalizou de forma mansa:

— Eu sei que a Rita está passando por um momento desesperador, considerando o impacto sofrido. Entendo que esse estado de depressão extrema não a deixa ter esperança, ver melhoria na vida, enxergar o fim de uma dor insuportável pela perda de pessoas queridas. Não é fácil mudar esse estado mental como um passe de mágica. — Virando-se para a amiga, pediu com gentileza: — Olhe para mim, por favor. — Vendo-a obedecer, embora brando, falou sem trégua, encarando-a firme: — Apesar de saber e compreender muito bem essa postura de pensamentos, eu não acredito que tenha feito aquilo sozinha, Rita! Tenho inúmeras razões para crer nisso e uma perícia técnica em sua casa, um exame de corpo de delito comprovariam minhas suspeitas. Preciso que me conte tudo. Se não me convencer, e conforme os fatos, ainda é tempo de eu tomar uma providência a respeito.

Não houve resposta. Somente um choro forte e compulsivo sufocado na toalha que ela apertava contra o rosto. Sérgio permaneceu firme e calmo. Saberia esperar.

O rosto belo e agradável de Tiago parecia terrivelmente transtornado. Mesmo sentado, a inquietude e a apreensão o dominava. Sentia-se esfriar como se fosse desmaiar. Apesar de policial em atividade, acostumado com as situações mais difíceis e infelizes, aquele era um conjunto de circunstâncias e condições bem diferentes por se envolver emocionalmente. Tratava-se de uma amiga pela qual tinha respeito, consideração e afetividade. Não era uma estranha, e ele não sabia o que dizer. O silêncio e a demora pareciam eternos. Encostando a cabeça no sofá, relaxando o corpo e fechando os olhos, o rapaz permaneceu imóvel e socorreu-se em uma prece.

Enquanto Sérgio permanecia atento ao encará-la, captou um brilho estranho nos olhos de Rita que se esforçava para dizer algo. Tentando ajudá-la, perguntou tranqüilo:

— E então, Rita. O que aconteceu?

— Não tenho razão para viver... Não tenho mais nada. Perdi meus pais em um acidente estúpido, mas ainda restava o meu irmão! — chorou. — O Rogério dependia de mim!... O Gustavo me deu muita força e... Ficamos noivos duas semanas atrás, mas... Eu pensei que poderia ter novamente uma família... Ontem telefonei e soube que minha tia morreu. Não conseguiram me avisar por eu estar no apartamento da Dé e... Não tenho ninguém...

O choro a interrompeu e a fez esconder o rosto na toalha, inclinando-se sobre os próprios joelhos. Tiago acomodou-se melhor para ouvi-la. Teve a intenção de fazer-lhe um afago, mas Sérgio sinalizou, impedindo-o e o irmão obedeceu, permanecendo em rigoroso silêncio, só observando. Pouco depois, ela se recompôs e falou ao erguer o corpo novamente:

— Eu queria sumir, morrer... Pensei em me matar e... Aquele foi o momento.

— Então decidiu se asfixiar com um saco plástico, prendendo-o com uma fita adesiva larga daquelas que se cola ou prende caixas de papelão? Depois cortou a fita que enrolou no pescoço com uma faca que encontrei sobre a mesa. Então pegou a mesma fita e enrolou os pulsos com os braços nas costas para não tentar rasgar o saco plástico no desespero da asfixia? — perguntou Sérgio, falando pausadamente, sem oferecer crédito.

— Não tenho nada a perder, Sérgio! Tanto faz morrer ou não!...

— Se tanto faz morrer ou não, por que optou em tentar? — perguntou firme. — Planejou se matar daquele jeito? Mas... Só quero entender... Se queria morrer, por que foi ao mercado e comprou frutas, ovos e outras coisas para sua provisão? Quem planeja se matar, não vai se importar em ter alimentos em casa, estou certo? — Ela não respondia. Tiago se sobressaltou, concatenando as idéias do irmão, e Sérgio continuou: — Eu olhei tudo. Você chegou, desembrulhou as compras, mas não guardou. Depois, de repente, decidiu se matar. Ligou o rádio bem alto, pegou a fita, teve a idéia de se asfixiar e voltando até a cozinha pegou o saco plástico e a faca. Por que não tentou se suicidar na cozinha, Rita? Por que foi até a sala?

— Não sei!...

— Por que ligou o rádio? — Ela chorava, mas ele não deu trégua e fazia perguntas após perguntas: — Seus cabelos são bem compridos e quando você os prende é com uma presilha ou o que vocês mulheres chamam de "bico de pato". Por que eles estavam soltos e como se estivessem empurrados para dentro do saco, em vez de se fazer um rabo de cavalo e torcê-los para cima ou prender com a presilha? Por que o tapete da sala estava remexido? Por que tem essas marcas no pescoço e nos braços? Por que o hematoma no rosto? Como você explica ter amarrado as mãos nas costas com a fita e tê-la cortado com a faca, dando-se ao trabalho de colocar a faca sobre a mesa? Como teve essa agilidade de contorcionista?

— Não!!! Chega!!! — a jovem implorou com um grito de lamento.

Tiago não suportou. Ao lado dela, rapidamente, abraçou-a num gesto amigo. Sem dizer nada. Mais tranqüilo, Sérgio falou em tom piedoso:

— Não posso ser cúmplice e responsável por algo tão evidente, Rita. Mesmo sendo seu amigo, mesmo gostando muito de você, eu tenho de tomar uma providência.

— Não... — implorou a moça. Afastando-se do abraço de Tiago, ela pediu: — Espere... Preciso de um tempo... — Alguns minutos e a jovem relatou: — Meu pai e o irmão dele abriram uma sociedade há muito tempo. Era uma rede de laticínios... Tudo ia bem. Meu pai confiava demais no meu tio e... Não sei direito, mas os negócios foram caindo e os prejuízos apareceram. Meu pai tinha mais de cinco casas muito boas e devidamente alugadas. Decidiu vendê-las e injetar dinheiro nos negócios, tornando-se sócio majoritário. Mas minha mãe começou a desconfiar do meu tio. Não me recordo bem... Parece que meu pai, convencido por minha mãe, queria comprar a parte do meu tio na sociedade e se livrar dele. O contador cuidava dessa separação, mas...

— Mas?... — perguntou Sérgio.

— Meus pais morreram no acidente... — Chorou. Pouco depois, continuou: — Não foi fácil eu me inteirar dos assuntos de negócios, que não entendia nada. O dinheiro das casas vendidas sumiu, pois meu pai o depositou na conta da empresa de laticínios. Contratei um advogado com o dinheiro que meu pai deixou em depósito numa aplicação para eu fazer a faculdade. Minha sorte foi ter um emprego. Não ganhava muito, mas ajudava. Restavam ainda os alugueis de três casas que não foram vendidas. Convenci o Rogério para nos mudarmos para uma que era menor, aquela que moro... Alugamos a outra, pois era maior e receberíamos mais.

O advogado moveu uma ação contra meu tio e foi fácil provar as suas falcatruas. Ganhamos a causa, mas meu tio teve direito de apelar para instâncias superiores. Assim, ele não devolveu o que nos pertencia por direito. Disse que não tinha dinheiro. Como a justiça é lenta, teríamos de esperar anos até um novo julgamento.

Rita fazia uma pausa vez ou outra, sempre secando as lágrimas que rolavam. Logo respirava fundo, como se quisesse recuperar as forças, e prosseguia:

— O Rogério se revoltava às vezes... Principalmente...

— Principalmente?... — indagou Sérgio.

— Meu irmão não suportava nosso tio... — contava com a voz entrecortada pela dor. — Nas vezes que nos encontrávamos, o Rogério cismava...

— Com o que, Rita? — tornou o amigo.

— Ele dizia que nosso tio me olhava com audácia... Insinuando-se com olhares e modos... estranhos.

— Seu irmão não gostava de ver o tio de vocês olhando-a como se a desejasse sexualmente? — perguntou sério e bem direto para ajudá-la.

— É... — murmurou.

— Essa era a opinião do Rogério. E a sua?

— Acho que aquele crápula nojento só queria nos provocar!

— Rita, o que esse passado tem a ver com o que aconteceu hoje? — tornou ele.

A amiga chorou, recostou-se no ombro de Tiago e contou:

— Não vou negar que quero morrer! Minha vida não tem mais razão... Quando voltei para casa, a dor da solidão e as lembranças acabaram comigo. Então, hoje, cheguei do mercado e me surpreendi com meu tio entrando na cozinha. Ele foi cruel, insensível e desumano com as palavras. Foi severo e me atormentou quando disse que não adiantaria eu ganhar a ação, receber o dinheiro e saber que eu não tinha mais ninguém para me amar... Aqueles de quem gostei estavam embaixo da terra, sendo comidos pelos vermes... — Apesar do choro, prosseguiu demonstrando repulsa: — Mandei que fosse embora, porque não parava de falar... Não parava de dizer coisas que me deixavam desesperada! Eu gritei! Briguei!... Não agüentei tanta coisa!... Falava de um jeito dominador, frio! Suas palavras pareciam me dominar... Eu enlouquecia a cada minuto! Então pedi que me matasse de uma vez!!! — Alguns segundos e continuou: — Ele propôs me ajudar, se eu quisesse. Aconteceu algo muito estranho com meus sentimentos... Era uma força... Uma vontade imensa de morrer. Isso foi me dominando conforme ele falava e falava!... — Ela chorou e Tiago recostou a testa em sua cabeça, afagando-a ao imaginar seu desespero. Procurando esconder o rosto no peito do amigo, a jovem revelou: — Era muita dor! Fiquei fora de mim e... Não sei como encontrei aquela fita e dei para ele. Eu queria acabar com aquele vazio, aquela angústia, com minha vida... Mas...

Sua respiração ficou alterada e seu coração acelerado.

— Mas... O quê? — questionou Sérgio.

— Depois que amarrou minhas mãos nas costas, começou a beijar meu pescoço... Eu o empurrei com o ombro e ia correr quando ele me segurou, me jogou contra a parede. Fiquei atordoada... Ele ligou o rádio bem alto... Nós brigamos...

— E depois?... — tornou Sérgio em voz baixa.

— Ele me bateu... Me beijou à força... — murmurou desalentada e sem chorar. — Eu não conseguia soltar minhas mãos... Tentei agredi-lo e correr, mas ele me bateu forte no rosto. Caí e fiquei tonta porque minha cabeça pareceu arrebentar no chão.

Rita não percebeu a força que usava para abraçar Tiago, como se quisesse se refugiar dentro dele. Quase imóvel e silencioso, ele a mantinha em seus braços, tentando lhe oferecer algum conforto. Apesar de completamente calado, remoia seus pensamentos, enojando-se com a sordidez de criaturas mentalmente enfermas, espiritualmente atormentadas e obscenas. Características típicas de esferas bem inferiores. Ele permanecia com um lado de seu rosto encostado na cabeça de Rita, mas se podia percebê-lo contraído e sisudo enquanto mantinha os olhos cerrados.

Na breve pausa, Sérgio esfregou o rosto com as mãos, suspirou fundo e, mesmo sentindo o coração disparar, concentrou-se para não se envolver sentimentalmente, queria usar somente a razão e não a emoção. Com entonação normal na voz, perguntou:

— Depois de bater com a cabeça no chão, o que aconteceu?

— Não sei... — murmurou após minutos. — Não lembro... Eu estava sem ar, sufocava e perdia as forças sem conseguir me soltar. Ele só me olhava e ria. Você me chamou, mas... Ele espiou e acho que o viu e... saiu pela porta da cozinha e trancou por fora, eu acho... Depois, lembro de você entrando... desligando a música... Mais nada... Acho que só acordei no quarto...

— Rita — tornou, falando bem firme —, esse caso é grave! Seu tio se aproveitou de sua dor, de seus sentimentos de angústia, usou sua fragilidade momentânea e a induziu à prática do suicídio, mas na verdade ele tentou matá-la!!! Quando cheguei e a ressuscitei, você estava vestida com essa mesma saia modelo, sei lá... indiano, que é bem comprida e...

— Chega! Por favor, Sérgio!... — chorou, agarrando-se a Tiago.

— Rita, seu tio abusou sexualmente de você?! — perguntou sem piedade. — Isso pôde acontecer, mesmo quando desmaiou.

— Não!

— Você apresenta marcas de agressão nos braços, no rosto... Mesmo tendo desmaiado e não se recordando, pode ter alguma resposta através do seu corpo ou nas suas roupas...

— Não!!!

— Sérgio!!! Pare com isso!!! — intimou Tiago, não a suportando ver em desespero.

— Estamos diante de um crime, Tiago!!! — falou nervoso. — Se formos omissos, será covardia e cumplicidade!!! Isso não vai ficar assim e eu vou tomar as providências!!!

Ele foi interrompido por um grito desesperador de Rita que se levantou com a intenção de sair correndo. Sérgio foi rápido e a segurou pelos braços. Ela tentava se livrar dele, mas não conseguia. Tiago levantou-se e interferiu, tirando-a das mãos do irmão, e segurando-a, tentou envolvê-la para acalmá-la. Rita entregou-se ao esmorecimento, que a dominou, e o amigo ajudou-a a se sentar. Parecia entorpecida, sentindo-se espiritualmente escravizada por uma sombra desconhecida. Seu belo rosto estava desfigurado como se perdesse os nobres traços de antes.

Por um instante, Sérgio pensou que ela fosse desmaiar. Com fala mansa e cuidadosa, chamou-a para que reagisse.

Tiago chegou trazendo um copo com água adoçada e, vendo-a abrir os olhos, pediu para pegar o copo e beber a água. Suas mãos pequenas e geladas tremiam e ele a ajudou levar o copo aos lábios pálidos. Rita bebeu alguns goles e em seguida recostou a cabeça no sofá, largou o corpo e fechou os olhos, abandonando-se sem reação.

Levantando-se, encarou o irmão parecendo indignado e irritado ao perguntar sem que a jovem ouvisse:

— Ela está em choque! E agora? Era isso o que queria?

— Fique calmo você também — pediu Sérgio em tom brando, parecendo exausto. — Essa falta de ação mostra que ela não tem uma consciência exata do que se passa ao seu redor. A indiferença ou inércia, neste caso, exibem que chegou a um estresse extremo e seu corpo reagiu reduzindo incrivelmente sua sensibilidade, seus movimentos e atividades psíquicas. Ela vai melhorar.

Após longos minutos, a jovem ganhou cor na face e nos lábios. Sentando-se direito, Rita não sabia o que fazer. Tiago acomodou-se a seu lado sem dizer nada e Sérgio pareceu impiedoso ao continuar:

— Vejo que está melhor. É o seguinte, Rita, pelo fato de você não saber o que aconteceu, nós iremos à delegacia agora. Para que se sinta menos constrangida, iremos à delegacia da mulher e...

— Não! — decidiu firme ao encará-lo. — Não vou! Não quero ir! Eu queria me matar, queria morrer, mas não vou passar pela humilhação de contar essa história novamente... Nem por exames!... Não!

— O que ele fez foi tentativa de homicídio!!! Isso é crime!!! Entendeu?!! — tornou Sérgio nervoso com a situação. — Além disso, pode tê-la violentado!!!

— Não!

— Estou falando como seu amigo! Eu a considero como uma irmã! Você não sabe dizer o que aconteceu! Ou não quer admitir?!

— Não... — tornou ela chorando.

— Sérgio, chega!!! — vociferou Tiago, vendo-a chorar, abraçada aos próprios joelhos.

— Eu queria morrer e ele ia me ajudar!... — ela falou com a voz sufocada.

— Mas não pensou que ele fosse beijá-la, acariciá-la... Foi aí que reagiu?! — insistiu Sérgio.

— Foi... Mas ele me bateu... — confessou, chorando em desespero. — Fiquei tonta... Acho que o vi... Não quero falar disso! Não quero lembrar isso. Estou com nojo de mim...

Sérgio não conseguiu manter a firmeza que apresentava. Ajoelhou-se ao seu lado e a abraçou com carinho fraterno. Rita aceitou o ombro amigo, chorando por longos minutos um pranto doloroso e triste, depois murmurou:

— Não tenho nada... Não tenho ninguém... Não quero falar mais nada...

— Rita... — disse Sérgio em tom piedoso, afastando-a do abraço. — Precisamos tomar uma providência, minha querida.

— Não... Por favor, não! — implorou.

— E deixá-lo sem uma punição? — tornou ele em tom bondoso.

— Não importa... Se é meu amigo como diz, não vai me forçar a nada.

— Você foi vítima. Não há do que se envergonhar.

— Há, sim! Vão pensar ou o advogado dele vai falar: se ela queria morrer qual o problema de ele a usar?

— Rita...

— Sérgio! — interrompeu Tiago firme. — Deixe-a fazer como quer!

— Você não entende que...

— Chega, Sérgio!!! — o irmão se impôs com olhar furioso. Virando-se para ela, ajudou-a a levantar e perguntou com brandura e delicadeza: — Você está cansada. Quer tomar um banho, trocar de roupa e relaxar um pouco? — Imediatamente, lágrimas rolaram em sua face enquanto acenou positivamente com a cabeça. Com suave sorriso, Tiago aconselhou: — Então vá para o quarto do Sérgio, pegue suas roupas e fique à vontade. Só vou pedir uma coisa — expressou-se com doce compreensão no olhar e no tom de voz —, feche a porta do quarto e do banheiro, mas não tranque. Confio em você, mas vejo que não está muito bem e pode se sentir mal, desmaiar... Qualquer coisa, chama, tá?

— Tá... — murmurou indo para a suíte.

Contrariado e nervoso, Sérgio andou de um lado para outro da sala. Ao ficar sozinho com o irmão, protestou em tom moderado:

— Não acredito no que você fez, Tiago! O que aquele desgraçado fez foi um crime!

— Sérgio, pára! — interrompeu-o de imediato. — Você não pode obrigá-la a denunciar um crime de estupro. A vítima precisa dar queixa por vontade própria! Não é um crime de ação pública!

— As vítimas têm vergonha e é por isso que, desgraçados como ele, continuam livres!

— Estou assustado com você. Pare e pense. Ela passou por muita pressão. Está sozinha no mundo! Forçá-la a prestar queixa, passar por interrogatório, exames e tudo mais é violentar a vontade dela! É constrangimento ilegal! Já não basta a Rita querer morrer?! O que acha que ela está pensando?!

— Mas esse infeliz precisava ser preso em flagrante! — reclamou Sérgio.

— O que é mais importante para você: prender o vagabundo em flagrante ou o bem-estar psicológico da nossa amiga? — O irmão ficou pensativo e Tiago comentou: — Você foi muito duro com ela, Sérgio. Pressionou-a tanto! Inquiriu de modo rígido, impiedoso... O que te deu?

— Fiquei revoltado com o cara. Se você visse como eu a encontrei!... — Sérgio se deteve por um sentimento de indignação e ódio. Depois contou com um brilho lacrimoso no olhar: — Logo vi que seria impossível ela se amarrar daquele jeito e sozinha! Peguei-a no colo e a levei para o quarto para acomodá-la na cama e... Apesar de longa, a saia que usava subiu e não pude deixar de notar marcas fortes na região interna das pernas... Algo típico de violência e luta... Quero matar aquele desgraçado!!!

— Eu também quero — disse Tiago com tranqüilidade. — Não admito violência contra uma mulher e, por ser alguém que considero... Puxa! Nunca pensei que fosse tão difícil. Quero matar o desgraçado, mas não é por isso que vou agredir, magoar e maltratar mais ainda a minha amiga.

Você ficou violento com as palavras, Sérgio. Eu não o reconheci! Toma cuidado!

O outro ficou pensativo por alguns minutos, mas logo perguntou:

— Não posso levar a Rita embora e deixá-la sozinha... Você dorme por aqui?

— Claro. Sem problemas!

— Então ela dorme no meu quarto e eu fico aqui no sofá.

— Não quer que eu fique no sofá? — tornou Tiago.

— Não. Estou preocupado com ela e sem sono. Talvez a Débora me ligue e...

Vendo Rita à porta a conversa foi interrompida. Tiago prontificou-se em arrumar a cama no quarto de Sérgio, fazendo com que a amiga se deitasse. Acomodando-se, ela falou baixinho:

— Quero pedir desculpas a vocês dois.

— Não tem motivos para pedir desculpas, Rita — disse Sérgio em tom brando, gentil e algo arrependido. — Desculpe-me por ter sido tão cruel com você... Mas fiquei... Amanhã conversamos. Qualquer coisa, estarei aqui na sala. É só me chamar. Boa noite!

— Boa noite — respondeu, murmurando.

Tiago a cobriu com leve lençol e perguntou:

— Está calor. Quer que ligue o ventilador?

— Não, obrigada.

— Está mais calma?

— Acho que consigo pensar melhor.

— Que bom! Sabe, Rita, muitas vezes nós nos vemos em um túnel escuro e sem recurso... Em vez de nos desesperarmos e desistirmos devemos cavar uma saída. Quero que saiba de uma coisa: você tem amigos que a querem muito bem, por isso não vai ficar sozinha. Sua vida não será como antes, pois foi um golpe duro, mas nós estaremos com você.

Ela se emocionou. Sentou-se e deu-lhe um abraço apertado e demorado, comentando baixinho:

— Acreditei que nada iria mais me derrubar nesta vida. No entanto...

— Eu sei... Sempre te admirei por ser uma pessoa firme. Tudo é recente e você vai superar.

— Não deixe o Sérgio fazer qualquer denúncia — murmurou triste.

— Não. Não vou deixar. Agora durma.

Beijando-lhe a testa, ofereceu brando sorriso antes de apagar a luz e saiu do quarto.

Ainda na sala, os irmãos conversaram um pouco até Tiago sentir-se dominado pelo sono e ir para o outro quarto, enquanto Sérgio tomou um banho e deitou-se no sofá.

17

Débora flagra Sérgio dormindo com Rita

Por horas Sérgio ficou completamente insone e ligou várias vezes para a namorada. Não conseguia parar de pensar em Débora, imaginando o motivo de ela não telefonar ou ir até lá depois de tantos recados que ele deixou na caixa postal do celular e na secretária eletrônica do apartamento.

Tirando a camiseta úmida de suor, o rapaz a jogou no sofá e foi até a cozinha beber água. O calor estava forte, por isso decidiu abrir a janela da sala para que a brisa da noite refrescasse o ambiente. Ficou refletindo sobre seu irmão reclamar da sua agressividade com a amiga e preocupou-se com isso. Parecia que tudo o irritava.

Segundos depois, escutou um choro. Aguçando os ouvidos, teve certeza de que era Rita em seu quarto e correu até lá. Acendendo a luz, despertou-a de um sonho ruim.

A jovem quase gritou ao respirar fundo acordando rápido e sentando-se bem ligeira.

Ao seu lado, Sérgio falou generoso:

— Calma, Rita. Está tudo bem?

A princípio, ela olhou para os lados como se não recordasse de tudo. Alguns segundos e a jovem abraçou-o com força chorando muito. Rita entrou em pânico, incrivelmente amedrontada. Não foi fácil o amigo conseguir acalmá-la.

— Fique tranqüila. Está tudo bem. Você está segura aqui.

— Estou com medo! Não quero dormir! — disse chorando. — Tive um pesadelo horrível!

— Espere. Vou pegar alguns travesseiros aqui no armário para que fique quase sentada — dizia Sérgio com generosidade.

— Não me deixe sozinha! Não apague a luz!

— Tudo bem. Eu fico aqui.

O rapaz ajeitou os travesseiros para que ela se sentisse mais confortável. Sentou-se ao seu lado e percebeu que Rita não queria se recostar, secando as lágrimas no lençol.

— Vem... Encoste-se aqui — pediu com bondade.

A amiga teve outra crise de choro e se abraçou a ele. Algum tempo depois, ela começou falar, reclamar e desabafar como se precisasse contar sobre sua vida, sobre as dificuldades enfrentadas desde quando perdeu os pais.

A postura estava incômoda para sua coluna e Sérgio se ajeitou, sobrepondo o braço nos ombros da amiga que recostou o rosto em seu peito. Sabia entender o valor e a importância daquele desabafo. Aos poucos Rita se acalmou e com a intenção de vê-la adormecer, ele, vagarosamente, moveu-se para acender um abajur na cômoda ao lado e apagou a luz forte do quarto no interruptor perto da cabeceira da cama.

Rita ainda exibia medo, mas acabou adormecendo sobre o ombro do amigo. Olhando-a, Sérgio pensou em ajeitá-la e se levantar, mas decidiu demorar um pouco temendo que ela acordasse. No entanto energias pesadas arrebataram o rapaz num sono irresistível e ele adormeceu ali mesmo.

Na espiritualidade Sebastião e sua equipe de companheiros, impressionantemente voltados para o mal, atuavam com incrível fervor. O objetivo era atrapalhar o máximo possível a vida de Sérgio a fim de que ele não cumprisse sua proposta reencarnatória. Além de vingar-se dele por não ter sido comparsa das maldades praticadas por alguns daquele grupo no passado. O verdadeiro propósito era desequilibrá-lo e a primeira coisa a fazer era deixar o rapaz sem estrutura emocional.

Horas haviam passado quando, lentamente, a porta da sala foi aberta com delicado cuidado para não fazer barulho e fechada com a mesma cautela. Entrando na sala, Débora sorriu ao ver a janela aberta e a suave luz que vinha do quarto do namorado.

"Coitado! Deve ter se cansado de me esperar", pensava. "Vou fazer uma surpresa!".

Ela tirou as sandálias deixando-as na sala para não fazer ruídos e foi para a suíte.

Parando à porta, Débora ficou petrificada ao ver Rita deitada naquela cama e sobre o ombro de Sérgio. Abraçava-o pela cintura, enquanto ele inclinava a cabeça sobre a moça ao envolvê-la com o braço.

Sem se conter, Débora respirou fundo, colocando ambas as mãos para tampar a própria boca a fim de segurar um grito e o choro.

Imediatamente, Sérgio acordou e reconheceu a namorada perplexa fitando-o de forma incrédula. Olhando para o lado viu Rita dormindo. Tirando o braço da amiga que o envolvia, cuidadoso, rapidamente afastou-se dela. Levantando-se às pressas, ele se aproximou da namorada, que estava paralisada à porta em verdadeiro choque pelo assombro, e sussurrou em desespero:

— Débora! Não julgue! Pelo amor de Deus! Você não sabe o que aconteceu! Vamos... — tentou terminar a frase, mas ao tocá-la, foi interrompido.

— Tire suas mãos de mim! — exigiu, dando-lhe as costas e indo para a sala.

Correndo atrás dela, Sérgio tentou explicar:

— Débora, não é nada disso que está pensando! — suplicou humilhantemente.

— Ah!!! Não?!!! — gritou chorando, enquanto colocava as sandálias. — Olhe para você!!! Sem camisa, deitado na cama abraçando-a!... O que quer que eu pense?!!! Ela é minha amiga, eu... Eu confiava em vocês dois como nunca confiei em alguém!!!

Ao vê-la abrir a porta para sair, Sérgio a segurou firme pelo braço, mas sem machucá-la e pediu em tom de desespero:

— Por favor, me ouça!

Débora estava em pranto, mas reagiu furiosa e deu-lhe forte tapa no rosto. Depois de vê-lo pôr a mão na face, ao virar para olhá-la novamente, ela o encarou com forte mágoa intimando-o ao exigir entre os dentes cerrados:

— Tire suas mãos imundas de mim e nunca mais me procure!!! — dizendo isso, ela saiu e foi embora sem olhar para trás.

Sérgio ficou atordoado. Não sabia o que fazer.

Atraído pela conversação, Tiago chegou à sala no momento em que Débora estapeou o namorado, mas ficou à distância sem ser visto para não se envolver, afinal, ele só viu aquela cena e não sabia o que estava acontecendo. Em seguida, percebendo o irmão desolado e incrédulo aproximou-se e indagou ligeiro:

— O que aconteceu?!

O outro, esvaído de força e ânimo, contou tudo pausadamente, parecendo em choque. Depois, murmurou perplexo:

— Tentei explicar, mas ela não quis me ouvir. Parecia sentir tanto nojo de mim... Tanto ódio...

Os irmãos estavam sentados no sofá e um vulto chamou-lhes a atenção. Ao olharem, só viram rapidamente Rita se virar e correr.

— Meu Deus... — murmurou Sérgio sem acreditar no que acontecia.

— Rita! Rita! — gritou Tiago correndo atrás da amiga.

No quarto, a jovem teve uma forte crise de nervos e, excessivamente abalada, gritou e chorou agindo de forma quase insana. Aproximando-se, Tiago tentou segurá-la e ao envolvê-la com cuidado foi vítima de vários murros e tapas que Rita desfechava em seu peito. Lentamente foi se acalmando e, mesmo com o coração opresso que palpitava amargosa dor, ela o abraçou forte e chorou muito.

Sentado na sala, Sérgio permanecia paralisado fazendo uma retrospectiva do passado em que a ex-namorada Sueli o encontrou em situação quase semelhante, mas com sua própria irmã. Naquele dia tudo se repetiu. Por que o destino lhe estava sendo tão cruel? Ele amava Débora com toda a força de sua alma.

Repentinamente um assomo de idéias e de lembranças terríveis invadiu seus pensamentos. Tomado de súbita revolta, foi até o quarto, pegou suas roupas e saiu do recinto sem atender aos chamados de Tiago que confortava Rita.

Trocando-se rápido, Sérgio não disse nada e saiu.

Enquanto tudo acontecia, o espírito Lúcia se comprazia imensamente com os últimos acontecimentos. Com a ajuda do espírito Sebastião, ela fez com que Sérgio se distraísse ao colocar as sacolas com as roupas de Rita sobre a cama sem os cuidados necessários para que não virasse, fazendo os pensamentos do rapaz se ocuparem com outras coisas a fim de ele não olhar para trás após o barulho sutil da sacola tombando. Percebendo Sérgio confuso e inquieto com os últimos acontecimentos, não foi difícil inspirá-lo a mostrar a casa para sua mãe, momento em que esses companheiros espirituais envolveram dona Marisa para reagir abruptamente no quarto do filho e ofender a jovem Rita já bem abalada com suas particularidades. Depois os mesmos espíritos inspiraram Sérgio a revoltar-se com os fatos e as condições que ocorreram com Rita, fazendo-o tomar uma postura incomum à sua personalidade ao produzir extremo sofrimento moral à amiga, obrigando-a contar a verdade que nem lembrava pelo choque, medo e estado atônito. Assim não foi difícil o espírito Sebastião atormentar a moça, quando esta dormia, sob o efeito de horrível pesadelo, atraindo Sérgio, que deixou seu coração piedoso envolver a amiga tão carente e, vagarosamente, diante das circunstâncias, dominá-los pelo sono e pelo efeito de energias pesadas.

Mas o auge do sucesso das más influências e inspirações desses espíritos tão inferiorizados foi o envolvimento de Débora, induzindo-a à decisão de ir até a casa de Sérgio e ver o namorado deitado ao lado de sua melhor amiga.

Por se encontrar em uma situação em que o passado parecia bater-lhe à porta, Sérgio iria se desequilibrar, principalmente pelo seu amor por Débora. Ela não acreditaria em sua palavra ou em qualquer explicação, pois as condições e o conjunto de acontecimentos, que a namorada presenciou, eram indiscutíveis.

Sérgio não percebia ou admitia que os estranhos acontecimentos eram facilitados e os sentimentos de angústia impostos por espíritos maus, algozes do passado e outros que não queriam ver realizadas as tarefas às quais ele se propôs e ajudariam a muitos.

* * *

Após não encontrar Débora em seu apartamento nem conseguir falar com ela através de ligações para o celular, Sérgio sentiu-se desesperado e foi até a casa do amigo João, pois não sabia o que fazer. Recebido pela agradável dona Antônia, mãe de João, ele sentiu amargo gosto de decepção ao saber que o amigo não estava.

— Ora! Entre, meu filho — pediu a dona da casa com agradável prazer. Sérgio ficou paralisado e novamente a senhora o chamou: — Entre! Ele não vai demorar.

— Obrigado, dona Antônia, mas... É que... — tentou dizer, mas pareceu desorientado e seus olhos estavam brilhantes, quase marejados. Sentia vontade de chorar, mas se continha.

A mulher se aproximou, pegou em seu braço e comentou com brandura:

— Venha, filho. Acho que precisamos conversar. Você está sem rumo... Vem, entre.

Sem entender o que acontecia consigo, o rapaz se deixou conduzir como se algo envolvesse seus sentimentos e nublasse seus pensamentos conflitantes.

Não demorou e lá estava ele sentado à mesa tomando uma xícara de chá com dona Antônia, que oferecia:

— Aceita mais um pedaço de bolo?

— Não. Obrigado.

Emanando indescritível tranqüilidade, a mulher observou sem alarido:

— Você está abatido, Sérgio. Está com a mente longe...

— Tantas coisas aconteceram repentinamente, dona Antônia — falou desanimado. — Ainda estou sob o impacto de um choque. Desculpe-me se não consigo ficar tão... atento como de costume.

— Entendo, filho. Eu já esperava por isso. E sei também que não é por acaso que está aqui agora.

— Como assim? Perdoe-me, mas... Não entendi.

— "Vós sois a Luz do mundo!" — exclamou sorrindo. Em seguida falou bem séria: — Você é essa luz, Sérgio. Porque "não podemos colher uvas de espinheiros", porque "toda árvore boa dá bons frutos". — Percebendo que o rapaz não compreendia, dona Antônia o abordou com delicada generosidade: — Já reparou que eu gosto muito de chamá-lo de filho?

— Sim. Já reparei — afirmou, sorrindo com brandura.

— Sabe, você é uma criatura tão boa, tão elevada espiritualmente, que eu gostaria que fosse meu filho legítimo. Mas como Deus é sábio, bom e justo deixou-me adotá-lo como filho do coração, por isso fico muito feliz quando vem aqui em casa.

— Obrigado, dona Antônia. Sinto-me lisonjeado pela consideração, mas não sou tão bom e elevado como a senhora imagina.

— Ah!... — riu com gosto. — É sim! Desde quando o João te trouxe aqui nesta casa, eu soube o quanto você era bom, meu filho. Agradeci tanto a Deus por tê-lo encontrado e deixado que seus primeiros passos dentro do Espiritismo fossem sob a luz do pouco entendimento que tenho, com toda a certeza, pouco entendimento, mas de prática cristã. — Pequena pausa para ele refletir e continuou: — Sérgio, eu sabia que, em determinado tempo, o desassossego queimaria sua alma, tribulações aconteceriam e o inevitável sofrimento tentaria desgostá-lo de tudo.

Apreensivo diante da colocação, sentindo o coração oprimido, Sérgio comentou vacilante:

— A senhora conhece muitas coisas sobre a minha vida. Acredito que converso mais com a senhora do que com a minha mãe. — Deu leve sorriso e confessou: — Já me perguntei: por que a minha mãe não é como a senhora? Ou... Por que a senhora não é a minha mãe?

— Você é meu filho de coração, Sérgio. Eu o adotei bem crescidinho! — riu a senhora. — Pode me adotar como sua mãe do coração, mas nunca deixe de amar a mãe que te trouxe ao mundo, que te deu a vida.

— Dona Antônia, a senhora não sabe o que estou passando... — o rapaz sentiu um travo na voz e lágrimas quentes brotando em seus olhos. Para não chorar fez-se firme e suspirou fundo levantando a face para o teto e circunvagando o olhar para se distrair.

Antecipando a retomada do assunto, dona Antônia preocupou-se e avisou:

— Posso não saber detalhes do que está te fazendo sofrer, mas eu sinto. Sei que isso está sendo insuportável, meu filho. Talvez a incerteza, a impaciência, a aflição pelo futuro indeterminado sejam as ferramentas de uma espécie de ataque espiritual investido contra você com a finalidade de atrapalhar os seus feitos, seus trabalhos determinados no auxílio.

— Não sei se posso afirmar que sofro algum tipo de influência dos espíritos maus ou sem instrução. Até porque nada aconteceu comigo diretamente, mas sim com aqueles que estão à minha volta, provocando situações irreversíveis. Pessoas que são importantes, as quais considero mais que alguns parentes acabam tendo problemas graves e ao tentar ajudar me envolvo em situações difíceis. — Olhando-a nos olhos, Sérgio experimentou-se esvaído de forças e alternativas. Como se procurasse refúgio naquele coração materno atento ao que o castigava, ele contou-lhe tudo o que aconteceu nos últimos tempos. Depois desfechou: — Então... É isso, dona Antônia. Não sei o que fazer.

A mulher ficou pensativa e silenciosa por longos minutos, e depois o preveniu:

— Você passa por uma obsessão, Sérgio. É o que eu sinto. Esse sofrimento, essa angústia que vive agora é por coisas que aconteceram para você. Não pode negar isso.

— Como comentei, vivi experiências espirituais quando morava na casa dos meus pais. Depois que me mudei, tudo ficou mais calmo até a Débora ficar sem emprego.

— Daí vem o seu medo de sair da polícia e perde oportunidades de trabalho, além disso, usam sua preocupação ou o seu medo para te atormentar.

— O João comentou isso com a senhora?

— Não. Disseram isso agora nos meus pensamentos. Você acredita?

— Lógico! Acho que sei como é.

— Sim. Você é médium. Aliás, todos somos em maior ou menor grau. Alguns com tarefas ostensivas outros não. Mas isso se aprende com o tempo. Veja, Sérgio, para atingi-lo e deixá-lo aflito usam situações à sua volta com a intenção de perturbá-lo e cegá-lo para o que é certo. Isso é coisa bem fácil de ser feita por espíritos maus e sem evolução. Sei que já estudou isso, mas é bom lembrar que o espírito é a alma da criatura humana na espiritualidade. Por isso não pense que, quando alguém morre, vira santo ou vai para o céu. Não! Os espíritos têm a invisibilidade a seu favor e agem nos pensamentos dos encarnados quando encontram um terreno fértil. A influência e a inspiração salutar de seu anjo da guarda ou mentor podem afastar esses espíritos ignorantes e inferiores se, e somente se, você mantiver o caráter, a moral, o pensamento elevado e a fé constante. Tem que rezar, filho!

— Existem vários tipos de obsessão, mas as principais variedades são: a obsessão simples, a obsessão pelo estado de fascinação e a obsessão de subjugação. Só a mudança de pensamento e comportamento pode nos livrar de qualquer tipo de obsessão.

— Não. Não é só isso! Não é tão simples assim! — A senhora riu ao comentar: — Vejo que leu os livros que te dei! Agora fica mais fácil conversarmos. — Alguns segundos de reflexão e falou: — Quando se chega ao ponto de fascinação, é porque a pessoa já passou pelos outros estágios de obsessão e o seu orgulho é o principal instrumento do espírito obsessor que pode arrastá-la à obsessão por subjugação. Isso acontece com médiuns que nem sabem que são médiuns. Mas uma coisa é certa: a aquisição de informações e instruções através dos livros da Codificação Espírita é uma atitude de grandioso valor em caso de obsessão. Temos tantas deficiências que não é fácil admiti-las, mudarmos e nos reformarmos intimamente. Não tenho muito estudo, mas sei que você, como psicólogo, já esteve diante de casos simples demais, porém para o paciente a situação era um bicho de sete cabeças, não é? — Os dois sorriram e ela continuou: — Então ao adquirir conhecimento através de cursos e estudos sérios e sob a Luz da Doutrina Espírita, com a mudança de pensamento e comportamento você provará ao espírito obsessor que quer perturbá-lo que não será mais possível enganar e abalar você. Com certeza, esse espírito será persistente e teimoso. Mas agindo pacificamente, demonstrando calma com tudo que parece acontecer a fim de desiludi-lo, magoá-lo e angustiá-lo, você fará esse espírito se cansar, perder a paciência, as energias e ele sairá da sua vida ou será retirado por entidades mais elevadas para ser encaminhado a lugar propício, pois já superou sua prova.

— Adquirir conhecimento através da Doutrina Espírita é fácil. Difícil é mudar verdadeiramente o comportamento... Como contei, nos últimos tempos, eu reagi de maneira muito estranha do meu modo de ser.

— É lógico que reagiu, gritou, esmurrou mesa, segurou a Débora como se a agredisse. Em O Livro dos Espíritos, a questão 192, diz: "Aquele que se julga perfeito está longe da perfeição". É bom que você admita seus erros. O espírito obsessor é o único que consegue tirar a nossa máscara, Sérgio, pois o corpo físico é o disfarce que usamos quando encarnados. Quem, dos encarnados, pode dizer que não tem algum defeito, algum hábito ruim, alguma falta de caridade? Quem?! — Ele ficou pensativo e silencioso e dona Antônia expressou-se melhor: — Por exemplo, tem gente que não admite ter o defeito de sempre acreditar que tem razão em tudo ou que conhece tudo. Outros o hábito ruim do mau pensamento, do desrespeito, do ciúme, do desejo de que um conhecido não tenha sucesso. Em alguns não faltam somente a caridade material, mas a caridade por não demonstrar piedade com a língua afiada que comenta o que não se deve, maldizem sobre a vida alheia, criticam a atitude dos companheiros de jornada... E eles acreditam que nenhum mal fazem com a língua enquanto ferem o próprio espírito por suas más tendências. Muitos recebem advertências por seus defeitos e vícios, mas poucos ficam alerta. — Breve pausa e advertiu bem séria: — Se você sufocou suas verdadeiras reações até hoje, o espírito obsessor produziu impressões em seus pensamentos e você não suportou o tormento, chegando ao extremo de agir e reagir como você realmente é.

— Isso significa que o espírito obsessor arrancou a minha máscara?

— Sim, pois provocou seus sentimentos e o deixou se ridicularizar. Isso mostra que você é um ser humano em evolução e necessita ter bom-senso diante dos fatos, sendo vigilante nas atitudes, pensamentos e reações. Nos momentos em que se irrita, quem acredita estar ao seu lado? O seu anjo da guarda ou um espírito sem evolução que quer seu mal?

Sérgio riu e comentou:

— Meu mentor ou anjo da guarda deve ir para bem longe!

— Não. Ele só se afasta e observa a sua inclinação às inspirações do espírito inferior. Podemos rogar, suplicar para que os espíritos bons e evoluídos se liguem a nós, mas enquanto nossos pensamentos, nossas más tendências, nossos vícios se identificarem com os fluidos dos espíritos inferiores, jamais nos elevaremos para que as boas entidades nos inspirem. Temos que mudar nossa forma de pensar e agir, ou seja, fazer nossa reforma íntima para nos afastarmos das más inspirações.

Respeitando sua reflexão no semblante preocupado, dona Antônia serviu-lhe mais chá e aguardou. O rapaz tomou alguns goles, depois comentou:

— Cheguei aqui com os pensamentos fervilhando. Sentia minha cabeça literalmente quente, como se estivesse com febre. Não conseguia organizar as idéias e...

— E agora?

— Ainda não tenho qualquer solução, mas sinto que posso organizar as prioridades.

— O que vai fazer? — tornou ela com paciência peculiar.

— Preciso encontrar a Débora e esclarecer tudo.

— Mas... E se não encontrar a moça como pretende? Você tem que pensar em todas as possibilidades.

— Se não encontrá-la... Não sei... Adoro a Débora, a senhora sabe!

— Às vezes nossos planos não seguem conforme queremos, por isso devemos nos preparar para tudo. Até para situações imprevistas, pois precisaremos manter o controle, comandar as emoções...

Sérgio sentiu-se estremecer. Ele levantou o olhar parecendo beber-lhe os elevados conselhos, concordando positivamente ao acenar a cabeça. Logo anunciou:

— Vou novamente até o apartamento da Débora e se não estiver lá vou para casa e ligarei para a Yara, a irmã dela. Quem sabe ela tem alguma informação.

Apontando para a sala como se pressentisse algo, a senhora ofereceu:

— Ligue daqui mesmo. Não fique apreensivo até chegar lá. Vá! Fique à vontade.

O rapaz sorriu levemente, respirou fundo e foi até a sala como proposto. O telefone do apartamento da namorada não era atendido e o mesmo acontecia com o celular.

Rendendo-se ao seu maior temor, Sérgio telefonou para a casa dos pais de Débora e pediu para falar com Yara, mas a empregada avisou que a jovem havia saído. Como última alternativa, ele ligou para o celular de Yara e foi atendido:

— Eu já esperava por sua ligação, Sérgio — disse a moça friamente. — O que você quer?

— Yara, preste atenção e, por favor, não desligue — puro silêncio. Depois ele prosseguiu: — Eu preciso falar com a Débora. Ela está com você?

— Está sim. Mas nem quer ouvir a sua voz. E eu não sei como tem coragem de tentar se explicar depois de tudo o que ela viu! É muita cara-de-pau!

— Yara, não julgue, pois não sabe de nada. Não é um assunto para ser conversado por telefone, mas se não tiver escolha... Por favor, deixe-me falar com a Débora!

Longos segundos e escutou:

— Alô?...

— Débora! Precisamos nos ver! Você não sabe o que aconteceu...

— Ah!... Sei sim! — afirmou com voz de choro. — Eu mesma vi! Não precisa me contar!

— Débora, pelo amor de Deus, pense! Quantos recados deixei em seu celular, na secretária eletrônica de seu apartamento?! Eu estava desesperado atrás de você para que fosse até a minha casa!

— Depois da forma como me tratou em meu apartamento?! Não poderia se vingar de mim de forma mais cruel pelo fato de eu gritar com você! Você foi insensível, desumano... me atraiu até sua casa para vê-lo com a Rita... Minha melhor amiga! Como fui idiota ao me deixar enganar! O que vai inventar agora? Que a Rita estava se sentindo só?! Que ela queria morrer?! Que ela apareceu no meio da madrugada pensando em suicídio e por isso foi dormir com você e na nossa cama?!

— Não fale assim... — pedia, parecendo suplicar.

— Como quer que eu fale, Sérgio?!!!

— Eu te amo, Débora! Por favor, vamos conversar pessoalmente! Meu irmão estava na minha casa!... Vamos conversar junto do Tiago e da Rita para esclarecermos tudo... Eu te imploro...

— Você não sabe o que fez comigo... — chorava. — Não tem idéia de como me fez sofrer... Pergunte para alguma mulher o que significa ser trocada por outra, ser enganada... Você acabou com a minha fé, com a minha esperança em algo melhor... Justamente quando eu passo por um momento tão difícil... Não poderia ser mais cruel, pois minha vontade é morrer! Não temos nada para conversar, mas saiba que você acabou com a minha vida!

No segundo imediato, Débora desligou.

Sérgio se sentiu derrotado. Largando-se ao recostar no sofá, fechou os olhos desejando sumir, desaparecer. Dona Antônia espiou a distância e decidiu não incomodá-lo com perguntas, deixando-o imerso em seus pensamentos.

Mais de uma hora havia passado quando o amigo João chegou. Dona Antônia explicou-lhe abreviadamente o acontecido e, após algum tempo, com fala mansa e meticulosa, João o chamou:

— Sérgio?...

O colega abriu os olhos avermelhados, acomodou-se corretamente e esfregou o rosto com as mãos. Cabisbaixo, contou:

— A Débora não quer me ver mais... Estou arrasado... — Levantando-se, pediu: — Desculpem-me por incomodar. Mas... Preciso ir.

— O que aconteceu com a Rita? — quis saber João.

Dona Antônia olhou para o filho e aconselhou:

— O almoço está quase pronto. Leve o Sérgio para o seu quarto e ele te conta tudo. Depois vocês vêm para almoçar.

— Não. Obrigado. Preciso ir para... — tentou argumentar.

— Ora, Sérgio! O que precisa resolver pode ser adiado e é até melhor que seja assim, pois terá mais tempo para pensar sem perturbar a menina — disse dona Antônia.

— Mas...

— Não tem "mas", Sérgio! — exclamou João conduzindo-o para o quarto.

Sentindo-se atordoado, Sérgio se deixou guiar e, bem mais à vontade contou ao amigo tudo o que havia acontecido.

* * *

Após o almoço, ainda sob o efeito de sérias preocupações, Sérgio bebia vagarosamente o café oferecido quando dona Antônia comentou:

— Eu estive pensando... Essa menina, a Rita, não tem ninguém e pelo que entendi não é bom que fique sozinha. Pobre moça... Depois de tudo não será bom que ela fique em sua casa, não é, Sérgio?

— Esse é o meu problema. A Rita não deve ficar sozinha.

— Ela trabalha, Sérgio? — tornou a senhora.

— Sim, mas está de férias.

— Por que não a traz para cá hoje para me visitar?

— Dona Antônia... A senhora não está pensando em...

— Ora, menino!... Não estou pensando nada. Essa menina é simpática e eu gosto de companhia.

— O que vou dizer para ela? — perguntou Sérgio.

— Assim que chegar a sua casa, seu irmão estará lá e tudo mais calmo. Convide os dois para me visitarem e venham para cá.

Sérgio ficou relutante, mas João o encorajou e ele fez o proposto quase mecanicamente.

Após a conversa com a sábia senhora, o rapaz sentia-se melhor, apesar das preocupações. Sua mente ficou receptiva ao ambiente vibratório elevado e à linguagem simples sobre temas e aconselhamentos tão importantes em busca de soluções, explicações e criações mentais construtivas.

Isso atraiu entidades nobres que os envolveram em um círculo de energias balsâmicas e elevadas. Essas forças energéticas que se fizeram em torno de Sérgio foram alimentadas por sua postura mental peculiar que veio do âmago de seu ser e foi aprimorada através de diversas existências corpóreas nas quais se empenhou para evoluir, porém em total bênção do esquecimento na presente encarnação.

18

Os olhos de Deus

Na tarde do dia seguinte, João adentrou na sala onde Sérgio clinicava e, por não vê-lo, ia saindo quando olhou sem pretensões sobre a mesa do amigo e viu um cartão escrito com uma bela letra e sobreposto em um suporte que chamou sua atenção. Nele, lia-se: "...anjos da guarda. Não penseis em lhes ocultar nada, pois eles são os olhos de Deus e não os podeis enganar!" – O Livro dos Espíritos, resposta da questão 495.

João sorria admirado, quando Sérgio entrou, surpreendendo-o:

— Olá! E aí? Tudo bem?

— Oi, Sérgio! Desculpe-me a invasão e por xeretar sua mesa. É que o suporte ostentando o cartão me chamou a atenção, a letra é bonita e a frase de profunda reflexão. Adorei e fiquei admirado.

— São as frases do dia. Tenho várias para meditação e a que casualmente peguei hoje é essa. Realmente, é uma mensagem de considerável reflexão. Em momentos difíceis lembramos que Deus vê tudo, mas é preciso aguardar e isso é o mais doloroso.

— Conseguiu falar com a Débora? — perguntou o amigo.

— Não... — respondeu Sérgio em tom triste, abaixando o olhar. Logo explicou: — Acho que ao identificar o número que está ligando, ela não atende. — Encarando João, novamente comentou: — Ao pegar essa frase para meditação hoje, eu não me contentei só com o trecho. Então busquei socorro na questão e na resposta completa de O Livro dos Espíritos. Entendi melhor o que vivo. Não vou dizer que deixei de sofrer, mas sei que tenho um anjo da guarda ou mentor e entendi que não estou só. Apesar da dor posso reagir com os seus conselhos sábios se eu não ficar em crise. Meu espírito protetor jamais me abandonará se eu me sustentar com coragem e prece para as provações da vida, pois se ele está ao meu lado é por ordem de Deus, por amor e a fim de que eu não pare, siga adiante e evolua. Como entendi em O Livro dos Espíritos eu tenho uma meta à qual não posso faltar, pois essa meta é o próprio Deus, ou seja, é o desígnio que Ele traçou para mim de acordo com as minhas forças. Se tenho instrução, devo instruir. Se tenho talentos, devo educar, porque somente assim estarei sendo Cristão, amando e valorizando o que o próprio Mestre Jesus exemplificou. Parar para lamentar só fará a minha jornada mais triste, longa e sem propósitos. — Sérgio fez breve pausa e desabafou: — Eu adoro a Débora. Desde quando a vi pela primeira vez!... Estou aflito com o que não consegui explicar a ela... Preocupado com a Rita, mas...

Após longo silêncio, João completou:

— Mas não pode parar sua vida por conta de tudo. A única criatura que pode tirar a sua coragem é você mesmo. Se o que te aconteceu é uma prova ou uma expiação, se está pagando por algum débito do passado ou sofrendo uma obsessão, é seu dever crer em Deus e seguir humilde, não humilhado, mas humilde — repetiu reforçando. — Aceite os desafios com responsabilidade, coragem e fé dentro dos conceitos Cristãos a fim de cumprir com seu propósito nesta existência terrena, pois não estamos aqui por mero acaso. Siga os ensinamentos do Mestre Jesus.

Um profundo silêncio reinou naquela sala com as palavras que ofereceram um gosto de coragem, pois, apesar das circunstâncias, Sérgio saboreava uma conscientização espiritual e moral bem elevada no caminho a seguir. Mesmo com o sofrimento íntimo, ele parecia se desprender do que o segurava para a realização de seus propósitos na atual encarnação: a obsessão.

No plano espiritual, a união de bons espíritos, simpáticos aos encarnados e seus respectivos mentores, atuavam neutralizando a ação dos maus.

Eles não podiam ver, mas ao mesmo tempo em que defendiam a resignação, o respeito às leis de harmonização e o amor aos propósitos abraçados com todo o coração, o espírito Sebastião protestava e enfrentava uma energia que o repelia dali. Seus gritos repetitivos como os de um verdadeiro louco estremeciam os que se uniam a ele. Berros em ondas vibratórias que causavam terror e gemidos de medo entre alguns de seus seguidores, verdadeiros escravos.

O espírito Sebastião estava revoltado. Não podia ver a presença das entidades mais elevadas que estavam ali por ligarem-se aos encarnados pela postura mental e discernimento.

Incapaz de reconhecer-se mau, o pobre e ignorante Sebastião agredia e golpeava os que permaneciam como que escravos de sua mente. Ele os afligia, torturava e culpava por não conseguir atormentar Sérgio nem aproximar-se dele a fim de absorver-lhe as energias físicas e espirituais para enfraquecê-lo e atacá-lo mentalmente, fazendo-o sofrer e vampirizando suas forças.

Por insistir nos objetivos de má influência nos pensamentos do encarnado e, por conseqüência, da sublime energia do ambiente, inesperadamente, Sebastião recuou sob o efeito de um choque que lhe penetrou nas fibras mais íntimas do ser. E pela primeira vez, após milênios endurecido no orgulho, na maldade e tantos outros vícios, o espírito Sebastião sentiu-se enfraquecido e algo como que uma vertigem o fez dobrar os joelhos que pareceram forçados a forte pancada no chão. Enfraquecido, rosnou feito um bicho enquanto se levantou e, olhando para Sérgio, avisou em vibrações cavernosas:

— Não sei o que te aconteceu, desgraçado!!! Mas tenha certeza de que eu voltarei para acabar com você!!! Se não consigo te abalar, sei como vou te enlouquecer!!!

Após outro urro repleto de ódio, Sebastião desapareceu seguido por seus acompanhantes como um aglomerado das mais profundas trevas.

A ausência de espíritos inferiores deixou o ambiente mais leve e sereno. João sorriu e perguntou:

— O que aconteceu com você de ontem para hoje?

— Não dormi. Fiquei completamente insone, mas em vez de deixar meus pensamentos em brasa e me revirando na cama, decidi levantar e ler. Peguei O Livro dos Espíritos, O Livro dos Médiuns e comecei a ler. Uma questão ou ensinamento me levava a buscar outro e... Senti o quanto a postura mental nos faz adquirir resistência e imunidade psíquica contra pensamentos que nos doem na alma. Sabe... — Suspirou fundo, com leve tristeza no olhar e falou em voz baixa: — Eu adoro a Débora, não nego. Nunca pensei que pudesse existir um sentimento tão forte como esse. Está sendo difícil, João. Como ser humano e como psicólogo eu sei que não somos e não estamos preparados para as perdas, para as separações. Entretanto não posso continuar vivendo em função de uma pessoa que despreza ouvir a minha versão dos fatos. É um período de dor, de sofrimento, mas tudo é recente e sei que com o tempo encontrarei recursos para não me torturar tanto com as lembranças, as recordações...

    Não conseguimos passar pelo sofrimento sem sofrer. — explicou Sérgio. — Só os que experimentam o mais alto grau de esquizofrenia não sentem nem sofrem. Mas eu posso vivenciar as condições desse sofrimento sem desespero, buscando estruturação e referências para prosseguir com minha vida até tudo se acertar. Não posso ficar parado lamentando nem correndo atrás da Débora, tentando fazê-la acreditar no que ela não quer. Por isso elaborei uma postura mental na qual reconheço minhas deficiências e busco equilíbrio constante que me ajude a viver sem ela, sem o sofrimento aflitivo... E seguindo em frente. — Pequena pausa, sorriu e comentou: — Nossa! Como você e a dona Antônia me ajudaram. O conhecimento que tenho sobre o mundo espiritual, os esclarecimentos obtidos na Codificação Espírita me ajudaram imensamente. Aprendi a orar de todo meu coração e a ter mais fé. Senti-me muito melhor depois.

    — É... Estou vendo! — murmurou João satisfeito.

    — Mas!... Vamos lá! — exclamou Sérgio repentinamente. — Diga, como a Rita está?

    — Apresenta-se bem. Mostra-se sociável, educada e mudou muito de ontem para hoje. E... — Depois de rir, contou: — Ah!... Quase me esqueci. Você sabe como a dona Antônia é! Logo cedo, com aquele jeitinho que só minha mãe tem, eu as vi fazendo planos de saírem para comprar nem sei o quê! Minha mãe envolve as pessoas de um modo impressionante! Parece que a Rita mora lá em casa há meses! Depois a dona Antônia avisou que o Tiago se comprometeu em passar lá e levar a Rita à universidade.

    — Senti como se estivesse abandonando a minha amiga quando a deixei lá.

    — Nada é por acaso, Sérgio. Não podia deixá-la morando com você nem que voltasse para casa e ficasse sozinha. Somos amigos dela e amigos de verdade não se abandonam.

    — É... Eu não tinha alternativa. A dona Antônia é maravilhosa!

    — Ei! Você não tem pacientes agora à tarde?

— Não. As duas pacientes eram mãe e filha e cancelaram por luto na família. — Subitamente avisou: — Ah! Consegui minhas férias para daqui a uma semana! Quase ia me esquecendo de contar! Sabe... Fiquei tão surpreso. Não é fácil obter aprovação do pedido de férias tão rápido assim.

— Parabéns!!! Queira Deus que nesse período você consiga seu pedido de demissão aprovado! Já pensou?!

— Quem sabe? Hoje entrei com nova solicitação. Agora vai!!! — sorriu.

Levando a mão na cabeça e franzindo o rosto em sinal de lamentação, João avisou:

— Nossa, Sérgio! Esqueci!!! O doutor Édison pediu para falar com você, mas achei que estava com paciente e...

— Sem problemas — disse rindo. — Vou até lá dizendo que você propositadamente não me deu o recado e ficou me enrolando.

Eles riram e saíram juntos da sala.

* * *

Mais tarde Sérgio decidiu ir até a casa de dona Antônia para saber como Rita estava. Durante o trajeto João comentou:

— O tempo passa tão rápido! Outro dia estávamos prestando vestibular, quando piscamos, fazíamos os estágios e... Nossa! Como me lembro de seu trabalho de conclusão de curso... Foi incrível! O melhor!

— Que exagero, João!

— O Nivaldo é testemunha! — defendeu-se rindo. — E quando reclamamos da supervisão recomendada, por cinco anos, de fazer terapia?... — riu. — Não sabíamos que era e é a coisa mais importante em nosso trabalho e o que mais nos ajuda.

— E como ajuda! E de repente, montamos a clínica! — admirou-se Sérgio. — Quase não acreditei que conseguiria fazer aqueles estágios para licenciatura docente. Quase desisti do curso universitário por causa do serviço na polícia.

— É fácil desistir. Mas, se insistimos, sempre damos um jeito, encontramos alternativas...

— A supervisão com o doutor Édison é excelente! — Sérgio elogiou.

— Muito me admira, para não dizer que me assusta, de ver alguns profissionais psicólogos clinicarem sem fazer a supervisão acompanhada por um Doutor Psicólogo ou Psiquiatra mais experiente e que nos leva a outro mundo completamente fora. Faz teorias e suposições, coisas que se encontram somente na prática, na habilidade adquirida com o exercício constante na profissão. Além de simples, a supervisão é importante e oferece segurança ao Psicólogo e muito mais ao paciente.

— Isso é verdade! — concordou João.

Eles continuaram conversando até chegarem ao destino.

Entrando na casa do amigo, esse foi atender ao telefone e Sérgio logo se deparou com Rita, que estava pronta para ir à universidade e Tiago a esperava.

— Oi, Rita! Tudo bem? — perguntou Sérgio, beijando-a no rosto. Afastando-se, ele pôde ver seus olhos lacrimosos. Comovido, abraçou-a com generosidade, embalando-a com gesto afetuoso. Em seguida, tornou a perguntar: — Você está bem?

— Estou... — murmurou com voz fraca. Em seguida, chamou-o olhando-o firme, com lágrimas correndo pela face, sentindo-se envergonhada: — Sérgio... Desculpe-me. Eu te prejudiquei muito com a Débora... Mas vou dar um jeito nisso. Prometo! Hoje mesmo, na sala de aula, eu...

— Ei! Ei! Ei! — interrompeu-a, sussurrando. Depois falou sério: — Você vai até lá para estudar e não conversar sobre o que não é conveniente num local como aquele. Certo?

— Mas...

— Rita, não posso mentir, você não é ingênua e sabe que estou sofrendo sim. Veja, minha amiga, eu tentei falar com a Débora nem sei quantas vezes! Pedi, implorei!... É ela quem não quer saber a verdade. Vamos deixar a situação esfriar. Depois... Chegará a hora certa.

— E se ela vier conversar sobre isso comigo?

— Eu duvido. Em todo caso, peça para que conversemos nós quatro juntos: eu, ela, você e o Tiago. Explique que houve uma situação delicada e que na universidade não é o local adequado para ela saber de tudo. Se a Débora quiser, ligue para mim, irei buscá-las e conversaremos na minha casa. Está bem assim?

Rita pendeu com a cabeça concordando. Tiago se aproximou e lembrou:

— Vai chegar atrasada se não formos agora.

Ela forçou um sorriso e se despediu rapidamente. Tiago estapeou as costas do irmão e se foram.

Olhando para dona Antônia que os observava, Sérgio se aproximou, abraçou-a, beijou-a no rosto e agradeceu:

— Obrigado por tudo. Obrigado por cuidar da nossa amiga.

— Sou eu que deve agradecer sua confiança. Ela é um amor de menina!

Curvou e recostou o rosto carinhosamente no ombro da mulher e murmurou:

— Se não fosse a senhora...

— Vem aqui, vem! — chamou-o, levando o rapaz para o sofá. Fazendo-o se sentar, acomodou-se e o puxou com generosidade materna ao falar: — Já sei que você quer colo.

Sérgio se deixou ficar no abraço materno do qual tanto carecia. Fechou os olhos enquanto a bondosa senhora afagava-lhe o rosto de belo contorno e sussurrou:

— Tanta coisa aconteceu na minha vida em tão pouco tempo... Em alguns momentos, pensei que não fosse suportar. Sinto como se tivesse uma faca fincada em meu peito. É uma dor de verdade. Sabe... liguei para a Débora várias vezes e ela não atendeu. Então desisti.

— Desistiu? Você gosta dessa moça e ela de você! — admirou-se dona Antônia.

— Ou ela não gosta de mim o suficiente para ouvir minhas explicações e depois tirar suas conclusões ou então está se deixando influenciar pela opinião da irmã ou sei lá mais de quem!... — Mudando rapidamente de assunto, Sérgio sentou-se direito e falou de modo mais animado: — Eu quero aprender mais sobre Espiritismo. Li e reli os livros que a senhora me deu, mas quero ampliar meus conhecimentos.

— Bem... O melhor é você fazer os cursos. No início poderão parecer água com açúcar, mas são muito necessários. Tem gente que leu um ou dois romances espíritas e acha que já sabe tudo. Ignoram os livros da Codificação Espírita e confundem tudo! Não admitem que o estudo da Codificação feito em grupo e com um expositor, uma espécie de professor, com bastante conhecimento e sendo uma pessoa bem flexível, nada radical, é muito importante.

— Devo voltar às carteiras primárias da escola! — brincou sorrindo.

— Não! — correspondeu ao sorriso. — Em um centro Espírita sério, com grupos de estudo respeitáveis que se dispõem ao conhecimento mais profundo da Codificação Espírita, isso é possível somente uma vez por semana, por duas horas mais ou menos.

— Só uma vez por semana?!

— Para o estudo, sim. Mas deve ir assistir às palestras evangélicas que servirão de complemento aos conhecimentos adquiridos. Não queira correr e aprender tudo de uma vez.

— Uma vez por semana não é pouco para o estudo?

— O Espiritismo é uma filosofia e uma ciência. O tempo entre uma aula e outra é bom e necessário para filosofar, que é pensar e repensar, chegando a novas conclusões que o elevarão como ser. Cientificamente o tempo é importante para que se possa estudar a parte experimental das manifestações gerais, do efeito individual e social justificado pelo Espiritismo. Somente assim será capaz de reconhecer uma mistificação, uma farsa, as manifestações fúteis, inúteis de espíritos baderneiros e médiuns mentirosos ou orgulhosos. Assim como as pessoas, os espíritos se atraem por simpatizarem com a natureza moral do ambiente ou da criatura humana que tenha os mesmos gostos, intuitos, prazeres... Por exemplo: os espíritos superiores gostam de reuniões, de estudos e comunicações sérias, sempre com o desejo de instruir e elevar a moral dos encarnados. Ao contrário dos espíritos inferiores que se atraem em torno de encarnados que fazem reuniões e evocações por curiosidade e sem responsabilidade para terem conselhos e informações que os agradem ou lhes prometam ajuda... Esses espíritos inferiores que se dispõem a essas reuniões de comunicações para futilidades de encarnados, freqüentemente brincam, mistificam, mentem adotando falsamente o nome de espíritos que, quando encarnados, foram pessoas veneráveis e importantes, levando os encarnados ao erro, às práticas não dignas, paixões inferiores, fazem acusações indevidas, dão falsas esperanças e comumente elogiam os encarnados ressaltando-lhes o orgulho e a vaidade.

— ...distúrbio de personalidade... — murmurou ele.

— O que, Sérgio?

— Nada... Eu estava associando certos problemas de personalidade com o que a senhora me falou. É um dos tipos de distúrbio no qual a pessoa se acha grandiosa, extremamente importante, mas explora os que a rodeiam. Tendem a ser arrogantes, mascaram a inveja e não dão importância verdadeira às necessidades dos outros.

— Essas são as características de espíritos inferiores, brincalhões... Eu não sabia que era uma doença.

— Não, dona Antônia. Não é uma doença, é um distúrbio de personalidade que necessita de tratamento terapêutico. Eu assisti a dois congressos realizados pela Associação dos Psicólogos Espíritas e falaram sobre esse distúrbio do encarnado que atrai espíritos com os mesmos comportamentos. — Sérgio teve uma avalanche de pensamentos incrivelmente ligeiros. — Puxa! Isso abre um grande leque de ligações entre encarnados e desencarnados. O assunto requer estudo, observação e pesquisa para... Comecei a entender que muitos estados de consciência, dependências de diversos tipos, transtornos, estresse, conflitos íntimos, fobias, depressão e muitos outros distúrbios apresentados pelos pacientes, têm uma incrível relação com ele mesmo como espírito, com sua evolução na escala espírita, o registro de suas experiências em outras encarnações, sua vontade de libertar-se do distúrbio ou problema que o afeta e, principalmente, sua ligação mental com desencarnados que possuem as mesmas necessidades. Nossa! Tem tanta coisa!...

— É, meu filho! Eu sempre senti que você tem um dom especial. Sua tarefa nesta encarnação não é correr atrás de bandido, é ouvir problemas dos outros.

— Entro de férias na próxima semana e espero que minha saída da polícia aconteça durante esse tempo. Quanto a ouvir os problemas das pessoas... Bem... sinto que esse é o caminho para seguir a fim de alcançar uma finalidade útil em um trabalho que eu adoro. A elevação moral é força viva! Vejo pessoas inseguras, aparentemente frágeis, porque a mente está encarcerada na falta de convicção, presa a fantasias inúteis que as arrastaram a conflitos íntimos...

— Eu sabia, Sérgio! Você é uma luz! Fará alerta aos profissionais que cuidam da saúde mental, pois precisam entender e tratar a saúde espiritual para conseguir que o paciente tenha progresso.

Sérgio a encarou trazendo um brilho especial nos belos olhos verdes e leve sorriso como se inúmeras idéias reluzissem em sua mente. Suspirou fundo, mas teve a atenção roubada pelo amigo João que chegou à sala.

— Vai sair, filho? — perguntou a mãe vendo-o arrumado.

— Vou até a casa da Nilza — respondeu referindo-se à noiva. Virando-se para o amigo, João comentou: — Sérgio, eu e minha mãe conversamos com a Rita ontem à noite e... De uma forma geral ela parece bem, como te falei hoje, mas... No fundo não posso dizer que estou tranqüilo com o seu estado emocional. Qualquer pessoa psicologicamente saudável ocasionalmente tem ou passa por momentos de tristeza, mas esse não é o caso dela. A Rita pode entrar num quadro de depressão mais extremo e que está procurando disfarçar.

— É... Percebi isso. Há de se levar em consideração a dupla perda dos entes queridos, a solidão, o luto... e o acontecimento mais humilhante, desesperador durante essa fase. Esse foi o maior impacto. Nossa amizade dificulta a minha atuação. Fiquei admirado quando soube que ela decidiu retornar à faculdade.

— Agradeça à dona Antônia e ao Tiago! — disse João sorrindo.

— Acho que os dois são melhores do que nós! — brincou Sérgio.

— Ela é uma boa menina. Eu conheço bem as pessoas quando as vejo algumas vezes e... Fiquei triste com o que aconteceu, mas ela vai superar. Só é preciso saber conversar direitinho com a Rita. — Comentou a sábia senhora, que advertiu: — Vocês dois falam tudo difícil e certinho, às vezes eu nem entendo nada! Na verdade é preciso sentir o que se passa nos sentimentos das pessoas. Isso eu sei fazer e o Tiago também tem esse dom!

— Como assim, dona Antônia? — interessou-se Sérgio curioso.

— Você tem de sentir o que a pessoa sente do mesmo jeito que ela sente e não só saber o que ela pensa sobre o que está sentindo. Entendeu? — Sérgio parecia ter uma imensa interrogação na testa. Depois de sorrir, a mulher explicou bondosa: — Se uma pessoa está pensando em morte, como disse a Rita, é porque ela quer ajuda, quer ser entendida, quer entender o que aconteceu com ela e pede uma explicação, uma justificativa para isso. Em outras palavras, ela precisa ser ouvida, precisa de colo e de um ombro amigo. — Fez-se ligeira pausa em que os dois amigos se entreolharam surpresos e a senhora prosseguiu: — Quando uma pessoa pensa em morte é preciso que tenha a ajuda de um profissional com urgência, mas aqueles que a rodeiam devem entender o seu sofrimento e lhe dar esperanças para um futuro melhor. É absurdo dizer para alguém que suas dores e preocupações são passageiras, que não são graves, que com o tempo passa ou são traumas não resolvidos na infância. Palavras difíceis e pouca atenção só pioram as coisas. A Rita é uma ótima moça. Conversamos muito e ela contou toda a sua vida. É uma menina carente, falou que pensou em morrer quando perdeu os pais, mas tinha o irmão para tomar conta e ele precisava muito dela, o noivo a apoiava em tudo e ela teve uma grande amiga, a Débora. Agora ela está sozinha! Extremamente sozinha e sem propósitos na vida. — Após suspirar, contou: — A Rita disse que se sente culpada pelo que a Débora, sua melhor amiga, acreditou ao vê-la com o Sérgio. E quando você — falou, olhando para o rapaz — a trouxe para cá, ela sentiu-se um estorvo e a pior das criaturas. Ela sentiu-se humilhada em todos os sentidos.

— E o que a senhora disse?! — perguntou preocupado.

— Que você, Sérgio, é um amigo de verdade e procurou pessoas de sua total confiança para ficar junto dela quando você não poderia. E apesar de toda situação não resolvida, ela é uma criatura importante e querida pelos amigos. Além disso, eu estava precisando de companhia e falei mais outras coisinhas... — riu de modo gostoso. — Preocupem-se com ela, mas não somente como profissionais. Eu conversei um pouquinho com o Tiago enquanto a Rita se arrumava para ir pra faculdade e disse a ele que precisaria muito da sua ajuda, pois essa menina precisa de um amigo.

Sérgio ficou admirado. Fez um aceno de cabeça e não teve palavras para explicar o que aprendia.

Olhando o relógio, João preocupou-se:

— Nossa! Vou, ou a Nilza ficará preocupada.

Aproveitando a saída do amigo, Sérgio despediu-se e agradeceu à mãe de seu amigo e também se foi.

19

Fotos contra Sérgio destroem o romance com Débora

O dia seguinte exibia um pálido nevoeiro pela manhã encobrindo o sol. Mas quando o astro rei brilhou radiante, Débora estava frente à casa da mãe de Sérgio. Seus olhos amendoados traziam a expressão de tristeza com misto de revolta e desilusão. Descendo do carro, a jovem tocou a campainha e aguardou ser atendida. Reconhecendo-a a distância, dona Marisa se aproximou trazendo o rosto endurecido ao exibir insatisfação. Acompanhando a senhora, a pouca distância, estava Sueli irradiando curiosidade imensa.

Sem imaginar de quem se tratava, Débora não se importou e foi direto ao assunto:

— Bom dia, dona Marisa. Desculpe-me vir sem avisar. Mas eu não poderia adiar o que tenho a fazer — falou bem séria.

— Bom dia, Débora. Em que posso te ajudar?

Os olhos de Sueli se arregalaram, mas ela silenciou totalmente ao ouvir Débora contar:

— Nessa mala tem algumas coisas que pertencem ao Sérgio... — sua voz embargou, mas ela foi firme e não chorou. — São roupas e objetos pessoais que ele deixou no meu apartamento. É provável que a senhora acredite que eu deva entregar na casa dele, mas... — sua voz travou novamente. Mesmo assim, concluiu: — Depois do que presenciei, não quero vê-lo mais.

Dona Marisa ficou intrigada e puxou quase automaticamente a alça da mala que Débora colocava em suas mãos, deixando as rodinhas deslizarem portão adentro. Sem conter a curiosidade a mulher perguntou:

— Mas... O que aconteceu de tão grave para não querer ver o Sérgio?

Educada, mas contendo o travo de amargura na voz quase vacilante, Débora contou:

— No sábado pela manhã, o Sérgio foi até meu apartamento. Naquele dia, eu sabia que a senhora e o senhor Inácio iriam até a casa dele para ver onde mora e nós nos conhecermos melhor. Só que, lá no apartamento, repentinamente, o Sérgio teve uma crise de intolerância com o que eu aconselhava. Disse-me coisas frias e calculistas mesmo quando eu pedi desculpas pelo que havia falado. Mas ele planejou tudo. O que dizia era pensando em seu benefício, pois tinha outros planos. Eu estava chorando e implorando para que ficasse, para conversarmos, mas o Sérgio virou as costas e saiu. Entrei em desespero. Chorei muito. Não demorou e minha irmã, a Yara, foi me visitar. Quando contei o que tinha acontecido, a Yara me fez tomar um banho, trocar-me e sair com ela, pois achou que eu não merecia aquilo. Só que teve uma condição: a Yara me obrigou a deixar o celular no apartamento. Ela ligou para alguns amigos e amigas, e saímos todos para nos divertirmos, porém eu não conseguia deixar de pensar no Sérgio.

Era madrugada quando retornei ao meu apartamento. A Yara foi direto para o telefone, pois iria dormir lá. Quando olhei, havia recados em meu celular. Ao ouvir o primeiro, achei o Sérgio aflito quando pediu para eu entrar em contato com ele. Nem ouvi os outros recados e mal falei com a minha irmã que estava ao telefone. Fiquei preocupada. Decidi não telefonar, peguei meu carro e fui até a casa dele. Por ter as chaves, entrei sem chamar e o encontrei em seu quarto, dormindo e abraçado com a Rita... Minha melhor amiga... — Débora suspirou fundo antes de prosseguir: — Não sei o que a senhora pensa sobre isso, mas... Eu amo o Sérgio... Adoro a Rita mais do que as minhas irmãs... — Nesse instante, lágrimas correram. — Eram as pessoas em quem mais eu confiava neste mundo. Não suporto traição e é por isso que não quero vê-lo. Não existem desculpas ou explicações para o que eu vi.

— Nem sei o que dizer, Débora — falou dona Marisa com voz fria, esforçando-se para expressar algum tom de lamento, mas não conseguia. — Estive lá naquela noite como combinamos. Assim que cheguei, não gostei de ver essa Rita estendida no sofá. Vi que o Sérgio estava embaraçado, inquieto com a minha presença. Tinha esquecido que iríamos lá. Fiquei indignada quando fui até a suíte dele e vi as roupas íntimas da moça jogadas no chão.

Aquele relato deixou Débora mais perplexa e amargurada, experimentando uma dor indizível do enorme ferimento que cravava em sua alma bondosa e generosa. Quanta desilusão.

Aproveitando a pausa, ela avisou antes que chorasse:

— Então é só isso, dona Marisa. Espero que me entenda e desculpe-me pelo incômodo. Agora preciso ir.

— Sou eu quem peço desculpas por pensar que você fosse de outro jeito e estivesse de acordo com aquilo... Acho que agora entende por que sou rigorosa com ele. Por isso meu filho não me aceita.

— Tudo bem. — Leve sorriso forçado e falou: — Até um dia.

Ao estender a mão para se despedir de dona Marisa, a jovem ouviu:

— Débora! Por favor, eu preciso falar com você — pediu Sueli sob a influência de espíritos inferiores, aceitando os pensamentos rápidos que lhe surgiram e disfarçando suas verdadeiras intenções e venenoso pretexto. Olhando para dona Marisa, pediu com jeito macio na voz: — Eu gostaria de conversar com ela a sós. Pode ser?

— Sim. Entre, Débora — concordou a mulher.

— Não — disse Sueli. — A Débora está muito sentida por tudo o que aconteceu e eu sei o que é isso. Tenho outra idéia.

— Não estou entendendo. Você é?... — questionou Débora.

— Confie em mim — pediu aproximando-se, praticamente abraçando-a ao repousar a mão em seus ombros e a conduzindo. Sem trégua, solicitou gentilmente: — Feche seu carro e vamos caminhar um pouco. — Olhando novamente para dona Marisa, avisou com um sorriso: — Depois conversamos.

Por um instante Débora se sentiu atordoada pelo efeito de energias espirituais inferiores deixando-se conduzir. Andando a passos lentos foram se distanciando do veículo enquanto Sueli falava de modo educado:

— Eu quero conversar com você, mas longe da dona Marisa — avisou com brandura. — Sei exatamente o que está sentindo, pois passei pela mesma situação ou talvez pior. — Quando Débora ia fazer uma pergunta, Sueli usou um tom carinhoso na voz leve parecendo humilhar-se ao pedir:

— Por favor, primeiro quero que me perdoe. Não desejo qualquer mal a você e... — Imediatamente lágrimas falsas, dignas de uma representação teatral, rolaram na face da moça que parou frente à Débora e explicou:
— Eu fiz algo muito errado, mas não imaginava conseqüências tão sérias contra você, mas se me ouvir irá compreender totalmente.
— Fez algo contra mim? Mas, quem é você?

Nesse ponto da conversa, estavam sob uma árvore bem frondosa quando pararam e a moça pegou as pálidas mãos da outra ao revelar:
— Meu nome é Sueli. Fui namorada do Sérgio e ainda sou muito amiga da família. — Ao vê-la franzir a testa como um sinal de desagradável surpresa, Sueli a envolveu com fala meiga, parecendo rebaixar-se na postura, tamanha era a humildade que representava, e quase sussurrando:
— Pelo amor de Deus, me perdoe! Se não puder me perdoar, ao menos, me ouça!
— O que quer de mim? — indagou Débora. Completando em seguida:
— Se queria me separar do Sérgio, ele já está livre. Sinta-se à vontade.
— Não! Não é nada disso! — exclamou murmurando. — O Sérgio provavelmente disse coisas terríveis a meu respeito. Ele não quer nem que eu tenha amizade com a dona Marisa. Não suporta me ver e...
— E?... O quê?
— Ele tem seus motivos, mas não são verdadeiros.
— Veja bem, Sueli — Débora tentava relutar —, eu tenho muita coisa para fazer hoje e não há qualquer razão para continuarmos com essa conversa inútil.
— Há, sim! Primeiro preciso que saiba... Ao atender a sua ligação ao celular naquele dia, eu pensei em poupá-la de cair nas armações do Sérgio. Jamais poderia imaginar que estivesse dirigindo e fosse bater o carro. Foi estupidez minha inventar aquela história e representar daquela forma, mas... Não pude pensar em outra coisa.

Débora ficou vacilante. As inspirações de sua mentora Olívia e de espíritos amigos provocavam-lhe repulsa àquela conversa e vontade de ir embora. Mas a jovem, talvez por educação, demorava-se tempo demais e recebia influências de desencarnados que pretendiam prejudicar e desequilibrar Sérgio através dela, que não sabia quantas dores, ultrajes e rebaixamento moral sofreria, ao se deixar envolver por aquela conversa.

Sueli atraiu sua atenção ao dizer:

— Eu sei o quanto é horrível ver quem amamos deitado ao lado de outra. A traição é a pior coisa que alguém pode fazer. Se ao menos não tivéssemos mais compromisso...

— Isso aconteceu entre você e o Sérgio? Por acaso o pegou com outra mulher?

— Foi pior do que isso. Eu o peguei dormindo com a própria irmã.

— O quê?!!! — gritou Débora indignada e incrédula.

— É verdade e eu posso te provar! — afirmou, olhando-a firme nos olhos.

A mentora Olívia e espíritos amigos perderam o alcance das vibrações da pupila que se inclinou às inspirações de espíritos inferiores com suas sugestões e vibrações tenebrosas, fazendo-a alongar a conversa ao desejar provas e ficar enojada com Sérgio antes de ouvir sua versão.

— Isso é um absurdo! Como pode pensar que vou acreditar em algo assim?!

— Eu disse que posso provar! — exclamou bem firme. Logo propôs: — Eu não poderia dizer isso perto da dona Marisa. Ela não sabe que o Sérgio e a Lúcia se relacionavam. Acho que essa pobre mulher morreria pelo incesto.

Com a respiração ofegante e modos inquietos, Débora suspeitou, mas desejava ver as evidentes demonstrações que a outra afirmava:

— Essa é uma acusação muito grave, Sueli! Será sua palavra contra a dele, se não tiver como provar.

— Venha comigo.

— O quê?!

— Eu moro ali, naquela segunda casa. Vamos até lá e eu te mostro as provas.

Envolvida por intensas energias inferiores dos espíritos vingativos, Débora não conseguia refletir e, sem pensar, aceitou o convite.

Na casa de Sueli a jovem se encontrava no quarto da moça, que fechou a porta e caminhou até um armário, abrindo-o e tirando uma caixa que colocou sobre a cama. Virou-se para Débora, que parecia nervosa, e pediu calmamente ao bater a mão sobre sua cama:

— Sente-se aqui. Será melhor. — Revirando a caixa, apanhou um saco de tecido aveludado, tirou de dentro uma máquina fotográfica e algumas fotos impressas em papel apropriado. Voltando-se para a outra com frieza e impiedade, entregou-lhe as três fotografias.

Olhando-as, Débora começou a tremer. Ficou pálida, assombrada e incrédula. Enquanto Sueli, em um tom quase frio e palavras vagarosas, contou:

— Essa é a Lúcia. Nós éramos muito amigas, por isso estávamos sempre juntas e freqüentávamos a casa uma da outra. Eu e o Sérgio começamos a namorar. Com o tempo percebi, a Lúcia triste, deprimida e quase não falava mais comigo. Tentei saber o que era, mas ela não falava. Um dia toda a família estava viajando. O Tiago não foi por causa do serviço e o Sérgio também. Então insisti para irmos a uma festa. A Lúcia estava animada. Era o aniversário de um grande amigo... Eu levei minha câmera fotográfica digital e tiramos muitas fotos... Brincamos bastante e... Resumindo, voltamos para casa de madrugada. Dormi um pouco, mas assim que levantei fui ver as fotos na própria máquina. Algumas ficaram engraçadas e decidi ir até a casa do Sérgio para mostrar a ele e à Lúcia. Eu tinha as chaves e entrei sem chamar. Fui até o quarto e o que vi foi inacreditável. Fiquei em choque. Confusa. Mas tive a idéia de fotografar. É o que você vê. O Sérgio e a irmã dormindo na mesma cama. Ela, completamente nua, deitada de lado e sobre o ombro do irmão, abraçando-o com um braço e com uma das pernas sobre as pernas dele. Como pode confirmar, o Sérgio está com o corpo mal coberto por um lençol na altura da cintura e com as pernas despidas, sem camiseta...

Tirei a primeira foto e ele se remexeu. Tirei a segunda e na terceira ele acordou.

— Pelo amor de Deus, Sueli! Diga que isso aqui não é verdade! — pediu Débora com a voz entrecortada, aflita e olhando-a com grande expectativa.

Sueli se virou, pegou a máquina fotográfica digital e mostrou-lhe as mesmas fotos na própria câmera.

— Veja, tenho as mesmas imagens aqui.

— O Sérgio sabe disso?! Ele já viu isso?!

— Sabe e viu, pois eu lhe mostrei só as fotos. Ele acordou quando eu saía do quarto e me viu. Bem mais tarde, eu chorava exigindo uma explicação. O Sérgio queria a máquina para destruir essas provas. Ele veio até aqui em casa. Eu estava sozinha. — Sempre com o auxílio das vibrações do espírito Sebastião, Sueli representava, incrivelmente. Com lágrimas rolando pelo rosto disse: — O Sérgio é um homem forte e como policial aprendeu a ser agressivo.

— O que ele fez?! — tornou a outra em desespero.

— Ele perdeu o controle. Gritou e exigiu a máquina. Por um momento pareceu insano. O Sérgio me chacoalhou, depois me empurrou enquanto exigia e... Apesar disso, eu não lhe entreguei e ele me bateu, me bateu muito forte e...

Comovida pelo choro de Sueli, Débora a afagou enquanto lembrou do dia em que Sérgio a segurou firme pelos braços apertando-a, chacoalhando-a e a empurrando em seguida.

Com a voz estremecida, Sueli acrescentou cinicamente:

— Foi quando implorei que parasse, pois eu esperava um filho dele. O Sérgio reagiu como nunca.

— O que aconteceu?! O que ele fez?! — perguntou a outra.

— Eu estava no chão e o Sérgio me chutou... Me agrediu até... — Longa pausa proposital, e Sueli continuou: — Passei muito mal e... Eu perdi meu bebê...

Débora lembrou-se de Sérgio pedir que evitassem ter um filho. Imediatamente indagou:

— E sua família ou a dele não a viu machucada?!

— Lógico que não, Débora. O Sérgio não deixa marcas aparentes nem bate no rosto. Ele mesmo me levou para um pronto socorro onde o médico confirmou que eu já havia perdido o bebê. Fui medicada e passei horas em observação. Tive medo dele. Para minha mãe, eu disse que tive uma enxaqueca forte, muita cólica e só queria ficar na cama.

— E você deixou por isso mesmo?! Contou para alguém?

— Dias depois conversei com a Lúcia e contei tudo. Porém o que ouvi dela foi ainda pior.

— Como assim?!! — quis saber Débora muito nervosa.

— Não vale a pena falar sobre isso. Pelas fotos acho que já pode deduzir que tipo de homem ele é.

— Eu preciso saber, Sueli! O que a Lúcia contou?

— Ela confessou muitas coisas a respeito do irmão. Contou que no início ele bateu nela e... — Impiedosamente Sueli foi capaz de inventar as mais horríveis mentiras contra Sérgio, ganhando a credibilidade de Débora.

— Por que a Lúcia não contou aos pais?! Aos irmãos?!

— Não contava por medo de que o pai deles cometesse uma loucura. O senhor Inácio é um homem moralista, religioso e ela pensou que o pai mataria o Sérgio. Por outro lado, ela era ameaçada por ele e temia sofrer mais agressões. Por isso calou-se e sofria muito com o que precisava suportar do próprio irmão... Algo tão baixo e repugnante... — Sueli chorou.

— Conversamos algumas vezes sobre isso e a Lúcia me disse que queria morrer. Fiquei com tanto ódio do Sérgio que terminei nosso namoro. Mas ele não me dava sossego, não aceitava. Depois do aborto que sofri, por suas agressões, eu me afastei, porém não deixei de ser amiga da Lúcia. Quanto mais o tempo passava mais ela se apresentava muito triste e bem deprimida. Daí, um dia, tentando animá-la eu a chamei para umas compras e a Lúcia desabafou coisas horríveis sobre as atitudes do Sérgio com o abuso sexual e... — Breve pausa e contou: — Foi nesse dia que fomos assaltadas. Havia dois homens em uma moto e já tinham pego o que queriam e iam embora, mas a Lúcia repentinamente reagiu!... Reagiu para ser morta, se suicidar e acabar com o sofrimento, com o abuso do irmão. Não pude deixar de ser amiga da dona Marisa. Não imagina como ela sofreu com a morte da filha.

— Contou a ela?

— Não! — Alguns segundos e falou: — Sabe... Às vezes acho que a dona Marisa desconfia de alguma coisa, pois ela é tão rigorosa com ele. E a minha única segurança são essas provas na câmera.

— Mostrou as fotos para ele? — insistiu.

— Sim. Fiz isso para o Sérgio me dar sossego. Por isso ele me odeia tanto. Eu não queria que outra pessoa sofresse o que sofri. Ouvir promessas de casamento, juras de amor e depois descobrir um homem sem caráter, sem moral, vil...

Alguns instantes e Débora argumentou:

— Sinto muito. Eu a julguei mal e... Agora, algumas coisas começam a fazer sentido. Obrigada por me alertar. — Ainda com as fotos nas mãos e olhar lacrimoso, pediu: — Posso ficar com essas fotografias?

— Vai mostrá-las ao Sérgio?

— Não sei. Pensando bem, se eu as tiver e ele souber disso, ele terá medo de fazer algo contra você.

— Tubo bem. Faça como quiser.

Guardando as fotos na bolsa, a jovem avisou:

— Agora preciso ir. Obrigada, Sueli. — Levantaram-se e Débora parecia sem rumo. Caminhou até a saída acompanhada pela outra e, após a porta ser aberta, ofereceu-lhe um abraço, dizendo com voz trêmula: — Desculpe-me... E mais uma vez, obrigada.

Seguindo-a até o portão, Sueli não esperou ver Débora chegar até seu carro e entrou às pressas. Jogando-se sobre a cama, riu e gargalhou prazerosamente por sua vivacidade e esperteza. Talvez acreditasse que estivesse só, mas não. Sueli era rodeada pelo espírito Sebastião e seus companheiros que a induziram em nível de pensamentos tão inferiores e alimentaram suas idéias, rapidamente, para relatar todas aquelas mentiras.

Sua ligação com aqueles espíritos trevosos lhe oferecia grande malícia e uma força interior tão perversa que era difícil acreditar em sua coragem para fazer tantas maldades sem pensar nas conseqüências. Esquecia-se de que atraía extremas perturbações e a lei do retorno por tudo o que semeava.

* * *

Era uma tarde como todas as outras e Sérgio estava na clínica como de costume. No intervalo entre um paciente e outro, pegava recados com a secretária e verificava alguma novidade ou relaxava por minutos a fim de estar bem recomposto para a próxima consulta. Quando podia, usava esses minutos para tomar um café ou uma conversa rápida com um dos colegas.

João se aproximou dizendo:

— Que bom vê-lo! Trabalhamos juntos e quase não nos encontramos.

— E você, tudo bem? — quis saber Sérgio.

— Tranqüilo!

— E a dona Antônia?... A Rita?...

— Estão se dando como mãe e filha! Estou com ciúme! — brincou João.

Sussurrando no ombro do amigo, Sérgio correspondeu à brincadeira:

— Não deixe esse ciúme aumentar. Procure um psicólogo.

Eles riram. Porém logo João não resistiu e perguntou:

— Por acaso conseguiu falar com a Débora?

— Não — respondeu e suspirou fundo com leve sorriso para disfarçar os sentimentos. E propôs para não alongar: — Depois conversamos.

— Claro! Agora tenho um paciente... Mas você está bem? — insistiu desconfiado.

Sérgio engoliu seco e respondeu em voz baixa, quase melancólica:

— Estou sentindo uma coisa... Um nó na garganta... Um aperto no peito... Podemos conversar depois?

— Lógico! Até mais!

Bem mais tarde, após atender alguns pacientes, Sérgio colocou-se frente à janela passando a admirar o faiscar dos últimos raios do sol que se punha entre nuvens entremeadas de lindas cores celestiais. Apesar de seus olhos estarem cravados naquela visão, em seu coração havia um sofrimento e uma dúvida que o atormentavam. Em seu belo rosto sério, via-se uma grande perturbação. Sentia-se prisioneiro de uma situação não resolvida, mas ainda guardava um fio de esperança para poder esclarecer tudo. Após suspirar profundamente, Sérgio despertou e se desligou dos pensamentos preocupantes.

Alguns instantes e consultou a secretária sobre o último paciente. Ficou sabendo que ele havia telefonado pouco antes e desmarcando a terapia. Diante disso, saiu de sua sala procurando por João, mas o amigo estava clinicando naquele momento.

Foi quando ouviu a voz forte e alegre do médico que o chamou:

— Sérgio! Era você mesmo quem eu queria encontrar! — ressaltou animado. Em seguida, o psiquiatra pediu: — Pode vir até minha sala agora?

— Sim! Claro, doutor!

Adentraram no consultório e o doutor Édison falou após fechar a porta:

— Sente-se aí, Sérgio. — Vendo-o acomodado em uma cadeira, circundou a mesa, que os separava e se sentou, perguntando: — Tudo bem com você?

— Sim! Estou com alguns pacientes que exibem históricos bastante interessantes e merecedores de certa atenção. Outros, mostram leves distúrbios de estresse e demonstram uma rápida recomposição de comportamento. Tenho dois casos mais preocupantes, no qual os pacientes apresentam distúrbio obsessivo-compulsivo, comportamento e pensamentos ritualísticos e repetitivos. No primeiro caso, o quadro apresentado causou-me grande preocupação e o encaminhei ao senhor semana passada. É uma moça

cujo distúrbio são pensamentos obsessivos atemorizantes e bem horríveis.
— Sérgio não oferecia trégua e, diante da grande atenção do médico psiquiatra, resumiu: — Essa jovem, aos vinte e três anos é estudante universitária, último ano, e levou um grande choque quando o namorado rompeu o compromisso. Segundo ela, não havia outra mulher pela qual foi traída nem razões aparentes para ele terminar tão bruscamente. A jovem se sentiu trocada por nada. Isso a frustrou imensamente. Dizia que o amava muito e era capaz de fazer tudo por ele. Contudo, repentinamente, passou a odiá-lo. Queria vê-lo morto. Então se deu conta de que os pensamentos, que começaram com idéias simples, passaram a ser impertinentes, fixos, obsessivos. A paciente apresenta uma ansiedade sob controle, muito racional. Seu Q.I. é elevado, e isso me preocupou. Porém, pelo fato de ela entender, acreditar e aceitar que existe algo errado em seu comportamento e pensamento, temeu alguma atitude desequilibrada e, sozinha, procurou ajuda profissional aqui. A paciente relatou que passou a se sentir consternada, desgostosa a partir do momento em que começou a ter idéias de que a vida familiar seria melhor se o seu pai morresse. A jovem conta que, a todo instante, era prazeroso imaginar a sua vida, a sua casa sem a presença do pai, pois ele poderia abandonar sua mãe a qualquer momento. Disse que essas representações mentais surgiam involuntariamente e apesar de ela querer deixar de pensar, não conseguia.

— Você se lembra o motivo primordial que a fez procurar ajuda clínica?

— A paciente contou que, a princípio, não deu importância, mas quando quis que um de seus professores morresse porque sua nota foi nove e meio, quando acreditou merecer dez, ficou preocupada. Não só queria que o professor morresse, mas desejava matá-lo e planejava como fazê-lo. Em suas representações mentais, sabia que seria presa e condenada por homicídio, então achou ideal matar o professor, o pai e o namorado. Dessa forma, poderia alegar insanidade em sua defesa, já que os crimes pareceriam bárbaros e inexplicáveis para serem cometidos por uma jovem de seu nível, de sua cultura, de sua aparência... Além disso, lembrou que as leis são fracas, pois com um bom advogado poderia ser absolvida ou encaminhada para tratamento por insanidade ou pegaria a pena mínima. Então, como ela disse, logo após essas representações mentais, sentia como acordar de um pesadelo e acreditava que estava insana, pois se arrependia do que idealizava, pedia perdão a Deus pelas idéias absurdas, horríveis. Mas essas voltavam. Um detalhe interessante foi que a própria paciente percebeu que se entregava à limpeza de seu quarto, à lavagem de suas roupas, higiene corporal e lavava seguidamente as mãos. Comportamento típico de quem deseja lavar as idéias, as representações mentais ou atos já praticados.

— Você foi bem eficaz por identificar instantaneamente a seriedade desse tipo de distúrbio e encaminhá-la à psiquiatria. Principalmente por ter em vista a rapidez do processo de desenvolvimento do quadro.

— Obrigado. Mas eu só tive êxito pelo fato da paciente ser objetiva e sincera, desejando realmente se ajudar, equilibrar-se.

— Sérgio, você não acredita que em vez de distúrbio obsessivo-compulsivo, trata-se de um distúrbio esquizofrênico ou um distúrbio de personalidade anti-social? A pessoa, a princípio, parece atraente, inteligente, mas mente, rouba, mata e muito mais, sem qualquer sentimento de culpa, ou então simula cinicamente arrependimento pelo feito. Não seria o caso?

— Não. Eu descartei a possibilidade de um distúrbio de personalidade anti-social logo de início. Conforme poderá confirmar em minhas anotações, analisei que a paciente apresenta afeto por familiares e amigos, tem vida social e relações sociais positivas, prudentes e não desrespeitosas, tem relacionamento familiar saudável com os irmãos, apesar das divergências consideradas normais. Os distúrbios esquizofrênicos apresentam condições e características mais severas através de pensamentos e comunicações desordenados, comportamento anti-social até bizarro. Os esquizofrênicos perdem a noção da realidade. São psicóticos. Apresentam uma paranormalidade "falsa", algo que só existe em seus pensamentos. Dizem ouvir vozes, alucinações táteis, olfativas ou visuais. Não falam com coerência etc. — Diante do silêncio e vendo o médico bem reflexivo, Sérgio perguntou: — O que diz sua supervisão desse caso? Falhei?

— Não! De forma alguma! Fez muito bem tê-la encaminhado para mim. Mas... Lá no fundo, Sérgio, você tem algo mais para acrescentar. Acredita que um brusco término de namoro pode desencadear, repentinamente, uma forma muito diferente de depressão e ansiedade após um único acontecimento que provocou decepção, frustração ou medo? Acha que tudo isso teve início aí, para essa jovem?

— Não — respondeu categórico. — Acredito que esse foi o motivo usado para despertar algo adormecido em sua psique, alma ou mente, como queira.

— Usado por quem? E... Que "algo" adormecido é esse?

— Até hoje, a energia elétrica existe, sem que o homem possa vê-la, pegá-la para manipular... A eletricidade existe, mas não há grande e considerável entendimento sobre ela. Conduzida através de fios, podemos levar um choque, mas não a enxergamos se não por um breve clarão quando há o contato com os dois pólos. Muitas crianças e até adultos já morreram eletrocutados ao chegarem a alguns metros de uma torre de alta tensão sem tocá-la. De acordo com a umidade relativa do ar, o campo magnético aumenta sua distância da torre e amplia a propagação da energia, da voltagem e, conseqüentemente, o perigo, pois a eletricidade está ali, mas não pode ser vista. — Antes que o doutor Édison o cobrasse por uma resposta às perguntas feitas, Sérgio sorriu, explicando: — Não quero lhe dar aula de Ciência! Mas já temos muitas provas de que o corpo humano possui energia e que o pensamento é uma energia. Vemos, aqui mesmo na clínica, que há clientes freqüentadores assíduos só das terapias de massagens ou acupuntura, mas essas pessoas, depois de serem atendidas por um e depois por outro profissional, acabam dando preferência a um deles. Isso prova que a energia, o magnetismo do massagista, por exemplo, é mais compatível com determinada pessoa, tornando-se, dessa forma, uma terapia mais benéfica e restabelecendo a saúde física e mental muito mais rápido.

— Você está correto, Sérgio. Mas minhas perguntas não foram essas.

— Sim, eu sei, doutor. Só estou defendendo, antecipadamente, a minha conclusão para o que me perguntou. E, só para encerrar, gostaria de lembrar sobre a energia dos pensamentos. São inumeráveis os casos com os quais nos deparamos sobre pessoas que, repentinamente, sentiram uma angústia ou preocupação com outra que, naquele instante, precisava de ajuda ou sofria um acidente. Incontáveis pessoas podem relatar que, sem motivo aparente, decidiram mudar de caminho livrando-se de um acidente. Outras perderam a hora, sofreram um mal-estar físico ou simplesmente não quiseram entrar em um avião que caiu. Podemos dizer que, de alguma forma, comparando à eletricidade, a energia invadiu o campo magnético dessas pessoas, permitindo-lhes uma comunicação em nível do que estava acontecendo ou ainda por acontecer.

— Não se trata de mera curiosidade psicológica a comunicação mental, a distância, entre duas ou mais pessoas, mais conhecida com o nome de Telepatia. Isso é fato! Mas quando uma pessoa escapa de uma tragédia por se desviar do caminho habitual, sem explicação, desiste de uma viagem, perde a hora ou até sofre um mal-estar físico que a deixa prostrada, qual explicação você pode me dar?

— Que é uma comunicação em nível de pensamento.

—Sérgio, nesses exemplos tem uma única pessoa que se livrou de uma tragédia. Com quem houve essa comunicação em nível de pensamento?

— Com um espírito — afirmou com seriedade. Continuando: — A alma sobrevive após a morte do corpo físico e, sem a matéria, o pensamento é o meio de comunicação do espírito, pois o pensamento é um atributo da alma. Vivo ou morto, sua alma estará onde estiver seu pensamento. Doutor, uma mente se liga a outra através do pensamento e por compatibilidade de afeição ou vingança. Nos dois casos, eu acredito que há o despertar do que elas têm em comum. Então o espírito aproveitou-se daqueles motivos para despertar o "algo", o sentimento que aquela paciente tinha e desconhecia.

O médico permaneceu tranqüilo por alguns minutos bem silenciosos. Depois questionou:

— Todas essas explicações e comparações foram para me responder que?...

— A paciente em questão sofre de um distúrbio que pode ser associado ao assédio espiritual recebido de um espírito que se aproveitou de um momento de extrema decepção, que foi o rompimento de uma ligação amorosa. Ela mesma admite que sofreu e se abateu por sentimentos de desesperança. No entanto, sutilmente, passou a ter pensamentos hostis e macabros, desejando a morte do ex-namorado, depois do pai, do professor... Acredito que a troca de energia mental com idéias atemorizantes, as quais normalmente ela não tinha, levou-a a um distúrbio por não conseguir se livrar de tais pensamentos, os quais se tornaram obsessivos. Por sorte, essa moça não teve qualquer temor ou preconceito em procurar ajuda clínica ao perceber que alguma coisa não estava normal em seu equilíbrio mental. Quando relatou sobre seus conflitos internos por medo de cometer algo insano, além de sofrer insônia, da intensa vontade de chorar, incapacidade de relaxar, tensões musculares e outros sintomas que começaram a abatê-la, acreditei ser o momento de encaminhá-la à psiquiatria e com urgência. É provável que, diante do quadro apresentado, haja necessidade até de intervenção medicamentosa. Porém... —

Olhando-o nos olhos, Sérgio foi categórico: — Sem dúvida alguma, essa paciente deve ser conduzida à religiosidade para que haja uma mudança de hábitos, pensamentos e, conseqüentemente, uma elevação espiritual. Isso não significa reprimir os sentimentos, mas mudá-los e isso é reforma íntima! Somente dessa forma, ela romperá o laço de ligação mental com o espírito ou espíritos que se comunicam com ela através do pensamento e cujas idéias, a princípio, são sutis, sem importância, como que sussurros da própria consciência, quando, na verdade, são intervenções da vontade de um espírito atuando de mente para mente. Lembrando que tanto espíritos quanto pessoas se aproximam uns dos outros pela afinidade, pelas mesmas vontades, pelos mesmos desejos e atributos. A pessoa com elevação moral e espiritual irá repelir a inspiração negativa, a transmissão de pensamento para pensamento de um encarnado ou desencarnado que lhe perturba a organização das idéias que podem levá-la a um desequilíbrio, transtorno ou distúrbio dos mais graves atos insanos, irresponsáveis... — Breve trégua e Sérgio comparou: — Imagine a fé, a esperança e o bom ânimo de uma pessoa com conhecimento e elevação espiritual. Com certeza, isso vai minimizar suas dores, seus danos físicos ou psicológicos e aumentar sua resignação e paciência. Nos casos de intervenções espirituais, compare o conhecimento junto à elevação moral e espiritual com o aumento da umidade relativa do ar, que amplia a intensidade e a distância eletromagnética em torno de uma torre de alta-tensão, tornando a voltagem mais alta ao redor da referida torre. Os que se arriscam, pela aproximação, eletrocutam-se sem conseguir tocá-la, podendo morrer. Assim é a aquisição de conhecimento, elevação moral e espiritual que repelem e, simbolicamente, eletrocutam os que desejam se apoderar de sua mente sã.

Total silêncio até o médico tamborilar os dedos sobre a mesa que os separava e, em seguida, apossar-se de uma caneta fazendo algumas anotações. Apesar de todo o esforço, por sua curiosidade, Sérgio não conseguia ler nada, mesmo esticando o olhar. Por fim, o doutor Édison perguntou:

— Tem algo mais que deseja acrescentar?

— Ah!... Sim. Em meu relatório destaquei essa observação, mas gostaria de reforçá-la. Essa paciente entrou em meu consultório e, após nos cumprimentarmos e se sentar, me fez duas perguntas interessantes e importantes. Quis saber se, apesar de formado e já exercendo atividade, eu submetia os meus pareceres clínicos para a avaliação de um outro doutor mais experiente. Ou seja, se eu me dispunha a uma supervisão. Afirmei e até expliquei que, no meu caso, essa supervisão era realizada por um médico psiquiatra. E a jovem comentou que não queria se colocar à disposição de um profissional que se julgasse auto-suficiente, com sentimento de grandiosidade, pois, na opinião dela, a conclusão clínica seria duvidosa. E, em seguida, me perguntou se meu método era o da Psicologia Junguiana.

— E o que você respondeu? — perguntou o psiquiatra.

— Tentei ser breve, afinal, não era minha intenção dar aula. Falei que, em certos casos, as teses freudianas explicam as influências e experiências em determinados comportamentos. Entretanto, sem dúvida alguma, Jung ampliou a visão da Psicologia e da Psiquiatria ao comprovar que nem todos os transtornos, distúrbios e outros eram exclusivamente de caráter sexual da libido, como Freud afirmava. Com seu método de Psicologia Analítica, Jung designou Tipos Humanos e outros conceitos que explicam um conjunto de representações psíquicas sem qualquer controle efetivo do Eu[7]. Minhas explicações foram com palavras mais simples, claro. Porém com essas questões imprevistas, para mim, a paciente demonstrou que realmente deseja ajuda, sabe reconhecer um profissional e qualificá-lo. Além disso, aparentou inclinação espiritualista e mais tranqüilidade quando em conversa.

— O que quer dizer com: inclinação espiritualista?

— Que a paciente se mostrou resistente a um possível envenenamento mental, ou melhor, não admite se deixar dominar pela sintonia enfermiça de agentes psicológicos que, provavelmente, possam ser oriundos da energia mental dos desejos de desencarnados ou até encarnados. Veja, doutor Édison, a comunicação mental a distância é comprovada como falamos. Estudamos muitos casos inexplicáveis de pessoas desaparecidas, que já estavam mortas, e guiaram algum familiar, um desconhecido ou até um policial a encontrar seus corpos nos locais mais improváveis. Isso é comunicação em nível de pensamento! Não podemos negar essa possibilidade! Se o senhor...

---

[7] N.A.E.: Eu, ou ego, contém tudo aquilo que a pessoa sabe por si própria, ou seja, todas as características do seu modo de ser, o que ela aceita por estar de acordo com os princípios, os ideais e os valores do contexto social em que a própria pessoa se reconhece.

O psicólogo disparou a falar, mas foi interrompido educadamente:

— Espere. Calma, Sérgio. — Após segundos, o médico comentou: — Carl Gustav Jung, o médico psiquiatra suíço que detonou o Pai da Psicanálise, Sigmund Freud, em muitas teorias sobre a libido, com a publicação do livro *Wandlungen und Symbole der Libido*, cuja tradução original do idioma alemão é: *Símbolos e Transformações da Libido*... — tentou terminar, mas foi interrompido.

— Mas em sua publicação no idioma português recebeu o título de: *Símbolos da Transformação* — completou Sérgio sem trégua.

— Exatamente! — empolgou-se o psiquiatra. — Nessa obra, Jung leva adiante sua linha de pensamento bem seguro de que o desejo sexual, a energia psíquica que provém do instinto sexual, cujos relacionamentos particularmente importantes aparecem em conseqüência de traumas, influências, experiências sexuais ou desejos sexuais da libido na infância. Essa energia psíquica não determina a conduta da vida de um indivíduo, não tem exclusivamente só o caráter libidinoso imposto por Freud.

Jung denominou seu método de Psicologia Analítica, no qual alguns conceitos centrais foram o de: Tipos Psicológicos; Complexos; Inconsciente Coletivo; Teoria dos Complexos... — Segundos de pausa e o médico comentou: — Nas características da formação dos Tipos Psicológicos, Jung mostra-nos como são diferentes as psiques das pessoas, ou seja, a alma, o espírito, a mente das pessoas são individuais! O vocábulo *Psyché* é de origem grega cuja tradução é Psique. E na mitologia grega, Psique era a personificação, a representação da alma, do espírito, da mente, que correspondem a uma coisa só. Ele identificou e descreveu processos psicológicos que, ligados em várias combinações, determinam o caráter de um indivíduo, provando-nos que uma pessoa específica tem um comportamento exclusivo. Trabalho esse que demorou cerca de vinte anos no campo da Psicologia prática, experiências e estudos!

— A Tese de Doutorado de Jung foi com base em investigações do comportamento mediúnico! — lembrou Sérgio.

— Sim! E freqüentando sessões espíritas, o Pai da Psicologia Analítica revolucionou o campo da Psiquiatria e da Psicologia, como você lembrou. Quebrou ao meio as teses freudianas de que os fenômenos do inconsciente se explicavam somente pelas influências e experiências na infância relacionadas ao sexo ou desejos sexuais da libido.

A conversa sobre Psicologia Analítica – Junguiana – prosseguiu até Sérgio argumentar:

— Pensei que não aceitaria minhas opiniões e...

— Minha Tese de Doutorado, em Filosofia da Religião, foi baseada e defendida com estudos de casos de distúrbios e transtornos com prováveis intervenções espirituais, semelhantes ao dessa paciente.

— Sério?! É verdade?! — surpreendeu-se o psicólogo.

— Lógico! Por que eu mentiria?! — riu o médico.

— Por acaso o senhor é espírita? — tornou Sérgio, curioso.

— Sendo o Espiritismo a filosofia mais ampla em explicações racionais e ecumênicas que já estudei e estudo, posso afirmar que a religião do psicanalista ou do psicoterapeuta não importa se ele tiver a mente aberta aos esclarecimentos inegáveis da filosofia e ciência do Espiritismo. Ele deve ser realista aos fatos históricos do mundo comprovados por estudos. Que ele não queira converter ninguém à sua religião, seita, filosofia ou até a própria Doutrina Espírita. Quando o paciente não é ateu, não é evangélico ou protestante, mas católico, budista, umbandista ou outras religiões ou filosofias espiritualistas ou mesmo espírita, fica bem mais fácil a terapia e a busca por soluções. Apesar de espiritualista, ou seja, de acreditar que a alma vive após a morte do corpo físico, os pacientes de linhas religiosas protestantes ou como se denominam: evangélicos, têm a visão ou a compreensão muito limitada, são adversos, totalmente contrários ao mundo real dos espíritos, pois eles só acreditam em céu e inferno. Esses são os pacientes mais trabalhosos e os que merecem mais atenção e cuidados da nossa parte. — Ele sorriu ao avisar: — Respondendo a sua pergunta, sim, eu sou espírita. Um espírita imperfeito e em evolução, mas sou Espírita — riu. — Sabe, Sérgio, não há como deixar de admitir essa doutrina filosófica e científica vivenciando um trabalho como o nosso. Compreendendo os conceitos da Psicologia Analítica, criada por Jung, comprovando os Tipos Psicológicos, o Inconsciente Coletivo e outros... Relacionando com a influência dos espíritos sobre os acontecimentos da vida, os pressentimentos, a penetração das idéias dos espíritos em nosso pensamento, fluido universal, matéria, espírito... Penas e gozos terrenos, a loucura e suas causas... Reencarnação!... Não há como negar! É tudo o que vemos em nosso trabalho. É o que procuramos ajudar. As criaturas humanas são diferentes e agem diferente diante do mesmo fato, pelas diversas experiências em vidas passadas. Como explicar um trauma ou distúrbio que não tem origem nessa vida?! Os profissionais nessa área que se negam a essa crença, independente de suas religiões, só posso dizer, lamentavelmente, que eles são encarnados necessitados de muita elevação moral e espiritual. O medo de conhecer a verdade que os libertarão é tamanho que eles se negam a fazer uma pós-graduação em Psicologia Junguiana, Psicologia Analítica, para terem uma nova visão sobre o trabalho que realizam. Eu não aceito estender assunto e discutir com profissionais puramente da linha freudiana, inflexíveis por não conhecerem a linha junguiana. Não seria prudente dar predileção a um método quando se desconhece o outro. Só aceito discutir as preferências de profissionais da área que possuem formação nos dois métodos, nas duas linhas: freudiana e junguiana. Caso contrário estarão falando de algo que não conhecem... e... Baseados em que, podem defender um e desmerecer o outro? Ambos os médicos, Freud e Jung, dedicaram suas vidas à procura de explicações para o que viram, pesquisaram e vivenciaram ao longo de suas carreiras. Eu acredito que cada um deles viveu para o seu propósito e ambos são importantes dentro do que se propuseram a explicar, cada um a sua maneira. Portanto, como profissionais que somos, devemos estudar os dois, para em seguida dizermos com conhecimento de causa a quem devemos dar preferência, dependendo do caso em particular. Entende?! — Depois da explicação enfática, continuou: — Como você bem lembrou, em outras palavras, as teses de Freud explicam determinados comportamentos, mas Jung ampliou a visão ao comprovar que nem todos os transtornos, distúrbios são de origem sexual, como Freud afirmava. — Alguns segundos de reflexão e continuou: — Negar-se a conhecer outras realidades é ausência de elevação moral e espiritual. Veja, quando eu falo de elevação moral, não me refiro a deixar de praticar sexo, ser uma pessoa séria, rígida, sem sorriso, deixar de brincar, ser fria diante dos fatos acreditando que tudo acontece pela vontade de Deus. Não! Todo extremo é prejudicial! Estamos encarnados para harmonizarmos um débito do passado ou, talvez, para a nossa evolução e busca de equilíbrio. Devemos praticar sexo? Sim! Mas o sexo é um compromisso de troca de energias espirituais e com prováveis conseqüências físicas como uma gravidez ou uma contaminação por vírus, bactérias e outros. Então devemos pensar muito. Saber com quem trocamos essas energias! Perguntar: que tipo de energias recebi? De quem recebi e quais conseqüências espirituais isso me trará? Devemos ser sérios? Sim, quando o assunto é importante, pois a seriedade é sinônimo de atenção ao aprendizado, mesmo sobre uma opinião negativa aos nossos conceitos. Devemos sorrir? Sempre que estamos felizes! Mas lembrar que em alguns momentos essa expressão de sentimento é inadequada. Devemos deixar de brincar? Não! Mas brincar de modo saudável, sem agressividade ou ofensas que firam os outros!

— Creio que dificilmente um psicólogo ou psiquiatra evangélico, ou melhor, protestante se inclinaria às aceitações espíritas, à filosofia reencarnacionista dos espíritas, budistas, hinduístas... Eles não aceitam nem os fatos históricos! Continuam protestando sem buscar conhecimento, verdade e explicações científicas. Tudo para eles é porque Deus quer! É milagre de um anjo ou maldição de demônios. Sei que não posso generalizar, mas a maioria é assim. Ao contrário dos católicos, por exemplo, pois esses são bem tolerantes, sabem ouvir, entender, refletir... A religiosidade pode intervir no profissional. Talvez Freud, por ser judeu, não se aprofundou em estudos de antes do nascimento, traumas ou transtornos de vida anterior a essa, nem aceitou a reencarnação. Os judeus acreditam na ressurreição, que é voltar a viver no mesmo corpo físico, o que a ciência prova ser impossível. Muitas teses e teorias freudianas são válidas e importantes, mas não completas e bem limitadas nos sentimentos, pensamentos e experiências a partir do nascimento. São teses presas ao instinto sexual, ao desejo de obter qualquer forma de prazer. Ele não está totalmente equivocado, ao contrário. Mas Jung foi muito mais além e concordava com muitos princípios de Freud, porém Jung ampliou o papel do inconsciente enfatizando que a libido, ou energia psíquica, representa todas as forças vitais e não somente as sexuais como Freud impôs. Tudo para Freud era de caráter sexual e Jung derrubou essa teoria. Creio que ambos os mestres são importantes e se completam de acordo com cada caso. O profissional da área psíquica que buscar conhecimento em todos os agrupamentos de seus estudos, abre um leque imenso de informações e aperfeiçoamento. A religiosidade do profissional pode, talvez, interferir.

— Nem sempre. O pai de Jung era pastor protestante — disse o doutor Édison, sorrindo. — Mesmo assim, Jung quis e buscou o conhecimento de todos os seus "Porquês". Ele não aceitou a fé cega imposta pelo pai. Hoje em dia o profissional da Psicoterapia ou Psicanálise que se fechar aos novos conhecimentos, ao espiritualismo reencarnacionista, à filosofia espírita, à budista, entre outras, será enganado ou uma fatal vítima da ausência de conhecimento. "Conhecereis a verdade e a verdade vos libertará", frase do Mestre Jesus, o maior Psicólogo da Humanidade e ainda afirmou: "A tua fé te curou". — Instantes de reflexão e contou: — Outro dia em, uma aula para uma turma de pós-graduação, eu disse: "Psiquiatras! Acordem! Tenham fé e se curem da cegueira materialista do mundo que vêem, existe muito mais além do corpo físico!". Repentinamente um aluno levantou a mão e falou: "Fiz todo o curso de Medicina. Estagiei, especializei-me em cirurgia cardiovascular e, ao término, em neurocirurgia cerebral. Eu adorava os centros cirúrgicos e sabia que eu era ótimo no que fazia. Após algumas cirurgias supervisionadas pelo Médico Professor Doutor que reconheceu e elogiou meu trabalho, eu estava satisfeito e feliz pela minha capacidade. Mas, depois de pouco tempo, sofri um acidente de carro e fiquei cego. Pensei: por que eu? Jovem, bonito, capacitado, com um futuro promissor!... Fiquei revoltado, a princípio. Mas não deixei a depressão me derrotar e fiz uma nova especialização na área da Psiquiatria, na qual não preciso usar os olhos. Esse sentido não me impressiona como no passado, pois acredito ter ganho um outro. Hoje, vejo e sinto muito mais do que antes! Despertou em mim um outro sentido humano difícil de explicar, parece que eu vejo e entendo a alma dos pacientes e não a aparência física". Ele me impressionou. Posso dizer que é o meu melhor aluno.

— Puxa!... — exclamou Sérgio timidamente.

— Mas... Devo afirmar que fiquei incrivelmente satisfeito e até surpreso com sua análise nesse caso.

— Obrigado. Mas doutor... Por que me deixou dar tantas explicações e exemplos? Eu estava a fim de defender minha opinião e pensei que o senhor iria protestar! Não bastava me interromper e dizer que agi corretamente? Que o senhor entendia por que é espírita?

— Eu sou psiquiatra, Sérgio! — riu com gosto. — Adoro analisar pessoas. Queria arrancar do fundo de sua alma as explicações de sua fé que justificassem seus instintos! Precisava saber qual o alicerce de conhecimentos usados para suas conclusões ou se você apenas estava defendendo uma teoria sem o verdadeiro conhecimento, sem a instrução que buscou através de muito estudo. Parabéns! Você foi ótimo! E... A propósito... concordo totalmente com você sobre ela necessitar de intervenções medicamentosas, mas preciso informá-lo de que não prescreverei medicação química ou drogas fortes para essa paciente. Acredito que ela corresponderá muito bem aos homeopáticos e fitoterápicos de um modo geral. É um caso meritório de atenção urgente e sem dúvida conduzida à religiosidade para mudança de hábitos e elevação espiritual. Estarei atento, pois qualquer mudança comportamental pede imprescindível rapidez na disposição de outro método de tratamento. — Sorrindo, avisou brincando: — Pode deixar, doutor Sérgio! Esse caso merece extrema atenção, mas eu acredito que, em breve, a paciente retornará a fazer terapia com o senhor! — falou de modo brincalhão.

Sérgio respirou fundo e sorriu. Depois perguntou:

— E o segundo caso?

— Li suas referências. Aquele é mais complexo e gostaria de analisá-lo melhor. Prefiro conversar a respeito dele em outro momento.

— Como o senhor quiser — respondeu educado e levantando-se.

— Ah! Sérgio! A propósito... E sua amiga que desejava tentar suicídio e?...

— Não está sendo fácil convencê-la a uma consulta psiquiátrica. Sei que quanto mais demorar a tratar de um distúrbio de estresse pós-traumático ou agudo é pior. Penso que poderá ser persuadida pelo Tiago, meu irmão, e a dona Antônia, mãe do João. A Rita e o Tiago são bem amigos, conversam muito e acho que ele conseguirá trazê-la aqui. E a dona Antônia, como referência materna, dará incentivo e apoio. É questão de pouco tempo. A Rita é uma pessoa inteligente e receptiva. Além de flexível, tem uma personalidade tranqüila. Ela virá.

Sem que Sérgio esperasse, o doutor Édison perguntou:

— E você?!

— Eu?!...

— O seu Tipo Psicológico, extremamente introvertido, auxilia-o na repressão de seus complexos ou problemas íntimos e o faz bloqueá-los. Tal bloqueio o leva a dar extrema atenção ao que se dedica, tornando-o ótimo no que faz. Entretanto, doutor Sérgio, o senhor se coloca em último lugar. Não acha que merece mais atenção da sua própria parte? — Vendo pela primeira vez Sérgio fugir-lhe ao olhar, o médico argumentou com tranqüilidade: — Não sou somente seu supervisor, rapaz. Considero-o muito. Soube, por você mesmo, tudo o que aconteceu. Porém... Contou-me só os fatos. Todos os fatos como em um relatório encaminhado ao seu comandante na polícia. — Um instante de pausa e falou: — Gostaria de saber dos acontecimentos com as expressões mais profundas de seus sentimentos, de seus desejos e pensamentos. Tenho idade para ser o seu pai e o considero como filho. Estou preocupado com você. Quer conversar a respeito? Não me veja como profissional, mas sim como amigo.

Após segundos, o rapaz comentou:

— Sabe... Tudo aconteceu muito rápido. Fiquei bem atarefado e não tivemos tempo para conversar. Mal detalhamos algumas supervisões e... Foi por isso que contei o que aconteceu comigo daquela forma tão...

— Sente-se aí, Sérgio. Podemos conversar agora ou tem algum compromisso?

— Podemos conversar. — Sem demora, confessou com expressão séria: — A presença da Débora na minha vida foi algo muito significativo e essa ruptura... — Riu de si mesmo e reclamou: — Mas que droga, por que estou usando termos clínicos?

— Força do hábito — explicou o médico, sorrindo. — Procure ficar mais à vontade.

— O senhor sabe de tudo e... — Suspirou rápido ao afirmar com emoção: — Eu amo a Débora! Gostaria de uma oportunidade para explicar a ela o que aconteceu. Talvez, um dia, eu tenha essa chance, mas desejaria que fosse agora! Às vezes, sinto-me ansioso, deprimido, vazio. O senhor a conhece e pôde notar o quanto ela é educada, sensível, frágil... Não entendo como ela tomou essa postura.

— Procurou-a novamente?

— Desisti.

— Por quê?

— Já fiz isso demais. Se ela precisa de um tempo para pensar e quiser me procurar depois... Quem sabe, quando tomar conhecimento da realidade dos fatos por outras fontes, proponha-se a conversar. Só me resta esperar isso acontecer.

— E se não acontecer, Sérgio?

— Veja, não posso parar minha vida. Diminuir meus valores e deixar que essa situação interfira no meu profissionalismo. Afinal de contas, eu cuido de pessoas que precisam de ajuda e merecem atenção. Não posso minimizar a concentração no que faço por causa da falta de maturidade de alguém que eu amo e não quer conversar comigo para ouvir a minha versão dos fatos. Seria irresponsabilidade minha, certo? Além do mais, tudo é muito recente. Até eu preciso de um tempo para pensar, talvez, nas minhas férias...

— Você é muito inteligente. Tem muita confiança em si mesmo e é isso o que me preocupa, Sérgio. Sinto que, lá no fundo, existe algo que o aflige.

— Estou sentindo um nó na garganta, uma coisa que não sei explicar... Um aperto no peito... — revelou, abaixando o olhar triste e perdido. Depois continuou: — A Débora passava por um momento difícil. Estava com dívidas, sem emprego, sem o apoio da família e... Isso me preocupa muito. Sinto um medo inexplicável por essa situação que ela passa e...

Naquele instante, a porta da sala foi aberta abruptamente e as vozes femininas estavam alteradas, quando a secretária praticamente gritou:

— Doutor Édison, eu não pude fazer nada! Ela queria falar com o doutor Sérgio!... Esperava há horas e...

Sérgio levantou rapidamente e virando-se ficou assombrado ao ver Débora na sala do consultório. Mesmo assim, pediu, educado e sem lembrar que estava na sala do médico:

— Por favor! Pode deixá-la entrar.

Assim que a secretária fechou a porta, sem se importar com o doutor Édison que ficou feito uma estátua em pé frente à mesa, Débora aproximou-se de Sérgio. Ao encará-lo, não conseguiu deter as lágrimas nem a respiração ofegante, apesar disso, falou com voz trêmula:

— Precisava vê-lo! Precisava olhar em seus olhos para acreditar como alguém pode ser tão cínico, tão cruel, vil, inescrupuloso...

— Pare, Débora — murmurou o rapaz com nítido nervosismo na voz grave. Procurando tranqüilizá-la, pediu gentilmente: — Vamos para a minha sala e conversaremos como pessoas civilizadas, sem agressões verbais.

— Civilizado?!!! — gritou ela. — Você se acha civilizado?!!! Normal?!!! Se você não é um demente, é um safado!!!

— Acalme-se Débora. Respeite a presença do doutor Édison. Vamos para minha sala, pois quero saber do que você está falando!! — propôs bem firme e ponderado.

— Se não bastasse eu vê-lo dormindo junto com a minha melhor amiga!!!...

— Você não sabe o que aconteceu!!! — interrompeu-a num grito. Vendo-a surpresa com sua atitude, ele contou: — Não tem o direito de me acusar!!! A Rita tentou se matar! Foi violentada pelo tio! Eu a levei para minha casa. Tentei encontrar você, deixando mil recados, mas não retornou nenhuma das minhas ligações! Onde você estava quando mais precisei?! Então a Rita teve de dormir no meu quarto, o Tiago no outro e eu fiquei na sala sem sono pensando no que te aconteceu! Quer confirmar isso?! Verifique as horas de todas as minhas ligações para você! Acho que estava quase amanhecendo quando eu desisti de ligar e a Rita teve um pesadelo, entrou em desespero. Fui acalmá-la, sentei ao seu lado e conversamos! Se eu peguei no sono, foi porque não agüentei mais ficar acordado te esperando!!! Aquele foi um dia terrível para mim! Você é capaz de entender isso?! — perguntou, encarando-a com olhar firme.

Débora chorou ao dizer:

— Eu confiei em você. Confiei demais! Pensei que fosse honesto e me pediria perdão. Imaginei que assumiria seu arrependimento por tudo o que já fez! Que até se proporia a um tratamento. Mas não!!! Quer que eu acredite nessa história absurda?!!!

— Por que absurda?! Que provas tem contra mim?! Como pode me acusar se não ouviu a versão da Rita, do Tiago, da dona Antônia, que está nos ajudando?!

— Eu sei de tudo, Sérgio!!! Conversei com a Sueli e ela me contou que a agrediu a ponto de ela abortar o filho que esperava! Um filho que era seu!!! Você a agrediu por ela descobrir o incesto entre você e a Lúcia!!! Você forçava a sua irmã a se relacionar sexualmente com você!!! E na oportunidade daquele assalto, a Lúcia se matou por sua causa!!!

— Ficou louca, Débora?!!! — gritou desesperado. — Depois de tudo, é capaz de acreditar na Sueli?!!! Jamais agredi a Sueli, mas vontade não me faltou!!! Nunca houve filho algum!!! Ela é louca!!! Como pode acreditar que eu e minha irmã...

Ela o interrompeu com a voz mais segura, apesar do choro, quando lhe entregou as fotos nas mãos, enquanto perguntava baixo e pausadamente:

— Como não acreditar na Sueli?! Veja... As fotos falam por si só. — Sérgio tinha as mãos trêmulas ao olhar as fotografias. Impiedosamente, Débora ainda o torturou ao perguntar em tom brando: — É impressão minha ou esse aqui é você, deitado de costas, e a Lúcia, sua irmã, completamente nua, deitada sobre você?! É o seu quarto, não é?! É a sua cama?!... — Vendo-o petrificado, pálido e mudo, ela questionou: — Ainda quer que eu acredite em você, Sérgio?! O que tem a me dizer agora?

— A versão da Sueli sobre isso é mentira... Isso tem uma explicação... — tentou se defender, mas sentia os pensamentos confusos. A perplexidade não o deixava concatenar as idéias e um torpor o dominava.

— Não quero ouvir mais nada — disse, olhando-o firme. — Pode ficar com as fotos. Eu e a Sueli temos outras. — Virando-se para o médico, Débora ainda falou em tom brando, sem forças e decepcionada: — Cuide bem dele, doutor Édison. O Sérgio precisa de ajuda. — Lágrimas correram pela face e ela ainda acrescentou: — Eu o adoro, mas... mas não posso ficar ao lado de uma pessoa assim... Não entendo por que ele me enganou tanto... Confiei nele... — chorou. — Desculpe-me por invadir seu consultório, mas esperei por mais de uma hora e meia lá fora...

Virando-se, a moça saiu sem olhar para trás, fechando vagarosamente a porta.

Sérgio estava em choque, pálido feito cera. Petrificado. Correndo ao seu lado, o médico o segurou pelo braço ao perguntar:

— Você está bem?

O rosto branco e gelado voltou-se para o doutor Édison e tentou balbuciar, mas não conseguiu dizer nada. Seu corpo caía lentamente como se fosse tragado, afundando em uma sombra, que escurecia sua visão.

20

Breno aproxima-se de Débora

Remexendo-se lentamente no leito, Sérgio ouviu o som de passos vagarosos aproximando-se dele. Por um instante, olhou para o lado reconhecendo a figura do médico amigo. Não conseguia entender o que estava acontecendo, até um sopro de frio mortal atravessá-lo como uma espada. Foi no exato momento em que as lembranças chegaram terríveis como o clarão de uma explosão de recordações. Tentando se virar, o rapaz deu um gemido de lamento alucinante, pois sentia doer todo o corpo.

— Calma. Calma, filho — pediu a voz tranqüila do doutor Édison. Em seguida aconselhou: — Não se agite. Essas dores são resultados dos espasmos, contrações súbitas da musculatura de duração variável, que teve enquanto perdeu os sentidos devido à exaltação inesperada nas funções orgânicas produzida pelo nervoso extremo e estresse. Através do soro, você recebe uma medicação intravenosa adequada que vai aliviá-lo da dor. Caso comece a se mexer, precisaremos imobilizá-lo.

Apesar da visão embaçada, o rapaz olhou para o médico e acenou positivamente com a cabeça. Não tentou dizer nada. Sentia a boca seca, o coração batendo com dificuldade e, naquele instante, era tomado por uma espécie de adormecimento que começou a reduzir as dores.

* * *

Sérgio acordou e se viu deitado sobre a mesma cama. Uma conversa em voz baixa atraiu sua atenção, fazendo-o olhar para o lado e ver o doutor Édison em companhia de outro médico. Num grande esforço, o rapaz levantou a cabeça e chamou com voz fraca:

— Doutor Édison...

Alguns passos, pára próximo do leito e o rosto tranqüilo, contornado pelos cabelos grisalhos e cacheados do amigo, surgiu sorrindo:

— Ora! Ora! — alegrou-se. — Bom dia, doutor Sérgio! Pensei que fosse dormir o dia todo! — brincou.

— Como assim? Onde estou? E... que horas são? — perguntou Sérgio, alerta.

— Não reconhece um hospital?! — tornou o outro, novamente, brincando. — E... Não sei qual a utilidade, mas se quer mesmo saber são nove horas da manhã. — Apontando para o outro médico, apresentou: — Este é o doutor Vicente. Estávamos conversando, pois eu já ia embora.

Cumprimentando rapidamente o doutor Vicente, Sérgio sentia-se inteiramente acordado e lembrava-se de cada detalhe do ocorrido. Esforçando-se para sentar, perguntou afoito:

— Não vai me deixar aqui, não é, doutor Édison?! Estou me sentindo bem demais para ficar num hospital! Preciso ir ao trabalho e...

— Sérgio! — interrompeu-o firme. — Tudo há seu tempo! Não acha? Ficará em observação até inteirar vinte e quatro horas de sua internação. Aproveite e descanse. É o que posso dizer por agora.

Apesar de nunca tê-lo visto tão austero, Sérgio ainda tentou protestar:

— Mas eu penso que...

— Você falou e pensou hoje mais do que devia. Preciso ir. À tarde volto para vê-lo e decidir se merece receber alta ou se precisa ficar mais tranqüilo. O doutor Vicente cuidará de você. — Virando-se para sair, avisou mais calmo enquanto caminhava: — Eu trouxe um livro para você. Está aí ao lado. Melhoras!

O outro médico ofereceu leve sorriso e, sem dizer nada, apressou-se para acompanhar o doutor Édison, deixando Sérgio aturdido, confuso e sem alternativas, a não ser deitar-se novamente ou ler, apesar de inconformado.

* * *

Em seu apartamento, Débora estava nervosa com a atitude da irmã e reclamava:

— Yara, você não tinha o direito de apagar os recados deixados na minha secretária!!!

— Por que está tão irritada?! De que eles adiantariam?! Para que ouvi-los?! Só se você for masoquista e quiser sofrer mais! E pare de gritar.

— Você não entende! Ele encheu a caixa postal do celular, pedindo para eu entrar em contato. O último recado foi quase às duas da madrugada. Em todos disse que tinha acontecido uma coisa grave e pedia para eu ligar. No último, avisou que estava em casa, que a Rita estava lá e precisava de mim... Ainda disse que me amava... — Breve pausa ao perder o olhar ficando pensativa, informou: — Eu só queria confirmar se os outros recados deixados na secretária eletrônica foram após esse horário e o que diziam... Se eram mais detalhistas!...

— Eu não acredito, Débora!!! Depois de tudo o que a Sueli contou e te provou com aquelas fotografias!... Ainda tem alguma esperança de que esse safado pode se defender de tudo o que você mesma viu?! Ah!!! Não!!! — exclamava Yara, inconformada. — Se eu pegasse meu namorado dormindo na cama com a minha melhor amiga!... Ah! Eu matava os dois!!! Além dessa magnífica cena. Você viu as fotos! Quando contou que mostrou para ele, o cara não negou! Disse que a Sueli mentiu! — Em instantes, falou: — Ainda bem que eu tirei cópias ou você seria capaz de dizer que não viu direito aquela atitude imunda dele com a irmã!

Enquanto Yara vociferava e gesticulava andando de um lado para outro, Débora sentou-se cabisbaixa e desolada. Trazendo os pensamentos em ruínas e sofrendo com os conflitos interiores, pois tentava ignorar um frágil conselho que lhe sussurrava no fundo da alma a favor de Sérgio. O que ele contou e a forma como contou oferecia ao rapaz um voto de confiança. A jovem sentiu verdade em suas palavras, em seu olhar penetrante que invadiu seu ser. No tom de sua voz aflita e firme ao dar tantas explicações. Sérgio nem pensava enquanto falava. Não pareceu mentir. Ela sentia que havia algo errado naquela história, porém não sabia o que era.

Mas Yara, inspirada por espíritos malfeitores, não parava de falar e sua energia devorava o fio de esperança que existia em Débora. Não suportando, pediu:

— Espere, Yara! Deixe-me pensar! Por favor!

— Pensar em quê?!

— Foi algo que o Sérgio falou sobre a Rita tentar se matar e para eu verificar os recados que ele me deixou e os horários. — Débora falava brandamente, refletindo sobre cada detalhe: — Havia sinceridade em suas palavras. Quando eu disse que sabia de toda a verdade, ele não entendeu sobre o que eu estava falando. Questionou como fui capaz de acreditar na Sueli. Gritou ao dizer que nunca a agrediu e disse com lealdade que não faltou vontade para isso. Afirmou não haver filho algum... Perguntou se eu estava louca. Ele esbravejou e se defendeu bem firme. Eu o conheço. O Sérgio não sabe mentir e ele estava bem franco. Mas, ao pegar as fotos que entreguei... Nunca vi o Sérgio daquele jeito. Ele tremia, ficou pálido e tentou falar, mas sua voz pareceu fraca e gaguejou... Pensei que fosse desmaiar. Aliás, tive a impressão de que ele começou a passar mal, mas não fiquei para saber. Sinto um arrependimento por isso!...

— Você é louca!!! Depois de tudo o que viu, ouviu e das provas incontestáveis contra ele dormindo com a irmã, deixando a coitada tão desesperada que até se matou por isso?!!! Não acredito que esteja defendendo esse doente, Débora!!! — gritou Yara, deixando-a nervosa. — Não procure justificativas para o que não tem defesa! Ele é safado e esperto! Acorda, Débora!!! O Sérgio te enganou! Quer continuar te enganando e pelo visto está conseguindo! Ele não quer manchar a sua imagem de doutor Sérgio! — falou com ironia.

— Ele disse que havia uma explicação. Eu deveria ter conversado ou ouvido como ele propôs, porém não sei o que me deu!

— O Sérgio, com as habilidades no emprego das técnicas sugestivas, só iria te enrolar! Ele é profissional nisso! Pense comigo: como você explicaria uma foto com você nua, deitada sobre o Élcio, o nosso irmão, com você abraçando-o pela cintura, as pernas sobre as dele e ele meio coberto por um lençol?! — Débora não disse nada e a irmã esbravejou: — Deixe de ser idiota!!! Queira quem a quer!!! — Pequena pausa e comentou menos irritada: — Lembra a mentira que contou ao Breno sobre estar grávida e era por isso que ficaria com o Sérgio? Ele ficou triste, mas não reagiu. Depois quando soube que foi mentira sua, também não disse nada e continuou seu amigo. Agora o Sérgio por qualquer coisinha fica todo nervosinho! Qual é?!!! Não vou esquecer quando cheguei aqui e vi você chorando feito uma condenada por causa do Sérgio! Um cara que te agrediu com um chacoalhão. Foi frio, grosso com as palavras e virou as costas te desprezando e não querendo conversar! Pense nisso! Se agora o sujeito é assim, imagine se morassem juntos!

Na espiritualidade Sebastião ria com gosto e saboreava, com satisfação e orgulho, o sofrimento experimentado por Débora e Sérgio. Gritando para um grupo de espíritos grosseiros que o acompanhava, Sebastião ordenou como se rosnasse com ferocidade, apontando:

— Vocês! Vão tomar conta do desgraçado do Sérgio! Corram! Ficarei aqui para não perder qualquer oportunidade. Essa infeliz precisa pagar por tudo o que fez. Se não fosse por ela, aquele covarde não teria desertado, eu não teria ouvido e sofrido por mais de um século. Sem a Débora, o Sérgio fica mais fraco, com pensamentos tristes e conflitantes. Vão!!! Vão logo!!! Os outros ficarão comigo. — Vendo-os como um grupo de soldados desorientados, olhando-se e misturando-se sem saber o que fazer, Sebastião urrou, indicando: — Você!!! Seja hábil com o chicote, para organizar esses atrapalhados, ou eu mesmo manusearei uma boa tira de couro em suas costas para que aprenda botar juízo naquelas cabeças!!!

O servo arregalou os olhos horríveis e inquietos, exigindo dos demais:

— Vamos, seus vermes malditos!!! Somos soldados guerreiros!!! Ajeitem o grupo e me sigam!!! — Reunindo os espíritos que desejava, o servo daquele líder saiu rapidamente para cumprir as ordens de forma alucinada.

Enquanto isso, Débora se deixava convencer pela irmã. Não demorou muito e o interfone tocou. Imediatamente Yara tomou a iniciativa de atender. Ao retornar, avisou:

— Mandei subir. É o Breno.

— Mas como?! Não, Yara! Não quero conversar com ninguém!

— Ele ligou antes de você chegar. Eu disse que você estava com problemas, triste e ele não agüentou saber de seu sofrimento e pediu para vir aqui. Eu não poderia dizer para não vir.

— Contou para ele sobre mim e o Sérgio?!!!

— Contei! Qual o problema?! Chega de mentira! Já bastou aquela história que você inventou sobre estar grávida do Sérgio só para afastar o Breno. E veja como ele é um cara bacana, quando soube que era mentira, nem ligou e continuou seu amigo.

No instante em que a campainha tocou, Yara abriu a porta sem se importar com a irmã. Depois de cumprimentar Breno, avisou:

— Entre, a Débora está aqui na sala.

Débora estava visivelmente abatida, com o ânimo reduzido a migalhas. Breno moderou o sorriso, aproximou-se e sentou ao seu lado, beijando-lhe o rosto ao perguntar:

— Você está bem, minha amiga?

Ela o encarou com os olhos empoçados em lágrimas, que não demoraram a escorrer por sua face pálida. Secando-as com as mãos, a jovem ficou envergonhada, mas respondeu:

— Já estive melhor.

Frente à irmã, Yara anunciou:

— Desculpe-me, mas preciso ir. De qualquer forma acredito que estará em boa companhia. O Breno já provou ser um ótimo amigo, nunca te exigiu nada e está presente nas horas mais difíceis. Qualquer coisa, me liga. — Beijando a irmã, avisou: — À noite estarei de volta. — Virando-se para o visitante, beijou-o no rosto e pediu, dissimulando a voz ao lhe dar um sorriso enigmático com o canto da boca, quase ao mesmo tempo de uma rápida piscadinha: — Cuide bem da minha irmã!

— Pode deixar — prometeu o rapaz com leve sorriso, correspondendo à trama de Yara.

A moça virou-se sorrindo e se foi.

Débora não sabia o que argumentar. Na verdade gostaria de ficar sozinha. Desejaria que Breno não estivesse ali. Sentia grande necessidade de organizar as idéias e para isso não poderia ter alguém ao seu lado.

Entretanto, para seu espanto, Breno se levantou, foi até a cozinha e retornou com um copo com água adoçada, pedindo baixinho:

— Beba um gole para se livrar de algum gosto amargo e lavar qualquer lembrança ruim.

Ela forçou um sorriso e aceitou o copo. Alguns goles e devolveu-o ao rapaz, agradecendo. Breno colocou o recipiente sobre a pequena bandeja, voltou-se novamente para Débora e, sem que ela esperasse, tirou-lhe os sapatos, colocou-lhe os pés sobre o sofá, ajeitou algumas almofadas e a conduziu para que se deitasse.

— O que é isso, Breno?

— Quer deitar em seu quarto?

— Não... É que...

— Então fique aí e relaxe. Procure não pensar em nada. Tenho certeza de que vai tirar um cochilo e isso será ótimo. Você não quer conversar e eu a entendo. Sei o que é isso.

Ela aceitou e ajeitou-se no sofá. Nem um minuto se passou e a moça se surpreendeu com ele cobrindo-a cuidadosamente com um leve lençol suave e perfumado.

* * *

Débora despertou sentindo-se atordoada. Breno foi ao seu encontro, sustentando uma bandeja onde sobrepunha xícaras de chá, torradas e deliciosos e pequeninos pães-doces e colocou-a sobre a mesinha central.

Ela experimentou uma sensação agradável ao vê-lo tão gentil. Sentando-se e observando seu largo sorriso, comentou:

— O que é isso, Breno? Por que tanto trabalho?

— Trabalho algum! Acho que não comeu nada o dia todo. Pensei em levá-la para almoçar, mas vi que dormia tão suave que... Não quis interromper seu sono.

Após entregar-lhe o pires com a xícara, o rapaz se serviu e sentou em outro sofá.

Entre um gole e outro da bebida morna, ele ofereceu-lhe torradas, o que Débora aceitou, e conversou sobre a brusca mudança do tempo.

Vagarosamente a jovem foi percebendo que Breno era muito atencioso, generoso e verdadeiramente amigo. Lentamente os pensamentos da moça eram envolvidos por uma sombra que a cegava para não ver a falta de integridade do rapaz.

Breno, na verdade, assumia uma conduta educada para seduzi-la. Sua estrutura psicológica estava empenhada na cordialidade e amabilidade a fim de conquistar a total confiança de Débora. Aproximar-se e envolvê-la para submetê-la ao seu controle, a fim de satisfazer a paixão compulsiva que experimentava pela jovem, uma atração física que o influenciava de maneira poderosa e anormal. Manipulador, escolhia suas vítimas e escondia suas verdadeiras intenções, seus vícios e transtornos. Mascarava o caráter a fim de empenhar-se ao máximo para obter o que desejava, no caso, Débora, como um triunfo e com a finalidade de usá-la como objeto em situações ou fantasias, despertando seus desejos mais obscuros.

A conversa seguia com aparente tranqüilidade entre eles até que a jovem expressou semblante triste. Mudando-se de lugar, Breno acomodou-se rapidamente ao lado dela e parecia preocupado ao perguntar com extrema generosidade:

— O que foi? Eu disse algo errado?

— Não... Foram detalhes que me trouxeram recordações e...

Débora chorou e o rapaz amparou-a em seu ombro como amigo, ouvindo atenciosamente seu desabafo e afagando-a e, em certos instantes, compreendendo-a.

* * *

No mesmo momento, Sérgio estava em pé frente à janela, olhando os últimos raios do sol que se punha entremeado de bela nuvem alaranjada.

Tinha o olhar perdido no horizonte. Lembrava-se dos detalhes que o abateram a ponto de levá-lo a um hospital. Pensava em Débora e desejava tê-la segurado naquela sala por mais tempo para contar a verdadeira história. Mas a surpresa com a foto o deixou em choque e não soube como reagir. Além disso, ela foi muito insensível.

De repente um leve barulho na porta, o fez virar-se lentamente. Sorriu, com o canto da boca, ao ver o médico amigo entrando.

— Ora! Pelo visto se comportou bem, doutor Sérgio — brincou o homem. —Diga-me a verdade... Acho que precisava desse descanso, não é?

— Não posso dizer que apreciei a comida, a falta de visita e... A propósito, por que eu não recebi visitas?

— Foi a meu pedido, Sérgio. Você precisava de um momento a sós. Eu mesmo liguei para seu irmão e sua mãe explicando que não aconteceu nada grave. Disse que você não estava se sentindo bem e tratava-se de um estresse mental, por isso precisava de descanso. Eles compreenderam e ficaram tranqüilos.

— Não contou a eles sobre a Débora?

— Não — respondeu com simplicidade.

Sérgio abaixou a cabeça, aproximou-se da cama onde se sentou e comentou em voz baixa:

— Ninguém jamais me fez sofrer tanto. A Débora me atacou de uma forma muito cruel. Não acreditou no que eu disse nem me deu chance para explicar.

— Quer conversar um pouco? — perguntou o doutor Édison, puxando uma cadeira e acomodando-se mais perto do rapaz.

Os belos olhos de Sérgio o encararam de modo penetrante, expressando um pedido de socorro. Levantando-se de onde estava, ele pegou uma outra cadeira e puxou uma pequena mesa colocando à frente ao doutor Édison, sentando-se em seguida diante dele. Na mesa que os separava, apoiou os cotovelos e em seguida esfregou o rosto com as mãos, segurando a cabeça baixa sem olhar para o outro.

Uma nuvem de dor pairava em seus pensamentos. Ele ficou sentado, cabisbaixo, em absoluto silêncio e com um semblante sobrecarregado de profunda decepção. Sérgio ainda estava com a cabeça curvada quando finalmente comentou:

— Tudo o que aconteceu me deixou muito perturbado, envergonhado... De repente perdi o controle da situação pelas acusações injustas e pela forma como foram feitas. — O rapaz falava de modo calmo. Entretanto ainda possuía uma inquietação que incomodava seus pensamentos. — Foi uma surpresa absurda! Deixou-me atônito por isso nem sabia o que dizer.

— Você não contou à Débora sobre as atitudes desequilibradas de sua irmã?

— Não — respondeu, encarando-o. Em seguida completou: — A princípio, conforme me orientou e o João também aconselhou, eu tinha decidido que era o momento da Débora saber, mas... Sabe... estávamos vivendo situações decisivas e importantes em nossas vidas. Nosso relacionamento estava bem harmonioso, equilibrado e eu resolvi adiar essa conversa que não me agrada nem um pouco. Depois o tempo foi passando e... — Breve pausa e perguntou de modo suplicante na voz grave: — Como eu poderia imaginar que a Sueli fosse tão alienada, louca a esse ponto?! Isso é doença! Ela não tem estrutura nem caráter. Isso só se explica como forma de vingança. A Sueli foi alguém em quem confiei, contei cada detalhe, muitos desabafos... Contudo minha maior decepção foi com a imaturidade da Débora por não me ouvir. Estou arrasado! Quero sumir! Nada em minha vida parece fazer sentido e...

Longo silêncio e o doutor Édison comentou:

— Sérgio, como já disse, tenho idade para ser o seu pai. Por essa razão considero essa conversa como um desabafo pela nossa amizade. Não o ouço como médico ou psiquiatra, mas como amigo. E para provar essa grande confiança e consideração que tenho especialmente por você, vou te contar que... Meu filho, meu único filho, criado com toda a atenção e orientação, tornou-se um aluno excepcional. Tirava as melhores notas a custo de uma dedicação impressionante. Eu e minha esposa não podíamos deixar de ter muito orgulho dele. Eu e meu filho conversávamos muito e ele até me acompanhava assistindo às minhas aulas ou palestras em congressos. O Alessandro passou no vestibular para medicina com incrível facilidade. Queria fazer neurocirurgia e pensava em outras especializações. Ele tinha uma namorada, com a qual minha mulher implicava, mas eu achava que era ciúme de mãe. Chegando ao terceiro ano de Medicina, meu filho Alessandro começou a apresentar alterações em seu comportamento. Eu sei quanta pressão e exigências existem sobre os alunos de Medicina, afinal, serão profissionais cuja prioridade de suas atividades será proporcionar alívio, melhor qualidade de vida e salvar pessoas.

Só que... A cada dia o Alessandro se tornava mais calado, sisudo, inquieto... Isso quando o via. Chamei-o para conversar, mas meu filho só ouvia e não me encarava. Não dizia nada. Não me dei por vencido e procurei deixar de ser o pai para ser o colega, o amigo... Entende? — Sérgio acenou positivamente com a cabeça e estava muito atento. Logo o médico continuou: — Nada adiantou. Meu filho só dizia que estava sobrecarregado com os estudos e muito cansado. Dois dias depois de ele me dar essa explicação, eu era palestrante em um congresso no Rio de Janeiro, mas não conseguia tirar o Alessandro dos meus pensamentos. Eu estudava um meio de saber, por ele, o que acontecia, pois meu filho era tudo de mais importante para mim.

Na manhã em que retornei a São Paulo, fiquei assustado ao ver dois carros da polícia e um da perícia em frente à minha casa, que estava com os portões abertos, com policiais e peritos entrando e saindo.

Ao me ver, um dos empregados correu ao meu encontro e, descendo do carro, recebi um golpe mortal quando ele disse que meu filho havia se suicidado. — Falando calmamente, porém com os olhos empossados nas lágrimas, prosseguiu: — Eu deixei de ser o Professor Doutor Édison, o doutor psiquiatra, o médico, o palestrante, o dono daquela mansão... Eu deixei de ser tudo! O que restou foi só o homem desorientado, o pai desesperado, com o coração esmagado, que gritou, berrou, chorou... Eu não acreditava que meu filho havia se matado. Queria que aquilo fosse um sonho ruim, porque era um pesadelo na vida real.

Sérgio o olhava surpreso, silencioso e quase sem piscar. Alguns segundos se passaram e o homem contou:

— Acreditei que minha vida tivesse acabado. Não conseguia fazer nada por falta de concentração. Minha esposa precisou ficar internada por alguns dias e, quando voltou para casa, quebrou o que pôde em diversas crises de nervos. Eu precisava dela, queria abraçá-la para chorarmos juntos, mas ela me acusava, culpava-me, dizendo que eu forcei nosso filho ao excesso de estudo, levando-o ao cansaço, ao desespero... Dizia que o Alessandro não queria me decepcionar e por isso não suportou a pressão e se matou. Todas as vezes que tentei conversar com minha mulher, após a morte de nosso filho, ela me culpava. — Encarando o rapaz com firmeza, o médico confessou: — Eu pensei em suicídio, Sérgio. Aliás, essa idéia não saía da minha cabeça. Não existe dor maior do que a de perder um filho!

Minha esposa deixou nossa casa. Foi morar com os pais e pediu o divórcio.

Tínhamos uma bela e confortável residência, uma casa na praia em um lugar bem privilegiado e outra na serra, perto de Campos do Jordão, para onde íamos todo inverno.

Desfiz-me de tudo. Dei-lhe o divórcio. E eu... Eu estava sozinho e completamente arrasado. Só me restava vender a clínica, mas eu tinha um sócio. Desisti de tudo. Abandonei as aulas, as palestras, meus pacientes... Tudo! Eu não cuidava nem da minha aparência. Deixei a barba grande, o cabelo crescer sem pentear e a cada dia diminuía minha disposição para um banho. Eu passei a usar as mesmas roupas desalinhadas.

Foi então que meu sócio me chamou e disse: "Se você morrer, se continuar se abandonando, maltratando-se, flagelando-se, trará mais sofrimento e dor ao seu filho. O Alessandro necessita da sua força, do seu preparo, de seus conhecimentos e, agora, mais do que precisou durante toda a vida!". Eu respondi que ele estava ficando louco, mas meu sócio replicou: "Veja com os olhos do coração e contemple mais longe e não só à sua volta. Olhe, principalmente, na direção do Alessandro e o trate, cuide dele com toda a sua força e amor que jamais dedicou a um paciente ou a um aluno. Você acha que o seu filho acabou?! Não! Ele vive. Sem dúvida que experimenta momentos difíceis e muita dor na consciência pelo suicídio praticado. Édison, é importante que você, como pai, não seja para o Alessandro mais um peso em sua consciência, mais uma dor, mais um motivo de desespero. Se desistir de viver, se deixar de trabalhar para ajudar os outros, será por culpa da decisão tomada pelo seu filho com a prática do suicídio. E se você também tirar sua própria vida, acarretará uma imensurável responsabilidade e extrema aflição, pois você não cometeria esse crime contra as Leis de Deus se ele estivesse vivo".

Parece que escuto cada palavra até hoje. Esse sócio é espírita. E apesar de tanto conflito e desespero íntimo, eu estudei e entendi que meu filho poderia se erguer do vale espiritual tenebroso onde se encontrava através dos meus desejos e pensamentos.

Eu sofri muito, Sérgio, mas me dediquei e me empenhei como nunca. Cada paciente que cuidava, eu falava buscando meios de despertar suas forças interiores, seu bom-ânimo, auto-estima e reconhecimento de seus valores e limites como se eu estivesse tratando o meu filho. A cada aluno ensinei como se fosse para o Alessandro. Por essa razão, dediquei-me tanto às aulas. Na verdade, eu direcionava as explicações e orientações para meu filho e em forma de pensamento, sem qualquer lamentação. Isso não foi e não é fácil.

A mecânica dos problemas humanos não se restringe somente à ciência da Psicologia ou da Psiquiatria, Sérgio. A mecânica dos problemas humanos é o resultado do que você fez por você em muitas outras vidas e pode ser também uma opção para ajudar alguém da sua família espiritual, ou missão evolutiva com amor incondicional por todos ou tarefa que não se pode esperar.

Os dois se entreolhavam firmes. Os olhos de Sérgio pareciam explodir em chamas como os de alguém que acordasse abruptamente com uma rajada de água fria.

— Nunca soube de sua vida, doutor, e... Por que está me contando tudo isso?

— Por que vejo em seus olhos, há dias, algo que me deixou inquieto. Algo que vi nos olhos do Alessandro.

— O quê? — tornou Sérgio, perguntando temeroso.

— Você está começando a desenvolver a convicção de que seu trabalho, seus esforços, sua jornada e tudo mais não têm importância. Eu soube por você mesmo de toda a sua história. Vejo que se empenha e se dedica extremamente ao trabalho para fugir da sua realidade. Você é um ótimo profissional, mas não pensa que me engana não. Pela experiência que aprendo a cada dia, vejo que, por causa de um brutal e cruel rompimento amoroso, pensa em desistir de você mesmo, desistir da vida... Não é Sérgio?! — Não houve resposta, e o amigo prosseguiu: — Use todo o seu poder, toda a sua fé, a sua garra e conhecimento adquirido para guardar, proteger e preservar o seu maior tesouro de modo que ninguém consiga profaná-lo e prejudicá-lo.

— Que tesouro eu tenho, doutor?

— A consciência, sua alma. — Breve pausa e o homem aconselhou, sorrindo: — Aumente a umidade relativa do ar à sua volta! Desenvolva a autoproteção! — Mais sério, falou: — Eleve os pensamentos e reze! Se for preciso, caia de joelhos, chore, grite, mas peça a Deus que o amanhã chegue rapidamente com uma luz forte de confiança e razão. Assim como os raios do sol no horizonte são diferentes a cada dia, outros momentos vão embelezar sua vida! Lembre-se de que não existe somente a noite escura e fria. Todas as manhãs trazem luz. Mesmo um dia cinzento, é mais claro do que a noite.

Sérgio ficou em silêncio e fugiu o olhar sem dar qualquer resposta.

— Ei! — Ao ver encará-lo, avisou com voz terna: — Não quero perder mais um filho. Creio que foi a vergonha de desabafar que levou o Alessandro à prática tão lamentável. Não quero te perder agora que o encontrei, filho.

O rapaz não se conteve. Sérgio debruçou-se sobre a mesa, caindo num choro sufocado e compulsivo. O doutor Édison se levantou e foi ao seu lado. Erguendo-o, puxou-o para um abraço. Sérgio o abraçou forte, escondeu o rosto em seu ombro e chorou como nunca.

O médico não disse nada. Lágrimas correram em sua face serena, mas ele silenciou e somente esperou. Após longo tempo, Sérgio se afastou do abraço e, envergonhado escondeu o rosto onde secava algumas lágrimas. Ao vê-lo erguer os olhos para o teto e dar longo suspiro, o doutor Édison falou:

— É melhor que se troque. Acredito que suas roupas estejam ali no armário. Isto é... Se quiser uma carona!

— Eu já estou de alta? — perguntou com a voz rouca pelo choro.

— Quando cheguei, estava. Vim aqui para avisar, mas... — riu. — Acho que me esqueci!

Aproximando-se, trazendo um leve sorriso no rosto avermelhado, Sérgio o abraçou firme e estapeou-lhe as costas. Não disse nada. Depois pegou suas roupas e foi se trocar.

* * *

A caminho de casa, Sérgio comentou com o médico:

— Enquanto estava no hospital, pensei muito. A impressão que tive foi de lutar, lutar, lutar e não ter êxito algum. Pensei em desistir da vida... Fiquei em conflito, envergonhado, arrependido...

— Arrependido por quê?

— Por não ter contado para a Débora sobre o desequilíbrio da minha irmã.

— Por que se envergonhou, Sérgio?

— A verdade é que senti vergonha por causa do senhor.

— Por mim?!

— Sim... Toda aquela discussão na sua sala, na sua frente... Senti vergonha e decepção. Passei o dia pensando: o que vale minha vida? A pessoa que mais amo e que dizia me amar me tratou como quem ofende um marginal. Que vergonha!

— Vergonha mata, Sérgio — falou sério. — Se o Alessandro não tivesse vergonha, estaria ao meu lado hoje. Foi a vergonha de contar o que acontecia que o levou à prática de tamanho absurdo. Falar, conversar, chorar, procurar ajuda profissional é coragem. Buscar na religiosidade o equilíbrio e o entendimento, é esperteza e elevação. Querer a morte é covardia para enfrentar a vida. E muitos não têm idéia da dor e do sofrimento consciencial mil vezes pior.

Um tanto cauteloso, Sérgio perguntou:

— Se não o incomoda falar a respeito, pode dizer como ele se matou?

— Sinto imensa dor, quando lembro, embora saiba que é necessário usar a dor em benefício do próprio Alessandro, mas sem desespero e com total controle das emoções. O Alessandro se matou com um tiro na cabeça. Não sei como conseguiu aquela arma... Ele foi encontrado em seu quarto e deixou uma carta pedindo desculpas a mim por não ter coragem de contar suas dificuldades, seus medos e... Em um trecho, meu filho menciona que passou a fazer uso de drogas para ficar acordado e sem fome para não perder tempo com a alimentação a fim de estudar e se aplicar mais. Como todos os iniciantes em vícios, ele acreditou que isso seria temporário e logo pararia. Mas seu corpo exigiu mais. As drogas foram vitoriosas, disse, afirmando que não conseguia mais prosseguir sem elas. Sentia-se deprimido e envergonhado e não sabia como me contar. Meu filho escreveu que estava ciente da atitude insensata, mas acreditava que poria um fim ao inferno vivido no pensamento e na necessidade do corpo. Em determinado trecho, pediu perdão pela falta de coragem, por se desviar para o caminho das drogas para o qual eu sempre o alertei.

No começo entrei em um mundo de escuridão e infelicidade, acreditando que minha vida não tinha mais sentido. Depois do alerta desse meu grande amigo, eu decidi recomeçar. Não foi fácil. Meu mundo estava de cabeça para baixo. Mas por incrível que pareça, ao retornar a clinicar, os paciente chegavam. Todos apresentavam ou contavam sobre a intenção de suicídio. Tratei de cada um deles como se fosse o Alessandro, pois desejava arrancar meu filho do recôncavo das trevas, da perturbação e da dor para elevar sua consciência e beneficiá-lo com o arrependimento e a aceitação de socorro. Não peço mensagens mediúnicas com informações dele. Peço a Deus que o abençoe, a Jesus que o ilumine e continuo com o trabalho que abracei para aliviá-lo e elevá-lo.

— E sua esposa?

— Por mais que tentei e tento, através de psiquiatras amigos, não conseguimos minimizar sua depressão. Ela se entregou à progressividade de um estado desesperador tão profundo e por um tempo suficiente que agora acreditamos ser quase impossível modificar seu comportamento disfuncional.

— Tentou conversar com ela sobre o lado espiritual de toda a situação?

— Incontáveis vezes. Mas ela não aceitou. Dei-lhe o divórcio para não contrariá-la, porém em minha consciência ela ainda é minha esposa. Apesar de ter-lhe fornecido toda a atenção, dedicação e amparo, ela não quis reverter seu quadro de depressão clínica para a tristeza comum. Recusou-se a me receber como visita. Ao saber da minha busca mais profunda nos ensinamentos da Doutrina Espírita que me traziam consolo e força interior ativa e construtiva para minhas atividades, minha esposa abandonou qualquer ocupação, dever e responsabilidade. Ao contrário de alguns deprimidos de comportamento passivo e letárgico, ela passou para um estado comportamental deprimido, mas agitado e inquieto quando procurou conforto na igreja evangélica ou religião protestante.

Logo de início, minha mulher adotou uma conduta severa e crítica de si mesma. Assumiu a culpa pela falta de capacidade de controlar sua vida. Com procedimentos irritadiços, freqüentou a igreja evangélica gritando em rogativas intermináveis, julgou-me demônio. Embrenhou-se na fé cega das crenças irracionais, persistentes e sob os delírios frenéticos dos cultos alucinantes repletos de uma ovação interminável de súplicas a Deus, como se Deus fosse surdo.

A busca desenfreada por uma espécie de perdão Divino, levou-a a distúrbios psíquicos de falar uma língua estranha da qual ninguém sabe a origem ou a tradução. Tais episódios depressivos e maníacos variavam e se alteravam. Você sabe que quando o indivíduo experimenta uma grande perda afetiva, se ele não for equilibrado pode vivenciar grandes e diversos distúrbios psicológicos. Essa perda pode ser a morte de um ente querido ou a perda simbólica pela rejeição ou abandono da outra parte. Em todo caso, quando não se controla a raiva inconsciente contra o outro, esse sentimento se transforma em raiva contra si próprio e, conseqüentemente, em depressão.

Fontes de estudos e opiniões de renomados psiquiatras como Aaron Beck, baseiam-se em fontes clínicas de que as pessoas deprimidas, na maioria das vezes, pensam ilogicamente. Elas transformam pequenos problemas em dramatizações catastróficas e, nas situações realmente difíceis, essas pessoas assumem eternas e indizíveis culpas; ampliam as fraquezas, desesperam-se com a total perda de controle emocional e jamais se perdoam por desagradáveis experiências do passado.

Dentro da visão filosófica, científica e religiosa que tenho um pouco, acredito que a agitação delirante, a fé cega, as crenças irracionais nas falas sugeridas e persuasivas pronunciadas com muita habilidade por muitos evangélicos ou protestantes, têm a finalidade de limitar a inteligência das pessoas necessitadas de auxílio na área psíquica ou psicológica. Essa atuação ou representação agitada e delirante é uma das fontes de argumentação usada para convencer os fiéis. É algo que funciona como um gerador de energia enganoso, temporário, falso, no qual o indivíduo depressivo transfere as suas responsabilidades e deveres para Deus, bem como a causa de seus sofrimentos, ou seja, se eu sofro é porque Deus quer assim. Essas pessoas transferem sua raiva inconsciente para outra e aprendem a culpar todos à sua volta, incluindo os espíritos, por seus infortúnios e dores, julgando-os demônios traidores e capetas ou diabos inimigos.

As mentes maquiavélicas que administram essa linha religiosa para fins lucrativos se tornam controladoras de vidas, dos comportamentos e das opiniões dessas pessoas com transtornos. Eles usam palavras persuasivas. Alguns desses líderes religiosos, sem dúvida, apresentam distúrbio de personalidade anti-social, pois mentem, iludem, trapaceiam sem mostrar noção de responsabilidade. Sempre parecem mais sábios, inteligentes, atraentes para causar impressão. É o típico vigarista que não sente qualquer culpa ou arrependimento pelos danos materiais, financeiros, morais ou intelectuais causados aos outros. Eles usam principalmente o nome de Deus para envolver suas vítimas.

Como profissionais, nós sabemos que a depressão grave, sem acompanhamento clínico, terapêutico, resulta em agravamento do estado patológico. Por isso, como era de se esperar, depois de algum tempo vivendo essa febre evangélica sem acompanhamento clínico, por recusar tratamento, minha esposa deteriorou acentuadamente junto do seu estado psicológico, principalmente, ao se dar conta de que doou valores e mais valores financeiros para os pastores e nada recebeu em troca. Não teve, sequer, algum companheiro para uma visita amiga, ou seja, acabou o dinheiro, terminaram os seus direitos de receber qualquer bênção de Deus. Todos se afastaram dela.

Não se barganha com Deus.

Hoje ela está em uma cama, com um comportamento letárgico e definhando a cada dia. Não fala, não corresponde nem reage a nada e...
— Sua voz embargou, mas comentou: — Semana passada ela deixou de comer, tomando uma postura vegetativa e por isso está recebendo alimentação através de sonda. Seus batimentos cardíacos estão fracos e exames exibem proteínas na urina, um sinal de deficiência renal e... por não reagir, por não aceitar ajuda desde o início, ela se suicida a cada dia.

O silêncio reinou por algum tempo. Comovido, Sérgio murmurou:
— Nossa... Lamento muito.
— Eu também, filho. Eu também...

Discretamente o doutor secou uma lágrima que rolou em sua face e nada mais disse. Em poucos instantes chegou frente à residência de Sérgio. O rapaz estava muito grato e rapidamente ele pediu mostrando-se animado:
— Por favor, vamos entrar! Faço questão que conheça a minha casa!
O homem sorriu e aceitou:
— Se não for incômodo...
— Será um prazer!

Dizendo isso, ambos entraram e Sérgio passou a contar detalhes da reforma enquanto mostrava-lhe a casa.

21

Opiniões do doutor Édison

Sentados à mesa da cozinha, o doutor Édison tomava uma xícara de chá servido por Sérgio, que sentou-se à sua frente, satisfeito pela companhia amigável. Depois de algum tempo, insistiu novamente:

— Não quer mesmo que eu prepare um jantar? Será simples, mas rápido!

— Não, obrigado. É que não costumo jantar. Tomo um chá, suco ou como uma fruta à noite.

— Puxa! Como eu gostaria de ser assim. Tenho um bom apetite!

— A idade o fará pensar e agir diferente, e consequentemente, mudará os hábitos alimentares ou comprará uma cadeira maior e bem reforçada para suportar seu peso — disse rindo.

Não demorou e Sérgio comentou com seriedade:

— Não imagina o quanto me ajudou, doutor Édison. O maior apoio que podemos receber, em alguns momentos, é o de alguém nos ouvir sem críticas, descréditos ou pouco caso, não dando importância ao assunto. Os familiares freqüentemente nos ignoram. — Alguns segundos e declarou: — Após a cena tempestuosa lá em seu consultório, tive a impressão de que minha vida, minha carreira e qualquer outra atividade praticada haviam chegado ao fim, não tinham valor algum. Ao acordar no hospital, um sentimento amargo, uma tristeza me dominou. Meus pensamentos ficaram povoados de idéias destrutivas. Senti que a Débora estava se atirando em um precipício de sofrimento e tortura, e eu, não podendo fazer nada, queria me atirar também. As idéias de desistir da vida, de me suicidar, formavam-se com incrível velocidade e força com procedência desconhecida. Parece que eu não tinha chance de pensar e repensar no assunto. Antes de conversarmos, eu acreditava que os meus problemas, as minhas dificuldades eram as maiores do mundo. Mas quando o senhor conseguiu atingir e emergir o meu maior complexo, eu desmoronei. Precisei explodir através do choro. Enquanto conversávamos, eu pensava e me conscientizava de que só após a reforma e a limpeza podemos reconstruir algo melhor.

— Foi o que você fez com essa casa, Sérgio! Ela estava feia e com problemas, mas a consertou, reformou e a deixou bonita e agradável. A nossa vida é assim!

— Planejei cada passo da minha vida e suportei cada sacrifício. — Com olhar febrilmente brilhante, admitiu: — Não programei a entrada da Débora em minha vida. Nunca pensei que existisse uma pessoa capaz de preencher um vazio que eu sentia. Vi nela alguém capaz de ficar ao meu lado, a mulher para me acompanhar em tudo e até a criatura ideal para ser a mãe dos meus filhos. Eu não estava preparado para um rompimento abrupto e tão agressivo com as lembranças de um passado cruel pelo desequilíbrio da minha irmã, que agora me atacam pela vingança da Sueli, responsável por tanta decepção, injustiça e amargura.

— Sérgio, nós temos potenciais que ignoramos. Somente através da nossa consciência alimentada ininterruptamente pelos pensamentos, desejos e ações nobres podemos nos elevar, curar-nos e ter acesso às esferas superiores. Em um momento de dor, de sofrimento, de problemas difíceis que não raciocinamos e somos impulsivos, nós deixamo-nos iludir e queremos que os outros resolvam os nossos deveres, assumam as nossas responsabilidades. Quando isso não acontece, quando os outros não fazem o nosso dever, que é o de enfrentar o nosso desafio, nós desejamos morrer e sumir. Quanto erro! Só o fato de pensarmos no desejo de morrer, de nos suicidarmos para acabarmos com o sofrimento desta encarnação, nós atraímos fluidos tão pesados. Esses fluidos são tão destruidores que se impregnam em nosso campo vibratório e até em nosso corpo espiritual. Como conseqüência, chamamos para junto de nós espíritos que sofrem pelo suicídio praticado e começamos a sentir angústias, desânimo, desejo de desistir de tudo. Não nos importamos com mais nada... Depois começam as dores, o sofrimento com doenças que se relacionam àquele suicida que se afinou com você e às vezes nenhum exame consegue diagnosticar essas doenças ou sintomas. Ou então os vingadores do passado, os obsessores, aproveitam-se desses pensamentos, desses desejos e com isso nos enfraquecemos, nós nos deterioramos, perdemos a esperança e deixamos de evoluir. Se não reagirmos, vamos nos impregnando a cada dia, a cada pensamento e acabamos deixando nossa mente invadida pela decisão do suicídio, influenciada por espíritos cruéis.

— O senhor tem toda a razão. As palavras, os pensamentos e as atitudes são energias psíquicas, são a nossa alma e representam todas as forças vitais. Como vimos no caso de sua esposa.

— Minha mulher precisava de um tratamento clínico e espiritual, porém se negou, reagiu revoltada, sentiu-se reprimida. Ela começou a ser radical quando encontrou, no meio dos protestantes ou evangélicos, aqueles que usaram de influência persuasiva através da fé cega. Tirando-lhe os encargos, a responsabilidade de enfrentar a vida e transferir suas dores e perdas para os desejos de Deus. Não posso afirmar que todos esses religiosos de linha protestante são assim. Contudo os que ela encontrou visavam a fins lucrativos, usavam métodos de controle mental para a hipnose coletiva. O pastor evangélico a auxiliou a usar mecanismos inadequados de defesa emocional. Isso não é só um ato irresponsável como também muito perigoso, tanto que o resultado foi o estado de depressão grave que chegou ao letargismo. Não duvido de que minha esposa desejasse morrer, pensasse em se matar, mas ela não reagiu e se deixou envolver atraindo o que seu inconsciente queria.

— Viu como é sério o problema dos mercadores de algumas religiões? Isso é um crime! — protestou Sérgio.

— Não, rapaz. Não é. Visto pelas leis, esse é um país livre e ela uma cidadã considerada capacitada na época em que procurou consolo nessa linha religiosa. Minha mulher poderia e deveria tomar uma nova postura mental e novas disposições íntimas como: ajudar crianças num orfanato, ser voluntária num hospital que cuida de pacientes com câncer... Essas atitudes amenizariam a tristeza a médio ou longo prazo, dependendo da pessoa. Certamente ela não ficaria com a mente entregue à angústia e às aflições que a levaram aos transtornos, aos distúrbios psicológicos e uma terapia surtiria um efeito muito benéfico.

— Algumas facções religiosas utilizam o controle mental para dominar a opinião, as idéias de seus adeptos. — Argumentou Sérgio que continuou: — Aqui no Brasil, desde que teve início a febre evangélica, após o fim da ditadura militar, nós vemos líderes religiosos manipulando as idéias de Jesus e textos bíblicos para que pessoas desatentas ou sem conhecimento sejam mantidas sob controle e subjugadas pelo medo de irem para o inferno. Foram capazes de criar bíblias novas recheando trechos evangélicos com explicações em favor da dependência religiosa da linha protestante, mas tais alterações literárias são completamente contrárias aos ensinamentos Cristãos. O Cristianismo liberta as pessoas! A meu ver estão institucionalizando a religião, principalmente os evangélicos.

— Concordo com você, Sérgio. A religião foi transformada em instituição lucrativa. Hoje qualquer portinha serve como templo evangélico. Chegam a intitular nomes pitorescos como: Religião de Deus; Religião do Deus Vivo; Verdadeira Casa de Jesus e tantos outros nomes que... Deixa pra lá...

— A irresponsabilidade desses líderes religiosos é grande. Eles usam o controle mental para escravizar os fiéis desavisados e até ignorantes que se entregam aos alucinados gritos de perdão e agradecimento a Deus. Eu já assisti. As pessoas ficam fora de si! É um delírio incontrolável e contagiante!

— Sim, Sérgio. A isso, dá-se o nome de Hipnose Coletiva. De uma maneira inconsciente, os fiéis são dominados e aceitam as sugestões do líder ou representante religioso que os hipnotizam, ensinando-os a reverenciar Deus, a pedir perdão a Deus e suplicar a Deus de uma forma capitalista. E o que é capitalismo se não um sistema econômico de produções visando a lucros financeiros? O que significa pagar seu dízimo, deixar lá na igreja o seu dinheiro, suas jóias ou algum outro bem material para ser atendido por Deus. Esses templos ou igrejas têm o líder evangélico que injeta na mente dos fiéis um Deus capital, um Deus executivo, legislativo e judiciário! Um Deus que condena ao sofrimento aquele que não dá sua última moeda. Se você não pagar, não terá crédito com Ele. E o pastor... bem... o pastor é o emissário do Senhor que recolhe e endereça as arrecadações. Como psiquiatra eu não deveria falar isso, mas... como homem, eu vejo alguns pastores como uma espécie de "Psicólogo Subversivo" que propaga os milagres daqueles que deram dinheiro e se salvaram! É o que faz um marketing induzindo os fiéis a uma espécie de comportamento de consumo religioso sem controle, irracional, com fé totalmente cega e, acima de tudo, fazem-nos adotar essa ou aquela prática ou postura preconceituosa. As atitudes de amor e solidariedade só existem para com aqueles da mesma linha religiosa, considerando como verdadeiros demônios as outras criaturas de Deus por se inclinarem a religiões diferentes como a umbanda, o catolicismo, o espiritismo, o islamismo, o budismo, o judaísmo, o hinduísmo e outras.

— Eu não entendo por que tantas pessoas se deixam dominar pela fé cega, por outros que as mantêm sob um domínio mental, controlam suas opiniões e suas vidas.

— Lembre-se de que antes de falarmos de pessoas, estamos falando de espíritos com diversas experiências terrenas anteriores a essa. Crendo em muitas moradas na Casa do Pai, acredito na existência de regiões espirituais inferiores por onde passaram e se encontram espíritos com diversos vícios ou práticas inadequadas e perversidades das mais diversas, apegados às paixões vis e promíscuas, inclinados às discórdias e irritações, anomalias sinistras no que dizem respeito ao desregramento sexual por práticas compulsivas ou animalescas, atos ou pensamentos repletos de energias com desejos maldosos e negativos... Por Deus ser um Pai bom e justo, Ele não confinaria quem quer que seja ao inferno. Então nas muitas moradas há alguma reservada ao processo de aprimoramento para a aprendizagem, o crescimento, a elevação e a libertação de Seus filhos que se inclinaram a um comportamento inferior. Vamos pensar e filosofar nas palavras de Jesus quando disse que há muitas moradas na Casa do Pai, Ele disse morada e não lugar de eterno confinamento. Quem está em uma morada pode se mudar dela, certo?

— Concordo. Nossa! Que explicação ótima sobre podermos nos mudar de uma morada. Mas isso não responde a minha curiosidade — argumentou Sérgio.

— Calma... — pediu o médico sorrindo e logo continuou: — Depois de tantas práticas contra as Leis de Deus, milhões de espíritos desencarnados são atraídos por suas condições mentais a terríveis estados de perturbação ou Umbral, experimentando verdadeiro inferno na consciência. Lembrando que o Universo é a Casa do Pai, esses irmãos se encontram em alguma morada dele. Para esses espíritos, é tão sofrida e pavorosa a experiência que essa parece eterna. Quando o espírito se recusa, nega-se a harmonizar o que desarmonizou, experimentará a reação de suas ações, sofrerá o mesmo efeito do mal que causou, pois o mal só se corrige com o mal.

Deus não se esquece das grandes regiões expiatórias e trevosas na espiritualidade. O benefício da reencarnação chega inclusive ao espírito rebelde, mas desgastado pela angústia vivida nessas regiões de sofrimento. Então ele reencarna para minimizar suas tendências viciosas e maldosas. Reencarnado ele tem a bênção do esquecimento de vidas passadas no seu consciente, mas de seu inconsciente não se apagam os erros cometidos, suas tendências ao mal nem a sua aflição e dor nas faixas vibratórias muito inferiores quando desencarnado. Por isso cada indivíduo tem suas lutas e conflitos internos, seus distúrbios ou desequilíbrios ou síndromes. Veja... Eu acredito na existência de igrejas protestantes sérias e capazes de ensinar a prática da solidariedade e do amor Cristão que se tornou algo secundário para outras igrejas evangélicas. Existem pastores protestantes, assim como padres, dirigentes espíritas, pai-de-santo ou mãe-de-santo em centro de umbanda, entre outros líderes, muito honestos! Como também desonestos! Isso independe da religião, mas sim da dignidade, da honestidade, da elevação da criatura humana.

Até onde me levaram as pesquisas, a maioria das igrejas evangélicas é liderada por qualquer um, por isso se tornam um capitalismo, uma forma de vender algo e lucrar com isso. No caso, eles vendem religião, promessas de algo melhor em sua vida, vendem perdão. Analisando pelo lado clínico, pessoas desse tipo como líder religioso, têm a tendência ou postura do distúrbio anti-social e são capazes de mentir, forjar, trapacear, representar de todas as formas possíveis, sem arrependimento e, cinicamente, usando o poder de persuasão para o máximo de proveito a seu favor. Dentro da proposta religiosa imposta pelo protestantismo, alguns líderes evangélicos encontram a excelente oportunidade de colocar em prática compulsiva a sua personalidade anti-social, pois agem como verdadeiros vigaristas ao descobrirem um meio de dominarem os pensamentos e as idéias dos seguidores. E é por meio dos cantos de hinos e gritaria frenética que se obtém a Hipnose Coletiva para inebriá-los e conseguir com que façam doações e mais doações, fé irracional e tudo mais o que sabemos.

Todos se esquecem dos ensinamentos do Mestre Jesus sobre não ser como os hipócritas que se comprazem em orar em pé nas sinagogas e nas ruas para serem vistos pelos homens... E, quando orando, não usar de vãs repetições como os gentios que pensam que por muito falarem serão ouvidos. Portanto, quando orar ao Pai que está no Céu, entra para o teu aposento e feche a tua porta. Ora a teu Pai que está em oculto, e teu Pai que te vê secretamente te recompensará. Lembrando que as sinagogas correspondem às igrejas e templos religiosos.

Quanto aos fiéis, o que os leva a crer em colocações sem raciocinar e na realização de verdadeiros espetáculos para gritar sobre sua fé... Bem... Podemos tomar como exemplo que alguns deles são espíritos que permaneceram em sofrimento nos baixos círculos vibratórios da espiritualidade pelas suas práticas delituosas, perversas ou tendências viciosas. Agora, encarnados e mesmo com o abençoado esquecimento do passado, eles temem essas regiões expiatórias trevosas nas quais os espíritos inferiores, escravizados, perturbados, desesperados padecem em extremo desespero. O medo inconsciente de retornarem para essas moradas espirituais aflitivas é tão intenso que eles mantêm um comportamento de medo a Deus, tomam uma postura de crer no céu e no inferno, colocando-se aos berros para rogar, tal como faziam quando desencarnados. Alguns deles adotam essa facção religiosa, porém não mudam o hábito ruim, continuam com um comportamento moral indigno, são delituosos nos pensamentos, nas palavras e ações, mas acreditam que pedindo perdão, entregando o dízimo e pagando pelas orações, oferecendo dinheiro para que seu nome seja escrito no Reino de Deus... os levarão para o céu.

Como profissional nessa área, você sabe que existe a pessoa que passa por um período de tristeza, algo diferente da depressão, um estado mais intenso e persistente do que a tristeza.

Muitos pensam que Deus é um prestador de serviço que precisa ser pago a fim de nos dar o que queremos. Deus é o Criador de todas as coisas! Tudo é Dele! O que Deus quer é a nossa responsabilidade de amá-Lo sobre todas as coisas e ao próximo como a nós mesmos. Então vemos algumas pessoas desiludidas porque não foram atendidas. Elas querem fugir das responsabilidades, ficam tristes, desesperadas e vão a um médico mal informado que chega à conclusão de que estão com depressão. Você tem reparado como é grande o número de pessoas, atualmente, que dizem ter depressão? Existem vários graus ou estágios de depressão.

A depressão não é o fim do mundo! A maioria das pessoas já experimentou um estado depressivo e nem sabe. Porém existe a depressão mais acentuada, em que o indivíduo negligencia suas responsabilidades e precisa de auxílio profissional. Muitos acontecimentos na vida podem prostrar uma pessoa à depressão, mas ela pode reagir e buscar em diversas atividades o prazer de viver.

— O senhor disse que a grande maioria dos evangélicos é preconceituosa, por quê?

— Se forem convidados, os evangélicos vão às igrejas católicas, aos centros espíritas, aos centros de umbanda, ao templo budista?... Não!!! Eu fui convidado para um casamento em uma praia e a cerimônia foi umbandista e eu fui! Achei interessante, bonito... Voltei de lá do mesmo jeito que fui, só que com alguns conhecimentos sobre algo diferente. Já fui a incontáveis casamentos católicos e assisti a várias missas. E em que isso me afetou negativamente? Em nada! Reparou que grande parte dos protestantes ou evangélicos nunca reza o Pai Nosso? E sabe por quê? Por causa dos ensinamentos que a prece pronunciada por Jesus traz para a reflexão. Um desses ensinamentos é "Perdoai as nossas dívidas assim como perdoamos àqueles que nos tenham ofendido". Aos evangélicos não é ensinado o perdão ao próximo, eles só perdoam aos que se converteram à sua facção religiosa, o resto vai para o inferno. Isso tudo é ou não é preconceito? Empresários, líderes de equipes, diretores, presidentes, gerentes, administradores, engenheiros, arquitetos ou outros que são responsáveis por uma equipe de profissionais e são evangélicos, procuram contratar funcionários evangélicos e, quando descobrem que um funcionário é umbandista, espírita, católico etc., procuram demiti-lo. Esses religiosos perderam o lado humano da vida. Só eles são puros e estão salvos no Reino de Deus, o resto vai para o inferno.

Se acreditarmos na existência do demônio ou do satanás com o poder grandioso que os evangélicos lhes dão, então teremos dois deuses: um bom e outro mau. Só existe um Deus, que é a Inteligência Suprema e Criador de todas as coisas. E já que Deus criou tudo e é dono de tudo, o inferno que muitos acreditam também pertence a Ele! O inferno pertence a Deus!

Os evangélicos, sem raciocinar e se deixando induzir na fé cega, devem tomar cuidado com o insano desejo de ir para o Reino de Deus e até pagar por isso, pois o inferno também faz parte do Reino de Deus.

Normalmente eles são criaturas desrespeitosas ao perturbarem a paz pública com a gritaria tresloucada em suas igrejas, cantos e rogativas intermináveis a Deus perturbando o sossego alheio com tanta e tamanha barulhada. Isso é o resultado do inconsciente temer o inferno que vivenciou no estado de perturbação e os prende num primitivismo mental.

Mas eu gosto de ressaltar uma coisa: muitas dessas formas de vida e conduta se enquadram também a muitos espíritas oriundos de regiões sombrias onde há gritos e ranger de dentes. Um grande número de espíritas se acreditam com todo o conhecimento filosófico e científico da Doutrina Espírita, mas são incapazes de respeitar a fase de crescimento individual das pessoas espíritas e não-espíritas, exigindo-lhes muito — riu, e depois admitiu: — Como eu estou fazendo agora!

Veja, não importa a religião ou filosofia, são pessoas cujo comportamento humano apresenta quem eles são. A opção religiosa traz a manifestação do conteúdo inconsciente para as revelações de expressões exteriores exibindo, por intermédio do comportamento, a sua verdadeira personalidade, o seu Eu, sua alma.

O médico silenciou enquanto Sérgio ficou pensativo. Não demorou e o homem decidiu:

— Bem!... Preciso ir. Já é tarde e eu só ofereci minhas opiniões como pessoa falha e sem evolução. Não fui espírita. — Levantando-se, avisou: — Sérgio, você tem meus telefones e sabe como me encontrar a qualquer hora do dia ou da noite.

— Espero não precisar incomodá-lo. E... Muito obrigado por tudo.

— Ora! Não fiz nada — disse, encaminhando-se à porta. — Fique com Deus.

22

A benfeitora Laryel interfere no suicídio de Sérgio

As horas deram lugar aos dias. Os dias tornaram-se semanas e semanas viraram meses.

Sérgio teve uma grande mudança em sua vida quando deixou de ser policial. Trabalhava na clínica e estava mais tranqüilo. Porém trazia o coração apertado e doloroso pela ausência da namorada, que não o procurou. Por intermédio de Rita, ele soube que Débora simplesmente abandonou o curso universitário nunca mais comparecendo às aulas nem procurando qualquer amiga. O rapaz não comentava com ninguém, entretanto experimentava uma profunda tristeza mesclada de angústia e preocupação por não ter quaisquer notícias de Débora. A moça havia sumido completamente. Tentou procurá-la, entrar em contato, mas não conseguiu. Isso o deixava cada dia mais aflito, apreensivo e inquieto. Disfarçava e não comentava mais nada sobre o assunto, apesar de experimentar muito abalo em seus sentimentos.

A fim de se sentir mais recomposto para clinicar entre uma e outra terapia, era seu costume sair da sala para relaxar e se refazer por alguns minutos após um paciente e antes de atender outro. Era fim de tarde, quando saiu para tomar um café, e viu o consultório de seu amigo João com a porta entreaberta. Com o pequeno copo descartável na mão, Sérgio aproximou-se e sem querer, sem qualquer esforço, ouviu:

— Foi isso o que o doutor Édison propôs para ampliarmos a clínica, João — dizia Nivaldo, o outro psicólogo. — Mas tem uma coisa que me irrita: nós somos sócios. Até quando o doutor Édison ficará bancando a parte financeira que cabe ao Sérgio e pedindo para nós não comentarmos nada?!

— Nivaldo, meu amigo — argumentou João bem sério —, isso não nos diz respeito. Afinal de contas, isso o que o doutor Édison fez não nos prejudica em nada. Não sei por que você está irritado!

— Ah!!! Mas me sinto prejudicado sim! O Sérgio tornou-se o queridinho do doutor Édison e por que nós não?! — reclamou Nivaldo com veemência.

— Espere um pouco! — pediu João, cauteloso. — Sou capaz de entender a decisão do doutor Édison. Não me sinto prejudicado nem ofendido. O Sérgio mereceu o apoio ou a ajuda que teve, principalmente, pelo fato de ele executar serviços braçais nesta clínica, que nós dois não ousamos ajudar! Além disso, ele é excelente profissional e muito requisitado por seu trabalho sério e responsável.

— Não estamos falando sobre suas capacidades! Acho injusta a postura do doutor Édison! Algo tão inadequado que nem ele quer comentários a respeito dos custos financeiros pagos, os quais pertenceriam ao Sérgio e...

— Do que vocês estão falando?! — questionou Sérgio em tom grave após entrar e dar leve empurrão para que a porta se fechasse às suas costas.

João olhou para Nivaldo, que perdeu a fala. Insatisfeito com o que acontecia, tentou justificar cauteloso:

— Veja, Sérgio, o Nivaldo não está reclamando. Acontece que ele não acompanhou o trabalho realizado por você antes da abertura da clínica. Foi um serviço aqui, outro ali... O Nivaldo não tem idéia do custo dessa mão-de-obra se contratássemos um...

— Não tente ser gentil, João! Eu quero saber sobre o doutor Édison custear ou pagar por valores que me pertenceriam e não querer comentários! Que história é essa?! — Sérgio perguntou com muita firmeza e até sisudo. Mas procurava se manter calmo.

Eles não podiam ver, porém, na espiritualidade, um alvoroço de criaturas participava do que acontecia em estado de polvorosa agitação. Esses espíritos procuravam confundir e intrigar os três amigos no trabalho devotado e sincero dos profissionais responsáveis. Tentavam influenciá-los com sentimentos destrutivos de inveja, incapacidade, ciúme, fracasso das próprias obras, atos e resultados de seus esforços íntimos.

Houve um choque nos pensamentos e conflitos nos sentimentos dos três companheiros que, repentinamente, tiveram suas mentes invadidas pelos desejos deliberados desses espíritos inferiores cujo propósito era abalar a harmonia em todos os sentidos. Para isso, cruelmente, insuflavam-lhes idéias de queixas infundadas, ausência de amor e tormentos de incompetência.

Atendendo aos impulsos de vibrações mentais que lhe chegavam, Nivaldo atacou com palavras:

— Sérgio, pelo jeito você é igual ao marido traído, sempre é o último a saber! Ou então se passa por vítima!

Aproximando-se, encarando o outro com olhar feroz, Sérgio perguntou com voz trovejante:

— Primeiro, quero saber o que aconteceu?!!! Segundo, quem é você para ter a ousadia de falar assim comigo?!!!

— Calma, Sérgio! Você também, Nivaldo! Vai devagar! — vociferou João. — As coisas não são assim! Ajam como pessoas civilizadas!

— A meu ver, o Sérgio é bem esperto ou muito idiota para não entender como conseguiu se manter nessa sociedade! — disse Nivaldo experimentando o sabor da inveja e do ciúme que espíritos maldosos faziam despertar em seu íntimo. Virando-se para Sérgio, sorriu com ironia e pediu mais brandamente ao puxar a cadeira: — Venha cá!... Sente-se aqui!... Se não sabe, vou te contar tudo! — João foi para o outro lado da mesa permanecendo em frente aos colegas e, puxando outra cadeira onde se acomodou, ficou muito atento entre os dois, e Nivaldo revelou em tom moderado: — Aconteceu o seguinte, Sérgio: lembra-se de quando nós três tivemos a idéia de montar uma clínica para atendermos como psicólogos?

— Dessa parte eu sei. Vá ao que interessa! — exigiu Sérgio.

— Desejo que acompanhe cada passo. Vamos aos detalhes! — determinou Nivaldo que continuou: — No começo pensamos em algo simples. Locaríamos um lugar com três salas para o atendimento, outra de espera com uma recepcionista. Nessa época, o doutor Édison, um médico psiquiatra e nosso professor doutor, ficou sabendo da nossa idéia e a aprovou com satisfação. O doutor Édison nos orientou no trabalho de conclusão do curso. Além disso, esse professor doutor foi e é o nosso supervisor individual. Não sei ou não entendi bem, por que um Médico Psiquiatra e Professor Doutor, tão qualificado, quis lecionar em um curso de Psicologia? Como não entendi também o que o levou a querer fazer parte dessa sociedade na clínica e nos dar diversas idéias para as outras áreas de atendimento que temos aqui?! Ele deu idéias e mais idéias. Porém, ao perceber que você, Sérgio, não tinha condições de ser sócio em uma clínica maior e mais moderna, o doutor Édison valeu-se de seus serviços prestados com a pintura, encanamento, parte elétrica, alvenaria e até sua disposição para decoração e para acompanhar os prestadores de serviço para as divisórias e outras coisas. Por isso disse que tal mão-de-obra cobriria as despesas que caberiam a você. Contudo foi o doutor Édison quem pagou alguns custos da sociedade que te pertenceriam quando viu que não teria mais condições financeiras ao vê-lo falar em vender o carro. Por essa razão o doutor Édison sempre cuidou sozinho da contabilidade e pediu nosso sigilo sobre esses fatos. — Encarando o rosto sério e pálido de Sérgio, Nivaldo completou: — Agora existe a oportunidade de aumentarmos a clínica no início do próximo ano, mas você saiu da polícia e não tem outra fonte de renda nem reservas. A idéia é: termos mais salas e alugá-las para outros profissionais da nossa área ou das terapias alternativas, distribuirmos e ampliarmos a recepção. Para isso ele está cuidando da compra do prédio ao lado. — Breves segundos de silêncio e perguntou insensível: — É o seguinte, Sérgio, você tem condições e conseguirá fazer parte, realmente, financeiramente, dessa sociedade ou continuará sendo apadrinhado pelo doutor Édison?

— Eu não sabia disso!... Por que não me contaram?! — indagou pasmado.

— Não sei o que levou o doutor Édison a adotá-lo, meu amigo — riu Nivaldo com desdém e ironia na fala. Trazendo uma frieza no semblante, prosseguiu com sarcasmo: — Talvez por vê-lo com problemas familiares que o fizeram mudar de casa, ou problemas sentimentais com o rompimento com a Débora que o abandonou por outro... e outras acusações duvidosas... Algo tão comprometedor que o fez passar mal, desmaiar, ficar internado... Tudo isso causou piedade no doutor Édison, mas em mim não! Até à sua amiguinha suicida ele está oferecendo atendimento gratuito!

— Pare com isso Nivaldo!!! — gritou João. — Você não tem o direito de...

— Espere João — pediu Sérgio, esforçando-se para não se alterar. Sentia-se humilhado com sensação de incapacidade, incompetência e desvalorizado por seus colegas. Um sentimento nunca experimentado antes lhe invadiu a alma ferida. Acreditou na traição do médico amigo e de seus colegas. Nunca tinha sido rebaixado moralmente como naquele momento diante das verdades ultrajantes. Com voz baixa, em tom envergonhado, acrescentou: — Eu não sabia. Não sabia, mesmo! Jamais aceitaria uma situação em que recebesse qualquer lucro com o prejuízo de meus amigos e sócios por investirem mais do que eu.

O olhar de Nivaldo parecia desafiá-lo ou provocá-lo pela inveja da capacidade do outro com misto de ciúme pela atenção especial do supervisor e sócio doutor Édison. Contudo esses sentimentos eram verdadeira expressão da espiritualidade inferior que buscava um jeito de destruir ou desarmonizar o trabalho honesto e caridoso. Nivaldo, sem perceber, era arrastado à sintonia e receptividade das vibrações negativas e maldosas.

Sérgio absorvia e reproduzia em seu campo mental os impulsos à baixa auto-estima. Deixava-se envolver por estímulos de influência inferior. Não conseguia dominar os pensamentos elevando-os e refletindo melhor sobre o que deveria fazer. Suas idéias e emoções vinham de baixo círculo espiritual com representações mentais, conceitos e opiniões que o envolviam em extrema aflição, indignação, fazendo-o sentir-se diminuído, deixando-se abater.

Repentinamente João, mesmo abalado e contrariado com a situação, alertou:

— Acredito que todos têm trabalhos mais importantes no momento. Há pacientes esperando!

Sérgio sobressaltou-se, e Nivaldo avisou:

— Não. Eu não tenho mais ninguém para atender hoje. Afinal, é difícil um de vocês encaminhar alguém para mim quando suas agendas estão lotadas ou quando o caso merece atenção e acompanhamento de outro profissional.

— Nivaldo, eu acredito que você ultrapassou todos os limites do bom-senso por hoje! — afirmou João severamente. — Devemos fazer uma reunião a respeito disso, mas em data e horário oportunos. Se era seu intuito ver um sentimento de desconforto e discórdia entre nós, você conseguiu! Agora me dêem licença, ainda tenho paciente esperando.

— Eu também — murmurou Sérgio. Depois avisou: — Essa situação não vai ficar assim. Vamos conversar melhor depois. Agora preciso ir.

Vendo-o se levantar e indo à direção da porta, João o chamou:

— Sérgio! — O amigo virou-se e ele pediu: — Pode me dar uma carona?

— Sim — afirmou em voz quase inaudível, saindo em seguida.

Percebendo o olhar insatisfeito de João, Nivaldo abaixou o olhar e se retirou.

Sérgio precisou de muito esforço e concentração para oferecer a mesma qualidade profissional de sempre aos dois últimos pacientes que atendeu.

Ao final do expediente, frente à recepcionista, Sérgio quase não oferecia atenção aos agendamentos e recados que a moça lhe mostrava. Depois de agradecer pelos serviços e dispensá-la, ele maquinalmente foi até a sala do doutor Édison, mas o médico não estava.

Encontrando-se com João no corredor, o amigo comentou descontraidamente:

— Sobrou para nós fecharmos a clínica. — Ao ver o outro silencioso caminhar para os fundos, informou: — Já está tudo trancado, acabei de verificar. Vamos? Só nos resta ir.

O amigo nada disse. A caminho da casa de João permaneceu em absoluto silêncio. O colega respeitou, mas, ao vê-lo estacionar frente à sua residência, perguntou sem demonstrar seu sentimento piedoso:

— Quer conversar?

— Não. Obrigado.

— Vamos entrar, Sérgio!

— Não. Obrigado.

— Não quero lhe dar sermões. Mas gostaria de lembrar o que um professor nos disse em uma aula: "não sejamos coletores de lixos que as pessoas jogam sobre nós através de opiniões mesquinhas, sob suas visões sujas e podres a respeito do que realizamos com a consciência tranqüila". Você agiu com honestidade, tem dignidade e muita eficiência. Você é uma pessoa importante na vida dos outros, Sérgio! Não medite sobre ninharias. Isso é perda de tempo e de valores. — João suspirou fundo e desfechou: — Se recebeu algo, foi por merecimento e não por acaso.

Então multiplique os seus talentos e se motive a pensar no futuro e não no passado.

Com os olhos empoçados em lágrimas, sem se inibir, Sérgio o encarou firme, perguntando:

— Por que você não me contou?

— Por acreditar que, quando alguém o favorece, está ajudando a mim também. Porque se não fosse o doutor Édison a te ajudar, seria eu! Porque somos amigos e eu acredito no seu esforço, na sua capacidade, na sua integridade e, sem dúvidas, sei que faria o mesmo por mim. Ah!... Mais uma razão por não ter contado: porque não fui prejudicado, não sou invejoso nem incapacitado ou ciumento... E eu não contei por respeitar e concordar com a vontade desse médico, supervisor, professor e amigo digno, sério e responsável. — Após um leve sorriso, completou: — E eu sei que você faria o mesmo por mim. — Respeitando seu silêncio, disse: — Já que não quer entrar... Obrigado pela carona. Qualquer coisa me liga ou venha direto para cá.

— Obrigado, João — o rapaz agradeceu com um travo na voz que embargou. Não disse mais nada. Vendo o outro descer do carro, foi embora.

* * *

Chegando à sua casa, Sérgio experimentava imensa sensação de inferioridade, incapacidade e tristeza intensa. Jamais desconfiou de que seu triunfo fosse pela ajuda de outra pessoa. Realmente sentia-se enganado, traído por ser o último a saber.

"Provavelmente falaram muito às minhas costas", pensava com grande amargura. "Quem mais deve saber dessa história? As recepcionistas? O pessoal da terapia alternativa?". Imaginava com um misto de vergonha e raiva. "Que humilhação! Devem me julgar pobre, sem recursos ou então um aproveitador esperto. Alguém sem escrúpulos que se fez de vítima e chorou suas pitangas, reclamou pela falta de bens materiais e dinheiro em meio às mudanças e acontecimentos, dramatizando para os outros sentirem pena. Que droga de vida!!!", gritava em pensamento. "Ninguém imagina quantas dificuldades enfrentei! Não sabem como precisei me submeter ao autoritarismo de alguns superiores hierárquicos, que pareciam inquisidores ressurgidos da Idade Média, só para conseguir um horário que me facilitasse estudar, pesquisar, fazer estágios!!!... De que adiantou tanto esforço, tantas noites em claro?!!! Nunca tive apoio da minha família, da minha mãe!... Nunca pude contar com ajuda financeira deles!!! Passei por tantos problemas, tantas frustrações e dificuldades!... Até a Lúcia!!! Que Deus me perdoe, mas você me prejudicou até depois de morta!!! Desgraçada!!!", seus pensamentos fervilhavam e Sérgio não continha as recordações e idéias rápidas que lhe surgiam. Toda essa reclamação em pensamento atrai espíritos vingadores ou de pouca evolução que oferecem reforço às idéias e críticas destrutivas. "Como se não bastasse a Débora...". Lágrimas correram de seus olhos. "Como me decepcionei com você! Acreditei em seu amor, em sua compreensão! Mas você acabou com a minha paz quando não quis me ouvir. Talvez tenha surgido outro em sua vida e essa foi a oportunidade de me deixar...". Repentinamente, reagiu agressivo em seus pensamentos: "O Nivaldo tem razão!!! Sou o último a saber!!! Por que isso?!!!

O rapaz fazia perguntas e considerações sem perceber a energia mental formada por agentes psicológicos cujo mecanismo ou fonte de origem era dos desejos mais fervorosos do espírito Sebastião. Sem reajuste moral e espiritual, ele se ligava às idéias de Sérgio dificultando-lhe o raciocínio, a aceitação ou a compreensão dos fatos. Embrutecido no ódio, encontrava nas situações difíceis e fatos inesperados do cotidiano, imensos recursos, concentrando-se em usá-los prejudicialmente, com um efeito de longa tortura e profunda decepção, nos pensamentos de Sérgio. Um choro incontido dominou o rapaz atormentado com tantas vibrações inferiores, vitimando e o consumindo sob a vontade tirana de seu algoz espiritual.

Como forças do mal e comandada por Sebastião, verdadeira tropa de espíritos desajustados fazia-se presente, sustentando com suas vibrações pesarosas as infelizes influências do líder espiritual desapiedado e cruel contra o rapaz, que se tornava uma vítima vulnerável.

Wilson, o espírito protetor de Sérgio, estava presente e acompanhado de outros da mesma elevada linhagem moral e espiritual para auxiliá-lo com seu pupilo. Mesmo no plano espiritual, Sebastião e os demais de sua organização não os viam nem sentiam Wilson e seus companheiros.

O mentor de Sérgio envolveu-o como que em um abraço paterno e tentando orientá-lo de pensamento para pensamento, mas não era fácil. Por tratar-se de forças poderosas de falange do mal, inocentemente o rapaz se entregava ao sofrimento. Desespero e torturas íntimas nublavam suas idéias, não o deixando receptivo às inspirações racionais e amáveis de seu anjo protetor.

Era lamentável ver em Sérgio a expressão de queixa e dor em cada lágrima silenciosa afogada em seguidos soluços. Nunca havia se martirizado tanto e sofrido daquela forma. Desejava sumir. Queria morrer.

O espírito Wilson tentava de tudo para ver seu pupilo se erguer com as próprias forças. Porém Sérgio não suportava a pressão exercida pelos desencarnados ferozes. Ao mesmo tempo, o espírito Lúcia vampirizava suas energias fluídicas de uma forma insaciável. Toda aquela obsessão o enfraquecia como se o asfixiasse com a ausência de oxigênio. Wilson virou-se para um dos elevados companheiros que entendeu a mensagem de seu olhar e pareceu desmaterializar-se, perispiritualmente, indo realizar o pedido de seu amigo.

Ao lado de seu protegido, o espírito Wilson ajoelhou-se junto com as demais entidades amigas, que concentravam seus pensamentos com mais intensidade para envolver Sérgio em energias mais salutares, mas era quase inútil. Com grave, nobre e elevado entono humilde, Wilson foi sustentado pelos demais na prece sentida na qual rogou ajuda e intervenção Divina:

— Senhor Jesus, rogo que nos enderece seu olhar misericordioso! Somos meros aprendizes de boa vontade e recorremos a Tua abençoada compaixão. Mestre amigo, liberte a mente do querido Sérgio cujos cuidados espirituais me foram confiados. Livre-o da cegueira que o domina, dos pensamentos oriundos de sugestões covardes, do sofrimento desesperador que o leva ao abismo de dores... Por piedade, Senhor Jesus, ilumine a consciência desse filho querido com seu olhar, clareando-lhe os pensamentos para que recupere suas forças na fé e na esperança. Não permita, Mensageiro Divino, que a interferência dos irmãos ainda sem elevação imprima poder psíquico tão intenso de energias mentais com o intuito de destruí-lo com tramas e ataques para que se atrase e não realize o propósito a que veio. Sabemos que Sérgio não necessita experimentar tais expiações porque se determinou a esse reencarne por amor aos irmãos presos pelas amarras psicológicas da força do pensamento de outros menos evoluídos...

Vendo Sérgio se levantar e ir para o quarto, seu mentor Wilson o seguiu. Sem desviar a atenção dos puros sentimentos na prece fervorosa, acompanhava o que se passava nos pensamentos de seu protegido:

— Senhor Jesus! Imploro em nome de Deus, Nosso Pai bom e justo! Estenda ao Sérgio as Tuas mãos dadivosas, quebrando o elo que o prende aos grilhões dos pensamentos daqueles que o querem derrotar. — Vendo-o abrir um armário, o espírito Wilson imprimiu suplica comovente como se fosse sua última rogativa: — Senhor da caridade e do amor, socorra-nos! Dê-nos força para intervir!

Nesse instante Sérgio estava com uma arma automática na mão, enquanto lágrimas corriam pelo rosto, parecia hipnotizado. Prendia-se psiquicamente às fervorosas influências do espírito Sebastião e seus demais companheiros, que enchiam o recinto.

O rapaz não tirava a imagem da cena repetitiva de Débora agredindo-o com acusações indevidas e com modos tão cruéis. A lembrança das fotos o enlouquecia. A recordação do que sua irmã fez, indignava-o. A deslealdade de seus amigos e sócios era imperdoável e humilhante. Os pensamentos eram frenéticos e tão compulsivos que angustiavam sua mente de modo alucinante. Sérgio, por inspiração de Sebastião, duvidou de si mesmo, de tudo o que conseguiu e, sem paz, não tinha vontade de viver.

Nesse momento, a nobre benfeitora Laryel se fez presente de maneira que somente o espírito Wilson e seus auxiliares puderam vê-la.

Uma luz tênue de tom azulado direcionou-se do alto para o quarto, sem que os desencarnados tivessem a visão de sua origem. A claridade tornou-se forte, quase violácea e como que salpicada de límpidos pontinhos de cristais flutuando em direção de Sérgio. Exatamente ao mesmo tempo, Laryel forneceu sustentação firme e excelsa ao espírito protetor. Derramando lágrimas abundantes e buscando seus últimos e mais fortes dons, o espírito Wilson muniu-se das fibras de seu ser e gritou em meio ao intenso jorro de luz projetado, quando Sérgio destravou a arma, apontou-a para a própria cabeça:

— Sérgio! Sérgio, pare!!! — O anjo guardião usou de um recurso conhecido como Pneumatofonia para expressar seu pensamento de modo que o seu pupilo pudesse ouvi-lo. Combinando o seu fluido vital ao fluido vital do encarnado, o espírito Wilson, impregnando de modo a ocupar todas as valências da arma que Sérgio segurava, impulsionou-a com sua extrema vontade no exato momento em que seu protegido puxou o gatilho, fazendo-a saltar como se tivesse vida própria, parecendo ser arrancada da mão firme do rapaz[8].

Tudo aconteceu em frações de segundos.

Sérgio levou um susto. Não entendia o que havia acontecido. Estava sozinho, mas ouviu nitidamente o grito que o chamou à realidade um segundo antes de ele puxar o gatilho e ouvir o disparo, além do forte impacto em sua mão junto a uma espécie de puxão da arma que caiu ao chão.

Sentiu um forte arrepio e um medo o dominou. Seu coração batia forte. A respiração estava alterada e os olhos traziam o espanto pelo que não podia explicar. Ele olhou à sua volta procurando alguém, e nada. Observando, pôde ver cravado na parede o projétil disparado. Ainda em lágrimas, caiu de joelhos e murmurou incrédulo:

— Meu Deus... O que eu estou fazendo?!

Prostrado de joelhos, um choro o dominou quando seu mentor colocou-se frente a ele ajoelhando-se e repousando as mãos em seus ombros, recostando a testa em sua testa. O anjo guardião o envolvia com energias benéficas e renovadoras. Minutos passaram. Sérgio não conseguia vê-lo, mas sentiu algo nunca experimentado.

Inesperada sensação de segurança, mesclada com arrependimento, invadia-lhe a alma, porém não conseguia deter o choro compulsivo no qual lamentava, profundamente, o ato insano quase cometido. Estava extremamente insatisfeito consigo mesmo por sua falta de conduta moral, por tentar violar a Lei Divina. Agradecia a Deus e a Jesus pela misteriosa forma de despertá-lo para a vida.

Na espiritualidade, Wilson continuava a envolvê-lo e os demais amigos dedicavam-se à sustentação e proteção. Enquanto Sebastião e seus ajudantes estagnaram, assombrados e medrosos, por jamais terem visto aquela luz com cristais cintilantes.

— O que foi isso?!!! De onde vem isso?!!! — perguntou Sebastião estatelado, mas com enorme fúria.

O espírito Lúcia viu-se em profundo estado de perturbação. Algo a atordoava. Seu corpo espiritual apresentava as representações mentais

---

8 N.A.E.: Mais explicações sobre Pneumatofonia encontra-se no Capítulo XII – item 150 de O Livro dos Médiuns, bem como "Das manifestações físicas espontâneas", no Capítulo V – ruídos, barulhos, fenômenos dos transportes – itens 72 a 77 do mesmo livro da Codificação.

ou ilusões momentâneas a que ela e seu corpo físico passaram quando em estado de decomposição. Amedrontada pelo que desconhecia, fugiu o mais rápido possível para regiões trevosas onde normalmente se reuniam. Ela sabia que aquele jorro de luz significava uma proteção do alto para Sérgio e se impressionou com o que viu acontecer no plano material por desconhecimento e não conseguir observar nada na espiritualidade na esfera em que estava.

O espírito Sebastião urrou em protesto e dentro de sua pobre posição mental estava inconformado. Ele relutou a abandonar o hipnotismo psíquico sobre Sérgio, mas chocou-se com as energias que fortaleciam o rapaz. Passando a vivenciar dores que não tinha há algum tempo e sofrimento na consciência como se experimentasse todo o mal que fez no passado, Sebastião declinou num grito de pavor, rendendo-se com expressões de tortura íntima na face transfigurada do perispírito deformado. Não suportando, retirou-se revoltado.

Sérgio, ainda envolvido por seu mentor e sustentado por elevados amigos espirituais, não detinha o choro compulsivo que seus pensamentos arrependidos lhe provocavam. Sentado no chão, curvou-se sobre a cama rogando ajuda, pedindo perdão e agradecendo a ação espiritual que lhe poupou de inimagináveis aflições espirituais.

Alguns minutos e Tiago chegou sem ser percebido. Estava em companhia de seu mentor e do amigo espiritual que saiu para buscá-lo. Inspirado naquele instante, ele foi até o quarto.

O espírito Wilson afastou-se de seu pupilo e junto aos demais só observou.

Ao ver seu irmão, Sérgio entrou em pranto incontrolável. Tiago correu para junto dele, ajoelhou-se a seu lado, perguntando assustado:

— Ei?! Sérgio?! O que foi?! O que aconteceu?!

Sérgio abraçou-se a Tiago, que o forçou a se levantar do chão e o fez se sentar na cama. Contudo o outro não conseguia controlar os sentimentos, e ele saberia esperar.

Algum tempo e Sérgio sentiu um bálsamo sereno amenizar suas emoções conflitantes. Era uma energia tranquila, direcionada por seu mentor, acalmando-o de minuto a minuto. Passado o desespero, mas com o semblante carregado de tristeza, ele olhou para Tiago que decidiu:

— Vou buscar um pouco de água e algo para passar na sua nuca que está sangrando.

Ao retornar, enquanto Sérgio bebia vagarosamente os goles da água adoçada, Tiago foi induzido a passar as vistas pelo quarto quando, repentinamente, viu jogada ao chão a arma e foi pegá-la. Sentiu-se gelar com as rápidas conclusões ao encontrar a cápsula deflagrada e ver o furo do tiro na parede.

Sérgio o olhou, mas não disse nada. Somente seus olhos se encheram de lágrimas.

Imediatamente Tiago tirou o pente carregador, a munição da arma, que estava pronta para atirar novamente, e separou as peças, colocando-as em seus bolsos. Ficando somente com a cápsula deflagrada na mão. Aproximando-se mais e examinando as gotículas de sangue na nuca e na camisa de seu irmão, perguntou, tentando se manter calmo:

— O tiro passou de raspão na sua cabeça. O que tentou fazer com isso, Sérgio?!

— Por que se admira tanto, Tiago? Também me acha incapaz?!

— Ao contrário, cara! Você é bem capacitado e instruído para fazer alguma besteira com essa arma. — Respirando fundo e sentando-se ao lado do irmão, passou-lhe um anticéptico na nuca enquanto falava com calma: — Sérgio, estou acostumado a ver pessoas em crise emocional. Apesar de sempre ser equilibrado e racional, você é um ser humano com direito a expressar seus sentimentos, chorar, desabafar como outro qualquer, pois isso não tira seu equilíbrio. Mas... O que significa essa arma jogada ao chão, um raspão do projétil na sua nuca e o tiro na parede?!

Sérgio estava controlado e mais sereno ao dizer:

— Aconteceram muitas coisas. Junto do que eu soube que o doutor Édison fez sem me dizer nada e a opinião dos meus colegas... Nunca senti tanta humilhação... Não agüentei mais e quis morrer... Mas alguém gritou meu nome duas vezes e ordenou que eu parasse... Apesar de todo o conhecimento que tenho... Como pude chegar a esse ponto?! — lágrimas correram. — Como não consegui ter mais coragem de enfrentar a vida?!

— Venha, vamos para a cozinha que vou te fazer um chá e você me conta tudo.

Sérgio levantou-se e o acompanhou contando exatamente tudo o que havia acontecido.

23

Cabe a Deus alterar o destino

Na manhã seguinte, Tiago acordou num sobressalto. Acreditou ter dormido muito e um frio mortal atravessou-o como uma lança ao se lembrar do irmão e do ocorrido no dia anterior. Levantando-se, correu às pressas até o quarto onde o irmão já se vestia. Ofegante, perguntou:

— E aí, Sérgio?! Tudo bem?
— Bom dia, Tiago.
— Ah!... É! Bom dia. Tudo bem?
— Sim. Eu estou bem, não se preocupe.
— Hoje é sábado! Vai trabalhar? — estranhou Tiago.
— Não — respondia sério ao fazer tudo mecanicamente, parecendo ter planos. — Preciso resolver a situação sobre minha sociedade na clínica ou não terei sossego.
— Vai falar com o doutor Édison?
— Vou.
— Irei com você. É só o tempo de tomar um banho rápido para despertar e...
— Não, Tiago. Vou só.
— Nada disso! — exclamou firme.

Sérgio não conseguiu argumentar diante da teimosia do irmão. Ao vê-lo arrumado, pegou o telefone e, após algumas ligações, soube que o médico estava no hospital.

Imediatamente Sérgio foi para lá. Uma névoa escura pairava em seus pensamentos repletos de muitas idéias que pudessem contornar a situação, a qual considerava gravíssima. Sentia-se magoado pela traição e, sem dúvida, desabafaria toda a impressão forte que o asfixiava angustiosamente. Chegando ao hospital, o doutor Édison foi avisado de sua presença e solicitou que o rapaz e o irmão fossem ao andar onde ele estava.

Saindo do elevador, Sérgio apresentava o semblante sisudo, carregado de sensação enervante e indesejável. Pensava em dizer o quanto se sentiu ferido e até ofendido pelo sócio Nivaldo, que o pisoteou com palavras e ironia ao contar-lhe a verdade. Confiava tanto no doutor Édison e justo ele o enganou, traiu-o ao omitir os fatos.

Olhando para o irmão, Tiago estava apreensivo, mas não dizia nada.

Caminhando pelo longo corredor daquele andar, Sérgio reconheceu o médico de costas. Ele estava frente a um colega que repousava a mão em seu ombro. Ao perceber o vulto atrás de si, o doutor Édison se virou e Sérgio surpreendeu-se ao vê-lo com olhos vermelhos e rosto congestionado, típica aparência de quem havia chorado. Ao observar a fisionomia sofrida do amigo, trouxe-o à sensatez imediata e o rapaz perguntou cauteloso:

— Doutor Édison, o que aconteceu?...

— Oh... Sérgio... — murmurou o médico, abraçando-o firme por algum tempo e apoiado em seu ombro amigo. Afastando-se, recompondo-se, mas ainda expressando lamentável dor, contou com a voz embargada: — Minha mulher... Ela mandou me chamar e... Depois de conversarmos, ela faleceu em... em meus braços. — Breve silêncio e prosseguiu extenuado: — Apesar do conhecimento e um pouco de entendimento... sou incapaz de não ter sentimento, por isso não consigo deixar de chorar pela separação de uma pessoa tão querida... Minha companheira por anos...

— Sinto muito, doutor Édison. Aceite meus pêsames — expressou-se Sérgio pela verdadeira compaixão, compreendendo a situação do amigo e cedendo à mágoa, que invadiu seu coração generoso minutos antes.

— Obrigado... — abraçou-o firme. — Obrigado por vir aqui, Sérgio. São em momentos como esse que os verdadeiros amigos nos acompanham.

A entonação sentida na voz do médico doeu-lhe no fundo da alma. Em seguida, Tiago também manifestou suas condolências.

O remorso dominou mais uma vez a mente de Sérgio que antes perdeu horas de sono ruminando em pensamento palavras capazes de exprimir como se sentia melindrado e constrangido ao saber da verdade. Por algumas vezes, pensou em ferir o médico amigo que o ajudou no anonimato. Vê-lo daquela forma, inesperadamente, algo reavivou seus verdadeiros sentimentos pelos fortes laços de companheirismo e amizade que os uniam. Sérgio sentia-se incapaz que qualquer ofensa ou acusação contra o doutor Édison. Começou a rever suas opiniões e reconhecer seu orgulho e vaidade. Decidiu que falaria daquele assunto, pois necessitava de explicações, mas não precisaria ser tão arrogante e insensível.

As horas foram passando e Tiago decidiu ir embora. Estava mais tranqüilo ao observar a transformação do irmão, que ficou acompanhando o amigo e dando-lhe apoio.

* * *

Na tarde do dia seguinte, na casa de dona Antônia, Tiago e Rita conversavam sentados em um banco frente ao jardim onde o sopro de uma brisa morna balançava as folhas das árvores e plantas. Ele pediu segredo, mas contou à jovem o que Sérgio tentou num momento de desespero extremo. Apesar da surpresa amarga e triste, ela ouviu atentamente cada detalhe. No final, comentou em tom lamentoso:

— O Sérgio?... Nossa! Como isso me assusta, Tiago! Ele é uma pessoa tão controlada e... — Abaixando a cabeça, considerou: — Mas quem sou eu para criticá-lo?

— Você não tentou se matar, Rita! As palavras e a forma de uma pessoa se impor contra nós, nos levam a aceitar o que ela induz. Persuadiram você ao suicídio e a ajudaram, mas não tentou quando estava sozinha! Lembre-se do que o doutor Édison te falou e que me contou — disse o rapaz.

— Talvez você não saiba como é chegar ao limite de suas forças, sentir-se humilhado, esgotado, sem esperanças, pisoteado, aflito e... e sem ter mais ninguém. — Trazendo um brilho lacrimoso nos lindos olhos grandes e negros, forçou-se a um sorriso tímido e encarou-o ao afirmar: — Quando as perspectivas, a expectativa, a fé num futuro melhor se acabam, não temos mais ânimo para viver. Tudo isso foi tirado de mim e ainda... — engoliu a seco e continuou: — E... ainda, quando acabam suas forças diante de alguém tão miserável que se aproveita da situação... —

Fez uma pausa e prosseguiu: — Sabe, você se sente uma coisa, um objeto inanimado, aquilo que existe por existir, mas não tem valor. Infelizmente são em momentos assim que nos entregamos ao medo, à angústia e ao desespero, deixando uma porta aberta em nossos pensamentos para a entrada de idéias estranhas e terríveis. A mente fica povoada de imagens ou cenas, de lembranças ou impressões com profundos sentimentos indesejáveis e amargos de procedência desconhecida. Eu sei... Eu acredito e tenho um pouco de conhecimento nisso, mas é algo que produz tanto terror e de uma força extraordinária na idéia fixa sobre morrer. E sabe o que é isso? É o desejo de espíritos inferiores que se comprazem no mal, aglomeram-se à nossa volta afinando-se conosco e fortalecendo-nos na coragem para a prática de um ato tão cruel contra nosso ser. — Lágrimas rolaram, mesmo assim ela exemplificou: — É algo como uma febre delirante a nos entorpecer e dominar disputando ardentemente entre a razão e a insanidade. Quando se tem a sorte de retornar à realidade, retoma sua fé em Deus, aceitando o propósito de sua existência dentro daquelas novas condições ou tem a bênção de encontrar pessoas que te despertem. Aí, você analisa sua intenção hedionda contra a própria vida, abandona a ilusão e passa a pensar com a razão. Então se depara com o gosto amargo da vergonha, da humilhação, de sua inferioridade por desejo tão inferior como o do suicídio, angustia-se pela sua incapacidade de se erguer e buscar ajuda, de ter a coragem de viver respeitando a vida como ela é! E... É difícil vencer a vergonha. É mais fácil ter a covardia e se deixar dominar pelas inspirações de espíritos cruéis ou pessoas encarnadas, que são usadas como instrumento, com o objetivo de te ver cair, não resistir e ceder ao que mais fere a Deus.

Rita desviou o olhar e silenciou. Tiago, com respeito e compreensão, argumentou:

— Acredito que a idéia de que o sofrimento termina com a morte é o que estimula alguém ao suicídio. Somos imortais. Somos seres individuais e temos consciência dos nossos deveres e direitos como criaturas humanas e eles estão registrados em nossa mente. Tenho lido a respeito e, nos últimos tempos, nós conversamos muito sobre a vida espiritual e toda a responsabilidade que nos é atribuída pelas falhas cometidas. Adquirir esses conhecimentos me ajudou imensamente Reforçaram minhas opiniões e me deram novas reflexões, sabia? — Olhou-a, ofereceu simpático sorriso no belo rosto moreno claro, bem parecido com o irmão, e admitiu: — Não julgo as pessoas, Rita. Só as observo. Quantas e quantas vezes aprendo com a dificuldade alheia para me desviar, se necessário, de passar pelas mesmas dificuldades e sofrimentos que elas provocaram a si mesmas. Não nego a influência espiritual inferior, mas, acima de tudo, acredito no socorro de Deus, de Jesus e de mentores amigos que podem me guiar, podem me enviar companheiros encarnados para me ajudarem. Até Jesus aceitou ajuda nos últimos instantes de carregar sua cruz. Por que eu seria tão orgulhoso? — Breve pausa e comentou: — Não que eu vá deixar para os outros assumirem meus encargos, fazer dos amigos lata de lixo com minhas lamentações. — A jovem fitou seus lindos olhos verdes quando Tiago a chamou, encarando-a firme: — Rita, estou surpreso e assustado por ver pessoas com entendimento e conhecimento como você e o Sérgio se desesperarem a ponto de quererem desistir da vida mesmo sabendo que o sofrimento depois da morte será pior! Fiquei assombrado! Você é espírita, o Sérgio segue essa filosofia e os dois possuem considerável noção do sofrimento terrível por conta desse ato. Sabem o quanto é forte a tentação, as conseqüências espirituais, o profundo martírio de forma lenta e intensa. — Alguns segundos e pediu: — Perdoe-me a falta de conhecimento, mas ainda não entendo como pessoas instruídas, como vocês, podem se entregar ao desespero sem lembrar que tudo passa e o sofrimento daquele instante ou até de longa duração também passará.

Rita sorriu com brandura ao concluir:

— Você é bem mais elevado, Tiago. Uma visão tão lógica e simples só se explica pela sua elevação. Porém é bom lembrar que, às vezes, uma pessoa passa por provas ou expiações de infelicidade, vazio, desespero e tudo o que é insuportável para ela. Isso pode acontecer por alguma atitude desajustada em outra encarnação, por uma obsessão, por prova para sua elevação espiritual ou tarefa e outras razões como a ilusão materialista de o sofrimento terminar com a morte do corpo físico. A oportunidade de vida nos foi concedida por Deus e Suas Leis são de amor, harmonia e felicidade. Por essa razão, ninguém, nenhum ser humano escapa dos resultados de suas próprias realizações. Mesmo que um espírito sem instrução e rebelde, oriundo de esferas inferiores com propósito de vingança ou puro prazer, sirva como objeto destrutivo nos influenciando e nos conduzindo ao desespero extremo, intolerável a ponto de cometermos o suicídio, ainda assim, somos culpados e lastimaremos amargamente a ação. Apesar de induzido por um espírito inferior, a culpa pelo suicídio é de quem o praticou.

A jovem silenciou, deixando o olhar perdido no belo jardim. Diante dos longos minutos, Tiago refletiu e depois confessou:

— Ainda tenho medo.

— Medo?!... Medo do quê?! — indagou virando-se a ele.

Tirando-lhe os cabelos que cobriam parcialmente seu rosto, encarou-a sério, invadindo sua alma com o olhar, ao admitir:

— Ainda tenho medo de você insistir nessa idéia, apesar do conhecimento.

— Nos primeiros dias... — lágrimas correram. Porém ela continuou firme: — Após a morte do Rogério e do Gustavo, me senti reduzida a pó. Fiquei desorientada e não acreditei nos meus valores morais, religiosos... Era uma dor, um vazio!... Sempre quis ter de volta a família que um dia tive, mas meus pais morreram e restamos eu e meu irmão. Com a perda dele junto a do Gustavo... Depois que soube da morte da minha tia... me vi só. Acreditei que meu sofrimento seria eterno e minha vida inútil, sem propósitos. — Ela secou o rosto com as mãos e respirou fundo ao revelar: — Tem algo que ninguém sabe e isso me dói muito... Após ficarmos noivos, alguns parentes do Gustavo cobravam sobre a data do casamento e... Eu sentia uma coisa, uma angústia que deixava meu coração apertado. — Novas lágrimas, que Tiago aparou com a mão, e a jovem prosseguiu: — Fui falar com o Gustavo e para minha surpresa ele disse que sentia o mesmo e talvez a origem disso tudo tenha sido o nosso noivado. Ele confessou que me considerava muito, que a nossa amizade era incomparável, mas... talvez fosse só amizade. — Respirou fundo e continuou: — Então combinamos de dar um tempo... Um tempo para não chocar a família e... Nós nos gostávamos muito, mas éramos só amigos e eu percebi que havia alguém nos pensamentos dele e... Às vezes o via olhando quem ligava em seu celular e ele não atendia. Na noite em que combinou com o meu irmão sobre irem para a represa, falei com o Gustavo a respeito de conversarmos com a família dele no dia seguinte ao voltarem do passeio e ele concordou. Senti que ficou satisfeito, alegre com a minha decisão e beijou meu rosto como um amigo, depois se foi... — Engoliu um soluço e contou: — No velório, quando me afastei de seu caixão, eu vi a moça, ou melhor, senti que era aquela moça discreta, chorando perto... Entendi que neguei o direito dele ficar um pouco com ela. Sabe... nós namoramos por tantos anos e o Gustavo se viu na obrigação de não me abandonar, talvez por dó. E eu estava com ele, talvez por costume, apego, por ter ficado ao meu lado me dando o maior apoio quando meus pais se foram. Por isso, lá no velório, eu me afastei para ela ter o mesmo direito de despedida. Em seguida, meu tio se aproximou e me disse aquela frase impiedosa sobre eu ter visto meu irmão... — lágrimas rolaram. — Passei mal e foi por isso que não quis retornar ao velório e ver o enterro. Eu senti que não deixei o Gustavo ser feliz mesmo quando percebi tudo entre nós bem diferente, terminado... Perdi meu irmão... Como família só restou uma tia distante e aquele... — Rita deteve as palavras. Respirou fundo e prosseguiu: — O Sérgio foi instrumento de misericórdia Divina guiado para me salvar, alertar e despertar. Você achou que ele foi rude e frio, mas seu irmão, Tiago, me fez entender que era preciso enterrar os mortos e prosseguir com a saudade, com a dor e todo o sofrimento, pois o tempo se encarrega de amenizar e ajustar a vida. Eu ainda relutei em aceitar a verdade, toda a verdade do que aconteceu, perdoando, esquecendo... e o doutor Édison me ajudou muito nisso e me ajuda. A dona Antônia me recebeu e me acolhe como filha. — Oferecendo um sorriso doce e acanhado, falou quase chorando: — Você, Tiago... Você é a bênção, o remédio, o bálsamo que diminuiu as dores e o sofrimento que podem me abalar. Obrigada por ser meu amigo, meu fiel amigo nesses momentos tão difíceis.

Tiago alargou um lindo sorriso e espontâneo que iluminou seu belo rosto trazendo um brilho lacrimoso em seus olhos. Tomado de impulso imediato, ele abraçou Rita por sobre os ombros, recostando-a em si ao embalá-la suavemente, acolhendo-a com carinho. Sensibilizado, comentou:

— Obrigado por me considerar seu amigo. — Riu com generosidade ao falar: — Mas não precisa exagerar dizendo que sou o remédio que diminui as dores e o sofrimento!

Delicadamente a moça afastou-se um pouco, sorriu lindamente como há tempo não se via e brincou ao dizer:

— Não diga isso! Não tem o direito de interferir em minhas opiniões!

— Ora! Você vive me contrariando! — reclamou, correspondendo à brincadeira.

— Eu?! — riu com jeitinho.

Sem demora ele lembrou, arremedando-a de uma maneira engraçada:
— Chamo para sair e você diz: Ah... Não... — riu. — Quer ir ao cinema? E escuto: Ah!... Não queria sair hoje... — Depois gargalhou ao comentar: — Puxa! Como foi difícil tirá-la de casa! Caramba!!!
— Ah!!! Viu como você foi o remédio para meus males?!!!

Tiago sorriu com satisfação. Abraçou-a, beijou-lhe a cabeça, mantendo-a recostada ao peito e agasalhou-a entre seus braços com ternura. A jovem o envolveu pela cintura, fechou os olhos e se permitiu longos minutos de paz, sentindo tranqüilidade na alma e sem qualquer conflito íntimo como há tempos não experimentava. Ele silenciou entendendo a harmonia e o sossego que a fizeram se largar no abraço gostoso, relaxando e confiante.

Após longo repouso, ela se ajeitou afastando-se um pouco. Olhou-o de um modo enigmático e o abraçou com força, beijou-lhe o rosto e falou com brandura, segurando-lhe a face entre as mãos mornas e delicadas:
— Não se preocupe tanto comigo. Porém não gostaria que se afastasse de mim. Não tenho muitos amigos verdadeiros e desinteressados. Aprendi a pensar diferente e reconheço a loucura que desejei... Não dá para esquecer o que passei, experimentei, mas estou aprendendo a reconhecer meus valores e sou melhor do que tudo isso. Devo ter algo importante a fazer, pois estou aqui seguindo meu destino. Toda aflição, tormento e desespero passam. Precisamos seguir vivendo, mesmo que a luta pareça interminável, pois só a Deus cabe alterar o curso do nosso destino.
— Que bonito! — admirou o rapaz. Vendo-a tímida por elogiá-la com as palavras vindas do coração, a jovem soltou seu rosto e acomodou-se ao lado. Logo ele disse: — Pode deixar, serei seu amigo enquanto for minha amiga. Gosto da sua companhia e de ficar ao seu lado. Eu me afastarei quando pedir. Você me ajudou muito, Rita. Eu tinha uma outra vida, sem interesses, me dedicando somente ao serviço, à academia e sem motivação. Junto de você aprendi que existem coisas mais importantes para se compreender, entender, fazer e viver. — Silenciou, mas depois comentou: — Existem razões e acontecimentos na vida que às vezes não conseguimos entender.
— Sim, eu concordo. Mas algumas coisas são tão dolorosas...
— Veja, sei que você adorava e adora o seu irmão. Entendo seu amor pelo Gustavo e seu conflito por guardar o segredo do término do noi-

vado. Você foi fiel e não deixou de amá-lo, só que esse amor era de uma forma diferente. Vi o quanto a família dele gosta de você e compreendo sua insegurança e seu receio para revelar seus sentimentos verdadeiros, principalmente, por ele tê-la apoiado tanto. Não se julgue culpada, acreditando não ter deixado o Gustavo viver com quem se apaixonou. A culpa não foi sua! — Ela só o olhava, absorvendo cada palavra. E Tiago continuou: — Conheci o Gustavo quando ele ajudou o Sérgio em alguma coisa lá na reforma da casa. Depois nós nos reuníamos no fim do dia, conversávamos, ríamos de fatos engraçados que lembrávamos... Nós nos reuníamos para comer pizza!... — sorriu com doce saudade no olhar.
— Ele era um cara bem bacana e gostava muito de você, de verdade! Só que como um grande amigo. Essa era a forma como ele a amava. Acreditando que nada é por acaso, Rita, devemos admitir que foi necessário vocês passarem esse tempo juntos para alguma harmonização. Penso também que o Rogério ficou ao seu lado para aprenderem algo juntos, pois me lembro de você ter contado que ele quase foi naquela viagem junto com seus pais. Talvez se tivesse ficado sem seu irmão ao lado, naquela época, não estaria perto de uma nova família, agora. Foi por causa do Rogério, seu único irmão, que você resistiu a tamanha dor quando perdeu seus pais, pois o teve ao seu lado. Não cometeu qualquer loucura naquela época devido à força que o Gustavo te deu para se recompor ainda mais. Então eu acredito que foi o momento de eles irem, pois cumpriram os seus propósitos. Você já havia encontrado o Sérgio que a levou a conhecer o João, a dona Antônia, o doutor Édison, eu... Talvez não tenha percebido, mas você tem uma nova família.
— E eles? Por que se foram?
— Porque precisam continuar evoluindo e se aperfeiçoando, lembrando que todo aperfeiçoamento e evolução exigem renúncias, disciplina, dedicação... Eles te acompanharam nessa vida terrena o tempo necessário de seus planejamentos reencarnatórios para que tivesse força para recomeçar. Tanto que desencarnaram juntos. Foram unidos para o plano espiritual, pois eu vi muita amizade entre eles. Rita, se Deus acreditar que existe algo mais para viverem juntos, isso acontecerá de um jeito ou de outro. O amor não termina com a morte do corpo físico. Você os amou e os ama do seu jeito e eles a amaram e a amam do jeito deles. Acredite.
— E eu precisava passar pelo que passei?...

— O que importa isso? Talvez não precisasse e daí?! Lamentar, chorar, ficar deprimida e extremamente angustiada vai ajudá-la em quê? Supere!!! Reaja!!! Você é superior a isso, Rita!!! — falava com ênfase e expressiva energia positiva. — Onde está a sua fé? O apoio do Gustavo e do Rogério foi importante e imprescindível até você estar madura o suficiente para enfrentar a vida! Creio que a situação de sentir-se sozinha, de não ter uma família era a sua prova. Passe por isso sem sofrer. Tenha força para recomeçar, minha amiga! Você tem quem te apóia, considere... Você tem outra família que te ama! — ele sorriu com terna brandura.

— E a Débora que sumiu? Acabei com a vida do Sérgio que tanto me ajudou... Eu o considero como um irmão!

— Sabe... eu sinto que a Débora vai voltar. Toda família tem seus desentendimentos e por que a nossa seria diferente?! Não foi sua culpa essa separação. Já te contei os tais fatos. Para ajudar o seu novo irmão Sérgio, não se abale nem se culpe por isso ou será mais um problema para ele. — Vendo-a quase em lágrimas, Tiago, como amigo fiel, afagou-lhe os longos, negros e ondulados cabelos lindamente soltos, alinhando-os atrás da orelha para ver melhor seu rosto expressivo. Afagando-lhe a face tênue com delicado carinho, perguntou: — Vamos sair e dar uma volta?

— Sim... Vamos sim — murmurou, sorrindo com doçura. Levantando-se, indagou: — Mesmo sabendo que posso reencontrá-los e fazer algo melhor que fiz nessa vida por eles... Não é fácil aceitar a separação.

— Deus pode fazê-la encontrá-los ainda nessa vida! — exclamou Tiago sorridente. — É bem provável que não os identifique, não os reconheça ou... — Olhando-a de modo a invadir sua alma delicada, sorriu ao concluir: — Ou até reconheça em alguma criança ou crianças as características indiscutivelmente individuais que somente eles tenham! — Frente a ela ainda lembrou: — Você tem vinte e cinco anos! Tem muito tempo e centenas de criaturinhas para conhecer e se for preciso eles surgirão no seu caminho, na sua vida de algum jeito. — Sorridente, chamou: — Agora vamos?

Rita estava animada, modificou-se incrivelmente com aquela conversa e falou:

— Vamos! Mas aproveitaremos para conversar sobre você fazer um curso superior!

— Eu?!!! Estou velho para isso!!! — brincou.

— Você sabe ouvir as pessoas e oferecer incentivo! Que tal Psicologia?! — sorriu.

— Já me disseram isso!...

Tiago e Rita saíram conversando e brincando para um passeio descontraído.

* * *

A noite se adensou naquela casa onde a luz fraca de um abajur deixava a sala na penumbra. Silencioso, Sérgio permanecia sentado no sofá, olhando ao redor para as sombras das folhas de uma árvore que tremulavam nas paredes internas do ambiente.

Guardando consigo profundas reflexões sobre conselhos, conhecimentos e experiências, Sérgio decidiu não permitir suas opiniões, crenças e pensamentos abalados ameaçando seu equilíbrio e bem-estar.

Contudo seu coração trancava uma tristeza, consumindo-o pela saudade. Débora era a razão de tudo. Sentia que ela precisava de sua ajuda, mas não sabia o que fazer. Como um mau presságio, ele experimentava uma provocação por densas amarguras vindas de pequenas lembranças, recordações e situações alegres, minúcias apresentadas em momentos de particularidades e carinhos entre eles. Incontáveis imagens, reproduções exatas, dinâmicas e detalhistas do que vivenciaram, assaltavam-no vivamente e tão fortes que parecia ouvir a voz generosa e delicada, o riso cristalino ou mimoso do único amor em sua vida.

Ficou em silêncio, tranqüilo e com imensa fé sem saber por quanto tempo. Depois refletiu novamente. Acreditou que aquelas idéias eram sinais, alertando-o de uma tristeza profunda e imensa amargura. Sérgio estava determinado a experimentar a angústia, a dor e o sofrimento, mas agora se negaria a perder o controle das emoções e entregar-se à aflição insana, desejando renunciar a vida. Fechando os olhos, substituiu os pensamentos depressivos por prece equilibrada como se conversasse com Deus. Rogou sustentação e força interior para prosseguir em seus propósitos a fim de superar as dificuldades, esclarecer situações e se desvencilhar do que pudesse comprometer suas idéias. Também pediu luz, envolvimento sublime e amoroso aos encarnados e desencarnados ainda dispostos a incomodá-lo.

Sentindo, mas não podendo ver, Sérgio recebia abençoado jorro de energia salutar que o resgatava do desânimo e o elevava, ligando-o aos espíritos de esferas superiores.

Um demorado e profundo suspiro o deixou mais leve. Repentinamente ele se levantou repleto de vigor a ânimo. Foi até o quarto onde fez o escritório e havia diversos livros e materiais de estudo, incluindo espíritas. Separou algumas obras que o ajudariam em determinada pesquisa e estudo sobre suicídio.

Em pouco tempo a mesa do escritório estava repleta de literários e pequeno espaço onde colocou grande caderno de anotações. Valendo-se da Metodologia Científica aprendida no curso universitário, Sérgio não teve dificuldade de pesquisar, desenvolver idéias e conclusões, aprimorando seus conhecimentos.

A decisão foi certeira. A simples concentração na leitura de um bom livro manteve sua mente ocupada e seus pensamentos mais saudáveis. Ele foi além. Seria bem cômodo e natural deixar-se enfraquecer com as idéias melancólicas insufladas, mas ele mudou a postura mental. Orou e trocou a companhia dos espíritos inferiores, cujo objetivo era fazê-lo sofrer, pela presença de entidades bondosas e elevadas dispostas a beneficiá-lo com a sagrada vigilância e abençoado conhecimento, auxiliando-o nos objetivos daquela reencarnação.

A força, o fluido, o poder dos nossos pensamentos são energias magnéticas que exercem recursos e meios de impressionante atração espiritual. Em outras palavras, a mente tem o poder de atração de espíritos afins, encarnados e desencarnados que se aglomeram por gostarem das mesmas práticas e idéias mesmo quando não se conhecem. Os pensamentos, a elaboração intelectual e os ideais ocupados e concentrados no bem não abrem espaço para as influências do mal.

Sérgio não percebeu que era tarde quando ouviu Tiago chamá-lo:

— Estou aqui!!! — avisou num grito e arrumou as anotações e o material espalhado. Ao chegar à sala, sorriu satisfeito por ver Rita que o cumprimentou com um beijo, um forte abraço e mostrava-se mais animada.

— Que bom vê-los!!! — alegrou-se Sérgio.

— Nós saímos para dar uma volta e decidi passar aqui antes de levar a Rita — informou Tiago.

Enquanto isso a jovem pegou o celular, olhou-o com certa decepção e falou:

— Meu celular está com a bateria descarregada. Posso usar o telefone, Sérgio?

— Lógico, Rita! Nem precisa pedir.

Os irmãos trocaram poucas palavras até ela retornar, sentar e comentar:

— Achei melhor avisar a dona Antônia que eu estou aqui ou ela ficaria preocupada.

— Ela sabe que saímos. Eu avisei — argumentou Tiago.

— Sim... Mas demoramos mais do que o de costume e...

— Rita — atalhou Sérgio —, você está se dando muito bem com a dona Antônia, não é?

— Estou sim. No primeiro dia fiquei contrariada com você, mas hoje sou tão grata!

— Eu te considero muito, Rita — disse com leve sorriso. — Não pense que agi por desprezo ou algo assim.

— De forma alguma, Sérgio! Você foi um instrumento de misericórdia Divina inspirado como socorrista para me ajudar, me alertar, para eu ter uma chance... Quando estamos à beira de cometer alguma burrada, Deus nos avisa, nos dá sinais!... Mas nem sempre estamos alerta. Só tenho que agradecê-lo. Você é meu novo irmão!

— Ora... — murmurou sem jeito.

— É sim! Eu disse isso quando nos conhecemos e repeti o mesmo hoje para o Tiago.

— Foi — confirmou o rapaz, sorrindo. — Sabe... sou bom observador e tenho certeza de que nada é por acaso. Precisamos uns dos outros. Até entre estranhos isso acontece. Já me perguntei: por que o caminhão do Corpo de Bombeiros não chegou um minuto antes?! Por que estávamos passando por uma rua perto quando o rádio nos mandou atender determinada ocorrência e isso salvou uma vida ou vidas?...

— E as reações das pessoas envolvidas são tão diferentes! — acrescentou Rita. — Existem as que se emocionam e não se cansam de agradecer pelo socorro. Outras são orgulhosas e pensam que profissionais como você, um bombeiro, não fazem mais do que suas obrigações. Esquecem que vocês são seres humanos, colocam suas vidas em risco e nem ganham bem para isso.

Sérgio riu e Tiago balançou a cabeça concordando.

— Ora! É verdade! — tornou ela.

— Você tem toda a razão — disse Sérgio. — Ao serem atendidas, principalmente, por servidores públicos como policiais, bombeiros, médicos, enfermeiros, professores e outros algumas pessoas tomam uma postura rude, agressiva, intolerante e são até desrespeitosas. Psicologicamente falando, pessoas assim, com disposição ou atitude áspera, austera e que não reconhecem o serviço prestado exibem um quadro de personalidade inferiorizada, uma espécie de complexo de inferioridade gerado pela falta de respeito, cultura, educação...

— Mas veja bem, Sérgio — interrompeu o irmão —, o mesmo acontece por parte de funcionários públicos ou outros profissionais na área de atendimento. Esse comportamento mostra que são pessoas frustradas por algum complexo de inferioridade também. Isso encontramos em todas as classes sociais. São criaturas de personalidade mal resolvida, que em algum aspecto de suas vidas não tiveram o resultado desejado. Não amam nem são amadas. São inúteis ou impotentes com a família como pai, mãe, filho, filha, marido, mulher, irmão, irmã... São insatisfeitas consigo mesmas e complexadas.

— Creio que, além de ser uma ligação com a educação, o comportamento faz parte da evolução moral e espiritual de cada um — disse Sérgio. — Vocês já viram uma pessoa toda bem vestida, séria à espera de uma consulta, por exemplo, mas que repentinamente se transforma em alguém animalizada e que só falta rosnar porque o médico não a atendeu no horário?! — Eles riram e ele continuou: — Ela não quer saber se o médico está bem, se teve alguma emergência... — riu. — E quantas vezes nós já não agimos assim?! Talvez não nessa, mas em outras situações semelhantes?!!! Quantas vezes fomos tratados de modo vulgar, desumano... É quase impossível resistir ao impulso, a vontade de dar um murro na mesa?!!! — Sérgio gargalhou.

— Uaaaaau!!! Um psicólogo falando desse jeito!!! — riu Tiago ao exclamar.

— É, meu irmão!!! Não podemos negar esse desejo, mas... Quando aprendermos a trabalhar nossa hostilidade e nos controlarmos, estaremos alcançando a evolução e o equilíbrio. Nada é por acaso.

— Existem pessoas humanas, solidárias! — afirmou Rita. — Nunca me cansarei de agradecer a Deus por vocês aparecerem na minha vida. E tudo começou com a Débora, você Sérgio, o Tiago, o João, a dona Antô-

nia, o doutor Édison... — Alguns segundos e falou em tom melancólico:
— Só sinto muito pela Débora...

— Não diga nada sobre isso, Rita — interrompeu-a Sérgio de imediato. Educado, falou ignorando que ela sabia: — Você não conhece toda a história. Não se culpe. Foi uma situação que enganou os olhos de Débora, mas ela não ficou para explicarmos. Além disso, tem outras coisas e... Acho que experimentamos muita influência espiritual inferior e aceitamos. Sabe, dias antes, eu fui dominado por uma crise de ciúme da Débora com o Tiago que se davam bem e conversavam bastante.

— Ciúme de mim?!!! — exclamou o irmão, sobressaltando-se.

— De você e de qualquer outro que se aproximasse dela. Mas suportei calado. — Sérgio não se intimidou e contou diversos ocorridos e detalhes que Rita já conhecia através de Tiago, mas a moça não se manifestou. — Tudo isso junto à maldade da minha ex-namorada, a Sueli, me deixou em desespero. Havia algo incomum nos meus pensamentos frenéticos. Se o destino armou esses ataques, estou sem defesa, apesar de inocente.

— Eu sabia — murmurou Tiago.

— Sobre o quê?! — tornou o irmão.

— Sobre os assédios da Lúcia — respondeu Tiago. — Vi nossa irmã, muitas vezes, o tratando de uma forma bem estranha. Suas manifestações de carinho eram carícias provocantes só com você. Por isso eu fui conversar com ela e lhe dei uma bronca, dizendo que agia como se estivesse tentando seduzi-lo. — Tiago abaixou a cabeça e comentou constrangido: — Você era um moleque e eu não saberia como conversaríamos sobre esse assunto pelo fato dela ser nossa irmã. Se fosse outra garota... Ao chamar a atenção da Lúcia, nós discutimos. Na verdade, nós brigamos feio, pois a Lúcia parecia possuída e começou a me agredir ostensivamente. Não suportei e dei-lhe um tapa...

— Eu me lembro de vocês brigarem! Mas não sabia o motivo! — surpreendeu-se.

— A mãe se meteu. Eu ameacei a Lúcia. Disse que se a visse novamente... Meu Deus... — lamentou Tiago. — Por que não conversei com você, com o pai...

— O pai morreria! Porém deveria ter falado comigo. — Alguns minutos e Sérgio afagou-lhe as costas, dizendo com mais ânimo: — Ei!!! Acabou! Aconteceu o que precisava acontecer.

— Desculpe-me, cara! Você era menor e eu deveria te defender. Mas juro que eu não sabia sobre a Lúcia continuar com aquele comportamento insano — disse Tiago.

— Ei!!! Já passou! Quanto à Débora... Às vezes chego a pensar que ela usou essa situação como um motivo para romper comigo. Provavelmente não sentia por mim o mesmo que sinto por ela, por isso não quis me ouvir.

— Ela te adora, Sérgio! — afirmou Rita.

— Será mesmo?! Se isso é verdade, por que não me procurou depois desse tempo todo? Por que não te procurou após eu explicar a situação no consultório do doutor Édison? Vocês eram tão amigas!

— É isso o que eu estranho. Conhecia bem a Débora e sei que nunca fugiu de nada! De repente sumiu! Abandonou tudo. Não atende às ligações. Acho que trocou os números dos telefones. Fui até sua casa e me disseram que ela não está morando lá. Não entendo o que aconteceu! Ela estava sem emprego, preocupada e...

— Eu sei o que aconteceu — disse Sérgio, brando, ao interrompê-la.

— O quê?!!! — perguntou afoita.

— A Yara. Ela é uma moça sem responsabilidades. Meus sentimentos dizem que a irmã manipulou a Débora, que é muito manipulável. O Breno se aproximou da Débora através da Yara e lhe deu toda assistência no momento em que mais precisava.

— O Breno?! — questionou Rita, lembrando-se de algumas situações.

— Isso mesmo — afirmou Sérgio com tranqüilidade. — O Breno se aproveitou da fragilidade da Débora quando tudo aconteceu entre nós e a proveu com trabalho, distração, atenção, conforto e tudo mais o que sentia falta desde que saiu da casa e da proteção do pai.

— Não posso acreditar, Sérgio! A Dé não aceitaria isso! Ela jamais iria se corromper.

— Então me desculpe, mas... Vamos parar com esse assunto, pois ele me machuca muito porque eu adoro a Débora. Ficou um vazio... Algo não resolvido entre nós.

Tiago parecia em choque ao ouvir as conclusões do irmão. Olhando no relógio, disse:

— Nossa! Já é essa hora?!

— Puxa vida! — assustou-se Rita, levantando-se rápido. Depois brincou:
— Hoje a dona Antônia me bate ou me expulsa de casa! Vamos Tiago?!

Eles se despediram e foram embora.

Sérgio ficou com seus próprios pensamentos e, apesar de muito sentido, não se abalava, acreditando que existia uma razão para tudo.

24

Discussão entre Sérgio e o médico

Trovões rosnavam a distância, e novamente, a chuva caia pesada.
Frente à janela de seu consultório, Sérgio permanecia em pé, olhando os filetes de água escorrendo pelo vidro. Não demorou e, em plena tarde, o céu começou a escurecer rapidamente. Então veio a chuva de granizo batendo forte, formando uma cortina nevoenta, forrando de branco o chão da rua e as calçadas.

Enquanto observava a ação da natureza, ele pensava em dar novos rumos à sua vida, aplicando-se e ampliando mais a sua carreira. Mudava de pensamento, mantendo consigo mesmo um diálogo mental sobre situações e fatos a esclarecer até que se lembrou do doutor Édison, que não via desde o enterro de sua esposa. Precisava arrumar um jeito de abordá-lo sobre tudo o que Nivaldo contou, mas estava inseguro pelo período de luto do médico e deveria respeitá-lo. Aquela demora o torturava.

Foi nesse instante que poucas batidas à porta chamaram Sérgio à realidade e ele permitiu em voz alta:

— Pode entrar! — Ao olhar, experimentou um sentimento indefinido, porém controlou a surpresa e a ansiedade.

— Olá, Sérgio! Como você está? Tudo bem? — perguntou o doutor Édison aproximando-se e estendendo a mão para cumprimentá-lo.

Correspondendo muito educado, o rapaz estapeou-lhe as costas ao mesmo tempo que lhe pegou a mão, mas o médico o puxou para um forte abraço. Ao se afastar, Sérgio comentou:

— Estou surpreso em vê-lo! O senhor está bem?

— Sim... Preciso retornar à ativa e o quanto antes. — Sentando-se em uma poltrona e vendo o psicólogo acomodar-se à sua frente, o médico contou: — A secretária disse que a maioria dos pacientes desmarcou na última hora por causa do dilúvio que está caindo. Eu cheguei à cerca de uma hora e... Bem, decidi vir conversar com você, saber como estão as coisas...

O doutor Édison ficou longe de entender o significado do olhar expressivo de Sérgio que se fixou nele de modo enigmático. Apesar de experiente, o médico não conseguiu decifrá-lo e isso o fez perder as palavras. Permanecendo em silêncio, encarou-o firme até o rapaz argumentar:

— Foi bom o senhor me procurar para conversarmos. Temos um assunto muito importante para esclarecer.

— Certo! Pode falar!

Sérgio se levantou, respirou fundo e deu alguns passos sem encará-lo. Voltou, amparou as mãos nas costas da poltrona vazia onde antes havia se sentado e frente ao médico, falou mostrando firmeza e tranqüilidade na voz:

— Um dia antes do falecimento de sua esposa eu experimentei momentos extremamente desesperadores. Agora entendo o que o senhor me contou sobre entrar em um mundo de escuridão e infelicidade no qual a vida não tem mais razão — dizia calmamente. — Estou consciente de não ter superado a situação mal resolvida entre mim e a Débora. Se nós tivéssemos conversado por mais tempo e de outra forma, acho que eu sofreria se ela decidisse me deixar, mas seria diferente. — Breve pausa. Pensou e prosseguiu: — É difícil apagar da memória a injustiça que resultou na perda simbólica de uma pessoa querida, ou seja, a rejeição, o rompimento dos laços de afeto e... O senhor sabe explicar melhor do que eu o resultado do sentimento de abandono num caso como o meu, cuja fonte habitual de sustentação para planos futuros desapareceu de repente. Sabemos que muitas pessoas respondem ou reagem às bruscas perdas e separações, conforme o caso, diminuindo suas atividades. No entanto...

— Espere, Sérgio — pediu educado. — Eu acompanhei tudo o que aconteceu com você. Aonde quer chegar? Não estou te entendendo.

— Mas vai entender — afirmou calmo e com seu olhar típico de invadir a alma do outro. — Como psicólogo, eu primeiro me analiso antes de determinada opinião. Por conta disso e pelas dificuldades já enfrentadas na minha vida, faço questão de diferenciar depressão de tristeza. — Breves segundos e continuou: — Tenho certeza de que o senhor acompanhou atentamente o meu último encontro com a Débora aqui nesta clínica, em sua sala e na sua presença. Um assomo de acontecimentos desagradáveis invadiu minha vida repentinamente e eu acordei em um hospital para me recompor. Devo admitir que o senhor me ajudou muito, principalmente, quando contou sua vida e os fatos desagradáveis que enfrentou. Confesso que naquele dia eu queria morrer, mas me recuperei por conta da nossa conversa. Então me esforcei e superei a dor por ter outras atividades importantes para fazer. Valorizei minha resistência e me agarrei ao reforço de exercer uma atividade profissional que eu amo e muita coisa melhorou quando saí da polícia. Eu experimentava uma tristeza, mas não uma depressão. Iria me dedicar a especializações, pós-graduações, pois cheguei onde estava com meus próprios esforços e depois de tanta luta. Mas eu estava enganado, não é, doutor Édison? Descobri que os créditos pelo sucesso não eram meus. Fui traído.

— O que quer dizer, Sérgio?! — perguntou o médico bem sério. Depois, quase exigindo, falou: — Quero que seja mais claro, direto e objetivo, por favor!

Sérgio o fitava de modo indefinido. Algo dardejante parecia escapar de seu olhar. Suspirando fundo, falou sem rodeios:

— Gostei da idéia que teve para ampliar a clínica. Aliás, adorei — comentou em baixo tom. Entretanto, no segundo seguinte, falou veemente e irritado: — Porém me senti um inútil, fracassado, imprestável, sem capacidade e um pobre coitado por não ter recursos financeiros e fazer parte de uma sociedade que não está à minha altura! Nunca senti tanta humilhação, tanta vergonha!... O senhor me traiu ao omitir que pagou parte do que caberia a mim como sócio para a montagem desta clínica! Pediu sigilo aos outros para eu não me sentir ofendido! Fez-me acreditar que os meus serviços prestados foram relativos aos custos e valores do que foi investido pelos outros!

O homem exibiu um olhar triste, contudo sua fisionomia era firme e tranqüila. Encarava Sérgio sem se manifestar, ouvindo-o atentamente.

O rapaz contou-lhe exatamente tudo, cada detalhe do que escutou de Nivaldo, de seus sentimentos penosos de insegurança, culpa e seus valores humanos. Ofereceu uma pausa, virou-se de costas para o médico e olhava os relâmpagos fortes que se faziam seguidos de trovões que roncavam.

Aproveitando-se da pausa, o doutor Édison falou de maneira ponderada, mas bem firme:

— Sérgio, quer você acredite ou não eu ia te contar. Só esperava uma oportunidade melhor tendo em vista as dificuldades em diversos setores de sua vida. Mas não houve tempo. Porém isso não é razão para se torturar dessa forma! Use a situação para autotransformação, observação, reflexão e ação! Você não é nenhum menino e tem muito potencial!!! Tem grandes valores humanos e imensos valores morais!!!

— Meus valores morais foram pro inferno!!! — gritou Sérgio. — Eu só vi que fracassei em tudo!!! Eu estava em casa sozinho quando entrei em desespero, perdi completamente o controle e não vi razão para continuar vivendo e quer saber?!!! Quer saber o que me fez viver após pegar a pistola automática, colocá-la na minha cabeça e apertar o gatilho?!!!

— O quê?!!! — gritou o médico assustado.

— Isso mesmo! — expressou-se menos agressivo. — Eu dei um tiro para estourar a minha cabeça, mas... Um segundo antes ou no instante em que apertei o gatilho, ouvi uma voz estrondosa ecoar por todo o quarto gritando meu nome duas vezes e ordenando que eu parasse. Nessa fração de segundo, foi como se alguém desse um soco na minha mão e arrancado a arma, fazendo o tiro pegar na parede após passar de raspão na minha nuca. A automática caiu no chão. Olhei em volta e não tinha ninguém. — Bem calmo, contou: — Acredite ou não, isso aconteceu comigo.

Sabe, doutor Édison — continuou calmo, mesmo vendo o outro com expressão apavorada: —, tive a certeza de que Deus tem misericórdia e envia um anjo da guarda para nos vigiar, nos proteger e... Bem, fui à busca de explicações científicas e razão para isso ter acontecido comigo. Encontrei em O Livro dos Médiuns, em outros livros da Codificação e nas obras de relatos das pesquisas científicas feitas por Allan Kardec publicadas na Revista Espírita de 1858 a 1869. O que aconteceu comigo não é comum. Não foi por acaso. Que ninguém tente Deus, pensando que Ele irá intervir no momento crucial de tamanha insanidade! Estou estudando e aprendendo muito e, quanto mais estudo, mais vejo que nada sei

— falou com leve sorriso. — Entendi a necessidade de adquirir energias novas para mudar meus defeitos, trabalhar a minha Sombra a fim de efetuar uma tarefa de utilidade, amor e caridade a cada dia para conseguir cumprir um pouco da minha tarefa de planejamento para essa encarnação. Apesar disso, precisamos esclarecer muitas coisas. É impossível eu continuar me sentindo acolhido e respeitado por meus colegas e sócios da mesma forma que os acolho e respeito quando um sentimento de injustiça os incomoda pela sua predileção por mim. Lembrando — defendeu-se em tom suave —, eu nunca lhe pedi nada. É por isso que estou decidido a deixar de trabalhar aqui.

As rajadas da chuva forte batiam nas vidraças. Os clarões repetidos dos relâmpagos e os estouros dos trovões repercutiam sem trégua.

Com a postura de quem adquiriu equilíbrio íntimo, o doutor Édison o encarou falando com segurança:

— Sérgio, sei o quanto você é racional, por isso vamos usar a única coisa que nos diferencia dos animais: a comunicação! É o poder de falar, a capacidade de ouvir que nos dá clareza e objetividade, isso com a finalidade de chegarmos a um entendimento justo e viável. Por isso não tome decisão alguma. Peço gentilmente que se sente e me ouça. — O rapaz obedeceu, mas uma dureza permanecia em seu olhar firme e rosto sério. O médico prosseguiu: — Clínica ou cientificamente falando, seguem inúmeras explicações pelas tentativas mal sucedidas de suicídio e milhares de suicídios consumados anualmente. O índice é muito alto e se eleva a cada dia. A partir de análises de casos clínicos leva-se a crer em diversas razões para o suicídio. Entre elas a solidão, a vergonha por algum fracasso, medo de castigos e agressões, culpa, remorso, fuga de situação insuportável, depressão crônica, reação impulsiva por perdas, desejo de manipular ou controlar os outros etc... etc... etc...

— Está me dando aula por acreditar que eu não entendi ou perdi alguma coisa no curso de Psicologia? — perguntou sério, apesar de a indagação parecer irônica.

— Não, Sérgio. Quero dizer que especialistas renomados, cientistas, com todas as suas pesquisas e estudos, apontam como causa às tentativas ou aos suicídios os distúrbios, as síndromes ou condições específicas e situações do cotidiano, principalmente, quando se trata de cientistas americanos uma vez que a religião protestante lidera naquele país e não aceitam por ceticismos ou por orgulho e não sabem, por ignorância, que todo e qualquer motivo que leva alguém à tentativa ou à prática do suicídio existe a atração de uma influência espiritual.

Você sabe que todos os que tentaram ou se suicidaram e todos os que falam em cometê-lo apresentam caráter de dois aspectos, dois valores opostos! Ao mesmo tempo a pessoa deseja uma situação que é a morte, mas sente que não quer aquilo! É um grito de socorro!

Ninguém estuda ou pensa: de onde vem um e outro desejo que são tão diferentes ao mesmo tempo? A vontade de se matar e acreditar, estupidamente, que vai acabar com tudo vêm de inspirações de espíritos inferiores. O desejo oposto e conflitante de não querer morrer, certamente, é inspiração do guardião, espíritos bons e sábios. Depende somente de a pessoa escolher de que lado quer ficar.

Olhando Sérgio nos olhos, vendo-o brando e pensativo, o médico ainda falou:

— Eu acredito na intervenção dos espíritos, no seu caso. Você ouviu e sentiu a atuação deles. Por quê? Não sei, pois isso é raro. A quem muito é dado, muito será pedido. E Jesus falou quando tentado a se jogar do penhasco: Não tentarás ao Senhor teu Deus! Mas existe algo curioso, pois todos os pacientes com tendências suicidas que já tratei ou ainda cuido, todos, de um jeito ou de outro, relatam que receberam pequeno alerta ou sinais para não cometerem esse ato. Sabe por quê?

— O rapaz ficou em silêncio e o doutor Édison respondeu: — Porque todos são importantes para Deus. O suicídio e o aborto são os maiores crimes que podemos praticar contra a vida, contra o Criador.

Só tenho uma coisa a te dizer — falou de modo rigoroso —, não abuse da proteção Divina. Você tem a liberdade de escolha e os espíritos bons não ficarão interferindo na sua vontade.

O que te aconteceu não foi por acaso. Orai e vigiai. Nenhum fardo é tão pesado. Temos o que merecemos e conseguimos suportar.

A prova da intervenção de espíritos inferiores para que você não tenha êxito e se detenha caindo em ruínas, nesta reencarnação, é que eu ia te contar, mas você ficou sabendo por intermédio de palavras fortes ou cruéis que o feriram. A prova da atuação dos bons espíritos é que você está aqui.

— Mas o senhor me enganou.

— Enganei?!!! — gritou. — Não! Eu omiti, mas avisei aos outros que eu iria conversar depois com você!!! Veja, Sérgio, como a situação se repete! Acorde! Lembra-se de que não contou para sua namorada sobre o problema com sua irmã, esperando um momento oportuno? Não teve tempo e agora quer que a Débora acredite nas suas explicações e não nas acusações injustas e provas falsas! Da mesma forma, você não é capaz de acreditar em mim nem deseja ouvir minhas justificativas e me agride com acusações. É mais fácil confiar na palavra de um outro e não na de seu amigo que o considera como um filho!!!

Sérgio sentiu-se desarmado de palavras. Olhou para o chão, fechou os olhos espremendo-os e respirou fundo. Em seguida, olhou para o senhor e, parecendo envergonhado, pediu:

— Desculpe-me. Eu...

— Pare com isso! Não preciso das suas desculpas por ter minhas opiniões formadas... Não é necessário você se torturar! — Depois de esbravejar, assustando-o, o médico se levantou e pediu: — Venha comigo! Vamos resolver esse assunto agora mesmo! Veremos se o Nivaldo e o João estão livres.

Sem titubear, sentindo-se atordoado, Sérgio o acompanhou. Entraram na sala de João, que estava sem pacientes e lia um livro. Ao vê-los, João sorriu e os cumprimentou dizendo em seguida:

— Que chuva, hein?! A cidade está alagada!

— E o Nivaldo?! — perguntou o médico sem rodeios.

— Já foi. O temporal atrapalhou a vinda de todos à clínica — justificou João.

— Eu quero conversar com vocês três, mas... — falou o homem insatisfeito. — Podemos deixar para amanhã. — Voltando-se para Sérgio, perguntou: — Pode ser assim?

— Claro. Como o senhor quiser.

João ficou calado e observando, enquanto o doutor Édison falava sério e firme:

— Sérgio, pense muito sobre nossa conversa. A rigor, como estudioso e capacitado às pesquisas metodológicas, lembre-se de que nem todos são merecedores de tamanho emprego de forças ou energias fluídicas vitais do plano espiritual! — Leve sorriso enigmático e falou com ar de satisfação: —

Isso só aconteceu porque você é o sal da terra. Se o sal for sem sabor, para nada servirá.

— O que o senhor quer dizer? — questionou surpreso, pois ouviu isso anteriormente.

— O caminho profissional que escolheu foi por um ideal inconsciente. Você tem um objetivo espiritual para isso e talvez ainda o ignore. Não é um mero psicólogo preso às terapias. Não, meu caro! Você vai muito além do profissionalismo e dos ensinamentos acadêmicos. Suas qualidades morais e virtudes espirituais não são exibições mascaradas com atitudes ou palavras. São forças vivas que fazem e farão diferença na vida das pessoas e dos espíritos. Quando digo que é o sal, é por você fazer a diferença no sabor da vida daqueles que seguem o caminho que você aponta. Só lhe dou um aviso, Sérgio: você não tem personalismo, mas tem um grande descrédito pessoal. É preciso desenvolver o auto-amor para não deixar seus pensamentos servirem de brinquedos, instrumentos aos espíritos vulgares que se apegam a tudo o que lhe acontece, a todos os recursos exteriores à sua volta e neles centralizam os sentimentos e as idéias magnetizando-os com fluidos conflitantes e deploráveis que serão aceitos lentamente por você com uma visão errada da verdade. Em pouco tempo, a ilusão de fracasso, a solidão, o sentimento de culpa e outros tipos de arrependimentos, remorsos ou reações impulsivas tomarão espaço em sua mente junto à autopunição, autotortura, autoflagelação. O único remédio para uma pessoa como você, Sérgio, é a Terapia da Oração e a vigilância com hábitos físicos e mentais na ética Cristã. Pense nisso.

O doutor Édison o encarou, quase sorrindo, com um ar de vitória em seu semblante. Depois olhou pela janela certificando-se de a chuva ter diminuído de intensidade.

João permaneceu em total silêncio. Somente olhava para um e para outro sem entender nada, mas deduziu tratar-se do assunto sobre a sociedade daquela clínica.

Sem demora, o médico se despediu deixando-os a sós. Sabia dos fortes laços de amizade verdadeira entre João e Sérgio que, provavelmente, explicaria a situação.

* * *

Alguns dias depois, Sérgio chegou à sua casa e, ao ver uma camisa sobre o sofá, deduziu que Tiago estava lá. Indo até o quarto onde o irmão sempre dormia, viu-o largado de bruços sobre a cama e o braço caído com a mão encostada no chão.

— Faz tempo que não o vejo assim, hein?! — falou normalmente sem acordar o outro. Sorriu e completou: — Está cansado mesmo! — Tiago resmungou e se remexeu, posicionando-se melhor quando Sérgio acomodou-lhe o braço e o cobriu. Rindo ao ver que o irmão não acordou, falou:

— Acho que a Rita deu jeito em você, né?

Saindo em seguida, fechou a porta do quarto para o outro descansar.

Sérgio tomou um banho demorado para relaxar e só depois foi preparar algo para o jantar.

Algum tempo na cozinha, travando um diálogo mental, relembrou muitos acontecimentos em sua vida. Uma pitada de tortura o feria quando pensava em Débora. Meses haviam passado e nenhuma notícia.

Resgatando-o das reflexões, Tiago se aproximou, vagarosamente, exibindo-se assonorentado. Ao vê-lo, o irmão falou:

— Boa noite! Não sabia se deveria acordá-lo...

— Oi!... — murmurou com voz rouca. — Que horas são?

— Quase oito da noite. E aí? — perguntou brincando, vendo-o se sentar e esfregar o rosto. — Trabalhou muito, estava na academia ou nas baladas?

— Depois de mais de trinta e seis horas de extremo trabalho tenso e delicado, estou um pó! Um dia é enchente, no outro desabamento, depois incêndio... — De repente, lembrou: — Nossa! Fiquei de ligar para a Rita e...

— Mais tarde você telefona — aconselhou Sérgio. — Vai tomar um banho para nós jantarmos. Gostaria de conversar um pouco com você.

— Eeeeeeh!... Vai querer me cobrar aluguel pelas noites que durmo aqui, pela comida — brincou, levantando-se.

— Ei?! Sabe que me deu uma boa idéia!!! — tornou Sérgio.

Riram.

Pouco depois, os irmãos jantaram e conversavam tranqüilos.

— Como está lá na casa do pai? — quis saber.

— Ali nada muda, Sérgio. Agora com mais uma criança chorando... Gosto de crianças, mas está insuportável e é por isso que venho para cá, pois lá não consigo descansar tão pouco dormir. A Ana só grita, como se isso resolvesse seus problemas. Ela é uma mulher que não tem disciplina, não é organizada e quando o Marcílio chega... Já viu, né?! Sempre aquela briga! E a mãe se metendo. Daí você sabe, os meninos não têm educação nem limite. Entram no quarto me acordam com gritos... Puxa! Meu serviço exige atenção, boa forma e muita disposição mental e física. Ninguém consegue se concentrar direito no que faz se não dormir bem.

— Eu sei bem o que é isso! — Sem deixá-lo falar mais, informou: — Recuso-me a receber um "não" como resposta. Olha, Tiago, vamos dar um jeito nessa situação. Pegue suas coisas e se mude para cá!

— Não, Sérgio! Você se mudou para ter seu canto!

— Eu me mudei para ter paz. Você não me incomoda em nada. Venha morar aqui de uma vez por todas! O que está esperando?

— É que... Sabe... — titubeou. — Estou pensando em fazer um curso superior e já me inscrevi para o vestibular.

— Sério?!!! — alegrou-se o outro num grito.

— É... — sorriu. — A Rita vem me convencendo há tempo e só agora acordei, entendendo a necessidade de melhorar minha vida.

— E o que vai fazer?! — indagou empolgado.

— Psicologia — murmurou Tiago.

Sérgio gargalhou com muito gosto e atirou-se para trás da cadeira. Em seguida, falou rindo:

— Eu sabia!!!

— Tá tirando uma com a minha cara?!!!

— Lógico que não! Eu sempre falei da sua capacidade e paciência para ouvir pessoas e... Puxa! Como estou contente!!! Que legal, cara!!!

— É, mas estou preocupado com o horário na polícia.

Olhando-o firme, Sérgio falou sério, parecendo ordenar:

— Peça baixa! Saia da polícia!

— O quê? Ficou louco?! Como vou pagar o curso?!

— No que for preciso, eu te ajudo! Para não ficar parado, dê aula em alguma academia.

— Ei! Ei! Ei! Espere!

— Não pense muito, Tiago! Saia da PM, mude-se para cá e... — Sérgio deteve-se por instantes espremendo os olhos como quem tivesse uma idéia relâmpago e perguntou: — Você terminou de fazer aquele curso de massagem?!

— Sim. Por quê?

— A clínica!!! — gritou, levantando-se.
— O quê?
— Tiago, o doutor Édison quer ampliar a clínica e logicamente precisará de profissionais nessa área. O salário quase se equipara ao seu. Além disso, poderá estudar e, morando aqui, terá tranqüilidade e todos meus livros à disposição! Se precisar de algo mais, eu te ajudo!
— Eu não sei... A Rita se lembrou dos seus livros e... Posso usá-los no curso e não terei tantos gastos.
— Claro! Não pense muito, não perca a oportunidade! Tenho certeza de que a Rita vai concordar comigo e vai te incentivar! — Ao ver o irmão sorrir, parecendo uma resposta afirmativa às suas sugestões, Sérgio perguntou propositadamente: — Você e a Rita, como estão?!
— É... — gaguejou. — Como assim?!
— Entendeu muito bem a minha pergunta. — Sorriu ao repetir: — Como vocês estão? Em que pé está o envolvimento de vocês?
— Ora, Sérgio!... Eu e a Rita somos amigos!
— Isso eu sei. Mas além da amizade?! — Vendo o irmão com dificuldade para se explicar, Sérgio sentou-se à sua frente, observando suas reações.
— Não temos nada além de uma sincera amizade e respeito — disse Tiago.
— Certo. Eu sei disso. Mas e quanto aos seus sentimentos pela Rita?
— Ei, cara... Não começa!
— Por quê? Não quer admitir que gosta dela? Ou não quer que ela saiba ou tenha certeza de seus sentimentos? — indagou Sérgio com brandura.
Breves segundos e Tiago suspirou fundo, esfregou o rosto com as mãos e admitiu:
— Gosto muito da Rita. Muito mesmo! — enfatizou, fixando olhar tranqüilo no irmão. Depois explicou: — Por essa razão, eu a entendo e respeito. Foi por causa da Rita que mudei radicalmente minha vida, meu modo de pensar e de ver o mundo. Sei o quanto ela ainda ama o Gustavo e...
— Pare com isso! Ela está livre de recordações e isso dá pra ver em seus olhos quando está com você! Já falou sobre seus sentimentos por ela?
— Não posso, Sérgio! É uma situação difícil. Não quero afastá-la de mim! De modo algum! E... Sabe, às vezes me arrependo por alguns pensamentos...

— Que pensamentos? — tornou preocupado e curioso.

— Logo que a conheci, eu... eu... Sei lá! Fiquei hipnotizado pela Rita! — revelou um pouco constrangido. — Seu jeito, o perfume, seu modo de andar, de falar, de se vestir, seu riso... Adorei toda aquela espontaneidade, seu jeito travesso... Fiquei enciumado ao saber que havia um outro, um namorado que, de repente, se tornou noivo. O cara era legal. Eu gostava dele, mas não deixava de pensar em afogar aquele sujeito se eu fosse designado a salvar sua vida. — Breve pausa e lamentou: — Que absurdo! Nossa! Ao saber como ele morreu... Nossa! Nunca me senti tão mal, tão arrependido! — Tiago quase chorou ao dizer: — Pedi tanto perdão a Deus por aquelas idéias, implorei perdão ao Gustavo e prometi cuidar da Rita mesmo se fosse só pela amizade, sem qualquer outro envolvimento. — Logo revelou: — Só fiquei com a consciência mais tranqüila quando ela disse que o compromisso deles não estava indo bem. Não terminaram o noivado para não causar um choque na família que os apoiava. Depois de tantos anos de namoro e pouco tempo de noivado, terminarem não fazia sentido. Ela contou que gostava dele, mas havia se acostumado e... Parece que ele tinha outra.

— E se ela gostar de você com a mesma intensidade e tiver o mesmo medo seu?

— Não creio. A Rita falou muito no ex-noivo e... Ela me considera um amigo.

— Ela era uma mulher carente e falou no ex-noivo por não ter outra referência. Agora ela não fala, porque você é essa referência. Veja bem, ela confia em você, pois compartilhou tantas coisas pessoais, íntimas que não fez com ninguém! A Rita aceitou sua companhia até para ir ao doutor Édison! Já a vi abraçando-o pela cintura, brincando e rindo ao encostar-se em você. Onde está aquela jovem assombrada, acuada, medrosa, em desespero que vimos aqui?! — Sem esperar, respondeu: — Está sorridente ao seu lado! Só falta criarem coragem para assumir...

— Mas, Sérgio, ela pode se afastar de mim caso não seja isso o que queira.

— Será?! — sorriu.

— Lógico! A Rita me pediu com todas as letras para eu não me afastar dela, por não ter muitos amigos verdadeiros. E eu... Bem... Eu prometi ser seu amigo e só me afastaria se ela pedisse! Você entende?! — disse, quase nervoso. — Ela só me quer como amigo!!!

Sérgio contorceu o rosto tentando segurar o riso, mas não suportou e disse de uma vez:

— Agora eu entendi melhor por que aconselham que não é viável terapia com parentes e amigos. Tentei ser profissional, Tiago, fazendo-o pensar! Mas... — riu gostoso. — Além de cego, o amor te deixou burro!!! — gargalhou.

— Ei!!! Qual é?!!! — protestou o irmão de modo ingênuo.

Quando parou de rir, Sérgio voltou a falar de modo mais esclarecedor:

— Cara, a Rita abandonou o passado! Se ela pede para não se afastar dela é porque gosta de tê-lo ao lado! Admitiu total confiança em você pela amizade verdadeira!

— Sim! E eu prometi ser seu amigo!

— Oh!!! Mas que irmão gênio!!! — exclamou com ironia ao rir. — Acorda, Tiago!!! Ela reconheceu a amizade verdadeira e pediu que continuasse ao seu lado! Entendeu? A Rita não mencionou que o quer exclusivamente só como amigo, certo?

— É... Mas eu entendi...

— Não entendeu nada, Tiago! Tenho observado como ela o olha, o trata, se preocupa com você. Explique o que vem acontecendo nos últimos tempos, pois a vi passando a mão em seu rosto com gesto de carinho, um afago, um abraço, recostando-se em você... Além disso, aceita o seu braço sobreposto em seu ombro e parece se sentir abrigada, protegida. Geralmente segura a sua mão como se não quisesse que tirasse o braço de seus ombros.

— Você tem certeza? — perguntou sério.

— Não acredito que você é meu irmão mais velho! Não acredito que estou falando com aquele cara chegado a festas, baladas!... Escuta, você não namorou não?! E aquela mulherada que vivia te telefonando?!

— Sérgio, você está me ofendendo! — Pequena pausa e comentou: — Existem mulheres e mulheres. Nunca dei valor à coisa fácil e não encontrei alguém por quem me interessasse. — Sorrindo apaixonado, esclareceu: — Aquelas eram diferentes. A Rita é especial!

— Acredito que vocês dois tenham o mesmo medo: admitir os sentimentos e achar que um vai se afastar do outro porque era só uma amizade.

Tiago sentia o coração acelerado. Recordando-se rapidamente de detalhes, ficou pensativo.

Como se pudesse ler seus pensamentos, Sérgio argumentou:

— Vocês estão tão ligados que passaram a ser dependentes um da opinião do outro. Reparou nisso? Não conseguem ficar muito tempo sem se ver, conversam diariamente por telefone, sem contar com os incentivos positivos que trocam em meio às idéias.

— A Rita pensou em sair da casa da dona Antônia. Não acho uma boa idéia, pois tenho medo de pensar que estará sozinha e... — Preocupado, comentou: — A dona Antônia percebeu que ela quer voltar a morar em uma das casas do pai e eu a vi chorando, ficou triste...

— Ela gosta muito da Rita. Afeiçoou-se demais e chegou a falar comigo a respeito.

— A Rita está preocupada com as despesas, o incômodo, pois não a deixam contribuir com nada.

— Eles estão bem estabilizados financeiramente. A Rita sabe disso e, na verdade, teme ver sua vida íntima invadida pelas possíveis opiniões da senhora que praticamente a adotou. A dona Antônia ficou viúva cedo. Teve somente um filho e é uma mãe carente. Não que o João deixe de lhe dar atenção ou carinho, mas, pela falta do marido, ela transferiu sua afetividade às crianças que cuida voluntariamente na creche, aos filhos que adotou crescidos como eu, a Rita, você...

— Não posso negar que adoro ficar com a dona Antônia. Aquela casa tem tanta paz! Suas conversas são tranqüilas... Bem que ela poderia ser minha mãe!

— Opa! Eu disse isso primeiro! — brincou Sérgio.

— Não tenho medo do João, que é filho legítimo, vou ter de você?! Como é? Vai encarar?!

Eles riram e o irmão avisou mais sério:

— Se a Rita quer sair de lá, é por sua causa, Tiago. Ela quer liberdade.
— Nesse instante o telefone tocou. Sérgio riu e disse: — Pode atender. É para você! É a Rita!

— Deixe de ser engraçadinho! — retrucou o irmão brincando ao se levantar para atender ao telefone.

Realmente era Rita. Sérgio sorriu e foi arrumar a cozinha. Sabia que a conversa dos dois seria longa.

25

Juntos, Tiago e Rita

O quanto antes o doutor Édison marcou a reunião com os três psicólogos sócios da clínica, pois por inúmeros motivos precisaram adiá-la. Estavam todos sentados em sua sala, quando o médico falou:

— Assim que comecei a dar aula na graduação para a turma de Psicologia, vocês três sobressaíram, chamando minha atenção. Ao vê-los com planos de montar uma simples clínica em sociedade e focados em valores humanos, eu quis me unir a vocês, mas não foi por dinheiro. Acontecimentos em minha vida me desvendaram um novo mundo onde eu deveria atuar e não preciso dar detalhes. Sou um professor doutor renomado. Tenho considerável salário por meu trabalho em congressos, palestras, psicoterapias em meu consultório particular e outras tarefas. Mas foi aqui, junto de vocês, que encontrei um meio de ser o simples médico humano, orientador e amigo... Eu não cobro os atendimentos clínicos que faço aqui nem dos pacientes que vocês me encaminham. Aos sem condições, faço o maior empenho para conseguir os medicamentos necessários.

— Chamou-nos aqui para ressaltar seus atos caridosos, doutor? — inquiriu Nivaldo sério, mas irônico.

— Cuidado, rapaz! Vigie seus pensamentos e suas palavras! O que sai da boca vem do coração, não se esqueça. Estamos reunidos para uma avaliação de nossos feitos e se você não aprende com o exemplo alheio aprenderá a duras penas. — Breve pausa e continuou: — Quando vi logo de início que o Sérgio não teria total condições financeiras de arcar com alguns gastos, percebi que isso aconteceu porque eu mudei as idéias simples que tiveram e ampliei os horizontes. Então chamei o João e o Nivaldo e avisei sobre eu custear a parte do Sérgio. Deixei claro que eu conversaria com ele a respeito disso. Esperei por um período de trégua, mas não tive tempo e soube que o Nivaldo, insatisfeito, reclamou ao João sobre o meu protecionismo financeiro ao Sérgio.

— Não nego! — admitiu Nivaldo severo. — Nessa ampliação da clínica, ficarei no prejuízo por sua proteção ou auxílio financeiro ao Sérgio!

— Mas qual prejuízo você teve, Nivaldo?! Qual prejuízo terá?! Não saiu, nem sairá do seu bolso, a parte que cabe ao Sérgio investir! Fui eu quem pagou e pagarei, e não você ou o João!

— Isso é verdade, Nivaldo — reforçou João com nítida tranqüilidade. — Vamos lembrar que o doutor Édison assumiu tudo. E também... Foi o seu pai, Nivaldo, quem o ajudou financeiramente para fazer parte dessa sociedade na clínica e quem também pagou a sua faculdade. É algo parecido! Você teve ajuda de seu pai e isso não nos prejudicou. E se o doutor Édison fosse o pai do Sérgio, não seria o mesmo?

— É o seguinte — interferiu Sérgio que estava inquieto ao ver Nivaldo com o rosto vermelho e olhar colérico —, agora resolvi inúmeros problemas e posso arcar com a parte que me cabia e o doutor Édison omitiu, pediremos ao contador para calcular o que devo a vocês e...

— Sérgio fique quieto, por favor! Não fale besteiras! — pediu o médico com um jeito engraçado e incomum. Sérgio calou-se com o susto e João quase riu. O doutor Édison continuou firme e sério: — Lá na universidade, fiquei de olho no Sérgio. Acompanhei seu sacrifício, seus esforços, sua dedicação, sua humildade e aceitação. Logo percebi que ele precisava e precisa se harmonizar com a sombra do descrédito pessoal. Sua ética moral, bem como a tolerância, a caridade e a socialização, que é o mais difícil de fazer, não eram e não são mascaradas por ele. Em outras palavras, ele não é falso. Foi por essa razão que o ajudei! Além do que, a idéia de ampliar a clínica foi minha e o prejudiquei, como já disse. — Olhando para Sérgio, advertiu: — Espero que não seja orgulhoso. Lembre-se de que Jesus aceitou ajuda para carregar a cruz! Você não deve nada aos sócios ou à clínica! Eu fiz o que eu quis! Dê de graça o que de graça recebeu! Entendeu, Sérgio?! — falou bravo.

O rapaz sentiu-se aquecer, mas não sabia o que argumentar.

— Precisamos de decisões e soluções maleáveis para termos um melhor relacionamento aqui dentro! — tornou o médico com fala firme.

— É necessário crescermos e cuidarmos da vida mental, viu Nivaldo?! Não adianta trabalharmos aqui com má vontade, ficar duas ou três horas por semana no centro espírita e depois passar de cinco a dez horas nas baladas. Todos aqui são espíritas e essa filosofia Cristã nos chama para uma auto-avaliação. É primordial selecionarmos os lugares que freqüentamos, os hábitos inferiores que temos. Se alguém aqui tem a ilusão de que ir ao centro espírita, assistir a palestras, receber passes, tomar água fluidificada e fazer o Evangelho no Lar é o bastante para ser recolhido em uma Colônia Espiritual como "Nosso Lar", está muito enganado! Quem imaginar isso está pensando igual aos crentes, evangélicos ou protestantes por que basta pedir perdão e só! Não! É preciso seletividade das ações físicas e mentais! Deixar de ir aos barezinhos pensando que beber, fumar, fofocar com os amigos, contar piadas indecentes ou ficar olhando para o bumbum das mulheres serve para relaxar! Não, meus queridos!!! Vocês estarão se afinando e recebendo energias de espíritos beberrões, zombeteiros, promíscuos e bem inferiores. Não é, Nivaldo?! — perguntou, mas o outro não respondeu.

Na internet — tornou o doutor Édison —, quando passam horas e horas vendo besteiras, sites pornográficos, imagens ou mensagens pornôs, praticando bate-papos inúteis, nada equilibrado... O que pensam que acontece?! Ah!!! Fico excitado!!! — respondeu à própria pergunta. — De onde acham que vem a energia excitante? De espíritos que se comprazem com o sexo promíscuo, inferiores à elevação moral. Preparem-se, pois são eles quem vão recebê-los na espiritualidade quando desencarnarem. Pensa que correr toda semana ao centro espírita e receber passe vai ajudar a ir para "Nosso Lar"? Não, meus queridos! Porque a energia que o envolve pela compulsividade sexual, pelo prazer em ver filmes pornôs são mais densas e impregnam no corpo espiritual e não dão espaço aos passes de bênçãos sublimes, excelsas.

É bom aceitarmos ou admitirmos nossos defeitos e começarmos a nos transformar, dia após dia, corrigindo pensamento após pensamento e conter os comentários venenosos responsáveis por grandes crueldades e geradores de fracasso, doenças, desânimo, suicídio...

Sejamos honestos uns com os outros! Vamos acabar com o personalismo e a mentira! Não estamos juntos por acaso. Somos seres humanos e, se estamos aqui encarnados, é por termos a necessidade de mudar algo inferior em nós. Não vamos nos castigar por isso, mas procurar ajuda! Os melhores psiquiatras e psicólogos são aqueles que fazem terapias com outros profissionais qualificados, sabiam? Eles sabem que são seres humanos e permitem a ajuda de alguém ou simplesmente desabafam ou ainda permitem-se à orientação.

Aproveitando a pausa, Nivaldo disse sem encarar ninguém, escondendo um sentimento rancoroso:

— Peço desculpas ao Sérgio por eu ter me precipitado e... Talvez eu o tenha abalado de alguma forma.

— Abalou-o de alguma forma?!!! — exclamou João, alterando-se. — Você não imagina as conseqüências do que fez!!!

— João! — advertiu o doutor Édison.

— Perdoe-me, doutor, mas devemos ser sinceros. O Nivaldo tem seus defeitos de caráter ou de comportamento, assim como nós. Mas ele precisa se controlar!

— João! — interrompeu o médico. — Isso eu vou discutir em particular com o Nivaldo. Agora, vamos ao que interessa. — Avisou sem demora: — Eu já comprei este prédio. Não pagaremos mais aluguel. Além disso, comprei o prédio ao lado para ampliarmos a clínica. Só estou aguardando a documentação. Nesse período, iniciaremos a seleção de profissionais bem qualificados para as áreas alternativas. Se alguém não se opuser, eu gostaria de me encarregar da seleção dos profissionais que trabalharão aqui na área da saúde mental, psicológica, de prevenções ou terapias para alívio de transtornos diversos, mesmo que esse profissional venha a alugar uma sala.

— Doutor Édison — chamou Sérgio —, eu não me sinto bem com a decisão de ficar isento de parte dos custos para a formação da sociedade desta clínica. Então penso na possibilidade de pagar uma porcentagem maior na ampliação e...

— Sérgio!... — Interrompeu o médico, gesticulando de modo singular e falando com um tom irônico e voz baixa: — Faça um favor para mim?! Pare de pensar! O imóvel me pertence e para que não achem que estou protegendo alguém... Saibam que vou custear toda a reforma para a ampliação desta clínica. Fui claro?!

Nossa sociedade continuará com o percentual cabível a cada um. Os futuros médicos ou psicólogos terão seus espaços individuais e pagarão aluguel pelo que ocuparem.

Nós vamos nos centrar nos valores humanos a começar por nós. Tudo o que fizermos precisará ser de boa vontade ou criaremos um ambiente hostil e isso é muito ruim. Isso inclui os trabalhos não remunerados, não pagos, realizados aqui ou instituições como casas de repousos, hospitais, creches etc. Parecer educado, atencioso ou bonzinho não significa dedicado e afetivo. Vou dar um exemplo que todos conhecemos. Quantas vezes fomos a uma casa espírita para uma palestra ou uma atuação caridosa e vemos um trabalhador, um tarefeiro ou dirigente do centro, que é uma pessoa boazinha, com fala angelical, ouvindo pacientemente pessoas simples ou intelectuais comentando de alguma dificuldade, de problemas... Só que depois esse tarefeiro bonzinho chega até nós reclamando: "ai, doutor! Aquele sujeito é desequilibrado! Aquela outra ali é um fardo! Ai! Dá um jeito naquele ali que tem mau hálito! Aquele outro sempre está suado, acho que nem toma banho, por isso dá para o senhor falar de higiene?" — o médico deu uma pausa e continuou: — Acho que leram dois ou três livrinhos espíritas e pensam saber de tudo. Fez alguns ou todos os cursos existentes sobre a Doutrina Espírita e acreditam serem sábios o suficiente! Vamos lembrar de Jesus sentado com os publicanos e pecadores dizendo que os sãos não precisam de médico, mas sim os doentes. O Mestre falou sobre querer misericórdia e não sacrifício, porque veio chamar os pecadores ao arrependimento e não os justos.

— O que o senhor quer dizer com tudo isso? — perguntou Nivaldo.

— Vamos abandonar o personalismo, ou seja, deixar de usar a máscara, a camuflagem de um comportamento calmo, aparentemente passivo, sorridente e gentil, quando, na verdade, está pensando cobras e lagartos a respeito de todos ou de alguns à sua volta. O personalismo é acreditar que, por ser um médico, um psiquiatra, um psicólogo, um advogado, ter essa ou aquela profissão, ser um voluntário, um tarefeiro do centro, um dirigente, um médium ou passista no centro espírita, é ser perfeito!!! — enfatizou. — É aquele que sabe de tudo! Mas, intimamente, cultiva o orgulho, a vaidade e a hipocrisia, a falsidade. Jesus sentou-se com pecadores, publicanos e muitos outros, ensinando-lhes o Evangelho. Não reclamou das queixas que ouviu, do hálito de alguém nem falou da falta de banho de um outro. Jesus só não admitia a hipocrisia, o personalismo dos sábios, dos doutores das leis, dos sãos... Tiremos primeiro a trave dos nossos olhos para depois tirarmos o argueiro do olho do nosso irmão. Vamos trabalhar dentro de princípios Cristãos. — Sem demora, ele pegou alguns papéis e mostrou-lhes: — Aqui tenho três instituições que precisam de assistência psicológica. — Sorrindo, avisou: — Mas não só para as crianças. É preciso fazer com que os trabalhadores e voluntários sejam beneficiados psicologicamente para que se sintam mais dispostos na prática da tolerância, do trabalho amoroso, do acolhimento fraterno e todas as éticas Cristãs.

— O que faremos com essas pessoas, daremos palestras?

— Ora! Nivaldo! Você é psicólogo e deveria ter a resposta! — falou o médico firme. Virando-se para o outro, perguntou: — O que acha, Sérgio?!

— Bem... — falou parecendo envergonhado. — Há alguns meses eu faço esse tipo de assistência em uma creche e uso o seguinte método: primeiro observo as crianças, faço algumas perguntas aos funcionários e até dou orientações especificas a determinada criança, conforme o caso. Fico cerca de uma hora com as crianças e depois peço a alguns funcionários e voluntários para se reunirem no refeitório, pois alguém precisa ficar ativo no serviço. Lá, eu converso com eles. Não dou uma palestra, mas dou-lhes um reforço moral, elevando a auto-estima, mostrando a importância da tarefa de cada um. Trata-se de pessoas de diversas religiões e por isso me vigio para não destacar o Espiritismo e respeito às outras crenças.

— Qual o tempo gasto para isso? — quis saber o médico.

— Cerca de duas horas por semana.

— Só duas horas! E me diga já obteve algum resultado?

— Sim, senhor. Resultados bem positivos. Apesar de poucos meses, cerca de seis, as crianças, por exemplo, muitas com comportamentos preocupantes de agressividade, provavelmente pela falta de afetividade em casa com os pais ou responsáveis, minimizaram o comportamento à medida que as professoras e voluntárias passaram a receber orientação de como tratá-las. Não posso chamar de terapia em grupo, mas eu diria que as reuniões se transformaram em um reforço moral, psicológico e sugestões de uma forma geral. A diretora da creche me disse que o número de voluntários vem aumentando por causa dessas reuniões em grupo. As pessoas voluntárias relatam sentirem-se úteis no serviço de caridade e melhoraram consideravelmente a auto-estima. Registrei dois casos de voluntários depressivos que, repentinamente, transformaram o quadro clínico. — Sérgio pensou um pouco e revelou: — Eu fui o mais beneficiado. Comecei com esse trabalho para ocupar o tempo e os pensamentos, pois sou ser humano, também.

— Ótimo! Parabéns!

João se levantou e pegou um dos papéis. Sérgio fez o mesmo e Nivaldo o acompanhou. Ao tempo em que os observava, o doutor Édison comentou:

— Sérgio, eu soube que se inscreveu para fazer pós-graduação. Você já realiza trabalho semelhante. Não os estou obrigando a esse tipo de tarefa, mas sim sugerindo, pois você é a prova do benefício que isso trás, além da dose de conhecimento. Não quero que se sobrecarregue.

— Vou pensar e ver as possibilidades. Depois o aviso — disse Sérgio.

— Eu fico com essa — decidiu Nivaldo.

— E eu com essa aqui — aceitou João.

O médico sorriu ao perguntar:

— Um de vocês tem algo mais a dizer?

Eles se entreolharam e Nivaldo pediu:

— Se não há mais nada para resolver sobre a clínica, eu gostaria de conversar com o senhor. Pode ser agora?

— Sem dúvida — prontificou-se o médico.

João e Sérgio se despediram e saíram da sala.

* * *

À noite, Sérgio estava em sua casa. Havia tomado banho e debruçou-se sobre os literários estudando e pesquisando. Sentiu falta de um livro e foi procurá-lo no armário do outro quarto. Tiago chegou e, vendo a luz acesa, foi à procura do irmão, perguntando:

— O que está fazendo aqui no meu quarto, Sérgio?

— Puxa! Desculpe-me! Não sabia que já era o proprietário — correspondeu, brincando.

— Não reparou em nada?

— No quê? — tornou o outro circunvagando o olhar e reparando melhor.

— Hoje eu trouxe as minhas coisas para cá.

— Cairá um dilúvio amanhã na cidade! Não estou vendo suas coisas espalhadas!

— Ah!... — exclamou Tiago, dando-lhe um leve tapa no ombro.

Sérgio sorriu e perguntou:

— E a mãe? O pai? O que disseram?

— Nosso pai não se manifesta, mas tive a impressão de que a mãe se sentiu aliviada.

— Você avisou que se mudaria para cá?

— Falei, sim. Mas não disseram nada. A mãe só resmungou que eu era bem grandinho e devia saber o que queria da vida.

— Ei! — gritou Sérgio. — Eu gostaria que você trouxesse o Tufi para cá! Com nós dois aqui, fica fácil cuidarmos dele!

— Tá! — concordou.

* * *

O tempo não parou. Um ano havia se passado.

Embora o vozerio e muito barulho se misturavam nos portões da universidade, Tiago corria o olhar entre os estudantes buscando Rita. Não demorou e a jovem veio correndo ao seu encontro, expressando imensa alegria ao atirar-se em seus braços, encolhendo as pernas num forte abraço quando ele a sustentou e sorriu por saber do que se tratava. Eufórica ela gritou em seu ouvido:

— Ah!!! Consegui!!!

— Parabéns!!! Estou tão feliz quanto você, Rita!!! Parabéns, mesmo!!!

Tiago a abraçou com carinho e beijou-lhe o rosto antes de colocá-la em pé.

— Podemos ir? Quase não consigo te ouvir! — pediu.

— Lógico! Vamos! — concordou a moça.

Eles já estavam na sala da casa de dona Antônia, onde Rita comentou:

— Ai!... Que alívio! Que bom terminar a graduação! Viu?! — sorriu com jeitinho delicado: — Agora sou jornalista! — riu. Depois falou: —

Bem pelo menos é o que consta no diploma que vou pegar! — Em seguida argumentou: — Tantas coisas aconteceram... Eu pensei que nunca conseguiria. — minimizando o sorriso, lembrou: — A Débora se graduaria junto comigo, se não tivesse abandonado o curso. Que pena. Mas... Se não fosse você, Tiago!...

Sentado a seu lado o rapaz se virou para olhá-la e perguntou:

— Eu?! Não fiz nada! Os méritos são seus!

— Fez, sim! Foi você quem insistiu e me fez retornar para a universidade. Provavelmente eu teria parado.

— Parado nada! — Sorrindo, avisou brincando: — Eu iria carregá-la! E te faria passar a maior vergonha ao levá-la no colo para a sala de aula.

— Não!... — Rita riu ao exclamar com mimos.

— Por quê? Você tem vergonha de mim?!

— Não!!! Lógico que não! Vem cá, seu bobo! — disse brincando puxando-o para junto de si e recostando a testa em seu ombro. Com voz meiga e baixa, falou em seguida, encarando-o: — Jamais teria vergonha de você, Tiago. Ao contrário! Sinto o maior prazer quando estou ao seu lado. Estou tão orgulhosa por já terminar o segundo semestre em Psicologia! Já foi um ano! Uau! Você é quem merece os parabéns pelo esforço, por ser como é!... Tenho orgulho de você. — Olhando-o, deduziu fechando o sorriso: — Talvez eu o envergonhe por gostar de me vestir assim, com roupas de estilo indiano e... Tem dias que pareço uma hippie dos anos sessenta e... Ah!... Não sei!... Tenho séria dificuldade para usar roupas mais sociais, finas e elegantes. Uso por necessidade do trabalho e admiro aqueles que sabem se vestir bem, mas, no dia-a-dia, adoro ficar à vontade e... — Insegura, perguntou: — Devo deixá-lo constrangido quando estamos juntos na universidade, quando saímos, não é?

— Não — respondeu firme e sério, fitando-a nos olhos.

— O que foi, Tiago? — ela preocupou-se ao vê-lo daquela forma. — Falei o que não devia? Fiz algo errado? — indagou com meio sorriso, ficando na expectativa.

— Não — tornou ele no mesmo tom. — Eu gosto da forma como se veste e não acho que parece com uma hippie dos anos sessenta. O estilo é de traje indiano e você tem bom gosto, sabe escolher muito bem, tem classe e é um modo de se expressar ao se vestir que, aliás, combina bastante com você. Outra roupa mais moderna e social te cai bem, mas para dizer a ver-

dade eu estranho ao vê-la vestida assim. — A jovem sorriu e Tiago silenciou por longo tempo. Ela comentou sobre outras coisas menos importantes, mas ele nem a ouviu. Mesmo sentindo o coração acelerar, o rapaz avisou:
— Rita, nós precisamos conversar. E é sério.

Sentada no sofá com as pernas encolhidas, voltou-se para ele e sentiu-se gelar. O sorriso agradável sumiu de seu rosto, que abaixou escondendo-o entre os longos cabelos cacheados enquanto murmurou:

— Eu acho que já esperava por isso — a jovem falou em tom triste e com a voz embargada. — Posso entender... Não precisa se justificar.

— Ei, espere! Do que você está falando? — Tiago perguntou, tentando ver seus olhos.

Rita se levantou rápido, secou as lágrimas, procurando disfarçar e afirmou:

— Você estava esperando eu me formar para dizer que é chato ter amizade com alguém como eu e... Imagino o quanto foi cansativo me dar tanta força e ainda...

Levantando-se e pondo-se à sua frente, pediu, interrompendo-a:

— Pare, Rita! — Com um gesto sutil, tirou os cabelos de seu rosto e a afagou. Segurando seu queixo com delicado carinho, a fez encará-lo. Acariciando-lhe a face, expressou-se brandamente: — Você entendeu tudo errado. O que tenho para dizer é sério e talvez não queira mais a minha amizade depois de me ouvir — Apesar de ser um homem maduro, Tiago sentia-se como um adolescente. Estava inseguro e algo apreensivo.

— Por que eu não iria querer a sua amizade? — murmurou ela.

— Porque não posso... Não estou conseguindo ser seu amigo.

Dizendo isso, num impulso, Tiago rapidamente a tomou em seus braços, beijando-lhe os lábios como sempre desejou. Rita o envolveu com leveza, afagou-o com carinho e correspondeu ao beijo com fortes sentimentos.

Algum tempo e Tiago a abraçou forte enquanto ela escondia o rosto em seu peito. Nenhuma palavra. Não resistindo, ele beijou-lhe a cabeça, segurou seu o rosto, beijando-lhe a face e procurando novamente por seus lábios.

Depois, olharam-se por longos minutos até Tiago sorrir levemente ao confessar com expressão carinhosa na voz:

— Rita, não consigo mais ficar ao seu lado só como amigo. Vou entender se não quiser mais me ver e...

— Não diga isso... — interrompeu-o com voz doce, encarando-o. — Eu estava com medo e com dúvidas.

Envolveu-a com ternura e pediu com voz branda ao conduzi-la:

— Vem cá. Sente-se aqui. — Afagando-lhe carinhosamente o rosto, perguntou: — Do que teve medo? Quais são as dúvidas?

— Tiago... — Olhando-o firme, falou apreensiva e com a voz trêmula, com algumas pausas: — Você foi a melhor coisa que me aconteceu há anos e... Mas poderia estar ao meu lado e me acompanhando em tudo por uma questão de caridade, dó... Sempre pareceu ser somente meu amigo e... Bem... Nos últimos dias comecei a ficar desconfiada, pois o percebi diferente, quieto, pensativo. Então deduzi que você tinha conhecido alguém por quem se interessou e... Bem, por ser meu amigo, estava esperando eu terminar a faculdade para me dizer que não poderia mais ficar ao meu lado o tempo todo, me acompanhando em tudo nem ser meu amigo como antes... — lágrimas rolaram em sua face delicada.

— Eu te adoro, Rita! — Secando-lhe o rosto, murmurou terno: — E já faz tempo. Sabia?!

— Não... Não percebi. Você sempre foi atencioso, carinhoso, educado e gentil desde quando o conheci e... Eu experimentei situações difíceis e... — envergonhada, fugiu-lhe ao olhar.

— E?!... — insistiu o rapaz com inflexão afável na voz.

— Tiago... Tive medo. Fiquei confusa.

— Com o quê? — perguntava sempre calmo.

— É algo difícil de dizer...

— Rita, fale de uma vez — sorriu. — Vai se sentir melhor, e eu também.

— Tiago... — expressou-se aflita e chorando. Por fim confessou: — Eu me apaixonei por você quando o conheci!... O noivado estava marcado e me arrependi por... por deixar tudo acontecer. Precisava acabar com aquele compromisso e isso me deixou confusa, insegura... O problema era a família dele, pois queriam que marcássemos o casamento. Mas o percebi inseguro e distante. Senti que havia outra. Decidi falar com ele sobre eu sentir uma coisa... e conversamos sobre darmos um tempo. Vi que ele se sentiu melhor e eu também. Não te disse, mas essa coisa que eu sentia era uma forte atração, uma paixão por você. Com a morte do Gustavo, você permaneceu ao meu lado me dando apoio, mas... Senti-me humilhada depois, quando aquilo aconteceu e justo você acompanhou tudo. Tive medo de que me abandonasse, contudo ficou ao meu lado, apenas como amigo.

Abraçando-a forte, pediu carinhoso:

— Pare de se torturar. Nós não precisamos nos sentir oprimidos ou rebaixados e eu digo: "nós", porque estou com você e ao seu lado. Aconteceu como tinha de ser. Supere e esqueça, pois não existe razão para se sentir humilhada ou constrangida. Você é bem preparada e superior a isso! — Falou firme, passando-lhe segurança. E continuou: — Quanto ao Gustavo, eu sinto que ele passou pela sua vida como outra pessoa passou pela minha. Não precisamos viver do passado. Eu também experimentei momentos de conflito quando a conheci, pois me apaixonei e você tinha um namorado que se tornou seu noivo. Tudo piorou com a morte do Gustavo. Eu já gostava de você e não queria parecer um aproveitador. Desejava o seu bem, o seu sucesso e vê-la sorrir novamente. — Encarou-a com leve sorriso ao dizer: — Não traímos, não desrespeitamos ninguém nem a nós mesmos, mas chegamos a um ponto em que não podemos ou não conseguimos mais represar, reprimir nossos sentimentos nem existe qualquer razão para fazermos isso.

Recostando-se, nele ela sorriu e pediu baixinho:

— Fica comigo.

— Não — negou, segurando-lhe o queixo com delicadeza. Expressando felicidade, falou: — Cansei de ficar com você! Quero namorá-la! Tê-la ao meu lado de uma forma diferente! Entendeu?! — Sussurrou ao final: — Eu te amo, Rita.

A jovem sorriu com doçura, e Tiago a beijou com todo o amor.

Por ironia do destino, naquele exato momento, João e Sérgio entraram na sala sem serem vistos. Sérgio sorriu e se deteve, mas João não perdeu a oportunidade e gritou escandalosamente:

— Até que em fim, hein?!!! — O casal sobressaltou, mas o amigo continuou com seu jeito brincalhão em meio ao riso: — Esses dois aí ficam no "chove e não molha" que está me dando nos nervos!!! Caramba!!!

Rita afundou-se no sofá, mas Tiago riu sem jeito e se levantou para cumprimentá-los:

— E aí, João? Tudo bem?

— Não tá, não! — tornou espirituoso e bem sério ao brincar. — Trate bem a minha irmãzinha ou vai se ver comigo! Entendeu?!

— Pode deixar! — respondeu o outro bem alegre. Olhando para o irmão, perguntou: — E você, Sérgio?

— Eu?!!! Eu não tenho nada com isso, cara!!! Só estou de passagem! Se acerte aí com a dona Antônia e com o João!

— Oh, Sérgio! Não me deixe passar vergonha!

— Ah!!! Quer dizer que nem o seu próprio irmão quer ser seu aliado?!!! — exagerou João. — Quais as suas intenções com a Rita?!

Pensando rápido, Tiago respondeu:

— As mesmas que as suas com a sua noiva Nilza!

— Ah!... Então pode marcar o casamento.

— Quem vai casar?! — perguntou dona Antônia, acabando de chegar e sem saber de nada.

— O Tiago acaba de dizer que vai se casar com a Rita! — exclamou João.

— Ah! Que maravilha! Eu sabia — animou-se dona Antônia, sentando-se ao lado de Rita que estava vermelha, sem palavras e segurava uma almofada ao peito.

Sérgio riu gostoso e estapeou as costas do irmão ao dizer:

— É isso aí! Dou o maior apoio!

Tiago sorriu e avisou:

— Podemos brincar, mas estou falando sério. — Estendendo a mão e puxando Rita para se levantar, ele a abraçou dizendo: — Descobrimos que gostamos muito um do outro. Na verdade, estamos apaixonados. Não podemos continuar nessa de amigos e decidimos assumir um compromisso mais sério. — Olhou-a com carinho, sorriu e desfechou: — A Rita mudou completamente a minha vida e não consigo me ver sem ela.

Sensibilizado, João se aproximou, beijou Rita e Tiago, cumprimentou-os e disse:

— Fico feliz por vocês.

Sérgio ficou sem palavras, beijou e os abraçou por longo tempo com lágrimas nos olhos.

26

Psicólogos de amor

Apesar de saber que Tiago estava estudando e muito feliz em companhia de Rita, Sérgio sentia os dias passarem trazendo um vazio cruel que aumentava quando pensava no irmão ou em Débora. Não tinha qualquer notícia sobre ela depois de tanto tempo e não podia fazer nada. Desejava que Tiago saísse da polícia, porém ele não queria por segurança e por trabalhar em um horário compatível ao curso universitário.

Certa noite ao deitar, Sérgio sentiu um vago pressentimento, mas não soube identificar, pois o significado estava longe de sua compreensão. Apreensivo, orou e logo adormeceu.

Desprendido do corpo durante o sono, Sérgio acordou para o mundo espiritual com o chamado generoso e suave:

— Como é bom vê-lo, meu querido. Que a paz de Jesus o envolva.

Ele ficou encantado e paralisado por instantes diante daquela doce figura que desempenhava elevada função no plano espiritual. Era incrivelmente bela, oferecia confiança e fraternidade irradiadas por sua aura envolvente. Parecia que um sol de raios prateados brilhava através de sua figura.

Afável, como sempre, aquele anjo de bondade estendeu-lhe a mão, conduzindo-o para mais próximo quando Sérgio dispôs-se sorrindo ao exclamar:

— Laryel!... Prometeu-me amparo e aqui está! — Imediatamente algumas lembranças chegaram à sua mente. Sensibilizado, acrescentou:

— Não mereço seus esforços... Abalei-me tanto e me envergonho pelo desespero quando não suportei as aflições nos pensamentos. Os desejos e idéias mentais inferiores foram de um magnetismo muito intenso. — Vendo-a sorrir com sincera expressão de bondade, pediu constrangido: — Perdoe-me. Sei que isso não é desculpa para minhas atitudes infelizes e moralmente desprezíveis por desejar morrer. Agradeço a manifestação físico-espiritual e verbal que me impediu de um ato tão... — seus olhos ficaram lacrimosos e ele se deteve.

— Não falemos mais sobre isso. Lembre-se de que todo aquele que reencarna com a tarefa de socorro e trabalho digno é tentado de inúmeras formas por irmãos inferiores com desejo no mal. Eles se aglomeram e se esforçam em criações mentais degradantes para impregnar tudo o que é voltado para a elevação moral e espiritual. Há inúmeros encarnados dedicados a desenvolver e divulgar a atuação benéfica no campo da Psicologia Clínica para derrubar barreiras e abrir caminho para outros entenderem a razão de viverem encarnados e em determinadas condições. — Ofereceu leve sorriso ao comentar: — Jung já fez uma grande parte. — Sem demora e mais séria, prosseguiu: — Com conhecimento direto na comprovação científica e filosófica de uma doutrina reencarnacionista, profissionais que sempre se colocam na posição de aprendizes e de obreiros vêm renovando vidas humanas. Eles aliviam as aflições e são verdadeiros Psicólogos de Amor quando desvendam que o complexo asfixiante de uma dificuldade pessoal não tem sua origem somente no campo biológico, material ou teve início exclusivamente a partir do nascimento ou durante a infância e que os culpados são os que rodeavam essa criatura. Não. As origens de muitas dificuldades são procedentes de vidas passadas ou trata-se de experiências, de provas para adquirir forças e suportar certas impressões para sua elevação de natureza espiritual ou moral.

Esses Psicólogos de Amor estão sob a guarda ou socorro de benfeitores espirituais elevados e sempre a postos no campo das mais nobres inspirações. Mas isso não isenta esse encarnado das suas obrigações comuns de orai e vigiai a própria mente para não se desviarem dos propósitos Divinos. Você já ouviu — sorriu ao relembrá-lo —, a quem muito é dado, muito será exigido. Até o Mestre Jesus foi tentado, porém resistiu e ainda disse que tudo o que Ele fazia nós poderíamos fazer mais e melhor. Nunca se esqueça de que os ensinamentos do Mestre Nazareno são as Terapias das Almas.

— Não sei como... com conhecimento e entendimento, eu me deixei dominar por aquela insanidade momentânea — lamentou Sérgio.

Laryel sorriu com doçura e olhando de um modo peculiar para os companheiros espirituais à sua volta, tornou a Sérgio, pedindo:

— Venha conosco hoje. Vejo-o preparado para reassumir antigas tarefas nas quais atuou como especialista e instrutor quando desencarnado, talvez isso lhe traga mais lembranças e força interior. — Em um tom amável e doce, ela avisou: — Não duvide de você mesmo. Todos nós elevaremos os nossos pensamentos rogando providências Divinas que nos protejam. Iremos para uma região de inenarrável sofrimento, a qual você conhecia bem pelos préstimos de socorro. Suplicaremos a Deus, Pai da Vida, a força e o amparo a fim de levarmos algum conforto, calma, bênção e até o socorro aos irmãos dessa esfera que estiverem preparados.

Após preciosa meditação e sublime prece de Laryel, um magnetismo excelso os envolveu com imenso amor, bondade e proteção.

A prestimosa entidade de beleza inexprimível atravessou, na velocidade do pensamento, várias regiões sombrias e dominadas pelo mal. Envolvendo todos com sua inexcedível energia, Laryel conduziu-os à zona de intensas trevas, gemidos, dores e grunhidos horripilantes. Não foram percebidos. Dentre todos da considerável comitiva de espíritos elevados na escala de valores morais e espirituais, somente Sérgio fazia parte do plano dos encarnados.

Alguns dos espíritos benfeitores daquele grupo eram especialistas em missões daquela natureza e outros aprendizes treinavam aptidões especializadas para cooperar como socorristas naquele vale vasto de sofredores deploráveis.

De início, Sérgio não conseguia ver muita coisa. Sentia-se num outro mundo onde a densa névoa parda reinava. Só havia sombras estranhas em toda a extensão e uma energia desagradável parecia pesar sobre ele.

Laryel usou recursos próprios para facilitar-lhe a visão. Somente então ele pôde ver a névoa cinzenta dissipar-se e muitas imagens surgiram.

Em todo lugar que olhavam, via-se verdadeiro quadro desolador. Por um lado era como olhar um mar escurecido e extenso até um horizonte sem fim, só que não havia águas agitadas. A movimentação era de criaturas sobre criaturas amontoadas e entrelaçadas. Algumas deformadas a ponto de perder as características humanas como que nadando e se desesperando num mar de lodo e limbo. Os gemidos, os gritos, os murmúrios dolorosos vibravam angustiosamente por todo o plano.

A elevada comitiva baixou a luminescência, principalmente Laryel, que antes parecia um ser de matéria semelhante a cristal. Agora todos deixavam os limites exteriores da matéria do corpo perispiritual compatíveis ao meio pelo trabalho proposto e com a finalidade dos sofredores infelizes daquela região poderem lhes perceber.

Rochedos escarpados cobertos por substância escorregadia, nojosa e fétida serviam de obstáculo. Era como uma verdadeira muralha cercando o vale de extensão impressionante.

Sem articular palavras, todos daquele grupo se comunicavam em nível de pensamento, quando Sérgio comoveu-se:

— Deus... Tenha piedade...

— A misericórdia e a justiça são atributos de Deus — avisou Wilson, seu mentor, que fazia parte do grupo. — Porém, meu querido, essas são criaturas espirituais que, na oportunidade de reencarnação, não tiveram piedade de si, respeito às Leis Divinas, perderam a fé e a esperança.

— O sofrimento coletivo é impressionantemente doloroso, mas é o reajuste da própria consciência — bondosamente explicou Laryel. — Milhões de criaturas encarnadas com diferentes propósitos de harmonização ou tarefa no bem se entregaram à mais inferior das exigências: o suicídio! Não deram atenção às responsabilidades de resistência, não se socorreram com o poder da prece, não buscaram ajuda de outro que pudesse erguê-los para o bom ânimo e propósitos construtivos, ensinando-lhes sobre a eternidade, pois a morte não existe. A encarnação com experiências difíceis é um curto período que passará rapidamente quando se tem a idéia da imortalidade do espírito e a crença em um único Deus bom e justo.

A nobre entidade silenciou. Uma matéria espiritual muito densa, como que um ar contendo elementos asfixiantes e nojosamente viscoso, cobria toda aquela triste região.

A comitiva seguiu Laryel que sabia para onde ir. Estavam recolhidos em prece silenciosa até uma montanha agitar-se como fogueira, semelhante a um redemoinho de vento só que de lavas incandescentes como a de um vulcão, com movimentos fortes ao girar, espalhando-se ao abaixar novamente como sorvedouros onde corpos espirituais de aparência humana podiam ser vistos.

— São suicidas que recorreram à morte do corpo através do fogo, queimando-se propositadamente — explicou um dos missionários, especialista em socorro daquela região. — Encontram-se aqui os que também bombardearam lugares e sucumbiram junto. Em todo suicídio pensado ou planejado anteriormente e conscientemente, aos olhos de Deus não há maior ou menor culpado. Há casos especiais como os de crianças de pouca idade levadas a ações semelhantes ao suicídio por ouvirem contar fatos ou assistirem a programas inadequados, os loucos, os totalmente embriagados, os mentalmente retardados, os que estão delirando de febre ou efeito de medicamentos, entre outros, mas que, acima de tudo, não planejaram nem pensaram nesse ato. Aos demais, a intensidade da dor constante na consciência e no corpo espiritual é algo do qual não podem e não conseguem escapar. Em alguns casos, o martírio interior e o arrependimento profundo são lentos ao espírito, porém o sofrimento reservado à sua consciência e ao perispírito pelo crime que praticou chegará.

— Contudo — lembrou Laryel, a venerável emissária —, a Lei Divina determina ou enquadra o tempo de duração de sofrimento consciencial e o tipo de expiação futura, por essa violência ao próprio espírito, que não são as mesmas para todos os suicidas. Deus a tudo vê. E por ser justo, Sua bondade e misericórdia encontram circunstâncias atenuantes em alguns raríssimos casos não planejados, mas que, em um ato de desespero, diante de condições em que não se pode raciocinar, tendo em vista o caráter moral do espírito suicida, seu coração bondoso e as inesperadas razões que o levaram à prática de tal crime, Deus pode minimizar seus dias de suplício. Entretanto a responsabilidade do suicídio jamais fica impune. Porém nunca é eterna.

Um dos benfeitores acompanhantes percebeu que Sérgio desejava melhor exemplo. Então, olhando para Laryel, que entendeu-lhe o pedido em nível de pensamento e aprovando-o com singelo gesto, o socorrista afastou-se do grupo.

Aquele vale não era só ocupado por suicidas agonizantes em extrema dor e sofrimento. Havia, nos altíssimos penhascos, e mantendo certa distância daqueles infelizes sofredores, espíritos tomando postura de sentinelas, orgulhosos nos serviços rudes que os compraziam, vigiando os prisioneiros de dolorosas penitências. Como guardiões de natureza vingativa, permaneciam atentos a fim de os infelizes não encontrarem harmonia que os resgatasse de algum sofrimento nem tentassem recolher-se em prece verdadeira.

Olhando em volta, Sérgio reparou:

— Os penhascos parecem não ter fim. Aqui não se vê o céu. Mas... No alto dos penhascos há espíritos com aspectos sinistros, animalizados e deformados. Quem são eles?

— Vejo que não se lembra de muita coisa, Sérgio — argumentou Wilson com simplicidade. Depois respondeu: — São espíritos no auge da inferioridade e da ignorância. Criaturas partidárias de grupamentos, que se movimentam e se revezam, comprazendo-se com a dor insuportável e ininterrupta de inimigos do passado que agora se revolvem aqui pelo suicídio. Certamente são espíritos que desejam a desforra e induziram seus desafetos a tirarem a vida do corpo físico, esgotando-lhes as forças mentais e levando-os ao extremo desespero de se verem sem saída, sem esperança, sem fé nas providências de Deus, fazendo-as crer no nada após a morte, mostrando-lhes, no suicídio, o remédio para todo o sofrimento terreno. — Breve pausa e lamentou em tom piedoso: — Quanto engano! A morte não existe e a prova disso é que estão aqui. Suicidando-se mostraram a incapacidade de suportar as dificuldades nas provas da existência terrena e foram fracos ao perder a fé. Tentando livrar-se dos tormentos de uma breve reencarnação, atiraram-se ao suicídio e a um longo e doloroso sofrimento mil vezes pior!

— Esses espíritos vingativos que os inspiraram ao suicídio são homicidas! Também não deveriam se encontrar em um estado consciencial de sofrimento pelo que cometeram ou induziram? — perguntou Sérgio.

— Existem supostas vítimas que se ligam aos seus agressores, tanto quanto agressores se ligam às suas vítimas, caso essas últimas deixarem — alertou Wilson. — Esses vigilantes são espíritos de pouca elevação, maldosos ainda. Não admitem que sofrem, pois muitos deles acreditam ter amplo conhecimento, julgando saber mais do que sabem. Crêem serem juízes e justiceiros. Atormentam com vibrações bizarras as faculdades mentais dos suicidas, já tão atormentados. Mas as Leis Divinas são sábias e iguais para todos. Se um espírito vingador não perdoa ao irmão que, talvez, tenha-o prejudicado e se ligou a ele para se vingar dessa forma, ou seja, levando-o ao suicídio, vamos lembrar que a bênção do esquecimento, através da reencarnação os unirá para reparação e ensinamento renovador. Isso pode acontecer até com sofrimento de um deles para que renasça o amor em ambos.

A aproximação do socorrista, que havia se afastado, chamou-lhes a atenção. Ele trazia nos braços uma criatura totalmente deformada e a carregava como quem aconchega o filho querido e necessitado. O espírito sofredor plasmava seu corpo espiritual de forma horrenda. Quase não tinha braços e as pernas pareciam coladas. O aspecto era à maneira de grande verme com feridas imensas, descamando a pele em estado de putrefação. Remexendo-se, gemia constantemente em todos os tons. Não parecia uma criatura humana, cujo pescoço inchado unia o tronco à cabeça lisa, machucada, como que sem o couro capilar e a face sem pele com erupções purulentas[9].

Piedoso, o socorrista explicou:

— Seu estado mental é de delírio enlouquecedor, contudo pode nos entender. — Alguns segundos e contou: — Encarnada esse espírito foi uma mulher de considerável nível social. Possuía uma aversão aos pobres, necessitados e doentes, mas mascarava esses sentimentos. Forjava sorriso generoso e olhar piedoso quando precisava reunir-se para fins fraternos junto de pessoas de seu meio social. Na verdade não suportava o odor dos hospitais, dos orfanatos, dos velhos desamparados e da miséria em geral. Apenas apreciava a fragrância de seus perfumes e cremes caros. Só contemplava seu reflexo no espelho, admirando-se do quanto era bela, da perfeição e brancura de seus dentes. Teve todas as oportunidades

---

9 N.A.E.: Nada é absurdo ou fantasioso nos detalhes relatados, pois o poder da mente de um encarnado ou desencarnado é imenso e desconhecido por muitos. Eis a necessidade de nos aprofundarmos em conhecimentos, estudos e reflexões para não aceitarmos ou cometermos equívocos diante de certas expressões. Foi pensando na sensibilidade de alguns leitores, que muitas das reproduções minuciosas não foram transcritas e algumas minimizadas. Contudo, em O Livro dos Médiuns – Capítulo VIII – Laboratório do Mundo Invisível, encontramos vasto esclarecimento sobre a maneira de um espírito se apresentar ou se trajar de modo peculiar na espiritualidade. O codificador da Doutrina Espírita admite inúmeros casos de espíritos aparecerem com diversos objetos, tais como: bengalas, armas, cachimbos, lanternas, livros etc. Ensina-nos também sobre os corpos inertes existentes na Terra corresponderem a outros semelhantes, ou seja, etéreos, no plano espiritual, mas imperceptíveis aos encarnados. Tanto a vestimenta ou os trajes e os objetos são formados no mundo dos espíritos com o auxílio do princípio material que toma o aspecto, a imitação do que existe ou existiu no plano físico. Os espíritos são dotados de um poder impressionante, porém ignorado por muitos encarnados. Concentrando-se ou mantendo na mente a imagem de algo que os impressionou, os espíritos dão forma ao princípio material e por meio desse elemento, dão aspecto aos objetos e outras matérias semelhantes às do plano físico. Além disso, aprendemos que o corpo espiritual ou perispírito pode adquirir as propriedades da matéria, tomando a aparência do corpo físico.

para praticar a caridade, mas quando o fez não foi com sinceridade, com devoção e de coração. O que realizou foi para que todos a elogiassem, lhe agradecessem e reconhecessem suas ofertas caridosas. Muitas coisas aconteceram até começar a dar oportunidade de ação para um espírito inferior vingativo e inimigo do passado por ser sua vítima. Se com desejo puro sua mente estivesse voltada para a caridade e se ocupasse com a atenção para o auxílio e caridade, isso não teria acontecido. Não haveria espaço para pensamentos inferiores. Tudo piorou quando ela descobriu que o marido a traía. Dotada de inteligência, tentou ser ardilosa e buscou diversos meios de comover o marido com esperança de ele não a abandonar. Mas o esposo estava decidido e cansado de sua falsidade. Ele sabia o quanto ela mentia e disfarçava sua verdadeira personalidade. Desmascarando-a em uma discussão a sós, o homem avisou que sairia de casa dentro de alguns dias. Ela perdeu o gosto pela vida e desejou a morte a ser trocada por outra e discriminada pela sociedade como uma mulher separada. Porém queria que tudo parecesse um acidente e com morte instantânea. Queria que os outros tivessem piedade dela pela morte inesperada e ver o remorso do marido. Com sentimento de ódio e vingança, essa pobre irmã deixou o gás do fogão vazando por longo tempo e depois acionou o interruptor da luz. Com a explosão e o incêndio, ela faleceu após muito sofrimento no corpo físico. No entanto a dor experimentada antes do desencarne não se compara à intensidade do desespero e insuportável padecimento incessante vivenciado no plano espiritual, nesse vale de lamas e lágrimas.

— O que aconteceu para ter um obsessor tão cruel a inspirá-la à morte tão horrível? — perguntou Sérgio.

— Em reencarnação distante, essa irmã viveu na Europa no período da Inquisição imposta pelos governantes da Igreja Católica — contou o especialista daquele tipo de socorro com habilidades de absorver informações da mente dos desencanados. — Nessa época, ela nutria uma paixão incontrolável por um homem e, ao se declarar, sentiu-se humilhada, pois ele afirmou amar outra cuja união já estava marcada. Inconformada com a rejeição e por ser uma criatura vingativa, decidiu que ele não ficaria com a outra. Para isso apresentou-se como testemunha para o tribunal eclesiástico instituído, na época, com a finalidade de investigar e punir crimes contra a fé católica. Ela preparou artifícios e colocou-os na casa do homem para não ter meio de ele escapar da punição do Santo Ofício e o acusou de bruxaria. Mesmo sendo inocente, o homem, que a rejeitou, foi condenado a queimar na fogueira até a morte. Esse irmão não lhe perdoou, dispondo-se à vingança entremeada de extremo ódio. Após esse período escuro na história, ele reencarnou, mas não a aceitou como filha, abandonando-a, junto com a mãe, aos dissabores do mundo. Por não ter amparo paterno, ela sofreu calúnias e humilhações. Pelas necessidades de sobrevivência e para cuidar da mãe doente, o que a repugnava, ela fez do corpo físico instrumento de mercadoria no campo da prostituição e desencarnou cedo, logo após sua mãe. A mulher, que foi sua mãe, era a mesma moça que seria a esposa do homem inocente condenado a morrer na fogueira. Elas odiaram-se tanto naquela época que retornaram como mãe e filha a fim de reforçar os laços de amor. E ele que dizia amar quem iria desposar naquela época, abandonou-a na reencarnação seguinte em difícil situação com a filha nos braços.

    Se ele lhe tivesse perdoado e a acolhido como filha querida, tudo ficaria harmonizado e tanto ele quanto a mãe teriam outra oportunidade de viverem juntos. Mas ela, por não se arrepender do ato criminoso e cruel planejado no passado que o levou à fogueira do Santo Ofício, como filha querida desse casal que a odiou, sofreria a expiação de queimar-se até a morte em algum acidente natural. Seria um desencarne doloroso, mas breve diante do tempo em que se encontra nesse estado. No último planejamento reencarnatório, esse pobre espírito deveria ser abastado com bens terrenos, incontáveis oportunidades de tarefa e empenho na caridade em todos os sentidos e isso amenizaria sua expiação. Mas com o vício moral da vaidade, ela vestiu a máscara da hipocrisia e não foi humilde. Ao contrário. Não se dispôs a receber como filho, o pai que a abandonou na miséria, a mesma criatura que ela condenou injustamente à morte cruel. Deveria provê-lo com amor e educá-lo nos princípios morais superiores. Vaidosa, ela não se permitiu à concepção. Não quis engravidar para não deformar seu belo corpo.

    Tinha vago conhecimento da doutrina reencarnacionista pelos livros que leu, mas não ofereceu a atenção necessária. Também não atendeu às inspirações de espíritos bondosos aos chamados de fé. Revoltada pelo abandono do marido, só pensou na humilhação que sentiria diante da sociedade, não acreditou em Deus nem no futuro, só pensou em ostentar orgulho e vaidade por ela mesma, até depois da morte planejada.

— Pode dizer há quanto tempo se encontra nesse martírio, experimentando a dor que vivenciou no corpo físico? — perguntou Sérgio.

— Cinqüenta anos — respondeu o socorrista piedoso. — Enquanto o amor e o arrependimento não reluzirem em sua consciência, ficará à mercê desse estado mental.

— Mas, em sua agonia, chama por Deus, pede Sua misericórdia e socorro — disse Sérgio.

— Ela chama pelo nome de Deus em vão, pois esse é o vício ou a mania dos hipócritas nos momentos de desespero. Apesar de tamanho sofrimento e estado enlouquecedor, essa pobre irmã não admite seu orgulho, sua vaidade e seu personalismo. Criaturas assim chamam por Deus como se ele fosse um prestador de serviço. Podemos sentir o ódio que tem pelo marido, culpando-o pelo seu estado deplorável. Quer vê-lo morto e sofrendo como ela. A infeliz não está preparada para o socorro.

Em seguida, Wilson explicou:

— As preces, as orações sinceras para esses irmãos são como remédio, como bálsamo aliviando-lhes as dores. Clareiam-lhes a mente. Aprendemos que se nesse momento não entendem, ou revoltados recusam o poder da prece e a força da oração, as vibrações emitidas chegarão no instante em que estiverem em condições de reconhecê-las e se fortalecerão com suas energias.

Respeitosa e num tom de tristeza misto ao de amor, Laryel avisou:

— Ela se prende a esse vale de penitências. Que o Pai da Vida em Sua infinita misericórdia a envolva com bênçãos sublimes para o seu esclarecimento, arrependimento e aceitação de reparação.

Com gesto paterno o socorrista retornou e colocou aquele espírito de volta ao círculo que se atraía. Com os olhos arregalados, observou-os por um momento, mas seu coração rancoroso e revoltado até contra Deus podia ser sentido. Não demorou e ela rastejou, inconscientemente, juntando-se aos demais amontoados que ardiam em labaredas, num estado de consciência enlouquecedor e tão terrível que desejavam morrer como se pudessem definitivamente acabar para sempre. Mas isso não acontecia e a punição continuava como no momento em que mataram o corpo físico.

Não era difícil ver um e outro correr daquele redemoinho com o corpo espiritual em chamas saído de brasas e provocando grande alvoroço e dor a todos daquele vale por estarem ligados mentalmente pela prática do mesmo crime. Mas logo se juntava àquela montanha incandescente através de uma atração irresistível.

— Há alguns dias — contou Sérgio —, eu estudei uma observação científica e filosófica de Kardec, na qual ele explicava sobre a comunicação de um suicida que se dizia sentir sufocado no caixão. Afirmava que sofria e sentia os vermes roerem seu corpo. Kardec observa que, apesar do espírito do suicida estar separado do corpo, ele está completamente mergulhado numa espécie de turbilhão da matéria corpórea e suas idéias sobre o corpo terreno estão muito vivas. O espírito São Luís oferece grande instrução ao explicar que esse é o estado de todo suicida. O espírito do suicida fica ligado ao corpo.

— O suicídio e o aborto são os piores crimes que o ser humano pode cometer — argumentou Wilson. — Em O Livro dos Espíritos, as questões sobre o suicídio são bem esclarecedoras. Os suicidas responderão como por um assassinato. A esse espírito sempre haverá uma punição e somente Deus julga conforme a causa, a duração e o rigor do sofrimento. Allan Kardec ressalta que espíritos suicidas experimentam os efeitos da decomposição, sensação de angústia e horror. Estado que pode durar o tempo da vida que foi interrompida. Lembrando que esse efeito não é geral, mas, sem dúvida, haverá um longo estado de perturbação dolorosa pelo fato da energia vital, que é o fluido que faz a alma atuar na matéria corpórea, ser interrompida brutalmente quando estava com vigor.

Eles seguiam, quando Laryel instruiu com prestimosa bondade:

— Cada caso é um caso. Há suicidas que, após a morte do corpo, sentem-se extremamente perturbados e não entendem por que ainda estão vivos. Entram em profundo desespero e sofrem, mas ainda não experimentaram esse vale deplorável de dor e suplício. Alguns entendem rapidamente que não morreram em espírito e se arrependem, sofrem demasiadamente na mente e no corpo espiritual. Aqueles que estudaram a Codificação Espírita e os ensinamentos úteis de Allan Kardec, nos relatos e esclarecimentos por ele publicados nos diversos volumes da Revista Espírita, puderam tirar as mais numerosas instruções. Um dos casos conta-nos sobre a comunicação de um suicida ateu que se afogou havia dois anos. O espírito infeliz diz que sofria e a evocação, para aquela comunicação, era penosa. Ele assevera que era forçado a crer em tudo o que negava e afirma sentir a alma num braseiro horrivelmente atormentado. Pensou que nada iria acontecer após o afogamento. Depois, recusa descrever tanta penúria. — Pequena pausa e os fez pensar: — Observamos que o pobre espírito afogou o corpo para morrer, então por que diz sentir a alma num braseiro? — Segundos para reflexão e comentou a seguir: — Em outra evocação, uma mulher suicida, por asfixia provocada pelo vapor que exalava de um forno portátil cheio de carvão, cuja morte foi planejada ao lado do amante que também sucumbiu, ela diz que tinha frio e queimava. O gelo corria nas veias e o fogo em seu rosto. Pensava que morreria uma segunda vez. Relata escutar risos infernais e vozes espantosas, que gritam sempre do mesmo jeito pavoroso. Conta que é sempre noite, não vê os espíritos que vagam no lugar onde está, mas vê um crepe negro desenhado num rosto que chora. É o rosto do marido que ela traiu e magoou e sua consciência a acusa por remorso e pedindo reparação. Afirma que não quer falar do amante, não se encontrou com ele. Como explicar esse relato? Se ela se asfixiou envenenando os pulmões, por que tinha frio e queimava? Por que sentia o gelo nas veias e fogo no rosto? Por que não via nada nem mesmo os espíritos, que vagavam no lugar onde ela estava, se não era cega? — Nova pausa e depois continuou: — Em outra conversa, Kardec nos relata sobre um espírito suicida que se enforcou. Ele diz que sofre um fogo que o consome e o devora, que sente os desejos carnais, as necessidades físicas. Como explicar tamanho sofrimento se o suicídio ocorreu com métodos diferentes? — Sabiamente, a benfeitora nada disse até deter-se e mostrar: — Ali.

Sem perceber, viam-se mais perto do extenso mar de espíritos suicidas amontoados e entrelaçados.

— Esses são nossos irmãos infelizes que se suicidaram e estão ligados e submetidos ao mesmo estado vibratório e mental pelo ato do suicídio premeditado, desejado, praticado conscientemente — explicou a excelsa benfeitora Laryel, piedosa. — Estão impressionantemente atormentados, e a existência de indescritíveis aberrações em suas faculdades os faz ver, rever e sofrer incessantemente no corpo espiritual, o instante de seu suicídio e dos outros. Isso explica os relatos de Kardec sobre as comunicações de espíritos suicidas que se mataram de uma forma e, além de falarem de seu sofrimento, contam sobre experimentarem outras sensações. Eles estão ligados na mesma vibração. Não conseguem ter paz, por isso não se concentram verdadeiramente em Deus. Não se lembram de situações agradáveis ou pessoas queridas. Só o arrependimento intenso, o sofrimento ininterrupto, como no momento da morte de seu corpo e cenas repetitivas dos outros suicídios e extrema dor, é o que vêem e sentem. A escuridão pode cegar-lhes por longo tempo, meses ou séculos. O odor de podre, a sensação asquerosa, as secreções nojosas e o lodo encarniçado que os envolve é constante. Gritam e berram como animais. Alguns, furiosos, são agressivos e violentos pela revolta de não morrer. Outros são incrédulos. Existem os que se crêem confinados eternamente ao inferno imposto por algumas religiões, o que dificulta sua libertação desse lugar. Vêem-se corroídos vagarosamente por milhares, milhões de vermes por ligação ao corpo físico com vigoroso fluido vital. Muitos permaneceram bastante tempo em suas sepulturas, presos em seus caixões, por não se desligarem do corpo físico. Experimentam o cheiro exalado do apodrecimento, as dores das vísceras se rasgando, do sangue fétido, dos líquidos, urinas e fezes que se esvaem do corpo de carne... Então pura carniça. E a mente do suicida normalmente atrai tudo isso que o corpo físico experimentou. Libertos da sepultura, alguns continuam ligados ao corpo pelo liame, fluido vital, por isso reproduzem as cenas horripilantes onde quer que estejam.

As vibrações mentais mais tormentosas, violentamente infligidas pela própria consciência, não têm condições de serem descritas. E partilhando das mesmas vibrações pela atitude, unem-se sempre pelo pensamento. — Alguns segundos e comentou: — Diga-me o que está pensando e eu direi o que espiritualmente existe ao seu lado. — Pequena pausa para reflexão e avisou num tom lastimoso: — Vamos seguir, meus amigos, aqui não há irmãos prontos para o socorro. Uns gritam de modo selvagem. Outros estão confusos, atordoados e com o raciocínio lento pelas conseqüências do ato.

Enquanto prosseguiam, somente a benfeitora ousava detalhar, respeitosamente, algo sobre a visão aterradora:

— Irmãos infelizes que se suicidaram para se encontrarem com entes queridos desencarnados não o vão encontrar aqui. Os que, por um amor impossível, mataram-se para ficarem juntos, demorarão muitos anos ou séculos para se reverem. Os que cometeram esse crime pela perda da fortuna ou pela miséria, sofrerão bem mais. Todos precisarão de várias reencarnações para repararem o erro e aliviarem os corações sofridos pela brutal separação.

É bom lembrarmos sempre que não existe punição fixa aos suicidas. O que leva alguém ao suicídio, as razões e as conseqüências desse ato sempre são relativas às causas que o geraram. Mas para aqueles que se refugiaram na morte premeditada e voluntariamente, a punição mental será mais longa e terrível porque fugiu da provação terrena, não lutou pela vida, não respeitou nem confiou em Deus.

O suicida voluntário levará várias encarnações para purificar a consciência e isso dependerá da forma como suportará as futuras expiações terríveis, longas e dolorosas. Além da postura mental adotada. Serão juízes inconscientes deles mesmos.

As religiões ou doutrinas que consideram os suicidas confinados ao inferno e não aceitam que sejam dirigidas as últimas preces, estão imensamente erradas. Àqueles que acreditam nisso podemos perguntar: Onde se encontra a misericórdia, a bondade e o amor de Deus se a confinação ao inferno for eterna? Seria Deus o Pai, o Criador bom e justo? Kardec explicou isso muito bem.

O Espiritismo não admite inferno com demônios e capetas com tridentes, chicotes, lugares cercados de labaredas e horrendos métodos de torturas. Os estudos e as pesquisas científicas de Allan Kardec sobre suicidas deixam claro que esses espíritos infelizes, que transgrediram as Leis de Deus, confinando-se ao castigo da própria consciência, relatam e apontam sofrimentos usando termos iguais aos de algumas religiões. Porém esse estado de extrema dor e agonia do suicida não é interminável, imperdoável nem fatal. A duração de seus sofrimentos está ligada e é dependente de sua força mental e moral para arrepender-se verdadeiramente do que praticou, ter paciência e fé, livrar a mente do ódio, do orgulho, da vingança... Depois aceitar e propor-se à expiação ou reparação dos danos a si e aos outros.

A prece com amor e sem lamentos auxilia o entendimento desses irmãos e a elevação de suas consciências. Ao contrário do que pensam aqueles que lhes recusam uma oração, um desejo de bênção e misericórdia. A prece aos espíritos suicidas lhes dá força e resignação. Sustenta-os com fé e esperança em novas oportunidades de harmonização, diminuindo a punição se esses forem humildes e respeitosos aos propósitos do Pai da Vida.

Deus não dá recompensas, mas Sua bondade e justiça permitem a oportunidade de repararmos os erros cometidos e abreviarmos os sofrimentos.

É bom recordar que se não houve premeditação, planejamento, desejo de se matar, mas uma fatalidade o desesperou a esse ponto e não lhe restou alternativa, dependendo do caso, a intenção do suicídio pode não merecer uma severa punição, mas sim o perdão de Deus.

— Isso é possível?! — perguntou Sérgio, um tanto temeroso.

Laryel olhou-o de modo diferente que ele não soube interpretar, depois afirmou:

— Como não? Se estudou deve lembrar que Kardec relata raros casos cuja intenção do suicídio abrandou, diminuiu o sofrimento ou mereceu o perdão — respondeu ela atenciosa. E logo acrescentou: — Imagine uma situação em que operários ou esportistas, por causa de um acidente, se vêem pendurados em uma única corda que vai se romper e todos morrerão. Então para salvar os outros, ao ver que a morte de todos será inevitável, o último a se pendurar se solta ou corta a corda acima de si a fim de aliviar o peso e salvar a vida dos demais, mesmo sabendo que despencará para a morte certa. Isso é um suicídio, mas para salvar a vida dos outros, num ato não planejado essa criatura merece ou não o perdão? Deus é quem julga. No entanto nisso não se vê o desejo da morte, mas a vontade de salvar outras vidas. Seria injusto ela passar por sofrimentos horripilantes como os demais suicidas.

Nesse ponto, estavam em lugar estranho, junto a rochedos e menos hostil.

Laryel parou. A comitiva se manteve junta parecendo mantê-los no centro. Bem atenta a tudo, a prestimosa entidade se voltou para Sérgio ao afirmar com generosidade:

— Existem muitos fatos que isentam uma criatura forçada ao suicídio em favor de um acontecimento fatal, inesperado, algo que não planejou nem queria fazer. Um que acompanhei foi muito marcante.

— Qual?... — questionou Sérgio estremecido por uma sensação inexplicável.

— Um homem novo, sua jovem esposa e seus três filhos. Com o objetivo de mudança, eles atravessavam um largo rio, quando uma chuva caiu na cabeceira desse rio. Sem que soubessem e, repentinamente, as águas se tornaram caudalosas e a forte correnteza invadia o pequeno barco. Mesmo jogando todos os poucos e pobres bens materiais no rio, o barco mostrava sinais de que afundaria. Ciente de que a esposa não sabia nadar tão menos os filhos, desesperado, esse homem entrega os remos à mulher e pula do barco para a morte, pois a água o arrastou para as corredeiras, atirando-o contra as pedras sem piedade. Ele acreditava em Deus e não queria morrer, mas, no desespero, deu a vida para salvar a mulher e os filhos. Na espiritualidade, ele se perturbou por curto tempo, pois as preces da esposa, dos filhos, dos parentes e amigos aliviaram sua consciência e o deixaram com elevadas vibrações sublimes. Por sua vez, Deus julgou-o pelas circunstâncias e lhe perdoou, livrando-o de terríveis torturas pelo suicídio. Amparado na espiritualidade, sofreu, resignado, a dor da separação de sua amada e seus pequeninos filhos. Por sua elevação espiritual e mesmo tendo a indulgência Divina, você prometeu reparar o suicídio e o abandono da família tão querida. Falta essa que não cometeu por covardia, mas por amor aos filhos e a sua esposa — Laryel calou-se e aguardou.

A cena se repetiu com detalhes na mente de Sérgio, que pareceu abalado. A benfeitora o sustentou com vibrações mentais e ele comentou:

— Lembro-me disso... Foi há muito tempo...

— Sim, meu querido, foi. Essa fatalidade não estava em seu planejamento reencarnatório. Depois disso, elevou-se imensamente na espiritualidade e tornou-se socorrista neste vale de suplícios e torturas terríveis.

Tremendo perante o doce olhar de Laryel, Sérgio expressou significativa surpresa e temor ao olhar em volta. Nesse instante ela revelou amorosamente:

— Eu estava naquele barco. Lembra-se? Você tinha dois filhos mais velhos e eu era a sua única filha e a mais nova. Minha amada mãezinha nos salvou apesar do desespero de vê-lo sumir nas águas. Hoje ela está encarnada e você a reencontrou: é a nossa querida Débora. Nós sobrevivemos por muitos anos naquela oportunidade de vida terrena por seu sacrifício. Conforme prometeu, ajudou dando sua vida para salvar a de todos inclusive a minha. Naquele planejamento reencarnatório, prometeu-me amparo em todos os sentidos, pois eu tinha importante tarefa. E cumpriu sua promessa, oferecendo sua vida para eu prosseguir.

Lágrimas correram dos olhos de Sérgio, e ela avisou com doce nobreza:

— Deixemos as emoções para mais tarde. Não me permito distrair em um lugar como esse. Temos um dever. Então vamos.

Reprimindo os sentimentos, seguiram para cumprir a tarefa.

27

Suicidas em sofrimento no Plano Espiritual

Após a revelação preciosa da elevada Laryel sobre sua ligação afetiva com Sérgio e o trabalho que desempenhou na espiritualidade, ele ficou profundamente emocionado. Algo modificou em seu âmago, mas permaneceu vigilante. Descortinado o véu do passado, entendeu todas as provas vividas. Recuperando o domínio dos sentimentos de júbilo, saberia aguardar o momento propício para as expressões mais ternas.

Dotada de forças vivamente transcendentes pelas virtudes morais, a comitiva prosseguia naquele lugar onde se estendia pavoroso sofrimento, cujo choque pela vida existir após o suicídio provocou conflitos mentais deploráveis por acreditar que tudo acabaria após a morte do corpo. A pretensão de fugir, por meio do suicídio, das dificuldades ou infortúnios, dos problemas mais diversos ou de qualquer desespero que esteja experimentando só atrasa a evolução e a elevação para mundos melhores, além de proporcionar extrema aflição, angústia e indescritível dor.

A nobre Laryel, com a finalidade de instrução, explicou:

— O princípio vital tem sua fonte no fluido universal. Conhecido como fluido vital, magnético, elétrico animalizado ou agente vital. Ele é o intermediário, o liame entre o espírito e a matéria do corpo físico. Desde o momento da concepção, quando o óvulo fecundado inicia a multiplicação das células, o fluido vital se desenvolve com essa atividade unindo e servindo de ligação, ou liame, entre o espírito e a matéria ou massa de células, que continuarão se multiplicando, formando os órgãos, desenvolvendo o embrião, chegando ao feto. O feto, com o conjunto das funções orgânicas, cresce até a formação completa daquele corpo físico. Em todo esse processo, o fluido vital é o agente do qual o espírito se serve para estabelecer comunicação com a matéria corpórea para animá-la, movimentá-la e experimentar as sensações desde o instante de sua união com o óvulo fecundado. É por intermédio do fluido vital que o espírito experimenta um processo sensorial consciente de relação mútua com um processo fisiológico que lhe proporciona o conhecimento do mundo externo, impressões físicas em geral, comoção moral, emoções... Isso explica por que o aborto praticado, inclusive no dia seguinte à concepção, por medicação ou qualquer meio, é um crime de homicídio contra um ser indefeso, pois o espírito revestido do corpo espiritual, ou perispírito, relativo e proporcional para aquela reencarnação, já existe no plano espiritual, está ligado à massa de células e sentirá a dor, o sofrimento e todas as sensações pela destruição, desintegração do corpo em formação.

Após algum tempo, ela continuou:

— Lembremos que durante o sono o corpo adormece, e o espírito ou a alma do encarnado se emancipa, desprende-se do corpo físico e vai para diversos lugares no plano espiritual. Exerce tarefas e outras atividades, porém a alma continua ligada ao corpo por meio do liame ou fluido vital, que não se rompe durante o sono senão por planejamento reencarnatório ou permissão de Deus. No momento em que a quantidade de fluido vital se esgota, os órgãos enfraquecem nas mortes de causas físicas naturais. E quando parte do corpo físico é lesada seriamente, o organismo enfraquecido não consegue transmitir o movimento de vitalidade, e o corpo carnal morre. O suicídio interrompe brutalmente a vida da matéria e bruscamente rompe a ação do fluido vital ou liames que permitiam o espírito atuar naquele corpo. Na espiritualidade, a identificação do espírito suicida é pelo fluido vital ou liame rompido violentamente.

Como podemos ver aqui, muitos irmãos que se torturam e sofrem por interromper a vida no corpo, praticaram o suicídio de modo que os familiares acreditassem tratar de um acidente. Mas Deus tudo vê. Não conseguimos enganar nossa própria consciência. Crer nisso é ilusão.

A instrutora não fez mais comentários e seguiram com os pensamentos em prece.

Em determinada encosta onde a visão não era menos avassaladora, Laryel e o grupo pararam por alguns instantes. Silenciosa, ela os guiou por labirintos estranhos onde podiam ver, em buracos como cavernas, aglomerados de espíritos em extremo sofrimento pelo ato do suicídio. O escuro era tenebroso. O constante odor fétido, encarniçado jamais acabava naquele vasto reino de miséria de aspectos horripilantes.

Todos percorriam a trajetória com os pensamentos elevados.

Alguns suicidas, em condições de vê-los, fugiam aterrorizados pela vibração que sentiam. Outros se entocavam como animais. E havia os que não os percebiam.

Chegando a uma espécie de salão gigantesco, Laryel acreditou ser cabível, como sempre, explicar no nível de mente para mente:

— Aqui se aglomeram grupos de espíritos suicidas que, propositadamente, mataram o corpo físico por fé cega e irracional em determinadas seitas, filosofias tresloucadas ou religiões estranhas aos verdadeiros princípios filosóficos das Leis de Deus. Acreditaram na proposta ou promessa absurda de que, após o suicídio individual ou coletivo, chegariam a um paraíso, mundos melhores, planetas mais evoluídos. Isso não é raro. Normalmente esses tipos de seitas têm líderes que os convencem a se despojarem totalmente da matéria, começando pela doação de seus bens. Depois de um processo semelhante à lavagem cerebral, os fiéis ou seguidores se suicidam para provarem seu desapego ao corpo ou por decepção e vergonha por se despojarem de seus bens. Alguns cometem o suicídio em grupo, famílias ou sozinhos, fazendo até parecer um acidente convencendo os amigos e familiares dessa fatalidade.

— O estado consciencial em que se colocaram é tão desesperador que gritam em alvoroço como se houvesse uma competição para Deus ouvir suas preces enlouquecidas. Olhem, eles até cantam de modo tresloucado! — observou Sérgio. — É uma atitude psíquica coletiva totalmente desequilibrada, tanto que alguns oram incessantemente em idiomas estranhos.

— Sim, é verdade — concordou Laryel. — A insanidade é tão extrema que não sabem mais o que usar como rogativa para serem perdoados pelo suicídio. Não conseguem raciocinar. Alguns gritam incansavelmente em línguas estranhas já extintas neste planeta. Outros emitem sons similares a palavras de cultos a deuses ou espíritos que idolatraram num passado distante e aos quais faziam pedidos e oferendas de todos os tipos.

Alguns, inclusive, de vidas humanas. Todo esse alarido interminável, os berros estridentes para orar, os gritos repetidos são com a crença de serem ouvidos por Deus e em tentativa de não escutarem ou experimentarem os lamentos desesperadores e o sofrimento dos outros. Desejam fugir das sensações e imagens repetitivas de seu suicídio praticado em nome da fé. Mas não são gritarias que os ajudam a se recolherem em pensamento, para uma prece e diálogo com Deus.

Um socorrista que fazia parte do grupo apontou:

— Observe os que se envenenaram: trazem o corpo espiritual tal qual os danos ocorridos no corpo de carne: as vísceras à mostra com a dilaceração dos órgãos aparentes. Na boca e na garganta há ulcerações violentas e corrosões expostas onde se vêem os mecanismos deficientes do esôfago até o estomago. O aspecto do fígado despedaçado, que nunca deixa de sangrar, como os intestinos fragmentados e feridos. É uma visão chocante. É a prova da afinidade persistente entre o espírito e o corpo que sofreu o que ele provocou. Mesmo o efeito da decomposição, é uma ligação ou uma espécie de repercussão do estado do corpo sobre o espírito. O sangue e os pedaços de órgãos que caem e apodrecem permanecem aqui e são conservados nessas condições pelo poder mental perturbado e desesperado do suicida, pelo seu pensamento e lembrança, a qual imprime toda a sua vontade nesse princípio material, sustentando-lhe a forma aparente com sua energia impregnada de padecimento, angústia e as fortes impressões que recebeu do corpo físico devido ao rompimento brusco do liame ou fluido vital que unia o espírito e matéria corpórea.

— Apesar de alguns suicidas estarem aqui há anos ou séculos e seus corpos físicos já terem se decomposto totalmente, o sofrimento experimentado, a repetição torturante da morte do corpo físico com a repercussão da dor no corpo espiritual, somados às vibrações e sentimento das milhares de mentes que envolvem a todos, é algo tão traumatizante que, apesar da matéria corpórea não existir mais, o espírito, ainda enlouquecido por tantas recordações horripilantes, plasma, vê e sente os bilhões de vermes o roerem — explicou Wilson.

— Mas isso ocorre, principalmente, com os espíritos suicidas embrutecidos, revoltados, endurecidos na fé, presos ao ateísmo, possuidor de ódio e vingança. Estou certo? — perguntou Sérgio.

— Exatamente — afirmou Laryel. — Por isso sabemos que as razões do suicídio, a emoção impensada que o levou à prática desse crime, sua humildade, seu arrependimento, sua fé em Deus e a esperança de reparar o erro, são atenuantes que aliviam o sofrimento e diminuem a pena desde que tenha o coração despojado de orgulho e vaidade. Tudo de acordo com cada caso. Podemos ver aqui, neste lugar de dores infernais, muitos espíritos suicidas que, encarnados, foram espíritas. Tiveram conhecimento sobre as punições por tirarem a própria vida, mas isso não adiantou para suas reflexões. Acreditando-se com total razão, não suportando a dificuldade da prova quando encarnados, suicidaram-se imaginando deixarem para a próxima existência terrena o desafio daquela oportunidade. Creram também que, após o suicídio, seria suficiente se concentrarem, pensarem em Deus, pedirem perdão, em arrependerem-se e experimentarem breve sofrimento. Quanto engano! A punição para esses será ainda mais terrível por terem conhecimento, por possuírem faculdades de raciocínio e planejamento. Agora, entregues ao desespero e arrebatados pelo horror das dores e condições, eles também oram incessantemente, começam a gritar para que Deus os ouça. Não são diferentes dos outros.

De repente Sérgio contou:

— Já estudei o comportamento de encarnados e a razão de adotarem determinada religião, principalmente os protestantes ou evangélicos. A princípio, pensei que a atitude, o procedimento preconceituoso para com aqueles que não aderiam a sua religião e o comportamento extremo, fanático, individual ou coletivo, com hinos, brados e escândalos funcionassem, psicologicamente falando, como uma espécie de terapia ou alimento compulsivo entre outros distúrbios. Mas me intrigava observar, sem obter respostas às minhas questões de estudo, as orações e rogativas aos gritos, incessantes e muito longas. Várias vezes, uma espécie de delírio ao orarem em língua estranha cuja existência não se pode comprovar. Eles afirmam serem orações na língua dos anjos. Alguns casos são de extremo fanatismo. Outros são propostas de líderes com interesses pessoais. Lógico que cada caso é um caso. Agora entendo que se trata de uma recordação inconsciente, fragmentada de uma experiência no plano espiritual. Sem dúvida, o subconsciente, a mente, traz os temores dessa vivência. Intuições desconhecidas disparam na presente reencarnação às atitudes comportamentais de suas orações desesperadas, desequilibradas, enlouquecedoras, com a finalidade de se livrarem de um sofrimento infernal de recordações hediondas. São pessoas que apresentam aflição ao pensarem na sua morte, clamando salvação no reino de Deus. Têm medo horripilante do inferno, pavor de falar em espíritos, são irredutíveis à idéia da reencarnação e buscam, desenfreadamente, Deus para Ele solucionar problemas talvez semelhantes aos que experimentaram em encarnações passadas e falharam. Por isso os hinos repetitivos e as orações frenéticas.

— O que alguns desses irmãos fazem não é oração, é repetição de palavras bonitas, mas sem valor, pois os pensamentos estão longe dos desejos e das práticas — disse Laryel com humildade e bondade. — Na verdade, ainda há orgulho, arrogância, vaidade, rancor e outras mazelas em seus corações. Entretanto não são somente os encarnados que adotaram os conceitos do protestantismo que possuem esses comportamentos. Muitos espíritas oram em silêncio, porém não se concentram e desviam os pensamentos para outros assuntos. Estudam sem dar atenção ou filosofar a respeito do tema e não põem em prática o que aprenderam, pois pecam em atitudes e pensamentos de mágoa, orgulho, arrogância e tudo mais.

— Esse comportamento exagerado, abusivo e excessivo de gritos para orações em qualquer lugar, mesmo nos templos, é diferente de músicas agradáveis, sons suaves ou mantras utilizados por outras filosofias para a meditação.

— Lógico — concordou Laryel. — Meditação é sujeitar-se em pensamento a um exame interior, à contemplação ou oração mental em total quietude e harmonia da mente e do corpo. Para isso se precisa de paz interior. Se a paz ou a tranqüilidade for obtida pelo auxílio de um som agradável, como o murmurinho da água de uma fonte, música agradável e relaxante em baixo volume, com o som do carrilhão ou mais conhecido como sino dos ventos, aquele conjunto de sinos ou peças delicadas que vibram e balançam com a brisa produzindo sons que impressionam o sentido da audição, desde que não incomode os outros e não haja desequilíbrio por compulsividade, é algo aceitável sim. Cada um tem o direito de buscar a purificação da mente para religar-se a Deus da forma como lhe convier, mas sem prejuízo à paz e ao sossego alheio. Isso faz parte da evolução espiritual. Haja vista que em colônias espirituais voltadas para o socorro, para a instrução e outras até mais elevadas, há suave melodia a nos envolver em paz para vibrarmos de acordo com o nível do lugar, bem como aroma de suave fragrância floral, lugares e ambientes belos e tranqüilos para nossa harmonia.

— Já estudei sobre isso na Codificação Espírita. — Leve sorriso discreto e Sérgio comentou: — Recordo-me, agora, de lugares incrivelmente lindos, graciosos no plano espiritual.

Silenciaram.

Laryel, sempre serena e atenta a tudo, possuía piedade e amor incondicional. Benfeitora especialista em tarefas daquela natureza, generosamente guiava todos com precaução e sensatez através de missão na qual não necessitava mais trabalhar, serviço que muitas vezes realizou sozinha por sua elevação, experiência e capacidade. Estava longe de se abalar, tomando postura prudente e justa.

Após a travessia na vasta região de sombras, aproximaram-se de determinado lugar com aguçada observação.

Alguns espíritos, desesperadamente enlouquecidos, reviravam-se no chão de lodo viscoso repleto de matéria com aspecto de secreções de sepulturas, fezes, vômitos e pedaços encarniçados.

Muitos exalavam ódio e contrariedade pelo que experimentavam. Revoltados contra Deus. Blasfemavam rancorosos contra outras criaturas ou situações nas quais, por não serem fortes nem corajosos, entregaram-se ao suicídio. Esse comportamento os deteria ali por muito mais tempo.

Espíritos violentos, prisioneiros daquela desgraça, agrediam ferozmente quem deles se aproximassem ou estivessem em seus caminhos.

Em frestas, cantos escondidos ou espécies de tocas, outros suicidas se aglomeravam em pequenos grupos, em que cada um lutava com sua forma particular da morte praticada ao corpo físico. Alguns se desesperavam com a abundância de água nas vias respiratórias e nos pulmões. O barulho da água era torturante e a visão repetitiva do modo como se afogou repercutia em asfixia aflitiva, ininterruptamente. Outro implorava, em gemidos, para não mais ver sua queda e o corpo espiritual quebrado, estourado no chão, ouvindo barulho dos ossos fragmentando-se e o estouro dos órgãos, pois foi esse seu método de suicídio.

Adiante espíritos viam-se aprisionados nas ferragens de automóveis, motos ou outros veículos e sentiam as perfurações, as dilacerações ou o crânio aberto de maneira dramática, dolorosa e cobertos de sangue que não estancava. Ouviam repetidas vezes o barulho das ferragens junto das cenas. O perispírito se apresentava como no momento do suicídio, pois era o reflexo do estado do corpo físico que o impressionou e dominava-lhe a mente com angústia e horror.

Os que se enforcaram traziam atados, ao pescoço do corpo espiritual, o pedaço de corda ou tecido que usou para se suicidar e sofriam a agonia da asfixia, do sufocamento ou do quebrar da vértebra. Tentavam livrar-se do mecanismo que plasmavam, mas era impossível ver-se sem a dor, o inchaço roxo que apodrecia o pescoço e a cabeça, o incômodo da língua exposta com edema em alguns casos.

Os que se atiraram em linhas férreas ou rodas de veículos tinham a aparência perispiritual retalhada, fragmentada, com ossos quebrados e expostos, rastejavam e reviviam a sensação do sofrimento, da dor ininterrupta, torturavam-se pela tragédia a que se lançaram.

Os que utilizaram armas de fogo, facas ou objetos perfurantes no peito ou nas vísceras gritavam por socorro ao ver o sangue jorrar. Tinham o peito ou o tronco inchado e queimando, o rosto cadavérico, gélido e a dor infindável só que, impressionantemente, mais forte, revivendo a cena do instante em que se suicidaram.

Os que estilhaçaram a cabeça com um tiro escutavam repetidamente o estrondo que estourou seu crânio. Apresentavam-se com a cabeça aberta e sangue abundante, além do sofrimento moral e perispiritual. Eles enlouqueciam com os cenários e os sofrimentos de seus suicídios, além de receberem as vibrações fortes e visualizarem as imagens dos outros suicidas experimentando as mesmas dores.

As energias mentais apresentavam-se extremamente fortes e a aflição imperava. As vestimentas eram míseros farrapos e muitos estavam nus. Diante do desespero, a solidão reinava. Todos se desconheciam e se tratavam como inimigos. Os que se suicidaram juntos estavam distantes um do outro naquele imenso vale.

A certa altura do trajeto, Laryel parou em lugar específico e apropriado onde pareceu criar uma espécie de campo magnético. Ela olhou para um dos socorristas, técnico naquela tarefa, e voltou a fixar em outro ponto. Entendendo-lhe o desejo, ele e um outro cooperador foram à direção de um dos infelizes que se acuava. Sem demora retiraram-no de onde estava, levando-o para junto do grupo.

Chorando compulsivamente, o espírito suicida agradecia. Apesar da aparência horrível, sabiam tratar-se de um homem que, aos quarenta anos, suicidou-se por vergonha.

— Oh... Senhor meu Deus! Agradeço por ouvir minhas preces e enviar Seus anjos para me socorrerem... — mostrava-se grato entre as lágrimas intermináveis.

— Acalme-se, meu amigo — pediu bondosamente um auxiliar ao prestar os primeiros atendimentos. — É o momento de deixar esse lugar. Quanto mais tranqüilo estiver, mais rápido poderemos trabalhar. Ore e agradeça em silêncio.

— Mas... Meu pescoço... O sangue da jugular não pára. Tenho frio, queimo...

— O sangramento já vai parar — tornou o amoroso tarefeiro espiritual. — Está envolto em coberta que diminuirá seu frio e deixará de queimar. Acalme-se e pense em Jesus.

— Deus os abençoe — murmurou o socorrido, que se aquietou.

Laryel havia indicado outro espírito para ser auxiliado e, enquanto aguardava, explicou:

— Ele foi um homem bom. Ótimo pai e marido. Por sua generosidade foi enganado, perdeu o emprego, a casa e todos os bens foram confiscados. Era religioso, Cristão, mas foi fraco e incapaz de suportar a provação. Não teve coragem de contar à esposa e aos filhos que passariam a viver na miséria, com inúmeras necessidades. A falta de fé o levou à covardia e à insanidade momentânea. Desorientado, não foi para casa, procurou um lugar afastado. Desapontado consigo mesmo e desesperado, cortou a lateral do pescoço com um canivete que possuía. Orou pedindo perdão enquanto se esvaia o sangue e a vida do corpo. Em estado de perturbação, logo após o ato, entendeu seu erro, arrependendo-se de imediato. Sofreu, vendo-se junto aos encarnados, à sua família e depois se atraiu para cá. Apesar do estado enlouquecedor, de todo o sofrimento, foi humilde, sincero e pôs-se à oração. Rogou a Deus Sua bondade e socorro. O suicídio não fica impune, mas é Deus quem julga e encontra circunstâncias que diminuem o grau de responsabilidade do culpado e, conseqüentemente, o seu período ou tempo de punição. O Pai da Vida enxerga nossos sentimentos verdadeiros e sabe o que é justo.

— Há quanto tempo ele se suicidou? — perguntou Sérgio.

— Cinco anos. A esperança na oportunidade de reparar o erro e a fé em Deus o fez recolher-se em prece, apesar das condições deste lugar, do sofrimento na mente e no corpo espiritual. Católico, não aprendeu sobre a reencarnação, mas acreditou na bondade de Deus em lhe dar nova oportunidade de vida para harmonizar sua consciência. A esperança aliviou suas dores e as preces da esposa, dos filhos e amigos foram como um medicamento que o fortalecia. Mesmo a igreja católica negando-se à prece a um suicida, a esposa não desistiu. De posse da Bíblia, lia o Evangelho do Cristo pensando no marido e rogava perdão para ele pelo suicídio praticado. Os encarnados não imaginam o poder da prece. Deus assim o quis e sua pena foi abreviada e agora o vemos em condições de socorro.

Não demorou e outro espírito foi trazido. Sua deplorável condição de suicida era impressionantemente infeliz. Ainda possuía o crânio estilhaçado pelo tiro e pedaços do cérebro exposto. Os socorristas o envolveram, mas percebia-se a carbonização dolorosa. Ele urrava estridentemente ensandecido até que Laryel se aproximou e, com recursos próprios, concentrou-se no sofredor colocando-lhe a mão na fronte. Aos poucos ele se acalmou e puderam notar uma vaga recuperação das faculdades ao olhar em volta. Gemeu até ficar como que anestesiado pelas providências da benfeitora. Outros lhe prestavam cuidados quando ela se afastou e tornou a Sérgio, contando:

— Como sabemos, a responsabilidade é proporcional às condições em que se deu o erro, a falta ou o crime. Esse irmão tinha quinze anos quando diversas espinhas e acnes cobriram seu rosto. A grosseria cruel dos colegas que o humilhavam constantemente e sua insatisfação pessoal fizeram com que a mãe o levasse a um médico. Imprudente, o médico aconselhou o uso de um remédio proibido em diversos países por seus possíveis e inúmeros efeitos colaterais, incluindo cegueira, problemas sérios no fígado, deformidades por má formação fetal nos futuros filhos, depressão entre outros. Os pais precisaram assinar diversos papéis para autorizarem o uso da medicação pelo filho, porém mal os leram. A documentação protegia futuros processos judiciais contra o laboratório fabricante, bem como o médico por quaisquer danos na saúde do usuário. Cientes dos possíveis efeitos colaterais danosos, os pais seriam os únicos responsáveis. Sem procurarem uma segunda ou terceira opinião de profissionais mais experientes e até de outras áreas, sem mais informações sobre o remédio nem desconfiança por tantas assinaturas em documentos para arcarem com a responsabilidade, os pais adquiriram a medicação muito cara e o filho passou a usá-la.

Apesar de envergonhado, algo comum nessa idade, o jovem era alegre, porém passou a ficar quieto, deprimido pelo efeito da droga existente no medicamento. A família era católica e ele sabia que o suicídio é um crime terrível, condenado por essa religião. Ele poderia ter procurado os pais e conversado, contando o que sentia, falado sobre os pensamentos de morte, de tristeza e falta de vontade de viver, mas não o fez, por vergonha. Tinha meios de procurar ajuda profissional, mas não o fez por vergonha. Mesmo tendo faculdades bem desenvolvidas, ou seja, entendimento e certo grau de elevação espiritual, ignorou os instintos, as inspirações de espíritos elevados e deu um tiro na cabeça com a arma do pai. Não se desprendeu do corpo o que acontece com muitos e, não se vendo morto, tentava animá-lo apesar da dor, do estado horrível e do desespero. Sua situação ficou ainda mais deplorável quando a família decidiu pela cremação.

— Mas era um garoto — defendeu Sérgio. — Embora ele não tivesse predisposição ao desequilíbrio mental, à loucura, houve um efeito no campo biológico causado pela medicação.

— A idade não importa, você sabe — tornou Laryel com brandura. — Ele percebeu os sinais anormais com o uso do remédio, mas, por vaidade, não comentou nada ou poderiam suspender a medicação e suas acnes voltariam. Sentiu-se deprimido, triste e se negou a procurar ajuda. Tinha conhecimento de que o suicídio é um ato terrível e ignorou. Além disso, planejou o suicídio antes de consumá-lo. Os responsáveis diretos ou indiretos que o levaram a esse ato serão punidos pelas Leis de Deus no devido tempo. Se os pais tivessem mais e verdadeiros esclarecimentos, o remédio não seria usado. Se o médico fosse mais responsável e instruído, não teria prescrito tal medicação. Uma série de atenuantes, inclusive o efeito da medicação no organismo, oferece a misericórdia de Deus. Estar ligado ao corpo físico durante a cremação foi uma experiência terrível! Ele sofre intenso trauma e aberração das faculdades como um demente, que revive as cenas do suicídio e o desespero na fornalha, plasmando o perispírito como vê pelo que vivenciou e mais o impressionou. Ainda que a matéria corpórea não exista, o reflexo horripilante das sensações caracteriza-se no perispírito. Por essa razão seu tempo de penitência foi abreviado. Está neste estado há quinze anos e terá muito que harmonizar.

— Todos esses anos?! — surpreendeu-se Sérgio.

— Poderia ser mais. Apesar do arrependimento, ele mal pensava em Deus nem rogava amparo. Possui vaidade em seu coração e orgulho. Tanto que, ao saber que o remédio poderia causar aquele desgosto pela vida, foi vaidoso e não procurou ajuda. Não contou aos pais nem procurou ajuda psicológica por seu orgulho, sentimento que muitas vezes chamamos de vergonha. Cada um é julgado por suas obras. — Enquanto Laryel esclarecia, outros espíritos eram socorridos e postos perto deles. Em determinado momento, ela apontou: — Veja ali. Aquele espírito está aqui há mais de duzentos anos. Praticou vários estupros e matou suas vítimas. Preso, enforcou-se na prisão. Ele se prostra de joelhos em penitência, ora desesperadamente e invoca perdão para sair deste vale tenebroso. Mas não tem fé em Deus nem o coração puro. O que deseja é livrar-se do sofrimento agonizante, sufocante das cenas que revive do suicídio, do estado deplorável e pavoroso de seu corpo espiritual cujos órgãos genitais sente em brasa. Ele vê a imagem de cada uma de suas vítimas implorando misericórdia, o que ele não teve. Pobre irmão! — lamentou piedosa. — É possível que permaneça nestas trevas por mais tempo e somente a reencarnação compulsória, em difícil condição, tire-o daqui.

Oferecendo grande pausa, Laryel olhou em volta, observando os abnegados socorristas em ação. Pensativa, pareceu averiguar as imediações e depois pediu a Sérgio:

— Venha comigo. — Não longe se aproximaram de uma caverna rasa onde ela direcionou luz baça que irradiou de sua mão. Um espírito enfraquecido, impregnado da matéria nojosa do lugar e desfigurado encolhia-se tal qual criança assustada, mas virou-se e fixou-os com expressão surpresa. Movimentando-se lentamente, murmurou ao sair engatinhando do esconderijo:

— Oh, Deus! — chorou com lágrimas abundantes. — Obrigado Senhor. Abençoe esses anjos de socorro. — Ergueu-se com esforço, mas, após alguns passos vacilantes, fraquejou. De imediato foi amparado e abrigado pelos braços de Sérgio, que o levou para junto dos outros.

Dentre todos os socorridos, aquele espírito suicida era o que se encontrava em melhores condições. Não tinha o crânio esfacelado como quando chegou, embora houvesse duas perfurações que sangravam em sua cabeça: uma pela entrada e outra pela saída do tiro com o qual se matou.

Laryel já havia providenciado e fornecido recursos próprios para a materialização de objetos de socorro que adquiriram contornos propícios e definitivos como macas e cobertas impregnadas de invisíveis energias medicamentosas e calmantes, assim como ataduras para cobrir lesões e material adequado para algo como que primeiras higienizações das impregnações nos corpos espirituais dos socorridos.

Um sentimento muito forte invadiu Sérgio e pedindo a Laryel, que permitiu, ele se prontificou a cuidar do espírito que trouxe nos braços como um ente querido. Enquanto oferecia os cuidados, o espírito suicida falou num sopro:

— Minha cabeça dói. Dói muito... Tenho frio... Escuto o disparo...

— Em breve, o irmão se sentirá aliviado. Sairá daqui, pois o socorro já começou. Fique tranqüilo e pense em Deus. Faça uma prece.

As mãos sujas e magras daquele sofredor seguraram repentinamente as mãos de Sérgio, fazendo-o parar. Fitando-o com profundo agradecimento no olhar, sussurrou:

— Obrigado... Deus há de recompensá-lo, meu irmão...

Indefinida emotividade dominou os sentimentos de Sérgio que, perplexo com o impacto das idéias ligeiras, perguntou como pai amoroso:

— Alessandro?... Você é o Alessandro, filho do doutor Édison?

— Sou eu... E você?

— Meu nome é Sérgio — respondeu, procurando dominar as lágrimas.

— Obrigado, Sérgio... Obrigado... Deus o abençoe por tudo... Deus, abençoe meu pai por enviar esse irmão de luz para me socorrer. Jesus o envolva.

Sem expressar-se comovido, mas em seu íntimo experimentava forte emoção, Sérgio procurou acomodar-lhe as mãos, orientando:

— Agora descanse, meu irmão, assim as providências para o socorro serão mais ágeis.

O espírito aceitou e Sérgio prosseguiu com o processo de auxílio. Enquanto Laryel só observava.

Logo trouxeram o espírito de uma mulher que se afogou prematuramente por causa do desencarne dos pais e com o intuito de reencontrá-los, o que não aconteceu. Por isso e devido a sua postura mental, sofreu todas aquelas misérias do lugar por mais de cem anos. Ainda sentia arder as vias respiratórias com os pulmões queimando, as ânsias e regurgitava substância fétida.

Socorreram outro espírito que se suicidou se atirando de um edifício ao saber que tinha uma doença muito grave, provavelmente, incurável e de processo doloroso. Ele vivenciava sofrimentos infernais e tinha toda a organização perispirítica deformada. Não demorou para se arrepender e se concentrar em verdadeira prece a Deus, reconhecendo o erro, pedindo Seu perdão e, humildemente, uma oportunidade de reparação. A prece de sua família o auxiliou com forças que o sustentaram, aliviando seu sofrimento e diminuindo sua punição. Permaneceu naquele ciclo inferior por oito anos.

— As mentes desses irmãos estão presas ao formato de união de cada célula, cada órgão do corpo físico no instante e após a prática do suicídio — explicou um dos auxiliares socorristas. — Será preciso muita elevação e enriquecimento da mente. Para alguns serão necessárias inúmeras reencarnações para aperfeiçoarem o corpo espiritual e físico. Cada um reagirá ao socorro de forma diferente, uns mais rápido que os outros.

Os espíritos suicidas socorridos que tinham mais consciência oravam e agradeciam incessantemente o auxílio servido com valoroso amor mesmo com as sensações das impressões dolorosas que ainda sentiam, mas com considerável alívio pelos passes salutares recebidos como um bálsamo para suas condições.

Enquanto isso os demais suicidas que podiam ver a atuação de socorro naquele lugar, apesar de repelidos por algo como um campo magnético, inclinavam-se a expressões de ódio, revolta e indignação por se prenderem àquele vale extenso de lodo repleto de substâncias de matérias espirituais em estado putrefato, de indescritível sofrimento e loucura.

Viam-se, na paisagem tenebrosa e aflitiva, espíritos brutalizados que lutavam e gritavam imperativos e arrogantes para serem levados, para saírem dali. Alguns, em total confusão mental e extremamente desequilibrados, esqueciam-se de Deus, de Sua justiça e bondade. Tal comportamento e sentimento os detinham por mais tempo naquele vale de suicidas.

Laryel demorou-se ao circunvagar olhar triste e piedoso após o término da movimentação de energias, ou passes, utilizados com a finalidade de livrar os espíritos socorridos de impregnações oferecendo-lhes um pouco de alívio mental, psíquico.

Com bondoso olhar, a prestimosa benfeitora fitou todos que a acompanhavam e também os socorridos como mãe que confere e observa os filhos queridos à sua volta. A seguir, expressou-se generosa:

— Sabemos que o Pai da Vida nunca fecha a porta àquele que se arrepende e Lhe rende culto sincero em pensamento, na consciência e sem culpar os outros pela falta cometida da qual a criatura é a única responsável. Aqueles que reconhecem, em todas as particularidades, a justiça da própria punição mental, resignam com paciência e, apesar de todo sofrimento, espera pelo socorro Divino, nas provações difíceis, entregam-se e confiam a sua existência à vontade de Deus, esses serão socorridos. Terão a penitência e aflição diminuídas, porque a morte não existe e a ausência do corpo físico não é o fim dos sofrimentos para o espírito. — Nesse momento, a tênue claridade emanada de Laryel, excelsa ministra do socorro, aumentava gradativamente até alcançar um jorro intenso de luz. A benfeitora transcendeu ainda mais, intraduzivelmente bela. Seu calmo semblante reluzia sua natureza superior e sua fronte ligava-se ao Alto por fio luminoso, ao tempo que a comitiva sentia-se fortalecida com a ajuda vinda por projeções de espíritos invisíveis a todos. Após a breve interrupção do diálogo em forma de prece, a elevada entidade prosseguiu, pausadamente, entonando amor e agradecimento sublime: — Senhor Jesus, somos meros aprendizes de Teus Divinos ensinamentos. Rogamos por Suas bênçãos misericordiosas para nos sustentarmos na humilde tarefa de socorro à qual nos devotamos. Mestre amigo, é de todo coração que suplicamos em favor desses irmãos em condições apropriadas de socorro hoje, cujo rompimento dos laços da vida corpórea foi partido rude e voluntariamente por razões e idéias que não nos cabem julgá-los pelo desespero, angústia, fraqueza no momento em que consideraram mais difícil, mais insuportável na experiência terrena. Senhor, hoje esses irmãos estão preparados para a redentora libertação dessas trevas, dispostos às harmonizações e reparos, recolhidos na fé da bondade de Deus, na esperança de se projetarem na evolução moral e espiritual. Outra jornada, em direção do bem fraterno e reparador, os espera. — A emoção generosa pela doce e tocante inflexão de Laryel envolvia todos da comitiva, inclusive os socorridos. Lágrimas sensíveis brotaram dos olhos de alguns. Breve intervalo e a benfeitora desfechou: — Jesus, Mestre do amor, muitos outros irmãos infelizes aqui permanecem sofrendo os reflexos mentais da desgraça ardente, da ininterrupta e prolongada tortura desse infortúnio. E é por eles que imploramos bênçãos para a constituição da consciência, o despertar para o remorso e o arrependimento, a fé na bondade e na justiça de Deus, o desejo de reparação, a humildade e a paciência para o socorro e o progresso da condição mental por meio da prece.

Raios de luz irradiados do peito de Laryel brilhavam em torno do grupo socorrista envolvendo todos, tal como uma redoma protetora. A emissária de amor silenciou. Sua humildade, beleza suave e sublime eram nobres na aparência jovial, incomparável e, no semblante imperturbável, era exposto a sua capacidade de conhecimento, sabedoria e fé, razão de sua elevação à custa de incansáveis trabalhos no bem.

Usando de recursos peculiares, a benfeitora cerrou os olhos mantendo-se vinculada a forças magnéticas de planos superiores. Com suprimentos e auxílio de entidades elevadas e imperceptíveis, ela providenciou a retirada de seu grupo e partiu rapidamente na direção do alto, rumando para colônia espiritual apropriada para a recomposição e regeneração dos socorridos.

* * *

Para outra esfera da espiritualidade, Laryel conduziu Sérgio e ministrou-lhe energias que dispersaram todos os fluidos obscuros que ainda pudessem impregná-lo. Após recompô-lo de benefícios fluídicos revigorantes, ela mesma, amorosamente, encarregou-se de levá-lo de volta até sua casa. Em seu quarto, Sérgio ainda estava em desdobramento e sabia que retornaria ao controle de seu corpo talvez com vagas e confusas lembranças da tarefa.

Olhando-a longamente e com generoso carinho, ele agradeceu como numa prece:

— Obrigado, Deus, pela oportunidade sublime, pelo entendimento... Perdoe-me a imperfeição e... — lágrimas o interromperam. Mesmo assim continuou sob o efeito de jubilosa emoção: — Agradeço o amparo e a revelação desta filha do meu coração... cujo amparo não sou digno receber. Mas seja feita a Sua vontade e não a minha. Senhor Deus, peço forças para a tarefa abraçada, pois agora entendo a motivação e o auxílio que recebi. — A inflexão verdadeiramente sentida revelava sua elevação: — Com fé e amor, realizarei o trabalho ao qual me propus, nesta oportunidade, da melhor maneira dentro de todos os meus esforços a fim de reparar minha imperfeição pela inclinação às influências inferiores. Agradeço, Pai da Vida! Agradeço a oportunidade de trabalho e o aprendizado. Se possível, rogo modesta participação em socorros como o realizado hoje em nome do Mestre Jesus. Permita-me atuar ao lado da filha da minha alma... Pai, respeitosamente, rogo rever o espírito Alessandro.

— Deus oferece tudo a seu tempo — murmurou Laryel docemente e emocionada. — Tenho certeza de que a experiência desse trabalho abençoado no socorro fará com que mude a postura mental, se fortaleça e se reconheça capacitado, mas humilde e respeitoso. Você tem conhecimento dos fatos de outras experiências da vida terrena e espiritual no desdobramento durante o sono. Temporariamente a bênção do esquecimento é necessária. Recordará de modo fragmentado o que for preciso para sua tarefa e propósito no bem. Há muito para se desvendar do passado e, certamente, Alessandro será seu protegido e, provavelmente permanecerá considerável tempo na espiritualidade onde poderá ajudá-lo com instruções.

Abraçando-a com terno carinho, falou:

— Como lhe sou grato!...

— Querido Sérgio... — emocionou-se, sensibilizada com lágrimas de júbilo. — Meu amado pai espiritual, sou eu quem lhe deve gratidão. — Luminosidade emanava-se pulsante e cristalina, encantando ainda mais sua figura. Sorrindo com meiguice, avisou: — Nós nos encontraremos com mais freqüência por conta de tarefas em nome de Jesus e, em outros momentos no plano espiritual, muito será esclarecido.

— E a Débora?... Nossa querida Débora...

— Confie em Deus. Em nada adiantará ou ajudará qualquer informação, sabe disso — expressou-se emotiva e em tom piedoso. Com resignada fé, orientou: — A ignorância de alguns fatos da vida é por bênção, pois sem algumas preocupações nos elevamos moral e espiritualmente. Faça preces para que o Mestre Jesus enderece Seu olhar de misericórdia a ela nessa fase evolutiva. Será preciso que você se fortaleça para reencontrá-la com harmonia e paz, para ser o sustentáculo e a compreensão, até que tudo se reverta e ela seja a sustentação, a compreensão, a inspiração e o apoio, pois foi para esse fim que Débora reencarnou: para ajudá-lo e serem felizes.

— Sabe como eu a amo. Sinto que ela precisa muito de mim — disse em tom preocupado.

— Algumas necessidades aumentam o valor pela vida e o reconhecimento das mínimas oportunidades. Ela aprenderá muito.

— Cuide dela por mim — pediu em tom de súplica.

— Estou cuidando. Eu a amo em todo o meu ser, assim como amo você também. — Beijando-o na face, desfechou: — Agradeço ao Mestre Jesus por nos conceder a bênção de trabalharmos juntos como já fizemos no passado. Agora rogo que o Mestre Nazareno o envolva com sustentação para continuar na jornada com luz na consciência e paz no coração. Repouse, pai querido...

Laryel colocou a destra suave na fronte de Sérgio, que se entregou à fragilidade do adormecimento verdadeiro sendo generosamente auxiliado a regressar ao corpo inerte com sono profundo e regenerador.

28

Conversando com Jesus

Sérgio transformou profundamente a sua postura mental, beneficiando-se de forma incrível desde quando passou a refletir e agir conforme o que aprendia nos ensinamentos da filosofia espírita. A fonte revitalizante que o sustentava nas decisões e atitudes coerentes era sua determinação em meditar e analisar os fatos com fé raciocinada, sem ansiedade ou desespero, direcionando suas energias ao trabalho digno e sadio.

Certo dia, o qual tirou para seu descanso, Sérgio dirigiu por uma auto-estrada chegando a uma cidadezinha cercada de represas e montanhas. Passou a maior parte do dia conhecendo lugares interessantes, costumes diferentes e observando a tranqüilidade do povo local. Algumas horas depois do almoço decidiu ir embora, não queria pegar a estrada à noite. Era final da tarde e, percorrendo poucos quilômetros, não resistiu e estacionou o veículo após sair da estrada. Encontrava-se só. A natureza era de uma beleza extraordinária! O lugar oferecia um precioso silêncio inebriante. Extasiado, andou um pouco e sentou-se em um relevo próximo à água que refletia os últimos raios do sol se pondo no horizonte. Toda a visão era encantadora, magnífica! Os matizes coloridos do céu espelhavam-se na água passiva e brilhante. Uma montanha distante do outro lado da margem era escurecida pelo início do entardecer e oferecia um toque especial àquela paisagem. Olhando para o sublime firmamento, no espaço ilimitado pela extensão indefinida que chamamos de céu, Sérgio fixou olhar no indefinível azul e representou mentalmente a figura do

Mestre Jesus como que o observando. Minutos de profunda meditação e murmurou ao final:

— Senhor Jesus, humildemente rogo... Dê-me forças, pois quero continuar com empenho e trabalhar em Seu nome. Senhor Jesus, olhe por mim, pela Débora... Olhe por todos desse mundo.

Permaneceu sorrindo por tempo indeterminado e sentindo-se mais leve, talvez, por sua determinação e sinceridade ao fazer uma "terapia" com o "Psicólogo das almas". Levantando-se, caminhou até o carro, olhou mais uma vez o cenário esplendido e admirou o capricho de Deus.

Retornando, sentiu-se diferente. Ainda trazia no coração a ferida do amor inexprimível por Débora, sentia sua falta. Porém não se permitia à demorada lamentação, somente sentia e resignava, ocupando-se sempre com algo produtivo.

Em preces, nas quais não lamentava, delegava soluções aos propósitos de Deus. Apesar da inexplicável sensação desagradável pelo vazio, Sérgio não se entregava à dolorosa solidão, não trazia o semblante sério e sisudo. Ao contrário, seu sorriso luminoso era constante e o som de seu riso gostoso era cristalino e verdadeiro.

Sempre sereno, tinha uma postura imperturbável diante de problemas preocupantes ou situações desagradáveis e imprevistas, comuns ao cotidiano. Seu belo rosto tranqüilo figurava-se com um retoque de nobreza majestosa, embora a humildade, a atenção e a disposição fraterna estivessem sempre presentes em suas ações. Tudo se tratava do reflexo de sua aura iluminada. Algo natural das forças fluídicas superiores que alcançou em caráter de nova postura moral ligada ao alto pelas: meditações, reflexões, considerações aos estudos para conhecer as verdades libertadoras, ponderações e contemplações às quais se recolhia para uma saudável conversa e agradecimento a Deus, que não lhe respondia com palavras, contudo enviava-lhe Seus mensageiros de elevada estirpe espiritual para protegê-lo e guiá-lo, além de acompanhá-lo nas tarefas espirituais durante o sono.

O trabalho, a clínica e o curso de pós-graduação prosperavam e ele prosseguia sentindo-se mais estabilizado.

Certa ocasião, Sérgio saiu de seu consultório sorrindo e brincando ao acompanhar um de seus pacientes até a recepção e à porta de saída. Ainda sob o efeito do riso, foi surpreendido pela secretária que o chamou:

— Doutor Sérgio!

— Eu! — Brincando, ao se aproximar do balcão de atendimento, perguntou: — Sou o próximo?! Não ouvi o número da sala, pode repetir, por favor?

A moça sorriu e correspondeu a brincadeira:

— É a terceira sala à direita, seguindo por este corredor! — falou rindo ao indicar a sala onde ele atendia. Após rirem, ela avisou: — Doutor, o próximo paciente ligou avisando que não poderá comparecer e agendou novo dia. Logo em seguida uma outra paciente telefonou e... Bem, parecia aflita, implorando para que o senhor pudesse vê-la hoje, mesmo se fosse após o último atendimento. Então eu comentei sobre a desistência nesse horário e ela avisou que estava vindo para cá. Talvez se atrasasse um pouco. E até agora não chegou.

— Você tem a ficha dela para eu pegar a pasta lá em minha sala e dar uma olhada?

— Está aqui!

Observando o nome, Sérgio recordou-se imediatamente da paciente e perguntou:

— Sabe me dizer se a mãe virá junto?

— Ela não disse nada a respeito, doutor.

— Certo... — murmurou ao bater na mão o cartão com os dados básicos da paciente. Em seguida, devolveu-o para a secretária e perguntou: — O doutor Édison já chegou?

— Chegou sim. Está em sua sala. Talvez ao telefone, pois acabei de passar uma ligação.

— Obrigado, Silvana. Vou até a sala do doutor Édison. Talvez eu esteja lá quando a paciente chegar. Então você me chama, por favor.

— Pode deixar, doutor! — prontificou-se a moça.

Após leves batidas à porta, Sérgio a abriu e entrou a pedido do médico, que acabava de desligar o telefone. Levantando-se e cumprimentando-o o médico indicou uma cadeira frente à sua mesa para que se sentasse. A companhia de Sérgio sempre era bem agradável ao senhor que logo perguntou:

— E a pós-graduação, como está?

— Ótima! Excepcionalmente esclarecedora e abrangente em detalhes que não foram totalmente abordados na graduação.

Conhecendo seu ponto fraco, o médico indagou:

— E o coração, como está?

— Não sei... — brincou Sérgio. — Não sinto nada, mas acho que vou procurar um cardiologista.

— Não zombe de mim, menino! — riu o outro. Porém insistiu: — E a vida amorosa?

Com semblante sério, mas imperturbável o rapaz respondeu:

— A Débora desapareceu completamente. Não tive qualquer notícia apesar de procurá-la. Não posso correr a vida inteira atrás dela e... Penso que, se quisesse me ver novamente, daria um jeito de me encontrar, pois ela sabe como fazê-lo.

— Não namorou outra moça ou?...

— Não. Primeiro por estar muito ocupado e segundo por não aparecer ninguém que me interesse. Não quero ter alguém ao lado só por ter. Não vou me envolver em experiências frustrantes, porque sei que procurarei na outra pessoa a Débora que ela não é.

— Diga-me uma coisa, o que você sente pela Débora?

— Amor — respondeu firme. — E por amá-la de verdade... de um modo que não sei explicar, não a esqueço. Em nome desse sentimento tão intenso, eu respeito a decisão dela e não vou incomodá-la com minha simples presença se voltarmos a nos encontrar. Não nego que experimento um grande vazio, se essa é a vida planejada para essa etapa evolutiva, que seja feita a vontade de Deus.

— Sérgio, você fala de um modo bem tranqüilo, como se houvesse superado e nenhum sentimento o incomodasse.

— Dói! Às vezes, dói muito! Contudo eu busco esperança e fé. Busco harmonia e concentração em tarefas úteis.

Naquele instante o telefone tocou. Era a secretária avisando sobre a chegada da paciente. Sérgio pediu licença ao médico e foi para sua sala.

Para sua surpresa, ao chegar ao seu consultório e olhar para a jovem, viu-a transtornada e com o rosto inchado pelo choro. Dissimulando o susto, ele fechou a porta, pediu para que ela se acomodasse e ligou determinado equipamento que a jovem não percebeu. Em seguida, perguntou:

— Como você está, Marina? O que a trouxe aqui tão de repente?

Pondo-se a chorar compulsivamente, não respondia às perguntas.

Tratava-se de uma bela jovem de dezessete anos. Tinha um corpo bonito. Era alta, pele e olhos claros, cabelos loiros, longos e cacheados e fazia terapia com Sérgio há cerca de um ano.

Subitamente Marina se levantou e abraçou Sérgio com toda a força que possuía. Abafando o rosto em seu peito, a jovem murmurava entre os soluços algo que ele não conseguia entender. A inesperada atitude, deixou-o perplexo, no entanto tentou calmamente controlar a situação.

Com voz firme, pediu enquanto puxava-lhe os braços, que o envolviam:

— Calma, Marina. Pode me soltar! Seja lá o que aí estiver abalando, aqui você está segura. Mas me solte para conversarmos melhor.

Usando de força controlada, o psicólogo livrou-se do abraço. Mas, rapidamente, ela o segurou pelas vestes na altura do colarinho. Sérgio respirou fundo, segurou seus pulsos e novamente falou firme, porém sereno:

— Marina, eu sei que você pode se controlar. Por favor, solte a minha camisa. Acalme-se um pouco para eu entender o que está acontecendo.

— Não! Não! — murmurou entre o pranto desesperado. — Me ajude! Só confio em você!

— Então me solta! — pediu enquanto tentava livrar-se de suas mãos delicadas, sem machucar a jovem. — Preste atenção, Marina. Eu quero ajudá-la! Olhe para mim, vamos! — Ela não obedicia e curvava a cabeça, encostando-se nele sobre as mãos que o seguravam com força. Sérgio jamais imaginou vivenciar tal situação. Mil idéias passavam rápidas por seus pensamentos. Marina era menor. Estava desacompanhada e em extremo desespero. Não adiantava ser educado, por isso apertou-lhe cada uma das mãos que o agarrava, espremendo-lhe os dedos até ela soltá-lo depois de um gemido de dor.

Deixando-se cair de joelhos diante dele, a moça esfregava as mãos doloridas ao chorar. Ele permaneceu equilibrado e sereno. Curvando-se, pediu, tranquilamente, ao segurá-la pelos ombros:

— Venha. Levante-se e se acomode nesse divã para conversarmos. — Ela se deixou conduzir e o psicólogo pediu: — Por favor, desculpe-me, Marina. Não queria machucá-la, mas não me restou outra opção por você perder o controle. Deixe-me ver suas mãos?

Marina o encarou e ainda com voz de choro, disse:

— Minha cabeça dói e está fervendo! Parece que existe um buraco no meu peito! Um furo enorme que gira e me vara de lado a lado! Não sabe o que é isso, doutor!!! Quanto às minhas mãos... Isso não foi nada. Preciso de você, doutor!!! Antes que eu faça uma besteira, me ajude pelo amor de Deus! Tire isso de mim!!!

Sérgio sentiu seu peito doer e um mau pressentimento rodeava seus pensamentos, deixando-o inquieto. Procurando se manter inalterável, puxou uma cadeira e sentou-se ficando à altura da paciente, mas a certa distância. Tentou saber, perguntando em tom amigável e tranqüilo:

— O que a deixa angustiada e nesse desespero? Se eu souber, farei tudo para ajudá-la.

— Não sei!!! — gritou. — São pensamentos!... Idéias!...

— Que tipo de pensamentos? Quais são as idéias?

— Só confio em você! Não imagina como me ajudou a ter auto-estima. Eu me odiava. Detestava o meu rosto deformado com aquelas espinhas!

— Mas agora você está bem. Veja como sua pele mudou? Já aumentamos o tempo entre as sessões de terapia por se sentir ótima. O que a incomoda agora?

— Estou confusa. Não sei se me entende, mas tudo me irrita, me revolta... Isso me faz pensar coisas erradas!... Não imagina como é... Consegui esconder de todo mundo o que sinto, mas alguns começaram a me achar estranha e por isso choro escondida, sofro muito! Tenho medo e vergonha!

— Por que, Marina? Que pensamentos são esses?

— Morte... — desatou a chorar. — Quero morrer.

Levantando-se, Sérgio suspirou fundo e elevou o pensamento em rápida oração pedindo amparo espiritual. Em seguida, entregou nas mãos da jovem um copo com água que ela bebeu. Algo, naquele acontecimento, trazia-lhe uma impressão de semelhança que não conseguia lembrar. Parecia ter vivido caso parecido, mas aquilo nunca lhe tinha acontecido. Insistiu e sentando-se, perguntou:

— Você está se alimentando direito?

— Não — balbuciou. — Não tenho fome nem sono. Sinto uma tristeza... Não agüento mais e prefiro morrer. Mas...

— Mas?... — tornou ele.

— É pecado. Li em livros que a morte não existe e o suicida sofre muito. Mas não posso imaginar sofrimento maior do que o meu. Você acredita no sofrimento do suicida?

— Acredito — afirmou absoluto. — A vida continua após a morte do corpo. — Breve pausa e indagou em tom educado: — Mas me conta, desde quando vem sentindo isso?

— Começou aos poucos, não sei dizer.
— Por que não me contou?
— Não queria que você se decepcionasse comigo.
— Mas disse que confiava em mim. Por que me decepcionaria?
Lágrimas rolaram em seu rosto quando disse:
— Eu te amo!
Sérgio não se alterou nem se demonstrou surpreso, mas sentiu um punhal cravar em seu peito. Cauteloso, orientou:
— Marina, não é raro o paciente ter sentimentos fortes por um médico, psicólogo, fisioterapeuta... Muitas alunas se apaixonam por seus professores. Isso acontece por causa da ajuda que recebem. É um sentimento de gratidão confundido com algo mais forte. Na verdade, é uma transferência...
— Você não entendeu!!! — revoltou-se. — Eu não estou assim porque te amo, porque sonho em ficar em teus braços... Sonhar acordada te desejando ao lado foi o que me prendeu a algum tipo de esperança e por isso não cometi uma loucura! Entendeu?!
— Sim. Eu entendi — respondeu calmo, mas sentindo certo temor em seu íntimo.
— Estou viva por sua causa, Sérgio! Você é a única coisa que me prende a esse mundo. Tenho esperança de ficar com você, mas... Mesmo assim... Tudo fica pior a cada dia. Quero gritar e chorar sem motivo. Não quero falar com mais ninguém! Desejo sumir!
— Marina, me diz uma coisa — falava com naturalidade —, você foi ao médico recentemente, realizou algum tipo de exame ou sente sintomas estranhos em seu corpo como alguma dor?
— Vou periodicamente à dermatologista que ajudou com o tratamento contra as acnes. Fiz exames de sangue há uns três meses e fiz ultra-som de fígado... Mas ela não disse nada, então está tudo normal. Mas sinto uma dor atravessada aqui — disse, passando a mão na altura do estômago.
Sérgio teve um relampejo nas idéias e perguntou:
— Está tomando algum remédio?
— Sim, para minha pele. É um remédio importado.
O psicólogo levantou-se rápido e preocupado. Foi até sua mesa, pegou o telefone e perguntou à secretária se o doutor Édison estava livre. Ao ouvir a resposta, pediu:

— Por favor, avise-o de que vou à sala dele com minha paciente. Obrigado.

— Não!!! — gritou, levantando-se. Ofendida, reclamou chorando e falando muito alto: — Confiei em você!!! O doutor Édison é médico para louco!!! Não pense que vou falar para ele tudo o que te contei!!!

— Acalme-se, por favor. Ouça. Vou explicar a razão desse seu estado depressivo e pensamentos...

— Não tenho depressão!!! Você me traiu! Quer me encaminhar para um psiquiatra porque assumi que te amo!!! — gritava, andando de um lado para outro, bem agitada.

— Deixe-me explicar, Marina. Sente-se. — Ela não atendeu ao pedido e ele orientou: — Psiquiatras não são médicos de loucos. Acredito que descobri a razão do que sente. Esse estado de angústia é pela medicação que toma. Mas preciso de um médico para confirmar isso.

— Não!!! Você não quer me ver!!! Não entende que te amo!!!

Caminhando até a cadeira, ela pegou sua bolsa quando Sérgio se aproximou avisando:

— Marina, espere. Você não vai sair da clínica. Está desorientada e sem acompanhante. Vou detê-la e chamar seus pais para explicar seu estado.

— Então vem!!! — gritou de posse de um estilete que tirou da bolsa. — Venha me deter e eu me mato!!! Corto seu pescoço e depois o meu!!!

Sem tirar os olhos da paciente, ele mostrou-se calmo, esperando que o cansaço a dominasse, pois ela não parou de falar. Inesperadamente, a porta do consultório foi aberta, após poucas batidas, e o doutor Édison surgiu em meio à surpresa. Colocando o estilete na lateral do próprio pescoço, Marina se revoltou, lamuriando em choro interminável:

— Confiei em você, Sérgio!!! Por que chamou esse homem?!!! Minha vida é um inferno e inútil e você ainda me desprezou!!!

— Calma, Marina — pediu o psicólogo.

— Desculpe-me — disse o médico em tom suave, entendendo a gravidade da situação. — Vim aqui porque demoraram. Mas posso sair ou, talvez, quem sabe... Uma conversa tranqüila seria bem útil.

— Fora! — exigiu a jovem com voz fraca. — Não tenho mais nada de útil. Minha esperança acabou e ele... Você me decepcionou, Sérgio...

— Marina — argumentou o psicólogo —, vamos fazer o seguinte: você me entrega esse estilete, o doutor Édison vai embora e nós dois vamos conversar. Eu sei o que está sentindo e prometo te ajudar.

— Não... — murmurou em pranto. — Quero morrer...

Sérgio estava atento e viu quando a ponta do estilete fincava o pescoço da jovem determinada a cortar a jugular.

Num gesto rápido, quase impensado, Sérgio foi à direção de Marina e segurou-lhe a mão. Ela resistia. Não queria se render nem largar o instrumento. Não a desejando agredir, ele puxou-lhe a mão para tirar o estilete de seu poder. Porém a jovem aproveitou-se da oportunidade, agredindo-o e se jogando sobre ele, desequilibrando-o.

O doutor Édison aproximou-se, apressadamente, quando os viu no chão. A jovem levantou-se rápido e começou a berrar horrorizada ao ver Sérgio de joelhos tendo uma mão segurando o estilete e a outra na garganta, que sangrava. Os gritos atraíram João, Nivaldo e outros trabalhadores da clínica. Ao vê-los à porta, gritou:

— Segurem-na! O Sérgio está ferido! Levem-na daqui!

Nivaldo tomou a frente e João ficou na sala.

— Sérgio, sou eu — disse o doutor Édison, ajoelhando-se para examiná-lo. O rapaz apertava o próprio pescoço, numa ação quase involuntária, tentando estancar o sangue, e o médico não conseguia ver o ferimento. — Vamos, deixe-me ver isso!

João prostrou-se ao lado e viu o instrumento afiado cair ao chão num gesto como se o corpo se largasse. Olhando a própria mão ensangüentada, Sérgio parecia entorpecido.

— Calma — pediu o médico. — deixe-me examinar esse corte. — Vendo-o tentar falar algo ainda, pediu: — Calma, Sérgio. Não tente falar nada. — Olhando para João falou: — Não acredito que tenha atingido alguma artéria importante, mas nunca se sabe. Ele precisa de socorro urgente. Vamos socorrê-lo!

— Não é melhor chamar uma ambulância?

— Talvez demore e não podemos esperar. Esse é um caso em que podemos removê-lo.

* * *

No dia seguinte ao acontecimento, Sérgio estava de volta à clínica e usava uma bandagem sobre os pontos no pescoço. Muitas brincadeiras e piadas foram feitas pelos amigos. Ele só ria, sentia-se bem. Quando estava na sala do doutor Édison, João e Nivaldo o viram lá e entraram para conversar:

— Eu não poderia imaginar que em uma profissão tão tranqüila corrêssemos risco de morte — brincou Nivaldo.

— É!... Fica esperto — correspondeu Sérgio.

— Achei que ela tivesse cortado sua veia jugular! Cara, você não falava nem nada! — disse João. — Pensei que fosse desmaiar e morrer!

— Mas não foi o cortinho que o deixou daquele jeito, foi a joelhada — revelou o doutor Édison, contorcendo o rosto para não rir.

— Que joelhada?! — João e Nivaldo perguntaram num coro.

— Puxa, doutor Édison — resmungou Sérgio, sorrindo engraçado. — Pensei que o senhor respeitasse a ética profissional. Não precisava falar sobre isso.

— Espere! — pediu o médico com jeito maroto. — Eu tenho ética profissional, mas naquele momento eu não estava clinicando, mas sim testemunhando fatos que precisei depor na delegacia onde registramos a ocorrência.

— Mas que joelhada foi essa?! — tornou Nivaldo curioso. Rindo, completou: — Com todo esse tamanho, não dominou uma menina e ainda apanhou dela?!

Sérgio ria ao tentar esclarecer:

— Não é correto dizer que eu apanhei. Temi machucá-la e não usei força. Ao puxar sua mão, ela se jogou sobre mim e... Bem... acertou-me com uma joelhada tão forte que caí prostrado pelo golpe baixo. Nem vi ou senti quando ela me cortou a garganta. Pensei que fosse desmaiar.

— Estamos brincando, mas... Nossa, o caso foi grave — comentou Nivaldo. — É bom ficarmos atentos a isso. Por causa de um medicamento, uma jovem daquele nível tomou atitudes descontroladas.

— Isso é culpa de médicos irresponsáveis — disse o doutor Édison. — Esse medicamento já foi proibido no Brasil, mas foi liberado novamente. É uma droga muito cara e não é vendida em farmácias convencionais nem de manipulação. Trazem efeitos sérios para grande parte dos usuários, desde depressão profunda, cegueira, má formação fetal dos filhos e outras conseqüências. Por isso uma série de documentação para os responsáveis assinarem. Existem outros medicamentos muito eficientes contra espinhas e acnes. São medicamentos simples ou fórmulas manipuladas somente com receituário médico. Nada de termos de responsabilidade, pois esses remédios não alteram a saúde física ou mental dos pacientes. Mas não pensem que só esse medicamento causa essa alteração comportamental, existem muitos outros, para diversos fins, responsáveis por essa mudança de comportamento. Por isso o paciente deve exigir o máximo de informações sobre o que lhe foi prescrito e os psicólogos procurarem saber com o que seu paciente se medica.

— O senhor contou aos pais da moça? — quis saber Nivaldo.

— Lógico! — afirmou o médico. — Eles não sabiam desses efeitos e já suspenderam o medicamento. A menina precisará de acompanhamento terapêutico até se reestruturar do que fez e vão fazer um acompanhamento clínico dos possíveis efeitos que podem ocorrer, pois o fígado da jovem está muito prejudicado.

— Bem... — informou Sérgio. — Estou cansado e preciso ir. Amanhã retorno normalmente.

— Já?! — admirou-se João.

— Lógico. Já estou bem. Só sinto um cansaço pelos efeitos dos remédios que tomei.

— Amanhã você desarma seus pacientes antes da terapia! — brincou Nivaldo.

— Vou colocar um detector de metais na porta — correspondeu Sérgio, rindo.

— Também estou indo. Quer uma carona, Sérgio? — perguntou o médico.

— Quero sim! Só que vou para a casa do João. Há dias não vejo a dona Antônia e ela está preocupada comigo.

Virando-se para sair da sala, João reclamou:

— Minha mãe só teve um filho, mas adotou um bando de marmanjos!

— Se está revoltado, procure um psicólogo e faça terapia — riu Sérgio.

— Então vamos lá! Eu quero conhecer a dona Antônia! — exclamou o médico brincalhão. — Quem sabe, serei adotado!

Em meio ao riso, despediram-se. Sérgio e o médico foram para a casa de dona Antônia e os outros retornaram ao serviço.

No caminho, o doutor Édison perguntou:

— Você gravou a sessão de terapia da Marina?

— Sim. Mas não vou apresentá-la aos pais, por ética. O senhor sabe.

— Ela estava segura ao assumir o que aconteceu. No entanto se a moça mudar de idéia e acusá-lo de algo que não fez, mediante a solicitação do juiz, precisará apresentar a gravação.

— Sim, sem dúvida. Apresentarei ao juiz, à promotoria, aos advogados, aos pais... Aí sim isso será necessário.

— Sérgio, e os pesadelos?

— Sabe que já faz tempo que eu não os tenho! Tinha até me esquecido.

— Você não comentou mais nada, por isso perguntei.

E os dois seguiram conversando sobre esse e outros assuntos.

29

Reflexões de um Psicólogo

As vibrações constantes pelas preces verdadeiramente sentidas e consagradas, a elevada condição mental assumida e praticada por Sérgio, ofereceu-lhe, gradativamente, no plano invisível, sublime claridade azul-radiante a envolvê-lo.

A sua luminescência espiritual, auxiliada por sua ligação, a entidades excelsas pelo poder da oração, alcançava magnitudes inatingíveis aos espíritos inferiores que desejavam atormentá-lo, mas não conseguiam pela incompatibilidade.

Isso deixava o espírito Sebastião furioso. Seu ódio desequilibrava sua organização perispirítica. Ele perdia o controle e suas forças ficavam cada vez mais rarefeitas em sua mente confusa. As perturbações, inclusive durante o sono, eram em vão contra Sérgio ante seu vigoroso equilíbrio mental e o poder da prece.

O espírito Sebastião, sentia imensa interferência invisível no grupamento de desencarnados que o seguiam como fiéis soldados à disposição de seu comandante. Não passavam de espíritos rebeldes que, orgulhosos e revoltados, não admitiam o profundo lamento pela oportunidade reencarnatória perdida. Percebendo que Sebastião enfraquecia seu domínio sobre os encarnados, seus seguidores o abandonavam vagarosamente, indo servir outros líderes, ou só se desgarravam e acabavam escravizados por outros espíritos de grupos hostis rivais, também vingativos, mas que se entregariam às expiações dos próprios crimes.

Ninguém escapa aos débitos da consciência.

* * *

Em determinada oportunidade, o doutor Édison comentava empolgado em uma reunião na clínica:

— Era uma turma nova naquela pós-graduação. Eles estavam sequiosos e eu chamei o Sérgio para oferecer uma apresentação ou palavras de incentivo. Ele nos emocionou e nos fez refletir com o que falou. Vejam só.

Todos atentos às cenas gravadas pelo médico, viram Sérgio cumprimentar os alunos com indefiníveis boas-vindas, dizendo em seguida:

"Caros colegas, eu só vou tentar dizer algumas palavras sobre a minha humilde Reflexão de Psicólogo. Talvez alguns não concordem, mas devemos admitir que ninguém tem a razão absoluta das coisas. Eu posso errar ou vocês poderão tirar algum proveito se buscarem conhecimento"

Alguns segundos e continuou, impostando a voz de modo a atrair atenção e considerável respeito pelo silêncio:

"— É praticamente inconcebível um Psicólogo ateu!

A crença em um Criador e em muitas questões sobre os 'porquês' da vida é um sentimento inerente ao ser humano e associado à sua crença de 'algo' que sobrevive após a morte. Ações que são comprovadas nas mais remotas eras pré-históricas, no inconsciente de nossos ancestrais. Esses, e quaisquer enigmas desse terreno não delimitado, não são desvendados por outras ciências inábeis, a não ser pela Psicologia. Ela explica o motivo que levou a mente de nossos ancestrais a certas crenças, comportamentos, costumes etc.

Se nós estamos aqui hoje, inclinando-nos aos profundos estudos nessa área valorosa de uma ciência tão abrangente, é por termos fé e esperança na evolução da mente, dando importância ao ser humano, valor à vida!... Para nos ajudar na caminhada de elevadas conquistas morais, de alguma forma, nós sempre rogamos condições mentais repletas de vivacidade, esperteza e possibilidades profissionais para atingirmos os nossos objetivos de auxílio! Comparado, humildemente, ao glorioso dom da centelha Divina, que é ajudar!

A Psicologia é simbolizada pela figura de um tridente, por essa ser a grafia da vigésima terceira letra do alfabeto grego *Psi*. Na morfologia, ou seja, no estudo da estrutura e formação da palavra, *Psi* corresponde à primeira divisão silábica da palavra *Psi-co-lo-gi-a*. A seguir temos *Psico*, originário do grego *Psyché*, em português *Psique* relativo a *Psíquico* que significa alma, espírito, mente. Por fim, temos *logia*, que significa estudo ou ciência.

Psicologia! Estudo da alma, do espírito, da mente! É uma ciência, dentro do conjunto de disciplinas de um grande leque de conhecimentos, à qual o profissional responsável se dedica e busca a fim de dilatar sua sabedoria.

Ampliando sua visão nessa bela ciência, o psicólogo, a princípio, precisa ter o dom de auxiliar sem se prender ao seu próprio dogmatismo, ao absolutismo pessoal e inflexibilidade, ou seja, 'Eu tenho razão em tudo!' Nem se entregar ao marasmo de sua alma desanimada. Ele precisa sim, de dedicação, de sensibilidade, de intuição, de amor fraterno!...

Um sábio Nazareno, também chamado de 'Psicólogo das almas', cuja filosofia e exemplo de amor são aceitos por incontáveis religiões e filosofias, afirmou: 'Vinde a mim todos os que estão cansados e oprimidos e eu vos aliviarei...' '...e aprendei de mim que sou manso e humilde de coração; e encontrareis descanso para vossas almas'.

Essas nobres palavras não são as mais adequadas às reflexões e ao silencioso juramento moral de um Psicólogo?!

Queridos amigos e colegas, foi meditando sobre tal filosofia que eu posso afirmar: Psicólogo...

Você é a pessoa especial que faz a diferença na vida de muitos. É a estrela celeste capaz de iluminar o caminho. O amparo aos necessitados de apoio.

Você é a fonte de água para o viajante sedento no deserto. É a esperança para os que perderam a fé. É o auxílio dos que suplicam entendimento. A compreensão aos carentes de amor e paz. É a luz que conduz ao caminho do equilíbrio. É o coração repleto de dádivas, capaz de ofertar esperança e fé. A força para os que se enfraquecem no caminho. O bálsamo medicamentoso aos feridos da jornada.

Você é o caminho que conduz muitos à paz. O equilíbrio para os que não se sustentam sozinhos. A fé aos que perderam a esperança.

Você é a liberdade para os prisioneiros da própria mente. O recurso aos que imploram por forças íntimas. O alívio aos que se abalam com os traumas da vida. A paz para os desalentados da sorte. É a fonte geradora de valores à vida. É a ajuda que ampara os feridos da jornada. A resposta aos que pedem entendimento e socorro.

Você é o orientador às mentes confusas carentes de equilíbrio. O sorriso que socorre os corações feridos. O abrigo aos que padecem assustados e tristes. A alegria aos que estão desgostosos e angustiados.

Você é a energia aos que se sentem atrofiados pela própria imprevidência. É a fortaleza que impede muitas criaturas aos despenhadeiros das sombras. É o suprimento dadivoso que regenera e salva, sempre.

Você é o bom ânimo aos que se encontram sem vontade. É o dia para os que vivem na escuridão da noite. É o futuro aos que se relegaram aos precipícios do passado.

Você é a porta de liberdade dos aprisionados nos velhos cárceres do Eu. É o mensageiro de bondade dos que se prendem nas ilusões. A claridade aos carentes de luz. É o elo radioso àqueles que dão os 'primeiros passos'. A influência benéfica aos que se afligem pelos erros.

Você é a bondade que compreende e ajuda os incapazes de amar. Os matizes coloridos aos cegos de emoções sublimes. O benfeitor nos cenários atribulados das criaturas.

Você é a direção para o aperfeiçoamento suave e edificante. É o vento que faz o pássaro alçar vôo.

Não podemos ser indiferentes e virarmos as costas para as desgraças do mundo! Nem nos desesperarmos, tresloucados e desgostosos, com o que vemos acontecer, perdendo a esperança e a fé. Todo extremo é prejudicial!

Mas... Nós podemos fazer a diferença!!! Todos nós podemos fazer a diferença diante das catástrofes da vida tomando uma postura equilibrada nos vendavais das paixões terrenas, despertando para a atmosfera de misericórdia e bondade ao nosso alcance.

Mesmo como aprendizes, no dia-a-dia, nós fazemos a diferença quando, dotados de dignidade e compaixão, aliviamos os corações sofridos, secamos as lágrimas do desespero e descortinamos as influenciações dolorosas das ilusões, apontando o caminho para o campo da liberdade!

Mansos e humildes de coração. Eternos aprendizes, independente do tempo, nós podemos nos melhorar para minimizarmos e aliviarmos as dores dos fatigados e oprimidos, levando descanso para suas almas, como nos ensinou e exemplificou o sensato e prudente Nazareno, há mais de dois mil anos!...

Por isso, abnegados colegas, cabe-nos conhecer primeiro a nós mesmos e nos devotarmos aos chamados do mundo, pois se formos capazes de fazer a diferença para uma pessoa, para um grupo ou, quem sabe, para centenas de criaturas, teremos o dom de fazer um pedacinho do mundo ser um lugar melhor! Não importa o nome renomado ou não da universidade que nos graduou. A instituição não garante nosso profissionalismo honesto, não nos dá diploma de ser humano, humilde e responsável! Um diploma não tem tanto valor como o que somos e em que nos transformamos diariamente quando admitimos novos conceitos corretos, novas reflexões e nos reformamos intimamente deixando de ser preconceituosos.

Talvez transmitindo algumas sementes de bons-frutos, como deixou aquele 'Psicólogo das almas', há mais de dois mil anos!...

Esse Mestre Nazareno sabiamente disse: 'Onde estiver o vosso tesouro, ali estará também o vosso coração'.

Baseando-nos nessa filosofia de sensata reflexão, usando toda a força de vontade e todo o desejo de coração, cada um de nós pode fazer a diferença por intermédio das aquisições e aperfeiçoamentos de conhecimentos novos! E com as dádivas abençoadas da nossa alma, da nossa mente... Com amor... Usaremos tudo isso para o que escolhemos ser na vida: Psicólogos!"

O silêncio na sala era absoluto. O médico interrompeu a gravação. Sérgio sentia-se sem jeito. João estapeou-lhe as costas. Nivaldo levantou-se e puxou para um abraço e os demais profissionais da área presentes e que prestavam serviços na clínica, cumprimentaram-no com grande reconhecimento e satisfação.

O médico orientador e amigo valia-se dessas reuniões periódicas com a finalidade de promover afinidade entre os profissionais, esclarecimentos de possíveis dificuldades ou encontro de soluções para alguns assuntos.

Nesse momento, sem que esperassem, a secretária os interrompeu chamando Sérgio para atender uma ligação urgente.

Os outros continuaram conversando a respeito apesar de sua ausência. Ele retornou um tanto inquieto e conversou rapidamente com o doutor Édison avisando-o sobre que não poderia ficar. O médico mostrou-se preocupado, mas não disse nada, pedindo que telefonasse depois.

* * *

A surpresa desagradável de sérios acontecimentos tomou todo o tempo de Sérgio naquela tarde e princípio de noite. Após deixar Rita na casa de dona Antônia sob os cuidados maternais da amorosa senhora e também do doutor Édison, que se prontificou a cuidar da jovem, Sérgio se foi. Estava angustiado e a preocupação corroía seus pensamentos enquanto ia para sua residência. Pensava em chegar, tomar um banho e retornar ao hospital. Imaginou que nenhum outro acontecimento inesperado poderia surgir. Sérgio estava enganado.

Ao posicionar o veículo para entrar na garagem, viu um vulto de uma pessoa encapuzada com a própria blusa, sentada no degrau do portão social e, encolhida, encostava-se nele. Desconfiado, ele não abriu o portão da garagem e desceu vagarosamente do veículo, olhando atentamente para os lados, temendo um assalto. Contornou o carro para saber quem era e o que queria. A garoa forte, fina e fria começou a molhá-lo porque ele demorava observando a distância, atrás de seu carro. Viu que se tratava de uma silhueta feminina, mas não conseguiu identificar.

— Boa noite... — falou receoso. — Posso te ajudar?

Lentamente a pessoa se moveu e, trêmula pelo frio, descobriu a cabeça erguendo o rosto para vê-lo melhor. Foi então que Sérgio quase gritou ao mesmo tempo em que correu em sua direção:

— Débora!!! — Curvando-se, viu melhor seu rosto pálido e lágrimas a correr por ele. Procurando conter as emoções, ajudou-a e pediu em voz baixa: — Venha. Levante-se. — Em pé, ela o abraçou com toda a força, chorando compulsivamente. Ele estava comovido, mas permaneceu imperturbável e, afagando-a com ternura, convidou com voz generosa: — Vamos entrar? Fique calma, está tudo bem. Vamos!

Ele abriu o portão social, depois a porta da sala e conduzindo-a pediu que se sentasse no sofá e o esperasse, pois precisava guardar o carro na garagem.

O coração de Sérgio estava aos saltos. Não sabia o que pensar nem como agir. O que Débora queria, ali, naquelas condições depois de tanto tempo?

Ao retornar, viu-a tremendo e abraçada a uma almofada onde sufocava um choro triste.

Reparando em detalhes, ele pode ver o tênis de qualidade, mas bem sujo. Assim como o jeans que parecia usar há vários dias. Uma camiseta simples e uma blusa de lã fina que quase não aquecia. Seus cabelos estavam compridos, no meio das costas. Não usava maquiagem e estava muito magra. Débora não trazia qualquer bolsa. Toda molhada pela garoa fria do início do inverno, tremia de frio.

Abaixando e pondo-se de joelhos frente a ela, Sérgio a fez encará-lo e, com bondosa tranqüilidade, perguntou:

— Há quanto tempo ficou me esperando?

— Não sei... Mas quando cheguei, ainda estava claro — respondeu com voz fraca, apresentando vergonha no olhar lacrimoso.

— Débora, essas roupas molhadas te farão muito mal. Você quer trocá-las? Tomar um banho quente?

— Desculpe-me. Mas eu não tinha a quem procurar e... Não queria incomodá-lo.

— Débora — interrompeu-a com inflexão suave. Vendo-a desorientada e com visíveis necessidades físicas, ele propôs com paciência: — Vamos fazer o seguinte: pegaremos roupas limpas e quentes. Você toma um banho e se agasalha porque pegou muita friagem. Eu também preciso de um banho, pois estou bem cansado. Depois comeremos algo e conversaremos o que for preciso. Tudo bem para você?

— Você ainda é capaz de permitir que eu use a sua casa e suas coisas, como diz?

Oferecendo-lhe generoso sorriso estimulante, pegou-a pela mão fria, dizendo:

— Venha logo! Vamos encontrar uma roupa lá no armário e... Depois nos falamos.

Ele a levou até seu quarto e procurou por um agasalho quente que servisse, esquecendo-se de outras roupas que ela havia deixado lá e ele guardou em um canto do armário. Vez e outra, seu sorriso era anuviado por uma tristeza, grande preocupação e incontáveis perguntas.

Enquanto Débora se demorava no banho, ele preparou uma sopa e fez algumas torradas. Estava inquieto e queria organizar os pensamentos para saber quais providências tomar. Ao vê-la sair do quarto ele ligou a televisão para distrai-la. Observando seus cabelos molhados, sugeriu com tranqüilidade:

— Pegue o secador lá no armário. Está no lugar de sempre. Será melhor secar bem os cabelos ou pegará um resfriado. — Vendo-a concordar, avisou: — Vou tomar um banho e já volto para jantarmos.

Não demorou e os dois estavam na cozinha, sentados à mesa arrumada por ele. Desta vez, era Sérgio quem não conseguia comer pelo excesso de preocupações e surpresa. Apesar de delicada como sempre, Débora tomou várias colheradas da sopa quente e comeu algumas torradas.

Ele comentou sobre assuntos sem importância como a mudança brusca do tempo, sobre a cachorrinha que ele adotou e Débora se interessou:

— Você tem um cachorro?

— Na verdade, é uma cachorrinha — explicou. — Adaptei para ela uma entradinha do quintal para a lavanderia e com uma cama melhor do que a minha! — riu. — Só a deixo entrar aqui quando eu ou o Tiago estamos em casa. Ela se adaptou bem, não é barulhenta...

— Eu gostaria de... — a voz da moça enfraqueceu e um suor gotejou rapidamente em seu rosto.

— Débora! Tudo bem? — perguntou, levantando e ficando ao seu lado ao vê-la segurar a testa com as mãos.

— Não... — ela sussurrou. — Acho que...

Colocando a mão em seu rosto, sentiu-a gelada. Fazendo-a olhá-lo, viu-a pálida como nunca. Pedindo que se levantasse, ajudou-a com firmeza levando-a para a sala para que se sentasse no sofá. Pegando uma manta, cobriu-a, deixando-a encolhida e recostada nas almofadas amontoadas.

— Desculpe-me... — tentou dizer, mas estava esmorecida.

Abaixando-se frente a ela, perguntou em voz baixa e tom comovido ao observá-la:

— Débora, há quantos dias você não come?

Vendo-a abaixar a cabeça e chorar, ele se levantou e retornou sem muita demora. Percebendo-o em pé à sua frente, Débora olhou-o e largo sorriso moldurou seu rosto onde pareceu acender uma chama de energia.

Estendendo os braços para Sérgio, admirou e pediu com mimo de alegria na voz frágil:

— Ai! Que coisinha linda! Posso pegar?

Ele sorriu com gosto e apresentou:

— Débora, esta é a Princesa! Princesa, esta é a Débora!

Tratava-se de uma cachorrinha de pequeno porte, pelos lisos, curtos e acastanhados com pequena mancha branca na garganta, orelhinhas triangulares e dobradas, sem raça definida.

Muito alegre, ela abanava o rabinho curto com tanta força que se remexia toda para exibir sua felicidade ao olhar para a moça.

Entregando-a para Débora, Princesa parecia se contorcer de satisfação pelos carinhos que recebia. A jovem conversava com a cachorrinha exprimindo voz doce, encantada e generosa como se o animalzinho pudesse entender o significado de suas palavras. Mas, certamente, a cachorrinha entendia a entonação do carinho na voz.

— É! Ela gostou de você! — exclamou Sérgio sorrindo.

— Ela é um amor! Onde a conseguiu?

— Eu tinha o Tufi. Aquele ratinho que treinei. Ele era muito esperto.

— Você disse que iria trazê-lo para cá. Lembro que me contou que, quando o colocava fora da gaiola, ele passeava por toda parte, mas, ao chamá-lo, o Tufi obedecia, subia por sua roupa e corria em seu braço até pegar a recompensa em sua mão.

— Isso mesmo. Eu não podia trazê-lo para cá e deixá-lo sozinho. Eu estava trabalhando na clínica, na polícia e não teria tempo para cuidar dele. Por essa razão ele ficou na casa dos meus pais. Apesar de receosa e até com medo, minha mãe cuidava dele, mas não o soltava. Bem... tivemos alguns problemas e o Tiago decidiu estudar e veio morar aqui. Então pedi a ele que trouxesse o Tufi. E foi justamente naquela manhã, quando meu irmão chegou à casa dos meus pais, e sem que nossa mãe o visse, ele contou que ela chorava enquanto recolhia o Tufi do chão com uma pá. Nossa mãe falava sozinha lamentando: "Meu Deus! O que aconteceu? Eu tinha medo desse bichinho, mas gostava dele! Coitadinho!".

— O Tiago não perguntou o que ocorreu?

— Lógico. Ele disse que nossa mãe não conseguiu disfarçar quando o viu. Ela olhava o Tufi morto e chorava. Jurou que não o soltou, mas não sabia explicar como ele foi parar no chão.

— Talvez seus sobrinhos...

— Não. Para eles não fazerem isso, eu coloquei um cadeado de segredo na portinha por onde ele saía. Podia-se trocar a água, comida, jornal da bandeja do fundo e a areia por fora sem que ele saísse da gaiola. Somente o Tiago e meu pai sabiam o segredo. Limpavam e escovavam os brinquedos dele, pois minha mãe tinha o maior pavor. O Tiago e meu pai pegavam e brincavam com o Tufi sem deixá-lo ir para o chão, pois dava um trabalho enorme para voltar quando eu não estava para chamá-lo. Ou, então, os dois só o deixavam passear do lado de fora da gaiola, pois era ensinado e não ia para o chão. Achei interessante saber que minha mãe chorou por ele e... Sabe, ela pegou uma caixa de sapato enorme, colocou uma toalha fofa dentro, arrumando-a como um colchão e... Ela mesma pegou a bolinha e a corda, brinquedos de que o Tufi mais gostava e os ajeitou na caixa. Depois o colocou lá e o cobriu com um paninho, deixando a cabeça de fora como se estivesse dormindo. Foi até o jardim, apanhou algumas margaridas e arrumou em volta dele e pediu para o Tiago trazê-lo para mim.

— Acho que foi doloroso. Você gostava muito dele — disse em tom triste enquanto acariciava a cachorrinha que se aquietou em seu colo. — Será que não pisaram nele?

— Fiquei triste sim. Ele era bem treinado e não desceria da gaiola. A princípio, pensei que fosse pela idade, mas descartei essa idéia por estar bem ativo. O que me intrigou foi o Tufi estar fora da gaiola e, morto há poucas horas, estava bem inchado. Não pensei duas vezes e o levei na hora lá na universidade. Procurei um professor da área de graduação em Veterinária. Ele não precisou olhar muito para descobrir e me mostrar uma espécie de picada onde havia um endurecimento pelo acúmulo de algum líquido injetado. O professor queria fazer uma análise mais profunda e exames mais apurados.

— Uma espécie de autópsia?

— Sim. Mas eu não deixei. Voltei para casa, coloquei o Tufi como minha mãe havia feito e o enterrei aí no jardim. Depois pedi ao Tiago que me trouxesse a gaiola. Ela é enorme! Examinando-a, vi que alguém afastou as grades aumentando a abertura.

— E o Tufi saiu por essa abertura?

— Com certeza. Acho que, enquanto ele andava por fora da gaiola, algo que fazia sem ir para o chão, alguém o pegou e aplicou-lhe uma injeção.

— Quem faria isso? — perguntou em tom de lamento.
— Pelo que o Tiago contou, sem dúvida, não foi minha mãe.
— Você desconfia de alguém? — tornou Débora.
— Sim, mas... Deixa pra lá. — Breve pausa e contou: — Quando eu era pequeno, tive um cachorro que não me largava, mas um dia ele sumiu. Depois de alguns anos, um outro cachorro de rua me seguiu até em casa e o adotamos, depois de um ano ele também sumiu. Eu pensava que fosse minha mãe. Agora tenho certeza de que não, por causa da atitude com o Tufi. Ela não viu o meu irmão e estava chorando, preocupada com um bichinho de que tinha medo e, dos cachorros, ela reclamava, mas gostava. — Ele sorriu ao revelar: — Jurei que depois do Tufi não teria mais animal algum! Porém aconteceu que essa madame aí — falou rindo, referindo-se à cachorrinha —, apareceu lá na frente da clínica e ficou rondando em torno do estacionamento. Teve um dia que eu estacionei o carro, desci e olhei para a rua e gelei ao ver o pneu de um carro bater nela, quase a atropelando. Foi jogada para o lado e caiu estonteada ao chão. Fui até a rua, tirei-a de lá para outro carro não atropelá-la e a coloquei em um cantinho. Entrei às pressas, pois estava atrasado. A secretária viu a cena e ficou com dó. Foi até lá fora e deu-lhe água e resto de lanche para a pobre cadelinha. Foi o suficiente para ela continuar rodeando a porta da clínica. O segurança, que fica cuidando do estacionamento, também ajudou a alimentar essa "moça" e arrumou uma caixa de papelão para ela dormir num cantinho — riu, pois a cachorrinha o viu apontar para ela e abanava o pequeno rabinho, parecendo entender. — Era engraçado. Ela conhecia os funcionários e fazia a maior festa quando o doutor Édison, eu, o João ou o Nivaldo chegávamos ou saíamos. Houve um dia em que caiu uma tempestade de granizo muito forte. Fiquei até bem tarde na clínica e o segurança da noite estava olhando pelo vidro da porta impressionado com a chuva que caía. Despedi-me dele e, ao abrir a porta, quase pisei essa coitada! Parecia uma bolinha marrom molhada, rodeada do gelo do granizo que estava por toda parte, mesmo debaixo da cobertura da entrada. Não agüentei! Peguei o bichinho, coloquei embaixo do braço, enfiei no carro e trouxe para casa.

Ah! O Tiago ficou todo feliz! Mesmo sendo de noite, ele deu-lhe um banho quente, secou com o seu secador, deu comida e a enrolou em uma pequena manta. Isso foi ótimo, pois o aroma que ela exalava estava difícil de suportar. Aquecida, ficou feito uma bolinha e só no dia seguinte deu sinal de vida.

— Coitadinha! — apiedou-se Débora.

— Coitadinha mesmo! Assim que acordamos, peguei a cachorra, levei ao veterinário e ela tomou todas as vacinas de que precisava e ainda o vermífugo. — Rindo, contou: — Não ficou nada, nada satisfeita com as injeções, pois me olhou de jeito estranho por uns três dias. Enfim, acabou sendo adotada!

— E você lhe deu o nome de Princesa?

— Não... — disse com simplicidade. — Não tínhamos idéia de qual nome dar. A Rita veio aqui no dia seguinte às vacinas, começou a chamá-la de Princesa e a cachorrinha atendeu por esse nome, toda simpática, como se soubesse o significado!

O rosto de Débora anuviou o sorriso, dando lugar a uma expressão de constrangimento e melancolia. Enquanto agradava a cachorrinha, comentou:

— Sérgio, eu não quero atrapalhar sua vida. A minha presença pode causar problemas entre você e a Rita e...

— Por quê?! — interrompeu-a educado. — Esta é minha casa. Aliás, minha mesmo! Acabei comprando-a. Ninguém tem o direito de me criticar por você estar aqui.

— Talvez a Rita não aceite e...

— Débora, espere um pouco! — pediu, sentando-se ao seu lado. Vendo-a atenta ao olhá-lo, contou: — Fora uma grande amizade e consideração, como se ela fosse minha irmã mais nova, eu e a Rita não temos nada! A propósito, nunca, entendeu? Nunca tivemos nada além de amizade e respeito. Você não está sabendo, mas aconteceram tantas coisas... A Rita está morando na casa da dona Antônia e se tratam como se fossem mãe e filha. Há pouco tempo alugou a casa onde morava com o irmão e está com a dona Antônia. O Tiago está morando aqui, como falei e cursando Psicologia. Mas ainda é bombeiro e trabalha à noite. Após a morte do Rogério, aconteceram outras coisas e ela passou por momentos difíceis e o Tiago a acompanhou, tornou-se seu melhor amigo. Namoraram e ficaram noivos há um mês. A Rita se formou em jornalismo. Não satisfeita com o que o trabalho e com o que ganhava, deu um jeito de fazer um acordo e foi demitida da revista na semana passada, mas está com um emprego praticamente garantido em um jornal.

— E você? — perguntou aturdida.

— Eu?! — expressou-se sorrindo e com modos simples. — Bem... Trabalho na clínica, estou terminando uma pós-graduação. Tenho uma tarefinha em uma creche, em uma casa de repouso para idosos e... Estou levando a vida! Mais nada! Penso em fazer Mestrado no próximo ano!

Lágrimas surgiram nos olhos de Débora e não demoraram a correr em sua face pálida. Sérgio sobrepôs o braço em seus ombros, puxando-a para junto de si. Ela escondeu o rosto e chorou em silêncio. Enquanto ele sentia o coração apertado, pulsando fortemente ao debruçar suavemente o rosto sobre a cabeça da jovem, fechando os olhos por não acreditar no que acontecia. Ao mesmo tempo, Sérgio tinha vívidos os sentimentos latejantes, guardados com todo o amor, porém estava preocupado e curioso para obter mais detalhes.

Débora afastou-se lentamente do abraço, secando o rosto com as mãos, sem encarar Sérgio, que também trazia os olhos úmidos e forçava-se para segurar as lágrimas.

Breves segundos, e ela falou sem encará-lo:

— Eu não queria te incomodar, mas... — chorou e os soluços embargavam sua voz. — Sérgio... Aconteceu tanta coisa na minha vida... Não queria falar nisso, mas te devo satisfações...

— Se não quiser conversar hoje, não precisa. Poderá fazer isso amanhã — sugeriu com generosidade na voz grave.

— Posso ficar aqui? Não tenho para onde ir — pediu como se implorasse, humilhada.

— Claro que pode, Débora! — avisou piedoso. — Só que...

Ela o interrompeu, dizendo:

— Se eu for atrapalhar, posso ir! Eu darei um jeito e...

— Espere, por favor. Deixe-me explicar. — Ela silenciou e ouviu: — Eu só peço que você durma lá na suíte. O outro quarto é do Tiago e não gosto de invadir a privacidade e... Dorme na suíte, tá! Eu preciso sair. Aconteceu algo bem sério e não posso ficar. Mas!... Por favor — pareceu suplicar —, quero encontrá-la aqui quando eu voltar. Pode ser?!

— Posso dormir aqui no sofá, não tem problema.

— Não. Você está cansada e a cama é bem confortável. Só não gosto que a Princesa suba em minha cama, tá? — sorriu.

— Tudo bem — concordou e sorriu, sentindo-se envergonhada. — Mas... Se não for invadir sua privacidade, posso saber o que aconteceu de tão sério para precisar sair a essa hora? Por que de repente você pode ter alguém que vai chegar aqui e...

— Foi com o Tiago... — Sérgio engoliu seco e quase em lágrimas, contou: — Não ia dizer nada para não te preocupar... Foi assim: para estudar ele conseguiu um horário para trabalhar de noite até de manhã. Os bombeiros ficam de prontidão e bem atentos nessa época do ano, principalmente por causa dos balões soltos pelas festas juninas e dos campeonatos de futebol. Aconteceu que um balão aceso e ainda com fogos de artifícios estourando caiu sobre uma favela. O fogo se propagou rapidamente. O Tiago era um dos bombeiros que foi para o local. O ar estava sem umidade, pois, como viu, a garoa só chegou hoje à tarde e o incêndio foi durante essa madrugada. Conversando com um dos colegas que estava com o meu irmão, ele contou que, no local, uma mulher gritava desesperada porque seu filho de seis meses estava no quarto quando os três irmãos saíram correndo por causa do fogo.

— Por que ela não pegou a criança?

— Ela e o marido são faxineiros em um hospital e trabalham à noite. Disseram que ouviam o rádio com fones de ouvido quando souberam do incêndio onde moravam e correram para lá. Contaram que a mulher estava em desespero e, se não a segurassem, ela entraria nas chamas para pegar o filho. Disseram que o Tiago a acalmou e prometeu trazer o menino. Ele sabia dos riscos. Mesmo assim, andou sobre os muros e telhados, e a mulher que o via de longe gritava apontando onde era o local do quarto que o filho estava. Quando o Tiago tentava levantar as telhas, tudo cedeu e ele caiu. Os bombeiros encharcaram o local onde ele estava, mas não foi suficiente. O lugar tornou-se de difícil acesso por causa das chamas em volta. Destelhado, ficou mais perigoso e ninguém conseguia chegar até lá.

Com a ação ininterrupta dos bombeiros para apagar as chamas, mais de uma hora depois, puderam se aproximar e escutaram seu chamado e... — Sérgio chorou. Respirando fundo, prosseguiu: — Quase não acreditaram. O Tiago enrolou a criança em sua jaqueta e a protegeu com o seu corpo... O menininho de seis meses sofreu leve queimadura em um pezinho e um pouco de intoxicação...

— E o Tiago?! — perguntou aflita diante da pausa.

— Sua perna ficou presa entre as vigas e os escombros, que cederam novamente depois de ele pegar o menininho. Por isso não saiu... Não se sabe como conseguiu tirar a jaqueta e envolver o garotinho... Debruçando-se sobre ele e... E sem aquela roupa, suas queimaduras foram mais graves.

— Meu Deus! Como ele está?! — quis saber entre as lágrimas e os soluços.

Sérgio chorava ao responder:

— Mais de sessenta por cento do corpo com queimaduras de segundo e terceiro graus... Seu estado é grave e ainda corre o risco de perder a perna devido às queimaduras. — O rapaz se levantou, secou o rosto e procurou se controlar. E pediu com certa preocupação: — Por favor, Débora, você pode me esperar aqui? Preciso ir ao hospital novamente.

— Você já o viu? — perguntou chorando.

— De longe... Soube hoje pela manhã. Fui onde está internado e quero acompanhar os procedimentos bem de perto, entende?

— Claro! Se eu puder ajudar...

— Vai me ajudar se ficar aqui e me esperar. Qualquer coisa, me liga no celular.

— Só se for muito urgente. Não quero atrapalhar. Espero você ligar se puder. Estarei te esperando. Não se preocupe comigo e... pode deixar, cuidarei da Princesa.

— Então... Só vou pegar alguns documentos e...

Ele estava nervoso e preocupado, mas controlando as emoções. Dizendo isso, retirou-se e retornou em segundos. Despedindo-se de Débora, beijou-lhe a testa, recomendou que fechasse bem a porta e saiu rapidamente.

30
A elevada Laryel intervém na obsessão injusta

Na espiritualidade, em nível psíquico inferior por se prender ao primitivismo da mágoa e da vingança, o que equivale ao ódio e a falta de perdão, o espírito Sebastião comprazia-se.

Alguns espíritos que o acompanhavam, seguiam-no por propensão ou vontade própria na inclinação ao mal. Outros se ligavam ao grupo tal qual escravos cativos, desequilibrados, arrebanhados por suas práticas indignas quando encarnados, idéias inferiores e todos os atributos de espíritos imperfeitos.

Naquele lugar da crosta terrestre, o quadro era deplorável. Os espíritos se aglomeravam, parecendo festejar uma vitória. Alguns grunhiam como animais. Outros gritavam enlouquecidos, pulando em comemoração.

Energias mentais do espírito Sebastião criavam vibrações aos que o auxiliavam e os impregnavam de idéias pouco elevadas, dando forma às cenas prazerosas de suas inclinações à promiscuidade, à vulgaridade, à hipocrisia, aos vícios degradantes, à crueldade e a tantas outras práticas efetuadas quando encarnados. Era algo como que um "alimento fluídico" que lhes dava energia inferior limitada e ânimo agressivo. Muitos eram mutilados, deformados, apresentando-se com o corpo espiritual no qual plasmavam deformidades por seus vícios e milhões de vermes a corroer-lhes com violentas manifestações de terror, e usavam para aterrorizar os outros apesar de intimamente serem infelizes.

O grupo que acompanhava aquele líder não era tão grande quanto antes. Muitos o abandonaram desde que o viram ficar sem poderes para subjugar Sérgio como vítima. Sebastião perdeu as forças quando não ofereceu mais perigo ao encarnado, que assumiu nova atitude mental ao orar, vigiar-se e dedicar-se ao bem. Em decorrência disso, vários seguidores se afastaram daquela falange.

Em compensação, por sua nova postura mental, Sérgio recebia orientação e amparo providencial do Alto, mesmo sem saber ao agir intuitivamente.

Era impossível fazer o encarnado tornar-se vítima daquela inteligência perversa, repleta de vinganças e injustiças. Por isso Sebastião temia, temia algo desconhecido aos seus sentidos limitados. Reservava-se, observando a movimentação eufórica de festejo horripilante, tribal cuja matéria fétida e nojosa plasmava-se pelas linguagens de comunicação mental de palavreados obscenos e indecorosos. Todo aquele festejo de comportamento bizarro era pelo acidente ocorrido com Tiago.

Em outros tempos, Tiago serviu ao Exército Imperial ao lado de Sérgio, comandados pelo Marechal Sebastião durante a Guerra dos Farrapos. Por não estarem em acordo com os atos desumanos e abomináveis de seu líder, Sérgio, Tiago e outro desertaram ao assistirem um ataque cruel num vilarejo indefeso.

Por piedade e proteção a uma jovem que conheceu naquele massacre, Sérgio a levou consigo quando desertou. Eles e os companheiros se separaram, pois a jovem atrasaria os demais. Tiago tornou a encontrar Sérgio, que havia se unido a Débora, e refugiaram-se em uma estância. Tiago juntou-se aos Revolucionários Farroupilhas. Estrategista, Sérgio sempre seguia com a tropa, mas Tiago muitas vezes ficava para reforçar a segurança na estância.

Sérgio serviu de instrumento para, com suas estratégias militares e bem informado sobre as ações do Exército Imperial, guiar a tropa para grandes conquistas. Entretanto nem todas as vitórias são verdadeiramente vitórias. Nas lutas, perdia-se grande número de vidas farroupilhas, apesar de vencerem. Quando Sérgio percebeu que havia traição entre companheiros confiáveis e, graduados dos Revolucionários Farroupilhas, tentou avisar, mas não lhe deram crédito.

Intuído, inspirado a deixar aquela guerra, ele desejou tratar de procurar uma nova vida ao lado de Débora e longe dali.

A traição ocorreu conforme Sérgio previu. As mortes dos farroupilhas, nas consideradas vitórias, fizeram falta aos revolucionários quando Bento Gonçalves foi traído e ficou sem a ajuda de companheiros nos quais confiava.

Um anônimo na história pôde mudar o curso dos rápidos acontecimentos e foi a isso que Sérgio veio naquela reencarnação, pois, com base na Revolução, criaram Leis para a não divisão do Brasil.

Muito rancor e ódio foram criados por Sebastião, Lúcia e outros espíritos daquele grupo e que, naquela época, creram que Sérgio e os desertores eram culpados por suas dores e pesares na espiritualidade. Na realidade, eles não admitiam experimentar as mesmas sensações de suas vítimas em grande estado de perturbação.

Entretanto o estranho espetáculo de horrenda comemoração pelo ocorrido com Tiago não tinha fundamento. Aqueles espíritos acreditavam ter sido o rapaz fortemente lesado com queimaduras pelo empenho de Sebastião, o que não era verdade.

Deus, bom e justo, oferece condições de harmonização com as nossas falhas, a fim de corrigirmos o que desarmonizamos. Conforme a humildade e a determinação de cada um para corrigir os erros, é prudente o arrependimento sincero, a disposição sincera e sem queixumes para cumprirmos determinada missão, prova ou expiação na Terra. Somente assim a consciência se alivia do remorso e o espírito se purifica e caminha para a perfeição, elevando-se cada vez mais.

Na atual encarnação, Tiago era um homem de caráter espiritual bom e benevolente. Não tinha ódio, rancor, inveja, orgulho ou egoísmo. Já possuía essa personalidade no passado, mas se desviou. No planejamento reencarnatório, solicitou as possibilidades de ajudar os semelhantes e passar por dolorosa provação para proporcionar mais harmonização na sua consciência e continuar auxiliando com bondade e amor.

No passado distante, antes de conhecer as opiniões de Sérgio, contrárias aos atos desumanos, insensíveis e tiranos do comandante Sebastião, Tiago se deixou influenciar pelas energias vibratórias dos companheiros em meio aos gritos de vigor para os ataques na guerra. Deixou-se influenciar por encarnados e desencarnados e ateou fogo em casas, ferindo pessoas com os incêndios que provocou. Algumas vítimas desencarnaram pelas infecções das queimaduras, outras ficaram deformadas e houve as que morreram[10].

No momento em que Tiago tomou conhecimento das opiniões de Sérgio, ele passou a refletir sobre suas ações desnecessárias contra pessoas indefesas e mudou de atitude. Na espiritualidade, aprendeu ainda mais.

Por isso, na presente encarnação, decidiu ser bombeiro e salvar vidas. Enfrentar as situações mais diversas e difíceis principalmente as ocorrências para defrontar o fogo em razão de salvar vidas. Humildemente, com moral que lhe dava o direito de pedir em seu planejamento reencarnatório, Tiago solicitou experimentar o que fez muitos sofrerem e requereu desencarnar com a prova do fogo, depois de ajudar muitas pessoas em sua tarefa. Seu estado não se tratava da atuação de espíritos levianos e imperfeitos, em sua vida.

E foi chegado o momento do esclarecimento e intervenção de espíritos prudentes, dotados de bondade, sabedoria e capacidade de julgar com justiça, atuar em favor dos que trabalham, esforçando-se para o bem, o adiantamento dos semelhantes e a elevação espiritual.

No lugar onde a agitação comemorativa ocorria em uma espécie de adoração ao espírito Sebastião, lentamente um fio de luz azulada se fez rompendo as trevas. A música e a cantoria debilitante e deplorável, que agitavam todos, pararam imediatamente. A aglomeração de espíritos inferiores pareceu petrificada diante da claridade tênue.

Sebastião, com expressão furiosa, levantou-se rápido de seu acomodo, semelhante a postura de um rei, que se ergue do trono diante da desagradável invasão em seu castelo. Muitos espíritos, com miserável aspecto, arregalaram os olhos, apavorados com a cena e a vibração iniciada, e por essa razão, correram, fugindo assustados sem coragem de esperar para ver.

Apesar da aparência rude e grosseira, o espírito Sebastião temeu, mas não se acuou.

Em poucos segundos, um grupo de entidades elevadas passou a tomar contorno visível àquele nível no plano espiritual, enquanto o fio de luz irradiava-se, iluminando vagarosamente o lugar e emitindo vigorosas

---

10 N.A.E.: Em O Livro dos Espíritos, da questão 742 a 751, entre outras coisas, explica-nos que em uma guerra o maior culpado é aquele que a causou para satisfazer sua ambição e responderá pela morte de cada homem, de cada criatura. Deus, em Sua justiça, julga mais a intenção do que o fato. O ser humano tem o direito e o dever de preservar a própria vida e não será culpado pelas mortes que cometeu na guerra, desde que tenha sido obrigado pela força das circunstâncias. Contudo será responsável pelas crueldades que cometer.

vibrações sublimes que pareciam limpar os miasmas destruindo as formações nojosas existentes. Os bondosos benfeitores fizeram-se presentes com nitidez às impressões dos que ficaram. Todo o grupo de espíritos sublimados parecia nutrir-se dos raios brilhantes da bela luz e prendiam os pensamentos em prece elevada.

O jorro de luz se intensificou, como se ganhasse delicado contorno transparente, lindo, indescritivelmente belo, transmitia puro amor. As sombras se dissiparam e reconhecível surgiu Laryel de forma translúcida, como um cristal e com toda a sua expressão de bondade e superioridade, pois assim o era.

Sebastião ficou inquieto, nervoso e agressivo, protestando ao urrar:

— Quem pensam que são para invadirem meus domínios?!!!

Após gesto generoso ao inclinar de cabeça, como um cumprimento sutil, Laryel argumentou com postura e expressão imperturbável enquanto ampliaram-se os raios de intensa luminosidade, que se espargiam de seu contorno:

— Sebastião, por que o coração endurecido que insulta sua consciência, mesmo sabendo da necessidade de reparação?

— Quem é esse ser desgraçado que ousa me afrontar?!!!

— Sou uma criatura de Deus assim como você, mas não o afronto. Aqui estou por missão de amor — esclareceu a benfeitora com intraduzível generosidade.

— Vamos!!! Ataquem esses invasores!!! — berrou Sebastião. Contudo os poucos espíritos malfeitores restantes também fugiram. Somente Lúcia, assustada, foi para trás de Sebastião como se quisesse se esconder.

— Aceite a oportunidade, caro irmão. Sabe que não adianta a rebeldia. Todos já trilhamos caminhos obscuros, fomos egoístas e não aceitamos as justas Leis de Deus, que é de bondade igual para com todas as Suas criaturas. — Breve pausa e pediu serena e piedosa: — Venha, venha comigo, Sebastião. Arrependa-se dos atos do passado e se proponha à elevação. Já perdeu muitas oportunidades de reparar os erros.

— Nunca!!! Sofrimento e dor!!! É isso o que tem para me oferecer!!! Chama de bondade Divina o que Tiago experimenta?!!! — riu com sarcasmo.

— Sim. Eu denomino bondade e justiça de Deus. Tiago experimentará uma única vez o sofrimento provocado em dezenas de pessoas. Dispondo-se ao auxílio na tarefa abraçada nesta reencarnação, com sincero arrependimento do que fez no passado, ele só terá essa prova, em vez de se penitenciar ao mesmo número e grau de dores que provocou em suas vítimas. Se a lei de Talião: "olho por olho e dente por dente" vigorasse por desejo de Deus, o mundo estaria cego e desdentado, como disse uma grande alma muito sábia. Justiça e bondade são as bases das Leis de Deus para os que se arrependem e desejam se elevar.

— Desgraçada!!! Já sofri muito e me diz que ainda preciso sofrer mais!!! Não sabe o que experimentei, mas estou liberto!!! Não serei mais prisioneiro da minha mente!!!

Nesse instante, o espírito Sebastião afastou-se e correu, tentando fugir. Mas ao querer ultrapassar o limite dominado por aquela claridade celeste, foi como se experimentasse um choque que o fragilizou e, depois de um gemido, o fez tombar. De imediato, Sebastião foi amparado por socorristas especializados. Ele estava inerte e desfigurado. Foi recolhido com todo o carinho para, ao fim daquela missão, ser encaminhado e preparado para breve reencarne.

Generosa, Laryel voltou-se para o espírito Lúcia, que chorava, mas sem arrependimento e sim de contrariedade e medo.

— Querida Lúcia, é o momento de você decidir.

Aos prantos, com aparência horripilante na formação perispiritual, ela reclamou:

— Isso é injusto!!! É impiedoso!!!

— Impiedade e injustiça foram temas de suas atitudes para com Sérgio após várias oportunidades reencarnatórias. É o momento de reconhecer e assumir suas falhas, despojar-se dos vícios libidinosos.

— Tudo é confuso! Tenho medo... O que acontecerá comigo?!

Piedosa, Laryel argumentou:

— Você só serviu de instrumento para que Sebastião tentasse desviar Sérgio da tarefa admirável, útil e voltada para o bem. Seu irmão reencarnou com um propósito. Ele é um espírito bondoso, sábio e prudente, por isso não se inclinou às suas cruéis tentativas de assédio para o incesto a fim de desviá-lo para o desequilíbrio. Mesmo desencarnada, Lúcia, você se deixou usar para estranhas representações que o perturbassem em sonhos. Porém, mais uma vez, o Sérgio mostrou-se digno e elevado. Será difícil atormentá-lo.

— Eu me atraí por ele!!!

— Egoísmo e possessividade não são amor. Apego demasiado e extremas atitudes cruéis pelo desejo compulsivo de desregramento sensual para seus vícios sexuais não são amor. Amor é renúncia, aceitação e compreensão.

— Foi cruel sermos irmãos! Fiquei desgostosa e morri por culpa dele... Eu não desejava mais viver!

Com doce inflexão, quase num lamento, Laryel se expressou caridosa:

— Pobre Lúcia. Tanto foi usada por Sebastião e por Sueli que não percebeu ser um simples boneco à mercê das manipulações. Realmente sua existência terrena foi cortada abruptamente e estava com vigoroso fluido vital. Mas foi você mesma quem se atraiu para esse acontecido. Se tivesse outra postura moral, não teria desencarnado tão bruscamente e naquela ocasião. Perturbou-se muito no plano espiritual, por isso não se importou em se deixar influenciar pelas energias mentais de Sebastião, que nublaram sua consciência, fazendo-a crer no que ele afirmava. Questionou-se se tudo era verdade? Procurou lembrar os fatos como realmente aconteceram?

Com a habilidade que lhe era peculiar, Laryel fez projetar na tela mental de Lúcia como foi realmente seu desencarne. Sem ter como fugir das cenas, o espírito Lúcia narrou em aflição:

— Eu estou com a Sueli!... Fomos roubadas e um dos ladrões está armado! Eles iam embora de moto, mas ainda estavam parados ao nosso lado e... Um deles pegou minha carteira e jogou minha bolsa, mas... Não!!! Vejo o Sebastião influenciando a Sueli... Ela me empurrou e eu... Eu não reagi!!! Estava com medo!!! Com o empurrão que ela me deu, fui para cima do ladrão, quase caindo sobre ele e... Ele se assustou! Quando me equilibrei, afastando um pouco, ele atirou e eu caí!!! Eu não me matei!!! — um choro compulsivo a dominou ao deparar-se com a verdade.

Afetuosa, Laryel acrescentou:

— Desencarnada e em profundo estado de perturbação, o Sebastião nublou o seu entendimento. Mas foi a sua mágoa, a contrariedade em seu coração, os seus desejos mundanos que a deixaram sob à disposição desse espírito obsessor, que conseguiu organizar uma falange para que uma tarefa não fosse cumprida. E pela sua inclinação à maldade, à vingança e ao orgulho, você se deixou usar por Sebastião.

— Mas eu não sabia! O Sebastião me usou!

— Socorreu-se em prece verdadeira a Deus, Lúcia? — perguntou com sensibilidade. E, sem esperar resposta, Laryel continuou no mesmo tom delicado: — Com as paixões materiais e, principalmente, as necessidades do corpo físico se ressaltando no plano espiritual, admita que foi por orgulho, vaidade, necessidade de vícios lascivos e fantasias sexuais que se deixou hipnotizar por Sebastião. Não foi somente vítima dele, mas sua aliada. — Breve pausa e acrescentou: — Querida irmã, seu desencarne se deu por uma traição de sua amiga. Tal fato ocorreu exatamente como você fez no passado. Nomeou-se amiga de Débora e a vitimou com um tiro no rosto provocando sua morte precoce e imediata pela lesão no cérebro. Foi capaz de pagar para que a matassem, simulando um assalto.

— Eu morri num assalto que a Sueli se aproveitou para se livrar de mim. Por quê?

— Ao confidenciar para sua amiga que gostava de seu irmão, em vez de procurar ajuda de profissionais competentes como Sérgio orientou, você se tornou um risco para as idéias desequilibradas de Sueli. Ela acreditava que ele poderia corresponder aos seus desejos, Lúcia, e desfazer o namoro.

— Não!!! Não!!! — Lúcia passou a gritar por começar a experimentar as indescritíveis torturas morais como punição dos crimes cometidos. Após aplicação de passes magnéticos por outros tarefeiros, ela se acalmou, mas ainda transtornada, perguntou: — Essas outras vidas que vejo na mente são verdadeiras?!

— Sim, minha irmã. Tudo fica registrado na sua consciência. Teve oportunidades, mas não as aceitou. Apesar de dotada de inteligência e receber orientações nobres e amorosas de seus pais, inclinou-se aos vícios mundanos, às fantasias das paixões físicas. Usou a inteligência para o mal só por egoísmo. O ciúme, a ambição, a inveja, as paixões corpóreas não são amor. O que fez será de sua total responsabilidade e precisará cedo ou tarde harmonizar tudo sob a ação das Leis de Deus. Todo extremo é prejudicial e arcaremos com as conseqüências dos nossos excessos em tudo.

Lágrimas incessantes corriam dos olhos de Lúcia que, muito abalada, tinha o perispírito ainda mais deformado, soltando pedaços como se estivesse se decompondo.

— Estou louca!!! Matei os cachorros que o Sérgio teve por ciúme dos animais, pois ele dava mais atenção para os bichos do que para mim! Inspirei a Sueli matar o Tufi para magoá-lo e deixá-lo fragilizado! Eu me vejo tentando seduzir meu irmão! Que horror! O sangue da Débora não sai das minhas mãos, da minha roupa!!! E em outro tempo tentei seduzir o Sérgio quando ele foi meu pai!!! Pare!!! Pare!!! Tenho dor! Eu estava com ódio da Débora, ajudei a separá-la do Sérgio ao me aliar ao Sebastião e influenciar a Sueli! Olhe o que a Débora passou e sofreu por minha causa!!! Como o Sérgio sofreu com sua ausência!!! Quero esquecer tudo!!! Esquecer!!! Não quero mais ver isso nem me ver deformada! Isso dói!!! Faça algo em nome de Deus!!! — berrava com repulsiva sensação de pavor, e chocada com tudo o que fez. E as cenas se repetiam em sua mente.

— Querida Lúcia, só você pode se ajudar a partir de agora — esclareceu Laryel com bondade. — Sebastião ainda se prende nas satisfações animais para o espírito. Deseja vingança. Mantém a crueldade no coração impiedoso. Ele tem muito a reparar, mas não aceitou ajuda. Não se arrependeu. Não será fácil Sebastião se harmonizar e se equilibrar por causa de sua revolta e egoísmo. No entanto você, Lúcia, pode se submeter à bondade e justiça de Deus desde já.

— Poderá me socorrer e me tirar daqui?!!! Poderá tirar isso tudo da minha mente?!!!

— O que vê repetidamente são os seus excessos, as conseqüências de suas práticas. Agora entende que não prejudicou somente Sérgio e Débora, mas outras criaturas que necessitavam e dependiam deles e ainda os que precisariam desses outros. O planejamento reencarnatório é tão difícil de ser seguido e piora quando alguém interrompe o fluxo da corrente de vida, produzindo causas desastrosas a uma pessoa, aos que a cercam, aos seus antecedentes e descendentes. É uma destrutiva reação em cadeia e com o uso da inteligência, algo pensado, premeditado e que poderia ser evitado.

— O que Deus pode fazer por mim?!!! Não quero ver nem sentir mais isso!!!

Inabalável diante da cena triste, piedosamente, Laryel expressou-se brandamente:

— Veja o que você pode fazer por você. O que pode fazer para minimizar o que experimenta. Então a bondade e a justiça de Deus hão de auxiliá-la na harmonização, na reparação e na elevação espiritual. Crê em Deus?

— Eu creio em Deus!!! Ajude-me Senhor!!! — suplicou com sentimento verdadeiro. — Estou arrependida de tudo isso! Não imaginava que sofreriam assim!... Posso sentir o que sentiram!...

Aproximando-se suavemente de Lúcia, Laryel estendeu-lhe a mão, direcionando-lhe energias salutares. Um bálsamo para o que experimentava. Lúcia sentiu-se esmorecida e foi amparada por um socorrista, mas ainda olhou para Laryel e murmurou com dificuldade:

— Você é um anjo... Apague isso que vejo e sinto. Ajude-me em nome de Deus.

Imediato efeito calmante a dominou e o espírito Lúcia se entregou ao socorro.

Laryel olhou docemente a cada um que a acompanhava. Erguendo o rosto sereno e transparente para o alto, teceu sentida prece de agradecimento. De seu contorno, raios reluziam ainda mais fortes, como se seres superiores lhes derramassem bênçãos santificantes em jorro de luz, forças magnéticas em ondas luminosas para suprirem as energias despendidas por todos.

Beleza intraduzível e contornos translúcidos irradiavam de seu semblante sublime. A abnegada benfeitora agradeceu aos elevados acompanhantes em nível de pensamento e ofertou doce sorriso enquanto sua figura, já transparente, desfazia-se suave sob a visão dos companheiros.

O grupo socorrista terminou a tarefa e seguiu para local adequado às necessidades de cada um dos socorridos.

* * *

O dia havia clareado, mas a manhã estava cinzenta. A garoa deu lugar ao vento frio e úmido. Sob o efeito da claridade sem brilho e do frio incômodo, Sérgio despertou do cochilo na cadeira do hospital. Acomodando-se melhor, sentiu o corpo dolorido e uma rápida lembrança de tudo o colocou em alerta. Levantou-se e saiu à procura de alguém daquele setor hospitalar que pudesse lhe dar notícias sobre o estado de Tiago. Ao ver uma enfermeira, apressou-se para alcançá-la, porém a mulher informou que o médico ainda estava no Centro de Terapia Intensiva, ou C.T.I., acompanhando o estado dos pacientes.

Alguns minutos e Sérgio olhou para o corredor e viu seus pais caminharem ao seu encontro. A mãe o abraçou e estava em prantos.

— Mãe... Pai... — ele murmurou sem saber o que dizer.

A mulher não conseguia falar, mas o pai perguntou:

— Alguma notícia? Você conseguiu vê-lo?

— Não... O médico está no C.T.I. e não deve demorar.

— Não acredito... Oh! Deus! Que dor meu filho está sentindo! — chorava dona Marisa.

— Procure se acalmar, mãe — pediu bondoso. — Venha, sente-se aqui.

— Nós deveríamos ter ficado aqui com você — disse o senhor Inácio com olhos vermelhos pelo choro. — Depois que fomos para casa, não conseguimos dormir e a preocupação só aumentou.

— Não adiantaria ficarem aqui. Eu não tive qualquer notícia. É necessário aguardar.

— Meu filho está sofrendo... É a pior dor do mundo!

— Calma, mãe. Acredito que deram sedativos ao Tiago.

Um barulho e Sérgio olhou para o corredor por onde o médico caminhava vagarosamente, observando algumas fichas clínicas.

Rápido, o rapaz se levantou, foi ao encontro do médico e, mantendo-se calmo, perguntou:

— Doutor, meu nome é Sérgio, irmão do Tiago Barbosa, o bombeiro vítima de queimaduras sérias e... Bem, o senhor poderia me dizer qual o estado dele?

O médico o observou por sobre os óculos caídos no nariz e explicou após olhar a ficha:

— Tiago Barbosa... Calcula-se sessenta por cento de queimaduras graves de segundo e terceiro graus. Seu caso é sério e não posso adiantar qualquer resultado, pois... — Notando o casal sentado, falou baixo: — Bem, Sérgio, ele é jovem, saudável e parece muito resistente. Talvez outro não suportasse tanto e... Veja, minha opinião é que ele tem grande chance de sobreviver às lesões, porém ficará com consideráveis cicatrizes nas costas, parte lateral do tronco, perna, braços... Por sorte seu rosto foi pouco atingido. Somente uma leve queimadura no queixo e pescoço. O capacete do bombeiro protegeu seu couro cabeludo e... Precisamos aguardar.

— Doutor, o outro médico que o atendeu ontem disse haver uma perna muito queimada e comprometida... Existe algum risco de... — Sérgio deteve-se com olhos marejados.

Ponderado, o médico avisou:

— Sim. Isso é verdade, Sérgio. — Olhando novamente o casal sentado, que chorava aflito, o médico explicou: — As queimaduras foram fortes e comprometeram a circulação da corrente sangüínea para o pé direito. Precisamos evitar todos os riscos de infecções e acompanhar rigorosamente a irrigação do sangue, mas caso o organismo não tolere, bem...

— Será necessário amputar? — perguntou o irmão sussurrando.

— Provavelmente. — Vendo o abatimento do rapaz, o senhor aconselhou: — O hospital é um ambiente que esgota as forças e vocês não poderão vê-lo pelo risco de contaminação. Vão para casa e procurem descansar pelo menos o corpo. Isso é o mais prudente a se fazer. Poderão telefonar para terem notícias e será menos desgastante.

— Certo... Mas... Só uma coisa, o Tiago está consciente? Ele sente as dores da queimadura?

— Ele está monitorado por aparelhos e, quando recobrou a consciência ao ser trazido para o hospital, eu e o outro médico acreditamos que fosse viável induzi-lo ao coma temporariamente. As primeiras quarenta e oito horas são as mais críticas no estado em que ele se encontra. Depois disso, teremos condições de uma avaliação melhor.

— Muito obrigado, doutor. Faremos como aconselhou. Voltarei mais tarde.

— Telefonaremos caso haja alguma novidade.

— Certo! Muito obrigado!

Após despedir-se, Sérgio voltou para junto de seus pais explicando somente sobre a importância de Tiago não contrair uma infecção e que estava sob o efeito de um coma induzido.

Acompanhando os pais até o estacionamento, despediu-se e os viu ir embora. Depois, frente a seu carro, quando ia entrar no veículo, avistou uma pequena e bonita Capela Católica que ficava próxima a um belo jardim no hospital. Sérgio sentiu que precisava de um templo silencioso para reflexão, meditação e prece. Lembrou-se de Débora sozinha em sua casa. Pensou por instantes, superou o desejo de ir embora e caminhou, lentamente, até a capela.

Chegou a duvidar de que Débora o esperaria, porém não pensou muito nisso. Sua prioridade era a de refazer-se espiritualmente, buscando amparo e alívio pela elevação do pensamento a Deus para se manter equilibrado.

Adentrando a capela, admirou seu interior repleto de flores agradáveis e suave perfume. Caminhou alguns passos, que ecoaram no assoalho de madeira, e sentou-se em um banco. Circunvagou o olhar e admirou os delicados vitrais. Fixou olhar na estátua de imagem angelical que simbolizava Nossa Senhora, mãe de Jesus, e do outro lado do altar a estátua representando o próprio Mestre. Ambas rodeadas de belas flores frescas.

O silêncio era absoluto e muito convidativo à prece.

Sérgio suspirou profundamente e fechou os olhos, elevando os pensamentos por intermédio da oração.

No plano invisível aos encarnados, suave luz cristalina era emitida de Sérgio e, gradativamente, aumentava de intensidade transformando seu semblante que pareceu ainda mais belo e superior. De seu peito raios cintilantes jorravam projetando-se ao longe. Sérgio ergueu levemente a cabeça e de sua testa irradiava luminosidade adiamantada que se ligava à luz azulada, quase violácea que descia do Alto pelo vigor da prece. Algum tempo depois, terminada a meditação, ele percebeu lágrimas quentes correrem pelos cantos de seus olhos e as secou com as mãos. Mesmo sensibilizado, Sérgio se sentia melhor. Estava envolto por uma luminescência vigorosa e bela que o fortalecia. Não demorou muito e decidiu ir para casa.

31

Débora fracassada, humilhada e submissa

Ainda era manhã quando Sérgio chegou à sua casa e não conseguia deixar de pensar em Débora. Uma muralha de silêncio amargo e angustiante havia se erguido entre eles por culpa do egoísmo, da inveja e da mentira. Foi difícil para ele suportar as ruínas dos sentimentos, os pensamentos inquietantes e o doloroso sofrimento por ela não acreditar em suas palavras. Sentindo o coração cortado por uma lâmina afiada, lembrou-se de se ver à beira do desespero, quase cometendo um ato insano. Apesar da gravidade dos fatos, tudo havia passado e mesmo não se esquecendo de Débora ele superou bravamente o terrível tormento.

No entanto, quando menos esperava, ela retornou abatida, parecendo humilhada e dizendo necessitar de sua ajuda. No instante em que a viu, ficou incrédulo e seus sentimentos ressurgiram com mais intensidade, com o mais puro e verdadeiro amor. Teve o desejo de abraçá-la e beijá-la, esquecendo o passado. Mas se conteve, pois o passado precisava de muito esclarecimento e ele tinha de ser prudente.

Abrindo a porta, ao entrar, não percebeu qualquer movimentação ou barulho. A casa parecia vazia. Chamou por Débora e não houve resposta. Acreditou que o destino lhe tivesse armado nova decepção. Sentia o coração apertado, mas mantinha o controle apesar de decepcionado. Após olhar pela casa foi até a porta dos fundos e a abriu, deixando sua cachorrinha entrar. Vendo-a fazer muita festa, abanando o rabo e parecendo rebolar de alegria em vê-lo, ele perguntou com voz peculiar de quem amorosamente brinca com um animalzinho:

— O que foi, Princesa?! Por que essa felicidade toda, hein?! — A cachorrinha correu de um lado para outro da casa enquanto ele colocava-lhe ração e trocava a água. Depois ela se aproximou, tocando-o com as patinhas ao ficar em pé. Sérgio sorriu e tornou a conversar: — O que é, menina? Não está a fim de comer hoje? — Ela continuava brincando da mesma forma e ele não resistiu, dizendo: — Tudo bem! Vem cá, vem! Sei que quer colo, não é? — falou, pegando-a no colo e lhe fazendo um carinho. Em seguida colocou-a no chão e observou: — Tenho muita coisa para fazer e não posso brincar. Você está ficando muito sem-vergonha, pois só quer saber de carne. Mas enquanto a senhorita não comer a ração, não ganhará carne, entendeu?! — riu.

Sérgio sentia o corpo dolorido e muito exausto. Sofria ao pensar em Tiago. Amava muito o irmão. Como se não bastasse, preocupava-se e se decepcionava com Débora que não cumpriu o prometido de esperá-lo mesmo sabendo da gravidade do que acontecia. Indo para a sala sentou-se no sofá, fechou os olhos, recostando a cabeça e largando o corpo. Imediatamente o sono o dominou.

Muito tempo depois ele, despertou ao sentir um leve afago em seu ombro. Virando-se rapidamente, surpreendeu-se ao ver Débora em pé, chamando-o com voz suave. Ele se ajeitou e confuso murmurou:

— Débora?! Você está aqui?!

— Se esqueceu de mim? — perguntou amedrontada, um tanto submissa.

— Não!!! De jeito algum! É que ao chegar não a vi e pensei que tivesse ido embora — explicou, levantando-se. Ficando frente a ela, perguntou expressando preocupação: — Aonde você foi?

Com os olhos nublados, empenhando-se para que as lágrimas não caíssem, ela avisou de modo tímido:

— Por enquanto não posso ir embora a não ser que você me peça... Eu não tenho para onde ir e... Prometi que o esperaria. — Desviando o olhar e afastando-se, completou: — Saí só para comprar pão e algumas coisas para o café da manhã. Acreditei que chegaria exausto.

— É... Realmente estou.

— E o Tiago, como está?

— Ainda no C.T.I. Não pode receber visitas. As queimaduras foram bem graves e só nos resta aguardar. — Ante ao silêncio, falou: — O médico reforçou o risco de ele perder a perna ou...

— Meu Deus... — sussurrou com dolorosa piedade.

Nesse instante Sérgio andou até a janela, deixando o olhar perdido. Com voz fraca, tímida e quase hesitante, Débora se aproximou e sugeriu:

— Sérgio... — Ao vê-lo se virar, ela prosseguiu: — Você está cansado e muito abatido. Seria melhor tomar um banho e... Eu preparei um café. Tem leite e comprei pão e bolo. Alimente-se e depois deite e durma um pouco. Não acha melhor?

Sérgio estava atento e mantinha o olhar fixo em Débora. Ele desejou envolvê-la num abraço, refugiar o rosto em seu ombro e somente senti-la junto de si. Seu coração batia acelerado e descompassado, mas dominou a intensa vontade e concordou, voltando à realidade:

— Realmente preciso de um banho, comer alguma coisa...

— A toalha já está no banheiro e... — Acanhou-se, mas avisou: — Eu tomei a liberdade de separar um agasalho, uma camiseta e... As roupas mais confortáveis que encontrei. Achei que precisaria se sentir mais à vontade.

— Puxa, Débora! Obrigado! Não deveria se incomodar... — agradeceu surpreso. Sem resistir, emoldurou leve sorriso no rosto, estendeu o braço tocando sua face com as costas da mão, fazendo-lhe um terno carinho. Mas rapidamente se deteve e dissimulou, comentando: — Vou tomar um banho logo. Não me alimentei direito ontem e estou me sentindo mal por isso.

Vendo-o sair da sala, Débora experimentou a mais desagradável sensação diante dele. Percebeu que Sérgio havia mudado muito. Estava mais soberano e solícito, seguro de si e ponderado, racional e flexível, equilibrado e sensível, preocupado, mas imperturbável. Glorioso, humano e humilde.

Ela se sentia uma estranha acolhida por uma pessoa bondosa e piedosa, pois sua aparência sofrida denunciava os maus tratos da vida que escolheu. Sua sensibilidade pesava-lhe a consciência e se humilhava por culpar-se mentalmente. Lembrou-se de tudo o que falou para Sérgio e a maneira cruel de como o tratou, das acusações feitas com o intuito de machucá-lo, torturá-lo, envergonhá-lo a ponto de destruí-lo moralmente.

Não entendia como foi capaz de fazer aquilo, conhecendo-o tão bem. Apesar de tudo, ele a acolheu após tanto tempo.

Quanto arrependimento! Débora chorou em silêncio, chorou muito até ouvir o chuveiro ser desligado. Não querendo apresentar o rosto vermelho, ela correu e foi lavá-lo com água fria, disfarçando e escondendo-o entre os fios de cabelos jogados.

Alguns minutos e Sérgio retornou à sala, mas ela o chamou à cozinha. Ao vê-lo, pediu:

— Sente-se e coma alguma coisa. Fiz café, mas... Não sei se ficou bom. Pode acrescentar leite — falou com meio sorriso e sem jeito.

Deparando-se com a mesa bem arrumada para o desjejum, ele se admirou, mas não disse nada. Sorriu levemente e agradeceu, aguardando-a para que se sentasse ao vê-la trazer o leite quente. Tendo os olhos vermelhos pelo choro e os cabelos cobrindo parcialmente o rosto, ela não o encarava, mas contou:

— Sérgio, eu encontrei certo valor em dinheiro na gaveta do seu quarto e peguei o necessário para comprar o pão, o queijo, o bolo, porque não tinha muita coisa para o café da manhã. Achei que você precisaria se alimentar e só havia frutas.

— Fez bem, Débora. Obrigado. Há tempo não tomo um café da manhã com suco de laranja, mamão e tudo isso de que gosto — sorriu. — Não é por preguiça de preparar, é por falta de tempo e, às vezes, nem tomo café em casa.

O silêncio reinou. A falta de assunto enquanto se alimentavam fustigava os pensamentos de Sérgio. Porém Débora mostrava-se temerosa, envergonhada de alguma forma e com atitudes extremamente submissas.

Ao terminarem, ele foi ajudá-la com a louça, mas a jovem o impediu de modo singular:

— De jeito nenhum, Sérgio. Eu arrumo isso. Você precisa dormir e...

— Acredita mesmo que eu conseguirei dormir?

— Ao menos deite e descanse. Está frio e...

— Nada disso! — tornou ele, exibindo-se descontraído. — Vamos! Eu te ajudo a arrumar a cozinha. Descansei um pouco no sofá quando cheguei — disse, tirando as coisas da mesa. Enquanto ela lavava, ao secar as louças, ele comentou: — Estranhei por não encontrá-la ao chegar aqui e por não ter acordado quando entrou. Normalmente tenho o sono leve e achei que só havia cochilado um pouco, mas...

— Você dormia um sono tão profundo. Demorei a chamá-lo, depois pensei bem e acreditei que era melhor acordá-lo para tomar um banho, comer e descansar melhor. Era o que deveria fazer — falava sem olhar para ele.

— Pronto!... Já terminamos! — expressou Sérgio com leve sorriso.

— Eu vi que colocou ração para a Princesa, mas eu já tinha posto e ela comeu tudo. Vi mais ração no comedouro e não sei se...

— Ah!... Está explicado por que ela não comeu! — riu, interrompendo-a. — Não tem problema. Contudo ela não deve comer bobeira do tipo salgadinho, bolacha...

— Sérgio — aconselhou educada —, vá descansar um pouco.

— Não! — respondeu ponderado e seguro. Colocando-se frente à Débora, ele tomou postura firme, ao encará-la com expressão neutra, e afirmou: — Agora nós vamos conversar.

A jovem sentiu-se gelar. Experimentou a respiração alterada e as lágrimas aquecerem seus olhos. Abaixou a cabeça, chegando a tremer apesar de petrificada e sem reação.

— Vamos lá para a sala?! — pediu ele gentilmente.

Sem dizer nada, ela o seguiu e, sentada no sofá, acuou-se em um canto. Num gesto para secar as lágrimas, passou as mãos no rosto encoberto pelos cabelos. Sérgio ficou impressionado ao vê-la tensa, rígida, cabisbaixa e com leves movimentos nervosos nas mãos aflitivas que se esfregavam. Estranhou sua postura humilhada.

Sentando-se no mesmo sofá e acomodando-se de lado sobre uma das pernas flexionadas, ficou virado para ela. Com tranquilidade na voz grave e baixa, Sérgio argumentou com expressiva bondade:

— Débora, sabe que precisamos conversar. É preferível fazermos isso o quanto antes. Você concorda?

Imóvel e sem olhá-lo, com a voz embargada pelo choro que não conseguiu conter, respondeu:

— Não quero atrapalhar sua vida... Nem incomodá-lo... Eu só o procurei por não ter alternativa e... Bem, quero pensar no que fazer agora e arrumar condições de me prover sozinha. Mas... — chorou. — Pensei que nunca mais quisesses me ver!

Ele não se alterou. Levantou, foi até o quarto e retornou com uma caixa de lenços descartáveis que entregou a ela. Em seguida, acomodou-se no mesmo lugar. Sentia o coração apertado ao vê-la tão abalada. Desejava abraçá-la para confortá-la, mas se conteve e pediu com brandura:

— Débora, por favor, olhe para mim.

Após secar o rosto, a jovem precisou se esforçar para encará-lo. Mas as lágrimas não deram trégua e corriam seguidamente em sua face.

— Sérgio, eu... — balbuciou sem conseguir terminar.

— Procure se acalmar. Você me conhece muito bem e sabe que pode contar comigo. Sua presença nesta casa não atrapalha minha vida nem me incomoda. Mas não posso negar minha preocupação com você, com seu estado tão frágil, amedrontado. Quero te ajudar, porém preciso saber o que aconteceu.

Alguns instantes e um pouco mais calma, ela começou a dizer:

— Quero que me perdoe por agredi-lo tanto. Hoje eu sei que não tenho o direito de julgá-lo pelo seu passado. Às vezes uma força nos faz realizar coisas que não desejamos e... O mais importante é não cometermos os mesmos erros.

Sérgio suspirou fundo, olhou-a nos olhos e pediu com sutil e bondosa firmeza:

— Espere, Débora. Vamos por partes. Não preciso te perdoar, pois se assim o fosse, não estaria aqui. Quanto ao seu direito de julgar os meus atos, veja bem... Só poderá fazer isso depois de ouvir a minha versão sobre o assunto e sentir se é verdadeira ou não! Você, então, terá de decidir em quem acreditar. — Breves minutos e, por não ouvi-la argumentar, ele continuou com o mesmo tom tranqüilo e pausado na voz mansa: — Você não faz idéia do que experimentei, do quanto sofri desesperado a ponto de... Bem, deixemos isso para lá. O importante é saber que eu tenho a consciência tranqüila, pois não cometi as absurdas acusações feitas. Aquelas foram calúnias extremamente cruéis e injustas das quais preferiu acreditar nas tramas que a Sueli usou para nos separar e conseguiu.

— Mas como?! Eu vi as fotos! Tive cópias!

— Você deveria ter me perguntado isso naquela época — advertiu-a com a mesma postura serena.

Atordoada, pareceu defender-se quase em pânico pelo engano:

— Eu fui surpreendida com toda aquela história! Sérgio, tudo se encaixava perfeitamente! Pensei em várias alternativas para não crer naquilo, mas... Como não pode ser verdade?! E a Rita?! Eu os vi juntos na sua cama, aqui, nesta casa?!

— Calma, Débora. Não se altere. Eu vou te contar.

Sem alterar a serenidade nem a paz de espírito, Sérgio ocupou-se de longo tempo, mas explicou detalhadamente tudo sobre sua vida, sua irmã, sobre estar deitado ao lado de Rita e o difícil refazimento da amiga, que precisou da ajuda de dona Antônia e do doutor Édison. Contou também sobre o desespero que o dominou e o levou a tentar contra a própria vida. Ao final, Débora chorava muito em meio aos soluços compulsivos, quase perdendo o controle por sua atitude, porém estava atenta a cada palavra.

— Então... Foi isso o que aconteceu. Agora pode me julgar, pois ouviu a minha versão.

— Não... — murmurou melancólica. — Deus, o que eu fiz?!!! — chorou ainda mais, escondendo o rosto ao se debruçar no braço do sofá.

Olhando-a naquele estado, Sérgio sofria pelos fortes sentimentos que o dominavam. Não suportava observá-la inconformada e em pranto de arrependimento daquela forma. Ele a amava e acreditou ser um carrasco cruel pela postura aparentemente fria. Vencido pelo amor, aproximou-se de Débora, puxando-a para junto de si. Abraçou-a e a embalou ao acariciar seu cabelo e o rosto que ela tentava esconder em seu peito.

Após algum tempo, recompôs-se, porém estava mais abatida e angustiada do que antes. Constrangida e chocada com a verdade, ela se afastou do abraço e manteve-se cabisbaixa.

Sérgio ajoelhou-se em frente a ela, pegou suas mãos finas e frágeis que estavam frias e colocou entre as suas, esperando que o encarasse. Pela demora, o rapaz levou a mão em seu rosto, segurou delicadamente sua face pálida e congestionada, forçando-a a olhar em seus olhos. Com voz amargurada, a jovem murmurou:

— Perdoe-me... Você não merecia sofrer tanto. Depois de tudo o que fiz com você, com sua vida, eu nem mereço viver...

— Não diga isso! — interrompeu-a com ternura na voz.

— Como me arrependo!... Se eu pudesse mudar o passado! — chorou.

Tirando-lhe os cabelos do rosto, fez com que o encarasse novamente e avisou:

— O mais importante é estarmos aqui esclarecendo tudo isso — ele não conteve as lágrimas.

Mesmo em lágrimas, ela afagou-o secando-lhe o rosto e pediu entristecida:

— Não chore por minha causa. Não sabe o que fiz nem a vida que escolhi... Não o mereço.

— Eu te amo, Débora — admitiu firme. — Como posso dizer "não" para esse sentimento que arranca do meu peito toda essa emoção por vê-la assim?!

Envergonhada e com nítido medo ao ouvi-lo falar daquela forma, subitamente ela se atirou de joelhos à sua frente e o abraçou com toda a sua força enquanto intenso choro a dominou. Sérgio a envolveu com carinho e começou a desconfiar que, naquele desespero, havia algo mais do que o arrependimento. Contudo saberia esperar. Sentando-se, acomodou-a com um abraço, afagando-a vez e outra.

O pranto desesperado deu lugar a um estado esmorecido, quase atordoado, deixando-a com o olhar perdido, largada nos braços de Sérgio. Preocupado, ele perguntou:

— Débora, você está bem?

— Não sei... — murmurou.

— Vamos, reaja! — pediu. Imediatamente ele notou que ela perdia as forças. Percebeu seu rosto frio, os lábios esbranquiçados e os olhos fechando lentamente enquanto se largava. — Débora! — chamou com firmeza.

Ela abriu os olhos, mas as pálpebras pesavam e tornava a fechá-las. Ele a tomou nos braços, sentido-a gelada, levou-a para o quarto, colocando-a sobre a cama. Cobriu-a para que se aquecesse. Sentado a seu lado, chamou-a:

— Débora! Abra os olhos, vamos!

Vagarosamente, ela retomava a consciência, mas ainda se encontrava atordoada.

— Sérgio... — balbuciou.

— Oi! Estou aqui! — respondeu, segurando sua mão. Logo perguntou: — O que você está sentindo?

— Não sei...

— Procure abrir os olhos e respire fundo.

Alguns minutos e ela reagiu melhor, apertou-lhe a mão e sussurrou:

— Não me deixe sozinha.

— Não se preocupe, ficarei com você. O que está sentindo?
— Não sei... Tudo escureceu e...
— Vou me trocar. É melhor levá-la ao médico.
— Não! — pediu, reagindo um pouco. — Já está passando.
— Débora — falou firme —, sejamos realistas, racionais... Você não parece bem e eu notei isso desde o primeiro minuto em que entrou nesta casa. Está muito magra, abatida, com olheiras profundas e... Até sua pele e seus cabelos perderam o viço! — Vendo as lágrimas brotarem nos olhos da jovem e correrem por sua face, afagou-a com carinho e compaixão, em seguida completou com entonação piedosa na voz baixa: — Desculpe-me falar assim, porém eu a conheci muito bem e... Sei como você é ou era. Agora está com reações deprimentes, como se tivesse fracassado totalmente na vida e, ao se culpar pelos problemas, se humilha. Isso não é um tipo de tristeza momentânea! Certamente passou por situações complexas e... e até por maus-tratos.

Débora, sentada na cama, chorava muito. Algum tempo depois, acalmou-se e olhou diretamente nos olhos verdes, expressivos e marejados de Sérgio e disse:

— Obrigada por me acolher. Mas eu preciso te contar tudo o que aconteceu comigo, das escolhas erradas que fiz e do quanto me arrependi nesse tempo todo... Eu estava sofrendo tanto. Era um grau de desespero tão extremo. Eu só pensava em você, porém acreditava que iria me desprezar, caso um dia nos reencontrássemos. Eu merecia o seu desprezo por tudo o que te fiz, contudo, se isso acontecesse... Estava decidida... Daria um fim na minha vida.

Ele acomodou-se melhor em frente a ela e a ouvia com atenção. Olhando-a com piedade, afagava suavemente seus cabelos vez e outra. E a jovem continuou mesmo entre lágrimas:

— Realmente experimentei um rebaixamento moral que nunca imaginei... Passei por situações tão difíceis... Você nem imagina. Por isso cheguei aqui só com a roupa do corpo, a identidade e a carteira de habilitação no bolso... Estava com fome, com frio, desesperada e acreditando que me mandaria embora — chorou.

— Você me conhece... — argumentou com ternura.

— Eu sabia que você era um homem maravilhoso, mas não pensei que fosse tão nobre assim.

Ela se inclinou como se fosse recostar em seu ombro e ele se aproximou. No instante em que sentiu os lábios de Débora encostando suavemente nos seus, Sérgio delicadamente desviou o rosto e a abraçou, beijando-lhe a face com carinho. Envolveu-a novamente em um abraço junto ao peito e afagou-lhe a cabeça. Ele experimentava o coração pulsar forte. Tendo-a com o rosto colado ao seu. Fechou os olhos ao senti-la chorar.

Alguns minutos e, com ternura, afastou-a de si. Fazendo-a encará-lo, pediu com brandura:

— Débora, por favor, desculpe-me. Não quero te magoar. Eu... — não conseguiu expressar-se com palavras e suspirou fundo sem saber o que dizer.

— Eu te amo, Sérgio — sussurrou entre os soluços.

— Eu também te amo, Débora! Te amo demais!

— Existe alguém na sua vida? — tornou ela em tom triste.

— Só você. Jamais amei como te amo. Não existe outra. Por favor, não se sinta rejeitada. Ainda estou surpreso com o seu retorno e não quero ser precipitado. Sofri muito e preciso de um tempo. Você entende?

— E como entendo... E tem toda a razão. Não podemos nos precipitar e... Talvez não devesse tê-lo procurado.

— A melhor coisa que fez a mim e a você mesma foi voltar aqui. Acredite. — Vendo-a concordar com um aceno de cabeça, ele explicou: — É necessário que conversemos muito, certo?

— Você tem razão. Eu não poderia me envolver com ninguém... Perdoe-me. O que sinto por você é forte e verdadeiro. — Parando de chorar, ela trazia um brilho diferente no olhar perdido enquanto falava: — Como me arrependo. Senti tanta saudade de nós...

— Débora, é questão de tempo... Acredite. Terá meu apoio e minha ajuda enquanto estiver agindo corretamente. Sabe, meus sentimentos por você não mudaram, contudo é melhor esclarecermos tudo. Eu ainda estou em choque e... Quanto ao toque, o contato e o carinho que te faço é porque sei que isso socorre e conforta... e por gostar de você...

— Desculpe-me.

— Quer conversar?

— Não. Pode ser em outro momento? — perguntou com certo medo.

— Lógico! Estarei ao seu lado e te darei todo o apoio. Confie em mim. — Ela não disse nada, mas ficou parecendo entorpecida, muito abalada. Para minimizar o clima tenso, Sérgio demonstrou-se animado e perguntou: — Já viu que horas são? Que tal lavar o rosto, mudar de roupa e sairmos para almoçar?

Ela forçou um sorriso leve e constrangida, lembrou-o:

— Esse agasalho, as roupas que estou usando são suas. Pelo frio, peguei a jaqueta que disfarça bem, mas estão enormes. Não tenho roupas para sair.

— E como saiu para comprar as coisas para o café da manhã?

— Não me importei por ser aqui pertinho.

Sérgio se levantou, foi até o armário e abrindo uma das portas mostrou:

— Você deixou algumas roupas aqui, eu só mudei de lugar. Venha ver.

Levantando-se, ela examinou as prateleiras e um travo de tristeza embargou a sua voz. Percebendo-a emocionada, ele sugeriu:

— Vai! Anime-se! Dê uma olhada e veja o que serve. Vou dar um telefonema, tá?

A moça não disse nada, e ele se retirou fechando a porta do quarto.

Após telefonar para os seus pais, em seguida ele ligou para Rita, que estava inconformada e queria visitar Tiago. Conversaram e ele conseguiu acalmá-la. Quando teve oportunidade, contou sobre Débora, o que deixou a amiga surpresa. Não teve tempo de explicar à Rita os detalhes de como a outra estava, mas falou o suficiente para não assustá-la com o reencontro. Certamente ela notaria a extrema mudança e o estranho comportamento de Débora, que se apresentava submissa e humilhada. Ao ouvir o barulho da porta do quarto se abrindo, ele se despediu e desligou, indo até a sala.

— Está pronta? — perguntou antes de observá-la.

— É... — argumentou a jovem decepcionada. — Nem parece que essa roupa foi minha.

Aproximando-se, Sérgio ajeitou-lhe o casaco que, apesar dos recortes para ajuste na silhueta feminina, ainda ficou muito largo.

— Estou horrível! — ela lamentou quase chorando. — Deixa Sérgio, vá você.

— Ah! Espere aí! — Pensando rápido, pediu atrapalhado: — Ah, não! Vem cá!!! — Ela o seguiu e, entrando no quarto de Tiago, Sérgio abriu os armários alegrando-se ao encontrar: — Aqui estão! Veja! — Ela se aproximou e olhou enquanto ele explicou meio sem jeito: — São roupas da

Rita que... Bem, ela deixou aí e... Meu irmão deve ter guardado. Veja, tem tênis, sapatos, sandálias... Acho que são o seu número. Está frio e... Será que alguma blusa serve em você?

— Essa de lã!... — disse Débora, tirando o casado. Sérgio pegou a blusa e a ajudou vestir, mas reparou que a calça social que usava estava bem larga. Procurando um pouco mais, falou: — Achei essa calça jeans, será que não fica melhor? Pode usar com o tênis e ainda tem essa outra blusa aqui... Eu acho que vai combinar.

— Você acha?

— Vai! Experimente! Fique à vontade, tenho certeza de que a Rita não vai se importar!

Sérgio ia saindo do quarto quando Débora falou:

— E eu que sempre critiquei o modo da Rita se vestir... Agora preciso das roupas dela.

— São bonitas! Ela só tem um estilo diferente quando quer e pode usar. Tem bom gosto, pois tudo combina e... é engraçado, pois essas roupas se parecem com ela. Mas para trabalhar o estilo fica de lado. Vai! Vamos logo! — pediu, sorrindo antes de fechar a porta.

Minutos depois, vendo-a sair do quarto de seu irmão, ele a observou e elogiou:

— Puxa! Você está ótima! — Olhando-a melhor, comentou: — Seu rosto ficou diferente.

— Encontrei um estojo de maquiagem — sorriu. — Acho que não é do seu irmão.

— Com certeza, não! — Rindo, comentou: — Tem muita coisa nesta casa que eu não sei. Trabalho de dia e o Tiago deveria dormir de dia para trabalhar noite sim, noite não... — Leve sorriso e chamou: — Você está ótima! Vamos?

Após almoçarem, Sérgio pediu a Débora que o acompanhasse até o hospital, pois estava muito preocupado com seu irmão e não queria deixá-la sozinha em casa por notar algo diferente em sua reação com o pouco que conversaram.

Chegando ao hospital, ele reconheceu Rita, dona Antônia e o doutor Édison que conversava com outro médico.

Mais próximos, trazendo o rosto vermelho por chorar, Rita o cumprimentou rapidamente e olhou por longo tempo para Débora, que permanecia petrificada, nitidamente nervosa e com a respiração quase ofegante como se esperasse por alguma repreensão ou crítica. Mas Rita atirou-se à amiga num forte abraço duradouro que deu origem às lágrimas e ao choro compulsivo.

Dona Antônia cumprimentou Sérgio e logo o doutor Édison se aproximou depois que o outro médico se foi. Só lhes restava contemplar a cena e aguardar.

O médico puxou-o para o lado. Distanciando-se, sussurrou:

— Ela o procurou, Sérgio?

— Foi... Ainda não sei direito o que aconteceu. Ela está estranha, rende-se à humilhação, ao menosprezo... Não conversamos sobre tudo, mas disse que não tem quem a ajude e por isso me procurou.

— Que surpresa! — tornou o senhor, olhando dona Antônia se aproximando das moças.

— Nem me diga, doutor... Nem me diga. — Sentindo a garganta ressequida e os olhos ardendo pelos sentimentos aflorando-se em lágrimas, que quase rolaram, murmurou: — Com tanta coisa acontecendo... Meu irmão... Estou preocupado com os pacientes por pedir para desmarcar e... De repente, ela aparece com a roupa do corpo, molhada, pessimista, humilhada... É difícil conter os sentimentos. Quase não suportei vê-la tão abatida física e emocionalmente.

— Desmarque os pacientes de amanhã — opinou o médico. — Passe o dia com ela, coloque os assuntos em dia e organize seus pensamentos.

— Mas doutor?!

— Sérgio! — expressou-se enérgico, mas sussurrando. — Admita que é um ser humano sujeito aos problemas e às dificuldades da vida. Se os pacientes não compreenderem isso, é por falta de bom-senso. Afinal, você consentiu que os avisasse sobre o estado grave de seu irmão. Se emocionalmente não estiver bem, não se concentrar, como poderá ser útil a eles? — Breve pausa para o outro refletir e argumentou: — É incabível eu dizer para não se preocupar nem se abalar ou não se atormentar, mas procure se concentrar em não perder o equilíbrio, pois essa menina está realmente precisando de você — disse, observando Débora.

— Vi o senhor conversando com o médico. E o meu irmão?

— Desculpe-me. Esqueci de avisar que os seus pais saíram daqui minutos antes de vocês chegarem. Sua mãe não se sentiu bem e precisou ir embora.

— O que aconteceu? — perguntou Sérgio desconfiado.

— O Tiago não está muito bem. Seus sinais estão instáveis... Veja, as proporções das queimaduras foram grandes, mais de sessenta por cento do corpo e com variações de segundo e terceiro graus.

Imediatamente lágrimas brotaram dos belos olhos verdes de Sérgio, correndo por sua face abatida. Ele cerrou os olhos, abaixou a cabeça com imenso aperto em seu coração, depois perguntou:

— Ele está consciente?

— Ficou algumas horas consciente, mas agitou-se e... Ele é forte, não é fácil segurá-lo e os médicos temeram mais complicações nas queimaduras. Eu estava lá...

— O senhor o viu?! — interrompeu-o preocupado.

— Vi... — respondeu em tom de lamento. — Acho que me reconheceu. Queria falar e balbuciou meu nome... Chamou pela Rita, por você... Eu acompanhei alguns resultados dos exames e, por inalar ar muito quente, houve queimaduras nos pulmões. Ele sentia muita dor, Sérgio e por isso foi novamente induzido ao coma e precisou ser entubado para respirar melhor. — Muito emocionado e triste, o doutor Édison desfechou: — Não há irrigação sanguínea para o pé e iniciou-se uma severa inflamação. Apesar de seu estado preocupante, provavelmente, amanhã cedo farão a amputação logo abaixo do joelho.

Sérgio não suportou e desmoronou em uma crise de choro.

O amigo, médico e confidente o abraçou forte e o rapaz, em pranto doloroso e extremamente aflito, agarrou-se a ele usando seu ombro para desabafar com aquele choro. Quando Débora, Rita e dona Antônia ameaçaram se aproximar, o médico fez um sinal e dona Antônia as deteve.

Passados alguns minutos de triste lamentação, Sérgio secou o rosto com as mãos enquanto o doutor Édison sobrepôs o braço em seus ombros, conduzindo-o ao dizer:

— Vem. Vamos andar um pouco lá fora. Você precisa tomar um ar.

O rapaz não disse nada e se deixou levar. Permanecendo em absoluto silêncio por longo tempo, Sérgio se recompôs e pediu:

— Desculpe-me e obrigado. O senhor é mais que um pai para mim.

Ouvindo aquela frase sentida e verdadeira, foi o médico quem não segurou as lágrimas e se abraçou ao rapaz dando-lhe um beijo paternal no rosto. Mesmo surpreso, Sérgio não disse nada e logo o outro sugeriu:

— Vamos entrar?

— Claro.

Com a certeza de que não poderiam ver Tiago, diante de Débora e Rita que estavam abraçadas, Sérgio sugeriu irem embora. Rita, extremamente triste e abatida, pediu:

— Posso ir com vocês?

— Claro, Rita! — aceitou Sérgio.

Dona Antônia não ficou satisfeita, mas não se manifestou e retornou para sua casa em companhia do doutor Édison.

32

*Tiago sofrendo na prova do fogo
e mutilação*

Era quase noite quando chegaram à casa de Sérgio. Débora e Rita se mantinham abraçadas e em total silêncio. Já estavam na sala quando ele soltou a cachorrinha que, imediatamente, correu e pulou no colo de Rita e a jovem falou com expressão de imensa dor:

— Oi, Princesa... — acariciando-a argumentou: — Você ficou sozinha hoje, foi?

Débora também afagou-a no colo de Rita quando, inesperadamente, a cachorrinha pulou para o chão e correu. Ao voltar, arrastava uma camiseta do corpo de bombeiros que pertencia a Tiago e brincava com a roupa.

Rita começou a chorar compulsivamente ao ver a cena e Sérgio correu para pegar a camiseta quando a moça o chamou quase num grito:

— Não!... Foi o Tiago quem deu para ela... Estava velha... — Pedindo ao animalzinho, Rita chamou: — Vem, Princesa. Vem! — A cachorrinha obedeceu e tornou ao seu colo.

Sérgio não conteve as lágrimas e se afastou indo até a cozinha. Débora o seguiu encontrando-o cabisbaixo com as mãos apoiadas na mesa. Não havia o que dizer. Também em lágrimas, ao vê-lo daquela forma, ela acariciou-o nas costas percebendo-o tenso. Sérgio se virou, envolveu-a num abraço e chorou em seu ombro.

Algum tempo depois, mais refeito, ele retornou à sala, vendo Rita triste e abatida afagou-a ao pedir educado:

— Toma um banho e nós três sairemos para jantar. O que acha?

— Não tenho fome, Sérgio... — avisou, encarando-o.

— Não podemos nos enfraquecer, Rita. Não agora! Veja como está abalada e exausta. Toda a dor pelo que aconteceu com o Tiago está te castigando e...

— Você não sabe, Sérgio... — lamentou entre os soluços que embargaram sua voz. — Nem imagina como estou... Ele significa muito para mim e... Não vou conseguir vê-lo sofrer... E... olhar para você é como ver o Tiago, seus olhos... — chorou.

Sentando-se ao seu lado, puxou-a para um abraço e aconselhou:

— Quando o Tiago se recuperar e a vir assim, ele se sentirá culpado pelo seu sofrimento.

— Não quero sair... — murmurou com voz chorosa.

— Então faremos um lanche aqui mesmo, certo? — Ela acenou positivamente com a cabeça concordando, e ele propôs, levantando-se: — Tome um banho bem quente e...

Ao se erguer, Rita cambaleou e ia cair quando Sérgio a segurou firme. Débora correu ao encontro dela e a chamou:

— Rita! O que foi?! — perguntou preocupada.

A amiga estava pálida, os lábios brancos, mas consciente, murmurando depois que Sérgio a fez se sentar:

— Está tudo bem... Não comi nada nesses dois dias e... acho que foi minha pressão.

Levantando-se novamente, ela afastou-se de Sérgio e Débora, passando as mãos pelo rosto, que suava frio, exibiu-se com mais equilíbrio e ele pediu:

— Débora, você pode ficar com ela?

— Lógico! — Conduzindo a amiga, falou: — Vem Rita, vou te ajudar.

* * *

Após um lanche que Sérgio preparou com a ajuda de Débora, os três retornaram à sala e ligaram a televisão. Uma angústia pairava no ar. Não conversavam nem estavam atentos ao filme.

Sérgio percebeu que Rita não tinha se alimentado direito e por isso voltou à cozinha, preparou um chá e levou para a sala, servindo-as e se servindo depois.

Rita tinha lágrimas empoçadas nos olhos e, após ingerir a bebida, avisou com voz branda:

— Se não se importarem, vou me deitar e... Posso ficar no quarto do Tiago, não é?

— Lógico, Rita! — exclamou Sérgio atencioso. — E, por favor, qualquer coisa, você me chama, certo?

— Certo — concordou, levantando-se desalentada.

— Quer que eu fique com você? — perguntou a amiga, já ao seu lado.

— Não me leve a mal, Débora... Mas eu quero ficar na cama dele... e sozinha.

— Claro. Vai lá — respondeu compreensiva.

Rita se foi e ele desligou a TV, que parecia incomodar.

Sentando-se, Débora e Sérgio se entreolharam por longos minutos ininterruptos até ela não suportar e abaixar a cabeça por algo oprimir violentamente seu coração.

Sérgio se levantou, caminhou até a porta do quarto onde Rita havia apagado a luz e deixado a porta um pouco aberta. Retornando à sala, ele se deteve sem que Débora o percebesse e ficou observando-a com olhar perdido e melancólico na face triste e abatida. Aproximando-se, ela sobressaltou surpreendendo-se ao vê-lo a sua frente. Falando baixo e estendendo-lhe a mão, pediu com educação e generosidade:

— Vem cá, Débora. — Sem pensar ela levantou, obedeceu e ele explicou murmurando: — Nós precisamos conversar e aqui na sala não é um bom lugar. A Rita, provavelmente, não está dormindo e eu prefiro mais privacidade. Importa-se de conversarmos no meu quarto?

— Não... — sussurrou temerosa.

Ao entrarem, Sérgio apontou a cama pedindo gentil enquanto fechava a porta:

— Sente-se, por favor.

Vendo-a se acomodar com modos nervosos, ele pegou uma cadeira, colocou-a na frente da jovem e se sentou. Débora exibia-se aflita, trêmula e envergonhada. Mesmo assim, perguntou com voz vacilante:

— Você está exausto... Não é melhor dormir e conversarmos amanhã?

— Não vou conseguir dormir, você sabe — respondeu com jeito compreensivo e controlado. Sérgio a encarou por longos minutos. Apesar de todo o cansaço, tantas preocupações e muita angústia, buscou forças interiores, falando com brandura: — Expliquei tudo a meu respeito, falamos sobre toda a minha vida e até o que gerou nossa separação. A falta de confiança é a pior coisa que pode haver entre duas pessoas. Por isso quero ouvir exatamente tudo o que tem para me contar. — Vendo-a cabisbaixa e lágrimas correrem em seu rosto, o rapaz comentou cauteloso: — Não pense que pretendo ser superior ou algo assim. Tenho fortes sentimentos por você e... Quando me disse que não tinha para onde ir nem a quem procurar, que sofreu o que não imagino e sentiu saudade de nós, fiquei preocupado, Débora. Você significa muito para mim. Por que não me procurou antes?

Ela ergueu o rosto banhado de lágrimas, encarou-o mostrando-se acanhada e com a voz trêmula iniciou:

— Não imagina como estou envergonhada e com medo... Mas você precisa saber. — Fixando-lhe olhar penetrante, Sérgio se manteve atento, silencioso e com semblante sereno. Então ela prosseguiu: — Desde quando saí da casa dos meus pais, a Yara ia me visitar, você lembra. Sabe, passei a ter sentimentos estranhos, pensamentos esquisitos e não entendia.

— Como assim? — perguntou com brandura.

— Comecei a ter um ciúme quase doentio! Eu não podia vê-lo perto da Rita e até a presença do Tiago junto de você me incomodava muito. Fiquei quieta e sofria calada. Na verdade, todos que passaram a freqüentar esta casa, quando estava reformando, incomodavam-me. Comentei isso com a Yara, mas minha irmã não me dava bons conselhos quanto ao nosso namoro e... Assim que perdi o emprego e me vi em uma situação difícil, tivemos problemas com nosso namoro pelo seu ciúme, por você relutar em sair da polícia...

— Eu reconheço que agi muito mal — admitiu arrependido.

— A Rita me incomodava quando morou comigo depois da morte do Rogério e do noivo por eu achar que você dava mais atenção a ela. Mas ela se mudou. Em seguida, eu o peguei ao lado da Rita aqui nesta cama... Ao mesmo tempo, a Sueli fez aquele inferno com aquelas fotos!... Como não acreditar em tudo o que vi?! — Chorou, porém logo continuou: — Sérgio, o que você não sabia era que o Breno me procurava com freqüência.

— Eu sabia sim. Você me contou — falou calmo.

— Mas não te contei tudo... — chorou. Com a voz entrecortada pelos fortes soluços, revelou: — O Breno manteve amizade com a minha irmã e sempre mandava notícias, presentes, flores ou me ligava... Às vezes, a Yara telefonava e, ao saber que você não estava comigo, passava a ligação para ele. Eu te amava e fiquei enfurecida com aquelas malditas fotos e depois de te falar tudo aquilo no consultório do doutor Édison, eu estava decepcionada! Pensei que minha vida tivesse acabado! Meu mundo desmoronou! Eu não tinha um emprego nem como me manter, minha melhor amiga me traiu com você e ainda descobri aquelas fotos... Era algo repugnante!

— Eu te procurei para conversarmos, Débora.

— Eu sei... Mas meus pensamentos ferviam. Não parava de imaginar como você pôde me enganar, como pôde ser tão vil!... Não tinha como pensar diferente! Tudo se voltava contra você! E minha irmã não me dava um tempo para pensar. A Yara passou a infernizar minhas idéias. Ao mesmo tempo, o Breno foi se aproximando como amigo e me tratava muito bem. Perdi a vontade de ir à universidade e nem tranquei a matrícula. Eu desabafava com o Breno e ele me ouvia. Meus pensamentos eram conflitantes, invadidos por opiniões estranhas e comecei a fazer comparações. Você exigia algumas coisas de mim, enquanto ele me tratava como uma rainha.

— O que eu exigia de você?

— Você queria que eu aprendesse a cozinhar, lavar louça e roupa... Sei lá... Eu estava deprimida e decepcionada por sua causa, falindo financeiramente e não arrumava emprego. O Breno parecia sempre solícito, amigo e me contratou para trabalhar em uma de suas empresas junto a ele. Foi a única saída que encontrei para me manter... — Chorando, lamentou: — Foi a escolha que eu fiz, pois algo me dizia para não aceitar aquele emprego. — Entre o choro arrependido, confessou: — Só que com isso... Surgiu um romance entre nós... Mas nunca, por um único dia, deixei de pensar em você, no que sentia, como estava... Entretanto o Breno me envolveu de tal modo!... Sérgio! Às vezes parecia que não era eu!!! Não conseguia pensar!!!

— Calma — pediu, contendo as emoções. — Por que acha isso?

— Eu não queria determinada coisa, mas quando me dava conta da situação já tinha aceitado, feito ou participado.

— Não entendi, Débora. Pode explicar melhor?

Bem nervosa, contou:

— Você lembra que eu não queria deixar meu apartamento para morar com você, mas... As coisas estavam difíceis e pelo modo como o Breno me cativava com seu jeito, com suas palavras... Bem, eu acabei indo morar com ele.

Ela parou de falar e chorou muito. Sérgio sentiu como se uma espada atravessasse seu peito. Mesmo entre os soluços, ela continuou:

— Então, eu quase não ia mais trabalhar e passei a ser servida por empregados, mordomos e motoristas. Vivendo, desfrutando todos os confortos da mansão do Breno. De repente me vi às voltas em festas luxuosas, com pessoas influentes, de alto nível... Viagens e passeios. Durante os acontecimentos eu não me importava, me distraía, mas, quando deitava, uma angústia, um vazio imenso e uma saudade mortal me dominavam. Eu só pensava em você. Comecei a crer em sua integridade, lembrando seu respeito por mim... seu carinho... o tempo que me deu quando não me via preparada para um romance mais íntimo. Vivendo lá com ele, eu me sentia mal, me sentia leviana, prostituta... — chorou. — Mas eu estava longe de saber como é imundo o vício ou os prazeres de alguns grupos da alta sociedade, desde religiosos até políticos.

Sérgio permanecia calado. Sofria e estava muito nervoso, mas não a deixava perceber. Chegava a suar frio e passava discretamente a mão no rosto para disfarçar. Débora chorou um tempo pelo grande remorso, mas revelou:

— Muitas vezes, eu ficava furiosa ao me lembrar de vê-lo ao lado da Rita e das fotos com sua irmã... Isso não saía da minha cabeça. Mas a culpa foi minha por deixar as coisas irem longe demais entre mim e o Breno. — Exibia-se exausta, mas continuou: — Nessas alturas meu pai se reconciliou comigo. Comparecia a algumas das festas e até nos visitava. Um dia e por acaso, eu escutei uma conversa e descobri que meu pai estava envolvido com tráfico de diversos produtos. Muita gente importante, influente, políticos e alguns religiosos usavam esses serviços de tráfico. A rica e prestigiada empresa do Breno e do Lucas era uma das que aceitavam fazer o carregamento de drogas, armas, dinheiro e outras coisas em suas caixas ou contêineres para grandes carregamentos, dentro ou fora do país. Usando de fachada sua grande companhia advocatícia, que também prestava serviço como uma espécie de despachante alfandegário que lida com a documentação da alfândega, Polícia Federal e tudo mais, meu pai e meus irmãos faziam até lavagem de dinheiro, além de pagar às pessoas certas para o contrabando dos produtos, para saírem ou entrarem no país.

Fui conversar com o Breno a respeito e fiquei abismada ao descobrir que ele e o cunhado estavam envolvidos em negociações muito mais sujas e junto com o meu pai.

Foi então que ele se revelou. O Breno me ameaçou dizendo que se eu contasse alguma coisa para alguém, ele denunciaria o meu pai e meus irmãos pelas porcentagens subtraídas de todos os serviços ilegais prestados. — Mais calma, explicou: — Em outras palavras, isso quer dizer que os contrabandistas que negociavam com meu pai para sonegarem impostos, fazerem lavagem de dinheiro ou depósitos fraudulentos fora do país, não sabiam que meu pai ficava com uma fração bem maior além do que eles pagavam. Se o Breno denunciasse meu pai, meus irmãos poderiam se considerar mortos por esses criminosos. Isso é uma máfia! Um submundo nojento!

Sérgio ouvia calado. Seu rosto estava expressivo, algo preocupado. Foi então que Débora chorou novamente enquanto contava:

— Briguei com o Breno e... Ele me bateu! Ficou furioso por eu tê-lo arranhado e me agrediu muito! Entrei em desespero e não sabia o que fazer.

— Por que não o denunciou? — questionou parecendo tranqüilo, mas seu coração apertava.

— Isso seria morte certa para mim e para você! Você não imagina as ameaças que me fez caso eu fugisse e te procurasse! Mesmo agredida, eu não podia falar nada. E isso foi só o começo! — Chorou, entrando em desespero. Em meio aos soluços, prosseguiu: — Uma vez ele me obrigou a ir a um cruzeiro que ele patrocinou, vamos dizer assim. E só então, nesse navio, conheci um outro mundo mais podre, vil, sem caráter, com vícios degradantes, práticas de sexo coletivo promíscuo, comportamento sujo... Coisa que ninguém pode imaginar.

Toda aquela gente, cada ocupante daquele navio era amigo, parceiro, negociante ou comparsa do Breno. No início da noite, fui obrigada a me produzir para uma das festas a bordo, disfarçando o meu ódio. Não consegui e perto de outras pessoas eu agredi o Breno com palavras... Ele sorriu, me levou para o camarote e me agrediu!!! Agrediu violento com...

Vendo-a chorar em desespero e quase gritando, Sérgio se levantou rápido e, sentando-se ao seu lado, viu-a se encolher e esconder o rosto. Ele sobrepôs um braço em seus ombros e, afagando-a com carinho, perguntou com piedade:

— Além da agressão, o que mais aconteceu para você reagir assim?

— Quanta humilhação! Quanto horror! — exclamou com a voz sufocada. Longa pausa e prosseguiu: — Como um ser humano pode ser tão cruel?! Depois de rasgar meu vestido, ele me bateu ainda mais... Eu não o queria!!! E... ele me violentou! Os dois seguranças viram e ficaram olhando!!! Rindo!!!

Sérgio não suportou. Puxou-a para si e Débora agarrou-se a ele, chorando muito. Amargurado, pedia sussurrando para que se acalmasse. Minutos depois, o rapaz perguntou:

— O Breno mandou ou permitiu que os seguranças fizessem o mesmo com você?...

— Não... Os homens só riam e assistiam... Parecia que o meu desespero, o meu sofrimento servia de prazer para eles!!! Isso é sadismo!!! — Breve pausa e ainda chorando, contou: — Quando terminou, ele socou meu estômago e eu não conseguia reagir. Mal respirava. — Afastando-se de Sérgio, com a cabeça baixa, continuou: — Na noite seguinte, o Breno verificou se meu rosto estava marcado. Como não estava, mandou eu me vestir bem e aprender a me comportar. Com medo eu obedeci. Na frente de todos daquele cruzeiro, ele me beijava e me abraçava como se nada tivesse acontecido.

Bem mais tarde, a festa começou a ficar diferente. Percebi que a maioria usava drogas, estavam embriagados, despiam-se e se relacionavam uns com outros, algo em grupo, nus na piscina ou... Era uma orgia!!! Algo nojento!!!

— Ele a obrigou a participar dessas orgias?

— Não!... Não... Sempre estávamos vestidos com trajes elegantes, de festas... Ele só gostava de assistir e, conforme andávamos pelo convés, o Breno narrava os detalhes que percebia nos atos, naquelas pessoas repugnantes, asquerosas... Ele era doente! Em pensar que faziam parte do alto nível social.

A Yara estava nesse cruzeiro e... Totalmente alucinada pelo uso de entorpecente, envolvia-se com um e outro. Algum tempo e o Breno fez um sinal. Discretamente os seguranças a tiraram de onde estava e a levaram para outro lado. — Débora se deteve com olhar perdido. Depois falou: — Ela estava nua como a maioria... O Breno me levou para perto e eu vi amarrarem algo em sua cintura e jogarem ao mar. Logo minha irmã caiu e foi puxada por aquele peso... Ela desapareceu! Tentei correr, mas me seguraram. Quando gritei, ele me bateu...

Comovido, Sérgio argumentou:

— Isso é crime. Foi um homicídio!

— Eu sei... E todos que viram não se importaram. Parecia algo comum! Quando retornamos, o Breno me contou que aquilo era só um aviso e que a Yara estava lhe dando muito gasto no trato que fizeram. Ele aceitou providenciar e abastecê-la com entorpecentes, além de festas daquele tipo, caso minha irmã conseguisse aproximá-lo de mim. E ela conseguiu... Só que morreu por isso! Ele ameaçou fazer o mesmo com você, pois sabia que eu não o tirava dos pensamentos! Fiquei apavorada! Procurei falar com a Elza, mãe da Cris, mas ela disse para eu me acostumar, pois o marido dela não era diferente. O caso dela era pior do que o meu, pois eles têm uma filha. Mas nos viram conversando e não a encontrei mais.

Então perdi toda a liberdade. Não podia sair sozinha e até os telefones foram grampeados. — Breve pausa e lamentou em choro: — Naquela mansão maravilhosamente rica, luxuosa e onde havia o maior grau de requinte que já vi, eu era agredida quase todo dia e... Quis morrer. Tentei me matar, mas através das câmeras de segurança, inclusive dentro da casa e em lugares que eu ignorava, eles me viram e eu apanhei... O Breno me agredia muito! Paguei um preço alto demais por uma escolha errada, por me deixar levar...

Perplexo, Sérgio amargurava-se com os relatos. Procurava se manter aparentemente calmo, porém seus pensamentos e a indignação fustigavam sua mente. Acariciando-a vez e outra, ele perguntou, cauteloso, sentindo os olhos se aquecerem pelas lágrimas que brotavam:

— Quando você falou em agressão na primeira vez, isso foi seguido de violência sexual. Agora, contou que ele a agredia. Com isso você se refere à agressão física ou sexual?

Chorando e experimentando imensa humilhação, ela respondeu:

— Às vezes uma... Outras vezes as duas... Seu prazer era o de me machucar! Ele era um monstro!!!

— E os empregados? — tornou Sérgio.

— Nessa época muitos foram demitidos e empresas prestadoras de serviços vinham à casa... Alguns empregados, que eram fixos, depois de determinado horário deveriam ir embora. Mas os seguranças eram os mesmos e... Eram doentes! Sádicos! Eu não podia sair mais. Fiquei presa naquela casa como prisão domiciliar. Eu não tinha ninguém para pedir ajuda! Era vigiada o tempo todo!!!

Algumas vezes o Breno chegava e me agradava, fazia carinhos e literalmente beijava meus pés, mas... No dia seguinte me torturava. Sentia prazer nisso. Orgulhava-se do que fazia e se comprazia com os seguranças olhando!!! Fui tão ultrajada, humilhada! Era obsceno, vexatório! Sérgio!!! — gritou em desespero. — Eu me lembrava de você! Pedi a Deus que me encontrasse!!! Você me respeitou, aceitou meus limites, esperou... me tratou com tanto amor, carinho!... Não!!! Não queria aquilo!!! Preferia morrer!!!

Nova crise de choro a dominou e Sérgio a envolveu em seus braços, beijando-lhe a cabeça enquanto a embalava vagarosamente. Após algum tempo, Débora pareceu não ter mais lágrimas e quis se sentar, afastando-se do abraço. Ele delicadamente tentou segurá-la, mas ela se recusou.

— Quer um pouco de água? Vou pegar...

— Não... — sussurrou com voz fraca. Seus olhos se encontraram e Débora falou com profundo lamento na voz: — Preciso te contar tudo. Não agüento mais, Sérgio!

— Tudo bem. Pode falar — concordou com voz ponderada e olhos vermelhos.

— Não quero te torturar, mas te devo muitas explicações. — Com voz frágil contou: — Alguns negócios começaram a dar errado, não sei bem o que era, mas meu pai estava envolvido. O Breno chegava furioso. Bebia e se drogava. Ficava alterado e era um inferno... Geralmente me agredia. Um dia, ele gritou e berrou por saber que meus irmãos, a Emy e o Élcio, viajaram para o exterior e não voltaram. Mesmo embriagado, contou que os dois deram um golpe e avisou que meu pai era um homem morto. Após quinze dias, os meus pais viajavam de carro para o Rio de Janeiro e morreram em um acidente por excesso de velocidade.

O Lucas e o Breno estavam com medo e passaram a se reunir várias vezes trancados no escritório. Percebi que alguma coisa os amedrontava. Alguns seguranças, considerados mais fiéis, abandonaram a casa, a proteção do Breno e não sei o motivo. Outros foram contratados.

O Breno começou a agir de modo desequilibrado, sempre com medo de ser perseguido. Eu não conversava mais com ele e por isso me batia.

— Ela chorou ao dizer: — Foi quando... Ele cismou que queria um filho e... — Olhando de relance para Sérgio, perguntou: — Você lembra que eu usava um implante e... não engravidava e não menstruava?... — Entre os soluços contou: — Ele queria um filho e chamou um médico para ir lá... O médico foi e tirou esse implante.

Ela chorou e Sérgio estava atordoado com o que ouvia. Sentia-se mal, porém não dizia nada. Às vezes, apertava os dentes sem perceber e fechava os punhos com força pela aflição, mas tentava não interromper o desabafo angustioso.

Ainda em pranto, Débora contou em desespero:

— O Breno me forçou!!! Eu não o queria!!! Tinha nojo dele, mas ele me violentava!!! Queria que ele me matasse, mas não!!! Ele queria um filho, e depois de meses eu não engravidei... Ele passou a me espancar!... Parecia que se transformava. Sua feição mudava e às vezes falava coisas sem sentido... Sua voz ficava estranha! Certa vez, usou o seu nome, ao me bater, dizendo que se fosse você talvez permitiriam que eu engravidasse! Era horrível!!!

Entrei em um estado no qual não me importava com mais nada. Não comia, mas tomava água e me sentia cada vez mais fraca. Orei!... Rezei tanto! — falou sentida. — Até que aconteceu algo estranho. Um dos seguranças novos me viu desmaiada e me levou para o quarto. Eles nunca conversavam, mas esse... Esse homem era diferente. Deu-me água e depois falou num tom revoltado que não suportava mais ver aqueles maus-tratos. Tive medo e não disse nada. Esse homem avisou que o Breno queria que eu engravidasse para sair do Brasil, para a criança nascer em outro país e ele ganhar direito à cidadania, dificultando uma extradição.

Um dia, quando o Breno percebeu que eu não me alimentava, virou um monstro! Ele estava bêbado, havia cheirado cocaína e começou a me bater... — Chorou. — Apanhei como nunca, e ele me arrastou pelos cabelos até o quarto e... Ele era sádico e gostava de ser visto... Era um doente! Mas naquele dia chamou o segurança e mandou que me segurasse, pensou que ele era como os outros, mas... O homem se aproximou, segurou Breno pelos cabelos e bateu seu rosto contra um móvel várias vezes. Ele o levou para a sala e eu o acompanhei a distância e assisti a tudo... Vi quando o segurança o sentou à força em uma cadeira, pegou uma porção grande de entorpecente e colocou no copo de uísque. O Breno estava tonto, mas não desmaiado e o homem o fez beber tudo aquilo... Pegou outro pacotinho, rasgou e o fez cheirar... Olhou para mim e gritou: "Corre mulher! Suma daqui!" Estava tonta e sem saber o que fazer. Outro segurança apareceu e avisou que já tinha colocado fogo nas gravações. Virando-se para mim, falou: "Nós somos bandidos! Já matamos homens safados, mas não concordamos com isso que esse cara faz com a senhora. Vai logo! Some daqui!" — Débora ofereceu uma pausa, exibindo exaustão.

Sérgio, extremamente nervoso, angustiado e indignado, levantou-se. Foi até a cozinha bebeu alguns goles de água e retornou ao quarto, levando um copo com água adoçada e pediu com bondade:

— Toma um pouquinho — observando suas mãos frágeis e trêmulas, ajudou-a a segurar o copo para que bebesse a água.

Sentando novamente a seu lado, ele afagou seus cabelos e as costas e Débora desfechou com impressionante inflexão dolorosa na voz:

— Eu lembrei de ir até o quarto, pegar meus documentos, por um calçado e trocar a blusa rasgada. Fugi. Saí sem rumo, sem saber para onde ir e acabei entrando em uma igreja. Lá me deram uma sopa e arrumaram um lugar para eu dormir junto de algumas desabrigadas. Fiquei por quatro dias ali e pensei muitas coisas... Meu orgulho, minha vaidade, a falta de te dar uma oportunidade e outras coisas me levaram a aceitar o que era confortável, sofisticado, luxuoso... A princípio, havia muita atenção, carinho, delicadeza e as melhores generosidades. Como alguém pode ser tão falso? E eu tão ingênua? As requintadas festas, a refinada casa, as roupas... Empregados para tudo... Mordomias... Em outras palavras, a preguiça da minha parte para lutar. Apesar de não te esquecer, eu aceitei o que era mais fácil e conveniente. Meu erro é imperdoável. — afirmou, procurando-o com o olhar. — Por isso pensei em morrer, acabar com essa minha vida desgraçada... Como viver com isso?! Entretanto fui covarde, não tive coragem de me matar. Não tinha mais família, não tinha mais nada a não ser os pensamentos em você... E o procurei. E, se você me mandasse embora quando chegou e me encontrou em seu portão, eu jurei me matar.

Num impulso, Sérgio a abraçou forte e Débora correspondeu, chorando copiosamente, escondendo o rosto em seu peito. Ele não suportou e choraram juntos por longo tempo.

Mais recomposto, o rapaz não disse nada. Vendo-a exaurida de forças, acomodou-a na cama e a cobriu, permanecendo a seu lado afagando-lhe o rosto abatido.

Mais serena, ela adormeceu. Ele permaneceu acariciando-a com delicadeza, acomodando-se ao seu lado até ser arrebatado por um sono profundo.

* * *

Na espiritualidade, devido à emancipação da alma pelo sono, Laryel recebe Sérgio com generosidade filial. Envolvendo-o, levou-o para lugar de elevada esfera e, depois de harmonizado com o magnetismo salutar, ele a abraçou com carinho e entristecido, comentando:

— Eu não soube nem tive conhecimento através da emancipação sobre as dificuldades da Débora.

— De que lhe adiantaria? Saber para sofrer mais e não se equilibrar para ampará-la agora? — perguntou sabendo que não haveria resposta. Aquela tarefeira reluzente e piedosa, pacientemente, explicou: — Experimentaria imenso sofrimento inútil que certamente o perturbaria e o desequilibraria quando retornasse ativo ao despertar. Bastava a obsessão que sofria.

— O que Débora experimentou foi uma expiação?

— Não. Servirá como uma provação se ela reerguer-se e se despojar das lamentações com perdão a quem a maltratou — respondeu Laryel com extrema bondade. — O que aconteceu foi resultado do cerco obsessivo que os rodeava. As idéias inquietantes da querida Débora e a falta de humildade foram o suficiente para separá-los. Sem parar para pensar, tirar suas conclusões e não deixar opiniões duvidosas a influenciarem, ela cedeu à acomodação pelos impulsos da obsessão, por conta da energia mental. Por ela não concordar com os atos delituosos e imorais que descobriu e ficou à sua disposição, a obsessão atuou através de seu agressor pelas compatibilidades de ações e pensamentos ou centro psíquico de atração. Observe que o fio tênue de seu fluido vital a religou ao magnetismo salutar através da prece e o auxílio chegou, mesmo sendo por criaturas sem elevação. Para sua recuperação, que são os traumas da violência e a humilhação, será necessário que ela se devote às valiosas realizações de amparo ao próximo.

— Vou guiá-la a essa tarefa.

— Ela já reconhece seu erro. Não será preciso relembrá-la disso, pois sua tortura na consciência é bastante forte por ceder às sugestões de espíritos inferiores. Porém, isso não retarda seu adiantamento, ao contrário, pode se tornar um crédito e elevação espiritual de acordo com a postura que ela tomar. — Com olhar de expressiva ternura, avisou: — Saberá como ajudá-la. Nossa querida não precisava dessa experiência rude, mas não atendeu aos apelos de sua mentora através de pensamentos sutis.

— Essa obsessão, com resultados tão cruéis, foi causada pelo espírito Lúcia, minha irmã quando encarnada?

— De que isso importa? — perguntou serena. — Sabe que os espíritos Lúcia e Sebastião não os irão incomodar.

— É que... — Encarando aquele anjo de bondade, Sérgio praticamente pediu: — Se eu pudesse receber Sebastião e novamente Lúcia como filhos, provavelmente, tudo se resolveria.

— Meu querido pai espiritual — sorriu espargindo luz —, sua sabedoria e prudência com as questões morais são dignas de superioridade. Contudo não merece receber como filhos queridos aqueles que são capazes de prejudicar-lhe o propósito reencarnatório tão esperado para o auxílio de muitos. Aceite sua tarefa com amor e submissão a Deus, não escravização, pois esse não é o seu caso. Além disso, o espírito Lúcia já está em processo reencarnatório. Já houve muitas oportunidades de ela aproveitar os abençoados ensinamentos, mas não foi dócil, não se desligou das paixões terrenas. Foi invejosa, imprudente e praticou o mal principalmente em pensamento. Agora, para esquecer de suas práticas e dar uma trégua a sua mente, nascerá daquela que auxiliou seu desencarne, reencarnará tal como pediu.

— Quem?

— A Sueli. Sueli concebeu Lúcia e não sabe. Vai demorar para descobrir a gravidez e, quando souber, terá medo de correr o risco de perder a vida em um aborto, pois já desencarnou dessa forma no passado. Dará à luz e cuidará da filha por ter-lhe tirado a vida. E ainda... Para iniciar sua harmonização, ocupar sua mente e despender energias com tarefas que a afastem de criações mentais e idéias que prejudiquem os outros, como fez com você, Sueli receberá Lúcia, que reencarnará com sérios problemas mentais e dificuldades físicas.

Sérgio abaixou a cabeça permanecendo pensativo.

— Não se culpe. Foram elas que prepararam o próprio destino. Assim como Alessandro, que foi filho do doutor Édison.

— O que tem ele? — Ao perguntar, Sérgio recebeu imediatamente as imagens de cenas de reencarnação bem distante.

Fitando-o com terna nobreza, a doce e sabia Laryel contou:

— Você e Alessandro eram filhos do doutor Édison em tempo distante. Ele era um homem nobre e com muitas posses. Valendo-se dessa oportunidade, você prometeu à sua noiva que retornaria para se casarem assim que terminasse os estudos em Oxford, na Inglaterra. Alessandro só se aproveitou das mordomias. A mãe de vocês, a atual esposa do doutor Édison, que desencarnou meses atrás, tinha Alessandro como seu predileto e achava injusto o valor que o pai dava a você por seu esforço e capacidade. Completando os estudos, você retornou. Orientado pela mãe, Alessandro armou uma cilada e deu-lhe um tiro no ouvido, colocando a arma em sua mão, dando a impressão de suicídio. O pai de vocês ficou desalentado e desgostoso. Abandonou tudo. Em pouco tempo, toda a riqueza se foi, subtraída por mãe e filho. O doutor Édison virou indigente e morreu tuberculoso, enlouquecido com a sua atitude. Na presente encarnação, a mãe do passado retorna a receber Alessandro como filho e o doutor Édison como seu marido. Ela pressionou o filho para estudar a fim de ele não decepcionar o pai. O contrário do que fez no passado. Ela auxiliava Alessandro no uso de medicação para que ficasse acordado, tendo mais tempo para estudar e se destacar. Mas as drogas requerem aumento nas doses. Inevitavelmente, Alessandro se viciou e se deprimiu. Pelo efeito dos entorpecentes, os espíritos viciados o vampirizavam exigindo mais e mais. O rapaz entrou em desespero e foi com essa oportunidade que esses espíritos inferiores projetavam em sua mente o que ele fez no passado com o irmão, que foi você. Não suportando a obsessão nem a pressão psicológica da mãe, ele se suicidou com um tiro na cabeça. Preso ao corpo físico pelo fluido vital rompido bruscamente, Alessandro ficou enlouquecido com a repetição incessante do estampido no ouvido e a dor de seu crânio esfacelado. Sentia os milhões de vermes roerem seu corpo e a dor era desesperadora. Toda dificuldade terrena é pequena demais se comparada aos terríveis anos ou séculos de torturas indescritíveis experimentada pelo suicida. A mãe de Alessandro debilitou-se pelo remorso de saber que o filho, pressionado por ela e a quem ofereceu as primeiras medicações, viciou-se e tomou a decisão de se matar por vergonha de assumir o vício e orgulho de procurar ajuda. Por isso ela, inconscientemente, suicidou-se, quando não reagiu e assumiu sua culpa, entregando-se à enfermidade da mente e do corpo.

Por acréscimo de misericórdia, o doutor Édison recebeu pequena orientação e procurou por mais esclarecimento a respeito do suicídio. Incansáveis preces e conversas fervorosas de amor e orientação aliviavam a mente de Alessandro, inspirando-o a crer em Deus e rogar fervorosamente Sua ajuda. Não foi fácil, mas o espírito Alessandro aceitou as conversações, isolando-se dos aglomerados no sofrimento infernal daquele vale. Através da energia da prece de seu pai, ele se arrependeu do ato insano e progrediu na concentração para oração incansável. Apesar da dor, e do desespero, pediu amparo e reparação do ato. E foi essa atitude de devoção a Deus e Sua infinita misericórdia que auxiliou o seu socorro em tempo tão breve, pois ficou cerca de dez anos naquele vale. Enquanto outros permanecem ali a mais de cem, duzentos anos ou mais.

— Esse é o motivo do doutor Édison ser tão simpático comigo?

— Sem dúvida. Os espíritos afins se reconhecem. O maravilhoso foi observar o seu perdão inconsciente ao Alessandro, através de sua dedicação amorosa que o faz se recuperar tão bem daquele estado de penúria no qual se encontrava.

— E quanto ao meu irmão, o Tiago. Sinto como se ele não fosse resistir. As previsões não são boas. Ele sofre muito. Sei que a vida continua, mas, às vezes, algumas criaturas são importantes para nós e... — abaixando o olhar, sentia profunda tristeza.

— Tiago é um espírito com considerável entendimento. Humilde, bondoso e fiel aos propósitos abraçados na tarefa evolutiva. Em seu planejamento para essa reencarnação, solicitou salvar vidas, ajudar pessoas pelo trabalho que exerce. Pediu para desencarnar na prova do fogo pelo remorso, pelo arrependimento humilde e verdadeiro de seus atos no passado. Mas nem sempre tudo é como a nossa vontade. Ele experimentou a prova do fogo e sofre as suas conseqüências, contudo Deus é quem pode decidir qual o melhor para nós, pois estamos sujeitos a erros quando temos direito à escolha. Muitas vezes somos mais úteis quando nos dispomos ativos na encarnação ao trabalhar pelo próximo do que desencarnado, observando da espiritualidade o que acontece. É possível que seja mais proveitoso Tiago encarnado do que seu retorno à espiritualidade, pois ele possui uma índole resignada, bondosa e decidida. — Sorriu ao revelar — Além de ter Rita e duas criaturas maravilhosas dependentes de seu apoio, outros irmãos também serão beneficiados com a sua atividade, principalmente, depois dessa prova e com a tarefa que vai abraçar. Mas tudo depende da vontade do Pai e também da força espiritual do próprio Tiago — O doce olhar de Laryel parecia magnetizar Sérgio com fluidos salutares inebriantes. Ele acreditou entender a mensagem, entretanto sabia que, ao retornar para a atividade corpórea, não se lembraria dos detalhes. Porém seu inconsciente poderia intuí-lo para fazer o melhor. Sérgio a abraçou com ternura e lágrimas de júbilo ao dizer:

— Em pensar que foi minha filhinha querida... Venerável emissária!

— É o meu amado e eterno pai espiritual, assim como Débora... minha mãezinha amada — admitiu, sorrindo com suavidade e expressiva emoção. — Como eu te amo! Como eu a amo! Lembre-se: minha mãezinha vai precisar muito do seu amparo, do seu amor, de sua delicadeza e generosidade.

— Ela terá. A situação não será fácil, mas creio em Deus! Ele me dará forças! Há de me inspirar, por meio de elevados espíritos amigos para eu agir e fazer o melhor!

— Tenho certeza de que sim. Nossa querida Débora não precisa de perdão, e sim de compreensão, pois ela se desviou, mas não errou. Sofreu as conseqüências cruéis por não parar e refletir, por se deixar influenciar pelas opiniões alheias. Lembre-se disso. Todos estamos sujeitos a desvio, mas se Deus não nos compreendesse... Até você quis desistir da vida, o que é algo bem pior do que se afastar do caminho principal. Entretanto vocês retornaram com toda a força para recomeçar. Eu tenho um trabalho a realizar. — Espargindo luz radiosa pelo belo sorriso enigmático, avisou: — É chegada a hora de ir. Vocês merecem experimentar a felicidade terrena em meio às tarefas e propósitos reencarnatórios. — Envolvendo-o com ternura angelical, Sérgio parecia adormecer quando ela sussurrou: — Continue amoroso e compreensivo, pai querido, pois somente assim eu estarei com vocês sempre... — Ele não teve tempo de argumentar pelo êxtase que o dominou e foi trazido de volta para retomar suas atividades no corpo físico.

33

Débora teme consequências do passado

Com forte emoção inexplicável, Sérgio acordou e suspirou fundo ao olhar Débora envolta em uma coberta, encolhida e adormecida ao seu lado. Observando-se, reparou que dormiu com a roupa do dia anterior. Imediatamente recordou-se da longa conversa com Débora e uma densa tristeza o invadiu ao lembrar as explicações sobre as terríveis experiências que teve junto a Breno, o desespero que viveu por não conseguir fugir e as humilhações sofridas.

Levantando-se vagarosamente para não acordá-la, tinha os pensamentos castigados por saber a verdade. Ele também a julgou por não o procurar, mas ignorava as angústias e os sofrimentos aos quais ela era submetida.

O rapaz saiu do quarto e, para não despertar Débora, usou o banheiro social onde lavou o rosto com a água bem fria como se fosse possível apagar aquele pesadelo. Chegando à cozinha, viu Rita alimentando a cachorrinha na lavanderia.

— Bom dia, Rita! — cumprimentou-a parado à porta.

— Oi, Sérgio — respondeu desalentada, com o semblante fatigado pelas aflições morais.

— Dormiu bem? — perguntou preocupado com a sua aparência.

Ela sinalizou negativamente com a cabeça. Ele se aproximou e a envolveu com suave abraço. Em seguida, Rita se afastou com delicadeza e avisou:

— Liguei para o hospital e o Tiago está na sala de cirurgia... — entregou-se ao pranto doloroso.

— Venha, Rita — propôs, conduzindo-a à cozinha. — Sente-se aqui — pediu com tristeza, afagando-lhe os longos cabelos ondulados e recostando-a em si.

— Sérgio, você sabe que, no estado dele, uma cirurgia dessa é de grande risco — falou entre lágrimas e soluços. — O Tiago nem deveria ficar induzido ao coma por tanto tempo, mas...

O silêncio foi absoluto por longos minutos.

Sérgio preparou um café. E Rita não disse mais nada. Recompôs-se do choro, mas parecia exaurida de forças. Apoiou-se na mesa, debruçando a cabeça sobre os braços.

— Tome — disse, oferecendo-lhe uma xícara de café. — Vai se sentir melhor.

— Obrigada — agradeceu, mas ficou rodeando a xícara sem beber o conteúdo.

Tentando tirá-la dos pensamentos angustiosos, ele comentou:

— Obrigado por receber a Débora como fez.

— A Dé é minha amiga. Era o mínimo que eu poderia fazer.

— Mas depois de toda aquela situação e da distância que manteve, pensei...

— Talvez a Dé precisasse ficar longe. Não vou julgá-la.

— A Débora passou por sérias dificuldades. Você nem imagina — falou triste.

— O rosto dela mostra seu sofrimento e a submissão apresenta o quanto foi insultada, rebaixada moralmente e... A Dé perdeu o brilho — falou vagarosamente como se analisasse em voz baixa e melancólica. Breves segundos e avisou: — Ela nunca foi assim. Agora não estou em condições, mas depois conversarei melhor com ela.

Sérgio ficou calado. A amiga pareceu adivinhar as dificuldades da outra. Ele observou Rita por longo tempo, em silêncio, e reparou que lentamente ela empurrou, para o centro da mesa, a xícara de café, sem ingerir a bebida. De súbito, um frio percorreu sua alma e perguntou assustado, mas brandamente:

— Rita, você está grávida?!

Rapidamente ela o encarou e começou a chorar. Levantando-se de imediato, ele se ajoelhou frente a ela para ficar à sua altura e murmurou:

— Meu Deus, Rita!... Vem cá!... Não fique assim — pediu, abraçando-a. Generoso, sugeriu: — Procure se acalmar. Por favor, me perdoe, não quis ser cruel com a pergunta e...

— Eu sou cruel!... Eu fui cruel!... — lamentou, chorando copiosamente. Contou entre os soluços — Não foi planejado... Eu tomava remédio e...

— Calma... Calma... — Fazendo com que o encarasse, perguntou cauteloso: — Diga-me uma coisa: o fato de não planejarem, irritou o Tiago?

— Sérgio!... Ele não sabe!... Por causa do atraso, eu fui ao médico... Fiquei surpresa com o resultado, mas... Eu não podia contar para ele por telefone e... Quando voltei à noite, o Tiago já estava na universidade e depois foi para o trabalho... — chorou. — E na madrugada aconteceu essa tragédia com ele!!! Deus!!! Perdi meus pais, meu único irmão!... Fiquei sozinha no mundo e sem esperança! Quis morrer!!! — dizia em desespero. — Quando encontrei o Tiago... Como eu o amo!!! A partir do momento em que ficamos juntos, eu esqueci o passado e ganhei esperança. Quis viver com mais vigor! Mesmo sem planejarmos um filho, agradeci a Deus por ficar grávida. Sabia que o Tiago iria me apoiar, assumir! Mas... e agora?!!! Sérgio! Eu me sinto sozinha novamente!!! Ele nem teve chance de saber que é pai!!!

— Fique tranqüila, por favor. Você não está sozinha nem ficará. — Breve pausa e perguntou: — Mais alguém sabe? A dona Antônia?... — tornou com o coração aos saltos, mas sem deixá-la perceber.

— Não... — murmurou mais calma.

— Por que não me contou, Rita? — falou com extrema bondade e piedoso. — Você precisa de assistência. Não pode ficar nervosa assim.

— Fiquei com vergonha de você, Sérgio — confessou, encarando-o. — Você é como um irmão mais velho...

O rapaz estava em lágrimas e, afagando-a com ternura, pediu:

— Rita, por favor, preste atenção. — Ela o olhava firme, e ele prosseguiu: — Esse filho será amado pelo Tiago, eu tenho certeza! Ele te adora! Por isso, você vai descansar. Não irá ao hospital até o Tiago poder vê-la. Está tão abatida que...

— Não faça isso comigo. Eu quero vê-lo!

— É para o seu bem, para o bem do seu filho... do filho do meu irmão!... — Um soluço o embargou, mas prosseguiu: — Se não descansar, continuar abalada desse jeito, não se alimentar como deve, eu tenho medo de que algo aconteça ao bebê. É necessário contarmos para a dona Antônia.

— Não!...

— Rita, ela saberá como cuidar de você! Ela te ama como filha!

Débora chegou à cozinha e viu a cena. Rita virou-se e debruçou-se novamente na mesa. A amiga perguntou preocupada:

— O que foi?

Sérgio estava chorando. Levantou-se e secou o rosto com as mãos. Afagando as costas de Rita, indagou com voz serena:

— Rita, você conta ou quer que eu o faça?

Alguns segundos e ela se ergueu, encarou Débora e falou entre os soluços:

— O Tiago não sabe... mas eu estou grávida.

Débora a abraçou com ternura. Secou-lhe as lágrimas e sorrindo suavemente falou:

— Ele vai amar esse filho! Assim como nós! Essa criança lhes dará muita força!

* * *

Levada para a casa de dona Antônia, Rita ficou sob os cuidados atenciosos da senhora e observação do doutor Édison.

Dois dias depois, Tiago teve pequena melhora e pôde receber rápidas visitas. Não havia como descrever seu abatimento, suas dores e os resultados físicos das queimaduras, principalmente, em suas costas. Ele mal abria os olhos, reconhecendo o irmão e os pais. Depois as condições de sua saúde, o enfraqueciam.

Tendo em vista o estado de Rita inspirar cuidados e atenção, Sérgio a levou ao médico e explicou detalhes do ocorrido com Tiago. O obstetra recomendou que a poupasse de vê-lo naquela situação. Por isso ela não foi visitá-lo, apesar de muito contrariada.

Com os dias, Tiago se encontrava mais recomposto quando soube, pelo irmão, que Rita estava grávida e que Sérgio não a deixou visitá-lo para não se abalar ao vê-lo em condições tão sofridas. Sérgio contou que ela exibia sinais de exaustão, abatimento, desânimo e muita tristeza, mas não queria pôr em risco seu estado, conforme o médico obstetra recomendou.

Tiago ficou eufórico e renovou-se, parecendo ganhar nova vida. Reagindo com energia e animação, praticamente, obrigou Sérgio a levar Rita para visitá-lo.

O reencontro foi emocionante. Eles choravam e sorriam juntos. Tamanha era a felicidade, quando Rita anunciou outra surpresa. Em ultra-sonografia do dia anterior, consulta na qual Sérgio permaneceu na sala de espera, o médico obstetra revelou tratar-se de gêmeos homozigotos, ou seja, gêmeos idênticos, pois no primeiro ultra-som só havia um óvulo fecundado e no segundo ultra-som mostravam dois. Eles perderam a fala. Depois Tiago prometeu-lhe que sairia logo dali para ficar ao seu lado e dos filhos.

Sérgio não sabia da novidade, pois Rita não lhe contou. Ele sorriu e chorou em silêncio, só os observando. Muito surpresa, dona Marisa não sabia como reagir. Não os criticou, porém não partilhou da alegria.

* * *

Após muita discussão sobre os cuidados com a recuperação de Tiago, ele mesmo decidiu que ficaria na casa de dona Antônia para não se separar de Rita. Além disso, o doutor Édison o acompanharia mais de perto. Os pais do rapaz não ficaram satisfeitos, contudo aceitaram.

* * *

A rotina da maioria voltava ao normal quando João, aproveitando-se de um curto horário para o café, encontrou Sérgio na clínica e perguntou:

— E a Débora? Como ela está?

— Aparentemente melhor do que quando chegou — respondeu Sérgio. Depois contou com voz bem baixa: — Mas parece acuada, com vergonha por ter voltado e... Com a morte dos pais, o sumiço dos irmãos... Talvez por depender totalmente de mim, apresenta-se submissa.

Sérgio não havia contado ao amigo tudo o que Débora revelou sobre o que passou no tempo em que ficou ausente, pois acreditava tratar-se de algo muito íntimo. O rapaz confidenciou todos os detalhes apenas para o doutor Édison, que o ouviu e orientava prudentemente sob uma visão médica, filosófica e mental. Sem que esperasse, João perguntou:

— Reparou que a Débora está desorientada? Ela não participa das conversas quando estamos juntos e, na primeira oportunidade, se afasta. Achei-a muito abatida. Levou-a ao médico?

— Não. Ela está abalada e pediu um tempo. Eu lhe dei uma semana. Além disso, preciso providenciar um convênio médico, pois, provavelmente, pedirão exames laboratoriais.

João ficou pensativo, parecendo preocupado, e Sérgio perguntou:

— E o Tiago?

— Está bem! Refazendo-se a cada dia e já quer retornar à universidade! Ele e a Rita estão maravilhados com a vinda dos bebês! Já marcaram a data do casamento, sabia?

— Não pude visitá-lo nos últimos três dias, mas soube por telefone. O Tiago também me contou que estão preparando a prótese e não vê a hora de se livrar das muletas. Eu admiro sua força de vontade, seu ânimo!

— Eu estava reparando como vocês dois são parecidos!

— É! Já perguntaram se somos gêmeos! — contou sorrindo.

— Não me refiro só à aparência física, mas à personalidade, à firmeza, à coragem, ao empenho!

— É!... Já disseram isso também — revelou com humildade.

— Bem... Não querendo mudar drasticamente de assunto, Sérgio, mas... O Tiago contou sobre a minha mãe? — João indagou sussurrando.

— Ah! Que a dona Antônia não está satisfeita porque eles querem morar em uma das casas de herança da Rita? Sim. Contou.

— Não! Minha mãe vai se casar!

Sérgio sorriu, duvidando ao perguntar:

— A dona Antônia vai se casar?! Com quem?!

— Com o doutor Édison — avisou bem sério. — Veja, tudo aconteceu bem em baixo do meu nariz e sou o último a saber! Vi que o doutor Édison passou a freqüentar muito a minha casa, mas nunca imaginei!... Pensei que se tornava mais um amigo naquele casarão!

— Fiquei surpreso, João! Mas, na verdade, estou tão feliz por eles!

— Feliz porque não é sua mãe!

— Ei, João! O que é isso? Síndrome de Édipo! Achei maravilhoso! Eles merecem ser felizes! E vê se casa junto e pára de enrolar a Nilza, antes que ela arrume outro noivo! — brincou Sérgio, rindo.

— Você é muito engraçadinho, né?! Mas vendo por outro lado... Ele é um homem digno, minha mãe uma criatura maravilhosa!... — riu. Depois brincou: — Tomara que ele não venha dar uma de pai durão pra cima de mim!

— Eu gostaria de ter pais como eles — comentou Sérgio. — Viu minha mãe? Ela queria levar o Tiago para a casa dela e o visitou por duas vezes! Isso mostra o quanto ele seria bem tratado com os sobrinhos pulando sobre ele!

— Vi o Marcílio e a Ana visitando o Tiago só no hospital — tornou João.

— Eu e o Tiago nos parecemos muito não só fisicamente. Somos até fisicamente diferentes do resto da nossa família — falou em tom de decepção. Depois sorriu ao completar: — Mas, no meio do caminho, a dona Antônia adotou a mim, o Tiago, a Rita, a Débora...

— ...o doutor Édison! — completou, interrompendo-o.

— Não, João! Esse ela não adotou, ela selecionou! — Sorriu e desfechou com jeito maroto: — A dona Antônia é minha mãezona e... Acho que vou adorar ter o doutor Édison como pai!

— Ah!!! Cai fora, Sérgio!!! Vê se vou querer irmão desse tamanho?!!!

Eles riram e retornaram ao trabalho.

* * *

Era noite quando Sérgio chegou à sua casa. Procurou Débora com o olhar, mas só ouviu os barulhos vindos da cozinha. Sem que ela o percebesse, aproximou-se a passos lentos e a observou de costas. Viu-a parecendo mergulhada em um túnel de tristeza com lágrimas pelo rosto.

— Oi!... — falou baixinho e brandamente. Mesmo assim, a jovem deu um grito baixo, levando a mão ao peito pelo susto. — Desculpe-me! Não queria te assustar — disse ficando mais perto e abraçando-a com carinho. Deu um beijo em seu rosto e afagando-a perguntou: — Você está bem?

— Sim — sorriu, escondendo o rosto. Em seguida, explicou: — Eu estava distraída e...

— Por que está chorando? — perguntou com voz terna, mas não a deixou se afastar. Segurando-a pela cintura, com jeito carinhoso, apertou-a contra si acariciando-lhe as costas.

Mas Débora fugia do seu olhar ao responder:

— Não foi nada... — falou com voz temerosa. Não resistiu e chorou ao contar: — Deixei o jantar queimar. Eu queria prepará-lo direito... Algo de que você gostasse...

Segurando seu queixo, ele a forçou a encará-lo nos olhos expressivos. Secando-lhe a face com a mão fazendo-lhe sutil carícia, enlaçou-a pela cintura e avisou em tom bondoso:

— Não precisa chorar. Isso você aprende e para aprender é preciso errar e tentar... tentar até dar certo. — Balançando-a de um lado para o outro, vagarosamente, ele sorriu e indagou no mesmo tom: — O que sobrou para o jantar?

— Não muita coisa... — falou tentando fugir de seus braços, mas Sérgio, delicadamente, não deixou, observando suas reações de submissão para testá-la. Em seguida, ela contou: — A carne assada queimou e os legumes da salada também. Eu não percebi que a água tinha evaporado enquanto tentava salvar a carne e... Só tem arroz — falou, quase chorando.

— E você está assim por isso?!

Cabisbaixa, ela segurou suas mãos firmes, que a contornavam, e as puxou afastando-se do abraço. Com movimentos vagarosos, virou-se, dando-lhe as costas ao falar:

— Quero fazer as coisas direito, mas não consigo.

— Não será por falta de concentração?

— Concentração? — tornou ela, virando-se. — Como assim?

— Débora — explicou com tranqüilidade —, é provável que você tenha o pensamento ocupado e... por que não dizer: preso a outras coisas. — Breve pausa e comentou: — Desde que voltou está submissa, acuada e com idéias em uma espécie de labirinto de medos. Não sabe decidir, fica acuada, quase não conversa.

Seus olhos faiscavam um pedido de socorro ao ficarem marejados. Mas ela se fez forte e encarando-o, desabafou:

— Sérgio, nossas vidas se distanciaram quando me precipitei àquele destino ilusório. O que me levou a tantas experiências ruins foi a falta de humildade e minha arrogância por não acreditar em sua palavra nem parar para pensar. Mesmo distante, eu sofria ao pensar em você, descobrindo que os seus conselhos e orientações serviam para eu fazer tantas coisas... Até para sobreviver em uma cozinha e aprender a economizar... Bem, tudo isso me deixava cada dia mais angustiada, pois eu descobri que te amava mais do que tudo! — Lágrimas escorreram lentamente em sua face, porém ela continuou no mesmo tom coagido: — Sempre tive uma vida abastada. Estudei nos melhores colégios e com grande conhecimento, contudo eu ignorava o lado imundo e a podridão de alguns grupos da alta sociedade. Mulheres lindas, famosas, que ocupam lugares de destaques nas revistas e colunas sociais de jornais, propõem-se a uma vida de dar ânsia!!! É algo nojento!!! Homens consideráveis, famosos... são vis, hipócritas, voltados às paixões sexuais viciosas, a práticas degradantes, sórdidas!... Não pode imaginar o que sofri! O que sofro! — falou, quase sussurrando. — Você reclama por me achar humilhada, submissa, medrosa... Mas não é fácil esquecer o que vivi e, quando se aproxima de mim, acredito que vai me agredir, me bater!... Sei que é incapaz disso, mas essa impressão fica na minha mente como se tudo aquilo fosse acontecer a qualquer momento.

Sérgio sentiu um aperto no peito ao lançar olhar terno e piedoso. Aproximando-se lentamente, argumentou com bondade na voz:

— Não pode deixar de viver, de sonhar e progredir prendendo-se inutilmente a esse passado e...

— Sérgio — interrompeu-o educada. — Eu o procurei por não ter mais ninguém e pelo amor que sinto por você. Não vou negar isso. Entretanto percebi que minha atitude, a distância e o tempo que nos separou mudou nossas vidas! Todos os acontecimentos nos marcaram com mágoas, angústias e medos... — chorou, abaixando o olhar.

Afagando suavemente o rosto molhado, ele justificou:

— Débora, seu retorno me pegou de surpresa naquele dia. Muitas coisas estavam acontecendo e por isso eu não conseguia pensar. — Envolvendo-a com meiguice, encostou o rosto em sua face e roçando-o com delicado carinho, disse amoroso: — Por ignorar o que aconteceu com você, eu precisava de um tempo antes de me deixar envolver e...

— Pare Sérgio, por favor — pediu implorando e afastando-se rapidamente. Em seguida, falou: — Depois de tudo, reconheço que você não me merece. Não sou digna do seu amor, do seu...

Segurando-a com delicada firmeza, fazendo-a encará-lo, respondeu de imediato:

— Quem decide isso sou eu! Não coloquei em dúvida a sua dignidade em momento algum nem a julguei. Eu só queria saber de tudo, entender o que a deixou tão ausente e você me explicou, mas não tem o direito de dizer o que eu mereço.

Sérgio a envolveu com ternura, sentindo sua respiração temerosa. Afagando-a, roçou o rosto em sua face e, ao encontrar seus lábios, beijou-os de leve antes de Débora murmurar, suplicando:

— Não... Tenho medo...

Mantendo-a em seus braços, olhou-a com ternura e perguntou brandamente:

— Medo do quê? Medo de mim? Débora... — falou baixinho e terno: — Você me conhece, nós temos um passado lindo e sabe que não vou lhe fazer mal. — Diante do choro, ela agarrou-se a ele escondendo o rosto. — Tudo bem... — disse, acalentando-a. — Eu entendo o que passou e só queria apagar essas lembranças tristes. Mas, se é muito cedo para você, eu entendo e...

— Não é isso!... — gaguejou. — Eu te amo, Sérgio! O que mais quero é sentir seu abraço e ter algo bom, carinhoso e agradável para eu sentir, lembrar... Se pudesse, eu me esconderia em você!!! Mas... — Olhando-o, chorou confessando em desespero: — Estou apavorada! E se eu estiver doente?! E se eu tiver contraído algo fatal?! E se eu estiver grávida?! Não menstruo desde quando vim para cá! Venho sentindo tonturas! Enjôos!

Tomando postura firme e bem sério, ele a encarou e respondeu decidido:

— Eu já pensei em tudo isso. Logicamente, no caso de uma doença ou de contaminação por um vírus fatal, não vamos ter um relacionamento íntimo comum, despreocupado. Eu ficarei ao seu lado pelo que sinto por você, pelo que você representa para mim, Débora. Se estiver grávida... — Os olhos dela cresceram e sua respiração parou. Tranqüilo, ele prosseguiu: — Se você estiver grávida, criaremos nosso filho.

— Não!!! — gritou apavorada, afastando-se dele. — Você está louco?!

— O que pensa em fazer, então?

— Eu não quero!!! — expressou-se com extrema aflição. — Não vou suportar! Você entende? Eu não quero! Nós daremos um jeito... Podemos tirar...

— Para sua proposta... Nós?! Vírgula! — exclamou com veemência. — Eu não tenho coragem de apoiar o assassinato de uma criança! Se acaso você decidir não tê-lo e matar seu filho com o aborto... Vou lhe pedir para que saia da minha vida!

Débora fixou-o perplexa, incrédula. Seu coração parecia ter parado de bater. Sentindo-se tonta, ela deu-lhe as costas e apoiou as mãos na mesa fechando os olhos e abaixando a cabeça. Sérgio percebeu algo errado, aproximou-se ligeiro e perguntou:

— Você está bem?

Percebendo-o ao seu lado, ela se recostou nele quando se viu dominada por um torpor forte e, não conseguindo forças, deixou-se cair lentamente.

Carregando-a nos braços, Sérgio a levou para o quarto e acomodou-a sobre a cama. Débora estava gelada. Seus lábios brancos se igualavam à sua pele pálida. Chamando-a por várias vezes sem obter resultado, o rapaz, mesmo nervoso, lembrou-se de ligar para o doutor Édison, pedindo-lhe ajuda. Orientado para levá-la ao hospital, ele propôs a encontrá-los lá. Sérgio não perdeu tempo. Pegando Débora ainda desfalecida, ele a colocou no carro e seguiu para o hospital.

Ao acompanhar os primeiros socorros prestados à Débora, Sérgio avisou sobre uma suspeita de gravidez. Uma médica de aparência jovem, mostrando-se atenciosa e com expressiva bondade, examinava Débora que lentamente recobrava os sentidos. Com fala branda e educada, orientou:

— Fique tranqüila, Débora. Está tudo bem. Eu sou a doutora Elizabete e você está no Pronto Atendimento do hospital por ter desmaiado. O soro intravenoso é para reidratá-la e reanimá-la mais rápido.

— Sérgio... — balbuciou Débora.

— Estou aqui — avisou, aproximando-se para que ela o visse.

Débora esforçou-se para erguer a mão pálida e gelada que ele segurou com extremo carinho, colocando-a entre as suas. — Fique tranqüila, tá? — ele pediu com generosidade na voz branda.

— Débora — tornou a médica —, nós já fizemos uma coleta de sangue antes de lhe aplicar o soro quase agora e que... Deixe-me ver... Ainda ficará cerca de uma hora com ele, certo? Enquanto isso, o resultado dos exames deve chegar do laboratório. Só que precisamos de um exame de urina o quanto antes por causa do soro. Por isso, se sentir vontade de fazer xixi, chame a enfermeira, apertando essa capainha — mostrou.

— Acho que já posso fazer esse exame — falou encabulada.

— Ótimo! — sorriu a médica bem animada. — A Inês, nossa melhor enfermeira — falou colocando a mão no ombro da moça —, vai ajudá-la e orientá-la para a coleta. Mas vamos pensar em uma coisa — ponderou a médica induzindo-a —, o Sérgio tomou um susto com o seu desmaio e é injusto deixá-lo aqui, em pé, ao seu lado enquanto se recupera. Tudo bem se ele for fazer a ficha e ficar na sala de espera? — Antes de Débora responder, ela avisou: — É lógico que ele virá aqui de vez em quando para te ver! Tudo bem?

— Tudo — aceitou com voz fraca e triste, olhando para ele.

— Isso será bom para que descanse. Venho vê-la daqui a pouco — sorriu ele.

— Então está certo! — falou a doutora com jeito amigável. — Inês, ajude a Débora com toda a higiene para a coleta de um xixizinho! — sorrindo, expressou-se de um jeito engraçado. Em voz baixa, orientou a enfermeira: — Ela pode ficar tonta, levante as grades de proteção laterais do leito. Só podemos medicá-la após o resultado dos exames. — Virando-se para Sérgio, propôs educada: — Podemos fazer a ficha da Débora agora?

— Sim. Claro, doutora! — Beijando Débora rapidamente na testa, avisou ao soltar sua mão: — Volto logo, tá?

Acompanhando a médica, ele comentou meio sem jeito:

— Doutora, não me lembrei de pegar os documentos dela. Preciso voltar em casa.

— Não se preocupe, Sérgio. Fará a ficha com os dados que souber informar. Mas fica nos devendo o número da identidade. O doutor Édison ligou um pouco antes de vocês chegarem, fazendo algumas recomendações. Ele teve um problema com o carro e provavelmente vai demorar.

Levando-o até o balcão de atendimento, orientou para fazer a ficha e depois procurá-la em sua sala.

Pouco depois, a médica fazia as anotações referentes aos primeiros atendimentos prestados à Débora. Sérgio estava sentado em frente a sua mesa respondendo algumas perguntas de rotina ao mesmo tempo que esperavam os resultados dos exames de Débora. Enquanto isso, a médica conversou sobre detalhes relevantes que precisava saber:

— Bem, Sérgio, assim que chegou com ela desmaiada, avisou-me sobre uma possível gravidez. Uma simples ultra-sonografia daria esse resultado de imediato. Por que estão adiando? — perguntou cautelosa e educada.

O rapaz inspirou fundo, erguendo o rosto para o teto ao fechar os olhos por instantes. Quase não suportava o calor das lágrimas brotando. Em seguida, encarou a médica. Por fim argumentou:

— O doutor Édison lhe fez recomendações sobre o caso da Débora e deve ter comentado... — ele deteve as palavras, buscando conter as emoções.

— Sérgio — alertou-o com voz branda —, você é psicólogo. Sabe que assuntos entre profissionais sobre os pacientes são de exclusivo sigilo e, algumas vezes, os comentários são bem parciais, sem detalhes. Isso pode ser pelas condições como no caso de um telefonema. Conversei com o doutor Édison rapidamente por telefone e só tenho as informações superficiais pela emergência. Sem dúvida, sabe que relatos entre paciente e clínico, seja ele um psicólogo ou médico, devem ser de total confiança e extremamente confidenciais. Aliás, isso é lei! — Sorriu levemente e continuou: — O doutor Édison é meu orientador. Sou sua pupila, vamos dizer assim, pois me interesso por meus pacientes e corro para ele com inúmeras questões. — Breve pausa e falou: — Sei que você também é seu pupilo. Isso indica que é um ótimo profissional ou ele não se importaria com você. Não me leve a mal... Reconheço seu estado tenso, nervoso, esgotado e excessivamente preocupado. Por mais que tente disfarçar com a impressionante tranqüilidade que aparenta, com gestos, expressões e fala equilibrada, eu sinto que existe alguma situação estressante. — Com modos agradáveis, brincou para descontrair: — Não sei se vou medicar a Débora ou se prescrevo um calmante para você.

Sérgio ofereceu meio sorriso e perguntou:

— É aluna do doutor Édison?

— Ainda sou! Estou me especializando em Psiquiatria, mas atendo aqui como clínica geral.

— Eu sabia! — riu, meneando a cabeça. — Somente as "crias" do doutor Édison aprendem a olhar a alma das pessoas.

Em seguida, o silêncio reinou enquanto a doutora Elizabete o observava. Sérgio ficou sério. Não suportava mais guardar todas as angústias e preocupações represadas em seu peito. Aquela era a oportunidade ideal para derrotar suas dúvidas. Seu belo rosto de traços nobres e definições agradáveis se franziu à medida que a encarava. Seus lindos olhos verdes marejavam de lágrimas que pareciam queimá-los. Num gesto aflitivo, esfregou o rosto com as mãos e finalmente desabou, contando tudo.

Ele não se sentiu envergonhado e chorou durante o relato. No final, parecia mais calmo como se tivesse se livrado de um grande peso.

— Você gosta muito dela, não é Sérgio?

— Nem imagina... Parece um amor de outro mundo, de outras vidas.

— A incerteza só nos desgasta, só nos destrói. Você é forte e está disposto a enfrentar a realidade. Faremos o seguinte: vamos começar a destruir essa angústia, essa aflição... — naquele exato instante, o telefone tocou. A médica pediu licença e atendeu. Desligando, virou-se para ele e, ao se levantar, chamou-o: — Vamos? Alguns resultados acabaram de chegar do laboratório!

Sérgio a acompanhou, sentindo-se mais calmo, seguro e decidido. Aquela conversa lhe fez muito bem.

Após olhar os resultados dos exames, a médica não comentou nada e pediu que a Débora fosse encaminhada para outra sala. Seguindo a médica, Sérgio viu quando Débora, em uma cadeira de rodas, chegou à frente de uma sala. Diante da porta aberta, a surpresa de vários equipamentos foi de grande susto para Débora. Assustada, a jovem só obedecia às solicitações firmes e ligeiras oferecidas pela médica, que não lhe dava tempo para concatenar as idéias.

Deitada em mesa apropriada, ela já havia entendido o propósito daqueles procedimentos e apertava uma das mãos de Sérgio, que ficou em pé ao seu lado, afagando-lhe a testa e os cabelos.

Enquanto a ultra-sonografia era realizada, Débora puxou a mão de Sérgio para junto de seu rosto frio e fechou os olhos. Não queria acompanhar o exame, temendo o resultado. Lágrimas banhavam seu rosto. Fingindo ignorar sua sensibilidade e seu medo, a médica avisou com naturalidade:

— Está tudo bem com você, Débora! Não há cisto, não há gravidez nem qualquer outro...

— Não estou grávida?! — perguntou ligeira.

— Não... Não. — tornou a médica com tranqüilidade. — Decidi por esse exame depois de saber que não tem menstruado, teve tonturas e enjôos. Pelo ultra-som, podemos descartar gravidez e alguns outros problemas no aparelho reprodutivo. — Olhando-os, trazendo na expressão um leve sorriso, avisou: — Terminamos! Vou pedir que a ajudem a se vestir e os aguardo na minha sala, certo?!

— Obrigado, doutora! — disse Sérgio, experimentando um alívio indizível. Voltando-se para Débora, que chorava com fortes soluços e não

conseguia falar, ele a abraçou forte, beijou-lhe o rosto e falou baixinho:
— Calma... Está tudo bem.

A aproximação da enfermeira impediu-os de conversar. Alegre e ignorando os fatos, Inês expressou-se descontraidamente ao ajudar Débora:

— Não fique triste! Não chore! Vocês são jovens, saudáveis e bonitos, diga-se de passagem! Tenho certeza de que, no próximo exame desse, vão ficar alegres como nunca! Já vi tanto isso acontecer! Primeiro o casal se frustra, depois ficam eufóricos com o primeiro filho, alegres com a notícia do segundo, preocupados com a chegada do terceiro e desesperados para não darem chance ao quarto! — Riu gostoso. Sérgio ajudava ao mesmo tempo que sorria. Débora ficou mais calma, mas sem palavras. Inês ainda completou: — Não chore, menina! Vocês dois terão filhos lindos! Se puxarem os olhos do pai... Nossa!!!

Ele sorriu largamente, porém continuou em silêncio. Em seu íntimo, era esse o seu maior desejo e esperança. De volta à sala da médica, ouviram:

— Débora, esses exames mostram uma anemia bem séria. Visivelmente o seu peso não é compatível à sua altura. Acredito que esse seja o principal problema da interrupção do ciclo menstrual. O estado emocional, a tensão nervosa, a depressão e outros fatores desse tipo podem causar essa interferência no ciclo e também na saúde, de um modo geral, provocando sintomas como náuseas, tonturas, desmaios... Seu intestino funciona normalmente ou existe alguma irregularidade como diarréia?

— Não. Ele funciona normal.

— Teve sintomas como os de uma gripe ou dores pelo corpo nos últimos meses?

— Não. Só me lembro de uma forte dor de cabeça e tonturas.

— Tem se alimentado bem?

— Mais ou menos... — falou envergonhada.

— Passou a ter queda de cabelos, unhas frágeis, fraqueza?...

— Não.

— Ótimo... — murmurou a doutora, fazendo anotações. — A meu ver, trata-se de uma anemia séria e acompanhada de tensões emocionais. A princípio, você vai começar a se alimentar bem e com frutas, legumes e tudo que contenha ferro. Não vou prescrever medicações porque vou encaminhá-la a outro médico. Ele, provavelmente, pedirá exames que complementem esses e orientará um tratamento mais adequado aos resultados. — Estendendo um papel para Sérgio, avisou: — Aqui está uma guia para encaminhar ao especialista.

— Por que isso, doutora? — perguntou Débora desalentada.

— Para ele saber o que aconteceu hoje e pedir exames mais detalhados, descartando uma gravidez. Veja, os exames realizados hoje têm valor dentro desta emergência. Agora fará outros, com jejum adequado e mais tranqüilidade.

A jovem sorriu e concordou:

— Tudo bem, doutora.

— Ótimo! — animou-se a médica.

— Por hoje é só, doutora? — indagou Sérgio com leve sorriso.

— Lógico! Por hoje é só! — sorriu, estendendo a mão para despedir-se. E ainda reforçou: — Alimente-se bem e procure ficar mais calma, Débora!

— Pode deixar. Obrigada, doutora! — sorriu a jovem.

Sérgio agradeceu novamente e foram envoltos por sensação de alívio, mas sem esquecerem as outras preocupações.

34

É preciso força para recomeçar

Caía uma chuvinha fina cujos gotejos no vidro da janela escorriam como lágrimas sob o efeito da luz baça da madrugada, quando Sérgio e Débora chegaram em casa. Vendo-a sentada e pensativa, ele decidiu:
— Vou fazer um chá e preparar...
— Espere! — ela pediu ligeira, segurando-o pelo braço.
— Você ouviu quando a médica falou sobre se alimentar bem e...
— Sérgio... — Interrompeu-o ao perguntar com um olhar estranho e expressão de expectativa: — Falou sério?... Se acaso eu estivesse grávida, iria se dispor a me ajudar e a criar essa criança?
— Por que não? — brando, respondeu com uma pergunta. — Se acaso houvesse uma criança, ela teria culpa de alguma coisa? — Sem esperar, explicou no mesmo tom sereno: — É uma vida, Débora. É um ser humano e indefeso.
— Não planejei. Eu não queria... — lamentou, quase chorando.
— Você não planejou, mas, a partir do momento em que se envolve, se relaciona com um homem, sabe das possibilidades de engravidar. Não existe medicação contraceptiva com cem por cento de garantia. Sabe disso. Então aceitou o risco.
— No começo, foi uma escolha por conveniência. Admito que errei. Porém, quando quis ir embora, não pude. Ele era um monstro, sádico!... Se eu estivesse grávida...

— Espere! E se acaso engravidasse no início de seu relacionamento com o Breno poderia ter um filho com alguns meses ou até um ano, você iria matá-lo?! Esquartejá-lo?! Queimá-lo?!

— Não!!!

— Por que, então, você o mataria com o aborto?

— Como você é elevado, nobre... — falou tímida. — Por me aceitar assim e até...

Abaixando-se frente a ela, falou com brandura e em tom carinhoso ao afastar os cabelos e afagar delicadamente seu rosto:

— Débora, você admite e reconhece a natureza de suas falhas, ou seja, sabe em que e por que errou. O que resultou na perda do domínio sobre sua própria vida, ou melhor, virou prisioneira. Contudo não continuou acomodada e concordando com o submundo e absurdos que descobriu. Quis se afastar de tudo, mas não conseguiu. Sua atitude, sua decisão foi sábia e elevada. Mesmo diante das agressões e humilhações sofridas, você não se rendeu ao erro, não foi conivente com todo aquele luxo, que era um lixo! Isso foi nobreza da sua parte. Seria bem mais fácil e cômodo se render e se juntar a toda aquela vileza, desregramento sexual, imoral, promíscuo... O Breno era desequilibrado. Tinha uma obsessão por você, um distúrbio obsessivo... — Sorriu levemente, olhando-a de um jeito como se pudesse penetrar sua alma, algo que só ele sabia fazer. — Não sou elevado nem nobre, mas raciocino. Você está consciente do que fez e eu tenho certeza de que não vai mais se desviar por uma ilusão e isso é o bastante para mim. Não preciso torturá-la mais nem quero que o faça. Pare de sofrer! Vejo que você não está aqui se colocando como vítima das circunstâncias. Tornou-se vítima lá, quando reagiu e não aceitou a vileza das pessoas e fugiu diante da primeira oportunidade. Uma gravidez seria a conseqüência de um ato violento e não o resultado de um envolvimento, como foi a princípio.

— Mas você me aceitou de volta por...

— Débora — interrompeu-a. — Após analisar tudo o que me contou, eu reconheci os seus esforços para fugir da situação em que se colocou, ignorando o submundo que existia por trás do que te foi apresentado. Eu seria extremamente cruel e ignorante se não parasse para refletir, observar minúcias dos fatos e não te desse apoio. — Fez breve pausa. Olhou-a com verdade e paz ao declarar: — Eu te amo muito, Débora! É um amor de alma... Um amor de outras vidas!

— Eu também te amo, Sérgio... — murmurou.

— Eu acredito em você. Sou capaz de entender o que a desviou de sua vida comum e a envolveu em uma ilusão. Sei o que nos separou. Sei o que é enlouquecer e desejar a morte. Puxa!!! Como eu sei!!! Há muitos mistérios que ignoramos e por isso erramos. Não vou julgá-la, pois também já cometi erros nesta e em outras vidas. Contudo devo admitir que Deus confiou a nós essa oportunidade de reencontro para sermos felizes, para nos livrarmos das culpas da própria consciência e... juntos, recomeçaremos de onde paramos com muita força e vontade!

Nesse momento estavam emocionados e foi inevitável o abraço apertado. Sérgio a envolveu em si como se quisesse guardá-la no peito. Beijou-lhe a face e roçou seu rosto ao dela até encontrar seus lábios, mas, após suave contato, Débora se manifestou num sussurro melancólico e triste:

— Não...

Respeitando sua vontade, recostou a cabeça em seu ombro e perguntou baixinho:

— Por quê? Acreditei que desejava me beijar quando chegou aqui e...

— Não pensei nas conseqüências quando te vi e o fato de poder tocá-lo, de estar perto, me fez perder o controle, pois não imagina como o queria, Sérgio. Mas, agora, preciso ter a consciência tranqüila e me sentir mais leve.

— Como assim?

— Estou preocupada com minha saúde. Posso ter alguma doença ou vírus...

— Débora...

— Por favor, Sérgio. Eu sinto uma coisa...

— O quê? — falava sempre sussurrando. — O que está sentindo?

— É como se meu corpo estivesse impregnado, sujo... Não seria como antes quando me sentia mais leve, limpa, pura... Como lembrou, nós temos um passado lindo! Uma experiência única e repleta de carinho, amor!... Não vou ficar bem enquanto não me sentir como antes.

Ele a compreendeu e decidiu aguardar.

* * *

Para Débora as horas passavam lentas. Era aflitivo esperar. Além disso, havia o nervosismo misturado com dor e preocupação que a fazia se afastar de Sérgio.

Mas para outros, tudo acontecia mais rápido. Tiago adaptava-se com a prótese e, resignado, não lamentou em nenhum momento sua nova condição. Ele e Rita estavam felizes com o casamento realizado e a espera de gêmeos.

— Dois meninos?!!! — alegrou-se Sérgio diante da surpresa por ocasião de uma das visitas ao irmão na nova casa para onde se mudou depois do casamento. — É hereditário! A tia Rosa teve gêmeos, a prima Marta também têm gêmeos!

— Já pensou, cara?!!! Vai ser muito legal!!! — alegrava-se Tiago, sorridente. — Sabíamos que eram gêmeos, mas só agora deu para ver os carinhas!!! — riu. — Estamos providenciando tudo em dobro!

— Deixe os berços por minha conta! — disse Sérgio. — Só quero que a Rita me acompanhe para escolher algo de seu gosto, de acordo com a decoração!... E ela, como está?

— Ótima!!! Não teve enjôos nem tonturas. Não sente nada além dos dois já lutando ou fazendo algum exercício, alongamento!... O espaço lá dentro é pequeno! — gargalhou junto com o irmão. Em volume de voz mais baixo, comentou: — Nossa, Sérgio, eu não digo nada, mas... Acho que a Rita está comendo muito! Não digo muito... mas ela está mastigando toda hora! Porém o médico que acompanha o pré-natal disse que seu peso, a pressão arterial e os exames estão normais. Ela e os dois estão ótimos!

— Então não tem com que se preocupar! Deixa a Rita comer! — Em seguida, Sérgio perguntou: — E você, cara? Como está?

— Muito feliz com tudo! E bem satisfeito por terminar mais um ano de Psicologia! Puxa! Daqui a pouco termino o curso e nem vi o tempo passar! Agora preciso me cuidar!

— Como assim?!

— Estou aposentado na polícia, com ato de bravura e até uma promoção!... Preciso me exercitar! Todo aposentado engorda e estou com medo!

— Quando te vi no hospital, meu!... Ao falar com os médicos, eles davam esperanças, mas de um jeito como se estivessem desenganando você da vida.

— Ah! Esquece isso! — falou rindo. — Preciso entrar em forma, isso sim.

— E a prótese não incomoda?

— No começo não foi fácil. Mas agora está bem melhor. Lógico que não posso praticar os mesmos exercícios de antes, como lutar, mas na fisioterapia já faço uma corridinha... Porém o que quero mesmo é puxar uns pesos! Sinto falta disso.

— Pede para a mãe trazer quando eles vierem aqui. Esqueceu dos equipamentos que temos?

— E quem falou que ela vem aqui?! Ao contrário da dona Antônia que vem aqui praticamente todos os dias e telefona umas três vezes! Ela parece ser mais do que uma mãe para mim. Nunca vou me esquecer como essa mulher cuidou de mim naquele estado, não permitiu que contratassem nenhuma enfermeira e até banho na cama ela me deu! Você sabe!

— É... Eu sei. Mas quanto aos equipamentos só não vou lá buscá-los para você para não correr o risco de encontrar com a Sueli, pois a mãe não tira aquela uma de lá. Mas vou dar um jeito de falar com o pai e pago um carreto para trazer tudo de uma vez!

— Ah! Ia me esquecendo! O João criou coragem e marcou a data do casamento!

— Eu soube ontem! O que zoamos com ele lá na clínica!...

— Faço idéia! A dona Antônia e o doutor Édison ficaram satisfeitos!

— Veja como é o destino, Tiago. Quem imaginaria que a dona Antônia e o doutor Édison se casariam?!

Sem esperar, o irmão perguntou mais sério:

— E você, Sérgio?

— Estou bem. Levando a vida! Terminei a pós-graduação e penso em fazer mestrado!

— E você e a Débora?

— A secretária lá da clínica vai entrar em licença maternidade e o doutor Édison perguntou se a Débora gostaria de ficar no lugar da moça. Ela aceitou e, na próxima semana, vai acompanhar o serviço para aprender os procedimentos.

— Sérgio! — tornou Tiago firme. — Não estou falando disso! A Rita me contou que a Débora está extremamente diferente. Eu percebi isso quando me visitou, mas não me importei. Elas eram amigas e a Rita falou que a Dé está muito quieta, fechada, submissa. Elas têm grande carinho uma pela outra, mas a Dé não se abre. — Breves segundos e comentou:

— Sérgio, eu sei que você adora essa moça! Estão morando juntos! E então?!... Eu te conheço muito bem e quero saber por que está assim, meu?! O que está rolando?! Por que não estão felizes?! — Falando com menos ênfase, perguntou brandamente: — Se não estão felizes juntos, por que não se separam?

— Precisamos de um tempo — respondeu Sérgio, fugindo-lhe do olhar.

— Vocês estão juntos há quantos meses? Será que precisam de mais tempo?!

— Sim, Tiago. É necessário — Sérgio afirmou encarando-o e sentindo o coração apertado.

— Por quê?... — tornou o irmão, sentindo-o angustiado.

Sérgio fechou os olhos experimentando as lágrimas brotando sem que pudesse fazer nada. Confiava muito em seu irmão e estava tenso, nervoso precisava desabafar. Tomando fôlego contou exatamente tudo a Tiago.

— Só peço que não comente nada com alguém nem com a Rita, pois se a Débora quisesse teve oportunidade e contaria. Então foi isso, meu... Os dois primeiros exames deram negativos. Contudo ela repetiu outro a fim de saber se deu soropositivo, portadora do HIV. Meu coração diz que está tudo bem, mas... É uma tensão muito grande, não pode imaginar. Quanto à anemia profunda, isso já está resolvido, graças a Deus!

Tiago estava perplexo. Perdeu a fala. Puxando Sérgio para um forte abraço, não disse qualquer palavra. Rita havia chegado e o assunto mudou completamente.

— Uaaaaau!!! Como você está linda, Rita! — exclamou Sérgio realmente admirado com o estado da cunhada e, levantando-se, abraçou-a com carinho.

— Você acha mesmo?! — perguntou ela satisfeita.

— Tenho certeza! Que barrigão bonito, Rita! Tem certeza de que são só dois?! — Eles riram e ela o abraçou novamente. — Mas falando sério, tomem cuidado porque na nossa família temos uma tia e uma prima que têm gêmeos. Já pensou?! Nesse ano vocês têm dois filhos, no próximo, terão quatro!...

Riram. Conversaram um pouco e combinaram de saírem juntos para escolher os berços. Não demorou muito e Sérgio se foi.

* * *

Bem mais tarde, ao chegar à sua casa, foi recebido com alegria pela cachorrinha. Abaixou-se, brincou um pouquinho com ela e perguntou baixinho:

— Cadê a mamãe, hein? — Ouvindo um barulho que vinha da suíte, Sérgio foi até lá, aproximou-se de Débora e beijou-lhe o rosto, perguntando: — E aí? Tudo bem?

— Tudo — respondeu com simplicidade. Depois explicou: — Só estou arrumando algumas roupas aqui no armário. Vai tomar um banho que eu já sirvo o jantar, tá? — sorriu.

Ele retribuiu o sorriso e aceitou o proposto.

Enquanto jantavam, Sérgio contou minúcias sobre sua visita ao irmão, sobre os gêmeos serem dois meninos e o quanto Rita estava bonita naquele estado. Débora sorriu, mas ele a percebeu envolta por uma tristeza e nada disse. Arrependido por dar ênfase aos detalhes e à satisfação de ver o quanto aquele casal estava feliz, pois não era um bom momento diante das circunstâncias em que viviam, ele perguntou:

— Tudo bem, Débora?

— Você disse que chegaria mais cedo hoje. Iríamos juntos ao laboratório pegar o resultado do último exame — falou com voz calma e baixa, como se estivesse reprimida.

Sérgio sentiu-se mal. Havia esquecido completamente. Levantando-se, ficou inconformado consigo mesmo e foi para junto dela implorando:

— Pelo amor de Deus, Débora, me desculpe! Puxa!!! O laboratório fechou às oito da noite e eu esqueci!!!

— Calma, Sérgio. Tudo bem.

— Não! Não está! — Logo, avisou: — Amanhã cedo... Droga! Amanhã é feriado!

— Espera! Sente-se e coma.

— Perdi a fome.

— Minha comida está tão ruim assim?! — perguntou com sorriso maroto.

— Claro que não! — endereçando-lhe um olhar generoso, sentou-se novamente e voltou a comer para satisfazê-la.

Ao terminarem, enquanto cuidava das louças, ela decidiu contar:

— Aconteceu uma coisa hoje — falou bem tranqüila.

— O quê? — perguntou curioso enquanto a ajudava.

— A Sueli esteve aqui e...

— O quê?!!! Você a deixou entrar?!!! — perguntou bem alterado.

— Não. Calma. Conversamos no portão e... — Percebendo que ele iria interrompê-la, perguntou serenamente: — Posso contar?

— O que essa criatura ainda quer, meu Deus?!

— Não quer mais nada. Ela disse que soube, por sua mãe, que estamos morando juntos. Chorou um pouco e me pediu perdão por ter mentido tanto a ponto de nos separar. Falou que estava arrependida pelas fotos, pois você confidenciou a ela sobre o desequilíbrio de sua irmã. Admitiu ver a Lúcia o assediando e... Acho que não precisa saber de mais nada, Sérgio. A não ser que... Bem, a Sueli sente remorso pelo que fez e acredita que foi castigada e queria tentar consertar as coisas. — Ele ficou sério, em silêncio, e Débora desfechou: — A Sueli ainda está de dieta. Teve uma filha que nasceu bem prematura e... A menininha é especial. Tem problemas físicos, mentais e... deformidades no rostinho.

Sérgio abaixou o olhar. Era como se já tivesse ouvido aquele relato, aquela história e, em seu íntimo, sentiu piedade de Sueli pelas dificuldades que enfrentaria. Débora terminava o que fazia, quando ele foi para perto dela e massageando suavemente seus ombros, perguntou:

— O que mais ela queria?

— Nada — ela respondeu com suave inflexão na voz. — Só contou essa história lamentável. Disse que esperava o nosso perdão, desejou-nos sorte e foi embora. — Vagarosamente Débora se virou, olhou em seus olhos, invadindo sua alma. Algo que ele não estava acostumado a sentir. Frente a Sérgio, disse com voz branda: — Liguei para o seu celular para lembrá-lo de irmos ao laboratório, mas você não atendeu. Eu deixei um recado, porém não retornou a ligação.

— Droga... Deixei no silencioso e... — protestou, franzindo o rosto.

— Tudo bem — interrompeu-o. Bem séria, contou: — Não agüentava mais tanta aflição. Você não imagina como eu estava e... Peguei um táxi, fui ao laboratório antes que fechasse e não esperei pelo médico para abrir o exame e ver o resultado.

Sérgio prendeu a respiração. Ficou paralisado com as mãos em seus ombros e perguntou com voz trêmula:

— E?...

Dos olhos de Débora rolaram lágrimas copiosas enquanto ele segurava firme em seus ombros, desesperado pela resposta. Ela não conteve o choro ao dizer:

— O resultado deu: não reagente. Mais uma vez... É negativo ao HIV.
Ele a pegou pela cintura e a levantou ao alto enquanto sorriam e choravam. Pondo-a no chão, abraçou-a com força ao dizer:
— Eu sabia!!! Eu sabia, Débora!!! Oh! Meu Deus!!! Obrigado!!! — gritou entre lágrimas.
Logo o choro deu lugar ao riso. Até que Sérgio segurou seu delicado rosto e, sentindo seus corações baterem fortes, beijou-a com todo o amor e foi correspondido.

* * *

Mais tarde, sem conseguirem pegar no sono, o casal estava aninhado no chão da sala sem dar atenção à televisão ligada. Abraçando-a com ternura, ele a beijava vez e outra sem conseguir tirar o largo sorriso do rosto.
— Amanhã você vai até a creche? — quis saber Débora.
— É feriado! Esqueceu? — Sorrindo, perguntou: — Gostou de lá?
— Adorei! Quero ir novamente para participar de alguma coisa.
Afagando-lhe os cabelos, ele decidiu contar:
— Débora... Tenho uns conhecidos... Sabe como é... Fui da polícia e... Mesmo sem perguntar se você queria, pois acreditei que ficaria nervosa, eu pedi para um conhecido dar uma olhada em alguma investigação sobre o Breno e o Lucas. — Olhando-a firme, falou: — Eu te conheço e sei que tem medo de que a encontrem e tentem se vingar de alguma forma. — Vendo-a com expressiva preocupação, revelou: — O colega levantou alguns dados e... Bem, o Breno foi atestado como morto por insuficiência cardíaca, encontrado sozinho em sua mansão. Alguém ganhou muito, pois não tem testemunhas, nada de drogas, overdose... O Lucas usou parte de seus bens para o pagamento de dívidas e em seguida deixou o país com visto de turista, mas levou a filha e a esposa grávida. — Breve pausa e avisou: — Acho que você pode ficar tranqüila quanto a qualquer perseguição ou vingança.
— Obrigada — agradeceu murmurando e, sorrindo, beijou seu rosto.
— Imediatamente Débora ganhou vida. Ele a admirou, contemplando-a por bom tempo. Envolvendo-a com generoso carinho, beijou-a longamente, mas sentiu certa decepção quando a viu olhando-o com certo temor ao pedir, sussurrando: — Por favor... espere...
Compreensivo, sorriu levemente ao dizer:

— Tudo bem. Eu te entendo. Não se sente preparada.
— Por favor, desculpe...

Calando-a rapidamente com um beijo suave, esboçou um sorriso ao pedir generoso:

— Confie em mim, Débora. Quero que fique comigo, sentir seu corpo junto ao meu num abraço gostoso... — Com semblante sereno e falando baixinho, recordou: — Lembra-se de quando íamos ao motel e só ficávamos juntinhos, conversando... Nossa! Era tão bom!...

— Eu sempre confiei em você, Sérgio. — Com olhos brilhando, levantou-se, pegou a mão que a envolvia e murmurou, convidando: — Vem... Vem comigo... — Desligando a TV e levando-o até a suíte, pediu meio encabulada: — Se quiser ficar comigo, durmo aqui a partir de hoje. Fique ao meu lado. Só preciso de um tempo... — Vendo-o surpreso, explicou: — Vamos fazer como antes. Se, por enquanto, se contentar em me sentir, em me ter ao lado, fique.

— Tenho saudade daquele tempo e... É lógico! Vamos recomeçar! — ele respondeu sorrindo. Abraçando-a com carinho, beijou-lhe com amor e ternura.

* * *

O tempo passou...

Era uma noite em que o frio inesperado chegou de repente. Sérgio e Débora estavam em casa. Ela ficava cada vez mais encantada após visitar Tiago e Rita, admirando-os aninhados sobre a cama e muito felizes junto dos dois filhos, que cresciam rápido. Sérgio estava satisfeito. Mesmo após o jantar, ela não parava de falar das crianças. Ele sentia-se cansado, mas não disse nada. Rapidamente cuidou da cachorrinha e decidiu que iria dormir. No entanto Débora parecia não ter a mesma idéia.

Lembrando-se de alguns casos interessantes ocorridos no serviço, animada, começou a contá-los. Desde que chegaram, Débora mudava de um assunto para outro repentinamente. Nos últimos tempos, ela estava diferente, mais alegre, ativa, com a personalidade, a delicadeza e a doçura de antes.

— Você não está com frio? — perguntou Sérgio já sob as cobertas.
— Estou, mas... Ah! Sérgio, precisamos dar um jeito no chuveiro. A água não esquenta direito. Você viu hoje como estava fria?

— Não. Eu senti — brincou. Riram e ele pediu com jeitinho: — Vem, deita aqui, vai.

Ela apagou a luz e acomodou-se ao seu lado, recostando-se em seu ombro. Não demorou muito e perguntou:

— Sérgio, você está acordado?

— Hein?!...

— Você está acordado? — tornou ela.

— Não... — murmurou ele.

— Estou sem sono! — exclamou Débora, querendo conversar.

Sérgio suspirou fundo, acendeu o abajur e perguntou:

— O que você disse?

— Que estou sem sono... — repetiu em voz baixa, num tom arrependido. Indagando baixinho: — Te acordei?!

Virado para ela, Sérgio apoiando-se em um cotovelo, esfregou vagarosamente o rosto com a outra mão e respondeu:

— É!... Você me acordou. — falou em tom amoroso.

— Descul...

Antes de Débora terminar, calou-a com um beijo. Tomou-a em seus braços fortes, acariciando-a. Entre a troca de carinhos e sussurros de palavras amorosas, ele disse baixinho:

— Você não suporta mais ficar ao meu lado e me desejando, é isso?

— Te amo — ela murmurou.

Envolvendo-a com delicada meiguice, amaram-se com ternura.

* * *

Definitivamente, a abençoada felicidade era parte de suas vidas e isso refletia em suas faces. O tempo passou e Sérgio a procurou no serviço, avisando:

— Débora! Não marque nada para daqui a dois meses, tá?

— Como assim? — perguntou baixinho, pois estava na recepção da clínica.

— É que... Bem, acabei de marcar a data do meu casamento para daqui a dois meses! — Sérgio sorriu com molecagem, deixando-a muda. Divertindo-se ao vê-la perplexa, ele foi para sua sala. Ao deixarem o serviço e durante todo o caminho, ele, propositadamente maroto, fugiu daquele assunto e só ao chegarem a sua casa, foram falar detalhadamente sobre o casamento. Débora ficou feliz com a idéia e retribuía com mimos, que Sérgio adorava. Brincando, jurou se vingar da forma como recebeu a notícia. Eles riram. Estavam alegres e satisfeitos.

Alguns dias depois, ela arrumava o quarto quando ele quis saber com simplicidade:

— Ontem à tarde você deu uma saída. A outra moça ficou sozinha. Aonde você foi?

A jovem sentiu-se gelar. Surpresa com a pergunta, fugiu do seu olhar, continuando com o que fazia. Aproximando-se, Sérgio tocou seu braço com um carinho e indagou brando:

— Algum problema, Débora?

— Bem, eu decidi ir ao médico... Não conversamos sobre isso, mas...

Ela não conseguia falar, e o rapaz insistiu preocupado:

— Meu bem... Algum problema? Está sentindo alguma coisa?

— Não! Não estou sentindo nada e é por isso.

— Espere, meu amor. Não entendi. Explique-se melhor.

— Sérgio... Nós não conversamos sobre isso. Por você não tocar no assunto, eu decidi ir ao médico, um mês e pouco atrás, porque não planejamos ter um filho. Uma gravidez inesperada poderia interferir em seus estudos. Ainda mais agora que está se preparando para fazer mestrado. — Encarando-o, contou: — Pedi ao médico a prescrição de um anticoncepcional. Falei sobre a anemia que tive e já foi superada, contei tudo! Tudo! Ele solicitou exames de rotina e os resultados estavam bons. Mas... — sua voz embargou.

— O que foi, bem? — indagou diante da demora enquanto a afagava.

Débora estava com olhos lacrimosos e falou com voz trêmula:

— Desde ontem estou engasgada com isso! A data do casamento está aí, e!...

— Calma — pediu com ternura, mas inquieto. — Seja o que for, fale o que aconteceu.

— É o que não aconteceu! O médico pediu e... Na hora de fazer o ultra-som, lá mesmo, ele descobriu... — Débora agarrou-se em Sérgio, que a abraçou. Escondendo o rosto em seu peito, falou com a voz sufocada: — Descobriu que estou grávida.

Sérgio deteve a respiração. Afastou-a de si, segurando-a delicadamente pelos braços e sussurrando pediu com ternura:

— Não brinque comigo, por favor. Eu te amo muito, Débora. Repita.

— Estou esperando um filho seu! — falou entre lágrimas.

O rosto sério de Sérgio iluminou-se com um sorriso que se transformou em delirante riso gostoso. Ele a envolveu com ternura e felicidade, beijando-a diversas vezes.

— Eu ouvi você dizer que esperar um filho meu te faria a mulher mais feliz do mundo!

— E é verdade! Estou feliz, realizada e muito surpresa. Fiquei preocupada por não termos planejado e... Sei que gosta de organizar bem sua vida. Mas eu tentei planejar e juro que não te contei ontem... Não foi por vingança pelo que fez com a surpresa da data do nosso casamento. Foi por esperar um momento melhor. Eu fiquei confusa e não queria estar preocupada ao te falar.

— Eu te amo!!! — riu gostoso — Sou o homem mais feliz do mundo! Ah! Deus! Obrigado! — Abraçando-a com imensa alegria, ele revelou: — Não conversamos sobre evitar uma gravidez porque eu tinha planejado isso!!! Bobinha! — Alegrou-se ao dizer sem conter a satisfação: — Era o que eu mais queria!!! E como você não falou nada!... — Olhando-a com olhos lacrimosos, disse mais brando e romântico: — Débora, jamais um filho ou filha atrapalharia minha vida, meu progresso e aperfeiçoamento intelectual ou espiritual, nem nossa tarefa. — Beijando-a, sorriu ao pedir: — Mas... Se for uma menina e... — Em seguida, exclamou eufórico: — Ah! É uma menina!!! Você me deixa escolher o nome?!!!

— Sérgio, e se não for?!

— Mas é!!! Você me deixa escolher o nome?!

— Esse direito é todo seu! — concedeu com imensa felicidade.

— Laryel! — ele falou num impulso.

— Laryel? — ela repetiu ao perguntar sorrindo.

— O quê? Não gostou? — tornou mais sério.

— Adorei!!! É lindo!!! É diferente!!! Parece que já ouvi esse nome! Posso jurar que já ouvi!!! Mas... Não quero que se decepcione se for homem.

— É uma menina!!! É Laryel!!! Eu sinto... É algo que vem do meu coração. Não sei explicar... — Vendo-a preocupada, afirmou deixando-a tranqüila: — Mas se for menino! Puxa! Ficarei igualmente feliz e satisfeito! — Segurando-a pela cintura, balançou-a de um lado para outro quando avisou: — Ele vai se chamar Sérgio! Sérgio Barbosa Junior!!! Não é o máximo?!!! — gritou alegre.

— Vaidoso! — Débora acusou-o, rindo com satisfação.

— Felicidade não é vaidade! — defendeu-se sorrindo. Depois afirmou: — Eu te amo, Débora! Tenho certeza, agora, mais do que nunca, de que Alguém do céu olha e cuida de nós!

Beijando-a com ternura, Sérgio a envolveu com grande amor.

Agora tinha uma vida nova, repleta de planos e força para recomeçar.

Fim.

Schellida.

Leia os romances de Schellida!
Emoção e ensinamento em cada página!
Psicografia de **Eliana Machado Coelho**

Corações sem Destino O Brilho da Verdade Um Diário no Tempo Despertar para a Vida

O Direito de Ser Feliz Sem Regras para Amar Um Motivo para Viver O Retorno

Força para Recomeçar Lições que a Vida Oferece Ponte das Lembranças Mais Forte do que Nunca

Movida pela Ambição Minha Imagem

Espírito João Pedro
Apresentação: Schellida

LÚMEN
EDITORIAL

Av. Porto Ferreira, 1031 - Parque Iracema
15809-020 - Catanduva-SP
17 3531.4444

visite nosso site: www.lumeneditorial.com.br
fale com a Lúmen: atendimento@lumeneditorial.com.br
departamento de vendas:
comercial@lumeneditorial.com.br contato editorial:
editorial@lumeneditorial.com.br